NEW MILLENNIUM

김영배 편저

한자

척척박사 그림 漢字 교본

태을출판사

머 리 말

한자 학습은 한자를 얼마나 많이 아는 것이 관건이 아니라 우리 나라에서 쓰여지고 있는 교육부 선정한자와 교육한자 범위에 있는 상용자만 알아도 한자박사란 말을 들을 수 있을 것이다.

한자 옥편은 물론 한자 학습에 필요한 것이겠지만 장식용의 책자라고 한다면 본 책자는 그 옥편을 상용한자로 간편하게 꾸며 보다 손쉽게 찾아 볼 수 있게 많은 한자들 중 선별화한 것이라고 보면 좋을 것이다.

한자 학습의 정복에 있어서 그 첩경은 외국어 학습 방법처럼 많이 접하고 많이 읽고 많이 써보는 것 이외에는 따로 왕도가 없을 것같다. 거기에 보다 확신을 가질 수 있는 효과의 방법이 있다면 낙서 · 일기 따위에 한자를 삽입하여 자주 써보고 응용하는 노력이라 하겠다.

한자 학습을 충실하게 하다보면 어느날 갑자기 상대와 대화하는데 있어 자신이 하는 말의 어휘력이 자기도 모르게 많이 향상되었음을 발견하게 될 것입니다. 한자 학습도 기예나 기술의 향상처럼 그렇게 보람이 나타나게 되는데 자신의 인격 수양에 있어서나 인성에도 크게 도움이 됨을 일러 말해 무엇하겠는가. 그것은 곧, 사랑하는 사람에게 의젓함을 여성에게는 정숙함과 요염함이 깃드는 것이 아니겠는가? 한자 학습에 애쓴 보람은 즐거움에도 있다. 가요 가사나 연극 대사 따위를 암기하는데 크게 도움이 되기도 하며 무엇보다도 어떤 말이나 이론이나 학과의 진도에 있어서도 그 이해력이 크게 보강되어 도움이 된다는 사실을 증험해 본 분들이 주변에 많이 있어 감히 확신하는 바이다.

본 책자로 한자 학습에 흥미를 가질 수 있거나 한자 학습 입문에 여러분의 계기가 되었으면 하는 바램과 또 그러했다는 분이 계신다면 이 책을 엮은이로서 이보다 더 큰 보람은 없을 것이다. 끝으로 여러분의 건투를 빌며 학습정진에 커다란 성과가 있으셨으면 하고 기원한다.

편 자 직

차 례

이 책의 특징 MILLENNIUM 漢字

이 책의 특징

♧ 본 밀레니엄 한자 교본은 교육인적자원부 선정 1800자를 포함한 상용한자 450여자와 더해져 총 2257자로 구성 되었다 (교육한자 적용범위자). 그리고 다음과 같이 기획 · 편집 되었다.

1. 표제자 - 표제자는 위 설명한 범위의 자로 구성되었다.
2. 부수를 제외한 획수와 부수를 포함한 총획수로 한자 육서의 분류와 함께 표기하였다.
3. 표제자의 대표 훈과 음을 표기하였다.
4. 표제자의 자해를 실어 한자 학습의 이해를 돕기 위해 풀이했다.
5. 대표 훈음 외로 사용되는 훈을 「또 다른 뜻」으로 망라하였다.
6. 표제자의 이해를 돕기위해 우화적인 삽화를 실어 자마다 이해를 돕게 하였다. (표제자의 자해와 삽화가 맞지 않을 경우 어휘풀이나 「또 다른 뜻」을 읽어보고 이해 하세요)
7. 표제자의 파생어휘로 각 급수 시험의 독음쓰기 · 한자쓰기에 도움이 될 수 있는 것으로 예상되고 상용적인 어휘를 선별하여 실었다.
8. Page마다 그 Page 표제자 중 한 자를 한자 방정식화 하여 한자 학습에 흥미를 가미하였다.
9. 옆 날개에 부수의 순서에 따라 부수를 표기하여 그 부수에 관련된 자를 종합해서 볼 수 있게 구성하였다.
10. 부수의 순은 강희자전(康熙字典)의 체제를 따랐으며 잘 쓰이지 않는 것을 제외하고 206부수로 압축하였다. (P11~54 참조)

♧ 책 뒤쪽의 음별 색인(P433~472)에 표제자 마다의 훈음과 급수를 표기하였다.

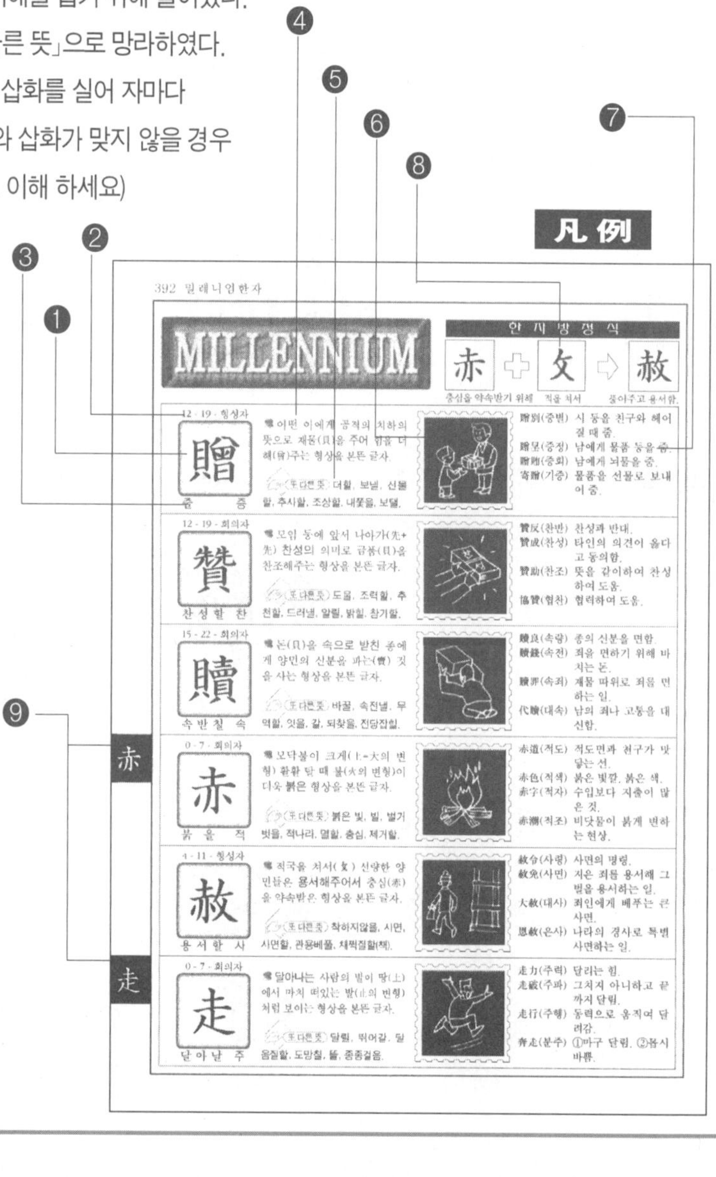

漢字結構上 部首位置

♧ 한자 결구상 부수의 위치로 명명되는 것은 대개 8가지로 다음과 같이 나눈다.
(어두운 부분이 부수의 위치를 표시한 것임)

1. 변(邊) : 한자의 구성상 부수가 왼쪽에 위치한 형태.

個 時 限

2. 방(旁) : 한자의 구성상 부수가 오른쪽에 위치한 형태.

飮 教 郡

3. 관(冠) : 머리라고도 불리우는데 부수가 위에 위치한 형태.

等 富 雲

4. **답(沓)** : **발**이라고도 불리우는데 부수가 밑에 위치한 형태.

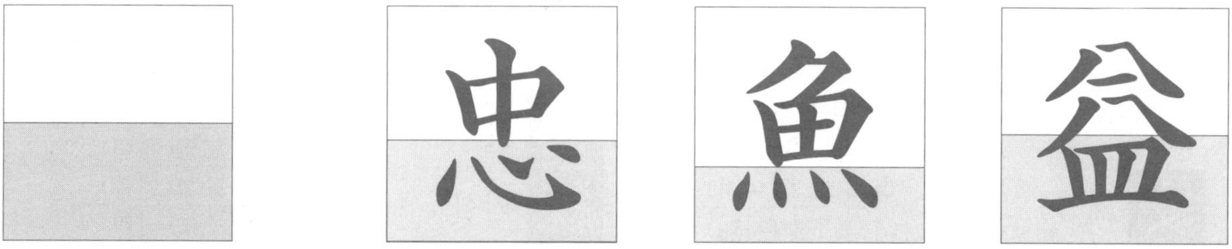

5. **수(垂)** : **엄**이라고도 불리우며 부수가 머리에서 왼쪽 변을 덮고 있는 형태.

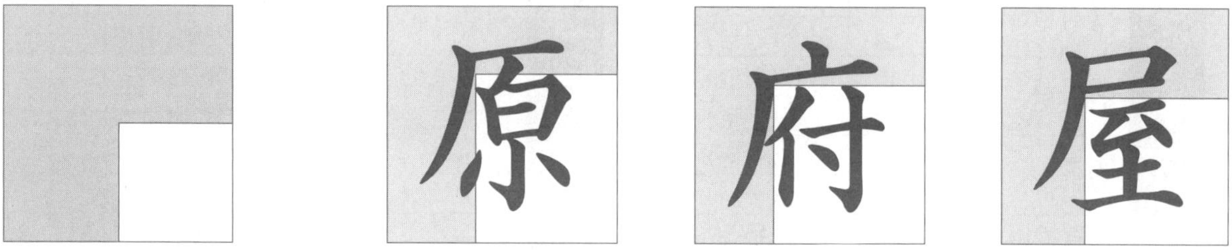

6. **요(繞)** : **받침**이라고도 불리우며 부수가 왼쪽 변에서 밑을 받치고 있는 형태.

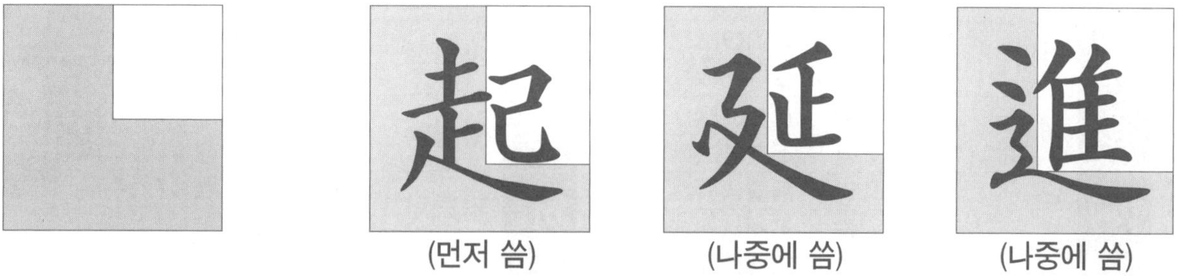

7. **구(構)** : **몸**, 또는 **에우담**이라고 불리기도 하는데 부수가 글자를 에워싸고 있는 형태.

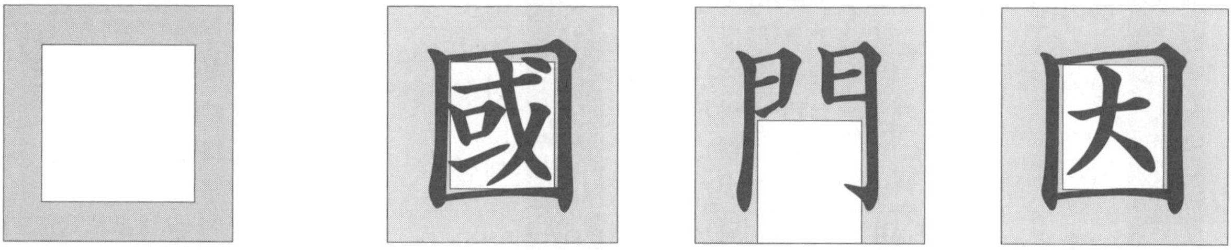

8. **제부수** : 단독으로 그 한자가 곧 부수가 되기도하고 독립된 한자로 함께 쓰이는 형태.

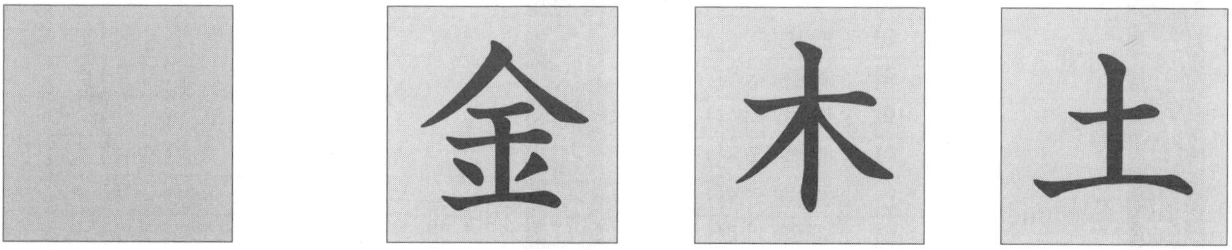

두음법칙(1)

■ 「ㄴ, ㄹ」의 음이 「ㄴ, ㅇ」으로 발음되는 예

1. 「ㄴ」이 「ㅇ」으로 발음되는 경우

한자	훈 음		구분	예 시
女	계집	녀	여	女子(여자)
			녀	子女(자녀)
年	해	년	연	年度(연도)
			년	少年(소년)
念	생각할	념	염	念願(염원)
			념	紀念(기념)
寧	편안한	녕	영	寧日(영일)
			녕	安寧(안녕)
泥	진흙	니	이	泥田(이전)
			니	拘泥(구니)

2. 「ㄹ」이 「ㅇ」으로 발음되는 경우

한자	훈 음		구분	예 시
掠	노략질할	략	약	掠奪(약탈)
			략	侵掠(침략)
略	간략한	략	약	略圖(약도)
			략	省略(생략)
良	어질	량	양	良心(양심)
			량	不良(불량)
兩	두	량	양	兩國(양국)
			량	千兩(천량)
諒	살필	량	양	諒解(양해)
			량	海諒(해량)
量	헤아릴	량	양	量産(양산)
			량	多量(다량)
糧	양식	량	양	糧食(양식)
			량	食糧(식량)
旅	나그네	려	여	旅行(여행)
			려	行旅(행려)
麗	고울	려	여	麗末(여말)
			려	高麗(고려)
力	힘	력	역	力作(역작)
			력	努力(노력)
歷	지낼	력	역	歷史(역사)
			력	經歷(경력)
曆	책력	력	역	曆書(역서)
			력	陰曆(음력)
憐	불쌍히여길	련	연	憐憫(연민)
			련	可憐(가련)
戀	사모할	련	연	戀慕(연모)
			련	哀戀(애련)
練	익힐	련	연	練習(연습)
			련	洗練(세련)
鍊	단련할	련	연	鍊武(연무)
			련	老鍊(노련)
連	이를	련	연	連絡(연락)
			련	一連(일련)
聯	잇닿을	련	연	聯合(연합)
			련	關聯(관련)
列	벌일	렬	열	列車(열차)
			렬	一列(일렬)
烈	매울	렬	열	烈女(열녀)
			렬	强烈(강렬)
劣	용렬할	렬	열	劣等(열등)
			렬	拙劣(졸렬)
廉	청렴할	렴	염	廉價(염가)
			렴	低廉(저렴)
令	명령할	령	영	令狀(영장)
			령	發令(발령)
領	거느릴	령	영	領收(영수)
			령	要領(요령)
嶺	재	령	영	嶺東(영동)
			령	峻嶺(준령)
零	떨어질	령	영	零下(영하)
			령	急零(급령)
靈	신령	령	영	靈魂(영혼)
			령	神靈(신령)
禮	예절	례	예	禮節(예절)
			례	缺禮(결례)
例	보기	례	예	例文(예문)
			례	先例(선례)
料	헤아릴	료	요	料金(요금)
			료	材料(재료)
龍	용	룡	용	龍宮(용궁)
			룡	恐龍(공룡)
流	흐를	류	유	流行(유행)
			류	下流(하류)
留	머무를	류	유	留保(유보)
			류	停留(정류)

두음법칙(2)

■「ㄴ, ㄹ」의 음이 「ㄴ, ㅇ」으로 발음되는 예

類	무리	류	유	類事(유사)
			류	分類(분류)
柳	버들	류	유	柳枝(유지)
			류	花柳(화류)
六	여섯	륙	육	六法(육법)
			륙	五六(오육)
陸	뭍	륙	육	陸地(육지)
			륙	大陸(대륙)
倫	인륜	륜	윤	倫理(윤리)
			륜	不倫(불륜)
輪	바퀴	륜	윤	輪番(윤번)
			륜	年輪(연륜)
律	음률	률	율	律動(율동)
			률	音律(음률)
隆	성할	륭	융	隆盛(융성)
			륭	興隆(흥륭)
里	마을	리	이	里長(이장)
			리	十里(십리)
理	이치	리	이	理致(이치)
			리	管理(관리)
利	이로울	리	이	利己(이기)
			리	便利(편리)
李	오얏	리	이	李朝(이조)
			리	桃李(도리)
履	밟을	리	이	履歷(이력)
			리	踐履(천리)
離	떠날	리	이	離別(이별)
			리	距離(거리)
隣	이웃	린	인	隣近(인근)
			린	善隣(선린)
林	수풀	림	임	林野(임야)
			림	密林(밀림)
臨	임할	림	임	臨時(임시)
			림	君臨(군림)
立	설	립	입	立法(입법)
			립	設立(설립)

3.「ㄹ」이「ㄴ」으로 발음되는 경우

한자	훈	음	구분	예시
羅	그물	라	나	羅城(나성)
			라	網羅(망라)

落	떨어질	락	낙	落葉(낙엽)
			락	脫落(탈락)
卵	알	란	난	卵子(난자)
			란	産卵(산란)
亂	어지러울	란	난	亂局(난국)
			란	混亂(혼란)
欄	난간	란	난	欄干(난간)
			란	空欄(공란)
蘭	난초	란	난	蘭草(난초)
			란	春蘭(춘란)
覽	볼	람	남	覽觀(남관)
			람	展覽(전람)
濫	넘칠	람	남	濫用(남용)
			람	氾濫(범람)
朗	밝을	랑	낭	朗誦(낭송)
			랑	明朗(명랑)
郎	사내	랑	낭	郎君(낭군)
			랑	新郎(신랑)
來	올	래	내	來日(내일)
			래	去來(거래)
冷	찰	랭	냉	冷凍(냉동)
			랭	急冷(급랭)
老	늙을	로	노	老人(노인)
			로	敬老(경로)
勞	일할	로	노	勞力(노력)
			로	疲勞(피로)
路	길	로	노	路線(노선)
			로	道路(도로)
露	이슬	로	노	露出(노출)
			로	暴露(폭로)
綠	푸를	록	녹	綠末(녹말)
			록	草綠(초록)
錄	기록할	록	녹	錄音(녹음)
			록	記錄(기록)
鹿	사슴	록	녹	鹿角(녹각)
			록	白鹿(백록)
論	논의할	론	논	論理(논리)
			론	結論(결론)
弄	희롱할	롱	농	弄談(농담)
			롱	愚弄(우롱)

漢字筆順 MILLENNIUM 漢字

1 위에서 아래로

위를 먼저 쓰고 아래는 나중에

一 二 三, 一 丅 工

2 왼쪽에서 오른쪽으로

왼쪽을 먼저, 오른쪽을 나중에

丿 川 川, ノ 亻 仁 代 代

3 밖에서 안으로

둘러싼 밖을 먼저, 안을 나중에

丨 冂 月 日, 丨 冂 冂 田 田

4 안에서 밖으로

내려긋는 획을 먼저, 삐침을 나중에

亅 小 小, 一 二 亍 示

5 왼쪽 삐침을 먼저

① 左右에 삐침이 있을 경우

亅 小 小, 一 十 土 赤 赤 赤 赤

② 삐침사이에 세로획이 없는 경우

丿 尸 尸 尺, 亠 六 六

6 세로획을 나중에

위에서 아래로 내려긋는 획을 나중에

丨 口 口 中, 丨 冂 日 日 甲

7 가로 꿰뚫는 획은 나중에

가로획을 나중에 쓰는 경우

㇛ 女 女, 乛 了 子

8 오른쪽 위의 점은 나중에

오른쪽 위의 점을 맨 나중에 찍음

一 ナ 大 犬, 一 二 三 式 式 式

9 책받침은 맨 나중에

一 厂 斤 斤 斤 近 近

丷 丷 䒑 关 关 关 送 送

10 가로획을 먼저

가로획과 세로획이 교차하는 경우

一 十 古 古 古, 一 十 士 志 志

一 十 支 支, 一 十 土

一 二 于 未 末, 一 十 卄 共 共 共

11 세로획을 먼저

① 세로획을 먼저 쓰는 경우

丨 冂 巾 由 由, 丨 冂 冂 田 田

② 둘러쌓여 있지 않는 경우는 가로획을 먼저 쓴다.

一 丅 干 王, 丶 亠 亍 主 主

12 가로획과 왼쪽 삐침

① 가로획을 먼저 쓰는 경우

一 ナ 左 左 左, 一 ナ 在 在 在 在

② 위에서 아래로 삐침을 먼저 쓰는 경우

ノ ナ 右 右 右, ノ ナ 有 有 有 有

✠ 여기에서의 漢字 筆順은 외의 것들도 많지만 대개 一般的으로 널리 쓰여지는 것임.

漢字部首에 關하여
206 부수익히기

♧ 본문 옆 날개에 있는 부수들의 모음으로 필수적이고 잘 쓰이는 것만을 모아 206개의 부수로 압축하였다.

漢字의 六書

아무리 많은 한자일지라도, 또 그 모양이 아무리 복잡한 것일지라도 그것들 모두는 「육서(六書)」, 즉, 다음 여섯 가지의 방법에 의해 만들어 졌다.
여기서 육서(六書)란 상형 · 지사 · 회의 · 형성 · 전주 · 가차문자를 말하는데 그 내용은 다음과 같다.

1. **상형문자(象形文字)** : 어떤 사물의 모양을 본떠서 만든 문자.
   - 日은 해(☼), 月은 달(☽), 을 본뜬 글자이다.
2. **지사문자(指事文字)** : 형상으로 나타낼 수 없는 추상적인 생각이나 뜻을 선이나 점으로 표현한 글자.
   - 上은 위(⊥)를, 下는 아래(⊤)를 뜻함.
3. **회의문자(會意文字)** : 이미 있는 둘 이상의 문자를 결합해서 새로운 뜻을 나타내는 문자.
   - 男 : [田+力] → 男으로 밭에서 힘쓰는 사람 곧 '사내' 를 뜻하는 문자 등을 말함.
4. **형성문자(形聲文字)** : 이미 있는 문자를 결합해서 한 쪽은 뜻(형부)을, 한쪽은 음(성부)를 나타내는 문자.
   - 淸 : [氵(水) → 뜻 + 靑(청) → 음] 淸(청)으로 氵(水)는' 물' 의 뜻을, 靑은 '청' 이라는 음을 나타내어 '맑을 청' 자가 됨.
5. **전주문자(轉注文字)** : 이상 네 가지 문자의 본디 뜻을 바꾸어 새로운 뜻으로 나타내는 문자.
   - 長 : 길다(장) → 어른(장), 惡 : 나쁘다(악) → 미워하다(오)
6. **가차문자(假借文字)** : 전주문자는 뜻을 전용했지만 가차는 문자의 음을 빌려 쓰는 방법이다.(주로 외래어 표기에 이용된다.)
   - 亞細亞-아세아, 印度-인디아.

부수익히기 MILLENNIUM 漢字

1

부수명칭	한 일
육 서	지 시 자

一

막대기 하나를 본떠, 또는 가로로 그은 한 획으로써 하나의 뜻을 나타낸 지사자. (제부수)

본문 page
56 一

2

부수명칭	뚫을 곤
육 서	지 시 자

丨

어떤 사물을 뚫거나 구멍내는데 쓰이는 송곳의 형상을 본뜬 부수.

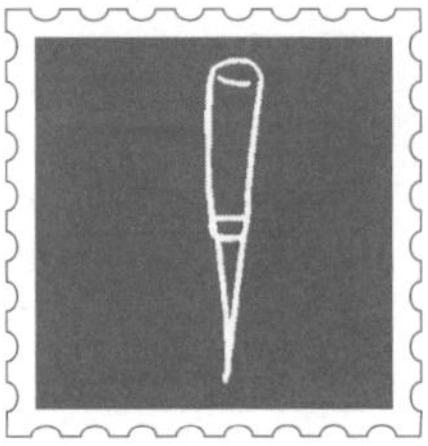

본문 page
58 中

3

부수명칭	심지 주
육 서	상 형 자

丶

촛불이나 등잔불의 피어오르는 심지의 불꽃의 형상을 본뜬 부수.

본문 page
58 丸

4

부수명칭	삐침 별
육 서	상 형 자

丿

어떤 사물이 오른쪽 위에서 아래 왼쪽으로 삐치는 형상을 본뜬 부수.

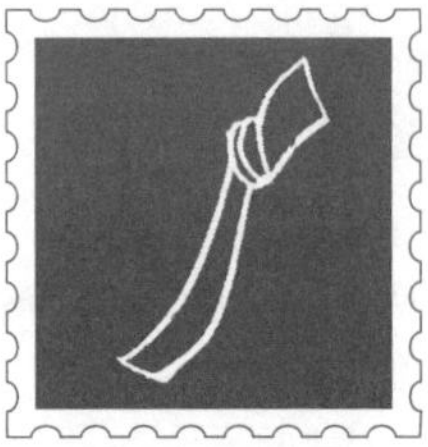

본문 page
58 乃

5

부수명칭	새 을
육 서	상 형 자

♧ 새 을 방

乙 (乚)

부리에서 꼬리까지의 구부러진 새의 형상을 본뜬 글자. (제부수)

본문 page
60 乙

부수익히기 MILLENNIUM 漢字

6

부수명칭	갈고리 궐
육 서	상 형 자

亅

곡식의 가마 따위를 찍어 올리는 낚시처럼 끝이 굽은 갈고리 형상을 본뜬 부수.

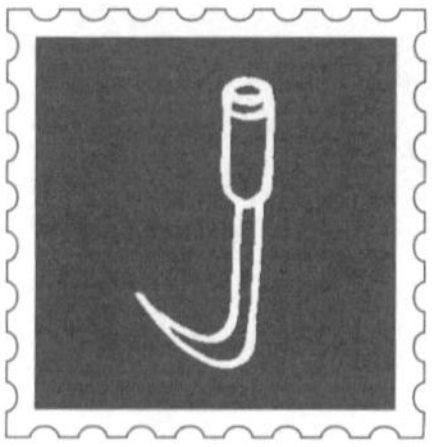

본문 page	
61	了

7

부수명칭	두 이
육 서	지 시 자

二

가로로 두 개의 막대기가 놓여있는 형상을 본뜬 글자. (제부수)

본문 page	
61	二

8

부수명칭	돼지해머리
육 서	상 형 자

亠

젯상(一)에 돼지의 머리(丶)를 올려 놓은 형상을 본뜬 부수로 대개 머리로 쓰임.

본문 page	
62	亡

9

부수명칭	사 람 인
육 서	상 형 자

人

서 있는 사람의 형상을 본 뜬 글자. (제부수)

본문 page	
64	人

10

부수명칭	어진사람 인
육 서	상 형 자

儿

원래 人자를 다른 형태로 쓰는 글자로 어진 사람이 걸어가는 형상을 본뜬 부수.

본문 page	
82	元

부수익히기 MILLENNIUM 漢字

11

부수명칭	들 입
육 서	상 형 자

入

기울어져 가는 줄기를 땅속 깊이 들어가 자리잡은 뿌리로 인해 지탱되고 있는 형상을 본뜬 글자. (제부수)

본문 page
84 入

12

부수명칭	여덟 팔
육 서	지 시 자

♧ 여덟팔머리

八

(丷)

긴 막대를 양손으로 쥐고 위로 휘어지게 부러뜨린 형상을 본뜬 글자로 여덟을 뜻함. (제부수)

본문 page
85 八

13

부수명칭	멀 경
육 서	상 형 자

冂

도성에서 멀리 떨어진 곳의 성문의 형상을 본뜬 부수로 빗장을 의미하기도 함.

본문 page
87 再

14

부수명칭	덮을 멱
육 서	상 형 자

冖

지붕 또는 밥그릇을 덮은 보자기의 형상을 본뜬 부수로 민갓머리라고도 함.

본문 page
87 冠

15

부수명칭	얼음 빙
육 서	상 형 자

冫

추녀끝에 얼음인 매달린 고드름이 꺾여 떨어지는 형상을 본뜬 부수.

본문 page
88 冬

부수익히기 MILLENNIUM 漢字

16

부수명칭	안석 궤
육 서	상 형 자

几

결상 따위의 기대어 앉는 안석이나 책상의 형상을 본뜬 부수.

본문 page
89 凡

17

부수명칭	입벌릴 감
육 서	상 형 자

凵

사람의 입벌린 모습이나 그릇의 형상을 본뜬 부수로 위튼 입구몸이라고 부름.

본문 page
90 凶

18

부수명칭	칼 도
육 서	상 형 자

♧ 선칼도방

刀

(刂)

둥글게 휘인 칼의 형상을 본뜬 글자. 다른 형태인 방(旁)으로 쓰일 때는 (刂)로 변형.(제부수)

본문 page
90 刀

19

부수명칭	힘 력
육 서	상 형 자

力

건장한 사내가 힘주어 굽힌 팔의 근육이 불거진 형상을 본뜬 글자.(제부수)

본문 page
96 力

20

부수명칭	쌀 포
육 서	상 형 자

勹

허리를 굽혀 보따리를 싸거나 싼 보따리를 안고 있는 형상을 본뜬 부수.

본문 page
99 勿

21

부수명칭	숟가락 비
육 서	상 형 자

匕

비수로 무엇을 치거나 구부러진 숟가락 형상을 본뜬 부수로 비수비라고도 함.

본문 page
100 化

22

부수명칭	상 자 방
육 서	상 형 자

匚

가축의 여물통이나 공구를 넣는 상자의 형상을 본뜬 부수로 그릇의 뜻도 있음.

본문 page
100 匠

23

부수명칭	감 출 혜
육 서	회 의 자

匸

ㄴ은 隱의 고자로 덮개로(一) 가려 무엇을 감춘다는 뜻을 가진 부수.

본문 page
100 匹

24

부수명칭	열 십
육 서	지 시 자

十

동서(一)와 남북(丨)의 수직 수평으로 교차하여 중앙까지 갖춘 꽉 찬 수의 열을 의미한 글자.(제부수)

본문 page
101 十

25

부수명칭	점 복
육 서	상 형 자

卜

옛날 길흉화복의 점을 칠때 거북이 등의 갈라진 금으로 점쳤다는 의미의 글자.(제부수)

본문 page
102 卜

부수익히기 MILLENNIUM 漢字

26

부수명칭	병부 절
육 서	상형자

♧ 병부절발

卩 (㔾)

무릎을 꿇고 앉아 천자로부터 병부의 신표를 받는 관리의 형상을 본뜬 부수.

본문 page 103 卯

27

부수명칭	민엄호
육 서	상형자

厂

제부수로는 「언덕 한」이라는 자로도 쓰이는 부수로 언덕이나 굴의 뜻을 가진 부수.

본문 page 104 厄

28

부수명칭	사사 사
육 서	상형자

厶

손가락으로 자기를 가리켜 사사롭게 나라는 뜻의 부수로 아무(모)로도 쓰임.

본문 page 105 去

29

부수명칭	또 우
육 서	상형자

又

오른손과 그 손가락의 형상을 본뜬 자로 오른손은 쓰고 또 쓰며 자주 쓴다는 의미의 글자.(제부수)

본문 page 105 又

30

부수명칭	입 구
육 서	상형자

口

음식을 먹거나 생각을 말하는 사람의 입 모양의 형상을 본뜬 글자.(제부수)

본문 page 107 口

31

부수명칭	에울 위
육 서	상 형 자

口

성곽 따위 처럼 사방을 에워 싸고 있는 성벽이나 울타리의 형상을 본뜬 부수.

본문 page 119 四

32

부수명칭	흙 토
육 서	상 형 자

土

땅(一)에서 흙을 뚫고 나온 새싹과 줄기(十)의 형상을 본뜬 글자. (제부수)

본문 page 121 土

33

부수명칭	선비 사
육 서	상 형 자

士

선비가 두 팔을 열(十)십자로 벌리고 땅(一)에 서있는 형상을 본뜬 글자. (제부수)

본문 page 128 士

34

부수명칭	천천히걸을쇠
육 서	상 형 자

夊

뒤져올 치(夂)와 같이 쓰이며 발을 끌며 천천히 걷는 사람의 형상을 본뜬 부수.

본문 page 129 夏

35

부수명칭	저녁 석
육 서	상 형 자

夕

달(月)에서 한 획을 빼서 기운 달이 뜨는 저녁의 형상을 본뜬 글자. (제부수)

본문 page 129 夕

부수익히기 MILLENNIUM 漢字

36

부수명칭	큰 대
육 서	상 형 자

大

하늘 다음으로 큰(大) 것은 사람인데, 두 팔과 두 발을 벌린 형상을 본뜬 글자. (제부수)

본문 page
130 大

37

부수명칭	계 집 녀
육 서	상 형 자

女

무릎 위에 손을 얹고 공손하고 얌전하게 앉아 있는 계집의 형상을 본뜬 글자. (제부수)

본문 page
134 女

38

부수명칭	아 들 자
육 서	상 형 자

子

한쪽 발이 들려나온 강보에 싸인 사내아이나 양팔을 들어 도리질하는 아들의 형상을 본뜬 글자. (제부수)

본문 page
140 子

39

부수명칭	집 면
육 서	상 형 자

宀

두 벽이 대칭하여 막힌 옛날 움집의 형상을 본뜬 부수로 갓머리라고도 함.

본문 page
142 安

40

부수명칭	마 디 촌
육 서	지 시 자

寸

寸은 手와 같은 의미로 손목의 맥박이 뛰는 곳과 손가락 마디의 형상을 본뜬 글자. (제부수)

본문 page
148 寸

부수익히기 MILLENNIUM 漢字

41

부수명칭	작 을 소
육 서	지 시 자

小

아주 작은 물건 따위를 뚫거나(亅) 잘라서 정교하게 나누는(八) 형상을 본뜬 글자. (제부수)

본문 page
150 小

42

부수명칭	절름발이 왕
육 서	상 형 자

尢

한 쪽 다리가 굽은 절름발이의 형상을 본뜬 부수로 大자의 한 획을 굽혀 놓은 것.

본문 page
150 尤

43

부수명칭	주 검 시
육 서	상 형 자

尸

관 속에 죽은 사람의 시신이 뉘여 있는 형상을 본뜬 부수로 지붕·집의 뜻도 있음.

본문 page
151 尺

44

부수명칭	외손 좌
육 서	상 형 자

屮

돋아 난 새싹의 줄기가 왼쪽으로 굽어 왼손 같은 형상을 본뜬 부수로 싹날 철로도 쓰임.

본문 page
153 屯

45

부수명칭	메 산
육 서	상 형 자

山

위를 향해 땅에서 산봉우리가 세개 치솟은 형상을 본뜬 글자로 멧둥은 산에 있다는 글자. (제부수)

본문 page
153 山

부수익히기 MILLENNIUM 漢字

46

부수명칭	내 천
육 서	상 형 자

♧ 개미허리

川 (巛)

양쪽의 계곡이나 언덕 사이로 찬찬히 흐르는 냇가 물줄기의 형상을 본뜬 글자. (제부수)

본문 page
156 川

47

부수명칭	장 인 공
육 서	상 형 자

工

천지 사이(二)에서 서있는 사람(丨)이 장인정신으로 무엇을 만드는 형상을 본뜬 글자. (제부수)

본문 page
156 工

48

부수명칭	몸 기
육 서	상 형 자

己

윗자리에 있는 사람에게 몸을 굽혀 자기자신을 겸손해하는 형상을 본뜬 글자. (제부수)

본문 page
157 己

49

부수명칭	수 건 건
육 서	상 형 자

巾

한 폭의 천(冂)을 허리에 차서 드리우거나(丨) 얼굴을 닦는 수건의 형상을 본뜬 글자. (제부수)

본문 page
158 巾

50

부수명칭	방 패 간
육 서	상 형 자

干

창이나 칼 따위를 막는 방패의 형상을 본뜬 글자로 창이 방패를 뚫었다는 의미의 글자. (제부수)

본문 page
160 干

부수익히기 MILLENNIUM 漢字

51

부수명칭	작을 요
육 서	상형자

幺

실줄같은 태줄을 달고 나오는 아이가 아주 작고 어린 형상을 본뜬 부수.

본문 page
161 幻

52

부수명칭	집 엄
육 서	상형자

广

언덕이나 바위 위에 있는 집의 정면에서 본 형상을 본뜬 부수로 엄호라고도 함.

본문 page
162 床

53

부수명칭	길게끌 인
육 서	상형자

廴

行의 왼쪽 획의 변형으로 걸음을 길게 끌며 걸어가는 사람의 형상을 본뜬 부수.

본문 page
165 延

54

부수명칭	들 공
육 서	회의자

廾

두 손으로 무엇을 받들고 있는 형상을 본뜬 부수로 十자 두 개의 뜻으로 스물 입의 뜻도 있음.

본문 page
166 弄

55

부수명칭	주살 익
육 서	상형자

弋

화살에 줄을 단 주살의 형상을 본뜬 부수로 뾰족한 말뚝의 의미도 있음.

본문 page
166 式

부수익히기 MILLENNIUM 漢字

56

부수명칭	활	궁
육 서	상 형	자

弓

화살을 착지하지 않은 활의 모양을 본뜬 글자로 활의 길이로 땅을 재는 자로도 쓰였다는 의미의 글자. (제부수)

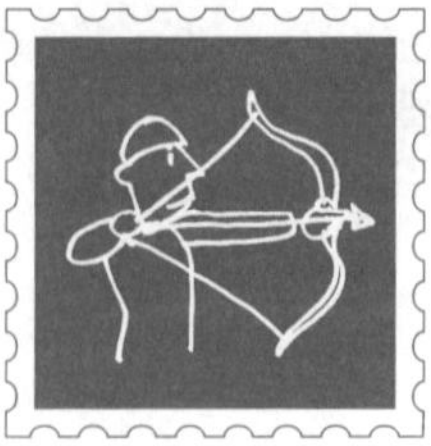

본문 page
166 弓

57

부수명칭	터 럭	삼
육 서	상 형	자

彡

여인의 가지런한 머리털이나 수염의 형상을 본뜬 부수로 짐승의 꼬리 뜻도 있음.

본문 page
168 形

58

부수명칭	걸 을	척
육 서	상 형	자

彳

왼발을 내밀며 걸어가는 사람의 형상을 본뜬 부수로 行의 왼쪽인 두인변이라고도 함.

본문 page
169 役

59

부수명칭	심 방	변
육 서	상 형	자

♧ 마 음 심

忄

(心)

心이 변으로 쓰일 때의 부수로 心부와 별도로 다루었고 마음의 의미가 있음.

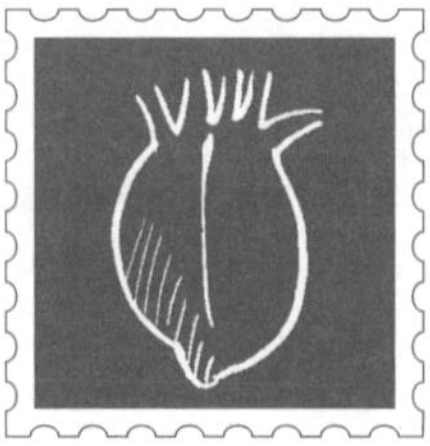

본문 page
173 忙

60

부수명칭	재 방	변
육 서	상 형	자

♧ 손 수

扌

(手)

재주 재(才)의 의미를 포함한 손 수(手)가 변으로 쓰일 때의 부수로 手와 별도로 다룸.

본문 page
179 才

부수익히기 MILLENNIUM 漢字

61

부수명칭	삼 수 변
육 서	상 형 자

♧ 물 수

氵 (水)

水가 변으로 쓰일 때의 모양으로 여기에서는 水와 별도의 부수로 취급한 삼수변.

본문 page
194 氾

62

부수명칭	개사슴록 변
육 서	상 형 자

♧ 개 견

犭 (犬)

개 견(犬)을 변으로 쓰일 때 모양으로 여기서는 별도로 취급하여 개사슴록변.

본문 page
213 犯

63

부수명칭	좌 부 변
육 서	상 형 자

♧ 언덕 부

阝 (阜)

언덕 부(阜)가 변으로 쓰일 때 왼쪽으로 위치하게 하여 좌부변이라고 함.

본문 page
215 防

64

부수명칭	우 부 변
육 서	회 의 자

♧ 고을 읍

阝 (邑)

고을 읍(邑)을 오른쪽에 위치하게 하여 방으로 쓰일 때 우부방이라고 함.

본문 page
220 那

65

부수명칭	마 음 심
육 서	상 형 자

♧ 심 방 변

心 (忄)

사람의 가슴 속 심장을 본뜬 글자로 마음으로 생각이 생성되는 심장, 곧 염통을 의미한 글자. (제부수)

본문 page
222 心

부수익히기 MILLENNIUM 漢字

66

부수명칭	창 과
육 서	상 형 자

戈

긴 나무막대의 끝에 칼이나 뾰족한 쇠붙이를 달아 놓은 창의 형상을 본뜬 글자. (제부수)

본문 page
231 戈

67

부수명칭	문(지게) 호
육 서	상 형 자

♧ 지게문 호

戶 (户)

마루나 방에 여닫는 외짝문이나 집의 형상을 본뜬 글자, 또는 지게의 모양을 본뜬 글자. (제부수)

본문 page
232 戶

68

부수명칭	손 수
육 서	상 형 자

♧ 재 방 변

手 (扌)

손가락을 모두 펴고 있는 손바닥의 형상을 본뜬 글자로 손으로 인한 재주의 뜻도 있음. (제부수)

본문 page
233 手

69

부수명칭	지탱할 지
육 서	회 의 자

支

열 십(十)자로 대나무를 손(手)에 들고 연약한 나무의 줄기를 묶어 지탱하게 한다는 뜻의 글자. (제부수)

본문 page
234 支

70

부수명칭	둥글월 문
육 서	형 성 자

♧ 칠 복

攵 (攴)

본디 칠복(攴)이 방으로 쓰일 때 둥글월문을 썼으나 지금은 대개 같이 방으로 쓰임.

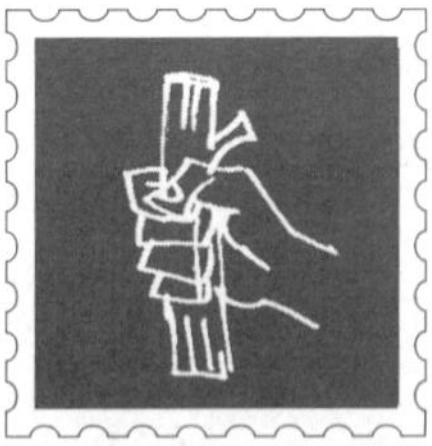

본문 page
235 收

부수익히기 MILLENNIUM 漢字

71

부수명칭	글월 문
육 서	상 형 자

文

사람의 턱 밑에 서로 엇갈린 옷깃처럼 글월이나 문서를 곱게 접는 형상을 본뜬 글자. (제부수)

본문 page 238 文

72

부수명칭	말 두
육 서	상 형 자

斗

곡식 따위를 한 말 정도를 담은 자루의 형상을 본뜬 글자로 한 말은 열 되가 됨. (제부수)

본문 page 238 斗

73

부수명칭	도끼 근
육 서	상 형 자

斤

날이 서고 자루가 달린 도끼(斤)의 형상을 본뜬 글자로 무게의 단위로도 쓰임. (제부수)

본문 page 239 斤

74

부수명칭	모 방
육 서	상 형 자

方

해변에 두 배가 정박해 있고 그 배가 짐을 강건너 쪽(方)으로 나르는 형상을 본뜬 글자. (제부수)

본문 page 240 方

75

부수명칭	날 일
육 서	상 형 자

日

낮의 해가 눈부시게 빛나는 가운데 흑점 하나(一)가 보이고 그 해가 지면 날이 저문다는 뜻의 글자. (제부수)

본문 page 241 日

부수익히기 MILLENNIUM 漢字

76

부수명칭	가로 왈
육 서	지 시 자

日

굳게 다문 입(口)을 열어 마음 속의 생각(一)을 가로되 하며 말하는 형상을 본뜬 글자. (제부수)

본문 page
248 日

77

부수명칭	달 월
육 서	상 형 자

月

만월에 초승달(月)이 되어 가는 과정에서 지자(之=二)처럼 구름이 걸려 있는 형상을 본뜬 글자. (제부수)

본문 page
249 月

78

부수명칭	나무 목
육 서	상 형 자

木

땅 속에 뿌리(人)를 내리고 줄기와 가지(一)가 뻗어나 있는 나무의 형상을 본뜬 글자. (제부수)

본문 page
251 木

79

부수명칭	하품 흠
육 서	상 형 자

欠

사람이 하품하는 형상을 본뜬 부수로 하품할 때 얼굴이 일그러진다하여 缺의 약자로도 쓰임.

본문 page
263 次

80

부수명칭	그칠 지
육 서	상 형 자

止

(止)는 발목 아래 발이나 발바닥의 형상을 본뜬 글자로 걷다가 그치는 것이 발이란 뜻. (제부수)

본문 page
265 止

부수익히기 MILLENNIUM 漢字

81

부수명칭	앙상한뼈 알
육서	상형자

歹

동물이 죽으면 살이 발라지듯 앙상한 뼈만 남는다는 의미의 부수, 死에서 匕를 생략한 자.

본문 page
266 死

82

부수명칭	몽둥이·칠 수
육서	회의자

殳

안석 궤(几)와 손 우(又)가 결합된 부수로 몽둥이나 회초리로 친다는 의미로 쓰임.

본문 page
268 段

83

부수명칭	말 무
육서	상형자

毋

정숙한 여인의 부덕으로 어떤어떤 것은 하지말라는, 해서는 안되는 것을 의미한 부수.

본문 page
268 毋

84

부수명칭	견줄 비
육서	회의자

比

比는 두 사람이 나란히 서서 서로 비교할 수 있게 차례로 서있는 형상을 본뜬 글자. (제부수)

본문 page
269 比

85

부수명칭	털 모
육서	상형자

毛

짐승의 긴 꼬리의 부들부들한 털이나 새의 깃이 바람에 날리는 털의 형상을 본뜬 글자. (제부수)

본문 page
269 毛

부수익히기 MILLENNIUM 漢字

86

부수명칭	뿌리·성씨
육 서	상 형 자

氏

아무게 성씨 집안에서 시집온 각시가 친정어미가 걱정되어 언덕을 자주 넘는 형상을 본뜬 글자. (제부수)

본문 page
269 氏

87

부수명칭	기운 기
육 서	상 형 자

气

끓는 물의 김이나 하늘의 구름이나 아지랭이 따위 대기·대지의 기운의 형상을 본뜬 부수.

본문 page
270 氣

88

부수명칭	물 수
육 서	상 형 자

水

♧ 삼 수 변 (氵)

흐르는 물줄기의 형상을 본뜬 글자로 높은 곳에서 낮은 곳으로 흐르는 물을 의미한 글자. (제부수)

본문 page
270 水

89

부수명칭	불 화
육 서	상 형 자

火

♧ 연 화 발 (灬)

엇갈리게 얹혀진 장작에 불이 활활 타는 형상을 본뜬 글자로 모닥불을 의미한 글자. (제부수)

본문 page
271 火

90

부수명칭	손톱 조
육 서	상 형 자

爪

물건을 긁거나 무엇을 집으려는 손톱의 형상을 본뜬 부수로 손과 손가락을 의미한 자임.

본문 page
276 争

부수익히기 MILLENNIUM 漢字

91

부수명칭	아 비 부
육 서	회 의 자

父

도끼나 괭이를 들고 땀을 씻어내리며 열심히 일하는 가장이 아비라는 의미의 글자. (제부수)

본문 page 277 父

92

부수명칭	조 각 편
육 서	지 시 자

片

통나무 토막을 두 개로 쪼개어 조각낸 장작의 형상을 본뜬 글자로 작다는 의미도 있음. (제부수)

본문 page 277 片

93

부수명칭	어금니 아
육 서	상 형 자

牙

어금니나 코끼리의 상아로 품위와 위엄을 드높이기 위하여 대장기 끝에 장식한 형상을 본뜬 글자. (제부수)

본문 page 278 牙

94

부수명칭	소 우
육 서	상 형 자

牛

머리와 그 위에 솟은 두 뿔 그리고 꼬리를 늘어뜨리고 있는 소의 형상을 본뜬 글자. (제부수)

본문 page 278 牛

95

부수명칭	개 견
육 서	상 형 자

犬

♧ 개사슴록변 (犭)

집에서 기르는 개가 주인을 맞아 기뻐하며 앞발을 쳐들고 있는 형상을 본뜬 글자. (제부수)

본문 page 279 犬

부수익히기 MILLENNIUM 漢字

96

부수명칭	늙을 로 엄
육 서	상 형 자

♧ 늙을 로

耂

(老)

늙을 로(老)가 엄으로 쓰일 경우 匕가 생략된 경우의 부수로 늙은이와 지팡이를 의미함.

본문 page
280 老

97

부수명칭	구슬 옥
육 서	상 형 자

♧ 임금 왕

玉

(王)

세 개의 옥돌이 꿰어진 구슬의 형상을 본뜬 글자로 王자와 구별하기 위해 점을 넣음. 현재는 王자와 같은 부수로 쓰임. (제부수)

본문 page
280 王

98

부수명칭	초두머리
육 서	상 형 자

♧ 초두머리

艹

(艸)

초두머리의 본래의 형태인 艸의 변형으로 대개 머리로 쓰이는 부수로 풀이나 새싹을 의미함.

본문 page
283 芽

99

부수명칭	쉬엄쉬엄갈 착
육 서	상 형 자

⻌

辵이 부수로 쓰일 때의 변형으로 (⻍)의에 점하나 더해 쓰이는 부수로 쉬엄쉬엄가는 모양이나 책받침이라고도 함.

본문 page
291 迅

100

부수명칭	검을 현
육 서	상 형 자

玄

머리(亠) 꼭대기 봉우리에 있는 것들이 멀어서 모두 작고(幺) 검게 보이는 형상을 본뜬 글자. (제부수)

본문 page
301 玄

부수익히기 MILLENNIUM 漢字

101

부수명칭	오 이 과
육 서	상 형 자

瓜

덩굴에 매달린 오이, 또는 참외, 모과 따위의 형상을 본뜬 글자로 벼슬의 임기도 뜻함. (제부수)

본문 page
301 瓜

102

부수명칭	기 와 와
육 서	상 형 자

瓦

찰흙이나 진흙으로 빚어서 구워 만든 기와가 포개진 형상을 본뜬 글자. (제부수)

본문 page
302 瓦

103

부수명칭	달 감
육 서	지 시 자

甘

열 십(十)과 열 십(十)이 모여 입(口)이 되고 그 안의 혀(一)로 단맛을 보는 형상을 본뜬 글자. (제부수)

본문 page
302 甘

104

부수명칭	날 생
육 서	상 형 자

生

봄이면 어김없이 파릇파릇하게 새싹(人)이 땅으로(土)부터 움터 나오는 형상을 본뜬 글자. (제부수)

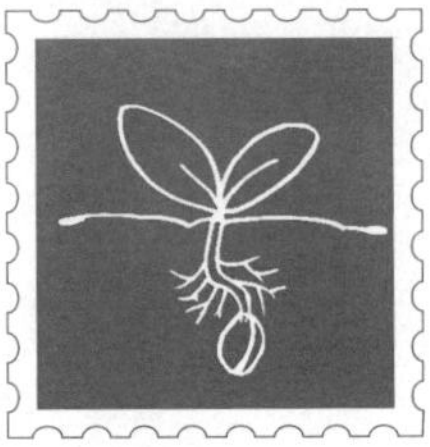

본문 page
302 生

105

부수명칭	쓸 용
육 서	상 형 자

用

목장을 안정되게 쓸 수 있도록 울타리를 친 형상을 본뜬 글자로 사용하다의 뜻으로 쓰임. (제부수)

본문 page
303 用

부수익히기 MILLENNIUM 漢字

106

부수명칭	밭 전
육 서	상 형 자

田

에워싼(口) 둘레 안에 밭들이 둑을 막아(十) 경계로 펼쳐져 있는 형상을 본뜬 글자.(제부수)

본문 page
303 田

107

부수명칭	필 필
육 서	상 형 자
♧ 발	소

疋 (⻊)

사람의 종아리에서 발까지 형상을 본뜬 부수로 굽혔다 피는 자로 변으로는 ⻊로 쓰임.

본문 page
306 疏

108

부수명칭	병 들 녁
육 서	회 의 자

疒

병들어 앓는 환자의 형상을 본뜬 부수로 병과 관련된 글자의 엄으로 쓰임.

본문 page
306 疫

109

부수명칭	걸을 · 필 발
육 서	회 의 자

癶

왼발과 오른발의 형상을 본뜬 부수로 발을 벌리고 걸어간다는 의미로 쓰이는 부수.

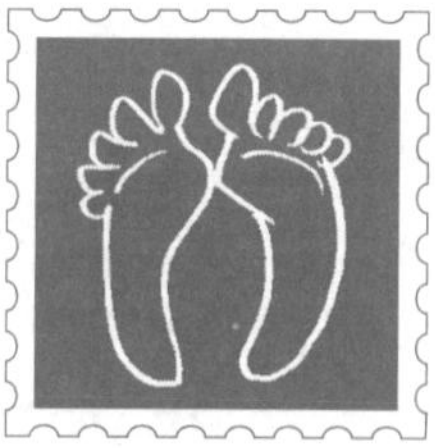

본문 page
308 癸

110

부수명칭	흰 백
육 서	지 시 자

白

해(日)가 떨어지고 어둠 속에서는 흰 사물이 마치 빛을 발하는(丿) 것 같은 형상을 본뜬 글자.(제부수)

본문 page
308 白

부수익히기 MILLENNIUM 漢字

111

부수명칭	가죽 피
육 서	회의자

皮

동물의 가죽을(厂) 칼(丨) 따위를 이용해 오른손(又)으로 벗기는 형상을 본뜬 글자. (제부수)

본문 page 309 皮

112

부수명칭	그릇 명
육 서	상형자

皿

젯상에 올리는 제기의 형상을 본뜬 부수로 대개 그릇에 관련된 글자에 쓰임.

본문 page 309 益

113

부수명칭	눈 목
육 서	상형자

目

눈구멍(口) 안에 흰자위와 눈동자(二)가 있는 눈의 형상을 본뜬 글자. (제부수)

본문 page 310 目

114

부수명칭	창 모
육 서	상형자

矛

군사들이 장식달린 긴 자루 끝에 세모진 쇠를 꽂은 창을 들고 서있는 형상을 본뜬 글자. (제부수)

본문 page 313 矛

115

부수명칭	화살 시
육 서	상형자

矢

대의 마디마디를 다듬어 곧게 만든 화살의 형상을 본뜬 글자로 베풀다의 뜻도 있음. (제부수)

본문 page 314 矢

부수익히기 MILLENNIUM 漢字

116

부수명칭	돌 석
육 서	상 형 자

石

언덕(厂)에 바윗돌이 괴어 있고(口) 주변에 잔 돌들이 깔려 있는 형상을 본뜬 글자. (제부수)

본문 page
315 石

117

부수명칭	보일 시
육 서	상 형 자

示

♧ 보일시 변 (礻)

제물(一)을 올린 제단(丅)에 음식을 나누어(八) 차리고 신에게 정성을 보인다는 뜻의 글자. (제부수)

본문 page
317 示

118

부수명칭	짐승발자국 유
육 서	상 형 자

禸

짐승의 발자국이나 벌레의 꺾인 다리의 형상을 본뜬 부수로 짐승을 의미한자에 쓰임.

본문 page
320 禽

119

부수명칭	벼 화
육 서	상 형 자

禾

벼의 줄기목(木)에 이삭이 드리워진 형상을 본뜬 글자로 모든 곡식류를 총칭하기도 함. (제부수)

본문 page
321 禾

120

부수명칭	구 멍 혈
육 서	상 형 자

穴

옛날 원시인들의 집(宀)은 곧 굴 속인데 그 굴들은 좌우로 구멍을 파서 연결되어 있다는 의미의 글자. (제부수)

본문 page
325 穴

부수익히기 MILLENNIUM 漢字

121

부수명칭	설 립
육 서	회 의 자

立

立은 大자와 一로 합성된 자가 변형되어 만들어진 자로 사람이 大자로 땅에 서있는 모양의 글자. (제부수)

본문 page
326 立

122

부수명칭	옷 의 변
육 서	상 형 자
♧	옷 의

衤 (衣)

옷 의(衣)가 변으로 쓰일 때의 모양으로 여기서는 별도의 부수로 취급하였음.

본문 page
327 被

123

부수명칭	쌀 미
육 서	상 형 자

米

벼의 줄기 목(十)에 낟알(네개의 점)이 매달린 벼이삭이 쌀이 된다는 의미의 글자. (제부수)

본문 page
328 米

124

부수명칭	대 죽
육 서	상 형 자

竹

竹은 많은 대나무를 두 그루의 줄기와 잎으로 형상화한 글자로 곧은 대를 절개로 표현함. (제부수)

본문 page
330 竹

125

부수명칭	실 사
육 서	상 형 자

糸

감아놓은 실타래나 묶인 실타래에서 얼마간 풀린 실의 형상을 본뜬 부수.

본문 page
334 系

부수익히기 MILLENNIUM 漢字

126

부수명칭	장군 부
육 서	상 형 자

缶

아가리가 좁고 몸통이 불룩한, 술이나 장을 담글 때 쓰이는 장군(그릇)의 형상을 본뜬 부수. (제부수)

본문 page
345 缺

127

부수명칭	그물(법) 망
육 서	상 형 자
♧	그 물 망

罒 (罓)

양편에 기둥을 세우고 그물을 치는 형상을 본뜬 부수로 밑을 없애고 법의 의미로도 쓰임.

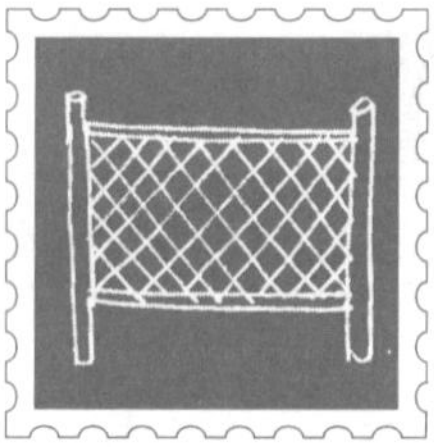

본문 page
345 罔

128

부수명칭	양 양
육 서	상 형 자
♧	양 머 리

羊 (⺷)

양의 뿔과 귀, 그리고 털이 풍성한 몸, 또 꼬리의 형상을 본뜬 글자. (제부수)

본문 page
346 羊

129

부수명칭	깃 우
육 서	상 형 자

羽

새의 날개에는 깃이 있어 새털을 가지런히 하거나 비상할 때 도움이 되는 형상을 본뜬 글자. (제부수)

본문 page
347 羽

130

부수명칭	말이을 이
육 서	상 형 자

而

而는 긴 수염 사이의 입으로 계속 말잇는 노인의 형상을 본뜬 글자로 어조사로 쓰임. (제부수)

본문 page
348 而

부수익히기 MILLENNIUM 漢字

131

부수명칭	쟁기 뢰
육 서	상 형 자

耒

삽모양의 쇠판을 머리에 박은 쟁기의 형상을 본뜬 부수로 대개 농기구를 의미함.

본문 page
349 耕

132

부수명칭	귀 이
육 서	상 형 자

耳

사람의 한쪽 귀의 형상을 본뜬 글자로 귀로 듣거나 눈으로 보아서 헤아린다는 뜻도 있음.(제부수)

본문 page
349 耳

133

부수명칭	붓·오직 률
육 서	상 형 자

♧ 붓 률머리

聿 (⺺)

오직 오른손으로 붓을 잡은 형상을 본뜬 부수로 머리로 쓰일 때는 꼬리를 생략함.

본문 page
251 肅

134

부수명칭	고기 육
육 서	상 형 자

♧ 고기육월변

肉 (月)

고기덩이가 꼬지에 꿰인 형상을 본뜬 글자로 동물의 뼈에서 도려낸 고기를 말함.(제부수)

본문 page
351 肉

135

부수명칭	신하 신
육 서	상 형 자

臣

맞은 편 소매 속에 각각 손을 감추듯 모아 읍조리고 있는 신하의 형상을 본뜬 글자.(제부수)

본문 page
357 臣

부수익히기 MILLENNIUM 漢字

136

부수명칭	스스로 자
육 서	상 형 자

自

자기 자신의 코를 손가락으로 스스로 가리키는 형상을 본뜬 글자로 자연의 뜻도 있음. (제부수)

본문 page 357 自

137

부수명칭	이 를 지
육 서	상 형 자

至

빠른 화살(矢의 생략형)이 날아와서 땅(土)에 이르러 거꾸로 꽂히는 형상을 본뜬 글자. (제부수)

본문 page 358 至

138

부수명칭	절 구 구
육 서	상 형 자

臼

돌이나 통나무 토막의 안쪽을 깊게 판 절구의 형상을 본뜬 부수로 세로로 중심을 벌려 쓰기도 함.

본문 page 358 與

139

부수명칭	혀 설
육 서	상 형 자

舌

말을 할 때 입안의 이곳저곳을 막아(干의 변형) 소리(口)를 만드는 혀의 형상을 본뜬 글자. (제부수)

본문 page 359 舌

140

부수명칭	어그러질 천
육 서	회 의 자

舛

걸어가는 걸음걸이를 보면 두 발이 어그러짐을 반복하는 형상을 본뜬 부수.

본문 page 359 舞

부수익히기 MILLENNIUM 漢字

141

부수명칭	배 주
육 서	상 형 자

舟

술잔을 얹는 잔대, 또는 통나무로 만든 쪽배의 형상을 본뜬 글자로 작은 배를 의미함. (제부수)

본문 page
359 舟

142

부수명칭	그칠 간
육 서	회 의 자

艮

치켜 뜬 눈으로 (目이 日로 변형됨) 걸음을 그치고 높은 곳을 바라보는 형상을 본뜬 부수.

본문 page
360 良

143

부수명칭	빛 색
육 서	회 의 자

色

사람(人의 변형)이 미인의 얼굴 빛을 뱀과 같이 살피는(巴) 형상을 본뜬 글자. (제부수)

본문 page
361 色

144

부수명칭	범(호랑이) 호
육 서	상 형 자

虍

어슬렁어슬렁 걸으면서 입을 벌리고 먹이를 찾는 범의 형상을 본뜬 부수.

본문 page
361 虎

145

부수명칭	벌레 훼·충
육 서	상 형 자

虫

곤충·벌레, 또는 웅크린 뱀의 형상을 본뜬 부수로 蟲의 약자로도 쓰이는 부수임.

본문 page
362 蛋

부수익히기 MILLENNIUM 漢字

146

부수명칭	피 혈
육 서	회 의 자

血

동물의 살을 칼질하여(丿) 그릇(皿)에 그 피를 담는 형상을 본뜬 글자로 혈액의 뜻임.

본문 page
364 血

147

부수명칭	다닐 행
육 서	상 형 자

行

십자로의 길을 왼발(彳)과 오른발(亍)을 교대로 내딛으며 다니는 사람의 형상을 본뜬 글자. (제부수)

본문 page
364 行

148

부수명칭	옷 의
육 서	상 형 자

衣

윗저고리로 단장한 여인의 형상을 본뜬 글자로 남녀가 입는 옷의 의미로 발전된 글자. (제부수)

본문 page
365 衣

149

부수명칭	덮을 아
육 서	지 사 자

襾

뚜껑을 덮어놓은 항아리의 형상을 본뜬 부수로 대개 머리로 많이 쓰이는 부수임.

본문 page
367 西

150

부수명칭	볼 견
육 서	회 의 자

見

눈(目)으로 보면서 살피고 헤아리는 자상하면서, 어진 사람(儿)의 형상을 본뜬 글자. (제부수)

본문 page
368 見

부수익히기 MILLENNIUM 漢字

151

부수명칭	뿔 각
육 서	상 형 자

角

모가 나고 각진 짐승의 뿔이나 소뿔(角)의 형상을 본뜬 글자로 모나다는 뜻도 있음. (제부수)

본문 page
369 角

152

부수명칭	말씀 언
육 서	상형·형성자

言

言의 본래의 자는 辛+口로 된자인데 죄악이 뱉는 말로부터 비롯된다는 의미의 글자. (제부수)

본문 page
370 言

153

부수명칭	골 곡
육 서	회 의 자

谷

谷은 물 수의 변형과 口로 이루어진 자로 골짜기에서 물이 흐르는 형상을 본뜬 글자. (제부수)

본문 page
384 谷

154

부수명칭	콩(제기) 두
육 서	상 형 자

豆

豆는 뚜껑을 의미한 一과 아래에는 제기의 모양인데 그 모양이 콩 같다는 의미의 글자. (제부수)

본문 page
384 豆

155

부수명칭	돼지 시
육 서	상 형 자

豕

서있는 돼지의 머리·몸통·다리·꼬리의 형상을 본뜬 부수로 돼지의 의미로 쓰임.

본문 page
385 豚

부수익히기 MILLENNIUM 漢字

156

부수명칭	발없는벌레 치
육 서	상 형 자

豸

발없는 벌레나 먹이를 노리는 짐승 따위의 형상을 본뜬 부수로 해태 태로도 부름.

본문 page
385 貌

157

부수명칭	조개(재물) 패
육 서	상 형 자

貝

조개가 입을 벌리고 있는 형상을 본뜬 글자로 옛날에는 조개껍질을 화폐의 단위로 쓰임. (제부수)

본문 page
385 貝

158

부수명칭	붉을 적
육 서	회 의 자

赤

모닥불이 크게(土=大의 변형) 활활 탈 때 불(火의 변형)이 더욱 붉은 형상을 본뜬 글자. (제부수)

본문 page
392 赤

159

부수명칭	달아날 주
육 서	회 의 자

走

달아나는 사람의 발이 땅(土)에서 마치 떠있는 발(止의 변형)처럼 보이는 형상을 본뜬 글자. (제부수)

본문 page
392 走

160

부수명칭	발 족
육 서	상 형 자

足

무릎(口)에서 발바닥(止의 변형)까지를 발이라 부르고 그곳 발바닥의 형상을 본뜬 글자. (제부수)

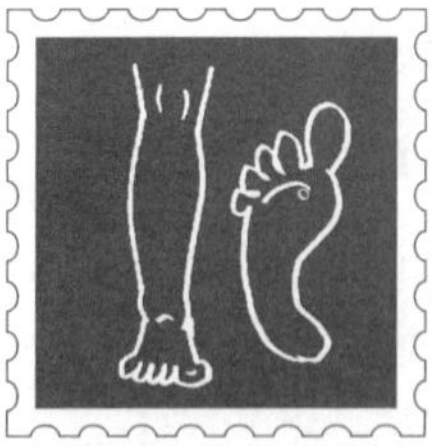

본문 page
393 足

♧ 발 족 변 (⻊)

부수익히기 MILLENNIUM 漢字

161

부수명칭	몸 신
육 서	상 형 자

♧ 우 부 방

身 (阝)

신이 납시어 어미 몸 속의 태아에 생명을 불어넣어 아이를 배게 한다는 의미의 글자. (제부수)

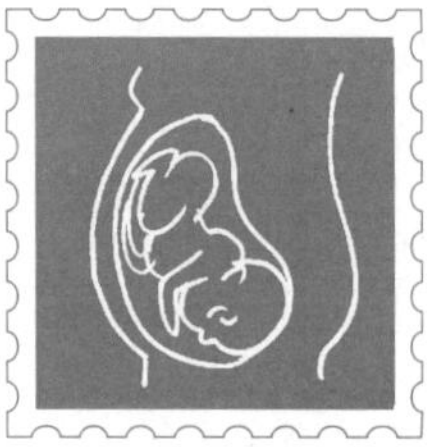

본문 page 396 身

162

부수명칭	수레 거·차
육 서	상 형 자

車

수레에 두 개의 바퀴가 있는 형상을 본뜬 글자로 그 바퀴로 움직인다는 의미의 글자. (제부수)

본문 page 396 車

163

부수명칭	매울 신
육 서	상 형 자

辛

죄인의 이마(立)에 동서남북(十)에서 보이게 매웁고 고통스런 문신을 새겼다는 뜻의 글자. (제부수)

본문 page 399 辛

164

부수명칭	별 진·신
육 서	상 형 자

辰

지붕(厂) 위(二=上)에 숟가락(匕)처럼 굽은(乙) 아지랭이가 피는 봄, 별자리로 전갈자리. (제부수)

본문 page 400 辰

165

부수명칭	닭·술 유
육 서	상 형 자

酉

酉는 술병을 본뜬 글자로 닭이 둥지에 들무렵 하오 5시부터 7시 사이를 의미함. (제부수)

본문 page 400 酉

부수익히기 MILLENNIUM 漢字

166

부수명칭	고을 읍
육 서	회 의 자

邑

전답들로 둘러싸인 (口) 경계(巴) 안의 고을의 형상을 본뜬 글자로 조금 큰 마을을 뜻함. (제부수)

본문 page
402 邑

167

부수명칭	분별할 변
육 서	상 형 자

釆

사람이 손(丿)으로 쌀(米)을 매만져 헤아리듯 무엇을 분별하는 형상을 본뜬 부수.

본문 page
403 釆

168

부수명칭	마을 리
육 서	상 형 자

里

마을 주변에 논밭(田)이 펼쳐져 있고 그 땅(土)을 경계로 다른 마을이 있다는 뜻의 글자. (제부수)

본문 page
403 里

169

부수명칭	쇠 금
육 서	지 시 자

金

쇠같은 귀한 금은 이제(今) 방금 땅(土) 속에서 캐어서 반짝(八)이고 있다는 의미의 글자. (제부수)

본문 page
404 金

170

부수명칭	길·어른 장
육 서	상 형 자

長

백발을 휘날리며 구부정한 노인이 길다란 지팡이를 집고 서있는 형상을 본뜬 글자. (제부수)

본문 page
409 長

171

부수명칭	문 문
육 서	상 형 자

門

집안으로 통하는 문으로 양쪽 벽에 두 개의 문짝으로 된 대문의 형상을 본뜬 글자. (제부수)

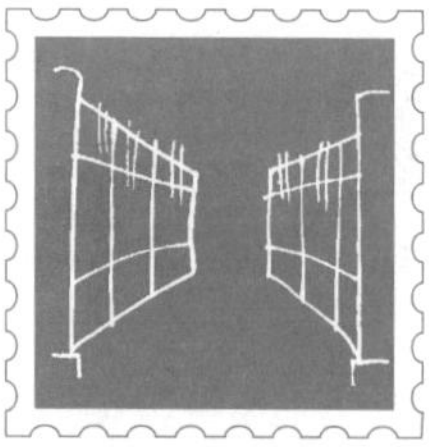

본문 page 409 門

172

부수명칭	미칠 이·대
육 서	회 의 자

隶

오른손으로 꼬리에 미치는 밑을 잡은 형상을 본뜬 부수로 다다른다는 의미임.

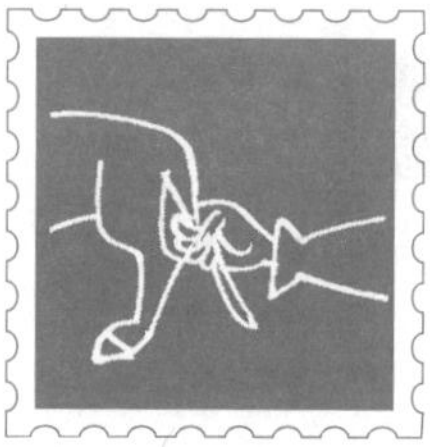

본문 page 412 隸

173

부수명칭	새 추
육 서	상 형 자

隹

꼬리가 짧은 새의 형상을 본뜬 부수로 鳥는 새들의 총칭으로 새 조자와 구별함.

본문 page 412 雇

174

부수명칭	비 우
육 서	상 형 자

雨

하늘에 검은 먹구름이 가려 비가 오는 형상을 본뜬 글자로 비에 적시다의 뜻도 있음. (제부수)

본문 page 414 雨

175

부수명칭	푸를 청
육 서	회 의 자

靑

씨앗으로부터 불그스럼하게(丹) 싹이 나(主=生의 변형) 푸르게 변하는 형상을 본뜬 글자. (제부수)

본문 page 416 靑

부수익히기 MILLENNIUM 漢字

176

부수명칭	아 닐 비
육 서	지 시 자

非

두 날개를 펴고 비상하려는 새의 날개는 한쪽에만 있지 아니한 형상을 본뜬 글자. (제부수)

본문 page
416 非

177

부수명칭	낮 면
육 서	상 형 자

面

사람(一)의 얼굴(口)인 낯에는 눈 · 코 · 입이 자연스럽게(自) 배열되어 있는 형상을 본뜬 글자. (제부수)

본문 page
416 面

178

부수명칭	가 죽 혁
육 서	회 의 자

革

짐승의 털을 뽑고 나니 가죽이 엿보이고 그 가죽으로 물건들을 만든다는 의미의 글자. (제부수)

본문 page
416 革

179

부수명칭	다룬가죽 위
육 서	회 의 자

韋

손으로 가죽 따위를 당기며 그 가죽을 다루는 것으로 무엇을 만드는 의미의 부수.

본문 page
417 韓

180

부수명칭	소 리 음
육 서	지 시 자

音

音은 言에다 一을 합성한 글자의 변형으로 높고 낮은 소리가 이어지는 형상을 본뜬 글자. (제부수)

본문 page
417 音

부수익히기 MILLENNIUM 漢字

181

부수명칭	머리 혈
육 서	상형자

頁

사람의 머리(一)를 의미한 부수로 自는 얼굴, 八은 목부분의 형상을 본뜬 부수.

본문 page
418 頃

182

부수명칭	날 비
육 서	상형자

飛

날개를 활짝 펴고 하늘 높이 날아가는 새의 형상을 본뜬 글자로 비상하는 모습을 나타냄. (제부수)

본문 page
421 飛

183

부수명칭	밥 식
육 서	회의자

食

두둑이 담아(合의 생략형) 놓은 그릇의 고소한 하얀(白) 밥에 수저(匕)를 꽂은 형상을 본뜬 글자. (제부수)

본문 page
422 食

184

부수명칭	머리 수
육 서	상형자

首

사람의 가름마 타진(八) 앞머리의 형상을 본뜬 글자로 一+自는 頁의 생략형으로 봄이 정설. (제부수)

본문 page
424 首

185

부수명칭	향기 향
육 서	회의자

香

쌀(禾)로 달콤한(曰=甘의 변형) 술과 떡을 만들어 제를 올렸는데 그 향기가 그윽했다는 뜻의 글자. (제부수)

본문 page
424 香

부수익히기 MILLENNIUM 漢字

186

부수명칭	바람 풍
육 서	형성자

風

범선이 바람을 타고 멀리 갈수록 무릇(凡) 벌레(虫)처럼 작게 보여지는 형상을 본뜬 글자. (제부수)

본문 page 424 風

187

부수명칭	말 마
육 서	상형자

馬

말의 머리와 목덜미의 갈기, 네 다리와 꼬리의 형상을 본뜬 글자로 야생마의 뜻도 있음. (제부수)

본문 page 424 馬

188

부수명칭	뼈 골
육 서	회의자

骨

살(月)을 발라낸 뒤에 남는 것은 뼈인데 뼈는 몸을 지탱하는 것이라는 의미의 글자. (제부수)

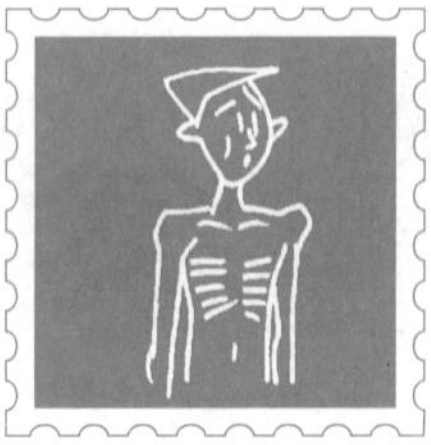

본문 page 426 骨

189

부수명칭	높을 고
육 서	상형자

高

높은 언덕에 세워진 누각이나 망루의 형상을 본뜬 글자로 비싸다는 뜻도 있음. (제부수)

본문 page 427 高

190

부수명칭	긴털머리 표
육 서	회의자

髟

느러뜨린 긴(長) 머리를(彡) 단장하는 여인의 형상을 본뜬 부수로 수염의 의미도 있음.

본문 page 427 髮

부수익히기 MILLENNIUM 漢字

191

부수명칭	싸움 투
육 서	상 형 자

鬥

주먹을 불끈 쥐고 두 사람이 다투며 싸우고 있는 형상을 본뜬 부수.

본문 page
427 鬪

192

부수명칭	귀신 귀
육 서	상 형 자

鬼

영혼이 귀신이 되어 머리를 풀고 (丿+田) 주위(厶)를 돌아다니는(儿) 형상을 본뜬 글자. (제부수)

본문 page
427 鬼

193

부수명칭	물고기 어
육 서	상 형 자

魚

물고기 또는 잡은 물고기의 어탁에 나타난 머리 · 몸 · 꼬리의 형상을 본뜬 글자. (제부수)

본문 page
428 魚

194

부수명칭	새 조
육 서	상 형 자

鳥

왼쪽으로 비상하려는 새의 형상을 본뜬 글자로 隹는 꼬리가 짧은 새, 鳥는 새의 총칭. (제부수)

본문 page
428 鳥

195

부수명칭	짠땅 로
육 서	상 형 자

鹵

짠 땅에서 난 소금을 가마니나 광주리에 담아 놓은 형상을 본뜬 부수. (제부수)

본문 page
429 鹽

부수익히기 MILLENNIUM 漢字

196

부수명칭	사슴 록
육 서	상 형 자

鹿

사슴의 뿔과 머리, 몸통과 네 다리(比)의 형상을 본뜬 글자로 녹용의 뜻도 있음. (제부수)

본문 page
430 鹿

197

부수명칭	보리 맥
육 서	가 차 자

麥

보리의 이삭(來)과 뿌리(夕)의 형상을 본뜬 글자로 여기서는 까끄라기가 있는 보리를 뜻함. (제부수)

본문 page
430 麥

198

부수명칭	삼 마
육 서	회 의 자

麻

돌집(广) 언저리에서 껍질을 갈라서(林) 물에 불려 실을 만드는 삼의 형상을 본뜬 글자. (제부수)

본문 page
430 麻

199

부수명칭	누를 황
육 서	회 의 자

黃

많은(廿) 백성들이 농사를 잘 경작한 까닭으로(由) 온통(八) 황금색으로 누렇다는 의미의 글자. (제부수)

본문 page
430 黃

200

부수명칭	검을 흑
육 서	회 의 자

黑

아궁이로부터 창(田=窓의 변형) 밖의 연통을 통해 검은 연기(灬) 가 나간다는 의미의 글자. (제부수)

본문 page
431 黑

부수익히기 MILLENNIUM 漢字

201

부수명칭	북 고
육 서	회 의 자

鼓

나무 가지에 큰 콩같이 달린 북채를 손에 쥐고(支) 두드리는 북의 형상을 본뜬 글자. (제부수)

본문 page
431 鼓

202

부수명칭	코 비
육 서	회의·형성자

鼻

코로(自) 공기를 마셔 넓은(田) 몸에 거듭하여(廾) 숨을 쉬게 하는 코의 형상을 본뜬 글자. (제부수)

본문 page
431 鼻

203

부수명칭	가지런할 제
육 서	상 형 자

齊

벼나 보리의 이삭의 끝들이 가지런한 것처럼 몸과 마음을 다스린다는 의미의 글자. (제부수)

본문 page
432 齊

204

부수명칭	이 치
육 서	형 성 자

齒

벌린 입술 사이로 옥수수같은 정갈한 이(치아)들이 엿보이는 형상을 본뜬 글자. (제부수)

본문 page
432 齒

205

부수명칭	용 룡
육 서	상 형 자

龍

뿔이(立)있고 뼈가 없는(月) 듯, 점(卜)칠 때 동전처럼 온몸(己)에 층층(三)인 용을 본뜬 글자. (제부수)

본문 page
432 龍

부수익히기 MILLENNIUM 漢字

206	
부수명칭	거북이 귀
육 서	상 형 자

龜

가뭄에 논밭이 갈라진 것처럼 등짝이 갈라진 거북이의 등 무늬 형상을 본뜬 글자. (제부수)

본문 page
432 龜

밀레니엄漢字 2200

MILLENNIUM

한자방정식

十 + 丶 ⇨ 丈

나이가 많아 지팡이에 의지한 어른.

一

---

0 - 1 - 지사자

一

한 일

막대기 하나를 본떠, 또는 가로로 그은 한 획으로써 하나의 뜻을 나타낸 지사자이다.

(또 다른 뜻) 하나, 처음, 첫째, 오로지, 같을, 온통, 만일, 조금.

一角(일각) ① 한 귀퉁이. ② 한 개의 뿔.
一括(일괄) ① 한 귀퉁이.
一名(일명) 본명 외의 다르게 부른 이름.
一品(일품) ① 하나의 품질. ② 제일의 품질.

---

1 - 2 - 상형자

丁

고무레 정

못의 모양을 본뜬 글자로써 고무레와 비슷하여 붙여진 뜻으로 자의(字義)와는 무관함.

(또 다른 뜻) 넷째 천간, 장정, 일꾼, 당할.

丁寧(정녕) 틀림없이. 꼭.
丁卯(정묘) 60갑자의 넷째.
丁酉(정유) 60갑자의 서른 넷째.
丁亥(정해) 60갑자의 스물넷째.

---

1 - 2 - 지사자

七

일곱 칠

일곱이 十보다 작은 수임을 나타내기 위하여 十의 세로획 끝을 굽혀 가로로 그었다는 설.

(또 다른 뜻) 일곱 번, 일곱째.

七夕(칠석) 음력 칠월 초이렛날의 밤.
七星(칠성) 북두칠성의 준말.
七言(칠언) 한 구가 일곱 자로 된 한시.
七絶(칠절) 칠언 절구의 준말.

---

2 - 3 - 회의자

丈

어른 장

열십(十)을 손으로 비유하여 그 손에 지팡이(파임)를 든 노인 어른을 의미한 글자이다.

(또 다른 뜻) 노인, 길이의 단위(1丈=10尺=3.03m), 길(길다).

丈母(장모) 아내의 친정 어머니를 일컬음.
丈夫(장부) 대장부의 준말. 장성한 남자.
丈人(장인) 아내의 친정 아버지. 빙부. 빙장.

---

2 - 3 - 지사자

上

위 상

한 일(一)를 땅으로 표시하고 그 위에 사물이 놓이는 것을 의미하여 위를 나타내는 자.

(또 다른 뜻) 앞, 첫째, 임금, 높을, 옛날, 오를, 올릴(바칠).

上記(상기) 위나 앞의 어떠한 내용을 적음.
上流(상류) 흐르는 물의 근원에 가까운 곳.
上書(상서) 웃어른에게 글을 올림.

---

2 - 3 - 지사자

下

아래 하

한 일(一)를 선반이나 탁자의 바닥으로 여겨 그 아래 물건이 있는 것을 의미한 글자.

(또 다른 뜻) 밑, 아랫사람, 뒤, 낮출, 내릴, 물리칠, 떨어질.

下級(하급) 낮은 계급이나 등급.
下達(하달) 상부가 하부에 내리는 명령.
下午(하오) 오후. 오후 시간대.
下限(하한) 아래쪽 또는 끝쪽의 한계.

MILLENNIUM

한 자 방 정 식

二 + 一 ⇨ 三

둘에 하나를 더한 셋.

---

2 - 3 - 상형자

三

석 삼

세 개의 막대기가 가로로 거듭 놓여 있는 모양의 글자로 셋을 의미한 글자.

(또 다른 뜻) 셋, 거듭, 세, 세 번, 자주, 여러 번.

- 三考(삼고) 세 번을 생각함. 잘 생각함.
- 三國(삼국) 세 나라. 당사국 외의 나라.
- 三代(삼대) 아버지와 아들과 손자의 세 대.

---

3 - 4 - 지시자

不

아닐 불

새가 놀라서 수직으로 비상하면 그 새는 다시 돌아오지 아니하고 보지 못한다는 의미의 글자.

(또 다른 뜻) 아니할, 못할, 없을, 아닐 (부), 아니 (부), 없을(부).

- 不良(불량) 성질 · 행실 · 질 등이 좋지 못함.
- 不法(불법) 법 · 도리 등에 어긋난 위법.
- 不信(불신) 믿지 아니함. 믿지 못하는 것.

---

3 - 4 - 상형자

丑

소 축

손가락을 모아 굽힌 것처럼 소의 코를 뚫어야 함을 나타내는 글자.

(또 다른 뜻) 둘째 지지, 소(추).

- 癸丑(계축) 60갑자의 쉰째.
- 辛丑(신축) 60갑자의 서른여덟째.
- 丑時(축시) 하루를 열둘로 나눈 둘째로 곧 새벽 1~3시 사이.

---

4 - 5 - 회의자

丘

언덕 구

인가의 북(北)쪽에 있는 땅(一)으로써 언덕이나 무덤의 땅을 의미한글자.

(또 다른 뜻) 무덤.

- 丘陵(구릉) 언덕. 나직한 산.
- 丘木(구목) 무덤가에 있는 나무.
- 丘山(구산) 언덕과 산.
- 丘園(구원) 언덕에 있는 아득한 동산이란 뜻으로 은거하는 곳을 말

---

4 - 5 - 회의자

丙

남녘 병

一은 제기 위에 올려 놓은 제물을 뜻하며 젯상의 남쪽에 촛불을 밝게 켜 놓는다는 의미의 자.

(또 다른 뜻) 셋째 천간, 밝을.

- 丙亂(병란) '병자호란(丙子胡亂)'의 준말
- 丙時(병시) 오전10시30분~11시30분까지.
- 丙午(병오) 60갑자의 마흔셋째.
- 丙寅(병인) 60갑자의 셋째.

---

4 - 5 - 지사자

世

세대 세

十을 세개 합한 글자. 그래서 세대차를 보통 30년 정도로 보고 한 세대로 친다는 의미의 자.

(또 다른 뜻) 세상, 대, 평생, 때, 맏이.

- 世紀(세기) 서력에서 100년을 단위로 하는 기간.
- 世代(세대) 부모를 계승한 30년의 기간.
- 世上(세상) 모든 사람이 살고 있는 사회.

MILLENNIUM

한 자 방 정 식

九	+	丶	⇨	丸
긴 총신의		총알이		둥근 알같다.

---

4 - 5 - 상형자

且

또 차

제단(一)위 제물의 형상를 본뜬 글자로 제기에 음식이 하나 또 하나 겹겹이 올려있는 형상의 자.

(또 다른 뜻) 또한, 우선, 구차할, 하기도 하는, 중요할.

且月(차월) 음력 6월의 별칭.
且置(차치) '차치 물론'의 준말.
苟且(구차) 군색스럽고 구구함.
重且大(중차대) 중대함을 강조한 말.

丨

3 - 4 - 지사자

中

가 운 데 중

담안(口)에 놓여진 물건 또는 물건의 한 가운데를 뚫은 형상을 본뜬 글자.

(또 다른 뜻) 안, 속, 사이, 범위, 진행, 중용, 맞을, 중독될.

中間(중간) 두 사물의 사이.
中斷(중단) 중도에서 끊어지거나 끊음.
中心(중심) ① 한 가운데. ② 사물의 중요한 위치.
中央(중앙) 사방의 한 가운데.

丶

2 - 3 - 지사자

丸

알 환

총신(九)에 총알(丶)이 들어있는 모양의 글자로 둥글고 알같다는 의미의 글자.

(또 다른 뜻) 총알, 탄알, 둥글, 자루, 구를.

丸藥(환약) 작고 둥글게 빚은 약.
彈丸(탄환) 탄알, 총·포의 탄알.
砲丸(포환) ① 투포환의 쇠공. ② 대포의 탄알.

---

3 - 4 - 지사자

丹

붉 을 단

丹은 井의 변형으로 채광을 위해 판 갱도이며, 그 밑바닥에 나타나는 붉은 빛(丶)의 광석을 뜻함.

(또 다른 뜻) 정성스러울, 약.

丹色(단색) 붉은 색.
丹心(단심) 정성 어린 마음. 일편단심의 준말.
丹粧(단장) 얼굴·머리 등을 곱게 꾸밈.
丹青(단청) ① 붉은 빛과 푸른 빛. ② 고찰의 채색.

---

4 - 5 - 상형자

主

주 인 주

'王'은 촛대로 그 촛대 위의 등불(丶)은 한 가족의 중심의 위치를 차치한다는 의미로 주인을 뜻함.

(또 다른 뜻) 임금, 우두머리, 주체, 자신, 주될, 위패.

主管(주관) 책임지고 맡아 관리함.
主導(주도) 주장이 되어 이끌음.
主婦(주부) 한 집안의 주인의 아내.
主張(주장) 자기의 의견을 굳이 내세움.

丿

1 - 2 - 상형자

乃

이 에 내

곱사 등의 꺽인 몸으로 곧 호흡하기 곤란해 이에 눌린 가슴처럼 답답한 형상을 본뜬 글자.

(또 다른 뜻) 너(내), 곧, 접때.

乃父(내부) 그 사람의 아버지.
乃祖(내조) 그 사람의 할아버지.
乃終(내종) 나중의 한자의 음역.
乃至(내지) ① 얼마에서 얼마까지 ② 또는, 혹은.

MILLENNIUM

한자방정식

丿 + 之 ⇨ 乏

삐뚤어지진 걸음으로 걸어가기 위해 힘을 다함.

---

2 - 3 - 지사자

久

오랠 구

가려는 사람(ク)을 뒤에서 잡아(㇏)오래 묵게 된다는 의미의 자.

또 다른 뜻 오래 갈, 묵을, 가릴.

耐久(내구) 오래 견딤. 내구성.
永久(영구) 끝없이 오램.
長久(장구) 매우 길고 오램.
持久(지구) 오랫동안 버티어 견딤.

---

3 - 4 - 상형자

之

갈 지

부리를 세워 입을 벌리고 앞으로 가는 새의 형상을 본뜬 글자.

또 다른 뜻 의(관형격조사), ...하는 (관형사형 조사).

之東之西(지동지서) 어떤 일에 줏대가 없이 이리저리 갈팡질팡 엉거주춤 함을 이르는 말.
之次(지차) 다음, 버금.

---

4 - 5 - 지사자

乎

어조사 호

소리를 길게 끌어 마음 속의 생각 따위를 나타내는 어조사로 표현되는 글자.

또 다른 뜻 온(어조사), 에(전치사), 보다(전치사).

斷乎(단호) 결심을 과단성 있게 처리함.
於是乎(어시호) 이제야
嗟乎(차호) '슬프다'·'탄식할 만하다'의 뜻.

---

4 - 5 - 회의자

乏

다할 핍

삐뚜러진 걸음으로 온 힘을 다해 가는 사람의 형상을 본뜬 글자.

또 다른 뜻 가난할, 모자랄, 궁핍할, 궁색할.

缺乏(결핍) ① 축이 나서 부족함. ② 있어야 할 것이 없거나 모자람.
窮乏(궁핍) 가세 따위가 곤궁하고 가난함.
耐乏(내핍) 물자 등의 부족을 참고 견딤.

---

7 - 8 - 회의자

乖

어그러질 괴

두 발의 얹어 있는 모양새가 어그러져 있어 어긋날 수 밖에 없다는 의미의 글자.

또 다른 뜻 까다로울, 배반할, 거스를, 떨어질, 분리될.

乖離(괴리) 등지고 떨어져 나감. 어그러져 동떨어짐.
乖僻(괴벽) 성질 따위가 괴팍하고 편벽됨. 성질이 비꼬임.
乖散(괴산) 배반하여 도망감. 배반하여 멀리 도망침.

---

9 - 10 - 회의자

乘

탈 승

사람이 두 발로 올라 타서 나무위에 두 발이 얹혀 있는 형상을 본뜬 글자.

또 다른 뜻 기회를 탈, 곱할, 수레, 대(수레를 세는 단위).

乘客(승객) 배·차·비행기 따위를 타는 손님.
乘馬(승마) 말을 탐, 또는 그 말.
乘船(승선) 배를 탐. 배에 오름.
乘車(승차) 비행기·자동차·열차등을 탐.

MILLENNIUM

한 자 방 정 식

人	+	乙	⇨	乞
궁핍한 사람이		새처럼 땅을 기며		빌어 구걸함.

乙

---

0 - 1 - 상형자

乙

새 을

부리에서 꼬리까지의 구부러진 새의 형상을 본뜬 글자.

또다른 뜻 제비, 둘째 천간, 아무게.

乙巳(을사) 60갑자의 마흔두째.
乙種(을종) 둘째 등급의 종류.
甲乙(갑을) ① 십간의 이름으로서의 갑과 을. ② 순서·우열 따위를 나타낼 때 첫째와 둘째.

---

1 - 2 - 지사자

九

아 홉 구

'十'의 가로획의 진행을 아래로 구부려 十보다 하나가 부족한 아홉을 나타낸 글자.

또다른 뜻 아홉 번, 많을, 모을.

九氣(구기) 기의 변화로의 아홉 가지 상태.
九尾狐(구미호) 꼬리가 아홉 달린 여우.
九星(구성) 운명을 점치는 아홉 개의 별.

---

2 - 3 - 상형자

也

어 조 사 야

겨우내 동면하고 있던 뱀이 땅속에서 밖으로 나오려고 하는 형상을 본뜬 글자로 어조사임.

또다른 뜻 또한(발어사), 어조사로 말 끝에 붙여 의미를 나타냄.

也帶(야대) 문무과에 급제한 사람이 하던 띠.
也矣(야의) 단정을 나타내는 어조사.
也哉(야재) 강한 단정의 어조사.

---

2 - 3 - 회의자

乞

빌 걸

궁색한 사람(人)이 새(乙)나 뱀처럼 땅을 기는 듯 빌거나 구걸하는 형상을 본뜬 글자.

또다른 뜻 구걸할, 청할, 구할, 바랄, 줄(기).

乞食(걸식) ① 밥을 구걸함. 빌어먹음. ② 거지.
乞人(걸인) 거지. 비렁뱅이.
求乞(구걸) 남에게 돈·물건·식량 따위를 빌어서 얻음. 애걸(哀乞).

---

7 - 8 - 회의자

乳

젖 유

새(乙)처럼 손(爪)으로 자식(子)를 안고 젖을 먹이고 있음을 나타내는 글자.

또다른 뜻 젖통, 젖같은, 액, 약을 갈, 유방모양.

乳頭(유두) 젖꼭지. 유방의 꼭지.
乳房(유방) 포유류의 젖을 분비하는 기관.
乳兒(유아) 젖먹이. 갓난아이.
牛乳(우유) 식용으로 소에서 짠 젖.

10-11-형성자

乾

하 늘 건

'乙'은 초록의 싹을 뜻하기도 한데 해가 뜨는 곳이나 싹이 향하는 곳은 하늘이라는 뜻의 글자.

또다른 뜻 마를, 괘이름, 건성, 임금, 마를(간).

乾木(건목) 베어서 바짝 마른 재목.
乾蔘(건삼) 껍질을 벗겨 말린 인삼.
乾性(건성) 건조하는 성질.
乾魚(건어) 말린 물고기. 건어물.

MILLENNIUM

한 자 방 정 식

史	+	尹	⇨	事
기록할 때		붓을 사용하여		일처리 함.

12-13-회의 · 형성자

亂

어지러울 란

군인들이 어지럽게 싸우거나 엉킨 실타래의 실을 손으로 푸는 형상을 본뜬 글자.

(또 다른 뜻) 난리, 반역할, 반할.

亂動(난동) 문란한 행동.
亂立(난립) 난잡하게 늘어섬.
亂民(난민) 전쟁따위로 집을 잃고 고생하는 사람.
亂入(난입) 난폭하게 밀고 들어옴.
亂暴(난폭) 몹시 거칠고 사나움.

亅

1 - 2 - 상형자

了

마 칠 료

양팔을 벌리지 못한 아이(子)가 모체에서 나온 것처럼 고통의 끝마침을 본뜬 글자.

(또 다른 뜻) 깨달을, 이해할, 어조사(단정이나 과거를 나타냄).

滿了(만료) 한도 · 기한이 꽉차서 끝남.
修了(수료) 일정한 학업이나 과정을 다 마침.
完了(완료) 완전히 끝을 냄.
終了(종료) 일을 끝마침.

3 - 4 - 상형자

予

나 여

삼모끈을 떼어내고 창을 나에게 주거나 나를 표현하는 형상을 본뜬 글자.

(또 다른 뜻) 줄, 허락할, 豫의 약자로도 쓰임.

予取予求(여취여구) 남이 나에게서 얻고 또 나에게서 구함.
予奪(여탈) ① 주는 것과 빼앗는 것. ② 생사여탈(生死予奪)의 준말.

7 - 8 - 상형자

事

일 사

어떤 사실을 기록할(史) 할 때 붓(尹)을 사용해 일처리 하는 형상을 본뜬 글자.

(또 다른 뜻) 업무, 사건, 섬길.

事件(사건) 관심이나 주목을 끌 만한 일.
事務(사무) 취급하거나 맡아 보는 일.
事實(사실) 실제로 있는 일. 실상 그대로.

二

0 -2 - 지사자

二

두 이

가로로 두 개의 막대기가 놓여있는 형상을 본뜬 글자.

(또 다른 뜻) 둘, 둘째, 두 번, 두 가지.

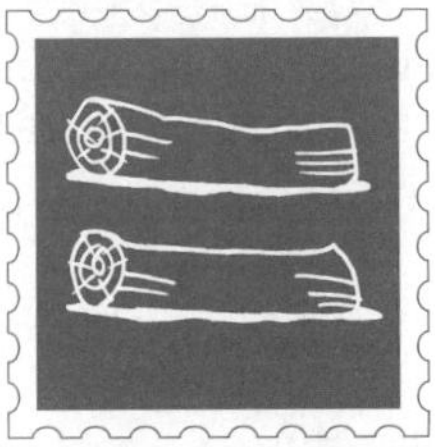

二級(이급) 등급이 제2위인 것.
二等(이등) 등급이 둘째인 것.
二世(이세) 다음 세대.
二重(이중) ① 두 겹. ② 두 번 거듭됨.

1 - 3 - 지사자

于

어조사 우

힘을 펼쳐 나가는 장정(丁)의 앞을 막으니 남아도는 힘으로 탄식할 때 쓰이는 어조사이다.

(또 다른 뜻) ~까지, ~에, ~에서, 시집갈,

于歸(우귀) 신부가 처음으로 시집을 감.
于先(우선) 먼저, 아쉬운 대로 그럭저럭.
于役(우역) 임금의 명을 받잡고 외국에 사신으로 감.

MILLENNIUM

한 자 방 정 식

二	+	十	→	五
하늘과 땅의		음양과 합하면		오행이 상생함.

---

1 - 3 - 지사자

五
다 섯 오

하늘과 땅(二)이 음양(十)과 서로 합하면 오행이 상생한다는 데서 다섯을 뜻함.

(또 다른 뜻) 다섯 번, 다섯째.

- 五代(오대) 다섯 대, 다섯째 대.
- 五感(오감) 시(視), 청(聽), 후(嗅), 미(味), 촉(觸)의 다섯 감각.
- 五臟(오장) 간장, 심장, 폐장, 신장, 비장.

---

2 - 4 - 지사자

云
이 를 운

구름이 하늘로 피어 오르는 형상을 본뜬 글자. 이를 일러 구름이라고 함.

(또 다른 뜻) 말할, 일컬을, 가로되, 돌아갈, 어조사.

- 云云(운운) ①이러이러함 ②여러 가지 말.
- 云謂(운위) 일러 말함.
- 或云(혹운) 어떤 사람이 말하는 바.

---

2 - 4 - 상형자

井
우 물 정

사방으로 난간이 놓여진 우물의 형상을 본뜬 글자.

(또 다른 뜻) 저자(시장), 괘, 이름, 별이름, 가지런할, 법, 취락.

- 井間(정간) 바둑판의 선처럼 된 모양.
- 井水(정수) 우물 물.
- 井然(정연) 짜임새가 있고 조리가 있음.
- 井祭(정제) 우물에 지내는 제사.

---

2 - 4 - 상형자

互
서 로 호

실이나 새끼줄 따위가 이리저리 감겨 서로 얽힌 모양을 본뜬 글자.

(또 다른 뜻) 함께, 같이, 뒤섞일, 교차할, 시렁, 울타리.

- 互角(호각) 서로의 우열을 가리기 힘듦.
- 互相(호상) 상호. 피차가 서로.
- 互選(호선) 구성원 중에서 사람을 뽑음.
- 互有(호유) 공동으로 가지고 있음.

---

2 - 4 - 상형자

亞
버 금 아

두 꼽추가 마주보고 있는 형상을 본뜬 자, 몸이 불편해 정상인을 비교해 버금간다는 뜻.

(또 다른 뜻) 차위, 버금갈, 무리, 동아리, 동서간, 접두사.

- 亞鉛(아연) 청색을 띤 은백색의 금속원소로써 광택이 있음.
- 亞洲(아주) 「아세아주」의 준말.
- 東亞(동아) 동쪽 아시아.

---

6 - 8 - 상형자

亡
망 할 망

자유를 잃고 집안이 망하여 사람(亠 =人)이 숨어 (ㄴ = 隱) 버렸다는 의미의 글자.

(또 다른 뜻) 잃을, 분실할, 멸망할, 죽을, 도망할, 잊을, 없을(무).

- 亡命(망명) 다른 나라로 몸을 피해 옮김.
- 亡者(망자) 망인(亡人). 죽은 자.
- 亡魂(망혼) 죽은 사람의 넋.

MILLENNIUM

한자방정식

六 + 乂 ⇨ 交

사람이 왕래하며 발을 교차하듯 사귐.

4-6-상형자

交

사 귈 교

사람(六=大=人)이 다리가 교차(乂)하듯이 왕래하며 사귄다는 의미의 글자.

(또 다른 뜻) 엇갈림, 바꿀, 왕래할, 주고받을, 서로, 함께.

交流(교류) 문화·사상 등이 서로 교통함.
交感(교감) 서로 접촉하여 느끼는 감정.
交易(교역) 물건을 사고 팔고 하여 바꿈.

4-6-회의자

亦

또 역

어른이 양팔(八)을 벌리고 또 벌리며 쉬엄쉬엄 걷는 모양을 본뜬 글자.

(또 다른 뜻) 또한, 어찌(영탄의 뜻을 나타냄), 그래도, 클.

亦是(역시) 또. 또한.
亦如是(역여시) 이것도 또한.
亦然(역연) 또한 그러함.
亦參其中(역참기중) 나 역시 그 일에 참여한 사람 중 하나라는 말.

4-6-상형자

亥

돼 지 해

돼지의 머리(亠)와 몸통과 꼬리의 형상을 본뜬 글자.豕(돼지 시)와 같은 뜻의 글자.

(또 다른 뜻) 열두째 지지.

癸亥(계해) 60갑자의 예순째.
己亥(기해) 60갑자의 서른여섯째.
辛亥(신해) 60갑자의 마흔여덟째.
乙亥(을해) 60갑자의 열두째.
丁亥(정해) 60갑자의 스물넷째.

5-7-회의자

亨

형 통 할 형

언덕 높은(亠 =高의 생략형)곳에 망루를 짓고 아래를 내려보니 막힘이 없이 형통함을 의미한 글자.

(또 다른 뜻) 드릴, 삶을(팽).

亨嘉(형가) 운이 좋은 시기를 만남.
亨通(형통) ① 모든 일들이 뜻대로 잘 되어감. ② 운이 좋아서 입신 출세함.

6-8-회의자

享

제 사 향

젯상에 음식을 높이(亠 =高) 올리고 후손(子)이 제사를 지내는 형상을 본뜬 글자.

(또 다른 뜻) 누릴, 받을, 응할, 제사지낼, 전헌할, 대접할.

享年(향년) 한평생 누린 나이. 이 세상에서 생존한 햇수.
享樂(향락) 즐거움을 누림.
享祀(향사) 제사(祭祀).
享有(향유) 누리어 가짐.

6-8-회의자

京

서 울 경

옛날에 높은(亠 =高) 곳에 세워진 궁전 주위에 백성이 살았던 서울을 본뜬 글자.

(또 다른 뜻) 수도, 언덕, 클, 높을, 고래, 근심할.

京畿(경기) 서울을 중심한 가까운 주위의 땅.
京都(경도) 서울.
京城(경성) ① 도읍의 성. ② 서울.
京仁(경인) 서울과 인천.

MILLENNIUM

한 자 방 정 식

人	+	八	→	介
사람들		사이에 소개하기 위해		끼임.

7-9-형성자

亭

정 자 정

높은 (𠅘 =高)곳에서 정자를 지어 놓고 사람들이 고무래 자세로 오르내리는 형상을 본뜬 글자.

(또다른뜻) 역말, 역참, 주막집, 평정할, 멈출, 우뚝 솟을.

亭子(정자) 경치 좋은 곳에 세운 쉬는 집.
亭亭(정정) ① 나이 많은 노인의 건강한 모습. ② 높이 솟은 모양.
料亭(요정) 객실을 갖추고 음식을 파는 집.

7-9-회의자

亮

밝 을 량

높은 (𠅘 =高의 생략형)곳에서 발(儿)을 모으고 보니 세상이 밝아 보인다는 의미의 글자.

(또다른뜻) 도울, 미쁠, 진실로, 임금의 거상.

亮達(양달) 환히 사리에 통달함.
亮直(양직) 마음이 공명 정대함.
亮察(양찰) 남의 사정을 잘 살펴줌. 동정함. 편지 따위에 쓰이는 말. 양찰(諒察).

0-2-상형자

人

사 람 인

서 있는 사람의 형상을 본뜬 글자.

(또다른뜻) 인간, 백성, 남, 타인, 어떤 사람.

人間(인간) ① 사람. ② 사람의 됨됨이.
人類(인류) 세계 모든 사람.
人生(인생) 사람이 세상을 살아가는 일.
人品(인품) 사람의 됨됨이.

2-4-회의자

介

끼 일 개

人 + 八 → 介로 두 사람(人)을 나누어(八) 놓은 사이에 끼어 소개하거나 중재하는 형상을 본뜬 글자.

(또다른뜻) 끼울, 소개할, 나눌, 격리할, 도울, 홀로, 머물.

介意(개의) 마음에 둠.
介入(개입) 어떤 일의 사이에 끼어 듦.
紹介(소개) 알고 지내도록 관계를맺어 줌.
仲介(중개) 당사자 사이의 일을 주선함.

2-4-회의자

今

이 제 금

모임(亼 =合, 集의 생략형)에 때를 맞추어 이제 그곳에 가 다다른다(フ)는 뜻의 글자.

(또다른뜻) 오늘, 현재, 곧, 조만간, 만일, 혹은, 이에.

今年(금년) 올해.
今明(금명) 오늘이나 내일 사이. 금명간.
今番(금번) 이번. 차회(此回).
今世紀(금세기) 지금의 이 세기.
今時(금시) 바로. 지금. 금방.

3-5-회의자

令

명령할 령

옛날 천자(天子)가 사신들을 모아(亼 =合)놓고 신표(卩)를 내려 명령하는 형상을 본 뜬 글자.

(또다른뜻) 하여금, 부릴, 가령, 벽돌, 소리, 지시할, 훈계할.

令室(영실) 남의 부인에 대한 경칭.
令愛(영애) 남의 딸에 대한 경칭.
假令(가령) 가정하여 말할때 예를 들면.
令狀(영장) 명령을 적은 문서.

MILLENNIUM

한 자 방 정 식

人 + 止 ⇨ 企

사람이 어떤 일을 / 발돋음하며 / 꾀함.

---

3 - 5 - 회의자

以

써 이

쟁기를(厶) 써서 백성들이(人) 농작물을 가꾸기 위해 밭을 가는 농부의 형상을 본뜬 글자.

(또 다른 뜻) 할, 거느릴, 닮을, 까닭, 에 의하여, 에, 생각할.

以內(이내) 일정한 범위의 안.
以上(이상) 어느 기준보다 위.
以前(이전) 기준된 때를 포함한 그 전.
以後(이후) 일정한 때로부터 뒤.

---

4 - 6 - 회의자

企

꾀할 기

사람(人)이 발돋음(止)하여 멀리 바라보며 꾀하는 형상을 본뜬 글자.

(또 다른 뜻) 도모할, 발돋음할, 둘, 잊지 아니할.

企待(기대) 꾀한 어떤 일이 이루어지기를 바라고 기다림.
企業(기업) 영리를 목적으로 하는 사업.
企劃(기획) 일이나 사업을 계획함.

---

5 - 7 - 형성자

余

나 여

나를 표현하는 가차문자로 지붕(人)을 기둥(于)으로 세우고 받치고(八)있는 건물의 형상을 본뜬 글자.

(또 다른 뜻) 음력 4월의 별칭, 나머지, 남을.

余等(여등) 우리들.
余輩(여배) 우리들.
余月(여월) 음력4월이 다른 이름.

---

6 - 8 - 상형자

來

올 래

보리의 이삭의 형상을 본뜬 글자 또는 나무(木) 밑그늘이 사람을 불러 오는 듯하다는 의미의 글자.

(또 다른 뜻) 오게 할, 불러올, 미래, 그 다음, 보리, 위로할.

來客(내객) 찾아온 손님.
來歷(내력) 어떤 사물이 지나 온 자취.
來訪(내방) 만나려고 찾아옴.
來賓(내빈) 모임에 공식적으로 초대를 받은 사람.

---

8 - 10 - 회의자

倉

곳집 창

식량(食의생략형)을 사방을 두른(口) 곳집의 형성을 본뜬 글자.

(또 다른 뜻) 창고, 갑자기, 당황할, 푸를, 바다, 슬퍼할.

倉庫(창고) 물건을 저장·보관하는 건물.
倉卒(창졸) 어떻게 할 사이없이 급작스럼.
倉皇(창황) 어떻게 할 겨를없이 다급함.

---

10 - 12 - 회의자

傘

우산 산

우산의 형상을 본뜬 글자. 우산 밑에서 비를 피하는 사람의 형상을 본뜬 글자.

(또 다른 뜻) 일산, 휘하.

傘下(산하) ① 우산 아래.② 어떤 인물이나 세력 아래에 동지 또는 부하로서 모여 지도나 지배를 받는 일. 또는 그 사람들.
洋傘(양산) 서양식의 헝겊 우산.

MILLENNIUM

한 자 방 정 식

人	+	十	⇨	什
사람이		열 손가락으로 만지는		세간.

2 - 4 - 회의자

仁

어 질 인

두(二) 사람(人)이 친하고 어짐의 형상을 본뜬 글자.

또 다른 뜻 어진 이, 인덕이 있는 사람. 사람의 마음.

仁善(인선) 어질고 착함.
仁術(인술) 사람을 살리는 어진 기술.
仁慈(인자) 마음이 어질고 자애스러움.
仁厚(인후) 어질고 후덕함.

2 - 4 - 회의자

什

세 간 집

사람(人)은 열 개(十)의 손가락으로 세간을 만지고 다룬다는 뜻의 글자.

또 다른 뜻 가구, 집기, 열사람(십), 열 집(십) 10등분(십).

什器(집기) 살림살이에 쓰이는 온갖 기구. 세간.
什物(집물) 집기와 같은 뜻으로 살림살이의 온갖 물건.
什長(십장) ① 군사 10명을 1조로 한 그 우두머리.

2 - 4 - 회의자

仇

원 수 구

구천(九)에 보내고 싶을 만큼 저주하는 사람(人)을 원수라고 부른다는 뜻의 글자.

또 다른 뜻 원망, 짝, 상대, 원망할, 적시할, 해칠, 교만할.

仇敵(구적) 원수(怨讐). 해를 당해 원한 맺힌 대상.
報仇(보구) 앙갚음. 해를 당한 만큼 보복함.

3 - 5 - 회의자

仙

신 선 선

산(山) 속에 숨어 살면서 도를 이룬 사람(人)이 신선이라는 뜻의 글자.

또 다른 뜻 선교, 도교, 가볍게 날, 센트(미국 화폐 단위).

仙境(선경) 신선이 산다는 곳. 선계(仙界).
仙敎(선교) 선도(仙道)를 닦는 종교.
仙女(선녀) 선경에 사는 여자 신선.
旋風(선풍) 선인과 같은 기풍.

3 - 5 - 회의자

仕

벼 슬 사

선비(士)는 앞으로 벼슬하여 위로 왕을 섬기고 아래로 백성(人)을 살핀다는 뜻의 글자.

또 다른 뜻 벼슬살이, 벼슬할, 섬길, 살필, 배울.

仕官(사관) 관리가 되어 종사함.
仕途(사도) 벼슬길.
仕版(사판) 벼슬아치의 명부.
奉仕(봉사) 자기 일을 뒤로하고 남을 위해 노력하며 애씀.

3 - 5 - 회의자

付

줄 부

사람(人)에게 주기 위해 물건을 손(寸)으로 들고 있는 모양을 본뜬 글자.

또 다른 뜻 건넬, 넘겨줄, 붙일, 부탁할, 청할, 붙을.

付着(부착) 어떤 것에 들러 붙어서 떨어지지 아니함.
付託(부탁) 일을 당부하여 맡김.
交付(교부) 내어 줌.
納付(납부) 세금・공과금 따위를 바침.

MILLENNIUM

한 자 방 정 식

人 + 子 ⇨ 仔

사람은 누구나 / 자식에게 / 자상함.

3-5-형성자

代

대신할 대

사냥을 하기 위해 사람(人)이 주살(弋)을 번갈아 쓰기도 하고 대신 쓰기도 하는 형상을 본뜬 글자.

(또 다른 뜻) 대리할, 교체할, 세상, 번갈아들, 세대, 평생.

代金(대금) 물건의 값으로 치르는 돈.
代理(대리) 남을 대신하여 일을 처리함.
代表(대표) '대표자'의 준말.

3-5-형성자

他

다를 타

사람(人)과 뱀(也)이 다른 것은 사람은 이성이 있고 뱀은 간사하고 사악하다는 의미의 글자.

(또 다른 뜻) 겹칠, 딴, 남, 다른 곳, 딴마음, 간사할, 누구.

他社(타사) 다른 회사.
他律(타율) 남의 지시에 따라 움직임.
他意(타의) 다른 생각. 다른 사람의 뜻.
他鄕(타향) 고향이 아닌 객지.

3-5-형성자

仔

자상할 자

사람(人)은 누구나 자식(子)에게는 자세하고 자상하다는 의미의 글자.

(또 다른 뜻) 자세할, 새끼, 꼼꼼할, 상세할, 벌레 따위의 새끼.

仔詳(자상) ① 꼼꼼하고 상세함. ② 어떤 사물에 대하여 퍽 자세하게 앎.
仔細(자세) ① 속속들이 구체적으로 분명함. ② 찬찬하고 빈틈없음.

3-5-형성자

仗

무기 장

젊은 사람(人)이 어른이 지팡이(丈)다루듯 무기를 다루는 형상을 본뜬 글자.

(또 다른 뜻) 병기, 의장, 호위할, 기댈, 의지할, 지팡이.

器仗(기장) 병기(兵器)와 의장(儀仗).
兵仗(병장) 병장기(兵仗器)와 의장(儀仗).
儀仗(의장) 의식(儀式)에 쓰이는 무기나 물건.
倚仗(의장) 의지하고 믿음.

4-6-회의자

件

물건 건

농부(人)는 소(牛)를 물건처럼 교환하기도 하고 어떤 재산보다도 크게 구별했다는 의미의 글자.

(또 다른 뜻) 구분할, 사건, 일, 조건, 건수, 구별할.

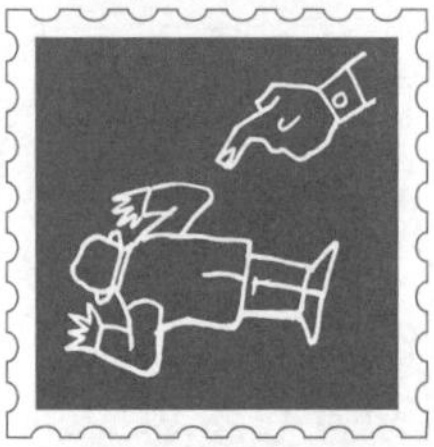

件名(건명) 일이나 사물의 이름.
物件(물건) 자연적·인공적인 모든 유형체.
事件(사건) 관심이나 주목을 끌 만한 일.
用件(용건) 볼일.

4-6-회의자

伐

칠 벌

병사(人)가 창(戈)을 가지고 전쟁터에서 적군을 치는 형상을 본뜬 글자.

(또 다른 뜻) 적을 칠, 벨, 자를, 공적, 자랑할, 방패, 일굴.

伐木(벌목) (당국의 허가를 받아)나무를 벰.
伐採(벌채) 나무를 베거나 섶을 깍아 냄.
伐草(벌초) 잡풀을 베어서 주변을 깨끗이 함.

MILLENNIUM

한 자 방 정 식

人 + 犬 ⇨ 伏

하인이 개처럼 주인 앞에 엎드림.

4-6-회의자

伏

엎드릴 복

사람(人) 곁에 개(犬)가 엎드려 주인의 눈치를 살피는 형상을 본뜬 글자.

또다른뜻 엎어질, 굴복할, 복종할, 자백할, 숨을, 살필, 품을.

伏兵(복병) 요긴한 곳에 군사를 숨겨 둠.
伏望(복망) 웃어른의 처분을 삼가 바람.
屈伏(굴복) 머리를 숙이고 꿇어 엎드림.

4-6-형성자

仰

우러를 앙

사람(人)이 무릎을 꿇고 높은 곳을 향해 우러러보는 형상을 본뜬 글자.

또다른뜻 존경할, 사모할, 그리워할, 위를 볼, 믿을, 높을.

仰望(앙망) 우러러 바람.
仰願(앙원) 우러러 바람. 우러러 원함.
仰祝(앙축) 우러러 축하함. 우러러 치하함.

4-6-형성자

伍

대오 오

옛날 군대의 편재상의 단위로 사람(人)이 다섯(五) 모여 5인 1조로 대오를 갖추었다는 의미의 글자.

또다른뜻 대열, 행렬, 군대, 다섯, 섞일, 벗, 한동아리.

落伍(낙오) ① 대오에서 떨어져 뒤로 처짐. ② 경쟁에서 따라가지 못하고 뒤로 처짐.
隊伍(대오) 군인들의 행렬에 있어 그 정리된 항오.

4-6-회의자

休

쉴 휴

휴식 시간에 사람(人)이 나무(木)를 의지하며 쉬고 있는 형상을 본뜬 글자.

또다른뜻 그만 둘, 말라(명령), 휴가, 기뻐할, 그칠, 평안할.

休暇(휴가) 직장 따위에서 일정한 기간 쉬는 일.
休務(휴무) 직무나 영업을 얼마간 쉼.
休學(휴학) 한동안 학업이나 학교를 쉼.

4-6-형성자

任

맡길 임

믿을만한 사람(人)에게 아무리 무거운 짐(壬)을 맡겨도 그 소임을 다하는 형상을 본뜬 글자.

또다른뜻 믿을, 짐, 일, 임무, 능할, 공세울, 맞을, 당할, 멜.

任期(임기) 임무를 맡아보는 일정한 기간.
任務(임무) 맡은 사무 또는 업무.
所任(소임) 맡은 바 직책.
責任(책임) 도맡아 해야 할 업무.

4-6-형성자

仲

중개할 중

사람(人)이 중간(中)에 서서 중개하는 형상을 본뜬 글자.

또다른뜻 다음, 버금, 둘째, 중매할, 가운데, 거간, 사이.

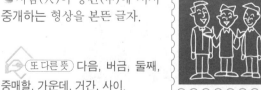

仲介(중개) 당사자 사이에서 일을 주선함.
仲媒(중매) 중간에서 혼인이 이루어지게 함.
伯仲(백중) 재주 등의 우열을 가리기 힘듦.

MILLENNIUM

한자방정식

人 + 立 ⇒ 位

사람이 서있는 자리.

5-7-형성자

伯

맏 이 백

여러 형제 중 가장 연장자(人)가 어른에게 대표로 아뢰(白)는 맏이의 형상을 본뜬 글자.

또 다른 뜻: 맏형, 큰아버지, 작위, 길, 거리, 밭둑길, 우두머리.

伯父(백부) 큰 아버지.
伯爵(백작) 오등작의 세째.
伯仲(백중) 맏형과 그 다음. 우열을 가리기 힘들만큼 팽팽히 맞섬.
伯兄(백형) 맏형.

5-7-형성자

但

다 만 단

다만 사람(人)이 아침(旦)에 일어날 때만큼은 오직 홀로라는 의미의 글자.

또 다른 뜻: 오직, 홀로, 한갓, 부질없을, 허사(虛辭).

但書(단서) 법률 조문이나 계약문서 등에서 본문 뒤에 이어서 어떤 조건이나 예외 것을 밝히어 놓은 추가 사항.
但只(단지) 다만. 겨우. 오직.

5-7-회의자

位

자 리 위

사람(人)이 땅에 두 발로 서(立)있듯 어떤 벼슬 자리에 서 있는 형상을 본뜬 글자.

또 다른 뜻: 위치, 방위, 벼슬, 지위, 신분 높여서 가리키는 말.

位階(위계) 지위의 등급. 벼슬의 품계.
位置(위치) 사물이 일정하게 서 있는 자리.
位牌(위패) 신주의 이름을 적은 나무 패.

5-7-형성자

佛

부 처 불

인간(人)의 생로병사의 번뇌를 초월하여 해탈한 부처(弗)의 형상을 본뜬 글자.

또 다른 뜻: 깨달을, 비슷할, 불교, 불상, 도울, 프랑스, 성할.

佛經(불경) 불교의 경전. 불전(佛典).
佛供(불공) 부처 앞에 공양하는 일.
佛心(불심) 자비로운 부처의 마음.

5-7-회의자

似

같 을 사

사람(人)이 사람으로써(以) 사람같은 행동을 해야 한다는 의미의 글자.

또 다른 뜻: 비슷할, 본뜰, 유사할, …보다, 흉내낼, 잇을.

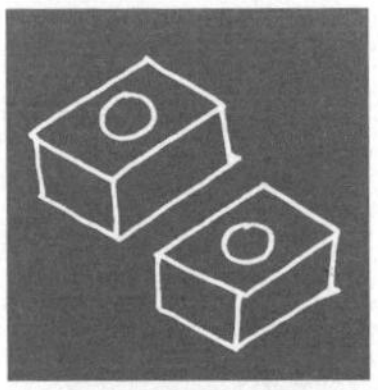

類似(유사) 서로 비슷함. 어떤 것이 엇비슷함.
恰似(흡사) 거의 같음. 거의 같을 정도.
似而非(사이비) 겉은 비슷하나 속이 다름.

5-7-형성자

伸

펼 신

지체있는 가문의 사람(人)이 어디로 납실(申) 때 가슴과 자세를 펴고 밖으로 나서는 형상을 본뜬 글자.

또 다른 뜻: 기지개 켤, 사뢸, 여쭐, 품을, 늘, 발전할, 허리 펼.

伸張(신장) 세력 등을 늘이고 넓게 폄.
伸縮(신축) 늘이고 줄임. 확장하고 축소함.
追伸(추신) 편지 등의 말미에 추가한 글.

MILLENNIUM

한 자 방 정 식

人 + 主 ⇨ 住

사람이 사는 집에는 주인이 머무름.

---

5 - 7 - 회의자

何

어 찌 하

사람(人)이 어찌 살아야 옳게(可) 사는지 모르겠다고 궁금해 하는 형상을 본뜬 글자.

(또 다른 뜻) 멜, 어떤, 무엇, 무슨, 어느곳, 왜냐하면, 힐문할.

何故(하고) 무슨 까닭. 무슨 까닭인지.
何等(하등) 얼마만큼. 어느 정도. 아무런.
何時(하시) 어느때. 언제.

---

5 - 7 - 형성자

作

지 을 작

사람(人)이 언뜻(乍) 나무 등을 깎을 때는 가구나 집을 지을 작정으로 일을 한다는 뜻.

(또 다른 뜻) 할, 만들, 일할, 생겨날, 작황, 저작, 원망할(주).

作家(작가) 창작하는 일에 종사하는 사람.
作成(작성) 서류 · 원고 등을 써서 이룸.
作業(작업) 목적과 계획 아래 일을 함.

---

5 - 7 - 형성자

低

낮 을 저

사람(人)이 허리를 굽혀(氐) 자신을 겸손하게 낮추는 형상을 본뜬 글자.

(또 다른 뜻) 값쌀, 숙일, 작을, 머무를, 굽힐.

低價(저가) 싼 값. 저렴한 가격.
低廉(저렴) 물건 따위의 값이 쌈. 할인된 가격.
低調(저조) ① 활기가 없이 침체함. ② 일 따위의 능률이 오르지 않고 권태로움.

---

5 - 7 - 형성자

佐

도 울 좌

사람(人)의 으뜸가는 오른손을 버금가는 왼쪽(左)손이 돕는 형상을 본뜬 글자.

(또 다른 뜻) 보필할, 권할, 다스릴, 부수적, 곁들이, 버금.

佐吏(좌리) 상관을 보좌하는 속관.
保佐(보좌) 윗 사람이나 상관을 보호하여 도움.
補佐(보좌) 상관을 도와 일을 처리함.

---

5 - 7 - 형성자

住

머 무 를 주

어두운 밤 인가(人)의 주인이 촛불을 켜놓고(主) 방 중심에 머물러 있는 형상을 본뜬 글자.

(또 다른 뜻) 살, 생활, 주거, 멈출, 그칠, 살아갈, 거처할.

住居(주거) 일정한 곳에 자리잡고 삶.
住所(주소) 생활의 근거지가 되는 곳.
住宅(주택) 사람이 살 수 있게 지은 집.

---

5 - 7 - 형성자

伴

짝 반

사람(人)은 자신의 반쪽(半)을 찾아 짝을 이룬다는 의미의 글자로 반려의 뜻도 있음.

(또 다른 뜻) 동반자, 배필, 따를, 따라갈, 한가할, 뚱뚱할.

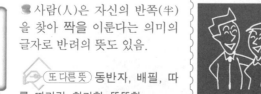

伴侶(반려) ① 짝이 되는 친구. ② 배필로 반려자가 되는 동반자.
伴奏(반주) 성악이나 기악의 주주부에 맞추어 보조적으로 연주하는 일.
同伴(동반) 함께 감. 함께 옴.

MILLENNIUM

한 자 방 정 식

人	+	共	⇨	供
사람이		두 손으로 받쳐		이바지함.

6 - 8 - 형성자

供

이바지할 공

사람(人)이 어떤 물건을 두 손으로 함께(共) 받쳐 올려 진상하며 이바지하는 형상을 본뜬 글자.

(또 다른 뜻) 진상할, 바칠, 올릴, 공급할, 대어줄, 받들, 공손할.

供給(공급) 물건을 제공하여 줌.
供養(공양) 웃어른을 모시면서 이바지 함.
供出(공출) 국가의 수요에 따라 조세를 냄.
提供(제공) 갖다 주어 이바지 함.

6 - 8 - 형성자

佳

아름다울 가

사람(人)이 상서로운 땅(土)을 잘 다스려야 아름다운 영토(土)가 된다는 의미의 글자.

(또 다른 뜻) 좋을, 좋아할, 질이 좋을, 모양이, 좋을.

佳景(가경) 아름다운 경치.
佳約(가약) 부부가 되자는 언약.
佳人(가인) 아름다운 여자. 미인(美人).
佳作(가작) 잘된 작품. 당선작 다음 가는 작품.

6 - 8 - 형성자

侍

모 실 시

사람(人)이 절(寺)에서 부처를 섬기듯이 존경하는 분을 좇아 모시는 형상을 본뜬 글자.

(또 다른 뜻) 가까울, 시중들, 기를, 임할, 기다릴, 믿을, 권할.

侍女(시녀) 윗 사람의 시중을 드는 여자.
侍衛(시위) 임금을 곁에서 모시고 호위함.
侍醫(시의) 왕족의 진료를 전담하는 의사.

6 - 8 - 회의자

使

부 릴 사

일을 맡아보는 아전(吏)같이 사람(人)을 부리는 형상을 본뜬 글자.

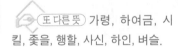

(또 다른 뜻) 가령, 하여금, 시킬, 좇을, 행할, 사신, 하인, 벼슬.

使命(사명) 맡겨진 임무.
使役(사역) 부리어 일을 시킴.
使用(사용) ① 물건을 씀. ② 사람을 부림.
使節(사절) 나라를 대표해 외국에 파견됨.

6 - 8 - 형성자

依

의 지 할 의

사람(人)이 옷(衣)에 의자하여 몸을 보호하고 편안함을 느끼는 형상을 본뜬 글자.

(또 다른 뜻) 비슷할, 의뢰할, 의탁할, 의거할, 비유할, 병풍.

依據(의거) 어떤 것에 근거함.
依賴(의뢰) 남에게 부탁함. 남에게 의지함.
依存(의존) 의지하고 있음.
依託(의탁) 남에게 맡기어 의뢰하거나 부탁함.

6 - 8 - 형성자

例

법 식 례

사람(人)들이 일정한 법식에 따라 벌려 서(列)있는 형상을 본뜬 글자.

(또 다른 뜻) 보기, 견줄, 규정, 규칙, 같은 종류, 본보기, 대개.

例年(예년) 평상시의 해.
例問(예문) 예(例)로서 드는 문제.
例示(예시) 예를 들어 보임.
例外(예외) 일반 규칙이나 통례에서 벗어남.

MILLENNIUM

한 자 방 정 식

人	+	多	⇨	侈
사람이		재산이 많다고		사치함.

---

6 - 8 - 형성자

倂

아우를 병

사람(人)들이 사람(人)과 사람(人)끼리 아울러 방패(干)와 방패(干) 같이 나란히 있는 형상을 본뜬 글자.

(또 다른 뜻) 나란히, 다툴, 경쟁할, 버릴, 덜.

倂起(병기) 어떤 일이나 사태 등이 한꺼번에 아울러 일어남.
倂合(병합) 어떤 단체나 상태 따위의 둘 이상을 합하여 하나로 만듦.

---

6 - 8 - 회의자

侈

사치할 치

사람(人)이 자기의 재물이 많다고(多)여겨 분수에 넘치게 사치하는 형상을 본뜬 글자.

(또 다른 뜻) 사치, 거만함, 오만함, 클, 넓을, 넉넉함, 난잡할, 폄.

奢侈(사치) ① 분수에 넘치게 의복이나 음식 · 거처 따위를 치레함. ② 분수에 넘치도록 호사한 생활을 하는 일.
華侈(화치) 화려하고 사치스러움.

---

6 - 8 - 회의자

佩

찰 패

사람(人)의 풍채(凡)를 두른 옷(巾)에 찬 노리개 등의 형상을 본뜬 글자.

(또 다른 뜻) 지닐, 마음먹을, 노리개, 푸를, 옥구슬, 패물.

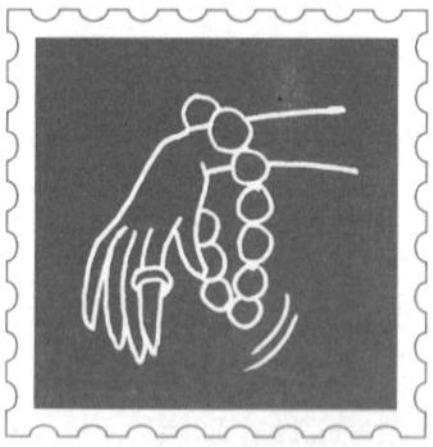

佩物(패물) 주로 여자들이 몸에 치장하는 장식물 따위. 노리개.
佩玉(패옥) ① 허리 따위에 차는 구슬. ② 임금이나 벼슬아치들이 조복에 차는 구슬.

---

7 - 9 - 형성자

係

이을 계

사람(人)이 혈통을 잇듯 어떤 사물 따위를 맞대어 잇는 형상을 본뜬 글자.

(또 다른 뜻) 연결할, 묶을, 결박할, 매일, 관계될, 끌, 계(조직).

係累(계루) 얽매이어 관련됨.
係員(계원) 어느 한 계에서 일보는 사람.
係長(계장) 한 계의 책임자.
關係(관계) 둘 이상 서로 관련이 있음.

---

7 - 9 - 형성자

保

보호할 보

사람(人)이 먹고 싶어하는 입(口)과 과실나무(木)를 지키고 보호하는 형상을 본뜬 글자.

(또 다른 뜻) 보존할, 맡을, 기를, 지칠, 유지할, 보증할, 고용인.

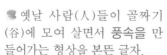

保管(보관) 맡긴 물건을 잘 간직함.
保留(보류) 안건 등의 처리를 미루어 둠.
保證(보증) 어떤 일에 틀림이 없음을 증명함.

---

7 - 9 - 형성자

俗

풍속 속

옛날 사람(人)들이 골짜기(谷)에 모여 살면서 풍속을 만들어가는 형상을 본뜬 글자.

(또 다른 뜻) 버릇, 인간, 풍습, 속될, 천박할, 범속할, 세상, 기대.

俗談(속담) 민간에 전해 내려오는 격언.
俗物(속물) 교양과 식격이 좁는 사람.
俗言(속언) 통속적으로 쓰는 저속한 말.

MILLENNIUM

한 자 방 정 식

人	+	足	→	促
어떤 사람이		발을 구르며		재촉함.

7-9-회의자

信

믿 을 신

사람(人)의 말은(言) 심중에서 나오는 것이므로 가식없는 말은 믿을 수 있다는 의미의 글자.

(또 다른 뜻) 믿음, 신표, 사자, 진실로, 참될, 맡길, 밝힐, 진술할.

信念(신념) 굳게 믿는 마음.
信賴(신뢰) 믿고 의지함.
信用(신용) 믿고 씀. 믿고 의심이 없음.
信條(신조) 굳게 믿어 지키고 있는 생각.

7-9-형성자

俊

준 걸 준

뛰어난 사람(人)은 마땅히(允) 걸음걸이까지 의젓한데 이러한 준걸의 형상을 본뜬 글자.

(또 다른 뜻) 클, 뛰어날, 준수할, 높을.

俊傑(준걸) 재주가 몹시 뛰어난 사람.
俊秀(준수) 재지나 풍채가 몹시 빼어남.
俊才(준재) 아주 뛰어난 재주, 또는 그 사람.

7-9-형성자

促

재촉할 촉

사람(人)이 어떤 일로 발(足)을 동동 구르며 재촉하는 형상을 본뜬 글자.

(또 다른 뜻) 촉박할, 다가올, 닥칠, 독촉할, 절박할,급할, 짧을.

促迫(촉박) 기한이 바짝 가깝게 닥쳐옴.
促進(촉진) 재촉하여 빨리 나아가게 함.
督促(독촉) 빨리 서둘러 하도록 재촉함.

7-9-형성자

便

편안할 편

사람(人)이 어떤 불편한 것을 고치어(更) 편안하게 하는 형상을 본뜬 글자.

(또 다른 뜻) 소식, 편할, 편리할, 좋은 기회, 이용할, 오줌(변).

便利(편리) 편하고 이용하기 쉬움.
便法(편법) 간편하고 쉬운 방법.
便宜(편의) 편리하고 좋음.
便所(변소) 대소변을 볼 수 있게 만들어 놓은 곳.

7-9-형성자

侵

침노할 침

어떤 사람(人)이 비로 쓸듯(帚) 또(又) 남의 구역을 침노하는 형상을 본뜬 글자.

(또 다른 뜻) 범할, 침범할, 침략할, 습격할, 능멸할, 범어길.

侵略(침략) 침노하여 약탈함.
侵犯(침범) 남이나 다른나라의 권리나 영토를 침노하여 옴.
侵入(침입) 침범하여 들어감.
侵害(침해) 침범하여 해를 끼침.

7-9-형성자

侯

제 후 후

옛날 산기슭에서 과녁을 향해 화살(矢)을 쏘는 제후(人)들의 형상을 본뜬 글자.

(또 다른 뜻) 후작, 과녁, 아름다울, 어조사, 어느, 무엇, 조사.

侯爵(후작) 오등작(五等爵)의 둘째 작위.
封侯(봉후) 제후, 또는, 제후로 봉함.
列侯(열후) 영내의 백성을 다스리는 사람.

MILLENNIUM

한 자 방 정 식

人 + 夾 ⇨ 俠

사람들의 곁에서 보호해 주는 협객.

---

7 - 9 - 형성자

侶
짝 려

사람(人) 등뼈(呂)를 나란히 같이 할 수 있는 사람이 짝이고 반려라는 의미의 글자.

(또 다른 뜻) 동반자, 반려, 벗, 친구, 벗할.

伴侶(반려) ① 짝이 되는 동무. ② 늘 가까이하거나 같이 있는 짝. ③ 동반자.
僧侶(승려) 중. 중을 높이 부르는 말. 불도를 닦는 사람.

---

7 - 9 - 회의자

侮
업신여길 모

시기와 질투가 많은 사람(人)이 업신여길 건수를 잡기 위해 매일(毋)따라 다니는 모양을 본뜬 글자.

(또 다른 뜻) 경멸할, 경멸, 앓을, 병들, 참고견딜, 깔볼, 모욕.

侮蔑(모멸) 업신여기고 얕잡아 봄.
侮辱(모욕) 업신여기고 욕을 보임.
受侮(수모) 남으로부터 모욕을 당함.

---

7 - 9 - 형성자

俠
협 객 협

억울한 사람(人)들의 곁에(夾)에서 호협하게 보호해 주는 협객의 형상을 본뜬 글자.

(또 다른 뜻) 호협할, 의협심, 끼일, 제일, 아우를, 젊을, 곁(겹).

俠客(협객) 의협심이 많고 호협한 사내.
義俠(의협) 자기를 희생하면서까지 정의의 편에 서서 약자를 돕는 일.
豪俠(호협) 호방하고 의협심이 강함.

---

8 - 10 - 형성자

個
낱 개

어떤 사람(人)의 신세가 사방이 막혀(固) 물건이 낱개로 있는 것같은 형상을 본뜬 글자.

(또 다른 뜻) 갯수, 치우칠, 한 사람.

個別(개별) 하나 하나 따로 나눔.
個性(개성) 개인이 타고난 특유한 성격.
個人(개인) 국가·사회에 대한 낱낱의 사람.
個體(개체) 독립하여 존재하는 낱낱의 물체.

---

8 - 10 - 형성자

俱
함 께 구

어떤 사람(人)의 어머니, 아버님이 다 살아계시여(見) 함께 모시는 형상을 본뜬 글자.

(또 다른 뜻) 다, 모두, 함께할, 갖출, 같을, 구존.

俱慶(구경) 양친이 다 계셔 경사스러움.
俱全(구전) 모두 다 온전함.
俱存(구존) 양친이 다 살아 계심.
俱現(구현) 어떤 사실 따위를 구체적으로 나타냄.

---

8 - 10 - 형성자

倒
넘어질 도

사람(人)이 어떤 목표를 정하여 그 곳에 도달(到)할 때까지는 몇 번이고 넘어진다는 의미의 글자.

(또 다른 뜻) 거꾸로, 넘어뜨릴, 거꾸로할, 거스를, 반역할, 파산할.

倒産(도산) 가산을 탕진함. 파산.
倒錯(도착) 상하 전도로 보아 서로 어긋남.
壓倒(압도) 뛰어나서 남을 능가함.
顚倒(전도) 상하를 바꾸어서 거꾸로 함.

MILLENNIUM

한 자 방 정 식

人 (사람이) + 放 (위대한 분을 놓고) ⇨ 倣 (본받음.)

8 - 10 - 형성자

倫

인 륜 륜

사람(人)이 모여서 사회를 이룰려면 순리(侖)로써 인륜에 힘써야 한다는 의미의 글자.

또 다른 뜻 무리, 떳떳할, 윤리, 도리, 또래, 차례, 가릴, 선택.

倫理(윤리) 마땅히 행해 지켜야 할 인간으로서의 도리.
倫常(윤상) 인륜의 떳떳한 도리.
不倫(불륜) 인륜(人倫)에서 벗어난 행위.

8 - 10 - 형성자

倍

곱 배

사람(人)이 어떤 물건을 갈라서(剖의 생략형) 그 수효가 곱이 된 형상을 본뜬 글자.

또 다른 뜻 갑절, 떨어질, 등질, 배반할, 곱할, 더할, 암송할.

倍加(배가) 갑절을 더함. 갑절이 더해짐.
倍量(배량) 어떤 양의 갑절이 되는 양.
倍數(배수) 갑절이 되는 수.
倍前(배전) 이전의 갑절.

8 - 10 - 형성자

倣

본받을 방

사람(人)이 사람다워질려면 존경하는 사람을 놓고(放)본받아야 한다는 의미의 글자.

또 다른 뜻 모방할, 모사할, 비슷하게 만들, 본뜰, 준거할.

倣刻(방각) 본을 본떠서 새김.
倣似(방사) 어떤 본과 아주 비슷함.
模倣(모방) 어떤 것을 본뜨거나 본받음.

8 - 10 - 형성자

借

빌 릴 차

사람(人)이 오래(昔) 살다보면 남의 힘을 빌릴 때도 있고 베풀 때로 있다는 의미의 글자.

또 다른 뜻 빛, 도울, 빌어 올, 빌려줄, 베풀, 가령, 시험삼아.

借用(차용) 돈이나 물건을 빌려서 씀.
借賃(차임) 물건을 빌려 쓰고 치르는 돈.
借入(차입) 돈이나 물건을 꾸어 들임.

8 - 10 - 형성자

修

닦 을 수

유유히(攸) 흐르는 물에 머리(彡)를 감듯 속마음을 닦아 수양한다는 의미의 글자.

또 다른 뜻 꾸밀, 고칠, 익힐, 배울, 기를, 다스릴, 행할, 갖출.

修交(수교) 나라와 나라 사이의 교제.
修理(수리) 고장난 곳을 손보아 고침.
修繕(수선) 낡거나 헌 물건을 고침.

8 - 10 - 형성자

值

값 치

사람(人)이 곧으면 곧을수록(直) 값어치있는 삶을 살아간다는 의미의 글자.

또 다른 뜻 만날, 당할, 가치, 가격, 값할, 가질, 겪을, 둘.

價值(가치) 사물이 지닌 값이나 쓸모.
數值(수치) 어떤 수나 양 따위를 계산하여 얻은 값.
絶對值(절대치)「절대값」의 구용어.

MILLENNIUM

한 자 방 정 식

人	+	奉	⇨	俸
사람이		품삯으로 받는		봉급.

8 - 10 - 형성자

候

기 후 후

제후(侯)들이 쏜 화살의 방향을 막는(丨) 것은 바람이나 비 등의 기후라는 의미라는 글자.

(또 다른 뜻) 조짐, 염탐할, 철, 계절, 절기, 시기, 날씨, 망루.

候補(후보) 어떤 직위에 오르기 위한 대상.
氣候(기후) 대기의 변동에 따른 날씨의 현상.
斥候(척후) 적의 형편이나 지형 등을 살핌.

8 - 10 - 형성자

倨

거만할 거

사람(人)이 자기 집에서 거만하게 앉아(居)있는 형상을 본뜬 글자.

(또 다른 뜻) 뽐낼, 불손할, 걸터앉을, 멍할, 굽을, 업신여길.

倨慢(거만) 잘난 체하며 남을 업신여기는 데가 있음. 교만. 오만.
倨傲(거오) 거드름을 피우고 남을 낮추어보면서 불손함.

8 - 10 - 형성자

倦

게으를 권

사람(人)이 구부정히 앉아 책(卷) 읽는 것을 게으름 피우는 형상을 본뜬 글자.

(또 다른 뜻) 싫증날, 태만할, 피로할, 고달플, 걸터앉을, 권태.

倦厭(권염) 지겨워서 싫어짐.
倦怠(권태) ① 어떤 일이나 상태에 시들해져서 생기는 게으름이나 싫증. ② 심신이 피로하여 나른함.
倦筆(권필) 마지못해 잡은 붓.

8 - 10 - 회의자

俳

광 대 배

실재 인간(人)의 삶이 아닌(非)연극으로 사람들에게 극을 보여주는 광대의 형상을 본뜬 글자.

(또 다른 뜻) 배우, 어정거릴, 장난, 농담, 익살, 쇠퇴할, 배회할.

俳優(배우) ① 영화나 연극 등에서 극중 인물로 분장하여 연기하는 사람. ② 광대. 줄타기나 판소리, 가면극 따위를 업으로 하는 사람을 통칭하는 말.

8 - 10 - 형성자

俸

봉 급 봉

사람(人)이 일한 대가로 받는(奉) 급료를 봉급이라한다는 의미의 글자.

(또 다른 뜻) 녹, 급료, 녹봉, 봉록, 보수.

俸給(봉급) 직무에 대한 보수로 사주가 직원에게 주는 돈.
薄俸(박봉) 많지 않은 봉급. 소액의 봉급. 생활에 여유가 없을 만큼의 적은 급료.

8 - 10 - 형성자

倭

왜 인 왜

사람(人)이 왜소(委 → 矮의 생략형)하고 작은 왜인의 형상을 본뜬 글자로 일본인을 뜻함.

(또 다른 뜻) 일본, 왜구, 두를, 순할, 추할, 두를(위), 왜국(외).

倭寇(왜구) 고려 말, 조선 초에 이르는 동안, 우리 나라와 중국 동남 연안을 노략질하던 왜적.
倭國(왜국) 옛 일본을 낮추어 일컫는 말.

MILLENNIUM

한 자 방 정 식

人	+	幸	⇨	倖
사람이		행운을 만나는 것은		요행임.

8 - 10 - 형성자

倖

요 행 행

사람(人)이 요행을 바라는 것은 맹목적으로 행복(幸)을 바라는 것이라는 의미의 글자.

(또 다른 뜻) 요행수, 간사할, 아첨할, 사랑할.

射倖(사행) ① 노력없이 요행을 노림. ② 사행심리.
僥倖(요행 노력없이 얻어지는 뜻밖의 행운. 또는 그러한 심리.
倖免(행면) 좋지 못한 일을 운좋게 벗어남.

9 - 11 - 형성자

假

거 짓 가

인간(人)의 모든 허물(叚의 생략형)은 거짓으로부터 시작된다는 의미의 글자.

(또 다른 뜻) 꾸밀, 잠시, 끝날, 바꿀, 가짜, 일시적, 가령, 이를(격).

假拂(가불) 기일전에 일부를 지불함.
假說(가설) ① 임시로 설치함. ② 실제에 없는 것을 있는 것으로 함.
假飾(가식) (말이나 행동을) 거짓으로 꾸밈.

9 - 11 - 형성자

偶

짝 우

사람(人)이 운명적으로 만난(禺) 사람이 배필로 짝이 된다는 의미의 글자.

(또 다른 뜻) 배필, 짝수, 짝지울, 무리, 또래, 인형, 우상, 우연.

偶發(우발) 우연히 일어남. 또는 그 일.
偶像(우상) 숭배의 대상이 되는 것.
偶然(우연) 뜻하지 않게 생긴 일.

9 - 11 - 형성자

健

건강할 건

사람(人)의 몸이 곧바로 세워 진(建) 사람이면 건강하고 굳센 사람이라는 의미의 글자.

(또 다른 뜻) 굳셀, 튼튼할, 건장할, 꾸준할, 군사, 어렵게 여길.

健康(건강) 몸이 아주 탈없이 튼튼함.
健勝(건승) 건강함.
健兒(건아) 건강하고 씩씩한 젊은이.
健在(건재) 아무 탈 없이 잘 있음.

9 - 11 - 형성자

偉

위대할 위

어떤 사람(人)이 보통 사람과 다르게(韋) 큰 사람은 위대한 사람이라는 의미의 글자.

(또 다른 뜻) 클, 거룩할, 훌륭할, 뛰어날, 성할, 성대할, 장대할.

偉大(위대) 뛰어나고 훌륭함.
偉力(위력) 위대한 힘. 뛰어난 힘.
偉業(위업) 위대한 사업이나 업적.
偉人(위인) 훌륭하고 위대한 사람.
偉績(위적) 뛰어난 업적.

9 - 11 - 형성자

停

머무를 정

하던 일을 멈추고 사람(人)이 정자(亭) 안에서 머물러 쉬고 있는 형상을 본뜬 글자.

(또 다른 뜻) 정지할, 늦어질, 쉴, 지체할, 멈출, 그만 둘, 중지할.

停年(정년) 관청 · 회사 등에서의 근무할 수 있는 적정 연령의 한계. 퇴직(退職).
停電(정전) 송전이 한때 중단 되는 것.

MILLENNIUM

한 자 방 정 식

人 ＋ 則 ⇨ 側

사람은 본받을만한 분의 곁에 있어야 함.

---

9 - 11- 형성자

側

곁 측

사람(人)은 본받을(則)만한 분의 말씀을 글로 써서 곁에 붙여 두고 지침을 삼는 형상을 본뜬 글자.

(또 다른 뜻) 기울, 치우칠, 옆, 엎드릴, 뒤척일, 미천할, 어렴풋할.

側近(측근) 곁의 가까운 곳.
側面(측면) 옆면. 한 부분이나 한 쪽 면.
兩側(양측) 두 편. 양쪽의 측면. 양방.
右側(우측) 오른쪽. 오른쪽 방향.

---

9 - 11- 형성자

偵

정탐할 정

병사(人)가 점을 쳐 상황을 알아보듯(貞) 적진의 주의를 정탐하는 형상을 본뜬 글자.

(또 다른 뜻) 염탐할, 탐지할, 염탐꾼, 곧을, 바를, 탐정, 조사할.

偵察(정찰) 척후를 보내어 적의 형편을 탐지함.
偵探(정탐) ① 몰래 남의 비행이나 형편을 알아 봄. ② 작전상 적의 동태를 살핌.

---

9 - 11- 형성자

偏

치우칠 편

사람(人)이 마음을 좁고 낮게(扁) 한쪽으로 치우쳐 행동함을 본뜬 글자.

(또 다른 뜻) 기울, 궁벽할, 몰려있을, 외골수, 편협할, 부수(변).

偏見(편견) 한쪽으로 치우쳐서 공정하지 못한 의견.
偏母(편모) 홀어미. 남편없이 홀로 되어 자식을 부양하는 어머니.
偏愛(편애) 치우쳐 편들어서 사랑함.

---

9 - 11- 회의자

偕

함께 해

사람(人)이 언제나 같이(皆) 있어 희노애락을 함께 하는 부부의 형상을 본뜬 글자.

(또 다른 뜻) 다 같이, 함께 행동할, 굳셀, 적합할, 같이 갈.

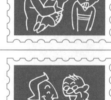

偕樂(해락) 여러 사람들이 함께 즐김.
偕老(해로) 부부연을 맺은 부부가 함께 늙어가는 것.
偕行(해행) ① 같이 함께 감. ② 여럿이 잇달아 서서 감.

---

10 - 12 - 형성자

傑

뛰어날 걸

어떤 사람(人)이 모든 것에 빼어난(桀) 여러 사람들 중 뛰어나 보이는 형상을 본뜬 글자.

(또 다른 뜻) 호걸, 빼어날, 출중할, 웃자랄, 뛰어난 사람.

傑物(걸물) 뛰어난 인물.
傑作(걸작) 뛰어난 작품.
傑出(걸출) 유별나게 남보다 뛰어남.
俊傑(준걸) 재주와 슬기가 몹시 뛰어남.

---

10 - 12 - 형성자

傍

곁 방

사람(人)이 어떤 사람을 가깝게 곁에서 기대는(旁) 형상을 본뜬 글자.

(또 다른 뜻) 가까울, 의지할, 옆, 부수(방), 달라붙을, 시중들.

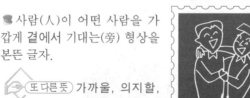

傍系(방계) 직계에서 갈라져 나온 계통.
傍觀(방관) 곁에서 보고만 있음.
傍證(방증) 간접적으로 증명함.
傍聽(방청) 회의 · 공판 · 연애 공연 실황 등을 옆에서 들음.

MILLENNIUM

한 자 방 정 식

人 + 頃 ⇨ 傾

사람이 비뚤어 진 것처럼 기울어짐.

---

10 - 12 - 형성자

備

갖 출 비

사람(人)이 미리 예견하여 갖추고 준비하는(𤰈)하는 형상을 본뜬 글자.

(또 다른 뜻) 방비할, 구비할, 설치할, 참가할, 준비할, 모두.

備考(비고) 문서 등에서 보충하여 기록함.
備忘(비망) 잊어버리지 않기 위한 대비.
備置(비치) 마련하여 갖추어 둠.
備品(비품) 실내 등에 갖추어 두고 쓰는 물품.

---

11 - 13 - 형성자

傾

기울어질 경

사람(人)의 머리가 한쪽으로 비뚤어져(頃) 기울어있는 형상을 본뜬 글자.

(또 다른 뜻) 무너질, 기울, 위태로울, 비스듬할, 비울, 탕진할.

傾斜(경사) 비스듬이 기울어짐.
傾聽(경청) 귀를 기울려 관심있게 들음.
傾向(경향) 현상이 일정한 방향으로 쏠림.

---

11 - 13 - 형성자

僅

겨 우 근

사람(人)이 진흙길(堇)을 갈 때 발이 달라붙어 겨우 조금 밖에 가지 못하는 형상을 본뜬 글자.

(또 다른 뜻) 간신히, 조금, 거의, 거의될, 근근히.

僅少(근소) 아주 적어서 얼마 되지 않음.
僅僅扶持(근근부지) 겨우 배기어 감. 간신히 견디어 감. 억지로 버티어 감.

---

11 - 13 - 형성자

傷

상 할 상

사람(人)이 어떤 사물에 부딪쳐 다치고(殤의 생략형) 뼈와 피부가 상하는 형상을 본뜬 글자.

(또 다른 뜻) 해칠, 다칠, 상처, 손상할, 근심할, 애태울, 가엾을.

傷心(상심) 속을 썩임. 마음 상함.
傷處(상처) 부상이나 피해를 입은 자리.
傷害(상해) 남의 몸에 상처를 내어 해를 줌.
傷魂(상혼) 마음을 상함.

---

11 - 13 - 회의자

傲

거 만 할 오

거만한 사람(人)이 남을 희롱(敖)하며 괴롭히는 형상을 본뜬 글자.

(또 다른 뜻) 거만, 멸시할, 오만할, 놀, 교만할, 지기싫어할.

傲氣(오기) 남에게 지기 싫어하는 마음.
傲慢(오만) 잘난 체 하여 방자함. 태도가 방자하고 거만함.
傲色(오색) 오만한 기색.
傲然(오연) 태도가 거만스러움.

---

11 - 13 - 형성자

催

재 촉 할 최

사람(人)이 자기 뜻한 바를 얻기 위하여 높은(崔) 산에 오르는 것처럼 자신을 재촉함을 본뜬 글자.

(또 다른 뜻) 베풀, 열, 다그칠, 닥쳐올, 일어날, 모임을 열.

催告(최고) 행위를 하도록 통지하여 독촉함.
開催(개최) 어떤 행사 따위를 주최함.
主催(주최) 행사 따위를 주장하여 엶.

MILLENNIUM

한자방정식

人 + 責 ⇨ 債

사람이 책임지고 갚을 것은 빚임.

---

11 - 13 - 형성자

債

빚 채

어떤 사람(人)이든 남게 신세를 끼쳤다면 책임(責)지고 그 빚을 갚아야 한다는 의미의 글자.

(또 다른 뜻) 빚질, 빚돈, 빌려줄, 빌릴, 대차.

- 債權(채권) 채무자에게 급부에 대한 권리.
- 債務(채무) 채권자에게 급부에 대한 의무.
- 私債(사채) 개인과 개인 사이의 사사로운 빚.

---

11 - 13 - 형성자

傳

전할 전

어떤 사람(人)의 말을 실이 풀릴 때 실패가 구르듯(專) 이리저리 전하는 형상을 본뜬 글자.

(또 다른 뜻) 이을, 전기, 전수할, 전달할, 퍼뜨릴, 보낼, 내려올.

- 傳記(전기) 어떤 인물의 생애를 적은 책.
- 傳單(전단) 선전 광고의 취지를 적은 홍보지.
- 傳達(전달) 전하여 이르게 함.
- 傳統(전통) 어떤 계통을 이루어 전해 옴.

---

11 - 13 - 형성자

傭

품팔이 용

사람(人)이 어떤 일에 소용되 쓰여져(庸) 품팔이하는 형상을 본뜬 글자.

(또 다른 뜻) 품살, 고용될, 고용할, 고를, 공정할, 쓸, 품삯, 임금.

- 傭兵(용병) 봉급을 주고 병역에 복무하게 함. 또는 그 병사.
- 傭役(용역) 고용하여 부림. 또는 고용되어 일하는 것.
- 雇傭(고용) 어떤 일을 하기로하고 채용됨.

---

11 - 14 - 회의자

像

형상 상

어떤 사람(人)이 코끼리(象)의 형상을 닮게 그리는 모습을 본뜬 글자.

(또 다른 뜻) 닮을, 본뜰, 모습, 모양, 비슷할, 그림, 조각, 주물.

- 銅像(동상) 구리로 만든 사람 따위의 형상.
- 想像(상상) 미루어 마음 속에 그린 형상.
- 偶像(우상) 숭배의 대상이 되는 것.

---

12 - 14 - 형성자

僧

중 승

어떤 사람(人)이 속세의 인연과 유혹을 일찍(曾) 끊고 중이 되는 형상을 본뜬 글자.

(또 다른 뜻) 불도를 수행할, 마음이 편안할.

- 僧侶(승려) 중. 스님. 불교의 제자.
- 僧舞(승무) 중처럼 차리고 추는 춤.
- 僧房(승방) 「여승방(女僧房)」의 준말.

---

12 - 14 - 형성자

僞

거짓 위

사람(人)이 순리와 도의를 저버리고 하는 행위(爲)는 남을 속이기 위한 거짓 행위라는 의미의 글자.

(또 다른 뜻) 속일, 가짜, 꾸밀, 작위, 거짓말, 허위, 가식, 사투리.

- 僞善(위선) 겉으로만 선한 체함.
- 僞裝(위장) 속셈과는 달리 거짓으로 꾸밈.
- 僞造(위조) 진짜와 같게 만들어 속임.
- 僞證(위증) 거짓 증명함. 또는 거짓 증거.

MILLENNIUM

한 자 방 정 식

人 + 義 → 儀

사람은 옳은 예법으로 거동해야 함.

---

12 - 14 - 형성자

僑

객지에살 교

사람(人)이 높이 솟은(喬) 나무꼭대기만큼 아득히 먼 객지에 살고 있는 형상을 본뜬 글자.

또 다른 뜻 우거할, 타향에 살, 타국에서 살, 높을, 키가 클.

- 僑民(교민) 해외에 거류하고 있는 국민.
- 僑胞(교포) 외국에 나가 살고 있는 동포.
- 華僑(화교) 해외에 거주하고 있는 중국인의 통칭.

---

12 - 14 - 회의자

僕

종 복

어떤 사람(人)이 자기 일의 줄기없이 남의 일(業)만을 하는 종의 형상을 본뜬 글자.

또 다른 뜻 하인, 마부, 저(자기의 겸칭), 무리, 귀찮을, 관리할.

- 公僕(공복) 국민에 대한 봉사자라는 의미로 공무원을 달리 지칭하는 말.
- 奴僕(노복) 사내종의 총칭.
- 老僕(노복) 늙은 사내종.
- 從僕(종복) 자신만을 따르는 사내종.

---

12 - 14 - 회의자

僚

동 료 료

사람(人)이 같은 둥지의 섶나무가 타듯 동렬의 동료의식을 느끼고 있는 형상을 본뜬 글자.

또 다른 뜻 벼슬아치, 동아리, 어여쁠, 희롱할, 함께할.

- 官僚(관료) ① 같은 관직에 있는 동료. ② 정부의 관리. 특히 정치적인 고급관리.
- 同僚(동료) ① 같은 일자리에 있는 사람. ② 같은 출신이거나 함께 했던 사람.

---

13 - 15 - 형성자

儀

거 동 의

사람(人)은 모름지기 예법을 옳게(義) 갖추어 법도에 따라 거동해야 한다는 의미의 글자.

또 다른 뜻 법도, 모양, 태도, 본보기, 예법, 예식, 짝, 물품줄.

- 儀式(의식) 어떤 행사를 치르는 법식.
- 儀典(의전) 의식. 행사를 치르는 법식.
- 禮儀(예의) 예절과 몸가짐.
- 祝儀(축의) 축하하는 의식.

---

13 - 15 - 형성자

價

값 가

사람(人)이 앉아서 장사(賈)할때 물건의 값을 정하여 흥정하는 형상을 본뜬 글자.

또 다른 뜻 가치, 가격, 시세, 값어치, 평판, 시가.

- 價格(가격) 상품이 지니고 있는 가치를 돈으로 나타낸것. 값.
- 價値(가치) 사물이 지닌 값이나 쓸모.
- 廉價(염가) 싼 값. 할인 가격.

---

13 - 15 - 회의자

儉

검소할 검

사람(人)이 재물을 다 모아 놓고(僉) 검소하게 쓰며 관리하는 형상을 본뜬 글자.

또 다른 뜻 적을, 다할, 절약할, 넉넉하지 않을, 결핍될, 험할.

- 儉朴(검박) 검소하고 꾸밈이 없음.
- 儉素(검소) 사치하지 아니하고 수수함.
- 儉約(검약) 낭비하지 아니하고 수수함.
- 勤儉(근검) 부지런하고 검소함.

MILLENNIUM

한 자 방 정 식

人 + 意 ⇨ 億

사람은 、생각이 억만큼 많음.

---

13 - 15 - 회의자

億

억 억

사람(人)들은 저마다 생각(意)이 많아 삶의 형태가 억만큼 많음의 형상을 본뜬 글자.

(또 다른 뜻) 편안할, 편안히 할, 헤아릴, 추측할, 가슴이 메일.

億劫(억겁) 무한히 긴 오랫동안.
億臺(억대) 억으로 헤아릴 만한.
億萬(억만) ① 억(億). ② 아주 많은 수효.
億兆(억조) ① 억과 조. ② 썩 많은 수.

---

14 - 16 - 형성자

儒

선 비 유

사람(人)이면 모름지기 구하여(需) 갖추어야 할 덕을 수양하는 선비의 형상을 본뜬 글자.

(또 다른 뜻) 유교, 유학, 교양있는, 학자, 윤기있는, 난장이.

儒教(유교) 공자의 인의도덕의 가르침.
儒林(유림) 유교를 닦는 선비들.
儒生(유생) 유학을 공부하는 선비들.
儒學(유학) 공자의 사상을 근본으로 한 유교의 학문.

---

15 - 17 - 형성자

優

넉넉할 우

근심있는 사람(人)을 걱정해 주는(憂) 사람은 마음이 넉넉하고 도량이 큰 사람이라는 의미의 글자.

(또 다른 뜻) 뛰어날, 배우, 부드러울, 온화할, 너그러울, 도타울.

優待(우대) 특별히 잘 대우함.
優良(우량) 뛰어나게 좋음.
優勝(우승) 경기 등에서 첫째로 이김.
優雅(우아) 품위있고 아름다움.
優柔(우유) 마음씨가 여리고 유순함.

---

15 - 17 - 형성자

償

갚 을 상

어떤 사람(人)이 지난 날 과오를 갚기 위해 공을 세웠는데 그 사람에게 상(賞)을 주는 형상을 본뜬 글자.

(또 다른 뜻) 보답, 보답할, 속죄, 속죄할, 보상, 보상할, 갚아 줄.

償却(상각) 보상하여 갚아 줌.
償還(상환) ① 돈이나 물품으로 대신하여 갚음. ② 빚을 갚음.
報償(보상) 남에게 진 빚을 갚음.

---

20 - 22 - 형성자

儼

엄연할 엄

어떤 사람(人)이 남들로부터 공경받는(嚴)모습이 엄연하고 의젓한 형상을 본뜬 글자.

(또 다른 뜻) 의젓할, 점잖을, 무게있을, 공손할, 정중할, 엄숙할.

儼然(엄연) 위엄이 있는 모양. 엄숙하고 품위있는 모습. 부인하지 못할 정도로 명백함.
儼存(엄존) 엄연히 존재함. 확실히 존해하고 있음.

儿

2 - 4 - 상형자

元

으 뜸 원

사람의 머리(一)가 사람몸의 높은 곳에 으뜸으로 있는 형상을 본뜬 글자.

(또 다른 뜻) 처음, 시초, 첫째날, 연호, 나라, 백성, 근원, 기운.

元金(원금) 이자를 제외한 원래의 액수.
元來(원래) 본디. 원판.
元利(원리) 원금과 이자. 원리금.
元首(원수) 국가 주권의 최고 대표자.

MILLENNIUM

한 자 방 정 식

人 + 需 → 儒

이사람은 덕을 구하려는 선비임.

---

2 - 4 - 회의자

允
진 실 로 윤

사사롭게(厶)도 어진 사람(儿)이 진실로 보이는 형상을 본뜬 글자.

(또다른뜻) 진실할, 마땅할, 참으로, 승낙할, 들어줄, 윤허할.

允納(윤납) 의심하지 않고 받아들임. 절대적으로 신용함.
允諧(윤해) 참으로 화목함. 뭇사람들이 중심으로 화합함.

---

4 - 6 - 회의자

光
빛 광

머리에 불(火의 변형)을 이고 있는 듯한 어진 사람(儿)에게는 빛이 난다는 의미의 글자.

(또다른뜻) 밝을, 빛날, 명성, 영광, 빛낼, 경치, 다할, 없어질.

光明(광명) 밝고 환함. 또는 밝은 빛.
光復(광복) 빼앗긴 국권을 도로 찾음.
光榮(광영) 빛나는 영예. 영광.
光澤(광택) 물체의 표면에 번쩍거리는 빛.

---

3 - 5 - 상형자

兄
맏 형

머리가 큰(口)아이가 어진(儿)맏이로서 동생들을 보살피는 형이라는 의미의 글자.

(또다른뜻) 맏이, 형, 벗의 경칭, 형대접할, 뛰어날, 하물며.

兄夫(형부) 언니의 남편에 대한 호칭.
兄嫂(형수) 형의 아내.
兄弟(형제) 형과 아우. 동기.

---

4 - 6 - 회의자

先
먼 저 선

남보다 앞서서 먼저 간다(牛→之의 변형)는 어진 사람(儿)의 형상을 본뜬 글자.

(또다른뜻) 앞설, 옛, 돌아가신 분, 선구자, 먼저 알, 가르칠.

先決(선결) 다른 문제보다 앞서 해결함.
先金(선금) 기한이 되기 전 일부 치르는 돈.
先拂(선불) 대금·이자 등을 미리 지급함.
先行(선행) 딴 일에 앞서 행함.

---

4 - 6 - 상형자

兆
조 짐 조

거북이의 각질에 있는 문양으로 옛날에 길흉의 조짐을 점친 형상을 본뜬 글자.

(또다른뜻) 억조, 조, 점괘, 징조, 점, 점상, 묘지, 제단, 징후.

兆域(조역) 무덤이 있는 지역.
兆朕(조짐) 어떤 일이 생길 기미가 보임.
吉兆(길조) 좋은 일이 있을 조짐.
億兆(억조) ① 억과 조. ② 많은 수량 따위를 말함.

---

4 - 6 - 회의자

充
가 득 할 충

아이가 길러져(亠→育의 생략형) 살집이 알맞게 가득해진 사람(儿)의 형상을 본뜬 글자.

(또다른뜻) 찰, 속이 찰, 채울, 막을, 막힐, 번거로울, 당황할.

充當(충당) 보충하여 부족한 부분을 메움.
充分(충분) 분량이 모자람이 없이 넉넉함.
充足(충족) 양이 차서 모자람이 없음.

MILLENNIUM

한 자 방 정 식

十	+	兄	⇨	克
많은 근심을		형은 가족을 위해		극복함.

4 - 6 - 형성자

兇

흉악할 흉

얼굴이 흉하게 생긴(凶) 사람(儿)이 더욱 흉악하게 보이는 형상을 본뜬 글자.

(또 다른 뜻) 흉악한 사람, 두려워할, 흉기.

兇器(흉기) 사람을 상하게 하거나 죽이는 데 쓰일 수 있는 기구 따위.
兇漢(흉한) ① 악한 일을 일삼는 악한. ② 거칠고 나쁜 짓을 하는 사람.

5 - 7 - 회의자

克

이 길 극

머리에 많은(十) 근심을 담고 맏이(兄)가 가족을 위해 고난들을 이겨내는 형상을 본뜬 글자.

(또 다른 뜻) 능할, 짐질, 견디어낼, 고난을 극복할.

克己(극기) 사욕을 이지로써 눌러 이김.
克難(극난) 어려움을 이겨 냄.
克明(극명) 똑똑히 밝힘. 똑똑하고 확실함.
克服(극복) 곤란을 이겨 냄.

6 - 8 - 상형자

兒

아 이 아

아직 정수리가 굳지 않고 머리만 큰 아이의 아장아장 걷는 형상을 본뜬 글자.

(또 다른 뜻) 아들, 어릴, 젊은이, 장점, 연약할, 연약할(예).

兒童(아동) 어린아이. 어린이.
兒役(아역) 연극이나 영화에서 어린이의 역.
健兒(건아) 건강하고 씩씩한 사나이.
男兒(남아) ① 사내아이. ② 남자다운 남자.

6 - 8 - 상형자

兎

토 끼 토

토끼의 귀와 그리고 몸과 발, 또 꼬리의 형상을 본뜬 글자.

(또 다른 뜻) 달의 이칭(달에 토끼가 있다는 전설에서 유래됨).

兎舍(토사) 토끼장. 토끼의 집.
兎脣(토순) 언청이.
兎皮(토피) 토끼 가죽.

5 - 7 - 회의자

免

면 할 면

토끼(兎)의 꼬리가 덫에 걸려 엉덩이에 있는 꼬리(丶)를 잘라내고 죽음을 면한 형상을 본뜬 글자.

(또 다른 뜻) 내칠, 허가할, 벗어날, 허락할, 관벗을, 관벗을(문).

免稅(면세) 세금을 면제함.
免疫(면역) 병균에 대한 저항력.
免除(면제) 책임 · 의무 · 채무 등을 면함.
免責(면책) 책임 · 책망 등을 면함.

入

0 - 2 - 상형자

入

들 입

기울어져 가는 줄기를 땅속 깊이 들어가 자리잡은 뿌리로 인해 지탱되고 있는 형상을 본뜬 글자.

(또 다른 뜻) 넣을, 들어갈, 벼슬할, 납부할, 수입, 소득, 빠질.

入國(입국) 그 나라 국경 안으로 들어감.
入社(입사) 회사 등에 취직하여 들어감.
入學(입학) 학교에 들어가 학생이 됨.

MILLENNIUM

한 자 방 정 식

入	+	王	⇨	全
꿰어져 있는		옥이		온전함.

2 - 4 - 회의자

內
안 내

세 벽면으로 둘러쌓인 빈(冂)공간의 안쪽으로 들어가는(入)형상을 본뜬 글자.

또 다른 뜻: 아내, 안사람, 범위, 안, 생각, 받아들일, 여관(나).

- 內閣(내각) 국가의 행정을 담당하는 최고 기관.
- 內陸(내륙) 바다에서 멀리 떨러진 육지.
- 內部(내부) ① 안쪽. ② 어떤 조직에 속하는 범위.

4 - 6 - 회의자

全
온 전 전

줄에 온전히 꿰어져(入) 있는 구슬(王 → 玉의 생략형)의 형상을 본뜬 글자.

또 다른 뜻: 결함없을, 무사할, 손실없을, 보전할, 온통, 전체.

- 全般(전반) 여러 가지 것의 전부.
- 全域(전역) 어느 구역의 전부.
- 全體(전체) 사물·현상 등에 관계되는 모두.
- 完全(완전) 부족함이나 흠이 없이 필요한 것이 모두 갖추어져 있음.

6 - 8 - 상형자

兩
두 량

네모난 궤를 걸어놓고 양쪽에 두 개의 물건을 넣어 무게를 저울질하는 형상을 본뜬 형상.

또 다른 뜻: 둘, 량, 짝, 필(匹), 무게의 단위, 냥(냥-엽전의 단위).

- 兩家(양가) 양편의 집. 양쪽의 집.
- 兩論(양론) 두 가지의 서로 대립되는 이론.
- 兩立(양립) 두 가지의 것이 동시에 성립함.
- 兩面(양면) ① 양쪽의 면. ② 두 가지 방면.

0 - 2 - 지사자

八
여 덟 팔

긴 막대를 양손으로 쥐고 위로 휘어지게 부러뜨린 형상을 본뜬 글자로 여덟을 뜻함.

또 다른 뜻: 나눌, 여덟 째, 여덟번, 나누어질, 나룰(배).

- 八角(팔각) 팔모. 팔각형.
- 八道(팔도) 전국을 8도로 나눈 행정구역.
- 八萬(팔만) 만의 여덟 곱절.
- 八旬(팔순) 나이로 여든 살을 일컬음.

2 - 4 - 상형자

六
여 섯 육

양쪽 손의 손가락을 세개씩 펴서 서로 맞댄 형상을 본뜬 글자로 합이 여섯이라는 의미의 글자.

또 다른 뜻: 여섯 번, 6회, 역의 음효, 여섯째.

- 六角(육각) 여섯 개의 직선에 싸인 평면.
- 六甲(육갑) 육십 갑자의 준말.
- 六法(육법) 여섯 가지의 기본이 되는 법률.
- 六腑(육부) 뱃속의 여섯 가지 기관(器官).

2 - 4 - 형성자

公
공 평 할 공

자기가 수확한 것의 일부를 쪼개어(八)조세로 낼 때 자기(厶)재산에 대해 공평함을 이룬다는 말.

또 다른 뜻: 공변될, 함께할, 드러낼, 나타낼, 공적, 공직, 공작.

- 公開(공개) 여러 사람에게 널리 터놓음.
- 公信(공신) 공적으로 부여하는 신용.
- 公正(공정) 공평하고 올바름.
- 公平(공평) 어느 쪽으로도 치우침이 없이 공정함.

八

MILLENNIUM

한 자 방 정 식

丘 + 八 ⇨ 兵

언덕에서 무기를 두손으로 잡고 서있는 군사.

---

2 - 4 - 회의자

兮

어조사 혜

입김이 사방으로 퍼지듯(八) 말을 하다 잠시 멈추고 나서 말을 다시 이을 때 어조사가 필요하다는 말.

(또 다른 뜻) 주어나 문장뒤에 붙어서 감탄 · 강조를 나타내는 조사.

歸去來兮(귀거래혜) 고향으로 돌아갈지어다.
渺渺兮餘懷(묘묘혜여회) "아득하구나, 나의 회포여!"란 뜻의 어구.

---

4 - 6 - 회의자

共

함께 공

十을 두개 모아 많다는 의미로 두 손을 함께 모아 한 마음으로 받드는 형상을 본뜬 글자.

(또 다른 뜻) 같이, 한가지, 모두, 공손할, 맞을, 바칠, 규칙, 법도.

共感(공감) 자기도 그러하다고 느낌.
共同(공동) 둘 이상이 일을 같이 함.
共謀(공모) 두 사람 이상이 함께 꾀함.

---

5 - 7 - 회의자

兵

군사 병

언덕(丘)에서 무기를 두손으로 부여잡고(八) 적과 대치하고 있는 군사의 형상을 본뜬 글자.

(또 다른 뜻) 무기, 병사, 전쟁, 군인, 병정, 칠, 죽일, 재앙, 병법.

兵力(병력) 군대의 힘. 군사력(軍事力).
方法(방법) 전술과 군사를 쓰는 방법.
兵事(병사) ① 군사. ② 사병(士兵).

---

6 - 8 - 상형자

其

그 기

곡식의 이물질을 키(甘)로 가려낼 때 그것과 다리(八)가 달린 상(一)이 있다는 의미의 글자.

(또 다른 뜻) 그것, 조사, 어조사, 발어사, 감탄 · 강조의 조사.

期間(기간) 그 사이.
其實(기실) 실제의 사정.
其中(기중) 그 가운데. 그 속.
其他(기타) 그것 외에 또 다른 것.

---

6 - 8 - 회의자

具

갖출 구

재물(目 → 具의 생략형)을 두 손안으로(八) 받혀(一) 감싸서 그것들을 갖추는 형상을 본뜬 글자.

(또 다른 뜻) 그릇, 자세할, 기구, 함께, 모두, 힘, 활동, 공동.

具備(구비) 모두 갖춤.
具色(구색) 여러 가지 물건을 고루 갖춤.
具現(구현) 실제로 나타냄. 또는 그것.
道具(도구) 어떤 일을 할 때 쓰이는 연장.

---

6 - 8 - 상형자

典

법 전

책상다리(八)위의 바닥(一)에 양쪽으로 휘여져(曲) 펼쳐진 법전(경전)의 형상을 본뜬 글자.

(또 다른 뜻) 경전, 맡을, 규정, 가르침, 의식, 재전, 관장할, 바를.

經典(경전) 종교의 교리를 적은 책.
法典(법전) 체계적인 성문(成文) 법규집.
祭典(제전) 제사나 행사를 지내는 의식.

MILLENNIUM

한 자 방 정 식

北	+	異	⇨	冀
북쪽을 향해		서로 다른 두손 모아		바라고 바람.

---

8 - 10 - 회의자

兼

겸 할 겸

벼 두 포기(禾 +禾)를 한 손(又→ 手의 변형)에 겸하여 잡고 있는 농부의 형상을 본뜬 글자.

(또 다른 뜻) 아우를, 부를, 다할, 쌓을, 포갤, 함께, 같이.

- 兼備(겸비) 두 가지 이상을 갖추고 있음.
- 兼用(겸용) 하나를 가지고 둘 이상 씀.
- 兼任(겸임) 두 가지 이상의 직무를 겸함.

---

14 - 16 - 회의자

冀

바 랄 기

북쪽(北) 밭(田)을 향해 두 손을 함께(共) 모아 기도하며 소원을 바라는 형상을 본뜬 글자.

(또 다른 뜻) 하고자 할, 바라건대, 땅이름.

- 冀求(기구) 몹시 바라고 구함. 희구(希求).
- 冀圖(기도) 바라는 것을 이루기 위하여 꾀함.
- 冀望(기망) ① 희망. 소원. ② 희망이 나 소원이 이루어지기를 바람.

---

4 - 6 - 회의자

再

두 재

한군데(一) 두 번 이상 거듭 쌓아올린(冉) 장작의 형상을 본뜬 글자.

(또 다른 뜻) 거듭, 다시, 둘, 두번, 거듭할, 반복할, 또다시.

- 再開(재개) 회의 등을 쉬었다가 다시 엶.
- 再考(재고) 다시 생각함.
- 再任(재임) 같은 관직에 다시 임명됨.
- 再現(재현) 다시 나타나게 함.

---

3 - 5 - 상형자

册

책 책

대쪽들(冂 + 冂)을 꿰어(一) 놓은 책이나 문서의 형상을 본뜬 글자.

(또 다른 뜻) 병부, 문서, 칙서, 계책, 권(책을 세는 단위).

- 册床(책상) 독서나 판서할 때 받치는 궤.
- 册子(책자) 책. 서적.
- 册張(책장) 책을 이루는 낱낱의 종잇장.
- 册題(책제) 책의 제목.

---

7 - 9 - 회의자

冒

모릅쓸 모

성(冂)을 두 칸(二)으로 막아 눈(目)에 보이지 않는 것을 무릅쓰고 가리는 형상을 본뜬 글자.

(또 다른 뜻) 가릴, 범할, 대모, 덮을, 모자, 수의, 탐할, 묵돌(묵).

- 冒瀆(모독) 더럽혀 욕되게 함. 신성한 것이나 존엄한 것 등을 욕되게 함.
- 冒錄(모록) 사실이 아닌 것을 사실인 것처럼 기록함. 또는 그 기록.

---

7 - 9 - 형성자

冠

갓 관

머리에 쓴(冖) 갓은 예절의 으뜸(元)인만큼 법도(寸)에 맞게 써야 한다는 의미의 글자.

(또 다른 뜻) 우두머리, 관, 볏, 성년, 으뜸될, 뛰어날, 갓을쓸.

- 冠帶(관대) 옛날 벼슬아치들의 공복(公服).
- 金冠(금관) 황금보관. 금으로 만든 관.
- 冠詞(관사) 명사 앞에서 그 명사의 수와 성 따위를 나타내는 품사.

MILLENNIUM

한자방정식

一 + 兎 ⇒ 寃

덧의 덮개에 갇힌 토끼가 원통해 함.

冫

---

8 - 10 - 회의자

冥

어두울 명

해(日)가 져 지평선을 덮고 (一) 어두워(六)지고 저승사자가 나다닐 시간이라는 의미의 글자.

(또 다른 뜻) 저승, 깊숙할, 밤, 아득할, 하늘, 바다, 숨을.

冥福(명복) 사후에 저승에서의 행복.
冥頑(명완) 사리에 어둡고 완고함.
冥海(명해) ① 망망(茫茫)한 바다. ② 망망한 대해.

---

8 - 10 - 회의자

寃

원통할 원

덧의 덮개(一)로 덮으니 걸려든 토끼(兎)가 원통해 하는 형상을 본뜬 글자.

(또 다른 뜻) 불만, 누명을 쓸, 무고한 죄, 구울, 굽힐, 원망할.

寃鬼(원귀) 무고한 죄로 원통하게 죽은 사람의 혼령.
寃痛(원통) 분하고 억울함.
寃魂(원혼) 무고한 죄로 원통하게 죽은 사람의 넋.

---

3 - 5 - 회의자

冬

겨울 동

사계절 중 가장 뒤에 오는 (夂)계절이 차가운(冫) 겨울이라는 의미의 글자.

(또 다른 뜻) 월동, 겨울을 날, 동절기, 동지.

冬季(동계) 겨울철. 동기.
冬服(동복) 겨울 옷.
冬節(동절) 겨울철. 동절기(冬節期).
冬至(동지) 24절기의 하나. 양력 12월 22일경.

---

5 - 7 - 형성자

冷

찰 랭

지엄하고 냉정한(冫) 명령(令)은 차갑고 쌀쌀하여 체온마저 식는 형상을 본뜬 글자.

(또 다른 뜻) 쌀쌀할, 식을, 식힐, 맑을, 쓸쓸할, 업신여길.

冷却(냉각) 식히어 차게 함.
冷凍(냉동) 고기·어물 등을 인공으로 얼림.
冷淡(냉담) 태도가 차갑고 무관심함.
冷笑(냉소) 쌀쌀한 태도로 비웃는 웃음.

---

5 - 7 - 회의자

冶

불릴 야

열을 받아 얼음(冫)이 녹는 것처럼 모나고 각진(台) 쇠가 불려져 주물이 만들어지는 형상을 본뜬 글자.

(또 다른 뜻) 주조할, 녹일, 붓을, 단련할, 대장장이, 꾸밀, 예쁠.

冶金(야금) ① 광석에서 쇠붙이를 분리해냄. ② 합금을 만드는 일.
陶冶(도야) ① 질그릇 따위를 굽고 풀무질을 하는 일. ② 몸과 마음을 닦음.

---

8 - 10 - 형성자

凍

얼 동

아직 날씨가 차가워(冫) 봄(東)이라지만 얼음이 얼 정도로 추운 형상을 본뜬 글자.

(또 다른 뜻) 추울, 얼어붙을, 굳어질, 투명할, 움직일, 나타날.

凍結(동결) 자금 등의 유통을 금하는 일.
凍氷(동빙) 물이 얼어 얼음이 됨.
凍死(동사) 얼어 죽음.
凍傷(동상) 피부가 얼어서 상하는 병.

MILLENNIUM

한 자 방 정 식

氵	+	妻	⇨	凄
냉정한		아내로 인해		쓸쓸한 남편.

8 - 10 - 형성자 **涼** 서늘할 량	얼음이 언(氵) 높은 곳(京)에서 부터 녹아내려 서늘해지는 형상을 본뜬 글자. 또다른뜻 얇을, 쓸쓸할, 엷을, 맑을, 깨끗할, 슬퍼할, 상심할.		涼氣(양기) 서늘한 기운. 涼室(양실) 처마 끝에 차양을 덧달은 방. 納涼(납량) 더위를 피해 서늘함을 맛봄. 凄涼(처량) 마음이 구슬프고 쓸쓸함.
8 - 10 - 형성자 **凄** 쓸쓸할 처	얼음같이 냉정한(氵) 아내(妻)로 인해 외롭고 쓸쓸한 한 남편의 형상을 본뜬 글자. 또다른뜻 스산할, 차가울, 외로울, 처량할, 을씨년스러울.		凄涼(처량) 쓸쓸함. 초라하고 구슬픔. 凄然(처연) 구슬픈 모양. 凄切(처절) 몹시 안타깝게 처량함. 凄絶(처절) 몹시 가혹하다할 만큼 처참함.
8 - 10 - 회의자 **准** 승인할 준	냉정(氵)을 잃지않고 높고 큰(隹)결정을 승인하는 형상을 본뜬 글자. 또다른뜻 허락할, 견줄, 비길, 따를, 의거한, 비준할, 인준할.		批准(비준) 조약 등의 체결에 대하여 국가가 최종적으로 동의하는것. 認准(인준) 법률에 규정된 공무원의 임명에 대한 국회의 승인.
8 - 10 - 형성자 **凌** 능가할 능	냉정(氵)을 잃지않고 신중하게 언덕을 능가하여 더 높은 곳을 정복하는 형상을 본뜬 글자. 또다른뜻 침범할, 업신여길, 얼음창고, 떨, 두려워할, 오를.		凌駕(능가) ① 남을 제압하고 그 위에 오름. ② 다른 것에 비해 훨씬 뛰어남. 凌蔑(능멸) 업신여겨 깔봄. 凌辱(능욕) ① 업신여겨 욕보임. ② 무례한 짓을 가함.
8 - 10 - 회의자 **凝** 엉길 응	어떤 물질이 얼어서(氵) 잘 떨어지지 않게(疑)엉기어 있는 형상을 본뜬 글자. 또다른뜻 뭉쳐 붙을, 모을, 집중할, 머무를, 굳어질, 차가울.		凝結(응결) ① 기체가 액체로 액체가 고체로 변함. ② 콜로이드 입자가 침전함. 凝固(응고) ① 액체가 고체로 변함. ② 뭉쳐 굳어지는 현상.
1 - 3 - 상형자 **凡** 무릇 범	천신께 제를 올릴 때 제물을 얹은 궤(几)앞에서 무릇 기원이 하늘에 닿게 비는 형상을 본뜬 글자. 또다른뜻 대강, 모두.		凡例(범례) 일러두기. 책 등의 내용 설명. 凡夫(범부) 평범한 사람. 범인(凡人). 凡事(범사) ① 모든 일. ② 평범한 일.

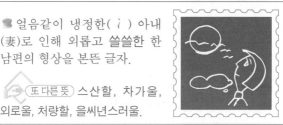

MILLENNIUM

한자방정식

几 + 皇 ⇨ 凰

온몸을 두른 깃이 / 황제처럼 보인 / 봉황새.

---

9 - 11 - 형성자

凰

봉황새 황

오색 찬란히 온몸을 두른 깃(几)으로 많은(白) 새들 중 황제(王)처럼 보이는 봉황새의 형상을 본뜬 글자.

(또다른뜻) 봉황의 암컷. *수컷은 봉(鳳)임.

鳳凰(봉황) 상서로움을 상징하는 상상의 새로써 암수를 말함. 몸은 닭의 머리, 뱀의 목, 제비의 턱, 거북이의 등, 물고기의 꼬리 모양을 하고 오색의 깃털, 오음의 소리를 낸다고 함.

---

10 - 12 - 회의자

凱

개선할 개

전쟁에서 승리하여 북장구(豈)를 상(几) 위에 올려 놓고 개선함을 노래하고 축하하는 형상을 본뜬 글자.

(또다른뜻) 이길, 승리의 함성, 개선가, 즐길, 화락할.

凱歌(개가) 개선 때 부르는 노래. 승리를 축하하는 노래.

凱旋(개선) 싸움에서 이기고 돌아옴.

凱風(개풍) ① 온화한 바람. 마파람. 남풍을 일컫는 말.

凵

2 - 4 - 지사자

凶

흉할 흉

땅을 푹 꺼지게 파놓은(凵) 함정에 걸려(ㄨ) 흉한 일을 당하는 동물의 형상을 본뜬 글자.

(또다른뜻) 해칠, 흉년, 재앙, 요사할, 사악할, 흉칙할, 다툴.

凶計(흉계) 흉악한 계책.

凶年(흉년) 농작물이 잘 되지 아니한 해.

凶惡(흉악) 성질이 험상궂고 악랄함.

凶虐(흉학) 성질이 매우 모질고 사나움.

---

3 - 5 - 상형자

出

날 출

초목에서 가지마다 싹이 움터 나와 위로 향해 뻗으려는 형상을 본뜬 글자.

(또다른뜻) 나갈, 낳을, 태어날, 나타날, 시집갈, 발생할.

出庫(출고) 물품을 창고에서 꺼냄.

出納(출납) 내어 주거나 받아들임.

出發(출발) ① 길을 떠남. ② 일의 시작.

出入(출입) 사람이 드나드는 일.

---

6 - 8 - 상형자

函

함 함

상자에 사물들을 넣어 덮게(一)로 덮으려는 함의 형상을 본뜬 글자.

(또다른뜻) 상자, 편지, 갑옷, 넣을, 끼울, 머금을, 쌀, 너그러울.

書函(서함) ① 편지를 모아두는 함. ② 책 따위를 넣어 두는 함.

函數(함수) 변수 x와 y사이에, x값이 정해짐에 따라 x에 대해 y를 이르는 말.

刀

0 - 2 - 상형자

刀

칼 도

둥글게 휘인 칼의 형상을 본뜬 글자. 다른 형태인 방(旁)으로 쓰일 때는 (刂)로 변형.

(또다른뜻) 거룻배, 의술, 검, 무기, 작은 배, 돈 이름.

刀劍(도검) 칼이나 검의 총칭.

果刀(과도) 과일을 깎을 때 사용하는 칼.

短刀(단도) 자루가 붙어 있는 짧은 칼.

寶刀(보도) 보배스럽게 치장되거나 유명한 검.

MILLENNIUM

한 자 방 정 식

干 + 刀 ⇨ 刊

방패같이 평평한 곳에 칼로 새겨 책펴냄.

---

1 - 3 - 지사자

刃

칼 날 인

병장기로써 검(刀)의 **칼날** 한 부분에 갈고리 같은 미늘(丶)이 만들어진 형상을 본뜬 글자.

(또 다른 뜻) 병장기, 미늘, 칼, 칼질할, 벨, 병기의 총칭.

- 刃傷(인상) 칼날에 다친 상처. 칼날에 베인 상처.
- 刃創(인창) 칼날에 다친 흉. 칼에 베인 상흔.
- 鋒刃(봉인) ① 창·칼 따위의 날. ② 모든 병장기의 날.

---

2 - 4 - 회의자

分

나 눌 분

어떤 사물을 **나눌** 때 칼(刀)을 이용해서 가르는 형상을 본뜬 글자.

(또 다른 뜻) 신분, 가름, 갈라질, 구별할, 헤어질, 다를, 구별.

- 分期(분기) 일년을 넷으로 구분한 기간.
- 分類(분류) 어떤 사물을 종류에 따라 가름.
- 分析(분석) 어떤 사물 속에 성분 등을 가름.

---

2 - 4 - 형성자

切

끊 을 절

어떤 사물을 여러 번(七) 칼(刀)로 잘라서 **끊으니** 온통 칼자욱이 새겨진 형상을 본뜬 글자.

(또 다른 뜻) 새길, 자를, 갈, 정성스럴, 적절할, 절실할, 모두(체).

- 切斷(절단) 칼 등 절삭 기구로 끊어 냄.
- 切實(절실) 적절하여 실제에 꼭 들어맞음.
- 一切(일체) 모든 것. 온갖 사물. 싸잡아 전부.

---

5 - 7 - 회의자

初

처 음 초

옷(衣)을 만들 때 **처음으로** 가위나 칼(刀)로 천을 자르는 형상을 본뜬 글자.

(또 다른 뜻) 근본, 이전, 시작, 비로소, 옛날, 옛일, 코, 처음으로.

- 初級(초급) 맨 첫 번째의 등급. 처음 단계인 기초.
- 初期(초기) 어떤 기간의 처음의 시기.
- 初步(초보) 처음 익히는 단계나 수준.

---

6 - 8 - 형성자

券

문 서 권

옛날 나누어 가진(龹) 것은 대나 판을 칼(刀)로 나눈 것으로 **문서** 따위의 형상을 본뜬 글자.

(또 다른 뜻) 증서, 증표, 어음쪽, 분명히 할, 약속할.

- 旅券(여권) 여행자의 보호를 의뢰한 문서.
- 證券(증권) 주식·공채·사채 등의 유가 증권.
- 債券(채권) 급부를 청구할 수 있는 권리.

---

3 - 5 - 형성자

刊

책 펴 낼 간

옛날 방패(干)같이 평평한 판자나 대쪽에 칼(刀)로 깎아 새겨서 **책을 펴내는** 형상을 본뜬 글자.

(또 다른 뜻) 깎을, 새길, 출판할, 자를, 벨, 덜, 없앨, 인쇄할.

- 刊行(간행) 인쇄하여 세상에 널리 펴냄.
- 發刊(발간) 출판물을 간행함.
- 新刊(신간) 책을 새로 냄. 새로 간행한 책.
- 週刊(주간) 주일에 한 번씩 발행하는 잡지.

MILLENNIUM

한 자 방 정 식

禾 + 刀 ⇨ 利

가을에 벼를 낫으로 수확하니 널리 이롭다.

4-6-형성자

列

벌 일 렬

고기뼈(歹)에서 살을 칼(刀)로 발라내어 도마 위에 벌려놓은 형상을 본뜬 글자.

(또다른 뜻) 반열, 나눌, 줄, 행렬, 여러, 차례, 등급, 가를, 덧붙일.

- 列擧(열거) 사례 등을 죽 들어서 말함.
- 列島(열도) 줄 지은 모습으로 늘어선 섬.
- 列車(열차) 기관차에 객차 등을 달은 차량.
- 序列(서열) 순서를 따라 늘어섬.

4-6-형성자

刑

형벌 형

극악무도한 죄인을 벌줄 때 형틀(幵)에 묶고 칼(刀)로 베는 참수형의 형벌에 처하는 형상을 본뜬 글자.

(또다른 뜻) 벌줄, 죽일, 법, 본받을, 이루어질, 다스릴, 국그릇.

- 刑期(형기) 형벌의 집행 기관.
- 刑罰(형벌) 범죄에 대한 제재를 가함.
- 刑事(형사) 형법의 적용을 받는 사건.
- 刑訴(형소) '형사 소송'의 준말.

5-7-회의자

利

이로울 리

벼(禾)를 낫(刀)으로 베어 거두니 수확으로 인해 살림살이가 풍성해지고 이로워지는 형상을 본뜬 글자.

(또다른 뜻) 이자, 날랠, 날카로울, 편할, 편리할, 탐할, 이길.

- 利得(이득) 이익을 얻음. 또는 그 이익.
- 利用(이용) 필요에 따라 이롭게 씀.
- 利潤(이윤) 상거래로 얻은 이익의 돈.

5-7-회의자

別

다를 별

뼈(另)에서 칼(刀)로 살을 발라내어 뼈와 다르게 따로 나누는 형상을 본뜬 글자.

(또다른 뜻) 나눌, 따로, 떨어질, 떠날, 헤어질, 구별할, 갈래.

- 個別(개별) 낱낱이 따로 다룸. 여럿 중 각각.
- 區別(구별) 종류에 따라 갈라 놓음.
- 離別(이별) 서로 갈림. 헤어짐. 별리.

5-7-형성자

判

판단할 판

사물의 반(半)을 칼(刀)로 자르듯, 모든 일의 시시비비를 공정히 판단하는 형상을 본뜬 글자.

(또다른 뜻) 쪼갤, 맡을, 뻐갤, 판가름할, 나눌, 떨어질, 반쪽.

- 判決(판결) 시비·선악을 판단하여 결정함.
- 判斷(판단) 대상의 진위·미추 등을 가림.
- 判別(판별) 판단하여 구별함.
- 判定(판정) 우열이나 옳고 그름을 가리는 일.

6-8-형성자

到

이를 도

옛날 먼 길을 떠나 목적지에 이를(至) 때까지 칼(刀)를 몸에 지닌 형상을 본뜬 글자.

(또다른 뜻) 주밀할, 도달할, 빈틈없을, 속일, 기만할, 거꾸로.

- 到達(도달) 목적한 것에 이름. 목적지에 도착함.
- 到來(도래) 닥쳐옴. 와 닿음.
- 到着(도착) 목적한 곳에 다다름.
- 到處(도처) 가는 곳마다의 여러 곳.

MILLENNIUM

한자방정식

肖 + 刀 ⇨ 削

어떤 물건을 작게 / 칼로 / 깎아 만듬.

6-8-형성자

刻

새길 각

옛날 물시계의 눈금을 새긴 것이 돼지(亥) 고기를 칼(刀)로 잘게 자른 것같이 한 형상을 본뜬 글자.

또다른뜻 모질, 시각, 팔, 깍을, 심할, 해칠, 꾸짖을, 다할, 엄할.

- 刻苦(각고) 몹시 애를 씀. 온갖 고생과 고통들.
- 刻銘(각명) 물건 등에 글자나 그림을 새김.
- 刻薄(각박) 모나고 인정이 매말라 삭막함.

6-8-형성자

刺

찌를 자

사람을 찌르거나 벨 우려가 있는 가시(朿)나 칼(刀)의 형상을 본뜬 글자.

또다른뜻 칼로, 벨, 가시, 찔르(척), 나무랄(체), 수라(라), 물을.

- 刺客(자객) 사람을 몰래 찔러 죽이는 이.
- 刺戟(자극) 정신을 흥분시키는 일.
- 刺傷(자상) 칼 등에 찔린 상처.
- 諷刺(풍자) 모순 등을 빗대어 폭로 함.

6-8-형성자

刷

인쇄할 쇄

몸(尸)의 땔르 베(巾)로 문질러 닦듯 인쇄하기 위해 칼(刀)로 새긴 자판을 솔질하는 형상을 본뜬 글자.

또다른뜻 솔질할, 박을, 등사할, 쓸, 털, 닦을, 씻을, 정돈할.

- 刷掃(쇄소) 쓸고 닦음.
- 刷新(쇄신) 폐단을 없애고 새롭게 함.
- 刷子(쇄자) 갓 등의 먼지를 터는 솔.
- 印刷(인쇄) 글 등을 종이에 박는 일.

6-8-회의자

制

억제할 제

나무가 옆으로 자란 것을 억제하기 위해 불필요한(未) 가지를 칼(刀)로 자르는 형상을 본뜬 글자.

또다른뜻 지을, 금할, 마를, 자를, 누를, 정할, 다스릴, 절제할.

- 制度(제도) 일정한 기준 등을 정한 체계.
- 制約(제약) 행위나 현상에 있어서 반드시 지켜야할 조건과 규약.
- 制限(제한) 한도를 정하거나 안 넘게 함.

6-8-전주자

刹

절 찰

열(十) 그루의 나무(木)를 단칼(刀)에 베듯 중생을 제도하는 부처를 모신 절이라는 의미의 글자.

또다른뜻 사찰, 불탑, 짐대, 나라, 국토, 짧은 시간, 찰라.

- 刹那(찰나) 불가의 범어로 Ksana의 음역. 지극히 짧은 시간. 순간.
- 刹土(찰토) 불가에서의 국토(國土)를 달리 이르는 말.

7-9-형성자

削

깎을 삭

어떤 물건을 잘게(肖) 칼(刀)로 깎아서 무엇을 만드는 형상을 본뜬 글자.

또다른뜻 약할, 빼앗을, 덜다, 버릴, 범할, 칼집(초), 칼집(소).

- 削減(삭감) 깎아서 줄임. 예산 따위를 줄임.
- 削髮(삭발) 머리털을 깎음.
- 削除(삭제) 깎아 없앰. 지워 버림. 목록·내용 따위에서 빼버림.

MILLENNIUM

한 자 방 정 식

貝	+	刀	⇨	則
재물을		나눌 때는		법칙이 있음.

7 - 9 - 회의자

則

법 칙 칙

재산(貝)을 공평하게 나누려면(刀) 일정한 법칙에 의하여 분배해야 한다는 의미의 글자.

(또 다른 뜻) 본받을, 법, 모범, 때, 혹은, 곧(즉).

規則(규칙) 모두 다 같이 지키는 법칙.
罰則(벌칙) 위법시 처벌을 정한 규칙.
法則(법칙) 지켜야할 규칙이나 규범.

7 - 9 - 형성자

前

앞 전

배를 정박하려고 배의 앞 밧줄(月)에 매달린 닻(刀)을 먼저 내리는 형상을 본뜬 글자.

(또 다른 뜻) 옛, 먼저, 일찍이, 앞설, 옛날, 인도할, 행선지.

前例(전례) 이전부터 있었던 사례. 선례.
前任(전임) 전에 그 임무를 맡은 사람.
前進(전진) 중단없이 앞으로 나아감.

8 - 10 - 형성자

剛

굳 셀 강

어떤 이가 산(岡)처럼 굳세게 서서 창이나 칼(刀)로 위협해도 움직이지 않는 형상을 본뜬 글자.

(또 다른 뜻) 억셀, 굳을, 건강할, 강직할, 빛날, 굳건할.

剛健(강건) 의지나 기상이 굳세고 건전함.
剛柔(강유) 굳셈과 부드러움.
剛直(강직) 기질이 꿋꿋하고 곧음.
金剛(금강) ① 금강석. ② 금강산의 준말.

8 - 10 - 회의자

剝

벗 길 박

나무의 껍질을 깍아내어(彔) 벗기는데 칼(刀)이 이용되는 형상을 본뜬 글자.

(또 다른 뜻) 벗겨질, 떨어져, 괴롭힐, 상처입힐, 어려움, 겪을.

剝製(박제) 새나 짐승의 가죽을 벗기고 속을 솜 따위로 채워 표본을 만드는 일.
剝奪(박탈) 강제로 빼앗음. 벗기고 빼앗음.

8 - 10 - 회의자

剖

쪼 갤 부

어떤 사물을 둘이상으로 쪼갤(立+口) 때 칼(刀)을 사용하는 형상을 본뜬 글자.

(또 다른 뜻) 나눌, 쪼개 열, 명확할, 명백할, 다스릴, 처리할.

解剖(해부) ① 생물체의 일부 또는 전부를 절개하여 내부를 관찰하는 일. ② 사물의 소리를 자세히 분석하여 연구함. 해부학.

9 - 11 - 형성자

副

버 금 부

넉넉한 재물(畐)의 일부를 쪼개어(刀) 다음을 대비한 버금가는 일을 해 나간다는 의미의 글자.

(또 다른 뜻) 다음, 도울, 보좌할, 시중들, 알맞을, 쪼갤(복).

副官(부관) 한 기관의 장의 비서구실을 하는 참모.
副食(부식) 주식에 곁들여 먹는 음식.
副則(부칙) 법률따위에서 보충해서 덧붙이는 항목.

MILLENNIUM

한 자 방 정 식

害	+	刀	⇨	割
어떤 지역을 해하여		칼로 자르듯		나눔.

---

10 - 12 - 형성자

割

나 눌 할

온전한 사물이나 지역을 해(害)하여 칼(刀)로 나눈 듯 분할하는 형상을 본뜬 글자.

또다른뜻 벨, 찢을, 쪼갤, 가를, 빼앗을, 자를, 재앙, 비율, 할.

割當(할당) 몫을 갈라 나눔.
割賦(할부) 금액을 여러 차례 나누어 냄.
割愛(할애) 아까워하지 않고 나누어 줌.
割引(할인) 정가에서 얼마간 값을 감함.

---

10 - 12 - 회의자

剩

남 을 잉

어떤 사물을 덤으로 조금 더 칼(刀)로 잘라 남은 부분을 올려놓은(乘) 형상을 본뜬 글자.

또다른뜻 나머지, 그 위에, 더군다나, 게다가, 덤.

剩餘(잉여) 쓰고 난 뒤의 나머지. 잉여금. 잉여분. 잉여자.
過剩(과잉) 필요 이상의 많음. 보통을 넘어 지나침. 너무 지나침.
剩數(잉수) 나머지의 수. 수량.

---

10 - 12 - 형성자

創

비로소 창

곳집(倉)를 목재를 잘라(刀) 만들어 비로소 곡식을 그곳에 저장하는 형상을 본뜬 글자.

또다른뜻 시작할, 비롯할, 만들, 이룩할, 놀랄, 상처입을.

創立(창립) 처음으로 설립함.
創始(창시) 처음 시작함. 창개(創開).
創業(창업) 사업을 처음으로 열어 시작함.
創造(창조) 새로운 것을 고안하여 만듦.

---

11 - 13 - 회의자

剽

빼앗을 표

날쌔게 표(票)를 칼(刀)로 자르듯 휘둘러 빼앗는 형상을 본뜬 글자.

또다른뜻 재빠를, 사나울, 표독할, 위협할, 찌를, 훔칠, 벗길.

剽竊(표절) 남의 작품이나 학설 따위의 전부 또는 일부를 허락없이 몰래 따다 씀. 또는 그것으로 인해 문제시된 작품.
剽悍(표한) 날쌔고 사나움.

---

12 - 14 - 형성자

劃

그 을 획

논밭의 구획을 사이사이(畵)에 칼(刀)로 자르듯 그어서 경계를 나눈 형상을 본뜬 글자.

또다른뜻 새길, 계획할, 나눌, 구분할, 한자획, 쪼갤, 가를.

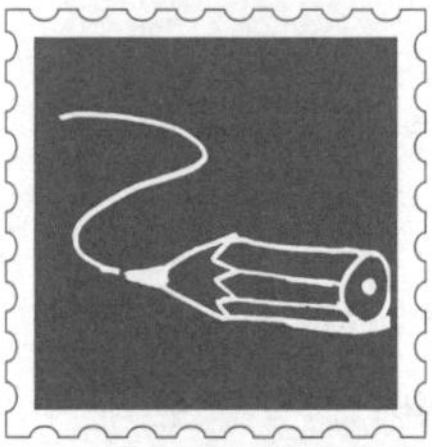

劃定(획정) 명확히 구분하여 정함.
計劃(계획) 계교하여 일을 얽어 세운 꾀.
區劃(구획) 경계를 갈라서 정함.
企劃(기획) 일을 꾀하여 계획함.

---

13 - 15 - 형성자

劍

칼 검

여럿(僉)이 모인 곳이면 더욱 자신을 보호하기 위해 칼(刀)을 가지고 다니는 형상을 본뜬 글자.

또다른뜻 칼로 죽일, 비수, 검법, 찌를, 날이 양쪽에 있는 칼.

劍道(검도) 검술과 심신을 단련하는 운동.
劍舞(검무) 칼로 추는 춤. 칼춤.
劍術(검술) 칼을 쓰는 기술이나 방법.
短劍(단검) 짤막한 칼. 단도(短刀).

MILLENIUM

한자방정식

齊 + 刀 ⇨ 劑

가지런히 약재를 칼로 나눠 약을 지음.

---

13 - 15 - 지사자

劇

연 극 극

호랑이(虎)와 멧돼지(豕)가 칼날(刀)같은 어금니와 뿔로 싸우듯 인간사도 연극과 같다는 의미의 글자.

(또 다른 뜻) 더할, 혹독할, 성할, 번거러울, 바쁠, 빠를, 요충지.

劇本(극본) 연극의 대사 등을 적은 글.
悲劇(비극) 인생에 일어나는 비참한 사건이나 슬픈 극.
喜劇(희극) 익살과 풍자로 엮어진 연극이나 영화.

---

14 - 16 - 형성자

劑

약 지 을 제

약을 지을 때 봉지마다 약재의 양이 가지런히(齊) 칼(刀)로 베듯 정확한 형상을 본뜬 글자.

(또 다른 뜻) 조합할, 조제할, 엄쪽, 증권, 가지런할, 엄쪽(자).

錠劑(정제) 약재를 다려 둥글게 알약으로 조제한 약. 알약.
調劑(조제) 여러 가지의 약재를 조합하여 약을 만드는 일.
藥劑(약제) 조제한 의료용 약.

---

0 - 2 - 상형자

力

힘 력

건장한 사내의 힘주어 굽힌 팔의 근육이 불거진 형상을 본뜬 글자.

(또 다른 뜻) 힘쓸, 위엄, 체력, 운동, 작용, 효험, 활동, 애쓸, 심할.

力量(역량) 일을 해 낼 수 있는 힘.
力說(역설) 자기의 의도를 힘껏 설명함.
功力(공력) 애쓰는 힘.
國力(국력) 나라의 군사·경제 등의 역량.

---

3 - 5 - 회의자

加

더 할 가

팔에 힘(力)을 더하면 더할수록 입(口)의 모양이 더욱 격렬해 지는 형상을 본뜬 글자.

(또 다른 뜻) 더욱, 들, 들어갈, 보탤, 살, 거처할, 베풀, 입힐, 붙일.

加減(가감) 더하기와 빼기.
加工(가공) 인공을 가해 생필품이나 식품 따위를 만듦.
加算(가산) 보탬, 더하여 계산함.
加入(가입) 단체나 조직에 들어감.

---

3 - 5 - 회의자

功

공 공

장인들(工)이 힘써(力) 일하여 공을 세우는 형상을 본뜬 글자.

(또 다른 뜻) 일할, 이용할, 공력, 공치사할, 명예, 성적, 공로.

功過(공과) 공로와 허물.
功德(공덕) 공로와 어진 덕.
功勞(공로) 애쓴 노력이나 수고.
功名(공명) 공을 세워 이름을 널리 알림.
功績(공적) 업적을 쌓거나 세운 공로.

---

4 - 6 - 회의자

劣

용렬할 렬

나이가 어려(少) 힘(力)을 써야 할 곳에 힘을 쓰지 못하고 용렬하게 행동하는 형상을 본뜬 글자.

(또 다른 뜻) 적을, 못할, 뒤떨어질, 낮을, 약할, 어릴, 어리석을.

劣等(열등) 매사 남보다 못하다는 느낌.
劣勢(열세) 세력이 열등함.
劣惡(열악) 질이나 환경 따위가 몹시 떨어지고 여건이 나쁨.

力

MILLENNIUM

한자방정식

且	+	力	⇨	助
우선하여		어려운 이를 위해 힘써		돕는다.

5 - 7 - 형성자

努

힘 쓸 노

집안에서 허드렛일을 도맡아 하는 노예(奴)처럼 힘써서(力) 일하는 사람의 형상을 본뜬 글자.

또다른뜻 힘들일, 힘다할, 애쓸, 영(永)자 팔법 중 획의 하나.

努力(노력) 애를 쓰고 힘을 드림. 힘을 다해 애씀.
努肉(노육) 궂은 살.

5 - 7 - 형성자

助

도 울 조

어려운 사람을 우선(且) 힘(力)써서 돕는 일을 하는 사람의 형상을 본뜬 글자.

또다른뜻 유익할, 자립할, 이로울, 도움, 옛 중국의 수세법.

助力(조력) 힘을 도와 줌. 도와주는 일.
助言(조언) 도움이 되는 말로 깨우쳐 줌.
助長(조장) 도와서 더 자라게 함.
協助(협조) 남의 일이나 공동의 일 따위를 서로 도와줌.

5 - 7 - 회의자

劫

겁탈할 겁

세월속에 지나갈(去) 일이지만 힘(力)으로 겁탈했던 상황을 생각하는 사람을 본뜬 글자.

또다른뜻 으를, 위협할, 빼앗을, 부지런할, 어수선할, 분주할.

劫奪(겁탈) ①위협하여 빼앗음. ②폭력으로 위협하여 강간을 저지르는 일.
億劫(억겁) 불교에서 무한히 긴 오랜 동안을 이르는 말.

7 - 9 - 형성자

勉

힘 쓸 면

늙어서 외로움을 면하려면(免) 젊어서 힘써(力) 일을 해야 한다는 의미의 글자.

또다른뜻 강인할, 장려할, 권할, 격려할, 억지로 하게 할.

勉勵(면려) ① 힘써 함. ② 힘쓰게 함.
勉學(면학) 학문에 힘씀.
勉行(면행) 힘써 행함.
勸勉(권면) 알아듣도록 타일러 힘쓰게 함.

7 - 9 - 형성자

勇

날 랠 용

물이 솟듯(涌의 생략형) 팔팔한 힘(力)으로 행동이 날래고 용맹한 사람의 형상을 본뜬 글자.

또다른뜻 용맹할, 용감할, 기력이 있을, 과감할, 병사, 용쓸.

勇敢(용감) 씩씩하고 기운 참.
勇氣(용기) 씩씩하고 굳센 기운.
勇斷(용단) 용감하고 결단함.
勇猛(용맹) 날래고 용감하고 사나움.
勇士(용사) 용맹스러운 사람이나 군사.

9 - 11 - 형성자

動

움직일 동

무거운(重) 사물을 힘(力)을 써서 움직이는 형상을 본뜬 글자.

또다른뜻 어지러울, 놀랄, 변할, 바뀔, 생길, 살아날, 다툴.

動機(동기) 어떤 일을 일으키게 하는 계기.
動物(동물) 감각·신경 등이 있는 짐승.
動産(동산) 움직일 수 있는 재산.
動搖(동요) 확고하지 못하고 흔들림.

MILLENNIUM

한 자 방 정 식

朕 + 力 ⇨ 勝

짐(왕 자신)의 용맹한 군사가 이겼다.

---

9 - 11 - 형성자

務

힘 쓸 무

창(矛)으로 둥글게 원(夂)을 그리듯 휘둘러 힘쓰는(力) 병사의 형상을 본뜬 글자.

(또 다른 뜻) 직분, 일, 업신여길, 향할.

勤務(근무) 직장에서 직무에 종사함.
事務(사무) 취급하는 일. 맡아 보는 일.
業務(업무) 작업으로서 맡아 행하는 직무.
職務(직무) 담당하여 맡은 사무.

---

9 - 11 - 회의자

勘

헤아릴 감

심하게(甚)어지러움을 헤아려 애써(力) 살피는 형상을 본뜬 글자.

(또 다른 뜻) 국문할, 죄인을 신문할, 감안할, 살필, 생각할.

勘案(감안) 참작하여 생각함. 헤아려 생각함. 헤아려 잘 살핌.
勘罪(감죄) ① 죄인을 취조하여 처분함. ② 죄인을 신문하여 취조하는 일.

---

10 - 12 - 회의자

勞

수고로울 로

불을 밝혀(火 + 火 + 冖) 올려 놓고 밤늦게 까지 힘써(力) 수고하는 사람의 형상을 본뜬 글자.

(또 다른 뜻) 일할, 위로할, 애쓸, 힘을 다할, 근심할, 공로, 도울.

勞苦(노고) 수고스럽게 힘들이고 애씀.
勞動(노동) 육체적 · 정신적인 노력의 행위.
勞務(노무) 급료를 받기 위한 노력의 업무.
勞使(노사) 노동자와 사용자.

---

10 - 12 - 형성자

勝

이 길 승

나의(朕) 병사들의 용맹(力)함으로 이 전투에서 이겨 승리했도다. 하는 왕의 형상을 본뜬 글자.

(또 다른 뜻) 나을, 맡을, 견딜, 뛰어날, 지나칠, 성할, 곧을, 모두.

勝利(승리) 전쟁이나 경기 따위에서 겨루어 이김.
勝負(승부) 이김과 짐.
勝算(승산) 꼭 이길 가망성.
勝訴(승소) 소송에서 이김.
勝敗(승패) 이김과 짐. 승부(勝負).

---

11 - 13 - 형성자

募

모 을 모

막중대사(莫)에 힘(力)이 드는 만큼 많은 손이 필요한데 사람들을 뽑아 모으는 형상을 본뜬 글자.

(또 다른 뜻) 뽑을, 부를, 모집.

募金(모금) 기부금을 모집함.
募集(모집) 사물 · 사람 등을 뽑아 모음.
公募(공모) 널리 공개하여 모집함.
急募(급모) 급히 모집함.
應募(응모) 모집에 응함.

---

11 - 13 - 형성자

勢

기 세 세

심은(埶) 나무가 힘찬(力) 줄기로 무성히 자라듯 권력의 기세가 발흥하는 형상을 본뜬 글자.

(또 다른 뜻) 권세, 위엄, 세력, 힘, 기회, 무리, 불알.

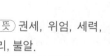

勢力(세력) 권력이나 기세의 힘.
大勢(대세) 일이 진행되는 결정적인 형세.
形勢(형세) 어떤 일의 형편이나 상태.
時勢(시세) ① 그 때의 형세. ② 시가(時價)

MILLENNIUM

한 자 방 정 식

熏	+	力	→	勳
해질 무렵까지		힘을 들여		공을 세웠다.

11 - 13 - 형성자

勤
부지런할 근

질펵한 누런 진흙(堇) 밭을 일구려면 힘(力)이 많이 들고 부지런해야 한다는 의미의 글자.

(또 다른 뜻) 힘쓸, 일, 직무, 근심할, 위로할, 괴로워할, 바랄.

勤儉(근검) 부지런하고 검소함.
勤勞(근로) 일에 힘씀.
勤勉(근면) 매우 부지런함. 부지런히 힘씀.
勤續(근속) 한 직장에서 오래도록 일하여 옴.

14 - 16 - 형성자

勳
공 훈

해질 무렵(熏)까지 힘(力)을 들여 애를 써서 공을 세운 장인의 형상을 본뜬 글자.

(또 다른 뜻) 이끌, 공을 세울, 훈장, 공훈, 공로.

勳功(훈공) 나라를 위해 세운 공로. 임금을 위한 공로를 훈(勳), 나라를 위한 공로를 공(功)이라 함.
勳章(훈장) 훈공을 표창하여 수여하는 휘장 따위.

15 - 17 - 형성자

勵
힘 쓸 려

어떤 이의 게으름을 보고 타일러(厲) 어떤 일에 힘쓸(力) 것을 권하는 형상을 본뜬 글자.

(또 다른 뜻) 권할, 행할, 권면할, 격려할, 권장할.

激勵(격려) 격동하여 장려하고 분기 시킴.
督勵(독려) 감독하여 장려함.
勉勵(면려) ① 힘써 함. ② 남에게 힘쓰게 함.
奬勵(장려) 권하여 복돋아 줌.

18 - 20 - 형성자

勸
권 할 권

인간에게 이로움을 권하여 주기 위해 황새(雚)가 힘들여(力) 울고 있는 형상을 본뜬 글자.

(또 다른 뜻) 도울, 순종할, 힘쓸, 나아갈, 더할, 싫증날.

勸告(권고) 타일러 권함. 권하여 하도록 함.
勸農(권농) 농사를 장려함.
勸勉(권면) 알아듣도록 타일러서 힘쓰게 함.
勸誘(권유) 권하여 하도록 타이름.

2 - 4 - 상형자

勿
말 물

급한 일 등을 여러 가지 색깔의 깃발로 무엇무엇을 하지 말라고 알리는 형상을 본뜬 글자.

(또 다른 뜻) 급한 모양, 문지를, 기(旗), 쓰다듬을, 창황한 모양.

勿驚(물경) 어떤 엄청난 양 따위를 말할 때에 미리 내세우는 말.
勿論(물론) 말할 것도 없이.
勿藥(물약) 아픈대도 약을 쓰지 않음.

3 - 5 - 상형자

包
쌀 포

물건을 숨겨 싼 보(勹)처럼 뱃속에 싸여 있는 태아(巳)의 형상을 본뜬 글자.

(또 다른 뜻) 꾸릴, 숨길, 감쌀, 겸할, 포함할, 취할, 꾸러미, 푸주.

包括(포괄) 사물 · 형상 등을 하나로 쌈.
包裝(포장) 물건을 싸서 꾸밈.
包含(포함) 사물 속에 넣거나 들어 있음.
小包(소포) 조그맣게 포장한 물건 따위.

勹

MILLENNIUM

한 자 방 정 식

人	+	匕	⇨	化
사람이		거꾸로된 숟가락처럼		변했음.

匕

化

2 - 4 - 형성자

화 할 화

바로 선 사람(人)이 숟가락(匕)처럼 거꾸로 선 사람 같이 변하여 화하였음을 의미한 글자.

또 다른 뜻 될, 죽을, 변화할, 교화할, 가르칠, 자랄, 다를, 요술.

- 化石(화석) 충적세 이전에 살았던 생물의 유해가 지층 속에서 암석이 되어 남아 있는 돌.
- 化粧(화장) 얼굴을 곱게 꾸밈.
- 化學(화학) 온갖 물질을 탐구하고 연구하는 학문.

北

3 - 5 - 회의자

북 녘 북

사람이 북녘을 등져 앉아서 따뜻한 남쪽으로 도망할 궁리를 하는 형상을 본뜬 글자.

또 다른 뜻 북향, 북쪽의 무리, 북으로 갈, 달아날(배).

- 北極(북극) 지축의 북쪽 끝.
- 北方(북방) 북쪽. 북녘. 북쪽 지방.
- 北部(북부) 어느 지역의 북쪽 부분.
- 北進(북진) 북쪽으로 진출하거나 진격함.

匚

匠

4 - 6 - 회의자

장 인 장

도끼(斤)로 상자(匚)를 만드는 장인정신을 가진 사람의 형상을 본뜬 글자.

또 다른 뜻 바치, 우두머리, 장색, 목수, 고안, 궁리, 가르침.

- 匠色(장색) 물건을 만드는 일을 업으로 삼는 사람.
- 匠人(장인) ① 목수. 대목. ② 직공의 총칭.
- 匠戶(장호) 나라의 부역에 응하는 각종 직업인의 호적.

匸

匹

2 - 4 - 회의자

짝 필

혼인 때 쓸 피륙을 맏아서 장농에 양쪽으로 마주보듯 짝을 이루게 쌓아 둔 형상을 본뜬 글자.

또 다른 뜻 혼인, 배필, 상대, 혼자, 필(피륙의 단위), 벗, 집오리.

- 匹夫(필부) 한 사람의 평범한 남자.
- 匹偶(필우) 배필(配匹). 한패. 동아리.
- 匹敵(필적) 능력이나 힘 · 세력 따위가 서로 엇비슷한 모양.

區

9 - 11 - 회의자

구 역 구

여러 가지의 물건(品)을 칸칸이 구역을 나누듯 쌓아 감춘 형상을 본뜬 글자.

또 다른 뜻 나눌, 조그마할, 갈피, 거처, 행정구역의 하나.

- 區別(구별) 종류에 따라 갈라 놓음.
- 區分(구분) 따로 따로 갈라 나눔.
- 區域(구역) 갈라 놓은 지역.
- 區劃(구획) 세력 · 지역 · 땅 따위를 정하여 갈라 놓은 것.

匿

9 - 11 - 회의자

숨 길 닉

몸을 감추어(匸) 숨긴 체 평상시 같이(若) 어떤 일을 도모하는 형상을 본뜬 글자.

또 다른 뜻 숨을, 도모할, 엎드릴, 감출, 덮어, 나타내지 않을.

- 匿瓜(익과) 손발톱을 숨긴다는 뜻으로 재주를 드러내지 않음을 이름.
- 隱匿(은닉) 사람이 자신을 나타내지 않고 숨음. 사물 따위를 숨김.
- 匿名(익명) 자기 이름을 숨김.

MILLENNIUM

한 자 방 정 식

一	+	丨	→	十
동서		남북이 꽉찬		열의 수.

十

---

0 - 2 - 지사자

十
열 십

동서(一)와 남북(丨)의 수직 수평으로 교차하여 중앙까지 갖춘 꽉 찬 수의 열을 의미한 글자.

(또 다른 뜻) 완전할, 네거리, 전부, 모두, 열번, 열배, 일체.

- 十戒(십계) 열 가지의 계율.
- 十代(십대) 20세 안짝의 소년과 소녀들.
- 十分(십분) 아주 충분하게.
- 十字(십자) '十' 의 자형(字形).
- 十中(십중) 열이나 열개 중. 십중팔구의 준말.

---

1 - 3 - 형성자

千
일 천 천

사람(丿)이 많은 수를 헤아릴 때 두 손을 두 번 올려 十을 두번 곱한 일천을 의미한 글자.

(또 다른 뜻) 많을, 성(姓), 천번, 반드시, 초목이 우거진 모양.

- 千軍(천군) 많은 군사(軍士). 많은 병사.
- 千金(천금) 많은 돈이나 비싼 값.
- 千萬(천만) 만의 천배. 썩 많은 수.
- 千秋(천추) 아주 오래고 긴 세월을 비유한 말.

---

2 - 4 - 상형자

午
낮 오

옛날 절구공의 모양으로 봉침을 크게하여 낮에 그 그림자로 시각을 헤아렸다는 의미의 글자.

(또 다른 뜻) 남쪽, 말(馬), 일곱째 붐빌, 오월, 엇갈릴, 거스를.

- 午睡(오수) 낮잠. 낮에 잠깐 자는 잠.
- 午時(오시) 상오 11시부터 하오 1시까지의 사이.
- 午前(오전) 상오(上午).
- 午後(오후) 정오로부터 자정까지의 동안.

---

2 - 4 - 상형자

升
되 승

곡식을 헤아릴 때 되에 넘쳐 오르게 고봉으로 하여 줄 것을 권한 형상을 본뜬 글자.

(또 다른 뜻) 권할, 태평할, 나아갈, 바칠, 여물, 피륙의 단위.

- 升啓(승계) 받는 사람 이름 밑에 쓴 말.
- 升堂(승당) 마루에 오름. 입문의 초기.
- 升麻(승마) 성탄꽃과의 여러해살이 풀.
- 斗升(두승) 말(斗)과 되(升).

---

3 - 5 - 회의자

半
반 반

옛날 민가에서 소(牛) 한 마리를 잡아 이웃들과 반으로 조각내어 나눈(八) 형상을 본뜬 글자.

(또 다른 뜻) 절반, 가운데, 조각, 중앙, 도중, 한창, 절정, 나눌.

- 半減(반감) 절반으로 줄거나 덞.
- 半徑(반경) 반지름.
- 半島(반도) 삼면이 바다에 접한 땅.
- 半行(반행) 행서보다 부드러우며 초서에 가까운 글씨 체.

---

6 - 8 - 회의자

卑
낮을 비

옛날에 왼손(𠂇)으로 술을 거르는 신분이 낮은 사람(甲)의 형상을 본뜬 글자.

(또 다른 뜻) 천할, 작을, 나라 이름, 치뜰, 업신여길, 알기 쉬울.

- 卑怯(비겁) 짓이 정당하지 못하고 야비함.
- 卑劣(비열) 성품과 행실이 천하고 용렬함.
- 卑賤(비천) 지위 · 신분이 낮고 천함.

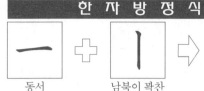

MILLENNIUM

한 자 방 정 식

十	+	早	⇨	卓
여러 사람 중		일찌기		뛰어난 사람.

6 - 8 - 회의자

卒

군 사 졸

옛날 군사의 복색에 있어 가장 낮은(一) 옷을 입은 군사의 형상을 본뜬 글자.

(또 다른 뜻) 병졸, 마칠, 다할, 갑자기, 별안간, 죽을, 마침내.

卒倒(졸도) 갑자기 정신을 잃고 쓰러짐.
卒逝(졸서) 죽어서 멀리 가고 없음.
卒業(졸업) 소정의 교과과정을 다 마침.

6 - 8 - 형성자

協

화 합 할 협

많은(十)사람이 힘을 합하여(劦) 그 힘을 크게 화합하는 사람들의 협동을 본뜬 글자.

(또 다른 뜻) 맞을, 도울, 힘합할, 일치할, 좇을, 복종할, 화할.

協同(협동) 서로 마음과 힘을 합함.
協議(협의) 여러 사람이 모여 의논함.
協定(협정) 협의하여 결정함.
協讚(협찬) 물량이나 힘 따위를 더하여 도와 줌.

6 - 8 - 회의자

卓

뛰 어 날 탁

사람(十)이 남달리 뛰어나(早) 많은 사람들 중에서 유달리 눈에 뛰는 사람의 형상을 본뜬 글자.

(또 다른 뜻) 높을, 훌륭할, 책상, 우월할, 높고 먼 모양, 탁자.

卓上(탁상) 탁자나 책상 따위의 위. 탁자 따위의 위. 평면 바닥.
卓越(탁월) ① 남달이 월등하게 뛰어난 기예 따위의 재능. ② 안목이 남달이 뛰어남.

7 - 9 - 형성자

南

남 녘 남

초목이나 화초가 남녘으로 가면 갈수록 고온다습하여 더욱 무성한 형상을 본뜬 글자.

(또 다른 뜻) 앞, 성(姓), 남쪽, 남으로 향할, 임금, 남이의 무악.

南極(남극) 지축(地軸)의 남쪽 끝단.
南部(남부) ① 남쪽의 부분. ② 남쪽 지역.
南進(남진) 어떤 세력의 남쪽으로 진행함.

10 - 12 - 형성자

博

넓 을 박

여러 갈래(十)의 방면으로 뜻을 넓게 펼쳐(尃)학식이 넓은 인재의 형상을 본뜬 글자.

(또 다른 뜻) 통할, 클, 쌍륙, 장기, 노름, 두루 미칠, 넓힐, 넓이.

博覽(박람) 사물을 널리 봄.
博物(박물) 사물에 대한 견문이 썩 넓음.
博士(박사) 학위 중 가장 높은 학위.
博識(박식) 학식이 많음.

0 - 2 - 상형자

卜

점 복

옛날 길흉화복의 점을 칠때 거북이 등의 갈라진 금으로 점쳤다는 의미의 글자.

(또 다른 뜻) 점칠, 가질, 짐바리, 거북점, 점장이, 바랄, 미리 알.

卜吉(복길) 길한 날을 가려 받음.
卜師(복사) 점장이.
卜日(복일) 좋은 날을 점쳐 갈림.
卜債(복채) 점을 쳐준 값으로 주는 돈.
卜築(복축) 살 만한 곳을 가려 집을 지음.

卜

MILLENNIUM

한 자 방 정 식

卜	＋	口	⇨	占
점쟁이가		말로		점을 쳐줌.

---

3 - 5 - 회의자

占

점 점

점을 칠 때 점쟁이가 점(卜)으로 길흉화복을 말(口)하거나 주문을 외우는 형상을 본뜬 글자.

(또 다른 뜻) 점칠, 차지할, 점령할, 지키다. 엿볼, 살펴볼, 부를.

占據(점거) 차지하여 자리를 잡음.
占術(점술) 점치는 법, 또는 그 기술.
占有(점유) 물건 등을 자기 지배하에 둠.

---

6 - 8 - 회의자

卦

점 괘 괘

천자가 제후를 봉할 때 내리던 신표(圭)같은 사물을 사용하여 점괘(卜)을 치는 형상을 본뜬 글자.

(또 다른 뜻) 괘, 점칠, 점.

卦辭(괘사) 역경의 64괘에 대하여 설명하는 말.
占卦(점괘) 주술 따위로 점을 쳐서 길흉이 갈려 나오는 괘.
八卦(팔괘) 복회씨가 지었다는 중국의 여덟가지 괘.

---

3 - 5 - 상형자

卯

토 끼 묘

양쪽 문을 열어젖힌 모양이나 양쪽 귀가 큰 토끼의 형상를 본뜬 글자.

(또 다른 뜻) 네째 지지, 문동개(묘), 방위로 동쪽, 오행으로 목.

卯年(묘년) 태세의 지지(地支)가 묘로 된 해.
卯末(묘말) 묘시(卯時)의 맨끝 시각.
卯生(묘생) 묘년(卯年)에 태어난 사람.

---

4 - 6 - 회의자

危

위태할 위

높은 절벽 위(厃)에서 몸(㔾)을 가누지 못하고 위태롭게 서있는 사람의 형상을 본뜬 글자.

(또 다른 뜻) 무너질, 두려워할, 높을, 험할, 준엄할, 병이 중할.

危急(위급) 상황 등이 위태롭고 급박함.
危篤(위독) 병세가 심해져 생명이 위태함.
危險(위험) 위태롭고 험해 안전하지 못함.

---

4 - 6 - 회의자

印

도 장 인

손톱(⺕ =爪손톱 조의 변형)으로 쥔 도장을 찍는 구부정한 사람(卩)의 형상을 본뜬 글자.

(또 다른 뜻) 도장찍을, 책을 찍을, 부처나 보살이 지니는 도구.

印鑑(인감) 거래상 대조용으로의 도장.
印刷(인쇄) 판면의 글이나 그림을 박아냄.
印紙(인지) 정부가 발행한 수입인지.

---

5 - 7 - 형상자

却

물리칠 각

적으로 하여금 몸(卩)을 낮게 움추리며 가게(去) 물리친 형상을 본뜬 글자.

(또 다른 뜻) 어조사, 발어사, 물러날, 되돌아 갈, 뒤돌아볼.

却說(각설) 말머리를 다른 쪽으로 돌림.
却下(각하) 원서나 소송들을 안 받음.
賣却(매각) 물건 등을 팔아 버림.
燒却(소각) 불에 태워서 없애 버림.

卩

MILLENNIUM

한 자 방 정 식

厂	+	㔾	⇨	厄
언덕 아래서		구부려 비는것은		재앙 때문임.

5 - 7 - 상형자

卵

알 란

마주보고 있는 물고기의 알 주머니, 올챙이의 알, 남자의 불알의 형상을 본뜬 글자.

(또 다른 뜻) 기를, 불알, 계란, 클, 굵을, 새 · 물고기 · 벌레의 알.

卵生(난생) 알을 낳아 새끼를 까는 것.
卵巢(난소) 동물의 암컷의 생식기관.
卵子(난자) 성숙한 난세포.
卵形(난형) 달걀꼴. 계란형.

7 - 9 - 형성자

卽

곧 즉

배가 고파 고소한(白)냄새가 나면 곧 밥상머리에 앉아(卩) 수저를 (匕)들게 된다는 의미의 자.

(또 다른 뜻) 이제, 나아갈, …은 곧, 만약에 하면, …할지라도.

卽刻(즉각) 당장에 곧.
卽決(즉결) 그 자리에 처리하여 결정함.
卽席(즉석) 바로 그 자리.
卽時(즉시) 바로 그 때. 당장 곧. 즉각.

6 - 8 - 형성자

卷

책 권

두루마리 책을(龹)보기 위해 다리를 구부리고 앉은(㔾) 사람의 형상을 본뜬 글자.

(또 다른 뜻) 굽을, 말권(책을 세는 단위), 두루마리, 아름다울.

卷頭言(권두언) 머리말의 이칭. 머리말.
卷末(권말) 책의 맨 끝.
卷數(권수) 책의 수효.
卷帙(권질) 책의 권(卷)과 질(帙).
壓卷(압권) 여러 것들 중 가장 탁월한 모양.

10 - 12 - 회의자

卿

벼 슬 경

두 사람이 음식물을 가운데 두고 임금의 음식을 다루는 벼슬 높은 사람의 형상을 본뜬 글자.

(또 다른 뜻) 귀공, 벼슬이름, 경, 대신, 귀족, 호칭, 장관, 중신.

卿相(경상) 3정승과 6판서. 재상(宰相).
公卿(공경) 삼공(三公)과 구경(九卿).
九卿(구경) 조선 시대에 의정부의 대신.

厂

2 - 4 - 회의자

厄

재 앙 액

언덕(厂)에서 뜻하지 않게 만난 재앙을 산신께 물리쳐 달라고 비는(㔾)형상을 본뜬 글자.

(또 다른 뜻) 옹이, 혹, 액운, 변고, 불행한 일, 사나운 운수, 화액.

厄年(액년) 운수가 사나운 해.
厄運(액운) 액을 당한 운수.
厄禍(액화) 액으로 인하여 당하는 재앙.
橫厄(횡액) 뜻밖에 닥쳐오는 재앙이나 변고.

7 - 9 - 형성자

厚

두 터 울 후

바위들이 두텁게 겹쳐 있는 언덕(厂)에 짙은 그늘이 져있는 형상을 본뜬 글자.

(또 다른 뜻) 두꺼울, 짙을, 도타울, 정중할, 심할, 중할, 두께.

厚德(후덕) 덕행이 두터움. 또는 그 덕행.
厚朴(후박) 인정이 두텁고 거짓이 없음.
厚謝(후사) 두터히 사례함. 또는 그 사례.

MILLENNIUM

한자방정식

厂	+	欮	⇨	厥
언덕 아래서		숨차게 파내는		그 돌들.

8 - 10 - 회의자

原

근 원 원

산기슭 언덕(厂)에서 솟는 샘(泉의 생략형)의 물이 강의 근원이 된다는 의미의 자.

또다른뜻 벌판, 용서할, 근본, 언덕, 처음, 시초, 기원, 찾을.

原稿(원고) 글월의 초벌. 초고. 초안.
原緞(원단) 원료가 되는 천.
原理(원리) 사물의 근본이 되는 법칙.
原形(원형) 사물 따위의 본디의 형상.

10 - 12 - 형성자

厥

그 궐

머리를 숙이고 언덕(厂) 밑의 그 돌들을 숨이 차도록(欮) 파내는 형상을 본뜬 글자.

또다른뜻 돌파낼, 나라 이름, 짧을, 어조사, 오랑캐, 굴복할.

厥女(궐녀) 그 여자.
厥者(궐자) 그 사람.
厥後(궐후) 그 이후.
突厥(돌궐) 6세기경, 몽고·중앙아시아에 대제국을 건설한 터어키계의 유목민.

12 - 14 - 형성자

厭

싫을 염

언덕(厂) 안에 기거하면서 낮(日)이나 밤(月) 온종일 개(犬)같은 처지가 싫다는 뜻의 글자.

또다른뜻 미워할, 만족할, 물릴, 가릴(안), 누를(엽), 젖을(읍).

厭世(염세) 세상을 싫어하거나 비관하여 괴로워하고 고통스러워 함.
厭症(염증) 싫증. 싫은 생각으로 모든 만사를 달갑지 않게 여기는 마음.

ㅅ

3 - 5 - 형성자

去

갈 거

솥뚜껑(土)을 팔을 안으로 구부리듯(ㅅ)열고 밥을 그릇에 담아 가는 형상을 본뜬 글자.

또다른뜻 덜, 과거, 지날, 버릴, 물리칠, 없앨, 거성, 떠날, 피할.

去來(거래) 상인과 상인, 상인과 고객 사이에 금품을 대차 또는 매매하는 일.
去就(거취) 일신의 진퇴.
過去(과거) 지난 날. 지나간 때.

9 - 11 - 형성자

參

참여할 참

여러 팔(ㅅ)이 안으로 굽은 듯 사람(人)들의 뜻이 한방향으로 쏠린 터럭(彡)처럼 참여한다는 의미의 자.

또다른뜻 낄, 뵐, 살필, 헤아릴, 뒤섞일, 빽빽할, 석(삼).

參加(참가) 어떤 모임에 관계하여 들어감.
參席(참석) 모임의 자리에 참여함.
參照(참조) 서류 등을 참고로 대조함.

又

0 - 2 - 상형자

又

또 우

오른손과 그 손가락의 형상을 본뜬 자로 오른손은 쓰고 또 쓰며 자주 쓴다는 의미의 글자.

또다른뜻 다시, 거듭, 재차, 심할, 수사, 도울, 감쌀, 오른쪽.

又新(우신) 더욱 새로움.
又重之(우중지) 더우기.
又況(우황) 하물며.

MILLENNIUM

한자방정식

耳	+	又	⇨	取
적의 귀를 잘라		손에		취하고 있는 병사.

2-4-회의자

反

돌이킬 반

바위같이 넓적한 돌(厂)을 손으로 뒤집어(又) 위 아래로 돌이켜 놓은 형상을 본뜬 글자.

(또다른뜻) 엎을, 되받을, 반대할, 되풀이할, 배반할, 반절.

反感(반감) 반대하거나 노여워하는 감정.
反目(반목) 잘못 사귀어 미워함.
反問(반문) 상대방의 말을 되받아 물음.
反應(반응) 외부 자극에 대응하는 현상.

2-4-회의자

及

미칠 급

앞서가는 사람을 뒤쫓아 가서 이윽고 뒷사람(人)의 손(又)이 앞 사람에게 미친 형상을 본뜬 글자.

(또다른뜻) 더불어, 및, 이를, 와, 과, 미치게 할, 급제할, 맞을.

及其也(급기야) 마침내. 마지막에는.
及落(급락) 합격과 불합격.
普及(보급) 널리 골고루 펴서 미치게 함.
遡及(소급) 지나간 일까지 거슬러 미치게 함.

2-4-회의자

友

벗 우

두 사람이 왼쪽 손(𠂇)과 오른쪽 손(又)을 맞잡고 서있는 절친한 벗의 형상을 본뜬 글자.

(또다른뜻) 친구, 우애, 벗할, 사귈, 동무, 자기편, 사이좋을.

友邦(우방) 우호적인 관계를 맺은 나라.
友愛(우애) 형제간의 사랑.
友誼(우의) 친구 사이의 정의. 우정.
友好(우호) 서로 사이가 좋음.

6-8-형성자

受

받을 수

어떤 사물 위의 물건을 건내주는 손(爪)과 이것을 받는 손(又)의 형상을 본뜬 글자.

(또다른뜻) 얻을, 담을, 입을, 받아들일, 맞을, 당할, 받아 줄.

受講(수강) 강의나 강습을 받음.
受動(수동) 자발성이 없이 남따라 움직임.
受領(수령) 통지서·우편물 등을 받아들임.
受取(수취) 통지서·우편물 등을 받아 가짐.

6-8-회의자

取

취할 취

전쟁터에서 승리하여 적의 귀(耳)를 잘라 손(又)에 취하고 있는 병사의 형상을 본뜬 글자.

(또다른뜻) 가질, 거둘, 받을, 장가들, 당할, 손에 넣을, 조사.

取扱(취급) 사물을 처리하거나 다룸.
取得(취득) 취하여 가짐. 자기 소유로 함.
取消(취소) 기록·약속 따위를 말살하여 없앰.

6-8-형성자

叔

아재비 숙

뿌리의 땅콩이 처음 것 다음(又)에 달린 것이 아버지의 형제인 아재비 같다는 뜻의 글자.

(또다른뜻) 어릴, 주울, 아저씨, 시동생, 숙부, 말세, 젊은이.

叔母(숙모) 작은어머니. 아버지 남동생의 처.
叔父(숙부) 작은아버지. 아버지의 남동생.
叔姪(숙질) 아저씨와 조카. 삼촌과 조카.

MILLENNIUM

한 자 방 정 식

半	+	反	⇨	叛
절반의 군중이		반대하여		배반함.

---

7 - 9 - 형성자

敍

펼 서

창고 등의 나머지(余) 물건들을 다시(又) 펼쳐서 먼지를 털고 새롭게 하는 형상을 본뜬 글자.

또다른뜻 베풀, 지을, 서술할, 쓸, 차례, 순서, 품계, 머리말.

- 敍事(서사) 사실 있는 그대로를 적은 일.
- 敍述(서술) 차례를 좇아 말함.
- 敍用(서용) 죄로 파면된 이를 다시 씀.
- 敍情(서정) 자기의 감정을 나타내는 일.

---

7 - 9 - 형성자

叛

배반할 반

군중들이 절반(半)씩 나뉘어 주장이 되는 한 쪽의 의견을 반대(反)하여 배반하는 형상을 본뜬 글자.

또다른뜻 저버릴, 배신할, 배반하는 일, 배반하는 사람.

- 叛起(반기) 배반하여 일어남.
- 叛逆(반역) 배반하여 군사를 일으킴.
- 背叛(배반) 믿음과 의리를 저버림.
- 叛旗(반기) 반란을 일으킨 무리들이 표지로 세운 깃발.

---

14 - 16 - 형성자

叡

밝을 예

슬기로운(睿) 사람이 어떤 일에서든 사리에 밝고 또(又) 통찰력이 뛰어난 형상을 본뜬 글자.

또다른뜻 명철할, 슬기로울, 천자의 언행, 사리에 깊이 통할.

- 叡智(예지) ① 사리에 밝고 지혜로운 생각. ② 의지와 행동을 논리적이고 슬기롭게 생각하고 판단하는 능력.
- 叡哲(예철) 지혜가 깊고 사리에 밝음.

---

16 - 18 - 회의자

叢

모을 총

어떠한 일(業)에 필요한 재료 · 자료 등의 사물을 취하여(取)모으는 형상을 본뜬 글자.

또다른뜻 모일, 떨기, 떼, 더부룩할, 번거로울, 번잡할, 집합.

- 叢論(총론) 갖가지의 논설. 또는, 그것을 모아 놓은 책.
- 叢書(총서) 갖가지 책을 모아 한 질로 묶은 책들.
- 叢說(총설) 여러 학설들을 모아 놓은 책. 또는 모아 놓은 많은 학설.

---

0 - 3 - 상형자

口

입 구

음식을 먹고 생각을 말하는 사람의 입 모양의 형상을 본뜬 글자.

또다른뜻 말할, 어귀, 인구, 관물, 구멍, 아가리, 식구, 말할.

- 口頭(구두) 입으로 하는 말.
- 口辯(구변) 언변.
- 入口(입구) 들어가는 어귀.
- 出口(출구) 나가는 곳. 출구.
- 河口(하구) 강물이 바다로 흘러가는 어귀.

---

2 - 5 - 형성자

可

옳을 가

말하기가 어려운 처지에서도 옳은 말(口)을 거침없이(丁) 하는 사람의 형상을 본뜬 글자.

또다른뜻 허락할, 마땅할, 찬성할, 좋을, 괜찮을, 인정할.

- 可能(가능) 할 수 있음. 될 수 있음.
- 可動(가동) 움직일 수 있음.
- 可望(가망) 가능성이 있는 희망.
- 可否(가부) 옳고 그름의 여부. 표결에서의 가와 부.

MILLENNIUM

한 자 방 정 식

刀	+	口	⇨	召
위엄이 선 칼처럼		호령하여		부르는 말.

2-5-회의자

古

옛 고

거슬러 십대나(十) 되는 옛날부터 입(口)으로 옛일들이 전해져 내려오는 형상을 본뜬 글자.

(또 다른 뜻) 예, 선조, 옛일, 옛날, 예전, 낡은, 예스러운, 고풍.

古今(고금) 예와 지금. 옛날과 지금의 현재.
古代(고대) 옛날. 상대(上代). 고조선 시대.
古木(고목) 오래 묵은 나무.
古蹟(고적) 옛날의 물건 또는 건물. 유적.

2-5-형성자

句

글 귀 구

사람이 물건을 한 몸으로 감싼(勹) 것처럼 입(口)에 글귀를 품은 듯 말하는 형상을 본뜬 글자.

(또 다른 뜻) 구절, 굽을, 거리낄, 지명, 땅이름, 절구, 글귀(귀).

句節(구절) 구와 절. 한 토막의 말이나 글.
警句(경구) 기발한 생각이나 날카로운 구.
文句(문구) 글의 구절.
美句(미구) 아름다운 글귀. 미사여구의 준말.

2-5-회의자

史

역 사 사

옛날 관리(中)가 손(又)에 쥔 붓으로 또박 또박 역사를 기록하는 형상을 본뜬 글자.

(또 다른 뜻) 사기, 문인, 사관, 여사, 문장가, 서화가, 장관.

史官(사관) 역사 편찬의 초고를 맡는 벼슬.
史料(사료) 역사의 연구·편찬의 자료.
史蹟(사적) 역사상 중대한 유적의 자취.

2-5-지사자

司

맡 을 사

임금 후(后)자를 거꾸로 하여 신하를 뜻한 자로 신하가 맡은 정사를 처리하는 형상을 본뜬 글자.

(또 다른 뜻) 벼슬, 벼슬아치, 사회, 관리, 공무, 관아, 살펴볼.

司令(사령) 군대 등을 통솔·지휘함.
司法(사법) 재판을 관장하는 삼권의 하나.
司書(사서) 서적을 맡은 직분.
司會(사회) 회의 등의 진행을 맡아 봄.

2-5-형성자

叫

부르짖을 규

사랑의 목소리가 입안(口)에서 얽힌(丩)듯한 소리로 부르짖는 형상을 본뜬 글자.

(또 다른 뜻) 울부짖을, 외칠, 부를, …라고 부름, …라고 명명함.

叫聲(규성) 부르짖어 외치는 소리.
叫吟(규음) 신음하며 울부짖는 소리.
叫呼(규호) 누구를 부르며 울부짖는 소리.
絶叫(절규) 힘을 다해 부르짖음.

2-5-형성자

召

부 를 소

칼날 같이 위엄이 선(刀) 윗사람이 타지에 있는 아랫사람을 부르는(口) 형상을 본뜬 글자.

(또 다른 뜻) 청할, 불러낼, 초대할, 결과를 불러올, 대추(조).

召命(소명) 임금이 신하를 부르는 명령.
召集(소집) 불러서 모음.
召致(소치) 불러서 오게 함.
召還(소환) 일의 중도에서 불러들임.

MILLENNIUM

한 자 방 정 식

士	+	口	⇨	吉
참 선비의		말은		길한 말만 함.

2-5-회의자

右

오른쪽 우

사람이 오늘쪽 손(𠂇)으로 어디를 가리키고 말(口)하며 사람을 부리는 형상을 본뜬 글자.

(또다른뜻) 숭상할, 높일, 우익, 오를, 위, 도울, 우향, 오른쪽면.

右記(우기) 본문의 오른쪽에 기록된 것.
右邊(우변) 오른편짝. 오른편의 가장자리.
右列(우열) 오른쪽 열.
右側(우측) 오른쪽.

2-5-회의자

只

다만 지

사람이 말할 때 입(口)에서 김이 나오다 말은 그치었지만 다만 여운(八)이 남았다는 의미의 글자.

(또다른뜻) 단지, 말그칠, 어조사, 뿐, 그것만.

只管(지관) 오직 이것 뿐.
只今(지금) ① 이제. ② 바로 이 시각.
只得(지득) 하는 수 없이 부득이.
但只(단지) 다만. 겨우.

3-6-회의자

吏

관리 리

나라일을 기록하는 관리(史)는 한결같이 (一) 법을 준수해야 된다는 의미의 글자.

(또다른뜻) 아전, 관원, 공무원, 하급관리, 벼슬아치, 다스릴.

吏屬(이속) 관아에 딸린 구실아치들.
官吏(관리) 관직에 있는 사람.
汚吏(오리) 청렴하지 못한 관리.
獄吏(옥리) 감옥에서 죄수를 감시하고 관리하는 이원.

3-6-회의자

各

각각 각

사람의 발(夊)이 장애물(口)에 막힌듯 사람의 말이 각각 서로 다르다는 의미의 글자.

(또다른뜻) 각자, 따로, 제각기, 여러, 낱낱, 따로따로.

各界(각계) 사회의 각 방면.
各論(각론) 논설문 따위의 각 세목에 대한 논설.
各樣(각양) 여러 가지 모양.
各自(각자) 각각의 자신.
各項(각항) 각 항목. 각가지.

3-6-회의자

吉

길할 길

선비(士)의 언행은 항상 바르고 곧아 그의 말(口)은 길하고 좋은 말이라는 의미의 글자.

(또다른뜻) 좋을, 상서로울, 바람직할, 음력, 초하루, 오례.

吉夢(길몽) 좋은 일이 생길 징조의 꿈.
吉事(길사) 경사스럽고 좋은 일.
吉運(길운) 좋은 운수.
吉日(길일) 길한 날. 흉이 없는 좋은 날.

3-6-회의자

同

같을 동

사람들이 모여(冂)있는 자리에서 한결같이(一) 그 의견(口)이 같아 하나가 됨을 본뜬 글자.

(또다른뜻) 한가지, 화할, 함께, 모일, 같이 할, 균일할, 상응할.

同感(동감) 같은 느낌. 남과 같게 느낌.
同等(동등) ① 같음. ② 같은 급(級).
同僚(동료) 같은 직장에서 일하는 사람.
同時(동시) 같은 때나 시기.

MILLENNIUM

한 자 방 정 식

口	+	土	⇨	吐
입 안의 것을		땅에		토하듯 함.

3 - 6 - 회의자

名
이 름 명

어두운 저녁(夕)이 되면 서로의 얼굴을 잘 알수 없어 이름을 부르는(口) 형상을 본뜬 글자.

또 다른 뜻 이름날, 사람수, 이름 지을, 평판, 유명할, 공적.

- 名單(명단) 관계자의 이름을 적은 목록.
- 名聲(명성) 세상에 좋게 알려진 이름.
- 署名(서명) 자기의 이름을 써넣음.
- 姓名(성명) 성과 이름.

3 - 6 - 회의자

合
합 할 합

사람(人)들이 한(一) 곳에 모여 행동을 같이 하기로 말(口)과 뜻을 합하는 형상을 본뜬 글자.

또 다른 뜻 갚을, 모일, 모을, 맞을, 적절할, 일치할, 홉(갑).

- 合格(합격) 시험 · 검사 등에 통과함.
- 合同(합동) 여럿이 모여 하나가 되어 뭉침.
- 合理(합리) 이치나 이론 등이 합당함.
- 合意(합의) 뜻이 맞음.

3 - 6 - 형성자

吐
토 할 토

입(口) 안의 것을 게워내 땅(土)으로 토하듯 속마음을 속시원히 말하는 형상을 본뜬 글자.

또 다른 뜻 게울, 말할, 뱉을, 드러낼, 토로할, 버릴, 실토.

- 吐露(토로) 속마음을 죄다 드러내어 말함.
- 吐說(토설) 숨겼던 사실을 비로소 말함.
- 嘔吐(구토) 위 속의 음식물을 토해 냄.

3 - 6 - 회의자

向
향 할 향

대개 집(冂)은 북창(口)을 통해 바람이 들어와 남쪽 창을 향해 나아간다는 의미의 글자.

또 다른 뜻 나아갈, 이전, 대할, 접때, 향방, 전치사, 성(상).

- 向上(향상) 어떤 수준이 높아짐.
- 向後(향후) 이 다음. 이 뒤.
- 向學(향학) 학문에 뜻을 두고 정진함.
- 趣向(취향) 마음이 하고 싶은 곳으로 쏠리는 방향.
- 下向(하향) 아래로 향함.

3 - 6 - 형성자

后
왕 후 후

구중궁궐(厂) 안에서 한(一) 마디의 말(口)로 세상을 다스리는 왕 뒤의 왕후의 형상을 본뜬 글자.

또 다른 뜻 임금, 사직, 토지의 신, 뒤(後), 황후, 후비, 별 이름.

- 后宮(후궁) ① 임금의 첩. ② 별 이름. 북극오성의 네째 별.
- 太后(태후) 황태후(皇太后)의 준말. 살아 있는 황제의 모후.
- 皇后(황후) 황제의 아내.

4 - 7 - 회의자

君
임 군 군

손가락으로 세상을 다스리는(尹) 임금님의 말씀(口)은 과히 절대적인 형상을 본뜬 글자.

또 다른 뜻 남편, 그대, 자네, 군자, 봉작, 군(아랫 사내), 귀신.

- 君臨(군림) 어떤 분야에서 세력으로 압도함.
- 君臣(군신) 임금과 신하.
- 君王(군왕) 임금. 군주.
- 君主(군주) 임금. 군장.
- 暴君(폭군) 포악한 군주.

MILLENNIUM

한 자 방 정 식

口	+	今	→	吟
입과		코로 끙끙거리듯		시를 읊음.

4-7-회의자

告
알 릴 고

신에게 재물로 소(牛)를 바치며 흉사로 없애 줄 것을 고하여(口) 알리는 형상을 본뜬 글자.

또 다른 뜻 고할, 청할, 여쭐, 하소연할, 고소할, 뵙고 청할(곡).

- 告白(고백) 숨김없이 사실대로 말함.
- 告別(고별) 이별을 알림. 작별을 고함.
- 告祀(고사) 집안・계획이 잘 되길 비는 제사.

4-7-형성자

否
아 니 부

자기 주장이 강한 사람이 말문이 막히자 아니(不)라고 말(口)하며 부인하는 형상을 본뜬 글자.

또 다른 뜻 아닐, 틀릴, 부정할, 거절할, 나쁠(비), 막힐(비).

- 否決(부결) 안건에 대해 반대하는 결정.
- 否認(부인) 인정(認定)하지 아니함.
- 否定(부정) 그렇지 아니하다고 단정함.
- 贊否(찬부) 찬성과 반대.

4-7-형성자

吟
읊 을 음

입(口)과 코를 통해 끙끙거리며(今) 시를 읊은 듯 신음을 하는 사람의 형상을 본뜬 글자.

또 다른 뜻 끙끙거릴, 신음할, 음미할, 읊조릴, 입을, 다물(금).

- 吟味(음미) 사물의 속 내용을 새겨 맛봄.
- 吟誦(음송) 시가를 외어 읊음.
- 吟詩(음시) 시를 읊음. 영시(詠詩).
- 吟詠(음영) 시가 따위를 운률 따라 소리내어 읊음.

4-7-형성자

吾
나 오

손가락을 모두(五) 편 손가락으로 가슴을 두드리며 나라고 말(口)하는 형상을 본뜬 글자.

또 다른 뜻 우리, 자신, 글읽는 소리, 소원할(어), 땅이름(아).

- 吾等(오등) 우리들.
- 吾門(오문) 우리의 문중(門中).
- 吾人(오인) ① 나. ② 우리 인류.
- 吾兄(오형) '나의 형'이란 뜻.

4-7-회의자

吹
불 취

사람이 입(口)으로 하품(欠)하듯 숨을 몰아 어떤 것을 불어 날리는 형상을 본뜬 글자.

또 다른 뜻 숨내쉴, 충동할, 부추길, 바람, 바람불, 악기를 불.

- 吹雪(취설) 눈보라.
- 吹入(취입) 피리・나팔 등을 불어 연주함.
- 吹打(취타) 악기를 불고 쳐서 연주함.
- 鼓吹(고취) 북을 치고 피리 따위를 부는 것.

4-7-형성자

含
머금을 함

사람이 무엇을 품은 듯 불룩하게 이제(今) 방금 입(口)안에 머금은 형상을 본뜬 글자.

또 다른 뜻 포함할, 입술다물, 넣을, 저장할, 수용할, 무궁주.

- 包含(포함) 함께 들어 있음.
- 含量(함량) 함유하고 있는 분량. 함유량.
- 含有(함유) 어떤 것을 포함하고 있음.
- 含蓄(함축) 말 등에 많은 뜻이 들어 있음.

MILLENNIUM

한자방정식

口 + 未 ⇨ 味

입으로 아직 덜 익었는지 맛을 봄.

4-7-형성자

吸

숨들이쉴 흡

입(口)으로 숨을 들이쉬는 까닭에 공기가 폐까지 미치는(及)형상을 본뜬 글자.

(또 다른 뜻) 마실, 빨아들일, 빨, 끌, 잡아당길, 호흡할, 흡입할.

吸收(흡수) 빨아들임. 한데 모아 들임.
吸煙(흡연) 담배를 피움.
吸入(흡입) 빨아들임.
呼吸(호흡) 숨을 내쉼과 들이마심.

4-7-회의자

呈

보 일 정

입(口)으로 임신(壬)한 여자의 불룩하게 보이는 배를 숨길 수 없듯이 실토함을 의미한 글자.

(또 다른 뜻) 드러낼, 드릴, 나타낼, 뽐낼, 상쾌할, 올리는 문서.

謹呈(근정) 삼가 증정함. 또는 그 증정품.
拜呈(배정) 공손히 받들어 올림. 진상함.
贈呈(증정) 남에게 선물이나 기념품. 따위를 드림.

5-8-형성자

味

맛 미

입(口)으로 아직 덜 익은(未) 과일이 얼마나 지나 수확할 수 있는지 맛본다는 의미의 글자.

(또 다른 뜻) 맛볼, 기분, 맛들일, 뜻, 영향, 속으로 느끼는 멋.

味覺(미각) 맛을 느끼는 감각.
甘味(감미) 단맛. 달콤한 맛.
吟味(음미) 사물의 속 내용을 새겨서 맛봄.
趣味(취미) 마음이 끌려 쏠리는 흥미.

5-8-회의자

命

목 숨 명

천자가 입(口)으로 내린 명령(令)을 목숨을 걸고 지키려는 신하의 형상을 본뜬 글자.

(또 다른 뜻) 운수, 시킬, 명령할, 이름 지을, 표적, 수명, 생명.

命令(명령) 윗사람이 아랫사람에게 시킴.
救命(구명) 사람의 목숨을 구함.
生命(생명) 목숨. 사물의 유지되는 기간.
壽命(수명) ① 타고난 목숨. ② 견디는 기간.

5-8-회의자

周

두 루 주

덕이 있는 사람이 쓸모있는(用) 말(口)을 언제나 하니 그말이 두루 미치는 형상을 본뜬 글자.

(또 다른 뜻) 둘레, 주밀할, 두루, 미칠, 두를, 나라 이름, 돌.

周到(주도) 주의가 빈틈없이 두루 미침.
周邊(주변) 주위의 가장자리. 언저리.
周旋(주선) 일이 성사되도록 두루 힘써 줌.
周知(주지) 여러 사람이 두루 앎.

5-8-형성자

和

화 할 화

벼(禾)가 여물어 쌀이 되어 사람의 밥으로 화하여 입(口)으로 들어가는 형상을 본뜬 글자.

(또 다른 뜻) 화목할, 온화할, 화해할, 답할, 합칠, 조화될.

和答(화답) 시가(詩歌)에 응하여 대답함.
和睦(화목) 서로 뜻이 맞고 친하여 정다움.
和親(화친) 서로 의좋게 지냄.
和平(화평) 전쟁이나 어지러움이 없이 평화로움.

MILLENNIUM

한 자 방 정 식

口	+	因	⇨	咽
입안이		슬픈사연으로 인하여		목구멍이 메임.

5-8-형성자

呼
부를 호

차가운 기운에 입을 벌려 누군가를 부를 때나 탄식할때 김이 나오는 형상을 본뜬 글자.

또다른뜻 탄식할, 숨내쉴, 이름지울, 명명할, 부르짖을, 아아!

呼價(호가) 팔고 사는 물건의 값을 부름.
呼名(호명) 이름을 부름.
呼訴(호소) 억울하고 원통함을 하소연함.
呼稱(호칭) 이름을 지어 일컬음.

6-9-형성자

哉
어조사 재

좋았던 마음(吉)이 끊어져(戈)상할 때 내뱉는 말로 비롯하다는 어조사로 쓰이는 글자.

또다른뜻 비롯할, 비로소, 처음으로, 재앙.

哉生明(재생명) 달의 밝은 부분이 처음 생긴다는 뜻으로 음력 초사흗날을 일컬음. (반) 哉生魄(재생백).
快哉(쾌재) 생각대로 되어 만족해 함.

6-9-형성자

哀
슬플 애

옷깃으로(衣) 입(口)을 가리고 슬프고 서러워서 서글피 우는 사람의 형상을 본뜬 글자.

또다른뜻 서러울, 민망할, 불쌍하게 여길, 동정할, 슬퍼할.

哀悼(애도) 아는 사람의 죽음을 슬퍼함.
哀痛(애통) 몹시 애절하게 슬퍼하고 괴로워 함.
哀歡(애환) 슬픔과 기쁨.

6-9-회의자

品
품수 품

여러 사람(口+口+口)이 모여 품계가 있고 그들이 어떤 물건의 품수 품평하는 형상을 본뜬 글자.

또다른뜻 물건, 평할, 품계, 가지, 종류, 평가할, 사람됨, 등급.

品格(품격 사람의 바탕과 타고난 성품.
品名(품명) ① 품종의 명칭. ② 물품의 이름.
品目(품목) 물품의 종류를 보이는 이름이나 목록.

6-9-회의자

咸
다 함

가득한 것들 모두 다 때려 부술(戌)것같은 태세로 입(口)을 모아 외치는 형상을 본뜬 글자.

또다른뜻 가득할, 모두, 함괘, 같을, 두루 미칠, 덜, 덜(감).

咸告(함고) 모두 다 일러 바침.
咸氏(함씨) 남을 높여 그의 조카를 이름.
咸池(함지) 해가 진다고 하는 전설 속의 큰 연못.
咸興(함흥) 북한의 행정 구역의 한 도명.

6-9-회의자

咽
목구멍 인

슬픈 사연으로 인(因)하여 목구멍(口)이 메이도록 서글피 흐느끼는 형상을 본뜬 글자.

또다른뜻 삼킬, 목멜, 목멜(열). 삼킬(연), 북소리, 급소, 막힐.

咽頭(인두) 입안의 끝부터 식도의 첫머리 사이의 근육으로 된 부분.
咽喉(인후) 목구멍. 입 속 맨 안쪽의 기도와 식도로 통하는 곳.

MILLENNIUM

한 자 방 정 식

口	+	貝	⇨	員
입으로 헤아리는		공금은		관원들의 일임.

---

7 - 10 - 회의자

哭

울 곡

개(犬)가 울부짖는(口+口) 듯 격한 슬픔이 봉착하여 서럽게 우는 사람의 형상을 본뜬 글자.

또 다른 뜻 곡할, 큰 소리로 울, 슬피 울, 곡할, 통곡할.

- 哭聲(곡성) 곡하는 소리. 울음소리.
- 哭泣(곡읍) 소리를 내어서 슬피 우는 것.
- 大哭(대곡) 큰 소리를 내어 곡함.
- 痛哭(통곡) 소리를 높여 슬피 욺.

---

7 - 10 - 형성자

哲

밝을 철

자신의 고집을 꺾고(折) 슬기롭게 사리를 밝게 판단하여 말(口)하는 형상을 본뜬 글자.

또 다른 뜻 슬기로울, 지혜로울, 총명할, 명철할.

- 哲理(철리) 철학과 이치.
- 哲人(철인) 어질고 사리에 밝은 사람.
- 哲學(철학) 인생의 근본을 추구하는 학문.
- 明哲(명철) 총명하고 사리에 매우 밝음.

---

7 - 10 - 형성자

唐

갑자기 당

갑자기 군센(庚) 사람인 것처럼 큰 소리(口)칠 때면 황당해지는 형상을 본뜬 글자.

또 다른 뜻 당나라, 황당할, 중국, 둑, 제방, 길, 도로.

- 唐國(당국) 옛 중국의 당나라.
- 唐絲(당사) 중국산의 명주실. 당나라의 명주실.
- 唐宋(당송) 중국의 당나라와 송나라.
- 荒唐(황당) 거칠고 허탄함.

---

7 - 10 - 형성자

員

관원 원

공금을 다루며 재물(貝)을 입(口)으로 헤아리는 사람 곧 관원의 형상을 본뜬 글자.

또 다른 뜻 수효, 둥글, 둘레, 너비, 동그라미, 더할, 더할(운).

- 官員(관원) 관리. 벼슬아치.
- 滿員(만원) 정한 인원이 다 참.
- 任員(임원) 어떤 단체의 일을 맡은 사람.
- 會員(회원) 어떤 단체나 회를 구성하는 사람.

---

7 - 10 - 형성자

哨

보초설 초

입구(口)를 지키기 위해 부동의 자세(肖)로 보초서고 있는 병사의 형상을 본뜬 글자.

또 다른 뜻 망볼, 수다스러울, 망보는 곳, 날카로울, 비뚤어질.

- 哨戒(초계) 적의 기습 따위에 대비하여 망보며 경계하는 일.
- 哨所(초소) ① 관문이나 관청 입구 따위에 보초가 서 있는 곳. ② 최전선의 방위.

---

7 - 10 - 형성자

唆

부추길 사

좋은 것을 빙자하여 달콤한 말(口)로 천천히 걸으면서(夋) 부추기는 형상을 본뜬 글자.

또 다른 뜻 넌지시 알릴, 사주할, 시킬, 간교부릴, 이간질할.

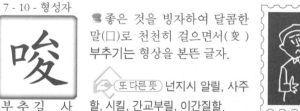

- 敎唆(교사) ① 남을 부추겨 못된 일을 하게 함. ② 남에게 범죄의 실행을 돕는 일.
- 唆囑(사촉) 못된 일을 남에게 부추김. 사주(使嗾).

MILLENNIUM

한자방정식

門	+	口	→	問
대문 앞에서		목청껏		묻는다.

---

8 - 11 - 형성자

啓

열 계

대문(戶)이 열리듯 일깨워 주기 위해 회초리(攵)을 들고 훈계(口)하는 형상을 본뜬 글자.

또 다른 뜻 일깨울, 인도할, 열어볼, 이끌어 낼, 날이 밝을.

- 啓導(계도) 깨치어 이끌어 줌.
- 啓蒙(계몽) 바른 길을 깨우쳐 줌.
- 啓發(계발) ① 슬기와 재능을 열어 줌. ② 처음으로 일으킴.
- 啓示(계시) 능력 밖의 진리를 신이 알려줌.

---

8 - 11 - 형성자

問

물을 문

남의 집을 방문할 때 그 집 대문(門) 앞에서 아무게 댁이냐고 묻는(口) 형상을 본뜬 글자.

또 다른 뜻 방문할, 문초할, 물어볼, 보낼, 분부할, 부를, 소식.

- 問答(문답) 물음과 그에 대한 대답.
- 問病(문병) 앓는 사람을 찾아가 위로함.
- 問安(문안) 웃어른에게 안부를 물음.

---

8 - 11 - 형성자

商

장사 상

안에(內) 있는 수를 헤아림에 있어 가격을 밝혀(立=章의 생략형) 장사(口)하는 형상을 본뜬 글자.

또 다른 뜻 헤아릴, 나라, 헤아릴, 장사할, 음계.

- 商街(상가) 상점이 많이 늘어서 있는 거리.
- 商術(상술) 장사하는 솜씨. 장사하는 기술.
- 商業(상업) 상품을 사고 일을 하는 업.
- 商店(상점) 물건을 파는 가게.

---

8 - 11 - 형성자

唯

오직 유

새(隹)가 울듯 짧은 말(口)로 오직 이것 뿐이다라고 대답하는 형상을 본뜬 글자.

또 다른 뜻 대답할, 허락할, 누구, 누구(수).

- 唯物(유물) 물질만이 존재한다고 하는 일.
- 唯心(유심) 오직 정신만이 존재함. 또는 그런 생각.
- 唯我(유아) 오직 내가 제일임. 「유아독존」의 준말.

---

8 - 11 - 형성자

唱

노래 창

태양(日)의 빛남을 입(口)을 모아 노래할 때 입김(曰)이 나오는 형상을 본뜬 글자.

또 다른 뜻 인도할, 부를, 앞서 이끌, 읊을, 노래부를, 점호할.

- 歌唱(가창) 노래를 부름.
- 獨唱(독창) 혼자서 노래를 부름.
- 重唱(중창) 몇 사람이 모여 노래함.
- 合唱(합창) 여러 사람이 모여 노래함.

---

8 - 11 - 형성자

啞

벙어리 아

벙어리가 말할(口) 때 온몸을 뒤틀며(亞) 놀라듯 까마귀 소리를 내는 형상을 본뜬 글자.

또 다른 뜻 놀랄, 까마귀 우는 소리, 놀라 소리지를, 웃을(액).

- 啞然(아연) 너무 놀라서 말이 안 나오거나 어안이 벙벙함. 기가 막혀 말못함.
- 聾啞(농아) 귀머거리와 벙어리. 귀머거리와 벙어리를 아울러 이르는 말.

MILLENNIUM

한 자 방 정 식

口	+	侯	⇒	喉
입안으로		음식을 넣어		목구멍으로 삼킴.

9 - 12 - 형성자

喪
복 입 을 상

복을 입어(亡) 상복을 입고 땅(土)에 엎드려 저마다 슬피 우는(口) 형상을 본뜬 글자.

또 다른 뜻 죽을, 잃을, 복, 널, 관, 지위를 잃을, 망칠, 달아날.

喪家(상가) ① 초상집. ② 상제의 집.
喪服(상복) 상중에 입는 예복.
喪失(상실) 기억이나 자격 등을 잃어버림.
喪主(상주) 주장이 되는 상제.

9 - 12 - 회의자

單
홑 단

옛날 사냥할 때 끝이 두개로 갈라진 것을 홑(하나)로 묶은 창의 형상을 본뜬 글자.

또 다른 뜻 얇을, 하나, 오직, 다만, 혼자, 가볍게 일(선).

單價(단가) 물건의 각 단위마다의 값.
單獨(단독) ① 혼자. ② 단 하나.
單純(단순) 단일하고 잡것이 섞이지 아님함.
單元(단원) 교육 내용의 한 단위.

9 - 12 - 형성자

善
착 할 선

어진 말(言)을 잘하는 선한 양(羊)같은 얼굴을 한 착한 사람의 형상을 본뜬 글자.

또 다른 뜻 친할, 잘할, 좋게 여길, 선할, 높을, 후할, 잘 닦을.

善導(선도) 올바른 길로 인도함.
善良(선량) 착하고 어짐.
善惡(선악) 선과 악. 선행과 악행.
善用(선용) 좋은 일에 씀. 알맞게 잘 씀.
善處(선처) 좋도록 처리함. 좋게 처리함.

9 - 12 - 회의자

喝
꾸 짖 을 갈

타이르고 꾸짖을 말(口)을 어찌 아니할 수 있으리오 잘못된 언행을… 이란 뜻의 글자.

또 다른 뜻 부를, 나무랄, 으를, 위협할, 고함칠, 목멜, 목멜(애).

喝采(갈채) 공연이나 연설 따위의 호응으로 크게 소리지르며 칭찬함.
喝破(갈파) ① 큰소리로 꾸짖음. ② 잘못을 바로잡고 진실을 설파함.

9 - 12 - 형성자

喉
목 구 멍 후

입(口)안에 음식을 넣을(侯) 때 그 음식물이 목구멍을 통해 들어가는 형상을 본뜬 글자.

또 다른 뜻 긴할 곳, 목, 긴요한 곳, 요소, 후두.

喉頭(후두) 호흡 통로의 일부.
喉聲(후성) 목소리.
咽喉(인후) 목구멍.

9 - 12 - 회의자

喜
기 쁠 희

길하고(吉) 즐거운 말(言)이 오가는 경사스런 날에 기쁨이 가득한 형상을 본뜬 글자.

또 다른 뜻 경사, 즐거울, 좋아할, 즐거워 할, 희락.

喜怒(희노) 기쁨과 노여움.
喜樂(희락) 기쁨과 즐거움.
喜悲(희비) 기쁨과 슬픔.
喜悅(희열) 기쁨과 즐거움. 희락.
喜捨(희사) 즐거운 마음으로 기원을 담아 신불에게 재물을 바침.

MILLENNIUM

한 자 방 정 식

口	+	咸	⇨	喊
목에		힘을 다해		고함 지름.

---

9 - 12 - 형성자

喚

부 를 환

소리쳐(口) 불러 어떤 사람을 앞에 나타나게(奐) 하는 형상을 본뜬 글자.

(또 다른 뜻) 큰소리지를, 고함지를, 불러 올, 불러 일으킬.

喚起(환기) ① 불러일으킴. ② 새의 이름. 흙때까치. 최명조.

喚醒(환성) ① 잠자는 사람을 깨움. ② 어리석은 자를 깨우쳐 줌.

---

9 - 12 - 형성자

喩

깨우칠 유

말(口)을 통해 남으로부터 수긍(兪)을 받을 수 있도록 깨우치는 사람의 형상을 본뜬 글자.

(또 다른 뜻) 알려 줄, 이를, 고할, 비유할, 기뻐할, 쾌할, 유쾌할.

隱喩(은유) 「은유법」의 준말. 본뜻은 숨기고 비유하는 형상만 드러내며 표현하려고 하는 대상을 설명하거나 묘사하는 표현 방법.

---

9 - 12 - 형성자

喊

고함지를 함

목(口)에 힘을 다(咸)해 고함을 질러 외치는 사람의 형상을 본뜬 글자.

(또 다른 뜻) 외칠, 소리칠, 화내는 소리, 다물, 입다물.

喊聲(함성) 여러 사람이 모여 함께 지르는 큰 소리. 또는 그 고함소리.

高喊(고함) ① 크게 외치는 목소리. ② 무엇에 놀라 크게 지르는 소리.

---

10 - 13 - 형성자

嗚

탄식할 오

죽은 동물을 까마귀(烏)가 부리(口)로 쪼아대는 것을 보고 탄식하는 형상을 본뜬 글자.

(또 다른 뜻) 노래소리, 탄식하는 소리, 흐느껴 울, 가슴아파할.

嗚咽(오열) 슬픔에 목메어 우는 것. 또는 그 울음. 너무나 슬퍼서 목메이게 욺.

嗚呼(오호) 슬플 때나 탄식할 때의 신음.

---

10 - 13 - 회의자

嗅

냄새맡을 후

자기의 개(犬)에게 입(口) 위의 코(自=鼻의 생략형)로 냄새 맡게 하는 형상을 본뜬 글자.

(또 다른 뜻) 맡을, 후각, 후관, 코.

嗅覺(후각) 냄새에 대한 감각. 유기물질이 발산하는 냄새에 자극을 받아 일어나는 감각.

嗅官(후관) 오관의 하나. 코 안에 있으며 냄새를 지각하는 기관.

---

10 - 13 - 형성자

嗜

즐 길 기

노인(老)이 습관처럼 매일매일(日) 입(口)으로 중얼거리며 즐기는 형상을 본뜬 글자.

(또 다른 뜻) 좋아할, 사랑할, 기호품.

嗜客(기객) 무엇을 몹시 즐기는 사람. 무엇을 지나치게 즐기고 좋아하는 사람.

嗜年(기년) 예순이 넘은 나이.

嗜好(기호) 운동 · 식품 · 사물 따위를 즐기고 좋아함.

MILLENNIUM

한 자 방 정 식

口	+	朝	⇨	嘲
새들이 지저귀는		아침처럼		조롱함.

---

11 - 14 - 형성자

嘗

맛 볼 상

남보다 먼저(尙) 맛있는 음식을 시험삼아 시식하기 위해 맛보는 형상을 본뜬 글자.

또 다른 뜻 시험할, 먹을, 겪을, 체험할, 늘, 언제나, 가을제사.

嘗膽(상담) 쓸개의 맛을 본다는 뜻으로 괴롭고 어려움을 참고 견딤.
嘗味(상미) 맛을 봄.
嘗糞(상분) 지극히 정성스런 효성.

---

11 - 14 - 형성자

嘉

아름다울 가

길(吉)한 말(言)로 칭찬하여 주니 더욱 힘(力)이 솟아 아름답게 보인다는 뜻의 글자.

또 다른 뜻 좋을, 칭찬할, 즐거워할, 기꺼이, 경사, 기뻐할.

嘉納(가납) ① 충고나 간언을 기꺼이 들음. ② 바치려는 물건을 기꺼이 받음.
嘉禮(가례) ① 경사스러운 행사를 위한 예식. ② 오례의 하나.

---

11 - 14 - 회의자

嘆

탄식할 탄

어려움(堇 = 難의 생략형)을 당할 때 하품(口)하듯 탄식하는 사람의 형상을 본뜬 글자.

또 다른 뜻 한숨 쉴, 한탄할.

嘆息(탄식) 한탄하며 한숨을 쉼. 또는 그 한숨.
慨嘆(개탄) 분하게 여기어 탄식함. 또는 그 탄식.
悲嘆(비탄) 너무나 슬프고 안타까워 탄식함.

---

12 - 15 - 형성자

噴

뿜 을 분

재채기 하듯 입구(口)를 통해 크게(賁) 뿜어나오는 불이나 내용물의 형상을 본뜬 글자.

또 다른 뜻 재채기할, 품어낼, 꾸짖을. 물을 품어낼, 불을 품어낼.

噴水(분수) 액체나 물 따위를 뿜어 냄. 또는 그 물을 치솟게 하는 시설.
噴出(분출) 용암이나 물 · 사물 따위가 세차게 뿜기어 나옴. 또는 내뿜음.

---

12 - 15 - 회의자

嘲

조롱할 조

아침(朝)에 새들이 지저귀듯(口) 어떤 사람을 조롱하는 형상을 본뜬 글자.

또 다른 뜻 비웃을, 경멸할, 지저귈, 새가 울, 깔볼, 놀릴.

嘲弄(조롱) 남을 깔보고 놀림. 남을 비웃으며 회롱함.
嘲笑(조소) 비웃음. 또는 그런 웃음. 남을 향해 비앙거리는 웃음.
自嘲(자조) 자기 스스로 자신을 비웃음.

---

13 - 16 - 회의자

器

그 릇 기

여러 사람(口+口)이 개고기를(犬) 그릇에 담아(口+口) 먹는 형상을 본뜬 글자.

또 다른 뜻 재능, 기량, 기관, 도량, 도구, 중히 여길, 알맞게 쓸.

器具(기구) 세간 · 그릇 · 연장 등의 총칭.
器機(기기) 기구 · 기계의 총칭.
器量(기량) 사람의 덕량(德量)과 재능.
什器(집기) 살림살이에 쓰는 온갖 기구.

MILLENNIUM

한 자 방 정 식

口	+	意	⇨	噫
입밖으로		슬픈 생각이 나서		탄식함.

13 - 16 - 형성자

噫

탄식할 희

입(口) 밖으로 슬픈 생각(意)이 탄식하듯 새어나오는 한숨 짓는 사람의 형상을 본뜬 글자.

(또 다른 뜻) 한숨소리, 감탄사, 하품, 탄식할(의), 트림할(애).

- 噫噫(희희) 탄식하는 소리.
- 噫嗚(희오) 슬픈 마음에 괴로워하는 마음. 매우 슬프고 괴로워 하는 마음.
- 噫氣(애기) 내뿜는 입김.
- 噫欠(애흠) 트림이나 하품.

14 - 17 - 회의자

嚆

울 효

닭이 부리(口)로 홰치는 소리처럼 쑥대(蒿)로 만든 화살이 울며 나르는 형상을 본뜬 글자.

(또 다른 뜻) 울부짖을, 울릴, 시초, 외칠, 진동할, 부르짖을.

- 嚆矢(효시) 우는 화살이란 뜻으로 어떤 사물의 시초를 이름. 옛날에는 전쟁을 시작할 때 선전포고로 먼저 우는 화살을 쏘았음에서 유래된 말.

17 -20 - 형성자

嚴

엄할 엄

두 입(口)만큼 산허리(厂)가 울릴정도로 용감한(敢)사람이 엄하게 호령한다는 뜻의 글자.

(또 다른 뜻) 엄숙할, 혹독할, 경계할, 엄정할, 위엄있을, 삼가할.

- 嚴格(엄격) 태도 · 규율 따위가 매우 엄함.
- 嚴斷(엄단) 엄격한 결단.
- 嚴命(엄명) 엄하게 명령함. 또는 그 명령.
- 嚴重(엄중) 엄격하고 정중함. 몹시 엄함.

21 - 24 - 회의자

囑

부탁할 촉

입(口)이 달라붙을 정도로 하급관리가(屬) 윗분에게 부탁하는 형상을 본뜬 글자.

(또 다른 뜻) 위촉할, 맡길, 위탁할.

- 囑望(촉망) 특히 재능있는 젊은이가 되기를 바라고 기대함.
- 囑託(촉탁) ① 일을 부탁하여 맡김. ② 일을 위촉받아 담당하는 사람.

2 - 5 - 지사자

四

넉 사

사방(口)으로 에워쌓인 땅을 넷으로 나눈다는(八) 뜻으로 넷이나 사방을 나타내는 글자.

(또 다른 뜻) 넷, 사방, 네 번, 넷째.

- 四角(사각) 네 개의 각이 있는 모양.
- 四季(사계) 봄 · 여름 · 가을 · 겨울의 4계절.
- 四方(사방) 네 방위. 동 · 서 · 남 · 북.
- 四海(사해) 사방의 바다.

2 - 5 - 형성자

囚

가둘 수

죄수 등을 가둘 때 사방으로 둘러쌓인(口) 밀폐된 곳에 사람(人)을 가둔다는 뜻의 글자.

(또 다른 뜻) 죄수, 포로, 갇힐, 죄인, 구속할, 인질, 구애될.

- 囚役(수역) 죄수에게 일을 시킴.
- 囚人(수인) 죄수. 옥에 갇힌 죄인.
- 獄囚(옥수) 죄값으로 형을 언도받아 옥에 갇힌 죄수.
- 罪囚(죄수) 죄값으로 형을 언도받아 옥에 갇힌 죄인.

口

MILLENNIUM

한 자 방 정 식

口	+	大	⇨	因
방안에서		크게 누운 것은		피곤으로 인함.

3 - 6 - 회의자

因

인할 인

사람이 낮에 열심히 일한 까닭으로 인하여 방에(口) 누워(大) 쉬는 형상을 본뜬 글자.

또다른뜻 이어받을, 말미암을, 의지할, 까닭, 인연, 유래할.

因果(인과) 원인(原因)과 결과(結果).
因緣(인연) 서로의 연분. 내력. 이유.
原因(원인) 어떤 일의 근본이 되는 까닭.

3 - 6 - 상형자

回

돌 회

일정한 둘레(口)를 두고 어귀(口)를 거듭 지나며 도는 사람의 형상을 본뜬 글자.

또다른뜻 돌아올, 돌이킬, 간사할, 굽힐, 어길, 횟수, 둘레.

回顧(회고) 지나간 일들을 돌이켜 생각함.
回信(회신) 편지 · 전신 · 전화 등의 회답.
回避(회피) 몸을 피하여 만나지 아니함.

4 - 7 - 회의자

困

곤할 곤

잡목들이 사방으로 둘러쌓인(口) 나무(木)가 자라기엔 피곤하고 곤하다는 뜻의 글자.

또다른뜻 노곤할, 괴로울, 가난할, 난처할, 위험에 빠질.

困境(곤경) 어려운 형편이나 처지.
困窮(곤궁) 몹시 가난하고 구차함.
困難(곤란) 몹시 딱하고 어려움.
困乏(곤핍) 피로에 지침.

4 - 7 - 형성자

固

굳을 고

성은 둘레(口)를 돌로 쌓은 성벽이 굳고 단단해서 오래(古) 간다는 뜻의 글자.

또다른뜻 단단할, 진실로, 완고할, 이미, 굳이, 견고할, 본디.

固守(고수) 굳게 지킴.
固有(고유) 본디부터 지니고 있는 특별함.
固定(고정) 일정한 곳에서 움직이지 않게 함.
固執(고집) 의견을 내세워 굳세게 우김.

8 - 11 - 회의자

國

나라 국

국경 둘레(口)를 창(戈)을 든 병사(口)들이 나라를 방위하기 위해 지키는 형상을 본뜬 글자.

또다른뜻 나라를 세울, 고향, 도읍, 서울, 지방.

國家(국가) 일정한 영토 내의 독립된 나라.
國境(국경) 나라 사이의 경계.
國交(국교) 나라와 나라 사이의 교제.
國際(국제) 세계 나라들의 공존하는 교제.

8 - 11 - 형성자

圈

우리 권

옛날 책(卷)인 양피 따위에 기록하여 둘둘 말아서(口) 우리 안에 보관한 형상을 본뜬 글자.

또다른뜻 둘레, 범위, 한정된 지역, 구역, 술잔, 동그라미.

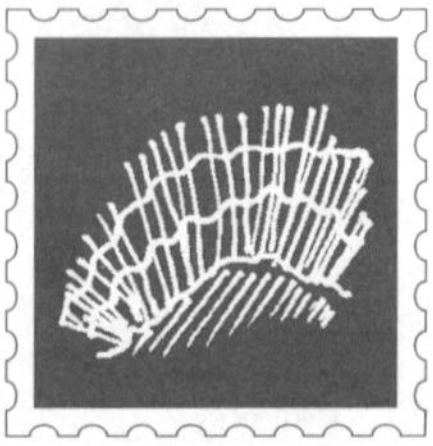

大氣圈(대기권) 지구의 둘레를 싸고 있는 대기의 층.
生活圈(생활권) 사람들이 생활을 유지하기 위하여 활동하는 범위.

MILLENNIUM

한 자 방 정 식

口 + 専 ⇨ 團

에워싼 무리들이 / 오로지 같은 뜻으로 / 둥글게 모임.

---

9 - 12 - 형성자

圍

둘 레 위

성곽의 둘레를 에워쌓은(口) 병사들이 저마다 가죽옷(韋)을 입고 있는 형상을 본뜬 글자.

(또 다른 뜻) 둘러쌀, 두를, 에울, 에워쌀, 사냥할, 범위, 지킬.

範圍(범위) 제한된 구역의 언저리.
周圍(주위) 어떤 곳의 바깥 주변 · 둘레.
包圍(포위) 둘레를 에워쌈.
雰圍氣(분위기) 어떤 상황에서의 기분.

---

10 - 13 - 형성자

圓

둥 글 원

둘러싼(口) 주변의 둘레가 둥근(員) 모습으로 지키기에 원만한 형상을 본뜬 글자.

(또 다른 뜻) 원, 둘레, 온전할, 원만할, 하늘, 알, 화폐의 단위.

圓滿(원만) 부족한 데가 없이 완전함.
圓周(원주) 원둘레.
圓卓(원탁) 둥근 탁자.
圓滑(원활) 성격이나 일 따위가 모나지 않고 부드러움.

---

10 - 13 - 형성자

園

동 산 원

둘러쌓인(口) 울타리 안에 과일들이 주렁주렁(袁) 매달린 동산의 형상을 본뜰 글자.

(또 다른 뜻) 뜰, 능, 무덤, 밭, 과수원, 정원, 울, 담, 별장, 구역.

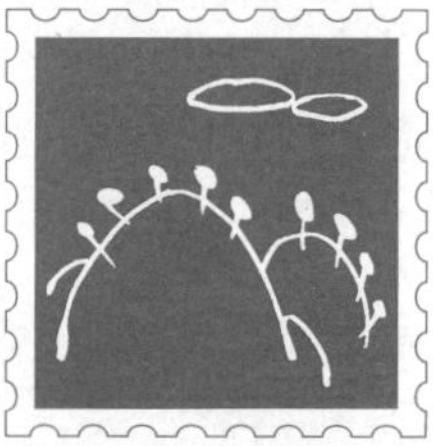

園頭(원두) 밭에 심은 과일이나 열매.
園兒(원아) 유치원에 다니는 아이.
公園(공원) 군중을 위하여 만든 동산.

---

11 - 14 - 형성자

團

둥 글 단

둥글게 에워쌓인(口) 무리들이 오로지(専)같은 뜻으로 모여 있는 형상을 본뜬 글자.

(또 다른 뜻) 모일, 모을, 모임, 덩어리, 단속할, 통솔할, 단체.

團結(단결) 많은 사람이 한데 뭉침.
團體(단체) 같은 목적으로 모인 집단.
集團(집단) 모여 있는 무리나 단체.

---

11 - 14 - 회의자

圖

그 림 도

농지의 둘레(口)를 인색(啚) 할 정도로 분할을 새새히 그려놓은 그림의 형상을 본뜬 글자.

(또 다른 뜻) 그릴, 꾀할, 일꾸밀, 법, 규칙, 지도, 계획.

圖面(도면) 구조 · 설계 등을 그린 그림.
圖謀(도모) 어떤 일에 대책과 방법을 세움.
圖案(도안) 모양 · 색체 · 크기 등을 그려냄.

---

0 - 3 - 상형자

土

흙 토

땅(一)에서 흙을 뚫고 나온 새싹과 줄기(十)의 형상을 본뜬 글자.

(또 다른 뜻) 땅, 토양, 평지, 나라, 지방, 고향, 뿌리, 요일, 오행.

土俗(토속) 그 지방의 특유한 습관 · 풍속.
土壤(토양) 흙. 식물을 재배하는 땅.
土地(토지) 땅이나 흙의 총칭.
國土(국토) 나라의 땅.

MILLENNIUM

한 자 방 정 식

土	+	也	⇒	地
흙으로 뒤덮혀		뱀처럼 구불구불한		땅의 표면.

---

3 - 6 - 형성자

在

있 을 재

흙(土)속에 묻힌 새싹(才)이라도 생명이 있다는 그 존재의 형상을 본뜬 글자.

또다른뜻 살 곳, 찾을, 방문할, 살필, (조사)…에, 제멋대로 할.

在京(재경) 서울에 머물러 있음.
在庫(재고) 창고에 있는 물건. 재고품.
在學(재학) 학교에 현재 다니고 있음.
所在(소재) 건물이나 사물 따위가 있는 곳.

---

3 - 6 - 형성자

地

땅 지

흙으로 뒤덮힌 땅(土)이 마치 커다란 뱀이 구불구불(也) 기어간 것 같은 형상을 본뜬 글자.

또다른뜻 곳, 지역, 바탕, 지위, 처지, 신분, 국토, 어조사, 다만.

地區(지구) 땅의 한 구획.
地帶(지대) 한정된 일정한 지역.
地域(지역) 땅의 경계 또는 그 안의 땅.
地形(지형) 땅의 생긴 모양이나 형.

---

4 - 7 - 회의자

坐

앉 을 좌

사람(人)과 사람(人)이 서로 마주 보고 땅(土)에 앉아 질문과 답변하는 형상을 본뜬 글자.

또다른뜻 무릎 꿇을, 지킬, 대질할, 자리, 좌석, 죄입을.

坐席(좌석) 앉는 자리. 앉을 자리.
坐視(좌시) 참견않고 앉아서 보기만 함.
坐藥(좌약) 질・항문 등에 끼우는 약.
對坐(대좌) 상대와 마주보고 앉음.

---

4 - 7 - 형성자

均

고 를 균

땅(土)위에 뱀이 고른 바닥에 긴 몸을 감아 가지런히(勻) 앉아 있는 형상을 본뜬 글자.

또다른뜻 평평할, 가꿀, 경작할, 악기, 운(韻), 고르게 할.

均等(균등) 차별 없이 고르고 가지런함.
均分(균분) 고르게 나눔.
均一(균일) 한결같이 고름. 차이가 없음.
均衡(균형) 한 쪽으로 치우침 없이 고름.

---

5 - 8 - 회의자

坤

땅 곤

넓게 펼쳐진 대지의 땅(土)이 만물을 자라게(申) 하는 것이 하늘의 순리라는 뜻의 글자.

또다른뜻 팔괘, 곤괘, 황후, 여자, 신하, 곤방, 유순, 순리.

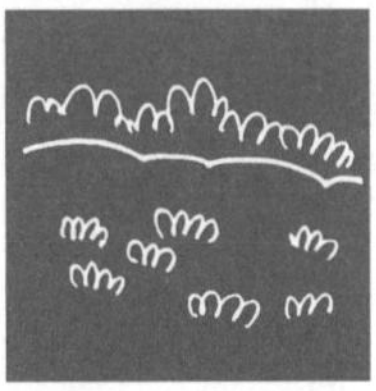

坤方(곤방) 8방의 하나. 남서쪽.
坤時(곤시) 오후 3시부터 4시 사이.
坤位(곤위) 여자의 무덤이나 신주(神主).
乾坤(건곤) ① 하늘과 땅. ② 음양.

---

5 - 8 - 상형자

垂

드리울 수

땅(土) 위에 줄기를 수직으로 뻗은 초목의 가지와 잎이 드리워진 형상을 본뜬 글자.

또다른뜻 수직, 거의, 가, 가장자리, 변방, 변경, 가까움.

垂範(수범) ① 몸소 남의 모범이 됨. ② 본보기를 후세에 남김. ③ 솔선수범.
垂直(수직) ① 똑바로 드리운 모양. ② 수평에 대하여 직각을 이룬 상태.

MILLENNIUM

한자방정식

土 + 成 ⇨ 城

돌과 흙으로 이루어진 성의 모습.

---

5 - 8 - 형성자

坪

평평할 평

넓다란 땅(土)이 멀리까지 평평하게 펼쳐진 형상을 본뜬 글자.

또 다른 뜻: 땅 평평할, 넓이의 단위(사방 6자), 평지, 척평방.

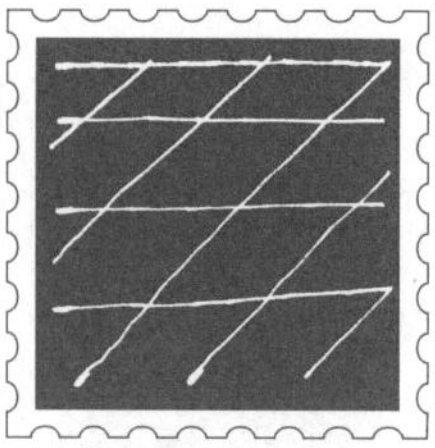

坪數(평수) 평(坪)으로 따진 넓이. 한 평의 단위로 몇 평의 넓이인지 가늠함.

建坪(건평) 건물이 차지하고 있는 터의 평수. 건물의 면적.

---

5 - 8 - 형성자

垈

터 대

한 왕조의 치세(代)가 땅(土) 위에 터로 그 흔적이 남아있는 형상을 본뜬 글자.

또 다른 뜻: 집터, 대지.

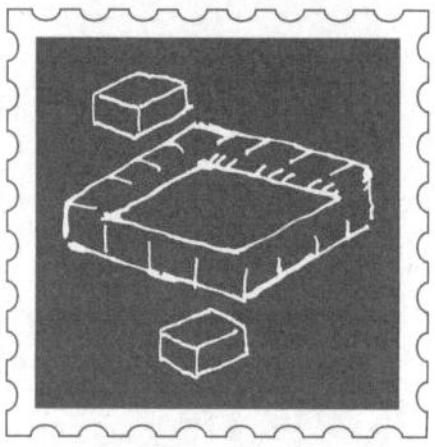

垈田(대전) ① 텃밭. 집터에 딸리거나 집 가까이에 있는 밭. ② 텃마당.

垈地(대지) 집이나 건물을 짓기 위한 땅의 터. 건평.

家垈(가대) 집의 터전.

---

6 - 9 - 형성자

型

본보기 형

어떤 모양을 국그릇(刑)처럼 주물을 받을 수 있게 땅(土)에 본보기의 틀을 만든 형상을 본뜬 글자.

또 다른 뜻: 거푸집, 법, 모형, 전형, 틀.

模型(모형) ① 똑같은 모양의 물건을 만들기 위한 틀. ② 실물처럼 만든 물건.

典型(전형) 어떤 사물 중 모범이나 본보기로 삼을 만한 것.

---

6 - 9 - 형성자

城

성 성

돌과 흙(土)으로 이루어진(成) 성과 높은 성벽들의 형상을 본뜬 글자.

또 다른 뜻: 재, 성벽, 성곽, 성을 쌓을, 나라, 국도, 도읍.

城門(성문) 성의 출입구에 만든 문.

城壁(성벽) 성의 담벼락.

城地(성지) 성터. 옛날 성이 있던 자리.

籠城(농성) 목적을 위해 사람들이 모여 버티는 일.

---

7 - 10 - 형성자

埋

묻을 매

땅(土)을 파서 그 속(里=裏의 생략형)에 어떤 것을 묻어 감추는 형상을 본뜬 글자.

또 다른 뜻: 묻힐, 감출, 매장할.

埋立(매립) 땅을 메워 올림.

埋沒(매몰) 어떤 물건 따위를 파묻음. 또는 파묻힘.

埋伏(매복) 복병을 숨겨 둠.

埋藏(매장) 광물 등에 땅에 묻혀 있음.

---

8 - 11 - 형성자

堂

집 당

땅(土)위에 번듯하게 높이(尙) 세운 집에 근친들과 더불어 사는 형상을 본뜬 글자.

또 다른 뜻: 대청, 번듯할, 근친, 정당할, 의젓할, 문지방.

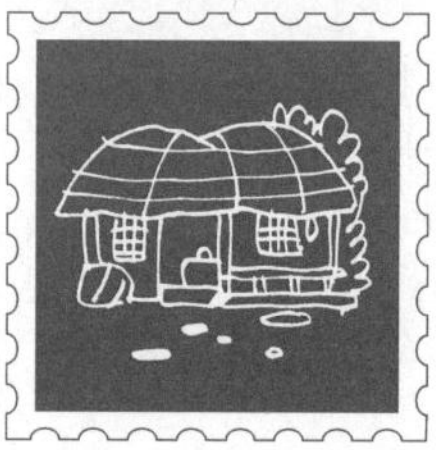

堂叔(당숙) '종숙'을 친근하게 일컫는 말.

講堂(강당) 강의나 의식 따위를 행하는 방.

內堂(내당) 내실(內室)의 이칭.

祠堂(사당) 조상의 신주를 모셔 놓은 집.

MILLENNIUM

한 자 방 정 식

其	+	土	⇨	基
바탕이 되는 그		땅이 바로		그 터이다.

---

8 - 11 - 회의자

域

지 경 역

경계인 지경에 흙(土)으로 쌓은 토담 위에 창(戈)을 든 병사(口)들의 형상을 본뜬 글자.

(또 다른 뜻) 구역, 경계, 나라, 경계지을, 유지할, 지닐, 묘지.

- 區域(구역) 갈라 놓은 지역이나 범위.
- 領域(영역) 일국의 주권이 미치는 범위.
- 流域(유역) 강물이 흐르는 언저리의 지역.
- 地域(지역) 땅의 구역이나 경계.

---

8 - 11 - 회의자

堅

굳을 견

하인(臣)들이 거듭(又) 지나간 자리의 땅(土)이 단단하고 굳게 변한 형상을 본뜬 글자.

(또 다른 뜻) 굳셀, 튼튼할, 강할, 단단할, 굳어질, 낫을, 갑옷.

- 堅固(견고) 굳고 튼튼함.
- 堅實(견실) 튼튼하고 충실함. 굳고 착실함.
- 堅守(견수) 튼튼하고 견고하게 지킴.
- 堅持(견지) 신념이나 각오 따위를 굳게 지님.

---

8 - 11 - 형성자

培

북돋을 배

땅(土)을 갈고(部의 생략형) 북돋아서 씨앗 등을 심어 농작물을 재배하는 형상을 본뜬 글자.

(또 다른 뜻) 가꿀, 더할, 손질할, 밭둑, 탈, 언덕, 담, 무덤(부).

- 培養(배양) 사람이나 식물을 북돋아 기름.
- 培土(배토) 흙을 북돋아 줌. 또는 그 흙.
- 栽培(재배) 나무나 식물을 심어서 가꾸는 일.

---

8 - 11 - 형성자

基

터 기

집을 지을 때 바탕이 되는 그(其) 땅(土)에 터를 잡고 기둥을 세우는 형상을 본뜬 글자.

(또 다른 뜻) 바탕, 근본, 토대, 기초, 시초, 비롯할, 도모할, 업.

- 基金(기금) 어떤 목적을 위해 준비한 자금.
- 基本(기본) 사물의 기초와 근본.
- 基準(기준) 기본이 되는 표준.
- 基礎(기초) 건물 따위의 바닥의 기반. 사물이 이루어지는 바탕.

---

8 - 11 - 형성자

執

잡을 집

도주한 죄인을 잡아서(丸) 오라줄로 두 손을 묶어(幸) 형을 집행하는 형상을 본뜬 글자.

(또 다른 뜻) 가질, 벗, 지킬, 처리할, 다스릴, 위협할, 두려워할.

- 執念(집념) 끈덕지게 들러붙어 마음 쏟음.
- 執務(집무) 사무를 봄.
- 執行(집행) 실제로 시행함. 강제 집행.
- 我執(아집) 좁은 소견에 집착하는 고집.

---

8 - 11 - 회의자

堆

언덕 퇴

흙더미(土)가 높고 크게(隹) 쌓여 언덕이 이루어져 있는 형상을 본뜬 글자.

(또 다른 뜻) 쌓을, 쌓일, 흙더미, 놓을, 얹을.

- 堆肥(퇴비) 풀이나 짚 등의 유기물질을 썩여서 만든 거름. 두엄.
- 堆積(퇴적) 많이 덮쳐 쌓음. 높이 쌓음. 높이 쌓임.
- 堆石(퇴석) 빙하로 인해 운반되어 쌓인 암석.

MILLENNIUM

한자방정식

土 ＋ 鬼 ⇨ 塊

가루의 흙이 / 뭉쳐서 / 덩어리가 됨.

---

9 - 12 - 회의자

報

갚을 보

놀랄(幸)만큼 큰 죄인을 뒤쫓아(及)가 잡아서 죄값을 갚도록 하는 형상을 본뜬 글자.

또다른뜻 알릴, 대답할, 보답할, 보복할, 논죄할, 나아갈(부).

報告(보고) 내용이나 결과를 상사에게 알림.
報答(보답) 남의 호의나 은혜를 갚음.
報道(보도) 나라 안팎에서의 소식을 알려 줌.

---

9 - 12 - 형성자

場

마당 장

맑은 날 마당의 땅(土)이 햇볕(陽의 생략형)을 받아 빛나는 뜰의 형상을 본뜬 글자.

또다른뜻 곳, 때, 뜰, 빈터, 시험장, 경우, 장터, 시장, 장소.

場面(장면) 겉으로 드러난 면이나 광경.
場所(장소) 일이 벌어진 곳이나 자리.
場外(장외) 어떠한 곳의 바깥.
廣場(광장) 건물 앞 따위의 넓은 곳.

---

9 - 12 - 형성자

堤

방죽 제

강의 방죽에 둑을 막을 때 흙(土)과 돌을 잘 배합해야 옳다(是)는 뜻의 글자.

또다른뜻 둑, 막을, 머무를, 지체할, 실굽, 그릇, 밑받침.

堤防(제방) 홍수등을 막기 위해 쌓은 둑.
堤堰(제언) 댐. 발전 등을 위해 쌓은 둑.
防波堤(방파제) 파도를 막기위해 쌓은 둑.

---

9 - 12 - 회의자

堪

견딜 감

굳은 땅(土)을 깊게(甚) 파기 위해 힘든 것조차 견디어 내는 사람의 형상을 본뜬 글자.

또다른뜻 감내할, 하늘, 감당할, 이길, 이겨낼, 뛰어날, 천도.

堪耐(감내) 참고 견딤. 어떤 일의 수고를 스스로 이겨내고 견딤.
堪當(감당) 어떤 일을 능히 맡아서 당해 냄. 어떤 일을 능히 해냄.

---

10 - 13 - 형성자

塊

덩어리 괴

작은 입자로 된 흙(土)이 뭉쳐서(鬼) 덩어리가 되고 땅이 되는 형상을 본뜬 글자.

또다른뜻 땅덩어리, 흙덩어리, 덩이, 홀로, 현안할, 소박할.

塊石(괴석) 돌맹이.
塊鐵(괴철) 용해하여 응결시킨 쇳덩이.
塊炭(괴탄) 덩이로 된 석탄.
金塊(금괴) 금덩어리.
銀塊(은괴) 은덩어리.

---

10 - 13 - 회의자

塞

변방 새

흙(土)과 돌로 틈(寒)이 없이 쌓여진 변방의 보루인 성과 주변의 형상을 본뜬 글자.

또다른뜻 보루, 요새, 변경, 성채, 주사위, 충만할, 막을(색).

要塞(요새) 국경 등에 있는 요해의 성채.
塞源(색원) 근원을 아주 없애 버림.
塞責(색책) 그 자리만 미봉하는 일.

MILLENNIUM

한 자 방 정 식

土	+	竟	⇨	境
나라의 땅이		끝난 곳이		지경이다.

10 - 13 - 형성자

塔

탑 탑

땅(土)으로 부터 한층 한층 쌓아 얹은 (搭의 생략형) 탑의 형상을 본뜬 글자.

또 다른 뜻 절, 불당, 탑파, 언덕.

塔尖(탑첨) 탑의 맨 위의 뾰족한 부분.
木塔(목탑) 나무를 재료로 깎아 만든 탑.
佛塔(불탑) 절에 세운 탑.
石塔(석탑) 돌로 쌓아서 만든 탑. 돌탑.

10 - 13 - 형성자

塗

바 를 도

물줄기(氵=水)의 길(余=途)처럼 땅(土)이나 바닥에 바르는 형상을 본뜬 글자.

또 다른 뜻 칠할, 길, 진흙, 진창, 꾸밀, 길거리, 더럽힐, 두꺼울.

塗料(도료) ① 물감. 재료. ② 물건이나 재료 따위에 미화·보호 목적으로 칠함.
塗裝(도장) 물건 따위에 미화나 보호를 위하여 칠하고 치장함.

10 - 13 - 형성자

塚

무 덤 총

흙(土)을 높고 크게(冢)쌓은 무덤의 형상을 본뜬 글자.

또 다른 뜻 무덤같은 언덕.

貝塚(패총) 조개무덤. 조개무지. 대개 해안지역에 조개껍질이 무덤처럼 쌓인 곳.
古塚(고총) 아주 오래된 무덤. 옛사람이 묻힌 오래된 무덤.

11 - 14 - 형성자

墓

무 덤 묘

인생의 저물어(莫)가는 해처럼 흙(土)으로 돌아가 무덤에 묻히는 형상을 본뜬 글자.

또 다른 뜻 묘지, 묘소, 묘지.

墓碑(묘비) 무덤 앞에 세우는 비석.
墓所(묘소) 「산소(山所)」의 존칭.
墓地(묘지) 무덤이 있는 땅의 구역.
省墓(성묘) 조상의 산소를 찾아가서 살피고 돌봄.

11 - 14 - 형성자

境

지 경 경

땅(土)이 끝난 곳(竟)을 이르는 말로 나라의 경계, 곧 그 지경의 형상을 본뜬 글자.

또 다른 뜻 경계, 국경, 형편, 사정, 경우, 곳, 장소, 처지.

境界(경계) 어떤 지경과 지경이 맞닿은 자리.
境遇(경우) 부닥친 형편이나 사정.
環境(환경) 주의의 사물. 주위의 외계.

11 - 14 - 회의자

塵

티 끌 진

산기슭(鹿)에 모여 쌓인 흙먼지(土)같은 티끌의 형상을 본뜬 글자.

또 다른 뜻 먼지, 인간세상, 속세, 흙먼지, 묵을, 오래될, 자국.

塵世(진세) ① 티끌 세상. ② 더러운 세상. ③ 속세. 속인들이 사는 일반의 사회.
塵土(진토) ① 먼지와 흙. ② 세상의 온갖 더럽고 잡스러운 것.

MILLENNIUM

한 자 방 정 식

土	+	曾	⇨	增
흙더미 위에 흙이		거듭 얹혀		더해짐.

12 - 15 - 형성자

增

더 할 증

쌓여 있는 흙더미 위에 흙(土)을 거듭(曾) 더하여 얹고 있는 사람의 형상을 본뜬 글자.

(또 다른 뜻) 점점, 많을, 많아질, 불어날, 늘, 넉넉할, 겹칠, 높을.

增加(증가) 더 늘어나서 많아짐.
增設(증설) 더 차리거나 시설함.
增資(증자) 자본을 늘림. 또는 그 자본.
增築(증축) 기존 건물을 더 늘여서 지음.

12 - 15 - 형성자

墮

떨어질 타

진흙 웅덩이에 떨어져(隋) 온통 몸이 흙(土)으로 더럽혀진 사람의 형상을 본뜬 글자.

(또 다른 뜻) 떨어뜨릴, 빠질, 무너질, 깨뜨릴, 들어갈, 게을리 할.

墮落(타락) 정도를 벗어나 나쁜 길로 빠짐.
墮淚(타루) 눈물을 흘림. 낙루(落淚).
墮獄(타옥) 악업으로 죽어서 지옥에 떨어짐.

12 - 15 - 형성자

墳

무 덤 분

사람이 죽으면 곧 흙(土)을 높이 쌓여서 무덤을 꾸미는(賁) 형상을 본뜬 글자.

(또 다른 뜻) 봉분, 클, 뫼, 언덕, 방죽, 나눌, 옛서적, 기름진 흙.

墳墓(분묘) 무덤.
古墳(고분) 고대의 무덤.
封墳(봉분) 흙을 쌓아 올린 무덤. 또는 그 올린 부분.
土墳(토분) 흙을 쌓아서 만든 약식 무덤.

12 - 15 - 형성자

墨

먹 묵

글자를 쓸때 검은(黑) 색깔로 흙덩이(土)처럼 뭉친 먹을 갈아 사용하는 형상을 본뜬 글자.

(또 다른 뜻) 검을, 검어질, 먹줄, 더러워질, 탐할, 자자할, 잠잠할.

墨客(묵객) 글씨나 그림을 그리는 사람.
墨字(묵자) 먹으로 쓴 글자. 또는 그 글자.
墨竹(묵죽) 붓 따위로 먹을 묻혀 그린 대나무의 그림.

12 - 15 - 회의자

墜

떨어질 추

동아리를 이룬 무리(隊)에서 떨어져 땅(土)에 주저앉은 낙오자의 형상을 본뜬 글자.

(또 다른 뜻) 떨어뜨릴, 무너질, 무너뜨릴, 잃을, 빠뜨릴.

墜落(추락) ① 높은 곳에서 비행기 따위가 떨어짐. ② 정상에서 인품 따위가 떨어짐.
擊墜(격추) 총이나 포, 또는 미사일 따위가 비행기 등을 쏘아 떨어뜨림.

13 - 16 - 형성자

壇

단 단

제터에 흙(土)과 돌들을 도탑게(亶) 쌓아올려 단을 만들고 제사를 지내는 형상을 본뜬 글자.

(또 다른 뜻) 제터, 제단, 사회, 뜰, 안뜰, 곳, 장소, 특수 사회.

講壇(강단) 강의 등을 하기위해 올린 단.
登壇(등단) 연단 · 교단에 오름.
祭壇(제단) 제사 지내게 만들어 놓은 단.
花壇(화단) 꽃을 심기 위해 만든 꽃밭.

MILLENNIUM

한 자 방 정 식

土	+	嗇	⇨	墻
돌과 흙으로		촘촘히 쌓아올린		담장의 모습.

---

13 - 16 - 형성자

壁

벽 벽

바람이나 적으로 부터 침입을 막기(辟)위해 쌓아 올린 벽이나 담의 형상을 본뜬 글자.

(또 다른 뜻) 바람벽, 담, 진터, 성채, 벼랑, 별이름.

- 壁報(벽보) 벽에 붙여 널리 알리는 문안.
- 壁紙(벽지) 벽에 도배하는 문양이 있는 종이.
- 壁畵(벽화) 장식으로 벽에 그린 그림.
- 障壁(장벽) 밖을 가려 막은 벽.

---

13 - 16 - 형성자

墻

담 장 장

돌과 흙(土) 따위로 인색(嗇)할 정도로 촘촘히 쌓아올린 담장의 형상을 본뜬 글자.

(또 다른 뜻) 경계, 칸막이, 담, 관을 꾸미는 덮보, 관옆널.

- 墻內(장내) 담의 안쪽.
- 墻壁(장벽) 담과 벽.
- 墻垣(장원) 담의 이칭.
- 墻有耳(장유이) 「담에도 귀가 있다」는 말.

---

14 - 17 - 형성자

壓

누 를 압

개가 고기를 많이 먹어 해처럼 둥근 배가 땅(土)을 누를(厭) 정도의 형상을 본뜬 글자.

(또 다른 뜻) 내리 누를, 제지할, 윽박지를, 진압할, 항복받을.

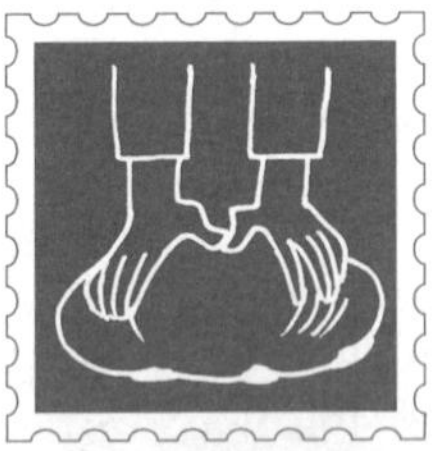

- 壓力(압력) 어떤 일을 하도록 강제한 힘.
- 壓迫(압박) 기운을 펴지못하게 억누름.
- 壓縮(압축) 압력을 가하여 부피를 줄임.

---

16 - 19 - 형성자

壞

무너질 괴

몸에 품고(褱) 다니던 장신구가 땅(土)에 떨어지듯 땅이 무너지는 형상을 본뜬 글자.

(또 다른 뜻) 파괴할, 나무혹, 무너뜨릴, 땅이름(회), 앓을(회).

- 壞滅(괴멸) 적이나 병균 따위가 파괴되어 멸망함.
- 壞損(괴손) 무너뜨려 손해를 입힘.
- 破壞(파괴) 때려 부수거나 헐어 버림.

---

17 - 20 - 형성자

壤

고운흙 양

논밭에 호미나 쟁기를 땅(土)을 골내어 흙을 곱게 부수어 농작하는 형상을 본뜬 글자.

(또 다른 뜻) 흙, 땅, 부드러운 흙, 구역, 띠끌, 곡식이 익을.

- 擊壤(격양) 태평을 노래하고 노는 놀이.
- 天壤(천양) 하늘과 땅. 하늘과 땅 사이.
- 土壤(토양) 식물에 영양을 공급하는 흙.

---

0 - 5 - 회의자

士

선 비 사

선비가 두 팔을 열(十)십자로 벌리고 땅(一)에 서있는 형상을 본뜬 글자.

(또 다른 뜻) 벼슬, 사내, 군사, 병사, 제후, 전문가, 일, 무사.

- 士氣(사기) 심신의 씩씩한 기운과 기세.
- 士兵(사병) 하사관이 아닌 병사.
- 紳士(신사) 몸가짐이나 언행 따위가 점잖고 예의 바른 남자.

MILLENNIUM

한 자 방 정 식

猒	+	土	⇨	壓
해처럼 부른 배가		땅을		누르듯 함.

---

1 - 4 - 상형자

壬

북 방 임

땅(一) 위에 열십(十)를 그려 놓고 위에 삐친 가로획을 얹어 북방을 표시한 뜻의 글자.

(또 다른 뜻) 아홉째, 천간, 간사할, 오행의 수(水), 맡을, 아기 밸.

壬戌(임술) 60갑자의 쉰아홉째.
壬申(임신) 60갑자의 아홉째.
壬辰(임진) 60갑자의 스물아홉째.

---

4 - 7 - 형성자

壯

장 할 장

큰 나무를 조각(爿의 엎은 모양)낼 만큼 장하고 씩씩한 남자(士)의 형상을 본뜬 글자.

(또 다른 뜻) 굳셀, 씩씩할, 젊을, 웅장할, 왕성할, 강건할, 단단할.

壯觀(장관) 훌륭하고 장대하고 아름다운 경관.
壯年(장년) 아름다운 30세부터 40세 안팎의 시기.
壯烈(장렬) 군인이나 장정 등이 씩씩하고 열렬함.

---

9 - 12 - 형성자

壹

한 일

호리병(壺)에 길한(口=吉의 생략형) 물건을 하나를 넣어 소중히 지닌 형상을 본뜬 글자.

(또 다른 뜻) 하나, 오직, 오로지, 합할, 모두, 막을.

壹百(일백) 10의 열배.
壹千(일천) 100의 열배.
壹萬(일만) 1000의 열배.
壹億(일억) 1000만의 열배.

---

11 - 14 - 형성자

壽

목 숨 수

나이가 많은 노인(士=老의 생략형)은 목숨이 긴 장수한 사람이라는 뜻의 글자.

(또 다른 뜻) 장수, 나이, 수명, 축수할, 헌수할, 별이름.

壽命(수명) ① 목숨. ② 사용에 견디는 기간.
壽福(수복) 오래 사는 것과 복을 누리는 것.
壽宴(수연) 노인의 장수를 축하하는 잔치.

---

7 -10 - 상형자

夏

여 름 하

여름에 너무 더워서 머리(頁)를 숙여 다리의(夂) 옷을 걷어 붙이는 형상을 본뜬 글자.

(또 다른 뜻) 나라, 왕조의 이름, 우나라, 클, 채색, 무늬, 중국.

夏季(하계) 여름의 시기. 하기(夏期).
夏服(하복) 여름철에 입는 가볍고 시원한 옷.
夏節(하절) 여름철.
夏至(하지) 24절기의 하나. 6월 21일경.

---

0 - 3 - 지사자

夕

저 녁 석

달(月)에서 한 획을 빼서 기운 달이 뜨는 저녁의 형상을 본뜬 글자.

(또 다른 뜻) 저물, 기울, 밤, 밤일, 쏠릴, 끝, 비스듬할.

夕刊(석간) '석간 신문'의 준말.
夕陽(석양) ① 저녁 때의 해. ② 저녁나절.
夕照(석조) 낙조(落照). 저녁 햇빛. 석양.
朝夕(조석) 아침과 저녁.

MILLENNIUM

한자방정식

夕	+	夕	⇨	多
저녁이 지나고		거듭 저녁이 지나니		날이 많음.

2-5-회의자

外

바 깥 외

저녁(夕)에 점(卜)을 치는 것은 예외적으로 밖으로 벗어난 무녀의 습성이란 뜻의 글자.

또 다른 뜻 외국, 겉, 멀리할, 외가, 외방, 타향, 잊을, 벗어날.

外國(외국) 그 나라를 제외한 다른 나라.
外部(외부) 바깥쪽.
外信(외신) 외국으로부터의 통신.
涉外(섭외) 외부와 교섭하는 일.
場外(장외) 일정한 장소의 바깥.

3-6-회의자

多

많 을 다

저녁(夕)이 거듭 반복되어 날짜가 많이 흘러 갔음을 뜻하는 글자.

또 다른 뜻 많아질, 후할, 과할, 넓을, 낫을, 치하할, 때마침.

多忙(다망) 매우 바쁨.
多數(다수) 수효가 많음. 여러 수효.
多樣(다양) 여러 가지로 많음.
多情(다정) 정이 많고 온화함.
過多(과다) 지나치게 많음.

3-6-회의자

夙

일 찍 숙

바람(風)조차 쥐죽은(歹)듯 잠잠하고 조용한 새벽 일찍의 풍경을 본뜬 글자.

또 다른 뜻 이를, 빠를, 새벽, 이른 아침, 삼가할, 옛날부터.

夙成(숙성) 어린 나이에 비해 정신적, 육체적 발육이 올된 데가 있음.
夙夜(숙야) 이른 아침과 늦은 밤. 하루. 온종일.
夙志(숙지) 일찍부터 품어 온 깊은 뜻. 의지.

5-8-형성자

夜

밤 야

밤(夕)이 되면 사람은 물론 온갖 생물들 또한(亦) 잠을 자게 된다는 뜻의 글자.

또 다른 뜻 어두울, 쉴, 그늘, 어둠, 새벽, 땅, 이름(액).

夜勤(야근) '야간 근무'의 준말. 밤늦게 까지 근무함.
夜深(야심) 밤이 깊음. 깊은 밤.
夜行(야행) 밤에 길을 감. 밤에 활동함.
徹夜(철야) 공부나 어떤 일의 목적으로 밤을 세움.

11-14-형성자

夢

꿈 몽

어두운(苜)밤, 저녁(夕)에는 잠이 들어 꿈을 꾸게 된다는 의미로 만들어진 글자.

또 다른 뜻 꿈꿀, 환상, 희미할, 어두울, 마음이 어지러울.

夢寐(몽매) 잠을 자며 꿈을 꿈.
夢想(몽상) 꿈같이 헛된 상상이나 생각.
吉夢(길몽) 좋은 조짐이 되는 꿈. 상서로운 꿈.
凶夢(흉몽) 불길한 조짐이 되는 꿈.

大

0-3-상형자

大

큰 대

하늘 다음으로 큰(大) 것은 사람인데, 두 팔과 두 발을 벌린 형상을 본뜬 글자.

또 다른 뜻 클, 대강, 대개, 대체, 고귀할, 자랑할, 초과할, 클(태).

大綱(대강) 일의 가장 중요한 부분. 줄거리.
大槪(대개) 대채적인 사연이나 줄거리.
大量(대량) 많은 분량이나 수량.
大衆(대중) 사회의 대다수를 이루는 사람.

MILLENNIUM

한자방정식

一 + 大 ⇨ 天

유일하게 + 사람이 미치지 못할만큼 큰 ⇨ 하늘.

---

1 - 4 - 회의자

夫

지아비 부

사내(大)의 머리에 상투(一)를 올린 것은 장가를 가 지아비가 되었다는 뜻의 글자.

또다른뜻 사내, 남편, 일하는 남자, 발어사, 어조사, 다스릴.

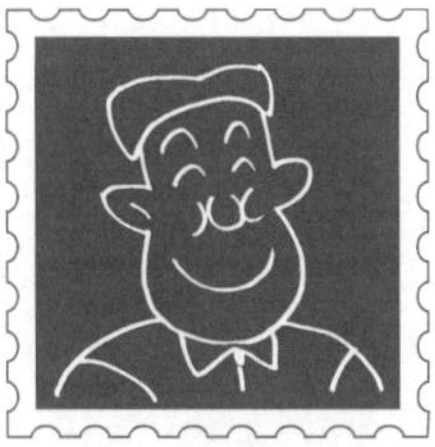

夫君(부군) '남편' 의 높임말.
夫婦(부부) 남편과 아내. 내외(內外).
農夫(농부) 농사를 업으로 삼는 남자.
丈夫(장부) 다 자라서 장하고 씩씩한 남자.

---

1 - 4 - 회의자

天

하늘 천

유일(一)하게 사람보다 큰(大) 하늘이라는 뜻으로 손발 벌리고 하늘을 향한 형상을 본뜬 글자.

또다른뜻 하느님, 자연, 임금, 기후, 계절, 천성, 세상, 운명.

天命(천명) ① 타고난 수명. ② 하늘의 명령.
天賦(천부) 선천적으로 타고남. 하늘이 줌.
天地(천지) ① 하늘과 땅. ② 온 세상.

---

2 - 5 - 형성자

失

잃을 실

손(手) 안의 물건이 기울어져(乙)땅에 떨어지면 잃게 된다는 뜻의 글자.

또다른뜻 그르칠, 잘못할, 착오, 서투를, 벗어날, 달아날(일).

失禮(실례) 말이나 행동이 예법에 벗어남.
失望(실망) 바라는 대로 아니되어 낙심함.
失手(실수) 부주의로 잘못을 저지름.

---

1 - 4 - 지사자

太

클 태

위대한(大) 사람이 두 팔과 다리를 위엄있게 벌리니 더욱(、) 커보인다는 뜻의 글자.

또다른뜻 심할, 처음, 첫째, 콩통할, 최초, 천자, 벼슬이름.

太古(태고) 아주 먼 옛날.
太陽(태양) 태양계의 중심에 있는 항성.
太祖(태조) 한 왕조를 일으킨 첫 임금.
太平(태평) 나라나 집안이 잘 다스려져 크게 편안함.

---

2 - 5 - 회의자

央

가운데 앙

멀리(冂) 국경을 두고 사람(大)들이 그 가운데에서 살고 있는 형상을 본뜬 글자.

또다른뜻 중앙, 복판, 중심, 다할, 끝날, 멀, 선명한 모양(영).

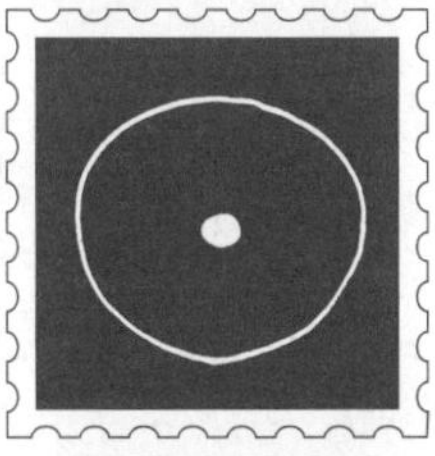

中央(중앙) ① 사방의 한 가운데. ② 중심이 되는 중요한 곳. ③ 지방에 대하여 「수도」를 이르는 말.

---

3 - 6 - 회의자

夷

오랑캐 이

미개한 나라의 사람(大)들, 곧 오랑캐를 활(弓)를 쏘아 멸망시키는 형상을 본뜬 글자.

또다른뜻 멸할, 상할, 동이족, 죽일, 평탄할, 무리, 보통, 클.

東夷(동이) 동쪽의 오랑캐.
蠻夷(만이) 남쪽의 오랑캐.
夷坦(이탄) 길이 평탄함.
洋夷(양이) ① 서양 오랑캐. ② 서양 사람의 비칭.

MILLENNIUM

한 자 방 정 식

大 + 可 → 奇

위대한 사람은 옳은 일을 홀로 기이하게 해 냄.

---

5 - 8 - 회의자

奇

기 이 할 기

큰(大) 사람은 옳은(可)일을 홀로 해 나아기지만 기이하게 융통성이 없다는 뜻의 글자.

또 다른 뜻 홀수, 기박할, 뛰어날, 부정할, 나머지, 불운할.

奇巧(기교) 기이하고 공교함.
奇妙(기묘) 기이하고 교묘함.
奇岩(기암) 기이한 바위들.
奇異(기이) 기묘하고 야릇함.
奇蹟(기적) 사람의 힘으로는 도저히 불가능한 신기한 일.

---

5 - 8 - 형성자

奈

어 찌 나

본자는 머리가 木으로써 큰 사람(大)은 세상을 어찌 보는지 궁금하다는 뜻의 글자.

또 다른 뜻 나락, 왜, 어찌 할 것인가, 어찌 하는가, 어찌(내).

奈落(나락) 지옥. 밑 닿은 데 없는 구렁.
莫無可奈(막무가내) 어찌할 수가 없음. 어찌할 수가 없게 됨.

---

5 - 8 - 회의자

奉

받 들 봉

위를 향해 두 손으로 높이 물건을 받들고 있는 사람의 형상을 본뜬 글자.

또 다른 뜻 높일, 녹봉, 바칠, 드릴, 기를, 도울, 힘쓸, 일할.

奉仕(봉사) 자기는 뒷전에 두고 남을 도움.
奉養(봉양) 부모나 조부모를 받들고 섬김.
奉祝(봉축) 공경하는 마음으로 축하함.

---

6 - 9 - 형성자

契

맺 을 계

약속이나 계약 등을 맺을 때 큰(大) 나무판에 증거로 글을 새겼다(刻의 변형)는 뜻의 글자.

또 다른 뜻 인연맺을, 약속할, 계약할, 나라이름(글), 애쓸(결).

契機(계기) 어떤 일의 결정적인 기회.
契約(계약) 둘 이상이 약정의 합치를 봄.
契員(계원) 계에 든 사람. 계를 구성하고 있는 회원.

---

6 - 9 - 형성자

奔

달 아 날 분

아무리 큰(大) 사람이라도 많은(卉)사람이 덤벼들면 달아날 수밖에 없다는 뜻의 글자.

또 다른 뜻 도망할, 달릴, 힘쓸, 성낼, 분주할, 패할, 향할, 빠를.

奔忙(분망) 매우 부산하게 겨를 없이 바쁨.
奔走(분주) ① 몹시 바쁨. ② 바삐 돌아다님.
狂奔(광분) 미친 듯이 날뜀. 미쳐서 날뜀.

---

6 - 9 - 회의자

奏

아 뢸 주

왕에게 두 손(二)으로 크게(大) 받들며 죽은 듯(夭) 머리를 조아려 아뢰는 신하를 본뜬 글자.

또 다른 뜻 여쭐, 아뢰는 글, 연주할, 행동거지, 달릴, 모일.

奏功(주공) 공들인 보람이 이제 막 나타남.
奏樂(주악) 양악이나 전통 음악 따위를 연주함.
演奏(연주) 음악을 관객에게 들려 주는 일.

MILLENNIUM

한 자 방 정 식

大 + 者 ⇨ 奢

크게 치장하여 호사스럽게 하는 것이 곧 사치임.

---

7 - 10 - 형성자

奚

어 찌 해

머리를 이어서(系)따고 이마가 크게(大) 벗겨진 돌궐족이 어찌하여 잡히면 종으로 삼았다는 뜻의 글자.

(또 다른 뜻) 종족의 이름, 무엇을, 어는 쪽을, 하인, 계집관노.

奚奴(해노) 종. 남녀의 종. 노비.
奚(해) 의문사 또는 반어사(反語辭)로 쓰이는 자로 "어찌~겠는가"의 뜻으로 씀.

---

7 - 10 - 회의자

套

버 릇 투

오래 된(長) 버릇처럼 아무런 거리낌없이 자랑스럽게(大) 말하는 사람의 형상을 본뜬 글자.

(또 다른 뜻) 전례, 덮개, 뚜껑, 크고 길, 겹칠, 한 벌, 일의 방식.

封套(봉투) 편지 따위를 넣어 봉할 수 있는 종이 봉지.
常套(상투) 습관처럼 예사로 하는 투.
外套(외투) 겨울에 양복 따위의 겉으로 덧입는 긴 겉옷.

---

9 -12 - 회의자

奢

사치할 사

크게 치장(大)하여 호사스럽게 사치하는 사람(者)의 형상을 본뜬 글자.

(또 다른 뜻) 사치, 호사, 자랑할, 과장할, 오만할.

奢侈(사치) ① 지나치게 향락적인 소비를 함. ② 필요 이상으로 치장을 함.
華奢(화사) 화려하고 사치스러움.
豪奢(호사) 매우 호화롭고 사치스럽게 지냄.

10-13 - 회의자

奥

속 오

세상을 살아오는 동안 경험으로 얻은 가슴 속깊이 지혜가 많은 늙은이(大)를 본뜬 글자.

(또 다른 뜻) 깊을, 방의 서남쪽 구석, 그윽할, 은밀할, 흐릴.

奧妙(오묘) ① 고상하고 깊은 이치. ② 심오하며 뛰어남.
深奧(심오) 이론·견해 따위의 그 깊이가 심원하고 오묘함.

---

11 - 14 - 회의자

奪

빼앗을 탈

날개를 펴고(大) 새(隹)가 무엇을 빼앗듯 사람의 손아귀(寸)에서 도망가는 형상을 본뜬 글자.

(또 다른 뜻) 잃을, 없앨, 훔칠, 빼앗길, 떠날, 없어질, 좁은 길.

奪取(탈취) 빼앗아 가짐.
劫奪(겁탈) 남의 것을 강제로 빼앗음.
剝奪(박탈) 지위·자격 등을 권력이나 힘으로 빼앗음.
爭奪(쟁탈) 다투어 빼앗음.

---

11 - 14 - 형성자

奬

권면할 장

아이를 장차 장군(將)이나 큰(大)인물로 키우기 위해 권면하는 형상을 본뜬 글자.

(또 다른 뜻) 칭찬할, 도울, 장려할, 격려할, 표창할, 성취할.

奬勵(장려) 권하여 좋은 일에 힘쓰도록 함.
奬學(장학) 학문을 장려함. 또는 그 일.
勸奬(권장) 권하여 장려함. 부추겨서 그 일을 하도록 장려함.

MILLENNIUM

한자방정식

女 + 己 ⇨ 妃

짝이 되는 여인이 짐(자기)의 왕비이다.

女

---

13 - 16 - 회의자

奮

떨칠 분

날개를 펴(大)고 새(隹)가 밭(田)위를 날며 먹이를 향해 위엄을 떨치는 형상을 본뜬 자.

또다른뜻 힘쓸, 분발할, 분격할, 휘두를, 일으킬, 일어날.

- 奮怒(분노) 분해 성냄.
- 奮發(분발) 마음과 힘을 돋우어 일으킴.
- 奮鬪(분투) 있는 힘을 다하여 싸움.
- 激奮(격분) 몹시 흥분함. 격렬한 흥분.

---

0 - 3 - 상형자

女

계집 녀

무릎 위에 손을 얹고 공손하고 얌전하게 앉아 있는 계집의 형상을 본뜬 글자.

또다른뜻 처녀, 딸, 여자, 너, 짝지을, 시집보낼, 너(여).

- 女高(여고) 여자 고등학교의 준말.
- 女史(여사) 결혼한 여자를 높여 이르는 말.
- 女息(여식) 딸. 딸자식.
- 淑女(숙녀) 정숙하고 품위 있는 여자.

---

2 - 5 - 회의자

奴

종 노

계집(女)과 又(=手)로 이루어진 자로 계집종을 의미하였으나 후에 종의 총칭으로 쓰임.

또다른뜻 노예, 자기의 비칭, 남을 천시하여 이르는 말.

- 奴僕(노복) 사내종.
- 奴婢(노비) 사내종과 계집종의 총칭.
- 奴隷(노예) 종. 남에게 부림을 당하는 자.
- 官奴(관노) 지난날, 관가에서 부리던 사내종.

---

3 - 6 - 형성자

妄

망녕될 망

계집(女)이 도리와 예법을 잃으면(亡) 망녕들었다고 한다는 뜻으로 만들어진 글자.

또다른뜻 실없을, 허망할, 헛될, 속일, 그르칠, 잊을, 무릇.

- 妄動(망동) 분수 없이 망령되게 행동함.
- 妄想(망상) 이치에 어그러진 생각.
- 妄言(망언) 망령된 말. 떳떳하지 못한 말.

---

3 - 6 - 형성자

妃

왕비 비

왕 자신(己)의 짝이 되는 여인(女)이라는 말로 왕비라고 뜻한다는 글자.

또다른뜻 신녀(神女)의 존칭, 짝지을, 배필(배=配).

- 大妃(대비) 선왕의 후비(后妃).
- 王妃(왕비) 임금의 아내. 왕후(王后).
- 廢妃(폐비) 왕비의 자리에서 물러나게 함.
- 皇妃(황비) 황제의 아내. 황후(皇后).

---

3 - 6 - 형성자

如

같을 여

계집(女)와 입(口)로 이루어진 자로 여인의 길은 같다라는 뜻으로 쓰인 글자.

또다른뜻 어조사, 만일, 따를, 좋을, 어떠할, 어찌, 만일, 갈.

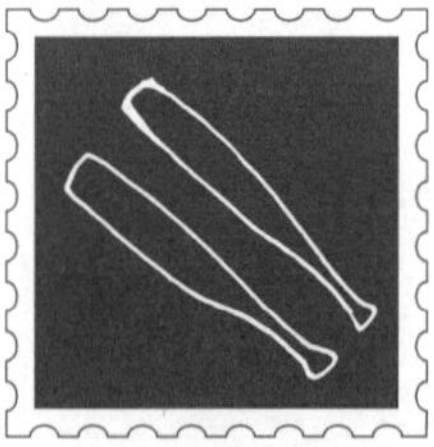

- 如干(여간) 어지간히. 이만저만이.
- 如實(여실) 사실과 꼭 같음.
- 如意(여의) 일의 진행이 뜻대로 되어 감.
- 缺如(결여) 있어야 할 것이 없거나 부족함.

MILLENNIUM

한 자 방 정 식

女	+	子	⇨	好
여인이		사내 아이를 안고		좋아함.

3-6-회의자

好

좋 을 호

여인(女)이 아들(子)을 안고 흐뭇해 하며 좋아하는 형상을 본뜬 글자.

또다른뜻 좋아할, 친할, 아름다울, 사랑할, 끝낼, 흔히, 심히.

- 好感(호감) 좋게 여기는 감정.
- 好意(호의) 가까운 정분. 좋은 정의.
- 好況(호황) 경기(景氣)가 좋음. 호경기.
- 選好(선호) 여럿 중에서 특별히 가려 좋아함.

3-6-형성자

奸

간사할 간

여자(女)가 어떤 일에 관여(干)하게 되면 간사하게 되기 쉽다는 의미의 글자.

또다른뜻 범할, 간악할, 구할, 간음할.

- 奸計(간계) 간교할 꾀. 간악한 계략. 정도의 계책이 아닌 사악한 계책.
- 奸邪(간사) 성품이나 행실 따위가 간교하고 바르지 못함.

4-7-형성자

妙

묘 할 묘

계집(女)은 아름답지만 특히 젊은(少) 여자는 묘한 분위기까지 있어 더욱 그러하다는 말.

또다른뜻 예쁠, 젊을, 야릇할, 정묘할, 뛰어날, 아름다울.

- 妙齡(묘령) 여자의 스물 안팎의 나이. 방년.
- 妙味(묘미) 미묘하게 좋은 맛. 묘한 취미.
- 妙案(묘안) 아주 뛰어나고 오묘한 방안.

4-7-형성자

妨

방해할 방

옛날에는 계집(女)이 모나게(方) 행동하면 매사 방해가 될 뿐이라고 했다는 뜻의 글자.

또다른뜻 거리낄, 해로울, 손상할, 장애, 훼방할, 모날.

- 妨碍(방애) 해살을 놓아 순조롭지 못하게 함.
- 妨害(방해) 남의 일에 해살을 놓음.
- 無妨(무방) 방해될 것이 없음.
- 毁謗(훼방) 남을 헐뜯어 비방함. 방해함.

4-7-회의자

妥

온당할 타

계집(女)이 손톱(爪)이 가지런히 보이게 앉은 모습이 온당하고 평온하게 보인다는 글자.

또다른뜻 평온할, 타협할, 편안히, 떨어질, 안심시킬, 합당할.

- 妥結(타결) 대립된 의견을 절충하여 마무리 지음.
- 妥當(타당) 사리에 맞아 마땅함. 그렇게 하는 것이 온당함.
- 妥協(타협) 서로 좋도록 양보하여 협의함.

4-7-형성자

妊

임신할 임

남자로부터 씨를 받아서 종족 번식을 맡은 임신한(壬) 여자(女)의 형상을 본뜬 글자.

또다른뜻 아이 밸, 잉태할.

- 妊婦(임부) 아이를 밴 여자. 임신한 여자. 아이를 잉태한 여자.
- 妊娠(임신) 아이를 뱀. 아이를 잉태함.
- 避妊(피임) 인위적으로 임신을 피하는 것.

MILLENNIUM

한 자 방 정 식

女 + 古 ⇨ 姑

젊은 여자가 / 오래되면 / 시어머니가 됨.

4-7-형성자

妖

요망할 요

약간 머리숙인 어린(夭) 여자(女)의 요망하고 요상한 모습의 형상을 본뜬 글자.

(또 다른 뜻) 아리따울, 요사할, 고울, 요염할, 도깨비, 괴이할.

妖妄(요망) ① 요사스럽고 망령됨. ② 언행이 방정맞고 엉뚱함.
妖術(요술) 사람의 눈을 흐리게 하여 기괴한 형상을 나타내 보여주는 방술.

5-8-회의·형성자

姓

성 씨 성

여자(女)가 자식을 낳으면(生) 한 조상으로부터 이어온 성씨를 잇는다는 글자.

(또 다른 뜻) 씨족, 일가, 백성, 혈통, 인민, 아들.

姓名(성명) 성과 이름.
姓氏(성씨) 성(姓)을 높이어 부르는 말.
姓字(성자) 어떤 사람의 성(姓)을 나타내는 글자.
姓銜(성함) '성명'의 높임말.

5-8-형성자

始

비로소 시

여인(女)의 모태(胎=台) 속에 자리잡고 있는 아이가 비로소 움직이는 생명이 된다는 글자.

(또 다른 뜻) 처음, 시초, 시조, 시작할, 비롯할, 초하루.

始務(시무) 어떤 일을 맡아 보기 시작함.
始作(시작) 처음으로 함. 다시 비롯함.
始初(시초) ① 맨 처음. ② 비롯됨.

5-8-회의·형성자

姑

시어머니 고

여인(女)이 결혼하여 오래되면(古) 시어머니가 된다는 뜻의 글자.

(또 다른 뜻) 시어미, 고모, 여자의 통칭, 어조사, 잠시, 아직.

姑母(고모) 아버지의 위·아래의 누이.
姑婦(고부) 시어머니와 며느리.
姑息(고식) 잠시 동안의 탈이 없는 안정.
姑從(고종) 「고종 사촌」의 준말.

5-8-형성자

妹

손아랫누이 매

여자(女) 형제 중 자기보다 어린(未) 손아랫누이라는 뜻의 글자지만 위아래없이 통용됨.

(또 다른 뜻) 여동생, 누이, 소녀, 어린 여자애의 애칭.

妹弟(매제) 손아래 누이의 남편.
妹兄(매형) 누이의 남편. 자형(姉兄).
男妹(남매) 오빠와 누이. 오누이.
姉妹(자매) 여자끼리의 언니와 아우.

5-8-형성자

委

맡길 위

여인(女)은 무르익은 벼(禾)처럼 의젓한 남자 품에 안기며 몸을 맡긴다는 뜻의 글자.

(또 다른 뜻) 쌓일, 의젓할, 버릴, 자세할, 쇠할, 쌓을, 차분할.

委付(위부) 타인에게 맡기어 부탁함.
委員(위원) 단체 등에 지명·선출된 사람.
委任(위임) 어떤일을 대리로 맡김.

MILLENNIUM

한자방정식

戌	+	女	⇨	威
무서운 개처럼		무서운 시어머니가		위엄있다.

5-8-회의자

妻

아 내 처

빗자루(十)를 손(ㅋ)에 들고 집안 구석구석을 청소하는 아내(女)의 형상을 본뜬 글자.

또 다른 뜻 시집보낼, 처자, 정실.

- 妻家(처가) 아내의 본가. 아내의 친정집.
- 妻弟(처제) 아내의 여동생.
- 妻兄(처형) 아내의 손위의 언니.
- 本妻(본처) 실재로 정식 혼인하여 맞은 아내.

5-8-회의자

妾

첩 첩

죄지은(立=辛) 여자(女)를 데려다 하녀로 삼거나 첩이 되기도 하여 첩실을 이르는 글자.

또 다른 뜻 작은 집, 작은 댁, 첩실, 측실, 여인의 겸칭, 소첩.

- 婢妾(비첩) 종으로 첩이 된 계집.
- 小妾(소첩) 나이가 어린 첩.
- 臣妾(신첩) 임금의 여자들이 자기를 낮추어 일컫던 말.
- 愛妾(애첩) 사랑하고 아끼는 첩.

5-8-형성자

姉

누 이 자

여자(女)로서 성숙(市)한 알몸으로 머리를 올리고 있는 누이의 형상을 본뜬 글자.

또 다른 뜻 맏누이, 손위누이, 여인의 겸침, 큰누이.

- 姉妹(자매) 손위 누이와 손아래 누이.
- 姉弟(자제) 누이와 동생.
- 姉兄(자형) 손위 누이의 남편.

6-9-회의자

姦

간사할 간

여자(女)가 셋 모이면 간사한 일들이 모의되기 쉽다하여 간사함을 나타내는 글자.

또 다른 뜻 간음할, 간악하, 속일, 어지럽힐, 흉학할, 나쁠.

- 姦婦(간부) 간통한 여자.
- 姦淫(간음) 부부가 아닌 남녀의 성관계.
- 姦通(간통) 부부가 아닌 이성간의 부정한 성관계.
- 姦險(간험) 간악하고 음험함.

6-9-형성자

威

위 엄 위

개(戌)가 으르렁거리는 것처럼 경륜이 많은 시어머니(女)의 으름장은 위엄있다는 뜻의 글자.

또 다른 뜻 세력, 의를, 존엄, 권세, 두려워할, 두려울, 침해할.

- 威力(위력) 위풍 있는 강대하고 강력한 권세.
- 威勢(위세) 두렵게 하여 복종시키는 힘.
- 威嚴(위엄) 존경하고 어려워할 만한 기세.

6-9-회의자

姻

혼 인 인

여자(女)가 혼인하여 인연이 된 남자를 의지하는(因) 아내의 형상을 본뜬 글자.

또 다른 뜻 결혼할, 아내, 인연, 인척, 연고, 의지할.

- 姻弟(인제) 처남·매부 사이에서의 자기.
- 姻戚(인척) 외가와 친가의 혈족.
- 姻兄(인형) 매형(妹兄). 손 위의 누이의 남편.
- 婚姻(혼인) 남녀가 혼례를 치루고 부부가 되는 일.

MILLENNIUM

한자방정식

女 ＋ 良 ⇨ 娘

여자 짝을 고를 때 어진 여자로 각시삼아야 함.

---

6 - 9 - 형성자

姿

맵 시 자

차례(次)로 늘어선 여자(女)들이 자기들의 맵시와 자태를 뽐내고 있는 형상을 본뜬 글자.

(또 다른 뜻) 모습, 자태, 성품, 바탕, 모양낼, 풍취, 소질.

姿勢(자세) 몸가짐과 마음가짐의 태도.
姿色(자색) 여자의 고운 얼굴.
姿態(자태) 몸가짐과 맵시. 또는 그 모습이나 모양.
雄姿(웅자) 웅장한 모습.

---

6 - 9 - 형성자

姪

조 카 질

양반집 규수(女)가 시집갈 때 시가에 이를(至)때까지 조카를 데리고 갔다는 뜻의 글자.

(또 다른 뜻) 조카딸, 몸종.

姪女(질녀) 형제 자매의 딸. 조카딸.
姪婦(질부) 조카의 아내. 조카 며느리.
甥姪(생질) 누이의 아들.
叔姪(숙질) 아저씨와 조카. 삼촌과 조카.

---

6 - 9 - 회의자

姨

이 모 이

여자(女)인 어머니와의 자매간은 이모로써 어머니와 같은(夷) 존재라는 뜻의 글자.

(또 다른 뜻) 어머니와 자매간, 아내의 자매, 이종간.

姨母(이모) 어머니의 자매. 어머니와 자매간의 형제.
姨從(이종) 어머니와 자매간의 이모의 아들딸. 곧 이종 사촌간의 형제자매.

---

6 - 9 - 회의자

姬

아 씨 희

대가집 아씨가 부모를 군왕을 받드는 충신(臣)처럼 다소곳앉아 있는 형상을 본뜬 글자.

(또 다른 뜻) 계집, 아가씨, 측실, 의문조사, 성씨, 여자의 미칭.

舞姬(무희) 춤을 잘 추거나 춤추는 것을 업으로 하는 여자.
美姬(미희) 아름다운 여자. 미녀의 이칭.
幸姬(행희) 군왕이나 주인에게 편애를 받는 여자.

---

7 - 10 - 형성자

娘

각 시 낭

각시(女)를 고를 때 어진(良) 여자를 고르는 모습의 형상을 본뜬 글자.

(또 다른 뜻) 소녀, 어미, 아가씨, 낭자, 어머니.

娘子(낭자) 성숙한 미혼 여성. 처녀.
娘子軍(낭자군) ① 여성으로 편성된 군대. ② 여인들의 모임으로 이루어진 단체를 비유하여 이르는 말.

---

7 - 10 - 형성자

娛

즐거워할 오

어여쁜 여자(女)들과 함께 놀면서 떠들어대는(吳) 남자가 즐거워하는 형상을 본뜬 글자.

(또 다른 뜻) 기쁠, 즐거울, 즐길, 즐겁게할, 편안할 오락.

娛樂(오락) 쉬는 시간에 재미있게 놀아서 기분을 즐겁게 하는 일.
娛遊(오유) 재미있게 놈.
娛嬉(오희) 즐거워하고 기뻐함. 또는 즐겁고 기쁜 일.

MILLENNIUM

한 자 방 정 식

女	+	卑	→	婢
대가에서 여자 중		천한 일을 하는		계집종.

8 - 11 - 형성자

婢

계 집 종 비

대가에서 계집(女)을 천하게(卑) 부리는 계집종이 집안의 일하는 모습을 본뜬 글자.

또 다른 뜻 하녀, 여자가 자기를 낮추는 경칭, 여종, 시녀, 첩.

婢女(비녀) 남의 종이된 계집.
婢僕(비복) 계집종과 사내종.
婢子(비자) ① 여종. ② 여자 자신의 겸칭.
奴婢(노비) 사내종과 계집종의 총칭.

8 - 11 - 회의자

婦

지 어 미 부

여자(女)가 집안을 비(帚)로 이곳저곳을 청소하는 지어미의 형상을 본뜬 글자.

또 다른 뜻 며느리, 아내, 시집간 여자, 아름다울, 정숙할.

婦女(부녀) 어머니와 딸.
婦人(부인) 결혼한 여자.
情婦(정부) 유부남이 몰래 사통하는 여자.
主婦(주부) 한 가정의 주인의 아내. 안주인.

8 - 11 - 회의 · 형성자

婚

혼 인 할 혼

신랑이 혼인한 후 첫날밤(昏)을 여자(女)의 집에서 초야를 치루는 형상을 본뜬 글자.

또 다른 뜻 장가들, 처가, 혼인, 아내의 친정.

婚談(혼담) 혼인에 관하여 오가는 말.
婚禮(혼례) 혼인의 예절. '혼례식'의 준말.
婚需(혼수) 혼인에 드는 물건이나 비용.

9 - 12 - 형성자

媒

중 매 매

중매장이가 여자(女)를 아무개(某)에게 시집가도록 중매를 주선하는 형상을 본뜬 글자.

또 다른 뜻 중매할, 중개할, 주선할, 매개, 누룩, 매질, 어두울.

媒介(매개) 사이에서 서로 관계를 맺어줌.
仲媒(중매) 혼인이 맺어지게 주선 하는 일.
觸媒(촉매) 촉진 또는 지완 시키는 물질.

9 - 12 - 회의자

媤

시 집 시

철없던 여자(女)가 시집가더니 생각(思)이 많아지고 고생하는 여인의 형상을 본뜬 글자.

또 다른 뜻 시댁, 남편의 집, 여자의 별칭, 여자의 이름(사).

媤家(시가) 여자가 시집가 사는 시집. 남편의 집안.
媤宅(시댁) 시가를 높여 이르는 말. 시집의 이칭.
媤叔(시숙) 남편의 형제. 아주버니의 한자 음역.

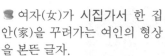

10 - 13 - 형성자

嫁

시 집 갈 가

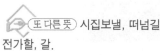

여자(女)가 시집가서 한 집안(家)을 꾸려가는 여인의 형상을 본뜬 글자.

또 다른 뜻 시집보낼, 떠넘길, 전가할, 갈.

改嫁(개가) 결혼했던 여자가 사별하거나 이혼한 뒤 다른 남자와 또 결혼함.
轉嫁(전가) 어떤 일의 잘못이나 허물 따위의 책임을 남에게 떠넘김.

MILLENNIUM

한 자 방 정 식

女	+	襄	⇨	孃
여자라 할만큼		물이오른		계집의 모습.

---

10 - 13 - 회의자

嫌

싫어할 혐

여자(女)가 벼를 아울러(兼)손에 쥐고 있는 것을 모두 시기하며 싫어하는 형상을 본뜬 글자.

또 다른 뜻 혐의쩍을, 의심할, 미워할, 불만스러울, 언짢은 일.

嫌惡(혐오) 싫어하고 미워함.
嫌怨(혐원) 싫어하고 원망함.
嫌疑(혐의) ① 의심쩍음. ② 꺼리고 미워함. ③ 범죄를 저지른 사실이 있으리라는 의심.

---

11 - 14 - 형성자

嫡

정 실 적

여자(女)가 시집(啇)가 한 가문의 남자의 본처인 정실이 된 모습을 본뜬 글자.

또 다른 뜻 본 마누라, 큰 마누라. 맏아들, 정실 소생의 장남.

嫡庶(적서) 적자와 서자. 곧 정실 부인이 낳은 아들과 첩이 낳은 아들.
嫡子(적자) ① 정실이 낳은 아들. ② 정실이 낳은 아들로 대를 이을 자식.

---

17 - 20 - 형성자

孃

계 집 양

여자(女)라 불리울 만큼 물이 오른(襄) 계집의 앙증맞은 형상을 본뜬 글자.

또 다른 뜻 계집애, 아가씨, 번거러울, 살찔, 미혼녀의 미칭.

貴孃(귀양) 미혼녀인 처녀에 대한 존칭. 아가씨.
令孃(영양) 남을 대접하여 그의 딸을 이르는 말. 영애.
李孃(이양) 이씨 성을 가진 아가씨에 대한 존칭.

子

0 - 3 - 상형자

子

아 들 자

한쪽 발이 들려나온 강보에 싸인 사내아이가 양팔을 들어 도리질하는 아들의 형상을 본뜬 글자.

또 다른 뜻 첫째 지지, 쥐, 북쪽, 알, 씨, 열매, 사내, 작위, 자식.

子女(자녀) 아들과 딸.
子母(자모) 아들과 어머니. 모자(母子).
子孫(자손) ① 아들과 손자. ② 후손(後孫).
子息(자식) 아들과 딸의 총칭.

---

1 - 4 - 회의자

孔

구 멍 공

아들(子)를 갖고자할 때 제비(乙)가 돌아올 무렵 집 구멍에 기원하는 형상을 본뜬 글자.

또 다른 뜻 매우, 성(姓), 공자의 약칭, 심히, 깊을, 헛될, 공작.

孔孟(공맹) 공자와 맹자.
孔雀(공작) ① 꿩과의 큰새. ② 작위의 하나.
氣孔(기공) ① 곤충류의 숨구멍. ② 식물의 잎·줄기에 아 있는 공기의 구멍.

---

3 - 6 - 회의·형성자

字

글 자 자

집안(宀) 아들(子)이 있어 가계가 이어지듯 글자도 기본자로 체계화된다는 뜻의 글자.

또 다른 뜻 기를, 자(이름 외에 부르는 이름, 사랑할, 아이 밸.

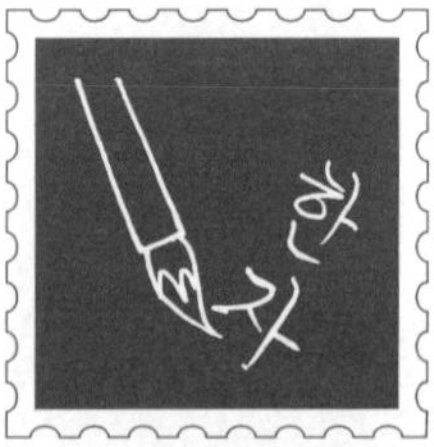

字間(자간) 글자와 글자사이의 간격.
字音(자음) 문자가 가진 소리.
字典(자전) 뜻과 음을 풀이한 한자 옥편.
字解(자해) 글자의 풀이. 특히, 한자의 풀이.

MILLENNIUM

한 자 방 정 식

禾	+	子	→	季
벼의		씨를 뿌리는		계절이 따로 있다.

---

3 - 6 - 회의자

存

있을 존

품안에 있는(才=在) 아들(子)를 보살피고 먹고 싶은 것 등을 해주는 형상을 본뜬 글자.

또 다른 뜻: 생존할, 보존할, 편안할, 문안할, 위로할, 생각할.

- 存立(존립) 생존하여 자립함.
- 存在(존재) 실재로 있음. 또는 있는 그것.
- 存廢(존폐) 보존과 폐지.
- 保存(보존) 잘 지니어 상하거나 없어지지 않도록 함.

---

4 - 7 - 회의자

孝

효도 효

늙은신(老) 부모님을 업고 있는 자식(子)이 잘 섬기고 효도하는 형상을 본뜬 글자.

또 다른 뜻: 효도할, 효성, 부모님 잘 섬길, 부모상 입을.

- 孝道(효도) 부모님을 잘 섬기는 도리.
- 孝誠(효성) 정성을 다하여 부모를 섬김.
- 孝行(효행) 부모를 효성으로 섬기는 행실.

---

5 - 8 - 형성자

季

철 계

해마다 일정한 철에 벼(禾)의 씨(子)인 모종을 심는다는 뜻으로 계절을 나타내는 글자.

또 다른 뜻: 끝, 막내, 어릴, 작을, 말년, 말세, 시기, 시절.

- 季刊(계간) 일년에 철별로 네번 발간함.
- 季報(계보) 계절에 따라 일년에 네번 내는 잡지.
- 季節(계절) 일년을 넷으로 나눈 철. 4계절.

---

5 - 8 - 형성자

孟

맏 맹

명랑하게 웃어대며 맏이 아들(子)이 큰 그릇(皿)에서 물로 씻고 있는 형상을 본뜬 글자.

또 다른 뜻: 성(姓), 맹랑할, 맹자, 처음, 클, 용맹할, 힘쓸, 명랑할.

- 孟冬(맹동) 초겨울의 이칭. 음력 시월.
- 孟母(맹모) 맹자의 어머니.
- 孟秋(맹추) 「초가을」의 이칭. 음력 칠월.

---

5 - 8 - 형성자

孤

외로울 고

열매(子)인 오이(瓜)만 외롭게 남겨놓고 덩굴과 잎이 일찍 시들어버린 형상을 본뜬 글자.

또 다른 뜻: 부모없을, 고아, 멀, 멀어질, 배반할, 버릴, 돌아볼,

- 孤獨(고독) 외로움.
- 孤立(고립) 외톨이가 됨.
- 孤兒(고아) 부모를 여의고 외로운 처지의 아이.
- 孤魂(고혼) 조상해 주는 이 없는 외로운 혼령.

---

7 - 10 - 회의자

孫

손자 손

자식이 아들(子)를 낳아 대를 잇고(系) 조부모가 그 손자를 안고 있는 형상을 본뜬 글자.

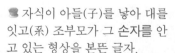

또 다른 뜻: 후손, 피할, 달아날, 자손, 움, 싹, 따를, 순종할.

- 孫女(손녀) 자녀의 딸.
- 孫婦(손부) 손자의 아내. 손자며느리.
- 孫子(손자) 자녀의 아들.
- 曾孫(증손) 손자녀의 자녀.

宀

MILLENNIUM

한자방정식

享	+	丸	⇨	孰
향을 드리우고		영묘한 알약을		누가 만듦.

---

8 - 11 - 형성자

孰

누 구 숙

향을 드리우고(享) 정갈한 심신으로 영묘한 알약(丸)을 누가 만드는 형상을 본뜬 글자.

(또 다른 뜻) 어느, 자상할, 친절할, 누가~는가, 어느 것이~인가.

- 孰若(숙약) 양쪽을 비교해서 묻는 의문사.
- 孰知(숙지) 누가~을 알 것인가?
- 孰與(숙여) 「~와~은 어느 것이 좋은가」라는 뜻의 의문사.

---

13 - 16 - 회의자

學

배 울 학

양손(臼)에 책을 들고 공부하면서 교우와 사귀며(爻) 아이(子)가 배우는 형상을 본뜬 글자.

(또 다른 뜻) 공부할, 학문, 학자, 학생, 학교, 학파, 가르침, 학창.

- 學期(학기) 학업상 필요로 구분한 기간.
- 學生(학생) 학교에서 지도를 받으며 공부하는 사람.
- 學窓(학창) 학교에 다니는 시기. 배움을 받는 시기.

---

3 - 6 - 회의자

安

편 안 안

여자가 집안(宀)에서 반쯤 누워 편안하게 쉬고 있는 여인(女)의 형상을 본뜬 글자

(또 다른 뜻) 편안할, 안녕할, 안존할, 즐길, 안으로, 값쌀, 이에.

- 安堵(안도) 마음을 놓음.
- 安息(안식) 몸과 마음을 걱정없이 편안하게 쉼.
- 安易(안이) 근심이 없이 편안하게만 생각함.
- 安全(안전) 아무런 위험이 없이 온전함.

---

3 - 6 - 회의자

守

지 킬 수

관청(宀)에서 군사가 그곳의 문을 지키는 것은 군의 법도(寸)라는 뜻의 글자.

(또 다른 뜻) 막을, 절개, 지조, 정조 지킬, 살필, 감시할, 찾을.

- 守舊(수구) 옛 것을 그대로 지키고 따름.
- 守備(수비) 골문·국경 등을 지키어 방비함.
- 守護(수호) 지키어 보호함.
- 看守(간수) 물건을 잘 보관하거나 거두어 보호함.

---

3 - 6 - 형성자

宇

집 우

옛날 사람들이 하늘을 집의(宀) 넓은(于) 지붕이라고 생각했던 그 형상을 본뜬 글자.

(또 다른 뜻) 지붕, 하늘, 세계, 천지, 우주, 도량, 처마, 국토.

- 宇內(우내) 하늘과 땅 사이의 온 세계의 공간.
- 宇宙(우주) ① 천지와 동서 고금의 모든 공간과 시간. ② 천체를 포함한 공간.

---

3 - 6 - 형성자

宅

집 택

집(宀)의 형상을 본뜬 글자로 심신을 그곳에 맡겨(乇) 편안히 쉬는 집의 형상을 본뜬 글자.

(또 다른 뜻) 광, 무덤, 대지, 편안할, 정할, 거주할, 남의 집(댁).

- 宅地(택지) 집터.
- 家宅(가택) 살림하는 집.
- 社宅(사택) 직원이 살 수 있게 지은 집.
- 邸宅(저택) 규모가 아주 큰 집.
- 住宅(주택) 살림살이를 할 수 있도록 지은 집.

MILLENNIUM

한 자 방 정 식

宀	+	元	⇨	完
집안에서		으뜸인 가장이 있어		완전하다.

4 - 7 - 형성자

完
완 전 할 완

집안(宀)에 의젓한 이가 있어 무엇보다도 으뜸(元)으로 완전한 형상을 본뜬 글자.

또 다른 뜻: 완전히 보존할, 다스릴, 지킬, 끝낼, 완결할, 둥글.

- 完結(완결) 완전히 결정함.
- 完璧(완벽) 티나 결함이 전혀없이 완전함.
- 完成(완성) 완전히 다 이룸. 목적했던 것을 이룸.
- 完全(완전) 모두 갖추어져 결함이 없음.

4 - 7 - 회의자

宋
송 나 라 송

후주를 멸명시키고 세운 송나라인들이 집안(宀)에 나무(木) 기르기를 좋아한 형상을 본뜬 글자.

또 다른 뜻: 성(姓), 송나라는 춘추 시대 12열국 중 하나.

- 宋刻(송각) 송나라 때 판각(板刻)된 서적.
- 宋江(송강) 송나라 때 반란군의 지도자. 수호지의 주인공.
- 宋文(송문) 송나라 때의 문장을 이르는 말.

5 - 8 - 형성자

官
벼 슬 관

관가(宀)에서 많은(𠂤) 백성들을 위하여 일하는 분주한 벼슬아치들의 형상을 본뜬 글자.

또 다른 뜻: 벼슬자리, 관가, 기관, 벼슬아치, 관청, 벼슬줄.

- 官僚(관료) 같은 관직에 있는 동료.
- 官吏(관리) 관직에 있는 사람. 공무원.
- 官民(관민) 관리와 국민.
- 官廳(관청) 국가 기관의 행정 사무를 맡아 보는 청사.

5 - 8 - 회의자

宜
마 땅 의

집안(宀)의 바닥에 많은(且) 물건을 쌓아 두고 저장하니 마땅히 화목하다는 뜻의 글자.

또 다른 뜻: 옳을, 화목할, 형편이 좋을, 편리할, 화순할.

- 宜當(의당) 마땅히. 으레. 마땅히 그러함.
- 時宜(시의) 그때의 시점에서 볼 때 알맞음.
- 適宜(적의) 알맞고 마땅함.
- 便宜(편의) 편리하고 좋음. 알맞은 조직.

5 - 8 - 형성자

宙
집 주

하늘(宀)을 땅을 덮는 집의 지붕이라 여겨(由) 그 아래 또는 사이의 형상을 본뜬 글자.

또 다른 뜻: 하늘, 무한한 시간, 주거, 동량, 마룻대와 들보, 때.

- 宇宙(우주) 천지와 동서 고금의 모든 공간과 시간을 총괄하는 사이. 온 세계를 둘러싸고 있는 공간.
- 宙然(주연) 끝이 없는 넓은 모양.
- 宙表(주표) 하늘 밖.

5 - 8 - 회의자

定
정 할 정

집안(宀)의 물건들을 정한 위치에 바르게(正) 놓은 것으로 일과를 마친다는 뜻의 글자.

또 다른 뜻: 정해질, 편안할, 결정할, 준비할, 바로잡을, 다스릴.

- 定價(정가) 값을 정함. 또는, 그 가격.
- 定款(정관) 목적 · 업무 등에 관한 규칙.
- 定期(정기) 일정하게 정해진 시기나 기한.

MILLENNIUM

한 자 방 정 식

宀	+	示	⇨	宗
집안에서의		젯상이 보이는		사당의 마루.

---

5 - 8 - 회의자

宗

마 루 종

사당(宀) 안의 마루에 젯상이 보이고(示) 그곳에서 조상을 모시는 형상을 본뜬 글자.

또 다른 뜻 사당, 으뜸, 근본, 종묘, 제사, 동성, 종씨, 갈래.

宗教(종교) 신을 믿고 숭배하는 일.
宗孫(종손) 종가의 대를 이를 맏아들.
宗族(종족) 동성 동본의 겨레붙이.

---

6 - 9 - 형성자

宣

베 풀 선

옛날 대궐(宀)에서 왕이 백성들에게 선정을 펴기(亘) 위하여 베푸는 형상을 본뜬 글자.

또 다른 뜻 널리 펼, 임금의 말, 밝힐, 명확히 할, 떨칠, 통할.

宣告(선고) 공표하여 널리 알림.
宣誓(선서) 성실할 것을 맹세함.
宣揚(선양) 드러내어 널리 떨치게 함.
宣傳(선전) 많은 사람들에게 무엇을 알림.

---

6 - 9 - 형성자

客

손 객

집(宀)에는 식구 이외로 손님이 각처(各)에서 많이 오고 가는 형상을 본뜬 글자.

또 다른 뜻 지날, 나그네, 의탁할, 대상, 과거, 사람, 객적을.

客苦(객고) 객지에서 고생.
客觀(객관) 자기 혼자만의 생각에서 벗어나 제삼자의 처지에서 사물을 보거나 생각하는 일.
客室(객실) 손님을 거처하게 하거나 응접하는 방.

6-9-회의·형성자

室

집 실

집안(宀)에는 아내가 일마치고(至) 돌아올 남편을 집에서 기다리는 형상을 본뜬 글자.

또 다른 뜻 방, 아내, 건물, 거실, 거처, 가족, 구덩이, 무덤, 몸.

室內(실내) 방이나 교실, 건물 등의 안.
室外(실외) 방이나 교실, 건물 등의 밖.
教室(교실) 학생들이 학습하며 수업하는 방.

---

7 - 10 - 회의자

家

집 가

집집(宀)마다 가축으로 새끼를 많이 낳는 돼지(豕)를 기르는 집안의 형상을 본뜬 글자.

또 다른 뜻 자기집, 집안, 학문, 전문가, 건물, 가정, 가족, 가계.

家計(가계) 한 집안 살림의 수입과 지출의 상태.
家業(가업) 집안의 대대로 물려오는 직업.
家屋(가옥) 사람이 사는 집.
家畜(가축) 집에서 기르는 짐승.

---

7 - 10 - 형성자

宮

집 궁

크고 작은 집(宀)들이 궁형으로 이어져 있고 큰 집에 몸 담고(呂) 있는 몸종들의 형상을 본뜬 글자.

또 다른 뜻 궁궐, 세자, 궁형, 널, 관, 종묘, 신사, 두를, 후궁, 절.

宮闕(궁궐) 임금이 거처하는 대궐.
宮城(궁성) 궁궐이나 그곳의 성벽.
宮中(궁중) 대궐 안.
東宮(동궁) 태자·세자가 거처하던 궁전.

MILLENNIUM

한 자 방 정 식

宀 + 谷 ⇨ 容

집들이 골짜기처럼 많은 곳에 얼굴들이 있음.

---

7 - 10 - 회의자

容

얼 굴 용

큰 집(宀), 곧 대궐이 골짜기(谷)처럼 크고 작은 궁궐안의 왕의 얼굴을 본뜬 글자.

(또 다른 뜻) 넣을, 쉬울, 모양, 담을, 꾸밀, 용량, 받아드릴, 어찌.

容納(용납) 그냥 받아들이거나 내버려 둠.
容易(용이) 퍽 쉬움. 쓰기에 쉬운 것.
容積(용적) 물건을 담을 수 있는 부피.

7-10-회의·형성자

宴

잔 치 연

집(宀)에서 눈부시게(日) 단장한 여자(女)들이 커다란 잔치를 준비하는 모습을 본뜬 글자.

(또 다른 뜻) 편안할, 술자리, 즐길, 연회, 베풀, 큰잔치, 축하할.

宴禮(연례) 경사가 있을 때의 베푼 잔치.
宴席(연석) 연회를 베푸는 자리.
宴會(연회) 축하등을 위해 베푸는 잔치.
酒宴(주연) 술과 음식으로 베푸는 잔치.

---

8 - 11 - 형성자

寄

부 칠 기

남의 집(宀)에서 기박하게(奇) 심신을 부치어 살 수 밖에 없는 형상을 본뜬 글자.

(또 다른 뜻) 보낼, 맡길, 위임할, 부쳐 살, 의뢰할, 기생할, 기댈.

寄居(기거) 덧붙어서 삶.
寄稿(기고) 원고를 신문사 등에 보냄.
寄附(기부) 어떤 일에 재물을 보태줌.
寄贈(기증) 물품을 보내어 증정함.

---

7 - 10 - 형성자

害

해 칠 해

집안(宀)에 사람들이 모여 어떤 이를 어지럽게(丰) 헐뜯어(口) 해치려는 형상을 본뜬 글자.

(또 다른 뜻) 방해할, 어찌, 죽일, 손해, 훼방할, 해, 요충, 시기할.

加害(가해) 남의 신체 등에 해를 끼침.
妨害(방해) 남의 일에 못된 술책으로 해를 끼침.
殺害(살해) 남의 생명을 무자비하게 해침.

---

8 - 11 - 형성자

密

빽빽할 밀

무성한 초목들이 지붕(宀)처럼 빽빽한(必) 깊은 산(山) 속의 일은 비밀스럽다는 뜻의 글자.

(또 다른 뜻) 비밀, 가까울, 촘촘할, 친할, 은밀할, 조용할.

密度(밀도) 물질의 단위 체적의 질량.
密賣(밀매) 거래가 금지된 물품을 몰래 팖.
密接(밀접) 썩 가깝게 맞닿음. 없으면 안될만큼 가까움.

---

8 - 11 - 회의자

宿

잘 숙

집(宀)에서 여러 사람(佰)이 잠을 자고 머물고 있는 또는 모여 사는 형상을 본뜬 글자.

(또 다른 뜻) 묵을, 지킬, 본디, 오랠, 미리, 일찍, 망서릴, 별자리.

宿命(숙명) 태어날 때부터 정하여진 운명.
宿所(숙소) 머물러 묵는 곳.
宿願(숙원) 오래도록 지녀온 소원.
宿題(숙제) 학교에서 내주는 과제나 과제물.

MILLENNIUM

한자방정식

宀	+	叔	⇨	寂
집안에		어린애가 홀로 있어		고요하기만 함.

---

8 - 11 - 회의자

寅

호랑이 인

새벽에 일찍 일어나 하루를 계획하고 호랑이처럼 굳세게 서 있는 형상을 본뜬 글자.

(또 다른 뜻) 동방, 셋째지지, 범, 삼갈, 동북간, 오행 목, 공경할.

甲寅(갑인) 60갑자의 쉰한째.
庚寅(경인) 60갑자의 스물입곱째.
戊寅(무인) 60갑자의 열다섯째.
丙寅(병인) 60갑자의 셋째.

---

8 - 11 - 형성자

寂

고요할 적

고요한 집안(宀)에 어린애(叔)가 혼자 무서워 숨죽이고 있는 형상을 본뜬 글자.

(또 다른 뜻) 쓸쓸할, 죽을, 편안할, 열반에 들, 적적할, 사라질.

寂寞(적막) 고요하고 쓸쓸함. 을씨년하게 고요함.
靜寂(정적) 금방이라도 무엇이 나올 것처럼 고요하여 괴괴함.
閑寂(한적) 할 일없이 한가하고 고요함.

---

9 - 12 - 형성자

富

부자 부

부유한 집(宀)에서나 볼 수 있는 귀한 병에 술이 가득차(畐) 있는 부자의 형상을 본뜬 글자.

(또 다른 뜻) 넉넉할 젊을, 재화, 재보, 복, 행운, 뚱뚱할, 부할.

富貴(부귀) 재산이 많고 지위가 높음.
富裕(부유) 재물 따위가 많아 생활이 넉넉함.
貧富(빈부) 가난함과 부유함.
豊富(풍부) 넉넉하고 풍성함. 넘치도록 넉넉함.

---

9 - 12 - 회의자

寒

찰 한

사방에 틈(寒)이 나있고 얼음(冫)같은 찬 바람이 드는데 풀을 깔고 자는 형상을 본뜬 글자.

(또 다른 뜻) 떨, 어려울, 추위, 오싹할, 가난할, 지체낮을, 겨울.

寒氣(한기) 추운 기운. 병적으로 떠는 것.
寒帶(한대) 지구상의 기후대의 추운 곳.
寒節(한절) 추운 겨울철.
寒波(한파) 겨울에 기온이 급격히 떨어지는 현상.

---

11 - 14 - 회의자

寡

적을 과

집안(宀)에 머리(頁)라도 기댈 곳이 없는 홀로(分)된 말수 적은 외로운 과부의 형상을 본뜬 글자.

(또 다른 뜻) 과부, 나, 홀어미, 약할, 임금자신의 겸칭, 뒤돌아 볼.

寡默(과묵) 말이 적고 침착함.
寡聞(과문) 견문이 적음.
寡婦(과부) 남편이 죽어서 홀로 된 여자.
寡少(과소) 아주 작음.

---

11 - 14 - 회의자

實

열매 실

곡식과 열매들이 풍년이 들어 집안(宀) 천정 등에 꿰어(貫) 달아 놓은 형상을 본뜬 글자.

(또 다른 뜻) 실제, 참될, 실과, 사실, 참으로, 진실로, 본질, 내용.

實務(실무) 실상을 담당한 업무.
實情(실정) ① 실제의 사정. ② 진실한 마음.
實踐(실천) 실제로 이행함.
實現(실현) 실제로 나타나거나 나타냄.

MILLENNIUM

한 자 방 정 식

宀	+	祭	⇨	察
집안 사당에		젯상을 마련하고		정성껏 살핌.

11 - 14 - 형성자

寧

평 안 할 녕

집안(宀)에서 마음(心)이 편안하고 그릇(皿)에 음식이 남아돌며 못(丁)처럼 건강하다는 뜻의 글자.

또 다른 뜻 차라리, 어찌, 문안할, 안녕할, 친정갈, 틀림없을.

- 康寧(강녕) 건강하고 마음이 편안함.
- 安寧(안녕) 몸과 마음이 무사히 잘 있음.
- 寧日(영일) 편안한 나날. 평화롭고 안락한 세월.

11 - 14 - 형성자

寢

잠 잘 침

집(宀)의 내실에 널판(爿)같은 것으로 잠잘(𠬶) 수 있게 만든 침대의 형상을 본뜬 글자.

또 다른 뜻 그칠, 앓아 누울, 사당, 안방, 못생길, 능침, 침구.

- 寢具(침구) 잠을 잘 때에 쓰이는 침대같은 물건.
- 寢臺(침대) 바닥에서 높게 올린 서양식의 침상.
- 寢室(침실) 잠을 자는 방. 침방.
- 就寢(취침) 잠자리에 들어 잠을 잠.

11 - 14 - 형성자

察

살 필 찰

사당(宀)의 제사상(祭)은 정성을 다해야 하며 부족함이 없는지 잘 살펴야 한다는 뜻의 글자.

또 다른 뜻 관찰할, 상고할, 드러날, 자세할, 다스릴, 천거할.

- 警察(경찰) 사회의 안녕과 질서를 위하여 국가 권력을 집행하는 기관.
- 考察(고찰) 생각하여 살핌.
- 不察(불찰) 잘 살피지 못해 생긴 잘못.

12 - 15 - 형성자

寬

너그러울 관

집안(宀)의 정원에 약초를 많이 심어 너그럽게 백성들 건강에 이롭게 한다는 뜻의 글자.

또 다른 뜻 넓을, 느슨할, 온화할, 관대할, 용서할, 멀어질.

- 寬大(관대) 마음이 너그럽고 큼.
- 寬恕(관서) 너그럽게 용서함.
- 寬容(관용) 너그럽게 용서하고 용납함.
- 寬厚(관후) 너그럽고 인정이 후함.

12 - 15 - 회의자

審

살 필 심

집안(宀)에 어두운 분위기를 차례차례(番) 그 원인을 살펴 자세히 밝힌다는 뜻의 글자.

또 다른 뜻 조사할, 자세히 밝힐, 자세할, 깨달을, 안정시킬, 돌.

- 審理(심리) 자세히 조사하여 처리함.
- 審問(심문) 과오나 죄상 따위를 자세히 따져서 물음.
- 審査(심사) 자격 따위를 자세히 조사함.
- 審議(심의) 심사하고 토의함.

12 - 15 - 형성자

寫

베 낄 사

둥지(宀)에 까치가 이곳 저곳 다니는 모양이 하늘에 그림을 베끼는 것 같다는 뜻의 글자.

또 다른 뜻 본뜰, 그릴, 쏠, 부릴, 배울, 토할, 쏟을, 복사할.

- 寫本(사본) 원본을 복사하거나 베낀 책이나 서류.
- 寫生(사생) 자연 물상을 묘사하는 일.
- 寫眞(사진) 실물모양을 그대로 그려 냄.
- 複寫(복사) 원본을 베낌.

寸

MILLENNIUM

한자방정식

身	+	寸	⇒	射
궁수가 몸을 펴		화살을		쏘아 대는 모습.

16-19-회의·형성자

寵

사랑할 총

집안(宀)에서 용(龍)처럼 은거하고 있는 귀인을 왕은 사랑한다는 뜻의 글자.

(또 다른 뜻) 귀여워할, 괼, 은혜, 임금의 첩, 영화, 영예, 교만할.

- 寵臣(총신) 특별히 임금의 사랑을 받는 신하.
- 寵兒(총아) ①사람들에게 특별히 귀여움을 받는 아이. ②세상에서 이름을 드날리는 사람.

17-20-회의·형성자

寶

보배 보

집안(宀)에 있는 큰 그릇(缶)에 옥(玉)이며 재물(貝)들이나 보배들이 가득한 형상을 본뜬 글자.

(또 다른 뜻) 재보, 돈, 보배로울, 보물, 자녀, 옥새, 귀인, 몸.

- 寶庫(보고) 귀중한 재화가 가득한 창고.
- 寶物(보물) 보배로운 물건. 값진 보석이나 귀한 것.
- 財寶(재보) 보배로운 온갖 재화와 보물.

0-3-지사자

寸

마디 촌

寸은 手와 같은 의미로 손목의 맥박이 뛰는 곳과 손가락 마디의 형상을 본뜬 글자.

(또 다른 뜻) 적을, 촌, 치, 헤아릴, 마음, 촌수, 조금, 길이의 단위.

- 寸陰(촌음) 썩 짧은 시간. 촌시(寸時).
- 寸志(촌지) 자그마한 뜻. 약간의 성의.
- 寸鐵(촌철) 작고 날카로운 쇠붙이나 무기.
- 寸土(촌토) 얼마 안되는 작은 땅.

3-6-형성자

寺

절 사

처음엔 관청을 의미했으나 가서(土=之) 법도(寸)와 불법을 듣는 절이란 뜻의 글자.

(또 다른 뜻) 마을, 관청, 사원, 내시(시), 화관(시), 관청(시), 사찰.

- 寺院(사원) 절, 또는 암자. 사찰.
- 寺刹(사찰) 절, 또는 암자. 사원
- 寺塔(사탑) 절에 돌이나 목재를 사용하여 세운 탑.
- 山寺(산사) 깊은 산중 등지에 있는 절.

7-10-회의자

射

쏠 사

궁수가 몸(身)에서 힘을 자아 내어 화살(寸=矢)을 쏘아대는 형상을 본뜬 글자.

(또 다른 뜻) 궁술, 맞힐, 사궁, 명중 시킬, 맞칠(석), 벼슬이름(야).

- 射擊(사격) 대포·총·활 등을 과녁이나 목적물을 향해 쏨.
- 射倖(사행) 요행을 바라는 행위. 요행을 바라고 저지르는 행위나 심리.

6-9-회의자

封

봉할 봉

황제가 그곳(土)에 가서(土=之) 민심을 다스리도록(寸) 제후로 봉하는 형상을 본뜬 글자.

(또 다른 뜻) 쌀, 무덤, 제후, 쌓아올린, 봉작할, 봉인, 봉투, 클.

- 封送(봉송) 물건을 싸서 선물 따위로 보냄.
- 封印(봉인) 봉한 자리에 도장을 찍음.
- 縫合(봉합) 봉투나 찢긴 부분을 봉하여 붙임.

MILLENNIUM

한 자 방 정 식

酋 + 寸 ⇨ 尊

잘익은 술을 / 예법에 맞게 / 높게 올려 받침.

---

8 - 11 - 형성자

將

장 수 장

널판(爿)으로 된 젯상 위에 고기(月=肉)와 음식을 놓고 장수들과 제를 올린다는 뜻의 글자.

(또 다른 뜻) 거느릴, 장차, 써, 나아갈, 기를, 원컨대, 할, 받들.

將軍(장군) 군을 통솔・지휘하는 무관.
將來(장래) ① 앞날. 미래. ② 전도(前途).
將次(장차) 앞으로 미래의 어느 때에.

---

8 - 11 - 형성자

專

오로지 전

물레는 실의 길이(寸)만큼 오로지 한쪽 방향으로만 돌려서 감는 형상을 본뜬 글자.

(또 다른 뜻) 오직, 마음대로, 안섞일, 독차지할, 다스릴.

專攻(전공) 전문적으로 공부하고 연구함.
專門(전문) 오로지 한 가지 일을 함.
專用(전용) 혼자서만 이용하거나 사용함.

---

8 - 11 - 형성자

尉

벼 슬 위

벼슬아치는 자신이 죽음(尸)으로써 의지를 보여(示)민심을 헤아려야(寸)한다는 뜻의 글자.

(또 다른 뜻) 벼슬이름, 위로할, 안정하게 할, 다스릴, 주름을 펼.

尉官(위관) 군(軍)의 계급으로 대위・중위・소위・준위의 총칭.
尉史(위사) 단옥(斷獄)을 관장하던 벼슬아치.
尉氏(위씨) 형옥(刑獄)을 맡던 벼슬.

---

9 - 12 - 회의자

尊

높 을 존

잘 익은 술(酋)을 예법(寸)에 맞게 두손을 높이 받쳐 올려드리는 형상을 본뜬 글자.

(또 다른 뜻) 공경할, 어른, 높일, 우러를, 중히여길, 술통(준).

尊敬(존경) 마음 속 깊이 받들어 공경함.
尊待(존대) 존경의 표시로 높이 받들어 대접함.
尊卑(존비) 신분・지위 따위의 높고 낮음.

---

9 - 12 - 회의자

尋

찾 을 심

또(彐 =又의 변형) 좌(工=左) 우(口=右)로 팔벌려 한 발로 하고 표준을 찾는다는 의미의 글자.

(또 다른 뜻) 보통, 발, 생각할, 잇을, 첨가할, 쓸, 칠, 미칠, 갑자기.

尋究(심구) 찾아서 밝힘. 찾아서 탐구함.
尋訪(심방) 방문하여 찾아봄.
尋常(심상) 어떤 일이나 조짐 따위가 대수롭지 않음.

---

11 - 14 - 회의자

對

대답할 대

대화할 때 자유롭게 응대하되예법(寸)에 어긋남이 없이 대답해야 한다는 뜻의 글자.

(또 다른 뜻) 상대, 마주볼, 대짝, 대(몇대 몇), 같은, 만날, 성할.

對立(대립) 서로 모순되거나 반대로 맞섬.
對象(대상) 인식의 목표가 되는 객관적인 사물.
對處(대처) 맞선 일에 적당한 조치를 함.

MILLENNIUM

한 자 방 정 식

道 + 寸 ⇨ 導

사람에게 길을 가르쳐 주듯 헤아려 인도한다.

13-16-형성자

導

인도할 도

사람에게 길(道)을 가르쳐 주며 그 사람의 마음을 헤아려(寸) 인도하여 준다는 뜻의 글자.

또 다른 뜻 이끌, 통할, 앞장설, 다스릴, 소통할, 간할, 길잡이.

先導(선도) 앞에 서서 이끌어 인도함.
誘導(유도) 꾀어서 그렇게 하도록 이끎.
引導(인도) 가르쳐 이끎. 길을 안내함.

小

0-3-지사·회의자

小

작을 소

아주 작은 물건 따위를 뚫거나(亅) 잘라서 정교하게 나누는(八) 형상을 본뜬 글자.

또 다른 뜻 좁을, 조금, 낮출, 자기의 겸칭, 첩, 어릴, 소인, 낮을.

小路(소로) 좁은 길.
小賣(소매) 물품을 소비자에게 직접 파는 일.
小心(소심) 대담하지 못하고 조심성이 많음.
小型(소형) 작은 형(形).

1-4-형성자

少

젊을 소

작은(小) 물건의 모서리가 깍인(丿)것처럼 아직 인격이 함양되지 않은 젊은이를 뜻한 글자.

또 다른 뜻 적을, 어릴, 모자랄, 조금, 적은 수, 젊은이, 버금.

少年(소년) 완전히 성숙하지 아니한 사내.
少女(소녀) 완전히 성숙하지 아니한 계집.
少數(소수) 적은 수효.
少額(소액) 적은 금액.

3-6-회의자

尖

뾰족할 첨

밑은 크고(大) 위로 갈수록 작아져(小) 그 끝이 뾰족하고 날카로운 형상을 보뜬 글자.

또 다른 뜻 날카로울, 성격, 각박할, 산봉우리, 꼭대기, 첨단.

尖端(첨단) 유행이나 시대사조의 맨 앞장.
尖銳(첨예) 행동 등이 급진적이고 과격함.
尖塔(첨탑) 뾰족한 탑.
尖形(첨형) 끝이 뾰족한 모양.

5-8-형성자

尙

오히려 상

들창문 중 북쪽으로 향(向)한 들창문을 오히려 높게하여 북풍을 적게 한다는 뜻.

또 다른 뜻 숭상할, 높일, 아직, 높을, 그밖에, 더할, 자랑할.

尙武(상무) 무예를 숭상함.
尙文(상문) 문예를 숭상함.
尙存(상존) 아직 존재함.
崇尙(숭상) 높이어 소중히 여김.

尤

1-4-지사·회의자

尤

더욱 우

절름발이(尢)가 성치않은 몸으로 집(丶)을 졌으니 더욱 애절하고 측은하다는 뜻의 글자.

또 다른 뜻 탓할, 특히, 뛰어날, 원망할, 비난할, 유달리, 재앙.

尤妙(우묘) 더욱 묘한. 매우 신통한.
尤物(우물) 가장 좋은 물건.
尤甚(우심) 더욱 심함.
尤悔(우회) 허물과 뉘우침.

MILLENNIUM

한 자 방 정 식

京 + 尤 ⇒ 就

언덕 위의 신전에 정성을 다하기 위해 나아감.

尸

---

9 - 12 - 회의자

就

나아갈 취

언덕(京) 위에 있는 신전에 나아가 소원을 더욱(尤) 더 기원하는 형상을 본뜬 글자.

또 다른 뜻 이룰, 곧, 좇을, 성취할, 취직할, 마칠, 이에.

就業(취업) ① 일을 함. ② 취직.
就任(취임) 맡은 자리에 처음으로 나아감.
就職(취직) 직업을 얻음. 취업.
就寢(취침) 잠자리에 듦. 잠을 잠.

---

1 - 4 - 지사자

尺

자 척

손목에서 팔꿈치까지의 길이를 한 자로 하고 그 길이는 짧다는 의미의 글자.

또 다른 뜻 법, 가까울, 짧을, 작을, 편지, 기준, 조금, 근소, 약간.

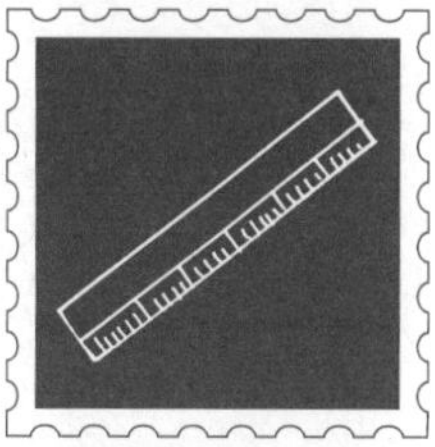

尺骨(척골) 자뼈.
尺度(척도) 측정하거나 평가하는 기준.
尺地(척지) ① 퍽 좁은땅. ② 가까운 곳.
尺土(척토) 얼마 아니되는 땅.

---

4 - 7 - 회의자

局

판 국

관청에서 자(尺)로 재듯이 판에 박은 듯 말(口)만 법도를 내세운다는 뜻의 글자.

또 다른 뜻 부분, 관청, 판국, 추세, 국, 부서, 몸굽힐, 움츠릴.

局面(국면) 어떤 일이 있는 경우의 상황.
局限(국한) 어떤 부분에 한정함. 어디까지라고 한정하는 말.
當局(당국) 어떤 정무를 맡아 보는 관청.

---

4 - 7 - 회의자

尾

꼬리 미

동물의 엉덩이(尸)에 난 털(毛)은 끝부분이 꼬리라는 뜻으로 그 형상을 본뜬 글자.

또 다른 뜻 끝, 뒤, 교미할, 별이름, (동물수) 마리, 엉덩이.

尾部(미부) ① 꼬리부분. ② 물체의 끝.
尾絲(미사) 곤충 꼬리의 실.
交尾(교미) 동물의 암컷과 수컷이 교접함.
末尾(말미) 어떤 것의 끝 부분.

---

4 - 7 - 형성자

尿

오줌 뇨

사람 몸을 씻어내린 더러운(尸) 물(水)이 방광에 차 오줌을 누는 형상을 본뜬 글자.

또 다른 뜻 소변, 배뇨, 방광, 똥오줌, 더러운 물, 섞은 물, 오물.

尿道(요도) 방광에 있는 오줌을 밖으로 내보내는 관.
排尿(배뇨) 오줌을 눔.
糞尿(분뇨) 똥오줌. 똥과 오줌.
泌尿(비뇨) 오줌의 성성과 배설을 맡는 곳.

---

5 - 8 - 형성자

屈

굽을 굴

허리를 굽혀 몸(尸)을 낮추고 나아가(出) 굴복을 하는 적장의 형상을 본뜬 글자.

또 다른 뜻 다할, 강할, 굳셀, 굽힐, 구부릴, 없어질, 굴복할.

屈曲(굴곡) 상하 좌우로 꺾이고 굽음.
屈服(굴복) 힘이 못미쳐 복종함.
屈辱(굴욕) 남에게 꺾여 업신여김을 받음.
屈折(굴절) 물건이나 빛이 휘어서 꺾임.

MILLENNIUM

한 자 방 정 식

尸 + 至 ⇒ 屋

밤에 몸을 드리우고 쉬기위해 이르는 집의 모습.

5 - 8 - 형성자

居

살 거

사람이 몸(尸)을 기대거나 누워 휴식을 취하고 오래(古) 머물러 사는 형상을 본뜬 글자.

또다른뜻 있을, 앉을, 머무를, 어조사, 차지할, 거처, 살림.

- 居留(거류) 임시로 머물러 삶.
- 居室(거실) 거처하는 방.
- 居住(거주) 일정한 곳에 자리를 잡고 머물러 삶.
- 居處(거처) 머물러 사는 곳.
- 寄居(기거) 잠시 남의 집에 덧붙여서 사는 것.

5 - 8 - 형성자

屆

이를 계

게으른(尸) 선비(士)가 입을 벌려(凵) 사유를 말하여 장(長)에 이르는 형상을 본뜬 글자.

또다른뜻 신고할, 신고서, 도달할, 미칠, 정기모음 횟수.

- 屆期(계기) 기한에 다다름.
- 屆出(계출) 해당 기관에 서류로 신고함.
- 缺勤屆(결근계) 결근하게 된 사유를 적어서 제출하는 일.

6 - 9 - 형성자

屛

병풍 병

몸에서(尸) 한기를 막기 위해 벽장문의 가리게(幷)로 쓰는 병풍의 형상을 본뜬 글자.

또다른뜻 물리칠, 숨직일, 두려워 할, 물러날, 가릴, 막을.

- 屛風(병풍) 바람을 막거나 무엇을 가리기 위해 방에 치장하는 것.
- 枕屛(침병) 머리 맡의 병풍. 머리 병풍.

6 - 9 - 회의자

屋

집 옥

밤에 드러누워(尸) 쉬고 숙식을 하는 곳이 집이라 이른다는(至) 뜻의 글자.

또다른뜻 주거, 옥상, 지붕, 지붕모양의 덮게, 가옥, 건물.

- 屋內(옥내) 집의 안. 실내(室內).
- 屋上(옥상) 현대식 건물 위의 마당.
- 屋外(옥외) 집의 밖. 한데.
- 家屋(가옥) 사람이 사는 집.
- 韓屋(한옥) 한국식 전통 가옥.

6-9-회의 · 형성자

屍

주검 시

사람의 몸뚱이가 굳어져 뻗은(尸) 죽은(死)사람의 주검(시체)을 본뜬 글자.

또다른뜻 시체, 송장, 사체, 죽은 몸, 뻗을, 시신.

- 屍諫(시간) 시체로써 임금에게 간함.
- 屍身(시신) 주검. 시체. 송장.
- 屍體(시체) 주검. 시신. 죽은 송장.
- 屍臭(시취) 시체에서 풍기는 썩은 냄새.

7 - 10 - 형성자

展

펼 전

몸(尸)에 비단옷을 걸치고 팔을 펼친 화사한 자태, 그것을 자랑하는 형상을 본뜬 글자.

또다른뜻 살필, 나아갈, 열, 펼칠, 벌일, 늘어놓을, 전시, 잘될.

- 展開(전개) (내용을)진전시켜 펼치는 것.
- 展覽(전람) 사물을 벌이어 놓고 봄.
- 展望(전망) 멀리 바라봄. 멀리 내다봄.

MILLENNIUM

한 자 방 정 식

尸	+	曾	⇨	層
집을		거듭거듭 올려		층을 이룸.

11 - 14 - 형성자

屢

자 주 루

구부리고 앉아(尸) 어리석게(婁) 삶의 허무를 자주 느끼는 사람의 형상을 본뜬 글자.

또 다른 뜻 여러, 빠를, 번거로울, 여러번, 여러 차례, 거듭할.

屢年(누년) 여러 해.
屢代(누대) 여러 대.
屢世(누세) 여러 세대.
屢次(누차) 여러 차례. 가끔. 때때로.

12 - 15 - 회의자

履

밟 을 리

사람의 몸(尸) 중 발은 걸음(彳)을 걷기 위해 신을 신고 땅을 밟아 걷는다는 뜻의 글자.

또 다른 뜻 신, 행할, 이행할, 겪을, 경험할, 걸을, 품행, 복록.

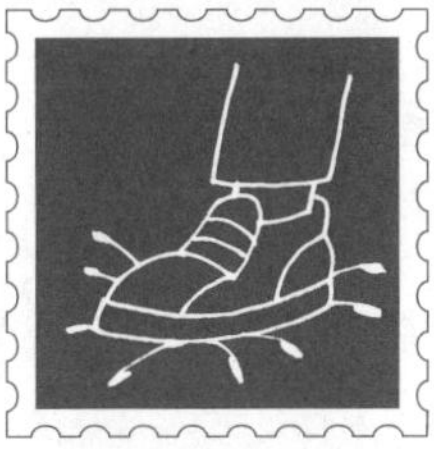

履歷(이력) 지금까지의 대략적인 경력.
履修(이수) 차례를 밟아 학과를 마침.
履行(이행) 실제로 행함. 말과 같이 함.

12 - 15 - 형성자

層

층 층

집(尸=屋의 생략형)위에 거듭(曾)올려 층을 이루는 건물 계단의 형상을 본뜬 글자.

또 다른 뜻 겹, 거듭, 계단, 겹칠, 계급, 수준, 층수를 세는 단위.

層階(층계) 층층이 위로 올린 계단.
層數(층수) 건물 따위의 층수.
層下(층하) 다른 것보다 낮게 봄.
高層(고층) 2층 이상의 높은 층.
單層(단층) 단 하나의 층. 단층집의 준말.

18 - 21 - 형성사

屬

이 을 속

꼬리(尸=尾의 생략형)가 붙어 있는 짐승은 그 꼬리가 등뼈로 이어져 있다는 뜻의 글자.

또 다른 뜻 붙일, 붙을, 벼슬아치, 살붙이, 부탁할(촉).

屬國(속국) 다른 나라에 종속된 나라.
屬性(속성) 사물의 특징이나 성질.
金屬(금속) 쇠붙이. 금붙이.
附屬(부속) 주된 사물 따위에 딸려서 붙음.

1 - 4 - 형성자

屯

진 칠 둔

지붕이 새싹(屮)의 잎처럼 생긴 지붕을 가죽끈(丿)으로 매어 진을 치는 형상을 본뜬 글자.

또 다른 뜻 모일, 진(陣), 진영, 언덕, 어려울(둔), 시달릴(준).

屯據(둔거) 군대가 진을 치고 웅거함.
屯營(둔영) 군사가 주둔하고 있는 군영.
屯長(둔장) 수비하고 있는 군대의 장.

0 - 3 - 상형자

山

메 산

위를 향해 땅에서 산봉우리가 세개 치솟은 형상을 본뜬 글자로 멧둥은 산에 있다는 글자.

또 다른 뜻 무덤, 산맥, 산신, 능, 절, 움직이지 않을.

山林(산림) 산과 숲, 또는 산에 있는 숲.
山脈(산맥) 여러 산악이 잇달은 산줄기.
山寺(산사) 산속에 있는 절.
山勢(산세) 산의 생긴 형세.

MILLENNIUM

한 자 방 정 식

山 + 夾 ⇨ 峽

산들을 옆구리에 낀 것같은 골짜기들.

---

4 - 7 - 형성자

岐

가닥나뉠 기

산(山)의 줄기가 흩어져(支) 가닥이 나누어 지는 형상을 본뜬 글자.

(또다른뜻) 갈림길, 산이름, 자라나는 모양, 날아가는 모양.

岐嶇(기구) 산이 갈려지고 험한 모양.
岐路(기로) 여러 갈래의 갈림길.
岐山(기산) 중국 섬서성에 있는 산.
分岐(분기) 가닥이 나뉘어져 갈라짐.

---

5 - 8 - 회의자

岳

큰 산 악

산 위에 언덕(丘)이 보다 높이 치솟아 산(山)을 이루고 있는 큰 산의 형상을 본뜬 글자.

(또다른뜻) 장인, 아내부모, 제후의 맹주, 임금, 산악, 악부.

岳丈(악장) 빙장 (聘丈). 아내의 아버지.
山岳(산악) 높고 험준하게 솟은 산.
雲岳(운악) 구름으로 봉우리가 가려진 큰 산.

---

5 - 8 - 형성자

岸

언 덕 안

산(山)이나 언덕(厂)의 낭떨러지가 아래서 보면 방패(干)와 같은 언덕의 형상을 본뜬 글자.

(또다른뜻) 낭떠러지, 물가언덕, 높은 곳, 뛰어날, 층계, 감옥.

岸壁(안벽) 깍아지른 듯이 험한 물가.
沿岸(연안) 육지와 맞닿은 바다 등의 물가.
海岸(해안) 바닷가 또는 바닷가의 기슭.

---

7 - 10 - 형성자

峯

봉 우 리 봉

산(山)의 봉우리가 창끝(夆) 처럼 뾰쪽하게 솟은 형상을 본뜬 글자로 산의 정상을 뜻한 글자.

(또다른뜻) 산봉우리, 메, 산, 높은 언덕, 치솟을.

峰雲(봉운) 산봉우리에 끼어 있는 구름.
峰頂(봉정) 산봉우리의 맨 꼭대기.
高峰(고봉) 높은 산봉우리.
山峰(산봉) 산봉우리.

---

7 - 10 - 형성자

島

섬 도

갈매기(鳥의 생략형) 따위가 날아드는 바다 가운데 산(山)처럼 솟은 곳, 섬의 형상을 본뜬 글자.

(또다른뜻) 도서, 큰 섬, 작은 섬, 많은 섬, 다도.

島民(도민) 섬에서 사는 사람.
島嶼(도서) 크고 작은 섬들.
孤島(고도) 멀리 떨어진 외롭고 작은 섬.
落島(낙도) 육지에서 멀리 떨어진 외딴섬.

7-10-회의 · 형성자

峽

골 짜 기 협

산(山)을 양옆구리에 낀(夾) 것 같은 골짜기의 형상을 본뜬 글자.

(또다른뜻) 협곡, 계곡, 양쪽에 육지를 낀 띠 모양의 바다.

峽谷(협곡) 계곡. 골짜기.
峽路(협로) 산길. 두메산길.
峽灣(협만) 육지로 깊숙히 들어간 길쭉한 바다.
海峽(해협) 좁고 길다란 바다.

MILLENNIUM

한 자 방 정 식

山 + 領 ⇨ 嶺

산의 정상이 거느리고 있는 재나 고개.

---

7 - 10 - 형성자

峻

높 을 준

산(山)들 중 가장 높게(夋에서 人이 생략된 형) 높게 치솟아 있는 형상을 본뜬 글자.

또 다른 뜻 가파를, 엄할, 험할, 심할, 훌륭할, 뛰어날, 클, 자랄.

峻德(준덕) 뛰어난 덕. 밝은 덕.
峻嶺(준령) 높고 가파르게 험준한 고개.
峻峯(준봉) 험하고 가파른 산봉우리.
峻嚴(준엄) 험하고 높음. 태산처럼 엄숙함.

---

8 - 11 - 형성자

崩

무 너 질 붕

산(山)이 무너지게 되면 많은 사람이 무리져(朋) 다치게 되는데 그 형상을 본뜬 글자.

또 다른 뜻 산무너질, 천자의 죽음, 쇠퇴할, 흩어질, 떨어질.

崩壞(붕괴) 허물어져 무너짐. 붕궤.
崩御(붕어) 천자나 임금이 세상을 떠남.
土崩(토붕) 쌓여진 흙이 무너짐.
雪崩(설붕) 산에 쌓여 있던 눈덩이가 무너져 내림.

---

8 - 11 - 형성자

崇

높 을 숭

덕이나 인품이 산(山)처럼 높은(宗) 이가 뭇사람들로부터 공경받는 형상을 본뜬 글자.

또 다른 뜻 공경할, 존중할, 높이, 쌓아올릴, 우러를, 모을.

崇高(숭고) 숭엄하고 고상함.
崇拜(숭배) 산불 따위의 우상을 우러러 공경함.
崇尙(숭상) 높이어 소중히 여김.
崇仰(숭앙) 높이어 우러러봄.

---

14 - 17 - 형성자

嶺

재 령

능선으로 이어져 작은 산들을 거느리고(領) 있는 것같은 재나 고개의 형상를 본뜬 글자.

또 다른 뜻 고개, 산봉우리, 산마루, 능선, 오령의 약칭.

嶺南(영남) 조령의 남쪽, 경상남북도.
嶺東(영동) 강원도 대관령 동쪽의 땅.
嶺西(영서) 강원도 대관령의 서쪽의 땅.
峻嶺(준령) 높고 험한 고개.

---

14 - 17 - 회의자

嶼

섬 서

바다 한 가운데 산(山)을 닮은(與) 섬의 형상을 본뜬 글자.

또 다른 뜻 작은 섬, 작은 산, 언덕, 도서, 군도, 다도.

島嶼(도서) 크고 작은 모든 섬들을 통틀어 이르는 말. 島는 대체로 큰 섬을 이르고 嶼는 작은 섬을 뜻함.
岩嶼(암서) 바위로 이루어진 섬.

---

20 - 23 - 지사자

巖

바 위 암

산(山)의 정상이 마치 바위와 바위로 굳세게(嚴) 이어져 있는 것 같은 형상을 본뜬 글자.

또 다른 뜻 가파를, 험할, 산굴, 낭떠러지, 벼랑, 석굴, 암자.

巖窟(암굴) 석굴. 바위에 뚫린 굴.
巖壁(암벽) 벽처럼 깍아지른 듯한 바위벽.
巖石(암석) 바위. 매우 큰 돌.
奇巖(기암) 기이한 바위.

MILLENNIUM

한 자 방 정 식

山 + 嚴 → 巖

산의 정상까지는 굳센 바위들로 이루어짐.

川

---

0 - 3 - 상형자

川

내 천

양쪽의 계곡이나 언덕 사이로 찬찬히 흐르는 냇가 물줄기의 형상을 본뜬 글자.

(또 다른 뜻) 냇가, 냇물, 물귀신, 굴, 들판, 벌판, 느릿한 모양.

- 川谷(천곡) 내와 골짜기.
- 川邊(천변) 냇가. 내의 가변.
- 川魚(천어) 냇물에 서식하는 물고기.
- 河川(하천) 시내나 강. 시내. 강.

---

3 - 6 - 회의자

州

고을 주

육지 안에는 강이나 내(川)가 흘러 고을의 경계가 되기도 하는 형상을 본뜬 글자.

(또 다른 뜻) 삼각주, 마을, 작은 섬, 동네, 나라, 국토, 모일.

- 州境(주경) 주(州)의 경계.
- 州縣(주현) 옛날 지방 행정단위인 주와 현.
- 州郡(주군) 주와 군이라는 뜻으로 옛날 지방의 행정구역을 말함.

---

4 - 7 - 형성자

巡

돌 순

천자의 명을 받아 흐르는 내(川)처럼 유유히(辶) 이곳저곳을 순행하여 돈다는 뜻의 글자.

(또 다른 뜻) 순행할, 돌아다닐, 두루돌, 어루만질, 널리 돌.

- 巡訪(순방) 여러 곳을 순시하면서 차례로 방문함.
- 巡視(순시) 돌아다니면서 사정을 보살핌.
- 巡察(순찰) 돌아다니면서 사정을 살핌.

---

8 - 11 - 회의자

巢

보금자리 소

새가 앉아 있는(巛)나무(木) 위의 새의 보금자리(臼)를 뜻한 말로 그 형상을 본뜬 글자.

(또 다른 뜻) 새집, 깃들일, 소굴, 큰피리, 짐승의 집, 물고기집.

- 巢居(소거) 새집처럼 나무 위에 집을 얽고 삶.
- 巢窟(소굴) 좋지못한 짓을 하는 사람들이 활동의 근거지로 숨어 사는 곳.
- 歸巢(귀소) 자기가 살고 있는 둥지로 돌아옴.

工

0-3-지사 · 회의자

工

장인 공

천지 사이(二)에서 서있는 사람(丨)이 장인정신으로 무엇을 만드는 형상을 본뜬 글자.

(또 다른 뜻) 만들, 일, 공교할, 악사, 점장이, 공부, 벼슬아치.

- 工具(공구) 기계등을 만지는 데 쓰는 기구.
- 工兵(공병) 토목 등의 임무를 맡은 병과.
- 工事(공사) 토목 · 건축 등의 일.
- 工業(공업) 원료를 가공하여 만드는 생산업.

---

2 - 5 - 형성자

巧

공교할 교

장인(工) 정신으로 공교하게 손재주를 발휘하여 무엇을 만드는 형상을 본뜬 글자.

(또 다른 뜻) 교묘할, 공교로울, 예쁠, 사랑스러울, 기교, 재주.

- 巧妙(교묘) 썩 잘되고 묘함.
- 巧詐(교사) 교묘히 남을 속이는 모양.
- 機巧(기교) 솜씨가 매우 공교로움.
- 精巧(정교) 정밀하고 교묘함.

MILLENNIUM

한 자 방 정 식

工 + 从 ⇨ 巫

내림대를 두손으로 잡고 춤추는 무당의 모습.

2 - 5 - 상형자

巨

클 거

자(工)를 손에 들고 있는 형상을 본뜬 글자로 비교하여 큰 것을 의미하는 글자.

또 다른 뜻: 많을, 거칠, 조악할, 주척, 곡척, 부피, 클, 넓을.

- 巨金(거금) 거액의 돈.
- 巨大(거대) 엄청나게 큼.
- 巨頭(거두) 유력한 우두머리 되는 이.
- 巨富(거부) 썩 큰 부자.
- 巨額(거액) 많은 액수의 금액으로 큰 금액.

2 - 5 - 회의자

左

왼 좌

오른손이 작업할때 도움(𠂇=又)이 되는 것은 왼손에 들려있는 자(工)라는 뜻의 글자.

또 다른 뜻: 도울, 낮출, 왼쪽, 증거, 낮을, 옳지 못할, 어긋날.

- 左記(좌기) 본문의 왼쪽에 따로 적은 글.
- 左右(좌우) 왼쪽과 오른쪽.
- 左遷(좌천) 벼슬이나 유명세 따위가 낮은 지위로 떨어짐.
- 左側(좌측) 왼쪽. 왼쪽 방향.

4 - 7 - 회의자

巫

무당 무

내림대(工)를 두손(人人)으로 잡고 춤과 노래로 신을 내리는 무당의 형상을 본뜬 글자.

또 다른 뜻: 후세에 남자 무당, 터무니없을, 산이름, 무격, 무속.

- 巫女(무녀) 무산(巫山)의 신녀. 무당.
- 巫堂(무당) 신과 사람을 중개하여 길흉을 점치고 굿을 하는 무녀.
- 巫俗(무속) 무당사회의 풍속.
- 巫祝(무축) 무당. 무사(巫史).

7 - 10 - 회의자

差

어긋날 차

새싹등이 낮게 드리워져 (𦍌=垂의 변형)있어 왼쪽(左)으로 어긋나는 형상을 본뜬 글자.

또 다른 뜻: 병나을, 축날, 다를, 나머지, 가릴, 선택할, 층이날.

- 差度(차도) 병이 조금씩 점점 나아가는 정도.
- 差額(차액) 액수에서 다른 액수를 뺀 액수.
- 差異(차이) 서로 차가 있게 다름.
- 差出(차출) 여러 사람들 중에서 적당한 사람을 뽑아냄.

0 - 3 - 지사자

己

몸 기

윗자리에 있는 사람에게 몸을 굽혀 자기 자신을 겸손해하는 형상을 본뜬 글자.

또 다른 뜻: 자기, 여섯째 천간, 자신, 중앙, 오행의 토, 다스릴.

- 己卯(기묘) 60갑자의 열여섯째.
- 己未(기미) 60갑자의 쉰여섯째.
- 己丑(기축) 60갑자의 스물여섯째.
- 克己(극기) 자기의 욕구 등을 이성으로 누름.
- 利己(이기) 자기 이익만을 꾀하는 일.

0 - 3 - 상형자

巳

뱀 사

뱀이 낮게 구부리고 윗몸을 세우는 형상을 본뜬 글자로 여섯째 지지를 의미한 자.

또 다른 뜻: 여섯째 지지, 남동, 오행의 화, 오전9시~11시.

- 巳生(사생) 사년(巳年)에 태어난 사람.
- 巳時(사시) 오전 9시부터 11시까지의 사이.
- 巳日(사일) 일진(日辰)의 지지가 사로 된 날.
- 乙巳(을사) 60갑자의 마흔두째.

己

MILLENNIUM

한 자 방 정 식

共	+	己	⇨	巷
함께 오가는		고을과 고을사이의		거리의 모습.

巾

---

0 - 3 - 상형자

己

이 미 이

따비로 썼던 이미 구부러진 나무를 본뜬 글자로 약간의 틈을 주어 사(巳)와 구분함.

(또 다른 뜻) 벌써, 그칠, 말, 너무, 매우, 뿐, 따름, 병나을, 용서할.

己決(이결) 이미 결정함.
己甚(이심) 지나치게 심함.
己往(이왕) 지금보다 이전. 「이왕에」의 준말.
而己(이이) 그것뿐. 그뿐임.

---

6 - 9 - 회의자

巷

거 리 항

마을과 마을이 거리를 두고 함께(共) 공존하는 고을(巳=邑의 변형)의 형상을 본뜬 글자.

(또 다른 뜻) 골목, 마을, 통로, 복도, 문밖, 동네, 마을의 골목.

巷間(항간) 일반 민중들 사이.
巷說(항설) 거리에 떠도는 풍문. 소문.
巷謠(항요) 항간에서 불리는 속된 노래.
巷戰(항전) 시가지에서의 전투.

---

0 - 3 - 상형자

巾

수 건 건

한 폭의 천(冂)을 허리에 차서 드리우거나(丨) 얼굴을 닦는 수건의 형상을 본뜬 글자.

(또 다른 뜻) 두건, 쓰게, 헝겊, 피륙, 삼베 헝겊, 책상자, 덮을.

巾帶(건대) 옷과 띠. 두건과 띠.
頭巾(두건) 머리에 쓰는 또는 두르는 쓰개.
巾帽(건모) 머리에 쓰는 두건.
手巾(수건) 손 얼굴 따위를 씻는 천조각.

---

2 - 5 - 형성자

布

베 포

아비(父의 생략형)가 자식을 매로 다스리듯이 베(巾)를 다듬이질하는 형상을 본뜬 글자.

(또 다른 뜻) 피륙, 펼, 베풀, 널리 알릴, 돈, 화폐, 포고문.

布告(포고) 일반에게 널리 알림.
布木(포목) 베와 무명.
布石(포석) 장래의 계획을 정해 놓음.
公布(공포) 일반에게 법률 따위를 널리 알림.

2-5-회의·형성자

市

저 자 시

옷감(巾)을 사기 위하여 가는(亠=之)곳이 저자이라는 뜻으로 그 형상을 본뜬 글자.

(또 다른 뜻) 시장, 장, 시가, 행정 구역, 장사, 거래, 살, 팔.

市內(시내) 시의 구역 안.
市民(시민) 시의 관할 내에 살고 있는 주민.
市場(시장) 상인들이 모여서 매매하는 장소.
市販(시판) 상품 등을 시장으로 팖.

---

4 - 7 - 회의자

希

바 랄 희

십자수처럼 얽어 무늬(爻의 변형)를 놓은 두건(巾)을 이마에 쓰고 바라고 기원한다는 뜻의 글자.

(또 다른 뜻) 드물, 적을, 기대할, 원할, 바라볼, 수놓은 옷, 성길.

希求(희구) 바라며 요구함.
希望(희망) 소망을 기대하여 바람.
希慕(희모) 유덕한 사람을 사모하여 자신도 그리되길 바람.

MILLENNIUM

한자방정식

巾 + 占 ⇒ 帖

비단 등에 점처럼 빽빽한 글이 쓰인 문서 모양.

---

5 - 8 - 회의자

帖

문 서 첩

비단(巾)등에 점(占)처럼 내용을 빽빽히 써서 나타낸 문서의 형상을 본뜬 글자.

또 다른 뜻 장부, 좇을, 표제, 휘장, 편지, 어음, 책, 체지(체).

貼附(첩부) 착 달라붙게 함.
帖子(첩자) 수첩. 장부. 명함. 안내장. 소집장 따위.
妥帖(타첩) 별다른 사고없이 일이 끝남.
帖紙(첩지) 임명장. 금품을 받은 영수증.

---

6 - 9 - 형성자

帥

장 수 수

병사들로 싸여있는(𠂤)곳에 깃발(巾)이 높이 걸려 있고 그 곳에 장수의 형상을 본뜬 글자.

또 다른 뜻 원수, 장군, 우두머리, 통솔할(솔), 인도할(솔).

帥長(수장) 장수들의 우두머리.
元帥(원수) 군인 중 가장 높은 계급.
將帥(장수) 군사를 거느리는 우두머리.
統帥(통수) 일국의 병력을 통솔하는 권력.

---

6 - 9 - 형성자

帝

임 금 제

옛날 임금이 하늘에 제사를 지낼때 제수를 올려놓은 제삿상의 형상을 본뜬 글자.

또 다른 뜻 제왕, 천신, 조물주, 천자, 신, 클, 오제의 약칭.

帝國(제국) 황제가 다스리는 나라.
帝王(제왕) 황제와 국왕.
帝政(제정) 황제가 다스리는 정치.
帝號(제호) 황제의 칭호.

---

7 - 10 - 회의자

師

스 승 사

서당에 모여 있는 (𠂤)제자들에게 둘러 싸인(帀) 스승의 형상을 본뜬 글자.

또 다른 뜻 군사, 전문가, 군대, 이끌, 벼슬아치, 많을 따를.

師團(사단) 사령부의 군대의 편성 단위.
師事(사사) 스승으로 삼고 가르침을 받음.
師恩(사은) 스승의 은혜.
師弟(사제) 스승과 제자.

---

7 - 10 - 형성자

席

자 리 석

여러 사람이 무리져(庶의 생략형) 돗자리(巾)를 펴고 앉아 있는 자리의 형상을 본뜬 글자.

또 다른 뜻 돗자리, 펼, 깔고 앉을, 직위, 자리깔, 베풀, 의뢰할.

席捲(석권) 힘들이지 아니하고 다 빼음.
席上(석상) 여러 사람이 모인 자리.
席順(석순) 자리의 차례. 석차(席次).

---

8 - 11 - 상형자

帶

띠 대

허리띠에 매단 장식(卌)과 베로 겹겹이 겹쳐(帀)만든 관대의 형상을 본뜬 글자.

또 다른 뜻 찰, 데릴, 몸에 지닐, 두를, 데리고 갈, 꾸밀, 장식할.

帶同(대동) 함께 데리고 감.
熱帶(열대) 연간 기온이 더운 지대.
地帶(지대) 한정된 일정한 구역.
携帶(휴대) 손에 들거나 몸에 지님.

MILLENNIUM

한 자 방 정 식

巾 + 長 ⇨ 帳

천조각을 길게 이어서 만든 휘장의 모습.

---

8 - 11 - 형성자

常

떳떳할 상

옷은 허리 위로 높게(尙)띠(巾)를 두르고 예법에 맞게 입는 것이 떳떳하다는 의미의 글자.

(또 다른 뜻) 항상, 보통, 법, 도리, 법도, 조금, 작음, 언제나.

常例(상례) 보통 있는 예. 항례(恒例).
常用(상용) 필수적으로 일상적으로 사용함.
常任(상임) 일정한 일을 늘 계속하여 맡음.

---

8 - 11 - 형성자

帳

휘장 장

추위 따위를 막기 위하여 천조각(巾)으로 길게(長)둘러친 휘장의 형상을 본뜬 글자.

(또 다른 뜻) 장막, 장부, 치부책, 천막, 군막, 방장 따위의 단위.

帳簿(장부) 수지 계산 등을 기록한 책.
記帳(기장) 장부에 적음. 또는 그 장부.
通帳(통장) 예금인의 출납상태를 적은 책.

---

9 - 12 - 형성자

幅

폭 폭

천조각(巾) 따위를 길게 펴 사방으로 가득 차게(畐)한 폭(너비)의 형상을 본뜬 글자.

(또 다른 뜻) 넓이, 너비, 포목의 단위, 도량, 행전(핍), 붙일(핍).

步幅(보폭) 발자국과 발자국 사이의 거리.
全幅(전폭) 일정한 범위의 전체. 온 너비.
振幅(진폭) 진동의 좌우 극점까지의 범위.

---

11 - 14 - 형성자

幕

장막 막

저물(莫) 무렵 찬기운을 따위를 피하기 위해 두껍고 긴 천(巾)으로 장막을 친 형상을 본뜬 글자.

(또 다른 뜻) 가릴, 덮을, 휘장, 군막, 막, 천막, 단락, 사막, 칠할.

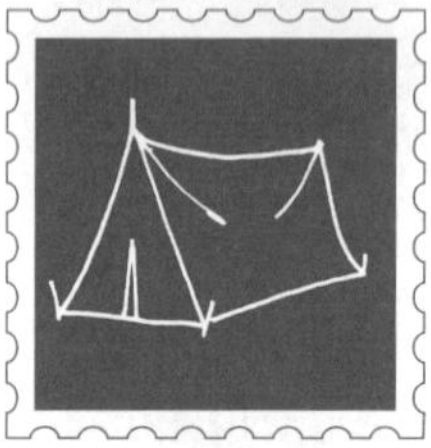

幕舍(막사) 임시로 허름하게 지은 집.
幕下(막하) 상관이 거느리고 있는 부하.
幕後(막후) 어떤 일의 이면적인 상황.

---

12 - 15 - 형성자

幣

폐백 폐

신부가 신랑과 함께 시부모에게 겸사(敝)하게 드릴 때 비단옷(巾)차림의 폐백의 형상을 본뜬 글자.

(또 다른 뜻) 비단, 재물, 예물, 돈, 화폐, 재화, 견직물, 비단옷.

造幣(조폐) 화폐를 만듬.
紙幣(지폐) 인쇄하여 만든 종이 화폐.
貨幣(화폐) 상품 교환의 매개체로서 지불의 수단이나 가치의 척도로 사회에 유통되는 돈의 통칭.

干

0 - 3 - 회의자

干

방패 간

창이나 칼 따위를 막는 방패의 형상을 본뜬 글자로 창이 방패를 뚫었다는 의미의 글자.

(또 다른 뜻) 범할, 구할, 마를, 간여할, 천간, 막을, 장대, 헛될.

干求(간구) 바램. 요구.
干涉(간섭) 남의 일에 참견함.
干拓(간척) 호수나 바다에 제방을 쌓고 그안의 물을 빼 경작지나 육지로 만듦.
若干(약간) 얼마 안 됨. 얼마쯤.

MILLENNIUM

한 자 방 정 식

幺	+	力	⇨	幼
작은 아이가		일어설 힘이 없을만큼		어림.

---

2 - 5 - 회의자

平

평평할 평

고요할 때 수면이 평평한 것처럼 백성을 평화롭게 다스리는 형상을 본뜬 글자.

(또 다른 뜻) 평탄할, 다스릴, 쉬울, 보통, 바를, 평정할, 편안할.

平等(평등) 차별이 없이 고르고 한결같음.
平面(평면) 평평한 표면.
平安(평안) 걱정 되는 일이 없이 편안함.
平行(평행) 두 직선이 만나지 못할 직선.

---

3 - 6 - 형성자

年

해 년

벼(禾)가 무르익어 많은(千) 곡식을 거두어드릴 때 얼마 안 있어 한 해를 결산한다는 뜻.

(또 다른 뜻) 나이, 때, 시대, 익을, 성숙할, 콧마루, 연도, 아첨할.

年內(연내) 이 해 안. 올해 안.
年度(연도) 편의상 구분한 일년 동안의 기간.
年輪(연륜) 경험 등으로 이룩된 숙련의 정도.
年利(연리) 1년간에 얼마로 정해진 이률.

---

5 - 8 - 회의자

幸

다행 행

죽을(土=夭의 변형) 일에서 다행히도 이겨내 (㐄=逆의 생략형) 살아나 행복을 느낀다는 뜻의 글자.

(또 다른 뜻) 다행할, 요행, 바랄, 괼, 총애할, 사랑할, 기뻐할.

幸福(행복) 복되고 좋은 운수.
幸運(행운) 행복한 운수. 좋은 운수.
不幸(불행) 행복하지 못함. 불우함.
僥幸(요행) 우연히 잘 되어 다행한 일.

---

10 - 13 - 형성자

幹

줄기 간

담쌓을 때 햇볕(倝)을 가리지 않게 나무(干=본래는 木) 기둥을 줄기처럼 세웠다는 의미의 글자.

(또 다른 뜻) 몸, 등뼈, 몸뚱이, 재능, 천간, 기둥, 근본, 주관할.

幹部(간부) 조직책 · 기관의 각 책임자.
幹事(간사) 일을 맡아서 처리하는 직무.
幹線(간선) 철도 · 도로 등의 중요한 선로.

---

1 - 4 - 회의자

幻

허깨비 환

이마에 작은(幺) 뿔이 나있고 근육이나 뼈가 없이 요술처럼 변하는 허깨비의 형상을 본뜬 글자.

(또 다른 뜻) 바뀔, 변할, 미혹할, 요술, 요정, 도깨비, 몽롱할.

幻覺(환각) 외계의 자극없이 어떤 사물이 있는 것처럼 감각하는 일.
幻想(환상) 허깨비와 그림자란 뜻으로 현실에 없는 것을 있는 것처럼 느끼는 망상.

---

2 - 5 - 회의자

幼

어릴 유

아직 어린 작은(幺) 아이가 일어설 힘(力)이 없어 기어다니는 형상을 본뜬 글자.

(또 다른 뜻) 어린이, 사랑할, 작을 처음, 유치할, 치졸할.

幼年(유년) 어린 나이나 때. 유년 시절.
幼兒(유아) 어린아이.
幼蟲(유충) 알에서 갓 나온 어린 벌레.
幼稚(유치) 아직 어려서 생각 따위가 미숙함.

MILLENNIUM

한자방정식

广 + 木 → 床

돌집에 나무로 짠 평상이 있음.

---

6 - 9 - 회의자

幽

그윽할 유

먼 산(山)을 바라보니 작고 작은(幺 + 幺)골짜기들로 이루어진 그윽한 형상을 본뜬 글자.

또 다른 뜻 깊을, 숨을, 아득할, 멀, 어두울, 차분할, 귀신.

幽谷(유곡) 그윽하고 아득히 깊은 산골.
幽閉(유폐) 아주 깊숙하고 구석진 곳에 가둠.
幽魂(유혼) 죽은 이의 넋. 죽은 사람의 영혼.

---

9 - 12 - 회의자

幾

몇 기

몇 명 안되는 작은(幺 + 幺) 숫자의 병사가 진지를 지키고(戍) 있는 형상을 본뜬 글자.

또 다른 뜻 얼마, 기미, 낌새, 거의, 가까울, 위태할, 자주, 어찌.

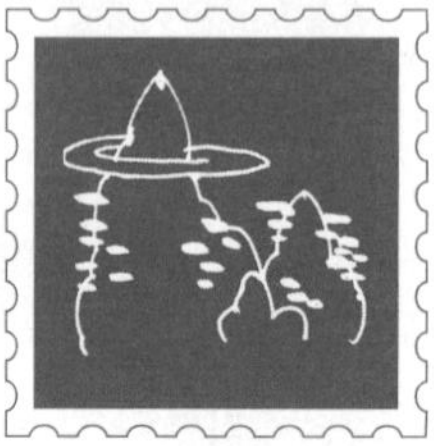

機微(기미) 낌새. 눈치.
幾死(기사) 거의 다 죽게 됨.
幾十(기십) 몇 십.
幾日(기일) 몇 날. 며칠.

---

4 - 7 - 형성자

床

평상 상

비록 돌집(广)일지라도 침상은 평상처럼 나무(木)로 짜 잠자리를 만드는 형상을 본뜬 글자.

또 다른 뜻 마루, 잠자리, 방, 자리, 밥상, 책상, 소반, 침상, 바닥.

病床(병상) 병자가 누워 있는 침상.
溫床(온상) 식물의 촉성을 재배하는 묘상.
寢床(침상) 누워 잘 수 있게 만든 평상.
平床(평상) 나무로 만든 침상.

---

4 - 7 - 형성자

序

차례 서

안채와 바깥채와의 사이에 담장(广)를 허락(予)을 받아 차례차례 드는 형상을 본뜬 글자.

또 다른 뜻 차례매길, 서열, 학교, 담, 단서, 서문, 잇닿을.

序論(서론) 본론의 실마리가 되는 서문.
序幕(서막) 연극 따위에서 미리 보여주는 막.
序文(서문) 머리말. 권두언(卷頭言).

---

5 - 8 - 형성자

府

관청 부

담장(广)을 사이로 집들이 있는 마을에 백성들의 일을 맡는(付) 관청의 형상을 본뜬 글자.

또 다른 뜻 마을, 곳집, 창고, 고을, 죽은 아비, 관아, 창자 도성.

府尹(부윤) 부의 행정을 관장하는 장.
府下(부하) 한 부(府)의 구역내.
官府(관부) ① 조정. 정부. ② 관아.
政府(정부) 근대 국가에서의 행정부.

---

5 - 8 - 상형자

庚

일곱째천간 경

움집(广)에서 두 손(廾)으로 절구찧는 가을, 천간으로는 일곱째 천간을 뜻하는 글자.

또 다른 뜻 서쪽, 오행의 금(金), 가을, 길, 별이름, 갚을, 바뀔.

庚戌(경술) 60갑자의 마흔 일곱번째.
庚時(경시) 하오 4시 30분부터 5시 30분까지의 사이.
庚午(경오) 60갑자의 일곱째.

MILLENNIUM

한 자 방 정 식

广	+	車	⇨	庫
곳집에		수레를 넣어 둔		창고.

---

5 - 8 - 형성자

底

밑 저

돌집(广)을 넓적한 바위 밑의 낮은(氐) 곳에 지어 구석져 막힌듯한 형상을 본뜬 글자.

또다른뜻 구석, 속, 바닥, 멈출, 막힐, 어찌, 언덕, 이를(지).

- 底力(저력) 속에 축적되어 있는 강한 힘.
- 底意(저의) 속으로 품는 생각. 속마음.
- 徹底(철저) 투철하여 빈틈이 전혀 없음.
- 海底(해저) 바다의 밑바닥.

---

5 - 8 - 형성자

店

가게 점

집 앞의 담장(广) 길가를 차지한(占) 물건들이 진열된 가게 비슷한 형상을 본뜬 글자.

또다른뜻 상점, 주막, 여관, 점방, 점포, 상회.

- 店員(점원) 상점의 종업원.
- 店鋪(점포) 상점이나 가게. 상점의 예스런 말
- 開店(개점) 새로 가게를 냄. 가게를 새로 엶.
- 商店(상점) 물건을 파는 가게.

---

6 - 9 - 형성자

度

법도 도

예법은 무리(庶의 생략형)들을 자로 잰듯한 법도를 거듭(又) 가르치는 형상을 본뜬 글자.

또다른뜻 법, 자, 도량, 정도, 모양, 도수, 건널, 헤아릴(택).

- 度量(도량) 너그러운 마음과 깊은 생각.
- 速度(속도) 진행되는 것의 빠른 정도.
- 程度(정도) 어떤 한도.
- 制度(제도) 방식, 기준 등을 정해 놓은 체계.

---

7 - 10 - 회의자

庫

창고 고

옛날 곳집(广)에 수레(車) 넣어 둔 형상을 본뜬 글자로 지금의 창고를 일컫는 글자.

또다른뜻 곳집, 무기고, 서고, 문 이름, 곡간, 차고.

- 金庫(금고) 돈 등을 넣을 수 있는 궤.
- 入庫(입고) 물품을 창고에 넣음.
- 倉庫(창고) 물품 등을 넣어 보관하는 곳집.
- 出庫(출고) 물품을 창고에서 꺼냄.

---

7 - 10 - 형성자

庭

뜰 정

집안(广)에 딸릴 뜰(廷)의 형상을 본뜬 글자로 뜰이 있는 백성들의 집을 의미하는 글자.

또다른뜻 정원, 집안, 가정, 조정, 장소, 관아, 사이가 뜰.

- 庭園(정원) 집 안의 뜰. 집 안의 마당.
- 庭除(정제) 뜰. 마당.
- 家庭(가정) 한 가족 단위의 생활 공동체.
- 法庭(법정) 송사를 심리하고 판결하는 곳.

---

7 - 10 - 회의자

座

자리 좌

집안(广)의 방이나 마루는 사람이 앉을(坐) 수 있는 자리라는 의미로 그 형상을 본뜬 글자.

또다른뜻 지위, 위치, 깔개, 별자리, 대(臺), 부처(部處)의 단위.

- 座談(좌담) 여러 사람이 모여 앉아서 어떤 문제로 의견을 주고 받는 일.
- 座席(좌석) 앉는 자리. 여럿이 모인 자리.
- 座標(좌표) 점과 자리를 정하는 표.

MILLENNIUM

한 자 방 정 식

广	+	郭	⇨	廓
돌집으로		성곽을 둘러싼		둘레.

8 - 11 - 회의자

庶 뭇 서

집안(广)에 많은(十+十) 뭇 사람들이 등불(火)를 향해 모여 있는 형상을 본뜬 글자.

또 다른 뜻 여러, 거의, 가까울, 바랄, 첩의 아들, 많을, 풍부할.

庶幾(서기) 거의. 거의 다.
庶務(서무) 특별한 명복이 없는 일반 사무.
庶民(서민) 중류 이하의 일반 백성.
庶政(서정) 여러가지의 정사(政事).

8 - 11 - 회의 · 형성자

康 편안할 강

절구를 찧는(庚) 아낙의 표정이 편안하게 보이는 것은 풍년들어 쌀(米)을 찧기 때문이라란 뜻의 글자.

또 다른 뜻 튼튼할, 오거리, 겨, 화목할, 열중할, 성할, 들(항).

康健(강건) 기력이 튼튼함을 높여 말함.
康寧(강녕) 건강하고 마음이 편안함.
健康(건강) 몸이 아무 탈이 없이 튼튼함.

8 - 11 - 회의 · 형성자

庸 떳떳할 용

어리석고 변변치 못한 농부지만 가을(庚)에 수확을 마친 뒤에는 씀씀이(用) 떳떳하다는 의미의 글자.

또 다른 뜻 쓸, 어리석을, 범상할, 애쓸, 늘, 클, 어찌, 고용할.

庸劣(용렬) 어리석고 변변하지 못함.
登庸(등용) 인재를 뽑아 씀.
中庸(중용) ① 치우침이 없이 떳떳한 상태. ②. 사서(四書)의 하나.

10 - 13 - 형성자

廉 청렴할 렴

허름한 집(广)에서 기거함과 동시(兼)에 청렴하고 염치를 아는 벼슬아치의 형상을 본뜬 글자.

또 다른 뜻 염치, 값쌀, 살필, 모, 검소할, 간략할, 날카로울.

廉價(염가) 싼 값. 값이 쌈.
廉恥(염치) 염결하여 수치를 아는 마음.
廉探(염탐) 비밀이 사정을 살펴 조사함.
低廉(저렴) 물건 · 상품 등의 값이 쌈.

10 - 13 - 형성자

廊 행랑 랑

집안(广)에서 본채와 떨어진 남편(郎)이 손임들을 대접하는 행랑의 형상을 본뜬 글자.

또 다른 뜻 곁채, 묘당, 복도, 화랑, 회랑.

廊下(낭하) 대문 간에 붙어 있는 방. 행랑. 복도.
行廊(행랑) 대문 간에 붙어 있는 방.
畵廊(화랑) 그림 등을 전람해 놓은 방.

11 - 14 - 형성자

廓 둘레 곽

내성의 둘레를 돌집(广)으로 둘러싼 성곽(郭)의 넓은 형상을 본뜬 글자.

또 다른 뜻 둘러 쌀, 외성, 너그러울(확), 넓을(확), 넓힐(확).

外廓(외곽) 바깥 테두리. 성밖으로 둘러쌓은 성.
輪廓(윤곽) 테두리. 둘레의 선. 사물의 겉모양. 사물의 대강.
廓然(확연) 마음이 넓어 거리낌이 없거나 확 트인 모양.

MILLENNIUM

한 자 방 정 식

广	+	朝	⇨	廟
집안에서		아침이면		사당을 찾음.

---

12 - 15 - 형성자

廢

폐 할 폐

오랜동안 정들었던 집(广)을 떠나는(發) 것을 오래되어 노후된 까닭으로 폐한다는 뜻의 글자.

또 다른 뜻 버릴, 부서질, 고질, 엎드릴, 떨어질, 바뀔, 앓을.

- 廢棄(폐기) 폐지하여 버림.
- 廢業(폐업) 영업이나 직업을 그만둠.
- 廢止(폐지) 제도 등을 그만두거나 없앰.
- 廢墟(폐허) 성 등이 파괴된 황량한 터.

---

12 - 15 - 형성자

廣

넓 을 광

어떤 집(广)이 누우런(黃) 벌판처럼 지붕의 넓이가 넓은 형상을 본뜬 글자.

또 다른 뜻 널리, 넓힐, 퍼질, 가로, 너비, 공허할, 무덤, 빛날.

- 廣告(광고) 널리 알림. 또는, 알리는 일.
- 廣野(광야) 너른 벌판.
- 廣場(광장) 공공의 목적으로 만든 너른 마당.
- 廣闊(광활) 매우 넓어 막힌 데가 없음.

---

12 - 15 - 회의자

廟

사 당 묘

제사는 대개 집안(广)에서 아침(朝)에 지내는데 위패를 모신 사당의 형상을 본뜬 글자.

또 다른 뜻 묘당, 종묘, 대청, 조정, 위패, 정시볼, 빈소, 가묘.

- 廟堂(묘당) 종묘와 명당(明堂)의 뜻.
- 廟社(묘사) 종묘(宗廟)와 사직(社稷).
- 廟宇(묘우) 신위를 모신 집.
- 廟塔(묘탑) 불상을 안치한 묘우의 탑.

---

22 - 25 - 형성자

廳

관 청 청

큰 집(广)으로 꾸며진 관청에서 백성들의 민의를 들어주는(聽) 형상을 본뜬 글자.

또 다른 뜻 마을, 마루, 집, 관아, 대청, 청사, 기관.

- 廳舍(청사) 관청의 건물.
- 官廳(관청) 국가기관의 청사.
- 大廳(대청) 방과 방 사이에 있는 마루.
- 支廳(지청) 본 청의 관할 아래 하급 관청.

---

4 - 7 - 형성자

延

끌 연

상처입은 다친(正) 발로 길게 끌며 더디게(廴) 걸어가는 사람의 형상을 본뜬 글자.

또 다른 뜻 이을, 늘일, 미룰, 맞을, 끌어들일, 늘어설, 미칠.

- 延期(연기) 청하여 기한을 뒤로 물림.
- 延命(연명) 목숨을 겨우 이어 감.
- 延長(연장) 길게 늘임. 뻗힌 길이.
- 遲延(지연) 시간을 늦추거나 늦추어짐.

---

4 - 7 - 형성자

廷

조 정 정

임금을 모시고 신하들이 간사하게(壬) 조금씩(廴) 따라 걷는 조정의 형상을 본뜬 글자.

또 다른 뜻 관아, 관청, 공정할, 뜰, 법정, 공평할, 연명.

- 法廷(법정) 송사를 심리하고 판결하는 곳.
- 朝廷(조정) 임금과 정치를 집정하던 곳.
- 廷論(정론) 조정에서의 논의나 평의. 정부의 의견.

廴

MILLENNIUM

한 자 방 정 식

玉 + 廾 ⇨ 弄

구슬을 두 손으로 받들듯 희롱함.

---

6 - 9 - 회의자

建

세 울 건

나라의 법을 붓(聿)으로 써서 길게(廴) 기강을 세운다는 의미의 글자로 건물을 세운다는 뜻도 있음.

또 다른 뜻 설, 들, 만들, 베풀, 열쇠, 끼울, 길, 엎지를, 별이름.

建國(건국) 새로 나라를 세움.
建立(건립) 이룩하여 세움.
建物(건물) 땅위에 세워 이룬 집 같은것.
建設(건설) 새로 만들어 세움.
建築(건축) 집·성·다리·건물 등을 세움.

---

6 - 9 - 회의자

廻

돌 회

물이 중심으로 도니(回) 천천히 걷는(廴) 것처럼 다시 원점으로 돌아 온다는 뜻의 글자.

또 다른 뜻 돌릴, 방향을 바꿀, 퍼질, 바르지 못할, 회피할.

廻轉(회전) 구심점을 중심으로 빙빙 돎.
廻避(회피) 누구를 만나거나 책임지는 것을 피함.
迂廻(우회) 멀리 돌아서 감. 중심을 피해 외곽에서 본론에 접근함.

---

4 - 7 - 회의자

弄

희 롱 할 롱

구슬(王=玉의 생략형)을 두 손으로 가지고 희롱하듯 놀며 즐기는 형상을 본뜬 글자.

또 다른 뜻 놀, 즐길, 구경할, 업신여길, 장난감, 놀이, 연주할.

弄奸(농간) 일의 변동을 위한 간사한 것.
弄談(농담) 실없이 하는 웃음의 말.
愚弄(우롱) 사람을 바보로 여겨 놀림.
戱弄(희롱) 언행으로 실없이 놀리는 것.

---

12 - 15 - 형성자

弊

폐 단 폐

옷의 해진(敝) 곳을 두 손(廾)으로 가리며 속상해 하면서 다시는 이런 폐단이 없어야 한다는 뜻의 글자.

또 다른 뜻 폐해, 나쁠, 해질, 곤할, 자기 사물의 겸칭, 부술, 쓰러질.

弊端(폐단) 옳지 못한 경향이나 해로움.
弊習(폐습) 나쁜 버릇이나 관습.
民弊(민폐) 일반 사람들에게 끼치는 피해.
疲弊(피폐) 기운이 지치고 쇠약하여짐.

---

3 - 6 - 형성자

式

법 식

짐승을 주살(弋)로 잡아(工) 법에 맞게 의식을 치루는 형상을 본뜬 글자로 예식의 뜻도 있음.

또 다른 뜻 의식, 제도, 예식, 본, 형식, 절할, 경례할, 공식.

式順(식순) 행사의 의식이나 예식의 순서.
式場(식장) 의식이나 예식을 올리는 장소.
方式(방식) 일정한 방법이나 법식이나 형식.
洋食(양식) 서양식의 준말.

---

0 - 3 - 상형자

弓

활 궁

화살을 착지하지 않은 활의 모양을 본뜬 글자로 활의 길이로 땅을 재는 자로도 쓰였다는 의미의 글자.

또 다른 뜻 궁형, 활꼴, 궁술, 길이의 단위, 활모양.

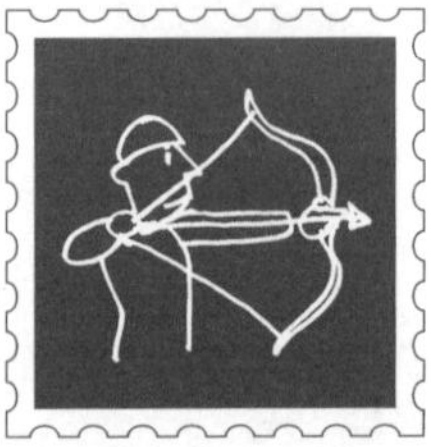

弓道(궁도) 궁술로 심신을 닦는 일.
弓手(궁수) 활 쏘는 궁사.
弓術(궁술) 활 쏘는 기술.
弓矢(궁시) 활과 화살. 궁전弓(弓箭)

MILLENNIUM

한 자 방 정 식

弓	+	也	→	弛
활처럼 구부정한		뱀이		느슨하게 먹이를 노림.

---

1 - 4 - 회의자

引

끌 인

활(弓)에 화살(丨)를 메겨 끌어당기는 활의 형상을 본뜬 글자로 "늘이다"의 뜻도 있음.

(또 다른 뜻) 당길, 늘일, 인도할, 이끌, 연장할, 넘겨줄, 인용할.

- 引繼(인계) 어떤 일이나 물건을 넘겨 줌.
- 引受(인수) 물건이나 권리를 넘겨 받음.
- 引出(인출) 은행에서 예금등을 찾음.
- 引下(인하) 값이나 임금을 내림.

---

1 - 4 - 회의자

弔

조상할 조

옛날 시체를 장사지낼 때 풀을 덮어 놓고 들짐승들을 막기위해 활(弓)을 가지고 조상했다는 뜻의 글자.

(또 다른 뜻) 위문할, 문안, 불쌍히 매어달, 닿을(적), 이를(적).

- 弔問(조문) 상주를 위문함.
- 弔喪(조상) 남의 초상에 대해 조의를 표함.
- 弔意(조의) 죽은 이를 슬퍼하여 조상하는 마음.
- 慶弔(경조) 경사를 축하하고 흉사를 조문함.

---

2 - 5 - 형성자

弘

넓을 홍

활(弓)을 팔뚝(厶=宏의 변형)이 안으로 잔뜩 당겨 사이 공간을 크게 넓히는 형상을 본뜬 글자.

(또 다른 뜻) 넓힐, 클 활소리, 널리, 널리 알릴, 홍익.

- 弘文(홍문) 학문·기예 등을 넓힘.
- 弘報(홍보) 소식·광고·정보 등을 널리 알림.
- 弘遠(홍원) 넓고도 멂.
- 弘益(홍익) 매우 큰 이익. 널리 이롭게 함.

---

2 - 5 - 회의자

弗

아닐 불

활(弓)의 등이 비뜰어졌어도 버리지 아니 하고 줄로 틈이 나지 않게 메는 형상을 본뜬 글자.

(또 다른 뜻) 어길, 화폐의 단위인 달러, 떨, 떨어버릴, 근심할.

- 弗素(불소) 할로겐족 원소의 하나.
- 弗貨(불화) 달러를 본위로 한 미국의 화폐.
- 弗乎(불호) 아니다. 아니구나. 탄식하는 말.

---

3 - 6 - 회의자

弛

느슨할 이

활(弓)처럼 바닥에 구부정한 자세로 느슨하게 먹이를 노리는 뱀(也)의 형상을 본뜬 글자.

(또 다른 뜻) 늦출, 느즈러질, 부릴, 쉴, 풀어질, 게으름, 없앨.

- 弛緩(이완) 느슨하거나 늦추어 짐. 맥이 풀리고 힘이 없어짐.
- 弛罪(이죄) 죄에 대한 벌을 늦춤.
- 弛廢(이폐) 이완되고 황폐함.
- 解弛(해이) 마음이나 규율 따위가 풀리어 느즈러짐.

---

4 - 7 - 상형자

弟

아우 제

가죽(弓=韋의 변형)으로 묶은(束) 물건은 차례와 서열이 있어 끝이 아우같음을 의미한 글자.

(또 다른 뜻) 제자, 공평할, 공손할, 차례, 순서, 즐길, 단지, 다만.

- 弟婦(제부) 동생의 부인. 계수(季嫂).
- 弟嫂(제수) 동생의 아내. 계수(季嫂).
- 弟子(제자) 스승에게 가르침을 받는 사람.
- 師弟(사제) 스승과 제자.

MILLENNIUM

한 자 방 정 식

弓	+	單	⇨	彈
활시위처럼		하나씩 튀기는		탄알.

---

5 - 8 - 형성자

弦
활 시 위 현

활(弓)에 활시위를 줄에 걸어서 아득히(玄) 먼곳까지 날려 보내는 형상을 본뜬 글자.

또 다른 뜻 줄, 악기줄, 악기탈, 맥박이 뛸, 활시위의 울림소리.

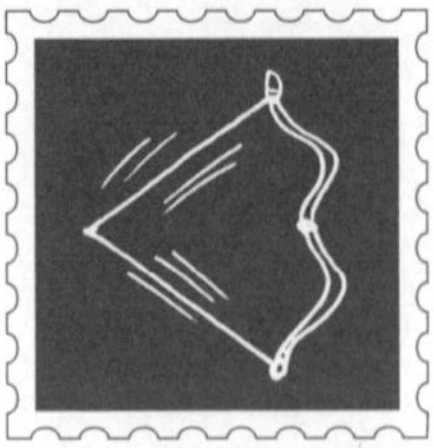

弦月(현월) 초승달.
弓弦(궁현) 활시위. 곧게 뻗어 나간 길.
上弦(상현) 음력 7~8일경의 반달.
下弦(하현) 음력 22,3일경에 나타나는 활시위같은 하현달.

---

7 - 10 - 회의자

弱
약 할 약

활처럼 굽은(弓) 어린 새의 날개가 약하여 아직 펴서 날지 못하고 붙어 있는 형상을 본뜬 글자.

또 다른 뜻 어릴, 나이젊을, 쇠약해질, 허리가늘, 패할, 침략할.

弱勢(약세) 세력이 약함. 약한 세력.
弱小(약소) 약하고 작음.
弱者(약자) 힘이나 기능 따위가 약한 사람.
弱点(약점) 모자라거나 떳떳하지 못한 점.

---

8 - 11 - 형성자

張
베 풀 장

활시위(弓)를 길게(長) 늘여 짐승을 잡아 이웃 사람들에게 베푸는 형상을 본뜬 글자.

또 다른 뜻 벌릴, 성(姓), 당길, 늘일, 과장할, 고집할, 뽐낼.

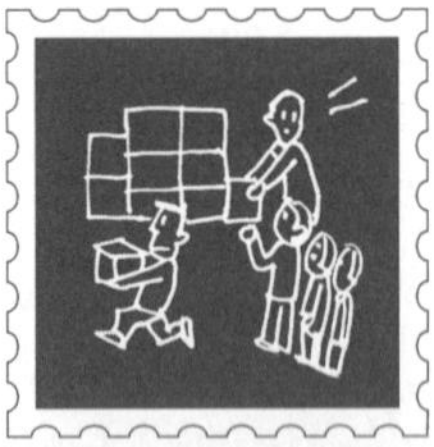

誇張(과장) 실제보다 크게 나타내어 말함.
伸張(신장) 길게 늘임. 또는 길게 늘어남.
主張(주장) 자기의 주의나 의견을 내세움.
擴張(확장) 늘이어 넓힘.

---

9 - 12 - 형성자

强
강 할 강

벌레도 큰(弘) 벌레는(虫) 힘이 강하고 굳세다는 뜻의 글자로 彊과 음과 뜻이 같은 동자임.

또 다른 뜻 굳셀, 힘쓸, 굳센자, 강제할, 굳을 단단할, 거스를.

强勁(강경) 굳세게 버티어 굽히지 않음.
强力(강력) 강한 힘. 힘이 셈.
强弱(강약) ① 강함과 약함. ② 강자와 약자.
强制(강제) 위력으로 남의 자유의사를 억제함.

---

12 - 15 - 형성자

彈
탄 알 탄

활(弓)의 시위는 매번 하나씩(單) 죄여 튀기는 형상을 본뜬 글자로 총의 탄알의 뜻도 있음.

또 다른 뜻 퉁길, 튀길, 탈, 탄핵할, 뜯을, 따질, 쏠, 떨, 두드릴.

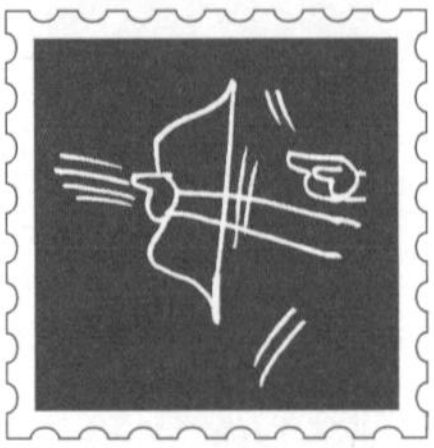

彈力(탄력) 용수철처럼 튀기는 성질의 힘.
彈奏(탄주) 가야금 따위의 현악기를 탐.
銃彈(총탄) 총알. 총에 넣는 탄알.
爆彈(폭탄) 용기에 폭발약을 장치한 탄약.

彡

4 - 7 - 형성자

形
형 상 형

평평한(幵) 나무판이나 종이에 동물의 형상과 터럭(彡)을 그려넣는다는 뜻의 글자.

또 다른 뜻 모양, 얼굴, 꼴, 나타날, 형세, 상태, 드러날, 생김새.

形局(형국) 일이 벌어진 형편이나 국면.
形象(형상) 그것이 표현된 형태나 모습.
形式(형식) 겉으로 나타나는 외형과 격식.

MILLENNIUM

한 자 방 정 식

采	+	彡	⇨	彩
옷감에		붓으로 무늬를		채색함.

8 - 11 - 형성자

彩

채 식 채

옷감(采)이나 화선지에 붓(彡)으로 여러 무늬, 여러 색깔을 채색하는 형상을 본뜬 글자.

(또 다른 뜻) 채색할, 광채, 빛날, 문채, 무늬, 빛깔, 색칠할, 모양.

- 彩紋(채문) 채색과 무늬.
- 彩色(채색) 여러 가지의 고운 빛깔.
- 彩雲(채운) 여러 빛깔로 아롱진 고운 구름.
- 光彩(광채) 찬란한 빛. 정기있는 밝은 빛.

8 - 11 - 형성자

彫

새 길 조

어떤 모양을 두루 미치게(周) 터럭(彡)처럼 자세히 새기는 형상을 본뜬 글자.

(또 다른 뜻) 다듬을, 조각할, 꾸밀, 아로새길, 쇠퇴할, 쪼을.

- 彫刻(조각) 글씨 · 그림 따위를 돌이나 나무 · 금속 등에 새김. 또는 그 작품.
- 彫琢(조탁) 새기고 쪼아서 아름답게 다듬음.
- 浮彫(부조) 형상 · 무늬 따위를 도드라지게 새긴 조각.

11 - 14 - 형성자

彰

밝 힐 창

법률의 조목의 한 마디(章) 또는 선행을 터럭처럼(彡) 자세히 밝혀 드러낸다는 뜻의 글자.

(또 다른 뜻) 나타낼, 드러낼, 밝을, 뚜렷할, 환할, 무늬, 문채.

- 彰德(창덕) 선행이나 미덕 따위를 세상에 드러내어 밝힘.
- 彰善(창선) 남의 착한 행실을 밝혀 드러내거나 표창함.
- 表彰(표창) 공적이나 선행 따위를 세상에 드러내어 밝히거나 상을 줌.

12 - 15 - 형성자

影

그 림 자 영

어떤 사물이 빛(景)을 받아 터럭(彡)까지 번들거리고 그곳에 그림자가 생기는 형상을 본뜬 글자.

(또 다른 뜻) 형상, 초상, 사진, 모양, 모습, 화상, 빛, 도움, 상(象).

- 影像(영상) 화상을 그린 족자. 그림자나 그림으로 나타난 형상.
- 影響(영향) 사물이 다른 사물에 미치는 것.
- 撮影(촬영) 형상을 사진이나 영화로 찍음.

4 - 7 - 회의자

役

부 릴 역

병사가 지쳐서 다리(彳)로 창과 무기(殳)를 들고 나라가 부리는 부역에 충성한다는 의미의 글자.

(또 다른 뜻) 부역, 싸울, 역사, 일, 소임, 전쟁, 수자리, 병사, 일할.

- 役割(역할) 구실. 맡은 바 일.
- 苦役(고역) 몹시 견디기 어려운 일.
- 主役(주역) 주가 되는 역할.
- 重役(중역) 책임이 막중한 위치에서 무거운 역할.

4 - 7 - 형성자

彷

거 닐 방

이곳 저곳 배회하며 서성거리는 (彳) 사람이 방향(方)을 찾아 거니는 형상을 본뜬 글자.

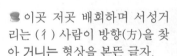

(또 다른 뜻) 어정거릴, 서성거릴, 헤맬, 방황할, 비슷할, 방불할.

- 彷彿(방불) 어떤 모양이나 상황 따위가 거의 비슷함. 사실과 닮거나 거의 같음.
- 彷徉(방양) 어정거림. 배회함.
- 彷徨(방황) 목적도 없이 이곳저곳을 기웃거리며 어정거림.

彳

MILLENNIUM

한 자 방 정 식

彳 + 聿 ⇨ 律

백성들이 삼가할 수 있게 붓으로 쓴 법률.

5-8-형성자

征

칠 정

멀리 가는 동안 비록 다리에 힘이빠졌다(彳)해도 정의(正)로운 정신으로 적을 찾아 친다는 의미의 글자.

(또 다른 뜻) 갈, 찾을, 정벌할, 여행할, 세금, 바로잡을, 취할.

征伐(정벌) 적도들을 군사들이 물리쳐 침.
征服(정복) 정벌하여 복종하게 함.
遠征(원정) 먼 곳으로 싸우로 감.
出征(출정) 군사가 싸움터에 나감.

5-8-형성자

往

갈 왕

사람 뿐 아니라 온갖 생물들이 태어나 서성거리다(彳) 조물주(主)에게 되돌아 간다는 의미의 글자.

(또 다른 뜻) 옛, 이따금, 달아날, 죽은 사람, 보낼, 나중, 향할.

往年(왕년) 지나간 해. 곧. 과거.
往訪(왕방) 가서 찾아봄.
往來(왕래) ① 오고 감. ② 서로 교제함.
往復(왕복) 갔다가 돌아옴. 갔다 돌아오는 길.

5-8-형성자

彼

저 피

절름거리는(彳) 짐승을 죽여 가죽(皮)을 벗긴 자국들이 저편까지 길을 낸듯한 형상을 본뜬 글자.

(또 다른 뜻) 저이, 저편, 저것, 그편, 저사람, 상대방, 아닐, 덮을.

彼邊(피변) 저쪽. 저편.
彼我(피아) 그와 나. 또는 저편과 이편.
彼岸(피안) 해탈하여 열반 세계에 도달함.
彼此(피차) 이것과 저것. 이편과 저편.

6-9-회의자

後

뒤 후

아장아장(彳) 걸어오는 작은(幺) 어린 아이가 뒤에 처져서 오는(夊) 형상을 본뜬 글자.

(또 다른 뜻) 늦을, 뒤로할, 나중, 자손, 후계자, 마지막, 뒤질.

後光(후광) 더욱 빛나게 하는 뒷배경.
後聞(후문) 어떤 일에 관한 뒷소문.
後拂(후불) 뒤에 값을 치름.
後悔(후회) 잘못을 뒤늦게 깨닫고 뉘우침.

6-9-형성자

待

기다릴 대

조바심으로 자축거리며(彳) 관청이나 기관에(寺) 가 그 결과를 기다리는 형상을 본뜬 글자.

(또 다른 뜻) 대할, 대접할, 기대할, 대우할, 방어할, 임용할.

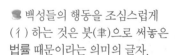

待機(대기) 기회를 기다림.
待令(대령) 다가와서 명령을 기다림.
待望(대망) 바라고 기다림.
待遇(대우) 존경의 뜻으로 예를 갖추어 대함.

6-9-형성자

律

법 률

백성들의 행동을 조심스럽게(彳) 하는 것은 붓(聿)으로 써놓은 법률 때문이라는 의미의 글자.

(또 다른 뜻) 법률, 음률, 절제할, 정도, 비율, 지위, 등급, 율시.

規律(규율) 행위의 준칙이 되는 본보기.
法律(법률) 국회의 의결로 입법 제정된 법.
旋律(선율) 가락. 멜로디.
自律(자율) 자기 행동을 스스로 절제함.

MILLENNIUM

한 자 방 정 식

彳 + 回 → 徊

천천히 돌아다니며 어정거림.

6 - 9 - 형성자

徊

어정거릴 회

할 일도 없이 천천히(彳) 걸으면서 어정거리며 돌아다니는(回) 사람의 형상을 본뜬 글자.

또 다른 뜻 노닐, 배회할, 돌아다닐, 느긋히 걸을, 매괴.

- 徘徊(배회) 일정한 목표가 없이 이리저리 떠돌며 어정거림.
- 低徊(저회) 머리를 숙이고 생각에 잠긴 채로 서성거림.
- 遲徊(지회) 어떤 일을 결행하지 못하고 망서리며 주저함.

7 - 10 - 형성자

徐

천 천 히 서

길을 갈 때 조급하지 않고 천천히(彳) 여유있게(余) 걷는 사람의 형상을 본뜬 글자.

또 다른 뜻 차분할, 느릴, 더딜, 성(姓), 느릿할, 늦출, 평온할.

- 徐步(서보) 천천히 걷는 걸음.
- 徐徐(서서) 천천히 더딤.
- 徐緩(서완) 사물의 이동 따위의 진행이 더디고 느림.
- 徐行(서행) 차량 · 탈것 따위가 천천히 더디게 감.

7 - 10 - 형성자

徑

지 름 길 경

천천히(彳) 가도 다른 길보다 빨리 갈 수 있을 만큼 물줄기(巠) 처럼 곧은 지름길을 의미한 글자.

또 다른 뜻 곧을, 빠를, 지름, 오솔길, 쉬울, 말미암을, 건널.

- 徑路(경로) 빠른길. 오른길.
- 半徑(반경) 원의 중심에서 원주까지의 선분.
- 直徑(직경) 원의 중심을 통과하는 선분.
- 捷徑(첩경) 어떤 일에 이르기 수운 지름길.

7 - 10 - 형성자

徒

무 리 도

어떤 지역에 이리저리 망서리며(彳) 왔다갔다(走) 하는 무리들의 형상을 본뜬 글자.

또 다른 뜻 동아리, 걸어다닐, 맨손, 맨발, 헛될, 떼지어 다닐.

- 徒黨(도당) 불순한 사람들의 무리나 무리배들.
- 徒步(도보) 탈것을 타지 아니하고 걸어감.
- 徒食(도식) 하는 일 없이 거저 먹기한 함.
- 使徒(사도) 예수의 열두 제자.

8 - 11 - 형성자

得

얻 을 득

서성거리다(彳) 우연히도 재물(旦=貝의 변형)이 손(寸)에 들어와 얻는 사람의 형상을 본뜬 글자.

또 다른 뜻 깨달을, 만족할, 손에 넣을, 차지할, 이익, 탐할.

- 得男(득남) 아들을 낳음. 생남(生男).
- 得勢(득세) 세력을 얻음. 형세가 좋게 됨.
- 得失(득실) ① 얻음과 잃음. ② 이해와 손해.
- 得票(득표) 투표에서 찬성표를 얻음.

8 - 11 - 회의·형성자

從

좇 을 종

어쩐 어른을 시중들며 주춤주춤(彳) 뒤 좇아 따르는 사람(人人)의 형상을 본뜬 글자.

또 다른 뜻 따를, 조용할, ~에서, ~부터, 세로 모실, 다음갈.

- 從軍(종군) 군대를 따라 싸움터로 나감.
- 從來(종래) 이전부터 지금까지.
- 從事(종사) 어떠한 일을 일삼아서 함.
- 從業(종업) 업무나 어떤 일에 종사함.

MILLENNIUM

한 자 방 정 식

彳 + 盾 ⇨ 循

천천히 살피며 / 병폐를 막기 위해 / 돌고 있음.

---

8 - 11 - 회의자

御

어 거 할 어

임금의 수행원이 발이 힘이 없을(彳) 정오(午)에 어거를 멈추고 (止) 병부를 점검한다는 뜻.

(또 다른 뜻) 말몰, 모실, 거느릴, 다스릴, 말부릴, 조종할, 살필.

- 御命(어명) 임금의 명령. 궁궐에서 내린 왕명.
- 制御(제어) 기계등의 동작을 조절함.
- 統御(통어) 거느리고 제어함.

---

8 - 11 - 회의자

徙

옮 길 사

천천히(彳) 발을 끌며(止) 있던 곳을 뒤돌아보면서 옮겨가는 형상을 본뜬 글자.

(또 다른 뜻) 새로와질, 넘길, 이사할, 귀양보낼, 어정거릴.

- 徙居(사거) 살고 있던 거처를 옮겨 이사함.
- 徙邊(사변) 벼슬아치가 죄를 지어 변방으로 귀양감.
- 移徙(이사) 살고 있던 곳에서 또 다른 곳으로 거처를 옮김.

---

9 - 12 - 형성자

循

돌 순

군사가 수칙을 점검할 곳에서 망설이고(彳) 돌며 병폐를 막는다(盾)는 의미의 글자.

(또 다른 뜻) 좇을, 차례, 따라 행할, 의거할, 복종할, 주저할.

- 循良(순량) 고을 원인의 어진 다스림.
- 循次(순차) 차례를 좇음.
- 循環(순환) 끊임없이 자꾸 돎.
- 因循(인순) 내키지 않아 머뭇 거림.

---

9 - 12 - 형성자

復

회 복 할 복

좋지 않을 일로 망서린(彳)듯 하다가 불안이 가시고 (复) 평정을 회복한 형상을 본뜬 글자.

(또 다른 뜻) 거듭할, 돌이킬, 고할, 돌아올, 다시(부), 거듭(부).

- 復歸(복귀) 본디의 자리나 상태로 되돌아 감.
- 復元(복원) 원래대로 관직 · 명예 따위로 회복하여 돌아감.
- 復職(복직) 물러났던 관리가 자리에 다시 오름.

---

9 - 12 - 형성자

徨

거 닐 황

어떤 사람이 서성거리며(彳) 아무 할 일없이(白) 마치 왕(王)처럼 거니는 형상을 본뜬 글자.

(또 다른 뜻) 방황할, 어정거릴, 노닐, 느긋한, 서성거릴, 망서림.

- 徨徨(황황) 할 일없이 방황하는 모양.
- 彷徨(방황) 이리저리 목적없이 헤매며 돌아다님. 목적을 바로 정하지 못하고 망설이며 갈팡질팡함.

---

10 - 13 - 형성자

微

작 을 미

뒤따른(彳) 천한 종의 존재가 자잘하게(敳) 아주 작게 보이는 현상을 본뜬 글자.

(또 다른 뜻) 천할, 숨을, 적을, 정묘할, 은밀히, 희미할, 어렴풋할.

- 微動(미동) 미약하게 움직임.
- 微力(미력) 자기의 힘을 겸손히 일컬음.
- 微妙(미묘) 야릇하여 잘 알수 없음.
- 微笑(미소) 소리를 내지 아니하고 가볍게 웃음.

MILLENNIUM

한 자 방 정 식

心 + 生 ⇨ 性

사람의 마음은 타고난 성품임.

---

12 - 15 - 회의자

徹

통 할 철

어려 힘이 없는(彳)자녀의 훈육(育)은 격려와 매(攵)로 다스려야 역경을 슬기롭게 통과할 수 있다는 뜻의 글자.

(또 다른 뜻) 뚫을, 걷어치울, 사무칠, 트일, 달할, 이어질, 밝을.

- 徹夜(철야) 자지않고 밤을 지새워 목적한 바를 실현하기 위해 애씀.
- 透徹(투철) 사리에 밝고 뚜렷한 의지가 확고하여 확실함.

---

12 - 15 - 회의자

徵

부 를 징

자신을 작게(彳) 낮추고 숨어 살지언정 착함으로 덕을 베풀면 나라(王)에서 불러 거둔다는 의미의 글자.

(또 다른 뜻) 거둘, 증거, 증거할, 조짐, 나타낼, 요구할, 가락(치).

- 徵兵(징병) 군대에 복무할 병사들을 국가에서 불러 모음.
- 徵收(징수) 백성에게 조세 등을 거둠.
- 特徵(특징) 다른 것에 비해 특별한 것.

---

12 - 15 - 형성자

德

큰 덕

사람이 부드럽고(彳) 매사 조심하며 곧은(直) 언행과 심지(心)가 있는 사람은 큰 사람이라는 의미의 글자.

(또 다른 뜻) 은덕, 덕택, 은혜, 어진이, 현자, 행복, 얻을, 혜택.

- 德談(덕담) 앞으로 잘 되기를 축복하는 말.
- 德望(덕망) 덕행으로 얻은 명망.
- 德分(덕분) 어질고 고마운 것을 베푸는 일.
- 德行(덕행) 어질고 바른 행실.

---

3 - 6 - 형성자

忙

바 쁠 망

사람이 마음(忄) 속에 깊이 새겨둔 일일지라도 바쁘면 그 사실을 잊을(亡) 수 있다는 의미의 글자.

(또 다른 뜻) 분주할, 애탈, 조급할, 분망할, 애태울, 조마조마할.

- 忙迫(망박) 일에 몰리어 몹시 바쁨.
- 忙中(망중) 바쁜 가운데.
- 多忙(다망) 매우 바쁨. 바쁜 일이 많음.
- 奔忙(분망) 매우 바쁨. 매우 분주함.

---

4 - 7 - 형성자

快

즐 거 울 쾌

마음(忄) 속의 걸린 부분을 결단(決)하니 시원하고 즐거워 하는 사람의 형상을 본뜬 글자.

(또 다른 뜻) 빠를, 시원할, 후련할, 병나을, 쾌할, 날카로울.

- 快感(쾌감) 시원하고 즐거운 느낌.
- 快樂(쾌락) 욕망의 충족에서 오는 즐거움.
- 快晴(쾌청) 상쾌하도록 맑음.
- 快活(쾌활) 명랑하고 활발함. 통쾌하고 활달한 성격.

---

5 - 8 - 형성자

性

성 품 성

타고난 마음(忄)은 천성이란 말로 태어날(生) 때부터 가지고 태어나는 성품이라는 의미의 글자.

(또 다른 뜻) 성질, 바탕, 색욕, 천성, 본질, 생명, 모습, 자태, 자웅.

- 性能(성능) 어떤 물건이 지닌 성질과 기능.
- 性質(성질) 사물이 본디 가지고 있는 특성.
- 性品(성품) 사람의 성질이나 됨됨이.

忄

MILLENNIUM

한 자 방 정 식

心 ✚ 光 ⇨ 恍

사람의 마음이 환하도록 황홀함.

5-8-형성자

怪

괴이할 괴

어떤 일이 마음(忄)처럼 힘써서(圣)어지지 않고 괴이한 마력이 필요하다는 의미의 글자.

또다른뜻 기이할, 괴물, 괴이여길, 야릇할, 불가사이할.

怪力(괴력) 괴상하게 뛰어난 큰 힘.
怪變(괴변) 괴상한 변고. 괴이한 일이나 사고.
怪漢(괴한) 차람새·행동이 괴상한 사람.

5-8-형성자

怏

원망할 앙

원한에 사무친 사람의 마음(忄)이란 원망으로 기력을 다한다(央)는 뜻의 글자.

또다른뜻 앙심먹을, 불만스러울, 미워할, 원한, 품을, 사무칠.

怏宿(앙숙) 원한을 품고 미워하는 일, 또는 그런 사이.
怏心(앙심) 원한을 품은 마음. 분하게 여기는 마음.
怏然(앙연) 어떤 사람을 원망해하는 모진 마음.

5-8-형성자

怖

두려워할 포

아이들의 마음(忄)이란 아버지가 매를 들었을 때 가장 두려워한다는 뜻의 글자.

또다른뜻 두려움, 떨다, 두려워서 떨, 공포스러울, 무서울.

怖畏(포외) 어떤 것을 두려워함.
怖駭(포해) 두려워하고 놀람. 두려워서 기함함.
恐怖(공포) 무서움과 두려움. 두려움으로 오싹한 마음.
驚怖(경포) 놀라고 두려움.

6-9-형성자

恒

항상 항

변함없이 항상 마음(忄)이 한 곳으로 뻗쳐(亘) 한결같아서 떳떳한 이의 현상을 본뜬 글자.

또다른뜻 떳떳할, 늘, 변함없을, 온순할, 언제나, 미칠, 반달.

恒久(항구) 변함 없이 오래 감. 변함없이 영구한 것.
恒常(항상) 늘. 언제나. 恒時(항시).
恒性(항성) 언제나 변하지 아니하는 성질.
恒速(항속) 일정한 속도.

6-9-형성자

恨

한할 한

마음(忄) 속 깊이 한이 많아 항상 가슴 속에 응어리져(艮) 있는 형상을 본뜬 글자.

또다른뜻 한탄, 뉘우칠, 원한, 원한품을, 유감스러울, 한.

恨歎(한탄) 원통해 한숨 쉬며 탄식함.
怨恨(원한) 원망스럽고 한이 되는 생각.
痛恨(통한) 가슴이 아프게 몹시 한탄함.

6-9-형성자

恍

황홀할 황

사람이 마음(忄)이 환하게 빛이(光) 나는 것은 황홀할 때 더욱 그러하다는 뜻의 글자.

또다른뜻 어슴푸레할, 미묘할, 미묘하여 알기 어려운 모양.

恍惚(황홀) ①눈이 너무 부셔서 어릿어릿할 정도로 찬란하거나 화려함. ②한가지 사물에 마음이나 시선이 온통 쏠려 어리둥절함.③정신이 아찔하고 흐리멍텅함.

MILLENNIUM

한자방정식

心 + 吾 → 悟

마음을 다스려 자신 스스로 깨달음.

6 - 9 - 형성자

恰

흡사할 흡

마음(忄)이 서로 모아져(合) 하나가 되어 마치 같은 것처럼 흡사한 형상을 본뜬 글자.

또 다른 뜻 비슷할, 마치, 새우는 소리, 거의 모양이 같을.

恰似(흡사) ①거의 같을 정도로 비슷함. ②얼굴 따위가 마치 쌍둥이 형제처럼 매우 닮음. ③어떤 상황이 전에 있었던 어떤 것과 너무나 비슷함.

7 - 10 - 형성자

悅

기쁠 열

마음(忄)이 기쁨(兌)으로 가득하니 즐겁고 기쁘기 한없는 사람의 형상을 본뜬 글자.

또 다른 뜻 즐거울, 복종할, 기뻐할, 기쁨, 심복할, 즐거워할.

悅服(열복) 기쁜 마음으로 복종함.

悅親(열친) 어버이 마음을 기쁘게 함.

喜悅(희열) 기쁨과 즐거움. 희락(喜樂).

7 - 10 - 형성자

悟

깨달을 오

어떤 일에 마음(忄)을 평정하고 자신(吾)에 대하여 스스로 깨닫는 사람의 형상을 본뜬 글자.

또 다른 뜻 깨우칠, 깨닫게 할, 계발할, 가르칠, 깨닫음.

悟道(오도) 불도의 진리를 진정으로 깨달음.

悟性(오성) 이성과 감성의 중간 사고 능력.

大悟(대오) 번뇌에서 벗어나 크게 깨달음.

7 - 10 - 형성자

悔

뉘우칠 회

마음(忄)이 탐욕(每)으로 가득한 사람이 망한 뒤에야 뉘우치고 마음을 바로잡는 형상을 본뜬 글자.

또 다른 뜻 고칠, 한할, 애석하게 여길, 깔볼, 주역의 팔괘.

悔改(회개) 잘못을 뉘우치고 고침.

悔恨(회한) 뉘우치고 한탄함. 뉘우치고 후회하는 심정.

後悔(후회) 이전의 잘못을 깨닫고 뉘우침.

7 - 10 - 형성자

悚

두려워할 송

죄지은 사람의 마음(忄)이 마치 나무에 묶인(束) 것처럼 항상 두려워하는 형상을 본뜬 글자.

또 다른 뜻 송구스러울, 허둥거릴, 죄송할, 무서울, 경외할.

悚懼(송구) 마음이 두렵고 미안함.

悚然(송연) 두려워서 몸을 움추림.

罪悚(죄송) 죄스럽고 황송함.

惶悚(황송) 몸둘 바 모르고 두려워함.

8 - 11 - 형성자

情

뜻 정

고결한 마음(忄)과 항상 변함없는 푸른(靑) 마음을 가진 사람이 덕을 베풀어 뜻을 펼친다는 뜻의 글자.

또 다른 뜻 사람, 사실, 정, 사정, 욕심, 의욕, 지망, 정성, 애정.

情報(정보) 사정이나 정황의 보고, 자료.

情事(정사) 남녀간의 육체적 결합 관계.

情熱(정열) 가슴 속에 이는 적극적 감정.

情況(정황) 사물의 정세와 형편.

MILLENNIUM

한 자 방 정 식

心	+	昔	⇨	惜
마음 속에		옛날을 추억하며		아낌.

8 - 11 - 형성자

惜

아 낄 석

좋은 일이나 그리움들이 마음(忄) 속에 그 옛날(昔)을 아끼는 소중함으로 추억됨을 의미한 글자.

(또 다른 뜻) 가엾을, 사랑할, 아깝게 여길, 소중히 여길, 탐낼.

- 惜別(석별) 애틋한 이별. 이별을 애틋해 함.
- 惜敗(석패) 약간의 차이로 애석하게 지는 일.
- 哀惜(애석) 슬프고 아까움.
- 愛惜(애석) 사랑하고 아깝게 여김.

8 - 11 - 형성자

惟

생 갈 할 유

마음(忄)으로 부터 새(隹)처럼 자유스럽게 이상과 목표를 높게 생각할 따름이라는 의미의 글자.

(또 다른 뜻) 오직, 꾀할, 한갓, 사유, 마땅할, 홀로, 다만.

- 惟獨(유독) 오직 홀로.
- 唯一(유일) 오직 그것 하나뿐임. 유일.
- 思惟(사유) 경험으로 알게 된 사실을 통하여 경험하지 않은 객관적 사실을 미루어 보는 능력.

8 - 11 - 형성자

悽

슬 퍼 할 처

남편을 먼저 보낸 마음(忄)으로 아내(妻)의 심정은 실로 슬플 수 밖에 없음을 의미한 글자.

(또 다른 뜻) 애통할, 애처러울, 야윌, 마음아플, 차가울, 괴로워할.

- 悽然(처연) 처절히 슬퍼하는 모양.
- 悽絶(처절) 더할 나위 없이 처절함.
- 悽慘(처참) 슬프고 참혹함.
- 悽愴(처창) 마음이 몹시 구슬픔.

8 - 11 - 형성자

惚

황 홀 할 홀

너무나 황홀한 마음(忄)에 정신(心)이 없어(勿) 어찌할 바 몰라하는 사람의 형상을 본뜬 글자.

(또 다른 뜻) 멍할, 흐릿할, 정신이 나가 멍한 모양, 흐릴.

- 怳惚(황홀) ①눈이 너무 부셔서 어릿어릿할 정도로 찬란하거나 화려함. ②한가지 사물에 마음이나 시선이 온통 쏠려 어리둥절함. ③정신이 아찔하고 흐리멍텅함.

8 - 11 - 형성자

悼

슬 퍼 할 도

대개 주위 사람의 죽음에 마음(忄)이 격하여지고 매우(卓) 슬퍼하는 형상을 본뜬 글자.

(또 다른 뜻) 슬플, 가엾을, 가엾게 여길, 마음 아파할.

- 悲悼(비도) 사람의 죽음을 몹시 슬퍼하고 애석히 여김.
- 哀悼(애도) 남의 죽음을 애석해 하며 슬퍼함.
- 追悼(추도) 죽은 사람을 그리워 하며 슬퍼함.

9 - 12 - 형성자

惱

괴로워할 뇌

가뭄으로 농민들의 마음(忄)이란 그저 괴로워할 수 밖에 없어 갈라진(𡿺) 땅을 본다는 뜻의 글자.

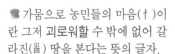

(또 다른 뜻) 고달플, 고민할, 괴롭힐, 번뇌, 고통스러울.

- 苦惱(고뇌) 괴로워 하고 번뇌함.
- 煩惱(번뇌) 마음이 시달려서 괴로움.
- 心惱(심뇌) 마음속에 일어나는 번뇌.
- 惱殺(뇌살) 여자가 아름다움으로 남자를 매혹하는 일.

MILLENNIUM

한 자 방 정 식

心	+	貫	⇨	慣
마음 속으로		꿸만큼		익숙한 버릇.

10 - 13 - 형성자

愼

삼갈 신

매사 진지하고 어진 사람은 마음(忄)이 진실(眞)하고 언행을 삼가할 줄 안다는 의미의 글자.

또 다른 뜻 조심할, 참으로, 이룰, 따를, 순종함, 경계할, 성(姓).

愼戒(신계) 언행을 삼가하고 경계함.
愼言(신언) 말을 삼가함.
愼重(신중) 매우 조심스럽고 무거움.
謹愼(근신) 과오를 반성하고 언행을 삼가함.

10 - 13 - 형성자

愧

부끄러울 괴

마음(忄)으로 도깨비(鬼)를 무서워 하는 것은 부끄러운 일을 저질렀기 때문이라는 의미의 글자.

또 다른 뜻 부끄러워할, 창피를 줄, 모욕할, 책망할, 두려워할.

愧赧(괴난) 부끄러워 얼굴 낯이 붉어짐.
愧色(괴색) 부끄러워하는 얼굴빛.
愧心(괴심) 부끄러워하는 마음.
羞愧(수괴) 부끄럽고 창피스러움.

10 - 13 - 형성자

慌

다급할 황

갑자기 다급한 일이 생겨 두려운 마음(忄)에 빠져(荒) 어쩔줄 몰라하는 사람의 형상을 본뜬 글자.

또 다른 뜻 어리둥절할, 절박할, 황홀할, 어렴푸시, 두려워할.

慌急(황급) 무척 당혹스럽고 급박한 모양.
慌忙(황망) 바빠서 어찌할 줄 몰라함.
唐慌(당황) 다급하여 정신이 없어 어리둥절함.

11 - 14 - 형성자

慨

슬퍼할 개

어떤 일이 마음(忄)으로 잘못된 것을 이미(旣) 알고 슬퍼하고 후회하는 사람의 형상을 본뜬 글자.

또 다른 뜻 개탄할, 강개할, 분개할, 피로한 모양, 서글퍼할.

慨歎(개탄) 분하고 못마땅해 탄식함.
感慨(감개) 깊이 감격하여 사무친 느낌.
憤慨(분개) 몹시 화를 내거나 분해 함.
慙慨(참개) 몹시 부끄러워 탄식함.

11 - 14 - 형성자

慣

익숙할 관

어떤 일이든 마음(忄) 속에 꿸(貫) 만큼 익숙하게 버릇처럼 익혀야 된다는 의미의 글자.

또 다른 뜻 버릇, 익숙하여질, 익힐, 버릇이될, 습관, 습관이 될.

慣例(관례) 관습이 되어버린 전례.
慣習(관습) 일반적으로 인정되는 관례의 풍습.
慣用(관용) 습관이 되어 사용함.
慣行(관행) 전부터 관례가 되어 행해 옴.

11 - 14 - 형성자

慢

거만할 만

남을 깔보는 마음(忄)은 끝없을(曼) 정도로 거만하고 게으르게 된다는 의미의 글자.

또 다른 뜻 게으를, 느릴, 업신여길, 모멸할, 오만할, 해이할.

慢性(만성) 어떤 일이 습관이 되어 온 성질.
傲慢(오만) 태도나 행동이 건방지고 잘난 체하며 방자함.
怠慢(태만) 느리고 게으름.

MILLENNIUM

한 자 방 정 식

心 + 曾 → 憎

섭섭한 마음이 / 거듭되어 / 미워하게 됨.

11 - 14 - 형성자

慘

참 혹 할 참

마음(忄)이 혼미해질 만큼 위에서 무언가 내려 찡는(參) 것같은 참혹한 형상을 본뜬 글자.

또 다른 뜻 혹독할, 쓸쓸할, 염려할, 괴로워할, 근심, 애처러울.

- 慘事(참사) 참혹한 일. 비참한 사건.
- 慘狀(참상) 참혹한 상태. 비참한 양상.
- 慘酷(참혹) 비참하고 끔직함.
- 無慘(무참) 더없이 참혹함.

11 - 15 - 형성자

慙

부끄러워할 참

부끄러운 일을 가슴 속 깊은 곳에서 도려내고(斬) 싶은 심정(心)이란 뜻의 의미를 가진 글자.

또 다른 뜻 수치, 부끄러울, 무참할.

- 慙慨(참개) 몹시 부끄러워서 탄식함.
- 慙愧(참괴) 양심에 부끄러워함.
- 慙悔(참회) 부끄러워하며 뉘우침.
- 無慘(무참) 비할 바 없이 부끄러워 함.

12 - 15 - 형성자

憐

불쌍히여길 련

어려운 사람들은 마음(忄)으로 서로 불쌍히 여겨 반딧불(粦)같이 반짝이는 눈물을 보인다는 글자.

또 다른 뜻 가엾이 여길, 사랑할, 가엾게 생각할, 어여삐 여길.

- 憐憫(연민) 불쌍하고 가련함.
- 可憐(가련) 신세가 딱하고 가엾음.
- 哀憐(애련) 가엾고 애처롭게 여김.
- 愛憐(애련) 어리거나 약한 사람을 도탑게 사랑함.

12 - 15 - 형성자

憫

불쌍히여길 민

딱한 처지의 이웃을 보고 마음(忄)이 민망하고(閔) 불쌍히 여겨지는 형상을 본뜬 글자.

또 다른 뜻 근심할, 딱할, 가엾이 여길, 고민할, 딱하게 여길.

- 憫急(민급) 걱정이 아주 절박함.
- 憫忙(민망) 답답하고 딱해 걱정스러움.
- 憫笑(민소) 가엾게 여겨 웃음.
- 憐憫(연민) 불쌍하고 가련히 여김.

12 - 15 - 형성자

憎

미 워 할 증

사람이 어떤 일로 섭섭한 마음(忄)이 거듭되니(曾) 상대를 미워하는 형상을 본뜬 글자.

또 다른 뜻 미울, 싫을, 증오할, 미움, 증오, 원망할, 섭섭할.

- 憎惡(증오) 몹시 미워함. 몹시 원망하고 미워함.
- 可憎(가증) 얄미움. 얄미운 행동이나 태도.
- 愛憎(애증) 사랑함과 미워함.
- 怨憎(원증) 원망과 증오.

12 - 15 - 형성자

憤

분 할 분

마음(忄)이 크게(賁) 상하여 여간 못마땅히 여기며 분해하는 사람의 형상을 본뜬 글자.

또 다른 뜻 성낼, 분기할, 떨쳐 일어날, 분한 마음, 분발할.

- 憤激(분격) 분한 감정이 복받쳐 오르는 모양.
- 憤慨(분개) 격분하여 개탄함.
- 憤怒(분노) 분하여 성냄.
- 憤然(분연) 벌컥 성을 내는 모양.
- 憤痛(분통) 분하여 마음이 쓰리고 아픔.

MILLENNIUM

한 자 방 정 식

心	+	賴	⇨	懶
자신의 마음을		너무 믿는 나머지		게을러짐.

13 - 16 - 회의 · 형성자

憶

생 갈 할 억

마음(忄) 속 깊이 지난날의 뜻(意) 깊은 일들을 생각하고 기억하는 사람의 형상을 본뜬 글자.

또 다른 뜻 기억할, 추억할, 잊지 아니할, 우울해질, 되살릴.

憶念(억념) 마음속에 기억하고 잊지 않음.
憶想(억상) 억측하여 헤아리는 좁은 소견.
記憶(기억) 의식 속에 간직된 경험의 축적.

13 - 16 - 형성자

憾

한 할 감

섭섭한 마음(忄)으로 한스러움이 가득남아(咸) 마음(心)에 상처를 받은 사람의 형상을 본뜬 글자.

또 다른 뜻 섭섭해할, 한스러울, 원한품을, 한(恨), 원한, 불안할.

感情(감정) 불만으로 언짢게 여기는 마음.
私感(사감) 사사로운 이해 관계로 언짢게 여기는 마음.
遺憾(유감) 마음에 남아 있는 섭섭한 마음이나 언짢은 느낌.

16 - 19 - 형성자

懷

품 을 회

마음(忄) 속에 품은(褱) 뜻을 가슴 깊이 간직하고 내일을 위한 사람의 형상을 본뜬 글자.

또 다른 뜻 달랠, 생각할, 품, 품안, 품안에 넣을, 위로할.

懷柔(회유) 어루만져서 잘 달램.
懷疑(회의) 이제껏 해 온 일들에 대해 의심을 품음.
懷抱(회포) 마음속에 품은 생각.
述懷(술회) 마음 속의 여러 가지 생각들을 말함.

16 - 19 - 형성자

懶

게 으 를 라

자기의 마음(忄)을 너무 믿는(賴) 나머지 매사 나태해지고 게을러진 사람의 형상을 본뜬 글자.

또 다른 뜻 나른할, 느슨할, 의욕이 없을, 혐오할(뢰).

懶農(나농) 농사일을 권태롭게 생각하며 게을리 함.
懶惰(나타) 권태롭워 하며 게으르고 느림.
懶怠(나태) 권태롭워 하며 게으르고 느림.

18 - 21 - 형성자

懼

두려워할 구

충격으로 마음(忄) 속깊이 놀라(瞿) 두려워하며 주위를 두리번거리는 사람의 형상을 본뜬 글자.

또 다른 뜻 조심할, 겁이날, 위태로울, 두려울, 의를, 협박할.

恐懼(공구) 몹시 두려움.
悚懼(송구) 마음에 두렵고 거북함.
畏懼(외구) 무서워하고 두려워함.
疑懼(의구) 의심하여 두려워함.

0 - 3 - 회의자

才

재 주 재

재간과 재주는 새싹이 땅을 움트고 나오듯 어려서부터 길러진다는 의미의 글자.

또 다른 뜻 재간, 지혜, 재능, 재능있는 사람, 기본, 바탕, 조금.

才能(재능) 재주와 능력.
才色(재색) 여자의 재주와 용모.
才媛(재원) 재주가 있는 젊은 여자.
才致(재치) 어떤 기술의 능숙함과 눈치빠른 재주.

MILLENNIUM

한 자 방 정 식

手	+	丁	⇨	打
손에 든 망치로		못을 박기위해		내려침.

2-5-형성자

打

칠 타

목공이 손(扌)에 망치를 들고 못(丁)을 박는 형상을 본뜬 글자로 무엇을 친다는 의미의 글자.

또 다른 뜻 때릴, 두드릴, 공격할, 전신보낼, 공칠, ~부터.

打開(타개) 막힌 일을 처리하여 해결함.
打倒(타도) 때리거나 쳐서 쓰러뜨림.
打算(타산) 이해 관계를 따지어 헤아림.
打診(타진) 미리 남의 뜻을 살펴봄.

3-6-형성자

托

받칠 탁

믿을 만한 사람의 손(扌)에 받쳐 맡기며 그 사물을 부탁(託의 생략형)하는 형상을 본뜬 글자.

또 다른 뜻 받침, 의지할, 맡길, 부탁할, 대(臺), 의탁할, 의자.

托盤(탁반) 잔을 받치는 그릇.
托鉢(탁발) 중이 집집마다 동냥하는 일.
托生(탁생) 남에게 의지하여 생활함.
依託(의탁) 남에게 의뢰하여 부탁함.

4-7-형성자

技

재주 기

남달리 재주가 뛰어나 손(扌)으로 가려내는(支) 기술이 능숙한 사람의 형상을 본뜬 글자.

또 다른 뜻 기술, 능통할, 재능, 솜씨, 헤아릴, 구부러질.

技巧(기교) 솜씨가 아주 교묘함.
技能(기능) 기술적인 능력이나 재능. 기량.
技法(기법) 기교를 부리는 방법. 기술상의 수법.
技師(기사) 기술 업무를 전문으로 하는 사람.

4-7-회의자

抑

누를 억

남의 자유를 손(扌)으로 눌러 앉게하며 억누르는 현상을 본뜬 글자로 억압함의 뜻이 있음.

또 다른 뜻 억누를, 발어사, 대체, 또한, 찍을, 참을, 물리칠.

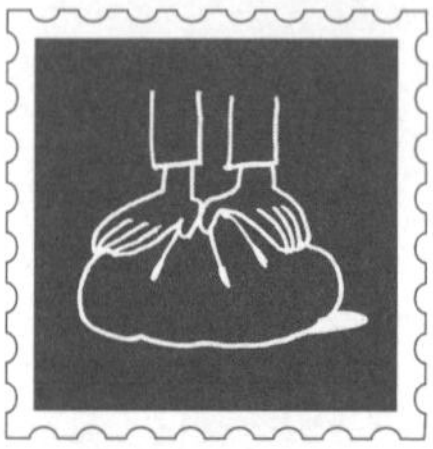

抑留(억류) 잡아놓고 억지로 머물게 함.
抑壓(억압) 약한자를 억제하여 압박함.
抑制(억제) 사물 따위를 내리눌러서 제어함.
抑止(억지) 억눌러 멈추게 함.

4-7-형성자

批

비평할 비

손(扌)으로 물건을 견주어(比) 어떤 일의 시시비비를 비평하는 사람의 형상을 본뜬 글자.

또 다른 뜻 후려칠, 점찍을, 때릴, 칠, 평할, 품평할, 때릴(별).

批答(비답) 상소에 왕의 하답.
批點(비점) 문장 등을 비평·정정한 평점.
批判(비판) 옳고 그름을 가리어 밝힘.
批評(비평) 사물의 미추 등을 평가함.

4-7-형성자

扶

도울 부

가족을 위해 애쓰는(扌) 지아비를(夫) 곁에서 도우며 내조하는 아내의 형상을 본뜬 글자.

또 다른 뜻 부축할, 호위할, 받칠, 말미암을, 일어날, 붙들.

扶養(부양) 생활 능력이 없는 이를 돌봄.
扶育(부육) 도와서 기름.
扶助(부조) 남을 붙들어 도와 줌. 부조금.
扶持(부지) 어려운 일을 버티어 견딤.

MILLENNIUM

한 자 방 정 식

手	+	斤	⇨	折
손에 든		도끼로 내리쳐		나무를 꺾음.

---

4 - 7 - 형성자

投

던 질 투

다부진 병사가 손(扌)에 창(殳)을 들어 던지는 형상을 본뜬 글자로 투자의 뜻도 있음.

(또 다른 뜻) 버릴, 줄, 보낼, 머무를, 묵을, 향할, 넣을, 머무를(두).

- 投機(투기) 요행만을 바라고 투자함.
- 投宿(투숙) 숙박 시설에 들어서 묵음.
- 投入(투입) 사물을 새로이 넣음.
- 投資(투자) 이익을 위해 자본을 댐. 출자.

---

4 - 7 - 회의자

折

꺾 을 절

나무끈이 손(扌)에 쥔 도끼(斤)로 세차게 나무를 찍거나 꺾는 형상을 본뜬 글자.

(또 다른 뜻) 타협할, 꾸짖을, 꺾일, 절충할, 일찍 죽을, 쪼갤.

- 折衷(절충) 양쪽의 좋은 점으로 조화시킴.
- 骨折(골절) 뼈가 부러짐.
- 屈折(굴절) 빛 등이 휘어서 꺾임.
- 挫折(좌절) 세력 · 기세 · 의지 따위가 꺾임.

---

4 - 7 - 형성자

抄

베 낄 초

남의 책 따위의 내용을 손(扌)에 붓을 들고 같게(少=肖의 변형) 베끼는 형상을 본뜬 글자.

(또 다른 뜻) 가로챌, 빼앗을, 가릴, 기록할, 노략질할, 뜰, 떠낼.

- 抄本(초본) 원본을 베낀 문서.
- 抄寫(초사) 원본의 일부를 빼어 베낌.
- 抄集(초집) 어떤 글을 간략하게 뽑아 모음.
- 抄譯(초역) 원문에서 필요 부분을 번역함.

---

4 - 7 - 형성자

抗

대항할 항

무사가 손(扌)에 창을 들고 적과 맞서(亢) 대항하고 물리치는 형상을 본뜬 글자.

(또 다른 뜻) 막을, 올릴, 거부할, 도울, 구할, 맞설, 대항할(강).

- 抗拒(항거) 순종하지 않고 맞서 반항함.
- 抗議(항의) 반대의 뜻을 주장하여 표함.
- 反抗(반항) 순종하지 아니하고 저항함.

---

4 - 7 - 형성자

把

잡 을 파

산의 나무 사이에 있는 뱀(巴)을 손으로(扌) 잡는 것처럼 무엇을 잡는 형상을 본뜬 글자.

(또 다른 뜻) 쥘, 헤칠, 손잡이, 가질, 지킬, 묶을, 한줌, 한단, 비파.

- 把守(파수) 경계하여 지킴. 파수꾼.
- 把握(파악) 어떤 일을 진행에 앞서 잘 이해하여 확실하게 앎.
- 把住(파주) 경험한 사실을 마음 속에 오래 지니고 있어, 재현시키는 심리적 작용.

---

4 - 7 - 형성자

扱

처리할 급

사물 따위를 손(扌)빠르게 처리하여 일의 성사에 미칠(及) 수 있게 한다는 뜻의 글자.

(또 다른 뜻) 거둘, 다룰, 거두어 모을, 취급할, 닿을, 끌어당길.

- 取扱(취급) ① 사물을 다룸. ②응대하거나 대접함. ③사무 따위를 처리함.

MILLENNIUM

한 자 방 정 식

手	+	分	⇒	扮
손으로		분을 찍어		얼굴을 꾸밈.

4-7-형성자

扮

꾸 밀 분

특히 여자가 화장할 때 손(扌)으로 분을 찍어(分) 얼굴을 꾸밀 때의 형상을 본뜬 글자.

또 다른 뜻 잡을, 웅큼, 섞을, 매만져 꾸밀, 아우를, 치장할.

扮飾(분식) 몸을 치장하는 것. 몸치장.
扮裝(분장) ①몸을 치장함. ②출연할 배우가 등장 인물로 치장하여 꾸밈. ③사실 아닌 것을 사실처럼 꾸밈을 비유한 말.

5-8-형성자

拒

막 을 거

적을 향하여 맞서서 손(扌)을 크게(巨) 휘져어 날랜 자세로 막는 형상을 본뜬 글자.

또 다른 뜻 맞설, 물리칠, 거부할, 대적할, 거절할, 방진(구).

拒否(거부) 받아들이지 아니하고 물리침.
拒逆(거역) 따르지 아니하고 거스름.
拒絶(거절) 잘아들이지 아니하고 물리침.
抗拒(항거) 순종하지 않고 반항함.

5-8-형성자

拘

잡 을 구

손(扌)이나 팔을 구부려(句) 묶어서 죄인을 잡는 형상을 본뜬 글자로 구속의 뜻이 있음.

또 다른 뜻 거리낄, 잡힐, 한정할, 바로잡을, 단속할, 껴안을.

拘禁(구금) 신체의 자유를 구속·유치시킴.
拘留(구류) 잡아 가둠.
拘束(구속) 체포하여 신체를 속박함.
拘置(구치) 구속하여 유치함.

5-8-형성자

拂

떨 칠 불

어떤 대가를 치룰 때 손(扌)으로 먼지를 떨쳐버리듯(弗) 깨끗히 지불하는 형상을 본뜬 글자.

또 다른 뜻 어길, 치를, 지불할, 떨어버릴, 거스를, 도울(필).

拂式(불식) 털고 훔침. 털어내듯 훔침.
拂入(불입) 어떤 금액을 지불함.
拂下(불하) 단체의 재산을 민간에 매도함.
支拂(지불) 돈을 치러 줌. 값을 내어 줌.

5-8-형성자

拔

뽑 을 발

어떤 사물을 손(扌)으로 뽑을 때 개가 먹이를 가로채듯 날렵(犮)하게 가려야 한다는 의미의 글자.

또 다른 뜻 빼어날, 뺄, 뽑아낼, 뛰어날, 공략할, 쥘, 성할(패)

拔本(발본) 근본 원인을 뽑아 버림.
拔萃(발췌) 중요한 것을 뽑아 냄.
拔擢(발탁) 여러 사람 중에서 뽑아 씀.
選拔(선발) 여럿 가운데서 자격·조건을 갖춘 것을 뽑음.

5-8-형성자

拙

졸 할 졸

어린애가 무엇을 손(扌)으로 만든 것을 보면 들쭉날쭉(出) 졸한 졸작을 만든 형상을 본뜬 글자.

또 다른 뜻 못생길, 서두를, 재주없을, 어리석을, 자신의 겸칭.

拙劣(졸렬) 옹졸하게 비열함.
拙作(졸작) 자기의 작품을 겸손히 이름.
拙筆(졸필) 졸렬한 글씨. 자기의 글씨를 겸손히 이름.
稚拙(치졸) 평범 이하로 유치하고 졸렬함.

MILLENNIUM

한 자 방 정 식

手	+	包	⇨	抱
손과 팔로		물건을 끌어 싸듯		안음.

5-8-형성자

抵

막 을 저

손(扌)에 병기를 들고 낮은(氏=低의 생략형) 자세로 있다가 솟구쳐 적을 막는 형상을 본뜬 글자.

또다른뜻 거스를, 당할, 이를, 거절할, 부딪칠, 속일, 칠(지).

抵當(저당) 채무의 담보로 동산 등을 잡힘.
抵觸(저촉) 위반되거나 거슬림.
抵抗(저항) 권위 등에 따르지 않고 버팀.
大抵(대저) 대체로 보아. 무릇.

5-8-형성자

拍

손 뼉 칠 박

손(扌)과 손을 맞부딪히면 밝은(白) 소리가 나니 손뼉을 쳐 장단을 맞추기도 한다는 의미의 글자.

또다른뜻 장단, 칠, 두드릴, 어루만질, 박자, 악기, 어깨뼈.

拍手(박수) 손뼉을 침.
拍子(박자) 곡조의 진행을 헤아리는 단위.
拍掌(박장) 손바닥을 침. 두 손바닥을 맞부딪침.
拍車(박차) 일의 촉진을 더하는 일.

5-8-회의·형성자

抱

안 을 포

손(扌)으로 사물을 끌어안으며(包) 자기의 것이라 표하는 뜻으로 안는 다는 의미의 글자.

또다른뜻 품을, 가질, 부둥켜 안을, 품, 지킬, 받들, 던질.

抱卵(포란) 암새가 알을 품고 있는 일.
抱腹(포복) 배를 끌어 안음.
抱負(포부) 마음 속의 원대한 계획·희망.
抱擁(포옹) 가슴의 품에 껴안음.

5-8-형성자

拓

열 척

거치른 땅을 손(扌)으로 잡석(石)을 치우며 개간하거나 의지를 여는 형상을 본뜬 글자.

또다른뜻 넓힐, 헤칠, 개척할, 불우할, 척박한 땅, 박을(탁).

拓殖(척식) 척지(拓地)와 植民(식민).
開拓(개척) 황무지를 일구어 논밭을 만듦.
拓本(탁본) 금석에 새긴 것을 종이에 붙임.

5-8-형성자

抽

뽑 을 추

용기에 여럿 담은 패를 손(扌)으로 뽑아 그것으로 말미암아(由) 내일을 예견한다는 의미의 글자.

또다른뜻 뺄, 당길, 뽑아낼, 제거할, 잡아당길, 거두어들일.

抽象(추상) 일반적인 개념으로 파악함.
抽籤(추첨) 여럿 중에서 제비를 뽑음.
抽出(추출) 고체·액체 따위에서 어떤 성분을 뽑아 냄.

5-8-형성자

招

부 를 초

두 손(扌)을 입에 대고 앞서 가고 있는 사람을 손짓으로 부르는(召) 형상을 본뜬 글자.

또다른뜻 손짓할, 불러올, 초래할, 초대할, 들어올 릴(교).

招待(초대) 사람을 불러 대접함.
招來(초래) 어떤 부정의 결과를 가져옴.
招聘(초빙) 예를 갖추어 불러 맞아들임.
招請(초청) 청하여 부름.

MILLENNIUM

한 자 방 정 식

手	+	寺	⇨	持
손에		관청의 공문서를		잡아쥐고 있음.

5-8-형성자

押

수결둘 압

손(扌)으로 거북이의 껍질(甲)을 꼬옥 누르듯 도장으로 수결 두는 형상을 본뜬 글자.

또다른뜻 도장찍을, 운을 달, 압수할, 압류할, 단속할(갑).

- 押留(압류) 집행 기관이 특정 재산이나 권리에 대해 처분을 금하는 행위.
- 押收(압수) 법원이나 수사 기관 등이 직권으로 증거물이나 재산을 강제로 빼앗는 행위.

5-8-형성자

拉

잡아갈 랍

사람을 손(扌)으로 들어 세워서(立) 억지로 잡아가는 괴한의 형상을 본뜬 글자.

또다른뜻 끌고, 갈, 꺾을, 납치, 부러뜨릴, 데려갈, 끌어갈.

- 拉杯(납배) 도자기를 만들 때 손물레로 그릇의 목부분을 본떠서 만드는 일.
- 拉致(납치) 억지로 데리고 감.
- 拉朽(납후) 썩은 나무를 꺾음. 어떤 일이 쉬움을 비유한 말.

5-8-회의·형성자

抹

바를 말

벽의 낙서를 손(扌)으로 문질러(末) 보이지 않게 칠을 바르는 형상을 본뜬 글자.

또다른뜻 칠할, 지울, 없앨, 스칠, 지나갈, 쓰다듬을, 문지를.

- 抹殺(말살) 지워서 없애거나 아주 없앰.
- 抹消(말소) 기록되어 있는 것을 지워서 없앰.
- 一抹(일말) '붓 한 번 대는 정도로'라는 뜻으로 조금을 비유한 말.

5-8-회의자

拋

던질 포

어떤 것을 손(扌)에 쥐고 한쪽 발정강이를 굽혀(尢) 힘껏(力) 던지는 형상을 본뜬 글자.

또다른뜻 버릴, 전차(戰車), 포기할, 버려둘, 던져질, 채념할.

- 拋棄(포기) ① 하던 일을 중도에서 그만 둠. ② 자기의 권리나 자격을 내버려 행사하지 않음.
- 拋置(포치) 버려둠. 내버려 둠.

6-9-형성자

持

잡을 지

손(扌)에 관청(寺)으로부터 하달된 공문서 잡아쥐고 소중히 다루는 형성을 본뜬 글자.

또다른뜻 가질, 버틸, 지킬, 견뎌낼, 소유할, 유지할, 도울.

- 持久(지구) 오랫동안 버티어 견딤.
- 持分(지분) 자신의 소유한 만큼 행사하는 비율.
- 持續(지속) 끊임없이 계속함. 또는 지속됨.
- 支持(지지) 찬동하여 원조함.

6-9-형성자

指

손가락 지

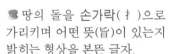

땅의 돌을 손가락(扌)으로 가리키며 어떤 뜻(旨)이 있는지 밝히는 형상을 본뜬 글자.

또다른뜻 가리킬, 뜻, 손가락질할, 발가락, 지시할, 지휘할.

- 指導(지도) 학과·기예 따위를 가르쳐 이끎.
- 指示(지시) 가리키어 보임.
- 指摘(지적) 꼭 집어서 가리킴.
- 指標(지표) 달성하도록 지정된 목표.

MILLENNIUM

한 자 방 정 식

手	+	安	⇨	按
손으로		편안하게		주물러 안마함.

6-9-형성자

拾

주 울 습

떨어진 사물을 손(扌)을 모아(合) 주워서 손에 쥐는 형상을 본뜬 글자로 열 십의 뜻이 있음.

또 다른 뜻 습득할, 칼집, 소매띠, 발어사, 열(십), 번갈아(겁).

- 拾得(습득) 주워서 얻음.
- 拾遺(습유) 남이 잃은 물건을 주움.
- 拾萬(십만) 만(萬)의 열 배 되는 수효.
- 收拾(수습) 어지러운 마음이나 사태를 바로 잡음.

6-9-형성자

挑

집적거릴 도

사람을 손(扌)으로 집적거려 그 사람의 반응 조짐(兆)을 떠보는 형상을 본뜬 글자.

또 다른 뜻 돋을, 뛸, 부추길, 멜, 후빌, 오가는 모양, 가벼울.

- 挑發(도발) 집적거려 일을 일으킴.
- 挑戰(도전) ① 싸움을 걸거나 돋음. ② 경기를 하여 승패를 겨룰 것을 신청함.
- 挑出(도출) 끌어냄. 돋아냄.

6-9-회의·형성자

拷

두 드 릴 고

손(扌)으로 어느 곳이 고통스러운지 헤아려(考) 두드리고 고문하는 형상을 본뜬 글자.

또 다른 뜻 때릴, 빼앗을, 자백받기 위하여 칠, 고문, 고문할.

- 拷問(고문) 죄상을 자백시키기 위하여 죄인에게 육체적·심리적으로 고통을 줌.
- 拷殺(고살) 고문하여 죽임. 고문에 못견디어서 죽음.

6-9-형성자

括

쌀 괄

손(扌)으로 어떤 물건을 싸듯 여러 말(舌)를 하나로 모아 묶어 말하는 형상을 본뜬 글자.

또 다른 뜻 맺을, 묶을, 망라할, 통합할, 단속할, 담을, 다다를.

- 括約(괄약) 모아서 한데 묶음.
- 括弧(괄호) 말이나 글, 또는 산식을 한데 묶기 위하여 사용하는 부호들.
- 槪括(개괄) 대강 추려 한데 묶음.

6-9-회의·형성자

按

주 무 를 안

가까운 사람이나 어른의 몸을 손(扌)으로 편안하게(安) 주무르는 형상을 본뜬 글자.

또 다른 뜻 살필, 상고할, 어루만질, 조사할, 편안할, 헤아릴.

- 按摩(안마) 몸의 치유를 위해 두드리거나 주물러서 피의 순환을 돕는 일.
- 按撫(안무) 백성의 형편을 살피서 어루만져 위로함.
- 按排(안배) 제 차례나 제 자리에 알맞게 별여 놓음.

7-10-형성자

捉

잡 을 착

달아나려던 도적을 손(扌)으로 발(足)을 대담스럽게 사로잡은 형상을 본뜬 글자.

또 다른 뜻 체포할, 사로잡을, 쥘, 붙들어 잡을, 휘어잡을.

- 捉來(착래) 붙잡아 옴.
- 捉送(착송) 붙잡아서 보냄.
- 捉囚(착수) 죄인을 잡아 가둠.
- 捕捉(포착) 꼭 붙잡음. 순간순간의 요점·기회를 앎.

MILLENNIUM

한 자 방 정 식

手	+	非	⇨	排
손의 무기로		휘둘러서 적을		물리침.

7 - 10 - 형성자

捕

잡 을 포

간사하고 악질적인 죄인을 손(扌)으로 겨우(甫) 사로잡아 묶는 형상을 본뜬 글자.

또 다른 뜻 붙잡을, 사로잡을, 체포할, 구할, 찾을, 잡아서 묶을.

- 捕虜(포로) 사로잡은 적의 군사나 인원.
- 捕縛(포박) 적이나 죄인을 잡아서 묶음.
- 捕捉(포착) 꼭 붙잡음. 기회나 정세를 앎.
- 生捕(생포) 산 채로 잡음. 사로잡음.

7 - 10 - 형성자

振

떨 칠 진

병사가 손(扌)으로 병기를 들고 별(辰)같이 많은 적을 쳐 용맹을 떨쳤다는 의미의 글자.

또 다른 뜻 진동할, 구원할, 떨쳐 일어날, 떨, 움직일, 들, 열.

- 振動(진동) 흔들리어 움직임.
- 振作(진작) 떨치어 일으킴. 또는 일어남.
- 振興(진흥) 떨치어 일으킴.
- 不振(부진) 일 따위가 잘 되어 나가지 않음.

8 - 11 - 형성자

掛

걸 괘

점쟁이의 손(扌)에 주술(卦)의 신통력을 위해 걸려있는 장신구가 흔들리는 형상을 본뜬 글자.

또 다른 뜻 달, 매달, 걸릴, 마음에 걸릴, 벽에 걸, 괘도.

- 掛鏡(괘경) 기둥이나 벽에 걸게 된 거울.
- 掛念(괘념) 마음에 두고 잊지 아니함.
- 掛意(괘의) 마음에 두고 잊지 아니함.
- 掛鍾(괘종) 벽이나 기둥에 걸게 된 자명종.

8 - 11 - 형성자

排

물 리 칠 배

새가 비상할 때처럼 손(扌)을 휘둘러(非) 민첩하게 적을 물리치는 형상을 본뜬 글자.

또 다른 뜻 밀어낼, 밀, 벌릴, 늘어설, 소통할, 줄, 세로줄, 풀무.

- 排擊(배격) 남의 의견 · 주장 따위를 물리침.
- 排斥(배척) 물리쳐 내어뜨림.
- 排他(배타) 남을 반대하여 물리침.
- 排水(배수) 물 따위를 밖으로 내어 보냄.

8 - 11 - 형성자

掠

노략질할 략

손(扌)에 흉기를 들고 남의 재산을 노략질을 하여 큰(京) 손실을 입히는 형상을 본뜬 글자.

또 다른 뜻 빼앗을, 앗을, 탈취할, 스칠, 매질할, 죄인을 때릴.

- 掠治(약치) 죄인을 심문하여 다스리는 일.
- 掠奪(약탈) 폭력을 써서 빼앗음.
- 擄掠(노략) 떼를 지어 사람이나 재물을 마구 빼앗아 감.

8 - 11 - 형성자

捨

버 릴 사

손(扌)에서 삽을 놓아 버리는(舍) 형상을 본뜬 글자로 낡은 도구를 버리는 형상을 본뜬 글자.

또 다른 뜻 내버릴, 그만둘, 베풀, 내버려둘, 돌보지 아니할.

- 捨身(사신) 속계를 버리고 불문에 듦.
- 四捨(사사) 수를 헤아릴 때 편으상 넷 이하는 떼어 버리는 계수상의 약속.
- 取捨(취사) 취할 것만 취하고 버림.

MILLENNIUM

한 자 방 정 식

手 + 采 → 採

손으로 / 나물 캐듯 / 골라서 캠.

---

8 - 11 - 형성자

掃

쓸 소

손(扌)에 비를 들고 오물이나 쓰레기를 쓸어없애는(帚) 빗자루의 형상을 본뜬 글자.

(또다른뜻) 쓸어없앨, 쓸어낼, 제거할, 멸망시킬, 칠할, 거절할.

掃滅(소멸) 싹 쓸어서 없앰.
掃除(소제) 청소. 더러운 것들을 없앰.
掃蕩(소탕) 휩쓸어 죄다 없애 버림.
淸掃(청소) 더러운 것을 쓸고 닦음.

---

8 - 11 - 형성자

授

줄 수

윗사람이 주는 것을 두 손(扌)으로 받는(受) 아랫 사람의 형상을 본뜬 글자.

(또다른뜻) 가르칠, 건네 줄, 교부할, 내려 줄, 받을, 임명할.

授受(수수) 금품 등을 주고받고 함.
授業(수업) 지식이나 기능을 가르쳐 줌.
授與(수여) 상장이나 훈장따위를 줌.
敎授(교수) 학술이나 기예를 대학에서 기르치는 교사.

---

8 - 11 - 형성자

推

밀 추

손(扌)같은 날개를 상하로 밀어내며 새(隹)가 허공에서 잠시 머무적거리는 형상을 본뜬 글자.

(또다른뜻) 천거할, 옮길, 미루어 헤아릴, 추측할, 따질, 밀(퇴).

推計(추계) 추정(推定)하여 계산함.
推算(추산) 짐작으로 미루어서 셈함.
推定(추정) 추측으로 판정함.
推測(추측) 어떤 일을 미루어 헤아림.

---

8 - 11 - 형성자

採

캘 채

나물을 무치기 위해 손(扌)으로 부드러운 것을 골라 캐는(采) 형상을 본뜬 글자.

(또다른뜻) 가려낼, 파낼, 팔, 채택할, 땅 속에서 광물을 캘.

採算(채산) 수입과 지출을 맞추는 계산.
採用(채용) 사람이나 의견 등을 뽑아 씀.
採取(채취) 필요한 것을 거두어서 취함.
採擇(채택) 가려서 뽑음.

---

8 - 11 - 형성자

探

찾을 탐

손(扌)으로 무언가를 더듬어 깊은(罙) 곳에 있는 것을 찾는 사람의 형상을 본뜬 글자.

(또다른뜻) 더듬을, 살필, 엿볼, 정탐할, 뒤져가질, 가질, 잡을.

探究(탐구) 더듬어 깊이 연구함.
探問(탐문) 더듬어 찾아서 물음.
探査(탐사) 더듬어 살펴서 조사함.
探知(탐지) 드러나지 않은 사물을 더듬어 찾아 알아냄.

---

8 - 11 - 형성자

接

이을 접

귀한 손님을 두 손(扌)을 별려 맞고 이어서 첩이(妾) 주안상을 마련하는 형상을 본뜬 글자.

(또다른뜻) 맞을, 사귈, 댈, 대접할, 엇갈릴, 계승할, 대답할.

接見(접견) 공식적으로 맞아들여 만나 봄.
接待(접대) 손님을 맞아서 대접함.
接受(접수) 신청 · 신고 등을 문서로 받음.
接觸(접촉) 두 사물이 맞붙어서 닿음.

MILLENNIUM

한자방정식

手 + 屈 ⇨ 掘

손에 쥔 도구로 몸을 굽혀 굴을 파는 사람.

---

8 - 11 - 형성자

捺

손누를 날

손(扌)에 쥔 나무(大=木으 변형)에 이름을 판(示) 도장을 손으로 눌러 찍는 형상을 본뜬 글자.

(또 다른 뜻) 손으로 누를, 찍을, 파임(서체의 획 중 하나).

- 捺染(날염) 피륙 따위에 무늬 찍기. 무늬를 천 따위에 찍는 염색 방법.
- 捺印(날인) 서명하고 도장을 찍음.
- 捺章(날장) 서명을 하고 도장을 찍음.

---

8 - 11 - 형성자

掘

팔 굴

손(扌)에 쥔 삽 따위로 허리를 굽혀(屈) 땅을 파는 사람의 형상을 본뜬 글자.

(또 다른 뜻) 파낼, 캘, 움푹패일, 우뚝솟을, 벗겨질, 구멍뚫을.

- 掘進(굴진) 굴 모양을 이루면서 파 들어감.
- 掘塚(굴총) 남의 무덤을 파냄.
- 發掘(발굴) 땅속에 묻혀 있는 물건을 파냄.
- 採掘(채굴) 땅을 파소 광물 따위를 캐냄.

---

8 - 11 - 형성자

掩

가릴 엄

손(扌)으로 주변의 돌 따위를 쌓아 몸을 숨기기 위해 가리는(奄) 사람의 형상을 본뜬 글자.

(또 다른 뜻) 덮을, 숨길, 덮칠, 닫을, 감쌀, 비호할, 엿볼, 함께할.

- 掩襲(엄습) 뜻하지 못한 사이에 갑자기 습격함.
- 掩蔽(엄폐) 덮어서 숨김.
- 掩護(엄호) 적의 습격에 대비하여 아군 등을 안전하게 숨겨서 보호하는 것.

---

8 - 11 - 회의·형성자

措

둘 조

손(扌)에 쥐어진 것들이 포개어진(昔) 것처럼 그 물건 위에 두는 형상을 본뜬 글자.

(또 다른 뜻) 베풀, 놓아 둘, 사용할, 그만둘, 버려둘, 처리할.

- 措語(조어) 글자를 적당히 배치하거나 영구어 어떤 의미를 만듦.
- 措處(조처) 일을 정돈해 처리함.
- 措置(조치) 일의 시말(始末)을 바룸.또는 처리함.

---

8 - 11 - 형성자

捷

빠를 첩

손(扌)에 쥔 비로 쓸(ヨ)듯 달아나는(疌) 무리가 지름길로 빠르게 도망가는 형상을 본뜬 글자.

(또 다른 뜻) 이길, 지름길, 전리품, 노획물, 미칠, 기를, 꽂을(삽).

- 捷徑(첩경) 지름길. 빠른 길.
- 捷報(첩보) 싸움에 이겼다는 보고나 소식.
- 大捷(대첩) 큰 승리. 크게 이김.
- 敏捷(민첩) 행동 따위가 능란하고 재빠름.

---

9 - 12 - 형성자

揚

날릴 양

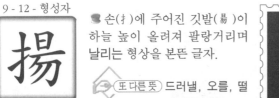

손(扌)에 주어진 깃발(昜)이 하늘 높이 올려져 팔랑거리며 날리는 형상을 본뜬 글자.

(또 다른 뜻) 드러낼, 오를, 떨칠, 높일, 칭찬할, 부풀, 밝힐.

- 揚名(양명) 이름을 드날림.
- 揭揚(게양) 국기·깃발 등을 높이 겖.
- 宣揚(선양) 드러내어 널이 떨치게 함.
- 昻揚(앙양) 높이 쳐들어 드날림.

MILLENNIUM

한 자 방 정 식

手 + 軍 ⇨ 揮

무기를 손에 든 / 군사가 / 칼을 휘두름.

---

9 - 12 - 형성자

援

도 울 원

늪에 빠져 허우적이는 사람에게 손(扌)을 길게 늘어뜨려(爰) 끌어당겨 돕는 형상을 본뜬 글자.

또다른뜻 당길, 끌, 잡아당길, 끌어당길, 취할, 발호할(환).

援軍(원군) 도와주는 군대.
援助(원조) 도와 줌.
應援(응원) 응하여 후원하고 격려하는 일.
支援(지원) 지지(支持)하여 도움.

---

9 - 12 - 형성자

換

바 꿀 환

손(扌) 안에 있는 물건들을 서로 바꾸고 교환하는 등 교역이 성(奐)한 형상을 본뜬 글자.

또다른뜻 교역할, 교환할, 교체될, 제멋대로 할, 돈바꿀.

換氣(환기) 탁한 공기를 맑은 공기로 바꿈.
換算(환산) 어떤 수를 다른 단위로 바꿈.
交換(교환) 이것과 저것을 바꿈.
轉換(전환) 이리저리 바뀜. 또는 바꿈.

---

9 - 12 - 형성자

提

끌 제

제자리가 아닌 곳에 있는 물건을 손(扌)으로 끌어 본래의 자리에 놓는 형상을 본뜬 글자.

또다른뜻 들어낼, 내놓을, 드러낼, 내어 걸, 날(시), 끊을(제).

提示(제시) 의사를 말이나 글로 나타냄.
提案(제안) 자기의 생각이나 의견을 말함.
提携(제휴) 서로 붙들어 도와 줌. 기술을 교환하며 공동으로 일을 함.

---

9 - 12 - 형성자

揮

휘 두 를 휘

장수가 손(扌)의 칼을 휘두르거나 봉을 흔들어 군사(軍)를 지휘하는 형상을 본뜬 글자.

또다른뜻 지휘할, 흩을, 지시할, 내저을, 나타낼, 날아오를.

揮發(휘발) 액체가 기체로 변하여 날아 흩어지는 현상.
揮毫(휘호) 붓을 휘들러 글 등을 씀.
發揮(발휘) 떨치어서 나타냄.
指揮(지휘) 지시하여 일을 하도록 시킴.

---

9 - 12 - 형성자

描

그 릴 묘

어떤 물체를 붓을 든 손(扌)으로 모를 뜨듯(苗) 서술하거나 그리는 형상을 본뜬 글자.

또다른뜻 모뜰, 그림그릴, 묘살할, 그려낼, 본떠서 그릴.

描寫(묘사) 어떤 대상이나 현상 따위를 예술적으로 서술하거나 그림.
描出(묘출) 그려냄.
素描(소묘) 목탄 · 연필 따위를 써서 한 가지 색으로 그리는 그림.

---

9 - 12 - 형성자

揀

가 릴 간

손(扌)으로 물건을 가리듯 여럿 중에서 가려(柬)서 선별하거나 뽑는 형상을 본뜬 글자.

또다른뜻 뺄, 분별할, 가려뽑을, 일어날, 도태할, 가려낼.

揀選(간선) 여럿 중에서 가려서 뽑음.
揀擇(간택) 분간해서 가림. 임금의 아내나 며느리 등을 고르던 일.
分揀(분간) 사물의 옳고 그름, 좋고 나쁨을 가려 인식함.

MILLENNIUM

한 자 방 정 식

手	+	屋	⇨	握
손을		지붕처럼 넓적하게 펴		잡음.

---

9 - 12 - 형성자

揭

높이게 게

손(扌)으로 가리키며 무엇을 어찌(曷) 할 것인가 그 방법을 높이 들어 적은 판을 의미한 글자.

(또 다른 뜻) 등에 질, 들, 걷을, 높은, 우뚝 솟을, 세울, 나타낼.

- 揭示(게시) 여러 사람에게 알리기 위하여 높게 붙이어 두루 보게 함.
- 揭揚(게양) 높이 들어 올려서 겲.
- 揭載(게재) 신문 · 잡지 등에 문장이나 광고 따위를 실음.

---

9 - 12 - 형성자

插

꽂을 삽

손(扌)에 든 삽(臼)을 밭두렁(千)에도 꽂듯 땅을 파기 위한 도구의 형상을 본뜬 글자.

(또 다른 뜻) 끼워 넣을, 농기구, 그림그려 넣을, 사이에 끼울.

- 挿入(삽입) 어떤 사물의 사이에 끼워 넣음.
- 挿畵(삽화) 잡지 · 신문 등에서 내용에 관련있는 그림을 끼워 넣음.
- 挿話(삽화) 이야기 줄거리 사이에 끼워 넣는 다른 이야기.

---

9 - 12 - 형성자

握

잡을 악

손아귀(扌)에 들어 오도록 잡아 지붕(屋)처럼 넓적한 손으로 물건을 쥐는 형상을 본뜬 글자.

(또 다른 뜻) 쥘, 손아귀, 수중(手中), 거머쥘, 잡을, 차지할.

- 握手(악수) 인사 따위의 표시로 손을 내밀어 잡는 일.
- 掌握(장악) 권세 · 기세 따위를 손아귀에 넣고 정복함.
- 把握(파악) 일정한 대상의 본질을 깨닫고 확실히 아는 것.

---

10 - 13 - 형성자

損

덜 손

손(扌) 안의 둥근(員) 동전들이 하나 둘 덜어져 속이 상하는 사람의 형상을 본뜬 글자.

(또 다른 뜻) 줄어들, 잃을, 상할, 줄일, 헐뜯을, 비난할, 낮출.

- 損傷(손상) 상하거나 깨어져서 손해가 됨.
- 損失(손실) 덜리어 잃거나 손해를 봄.
- 損益(손익) 손해와 이익. 감소와 증가.
- 損害(손해) 이익을 잃음.

---

10 - 13 - 형성자

携

가질 휴

손(扌)에 가지고 있는 새(隹)는 살이 쪄(乃) 마음이 이끌리도록 먹음직스럽다는 의미의 글자.

(또 다른 뜻) 이끌, 들, 끌, 당길, 잡을, 손에 쥘, 이어질, 휴대할.

- 携帶(휴대) 손에 들거나 몸에 지님.
- 携持(휴지) 무엇을 늘 가지고 소지함.
- 携行(휴행) 무엇을 늘 가지고 다님.
- 提携(제휴) 서로 붙들어 도와줌.

---

10 - 13 - 형성자

搖

흔들 요

술병에 술이 있는지 없는지 손(扌)으로 흔들어서(䍃) 알아보는 사람의 형상을 본뜬 글자.

(또 다른 뜻) 흔들릴, 움직일, 오를, 올라갈, 부인머리의 비녀.

- 搖動(요동) 심하게 흔들리고 움직임.
- 搖亂(요란) 시끄럽고 떠들썩함.
- 搖籃(요람) 어린애를 실어 잠재우는 채롱.
- 動搖(동요) 확고하지 못하고 흔들림.

MILLENNIUM

한자방정식

手	+	番	→	播
씨앗을 손으로		차례차례		씨뿌림.

10 - 13 - 형성자

搜

찾을 수

손(扌)으로 늙은이(叟)처럼 노련하게 어떤 증거물을 찾는 사람의 형상을 본뜬 글자.

또 다른 뜻 수색할, 조사할, 더듬을, 구할, 살필, 흐트러질(소)

- 搜査(수사) 범인의 행방을 찾거나 범죄의 증거 따위를 찾아 모음.
- 搜索(수색) 뒤져서 찾거나 찾아서 잡아냄.
- 搜探(수탐) 수사하며 탐지함.

10 - 13 - 형성자

搬

운반할 반

짐 따위를 손(扌)으로 들어서 옮기는(般) 형상을 본뜬 글자로 운반하여 나른다는 뜻의 글자.

또 다른 뜻 나를 옮길, 이사할, 덜, 날라 쌓을, 운반하여 옮길.

- 搬入(반입) 물건 따위를 운반하여 들여 옴.
- 搬出(반출) 물건 따위를 운반하여 밖으로 보냄.
- 運搬(운반) 물건 따위를 옮겨서 들여 오거나 밖으로 내보냄.

10 - 13 - 형성자

搭

탈 탑

손(扌)으로 탑(塔의 생략형) 같은 사다리를 타고 높은 곳에 오르는 형상을 본뜬 글자.

또 다른 뜻 실을, 때릴, 칠, 모뜰, 베낄, 태울, 섞을, 박을.

- 搭乘(탑승) 배·비행기·수레 따위의 탈것에 올라탐.
- 搭船(탑선) 배를 탐.
- 搭載(탑재) 배·비행기·수레 따위에 짐을 실음.

10 - 13 - 회의·형성자

搾

짤 착

물이 한껏 베인 천으로 알갱이를 싸 손(扌)으로 힘껏 짜서 안의 것을 좁힌(窄)다는 의미의 글자.

또 다른 뜻 짜낼, 기름짤, 젖을 짤, 빼앗을, 땀을 흘리게 할.

- 搾油(착유) 동·식물 따위의 기름을 짬.
- 搾取(착취) 꼭 비틀어서 짜 냄. 사주가 노동자를 부려 생긴 이익을 독점함.
- 壓搾(압착) 눌러서 알갱이나 내용을 짜냄.

11 - 14 - 형성자

摘

딸 적

지탱하고 있는 줄기에서 손(扌)으로 꼭지를 꺾어 열매를 따는 형상을 본뜬 글자.

또 다른 뜻 들추어 낼, 가려쓸, 어지럽힐, 손가락질 할.

- 摘發(적발) 드러나지 아니한 것을 들춤.
- 摘要(적요) 요점을 뽑아 적음.
- 摘出(적출) 끄집어 냄. 들추어 냄.
- 指摘(지적) 손가락질 하여 가리킴.

12 - 15 - 형성자

播

씨뿌릴 파

밭고랑 사이를 지나면서 손(扌)으로 차례(番) 차례 씨뿌리는 농부의 형상을 본뜬 글자.

또 다른 뜻 퍼뜨릴, 달아날, 도망할, 펼, 베풀, 나뉠, 옮길.

- 播多(파다) 소문 따위가 널리 퍼져 있음.
- 播種(파종) 논밭에 씨앗을 뿌리는 일.
- 播遷(파천) 임금이 도성을 떠나 피난함.
- 傳播(전파) 널리 전하여 퍼뜨림.

MILLENNIUM

한자방정식

手	+	散	⇨	撒
손으로		널리 흩어지게		뿌림.

---

12 - 15 - 형성자

撈

건져낼 로

어부가 손(扌)에 든 어구로 수중의 고기를 건져내는 일(勞)을 한다는 의미의 글자.

또 다른 뜻 끙게(농기구), 물속에 들어가 잡을, 고기잡이할.

- 撈救(노구) 물에 빠진 것을 구해 냄.
- 漁撈(어로) 고기잡이.
- 漁撈事業(어로사업) 고기잡이로 수익을 얻는 일.
- 漁撈水域(어로수역) 고기잡이 하는 구역.

---

12 - 15 - 형성자

撫

어루만질 무

어떤 일 조심스럽게 하는 것처럼 손(扌)으로 힘을 주지않은(無) 듯 어루만지는 형상을 본뜬 글자.

또 다른 뜻 쓰다듬을, 달랠, 위로할, 손댈, 누를, 잡을, 사랑할.

- 撫摩(무마) 손으로 어루만짐. 마음을 달래어 위로함.
- 按撫(안무) 백성의 사정을 살펴서 어루만지어 위로함.
- 愛撫(애무) 이성간의 사랑의 방법으로 흥분되게 어루만지는 것.

---

12 - 15 - 형성자

撒

뿌릴 살

손(扌)으로 물이나 알갱이 따위를 흩어지게(散) 널리 뿌리는 사람의 형상을 본뜬 글자.

또 다른 뜻 흩뿌릴, 내던질, 던질, 널리 뿌릴, 고루 펼칠.

- 撒扇(살선) 접는 부채. 손아귀에 쥘 수 있는 부채.
- 撒水(살수) 밭이나 정원 따위에 물을 뿌림.
- 撒布(살포) 물이나 약의 성분을 섞은 물을 뿌림. 전단지 따위를 뿌림.

---

12 - 15 - 형성자

撮

사진찍을 촬

손(扌)으로 하는 것 중 가장(最) 닮게 그려내는 것은 사진 찍는 것이라는 의미의 글자.

또 다른 뜻 취할, 자밤(손가락으로 집을 만한 분량), 작은 분량.

- 撮徒(촬도) 작은 무리를 모아 크게 함.
- 撮影(촬영) 모양이나 형상 따위를 사진이나 영화로 찍음.
- 撮要(촬요) 어떤 내용의 요점을 골라 취함.

---

12 - 15 - 회의자

撤

걷을 철

앞을 가리는 것을 손(扌)으로 앞이 훤히 통할 수 있게 걷어내는 형상을 본뜬 글자.

또 다른 뜻 치울, 걷어낼, 거둘, 철거할, 그만 둘, 통하게 할.

- 撤去(철거) 막힌 것을 걷어 치워 버림.
- 撤收(철수) 거두어 가거나 물러남.
- 撤市(철시) 시장 점포 등의 문을 닫고 영업을 마침.

---

12 - 15 - 형성자

據

의지할 거

나무가지를 손(扌)으로 잡고 의지하고 있는 늙은 원숭이(豦)의 형상을 본뜬 글자.

또 다른 뜻 기댈, 증거, 근거, 의거할, 근거삼을, 덮을, 움킬(극).

- 根據(근거) 사물의 토대. 근거지.
- 依據(의거) 어떤 것에 근거함.
- 割據(할거) 땅을 분할하여 웅거함.
- 據點(거점) 의거하여 지키는 활동의 근거지.

MILLENNIUM

한자방정식

手	+	疑	⇨	擬
손짓 발짓으로		진짜가 의심스럽도록		흉내냄.

---

13 - 16 - 형성자

操

잡을 조

나무를 손(扌)으로 휘저으며 새 떼를(品) 쫓아 내기 위해 잡은 줄기를 흔드는 형상을 본뜬 글자.

또 다른 뜻 부릴, 다룰, 쥘, 지조, 절개, 가질, 다가설, 운동.

- 操心(조심) 잘못이나 실수가 없게 마음을 씀.
- 操業(조업) 공장 등에서 일을 함.
- 操縱(조종) 마음대로 다루어 부름.
- 志操(지조) 신념을 굽히지 않은 의지.

---

13 - 16 - 형성자

擇

가릴 택

손(扌)으로 여럿 중에서 양질의 것을 엿보아 가려 뽑으려는 형상을 본뜬 글자.

또 다른 뜻 고를, 가려 뽑을, 가려서 구분할, 차별을 둘, 택할.

- 擇日(택일) 좋은 날짜를 고름.
- 簡擇(간택) 여럿 중에서 골라 냄.
- 選擇(선택) 골라 가림. 어떤 것을 택함.
- 採擇(채택) 여럿 중에서 적당한 것을 골라서 뽑음.

---

13 - 16 - 형성자

擔

멜 담

손(扌)을 뻗혀 이를(詹) 수 있는 등 따위에 짐을 메고 가는 사람의 형상을 본뜬 글자.

또 다른 뜻 짊어질, 맡을, 책임질, 들어올릴, 짐, 맡은 일.

- 擔當(담당) 어떤 일을 넘겨 맡음.
- 擔保(담보) 맡아서 보증함.
- 擔任(담임) 책임지고 맡아 보는 일.
- 負擔(부담) 어떤 의무나 책임을 짐. 책임으로 마음이 무거움.

---

13 - 16 - 형성자

擁

안을 옹

서로 팔(扌)을 안으며 화락(雍)하고 화기애애한 분위기를 연출하는 형상을 본뜬 글자.

또 다른 뜻 부축할, 도울, 가질, 끌어안을, 지킬, 호위할, 쌀.

- 擁立(옹립) 임금의 자리 따위에 세워 모심.
- 擁衛(옹위) 부축하여 호위함.
- 擁護(옹호) 도와서 지키며 지지하고 보호함.
- 抱擁(포옹) 품안에 살포시 껴안음.

---

13 - 16 - 형성자

撻

종아리칠 달

손에 쥔(扌) 회초리로 깨달을(達) 수 있게 종아리를 쳐서 훈육하는 형상을 본뜬 글자.

또 다른 뜻 매질할, 바로잡을, 채벌, 채찍, 엄하게 가르칠.

- 撻楚(달초) 잘못을 저질렀을 때 어버이나 스승이 훈계하며 회초리로 종아리를 때림.
- 鞭撻(편달) 바른 훈육을 목적으로 채벌함. 경계시키고 격려함.

---

14 - 17 - 회의·형성자

擬

흉내낼 의

움직이는 모양을 손(扌)짓 발짓 해가며 놀랍도록(疑) 비슷하게 흉내내는 형상을 본뜬 글자.

또 다른 뜻 비길, 헤아릴, 상냥할, 비교할, 본뜰, 의심할.

- 擬人(의인) 사람이 아닌 것을 사람처럼 여김.
- 擬態(의태) 어떤 모양이나 움직임을 그것과 비슷하게 꾸미거나 흉내냄.
- 模擬(모의) 실제와 비슷한 내용으로 연습삼아 실시함.

MILLENNIUM

한 자 방 정 식

手 + 廣 → 擴

손으로 쉼없이 / 터를 늘려 / 넓힘.

---

14 - 17 - 형성자

擦

문지를 찰

손(扌)으로 어떤 물건을 살펴서(察) 문지르거나 비벼서 겉이 벗겨지는 형상을 본뜬 글자.

(또 다른 뜻) 비빌, 비벼서 벗겨질, 부빌, 스칠, 옥신각신할.

擦過(찰과) 스치거나 문질러서 살갗이 벗겨짐.
擦筆(찰필) 압지나 엷은 가죽을 덧감아 붓 모양으로 만든 미술 도구.
摩擦(마찰) 서로 비빔. 뜻이 맞지 않아서 옥신각신함.

---

15 - 18 - 형성자

擴

넓힐 확

손(扌)을 쉼없이 놀려 자리나 터를 넓게(廣) 그 공간을 넓히는 사람의 형상을 본뜬 글자.

(또 다른 뜻) 늘릴, 규모를 넓힐, 세력을 넓힐, 확대할, 확장할.

擴大(확대) 늘이어서 크게 함. 작은 것을 크게 함.
擴散(확산) 흩어져 번짐. 널리 크게 흩어짐.
擴張(확장) 늘이어서 넓힘.
擴充(확충) 넓히어서 충실하게 함.

---

18 - 21 - 형성자

攝

끌어잡을 섭

어떤 사실을 알리기 위해 손(扌)으로 끌어잡아 귓가에 속삭이는(聶) 형상을 본뜬 글자.

(또 다른 뜻) 대신할, 조섭할, 다스릴, 끼일, 빌려쓸, 편안할(녑).

攝理(섭리) 신이 인간을 위하여 세상을 다스리는 일.
攝政(섭정) 어린 임금을 대신하여 정치를 함.
攝取(섭취) 영양분을 체내로 빨아들임. 받아들여 내 것으로 함.

---

20 - 23 - 형성자

攪

어지러울 교

손(扌)을 휘저으며 요란스럽게 뭔가 깨우치려는 사람(覺)을 어지럽히는 형상을 본뜬 글자.

(또 다른 뜻) 어지렵힐, 휘저을, 뒤섞을, 요란스러울, 뒤흔들.

攪亂(교란) 어떤 것을 뒤흔들어서 어지럽게 함. 군작전의 하나로 적을 속이는 작전.
攪拌(교반) 재료 따위를 한군데 모아 배합이 잘 되도록 휘저어 섞음.

氵

2 - 5 - 회의 · 형성자

氾

넘칠 범

많은 비가 아 물(氵)이 제방이나 외곽(㔾)을 넘쳐서 밖으로 쏟아지는 형상을 본뜬 글자.

(또 다른 뜻) 물이 넘칠, 넓을, 뜰, 불안정할, 두루, 물이름.

氾濫(범람) 물이 넘쳐 흐름. 유행 따위가 당대 홍수처럼 퍼져가는 형세.
氾論(범론) 널리 논함. 대체적인 이론.
氾然(범연) 구속됨이 없이 자유분망한 모양.

---

2 - 5 - 형성자

汁

진액 즙

과일 · 채소 따위의 수액(氵)을 두팔을 교차하여(十) 쥐어 짜는 진액의 형상을 본뜬 글자.

(또 다른 뜻) 국물, 즙, 김치국, 화협할(협), 그릇(집), 살림도구(집).

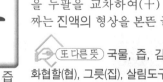

汁液(즙액) 과일 · 채소 따위에서 짠 액체.
果汁(과즙) 과일에서 짜낸 즙.
汁器(집기) 사무실이나 집 따위에서 살림살이의 도구로 쓰이는 생필품.

MILLENNIUM

한 자 방 정 식

水	+	干	⇨	汗
살갗에 물처럼		흘리는		땀방울.

3-6-형성자

江

강 강

물살이(氵) 마치 장인(工)처럼 땅을 깎아내리어 보다 큰강을 이루는 형상을 본뜬 글자.

또 다른 뜻 큰 내, 물이름, 장강, 양자강, 별이름, 물줄기.

江流(강류) 강의 흐름.
江邊(강변) 강가. 물가.
江北(강북) 강의 북쪽. 양자강의 북쪽.
江山(강산) 강과 산. 나라의 영토를 비유한 말.

3-6-형성자

汗

땀 한

사람이 더울 때 열심히 일하면 살갗에 물(氵)처럼 땀을 흘리는(干) 형상을 본뜬 글자.

또 다른 뜻 질펀할, 땀흘릴, 임금의 명령, 윤택할, 현의 이름.

汗蒸(한증) 한증막에 들어가 땀을 빼는 것.
苦汗(고한) 좋지못한 조건에 노동 따위를 착취당함.
冷汗(냉한) 식은 땀.
發汗(발한) 땀을 내어 기운을 발산시킴.

3-6-형성자

汚

더러울 오

강물(氵)이 멀리 흘러 패인(亐) 곳에 웅덩이가 생기고 곧 더러워 진다는 의미의 글자.

또 다른 뜻 더럽힐, 불결할, 더러워질, 낮을, 굽힐(우), 땅팔(와).

汚名(오명) 더러워진 이름이나 명예.
汚染(오염) 더럽게 물 듦.
汚辱(오욕) 명예를 더럽히어 욕되게 함.
汚點(오점) 흠이나 명예를 더럽히는 것.

3-6-형성자

汎

넘칠 범

강물(氵)이 넘치면 넓게 번지며 무릇(凡) 밑바닥의 오물들이 떠오른다는 의미의 글자.

또 다른 뜻 띄울, 뜰, 넓을, 떠돌, 표류할, 광대할, 두루, 가벼울.

汎濫(범람) 물이 넘쳐 흐름.
汎發(범발) 온 몸에 어떤 작용이 일어남.
汎說(범설) 개괄(槪括)하여 설명함.
汎愛(범애) 차별 없이 널리 사랑함.

3-6-형성자

汝

너 여

물줄기(氵)가 계집 녀(女)의 글자 모양과 비슷하게 갈라지는 형상을 본뜬 글자인데 뜻이 너로 변함.

또 다른 뜻 당신, 2인칭 대명사로 대등한 사이나 아랫사람에게 쓰임.

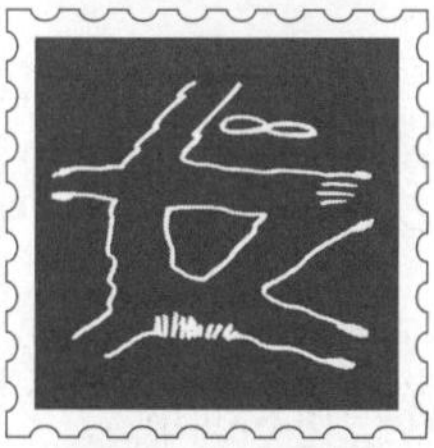

汝等(여등) 너희들.
汝輩(여배) 너희들.
汝牆折角(여장절각) 남에게 책임을 지우기 위하여 억지를 쓰는 말. 여담절각.

3-6-형성자

池

못 지

물(氵)이 고여 있는 연못이며 또한 그곳에 뱀이(也) 살기에 알맞다는 의미의 글자.

또 다른 뜻 연못, 물이 고일, 해자, 성호, 물길, 도랑, 벼루홈통.

池畔(지반) 연못가. 지변(池邊).
蓮池(연지) 연못. 방죽. 못.
電池(전지) 전류를 일으키는 배터리 장치.
咸池(함지) 옛날 해가 지는 곳이라는 서쪽의 큰 못.

MILLENNIUM

한 자 방 정 식

水	+	少	⇨	沙
바닷물에 휩쓸린		작고 적은		모래 알갱이.

4-7-형성자

決
결단할 결

물(氵)이 흐를 수 있도록 결단하여 둑을 끊어 물을 나눠(夬) 흐르게 하는 형상을 본뜬 글자.

또다른뜻 정할, 끊을, 끊어질, 판단할, 틀, 확정할, 터뜨릴.

決裂(결렬) 서로 의견이 맞지않아 갈라짐.
決算(결산) 일정기간의 수입과 지출을 마감한 계산.
決勝(결승) 최후의 승패를 결정함.

4-7-형성자

沙
모래 사

물(氵)에 휩쓸릴만큼 아주 작고 적은(少) 알갱이들인 모래의 형상을 본뜬 글자.

또다른뜻 일(일어날), 바닷가, 사막, 모래날릴, 물가, 목쉴.

沙工(사공) 뱃사공. 배를 부리는 사람.
沙器(사기) 「사기 그릇」의 준말.
沙漠(사막) 아득히 크고 넓은 모래 벌판.
沙石(사석) 모래와 돌.

4-7-형성자

沐
머리감을 목

옛날 여인들이 머리에 윤기를 위해 물(氵)과 뽕나무(木)의 잿물로 머리감는 형상을 본뜬 글자.

또다른뜻 씻을, 축일, 다스릴, 세척할, 은택입을, 베어낼.

沐間(목간) 목욕간에서 목욕함.
沐浴(목욕) 머리를 감으며 몸을 씻는 일.
沐雨(목우) 비를 흠뻑 맞음.

4-7-형성자

沈
잠길 침

장마철 흙탕물(氵)은 수면 위에 잠시 머뭇거리다(冘) 밑바닥으로 잠기는 형상을 본뜬 글자.

또다른뜻 가라앉을, 빠질, 머물, 깊을, 흐릴, 무거울, 성(심).

沈沒(침몰) 물 속에 가라앉음.
沈默(침묵) 아무 말 없이 잠잠함. 입을 열지 않고 다묾.
沈澱(침전) 물 속에 가라앉아 바닥에 괨.
沈着(침착) 행동이나 언사가 진정되어 있고 찬찬함.

4-7-형성자

沒
잠길 몰

물건이 소용돌이 치는 물(氵) 속에 빠져(殳) 잠기니 이제 그 물건이 없는 형상을 본뜬 글자.

또다른뜻 빠질, 없을, 다할, 죽을, 마칠, 잠길(매), 어조사(마).

沒頭(몰두) 어떤 일에 온 정신을 기울임.
沒落(몰락) 멸하여 없어짐. 점점 쇠잔해 짐.
沒收(몰수) 모든 재물등을 환수함.
沈沒(침몰) 물 속에 가라앉음.

4-7-회의·형성자

汽
김 기

솥에 물(氵)을 끓일 때 증기(氣의 생략형)같은 김이 무럭무럭나는 형상을 본뜬 글자.

또다른뜻 기체, 수증기, 김이날, 기선, 거의(흘), 마를(흘).

汽船(기선) 증기의 힘을 빌어 물위를 달리는 배.
汽笛(기적) 증기의 힘으로 달리는 탈것의 경적이나 고동소리.
汽車(기차) 증기의 힘으로 궤도위를 달리는 긴 차량.

MILLENNIUM

한 자 방 정 식

水 + 夭 ⇨ 沃

윤기가 물처럼 번들거리고 찰진 기름진 땅.

4-7-형성자

沃

기 름 질 옥

농토가 윤기(氵)가 있고 번들번들 찰지고(夭) 기름진 곳의 풍성한 농작물의 형상을 본뜬 글자.

또 다른 뜻 윤택할, 물댈, 관개할, 손 씻을, 가르칠, 부드러울.

沃畓(옥답) 땅이 찰지고 기름진 논.
沃野(옥야) 기름진 땅으로 이루어진 들판.
沃土(옥토) 기름진 땅. 기름진 국토.
肥沃(비옥) 땅이 걸고 기름짐.

4-7-형성자

沖

화 할 충

물(氵)이 중심(中)으로 흐르고 있는 곳은 모든 것이 화하고 충만함의 형상을 본뜬 글자.

또 다른 뜻 빌, 공허할, 어릴, 날아오를, 사이, 온화할, 솟아오를.

沖氣(충기) 하늘과 땅 사이의 잘 조화된 기운.
沖天(충천) 하늘 높이 솟음. 하늘로 날아오름.
相沖(상충) 방위 · 일진 · 시 따위가 서로 맞질림(맞꽂음, 맞섬).

4-7-형성자

汰

씻 을 태

물살이(氵) 크게(太) 일어나 씻어 내리는 형상을 본뜬 글자로 산사태를 의미하기도 함.

또 다른 뜻 일(일어날), 사태날, 가릴, 추릴, 가로지를, 물결.

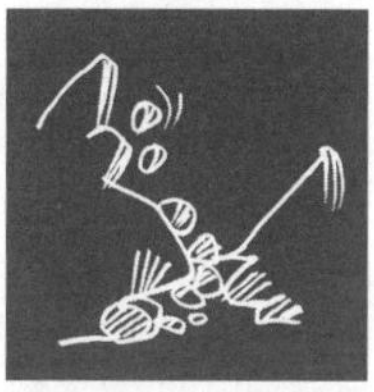

沙汰(사태) 산비탈이 무너짐. 사물이 한꺼번에 홍수처럼 많이 몰려 나옴.
淘汰(도태) 쌀 따위를 씻어서 일음. 생존 경쟁에서 적응하지 못한 생물이 멸종되어 감.

5-8-형성자

泊

배 댈 박

바다의 수면(氵)에 배가 보이지 않는(白) 것은 항구에 배를 대었기 때문이란 의미의 글자.

또 다른 뜻 묵을, 담박할, 떠돌아다닐, 엷을, 산뜻할, 잔물결.

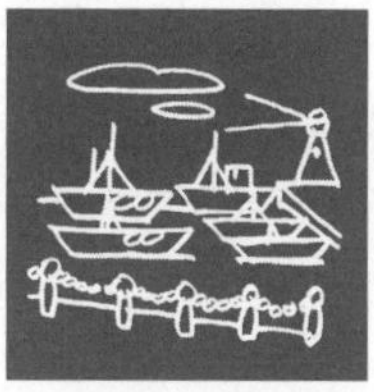

淡泊(담박) 욕심이 없고 마음이 깨끗함.
宿泊(숙박) 여관 등에 들어 자고 머무름.
碇泊(정박) 배가 닻을 내리고 머무름.
漂泊(표박) 떠돌아 다니며 지냄.

5-8-형성자

泥

진 흙 니

수렁에 고인물(氵)과 흙이 진흙으로 화하고(尼) 그 진흙은 도자기 따위를 만든다는 의미의 글자.

또 다른 뜻 수렁, 흙손, 진흙탕, 썩을, 젖을, 지체될, 땅이름(녕).

泥路(이로) 진흙길. 진창길.
泥沼(이소) 진흙의 수렁.
泥土(이토) 진흙.
雲泥(운니) 구름과 진흙.

5-8-회의자

法

법 법

물(氵)의 흐름은 높은 곳에서 낮은 곳으로 흘러 가는(去) 법이고 그 순리의 형상을 본뜬 글자.

또 다른 뜻 본받을, 불교의 진리, 제도, 도리, 준칙, 모범.

法官(법관) 재판을 담당하는 사법관.
法規(법규) 성문화(成文化)된 법령.
法律(법률) 국가적인 강제 규범의 총체.
方法(방법) 일을 처리해 가는 방법이나 수단.

MILLENNIUM

한 자 방 정 식

水	+	皮	⇨	波
물에 돌을 던져		잔잔한 수면에		물결이 생김.

5-8-형성자

油
기 름 유

끈적한 물(氵)인 기름이 항아리에서 쏟는 것으로 말미암아(由) 불로 화한다는 의미의 글자.

또 다른 뜻 왕성할, 공손할, 유지, 윤, 광택, 윤을 낼, 땅이름.

- 油類(유류) 기름의 종류.
- 油性(유성) 기름의 성질.
- 油田(유전) 석유(石油)가 나는 곳.
- 油脂(유지) 동·식물에서 짜낸 기름의 총칭.

5-8-형성자

沿
물따라갈 연

물(氵)은 높은 산골짜기 늪(㕣)에서부터 아래로 물따라 내려가는 형상을 본뜬 글자.

또 다른 뜻 좇을, 가장자리, 언저리, 냇물이 굽이질, 내 이름.

- 沿道(연도) 큰 길가의 근처.
- 沿邊(연변) 국경·강 등의 언저리 일대.
- 沿岸(연안) 육지와 이어져 있는 강이나 바다.
- 沿海(연해) 육지와 가까운 바다.

5-8-형성자

泣
울 읍

상복을 입고 눈물(氵)을 흘리며 구부정히 서서(立) 곡하며 우는 사람의 형상을 본뜬 글자.

또 다른 뜻 눈물, 근심할, 곡할, 바람빠를(립), 순조롭지 아니할(립).

- 泣哭(읍곡) 소리 내어 몹시 서럽게 욺.
- 泣訴(읍소) 울며 간절히 호소함.
- 泣顔(읍안) 우는 얼굴.
- 泣請(읍청) 울면서 애절하고 간곡하게 청함.

5-8-형성자

泳
헤엄칠 영

물(氵)에 들어가 움추리다 길게(永) 뻗어 앞으로 헤엄치는 사람의 형상을 본뜬 글자.

또 다른 뜻 헤엄, 무자맥질할, 물 속에서 허우적할, 수영.

- 競泳(경영) 수영으로 빠름을 겨루는 경기.
- 背泳(배영) 번듯이 누워 치는 헤엄.
- 水泳(수영) 헤엄. 물 안에서 나아가는 것.
- 游泳(유영) 헤엄칠, 또는 헤엄.

5-8-형성자

注
물 댈 주

농삿일에는 무엇보다 물(氵)이 중요하여 주인(主)이 자기 논에 물을 대는 형상을 본뜬 글자.

또 다른 뜻 흐를, 풀이할, 정신쏟을, 주석할, 부탁할, 사용할.

- 注力(주력) 온 힘을 기울임.
- 注目(주목) 관심을 가지고 주의 깊게 봄.
- 注文(주문) 수요자가 공급자에게 신청함.
- 注意(주의) 마음에 새기어 두고 조심함.

5-8-형성자

波
물 결 파

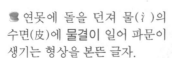

연못에 돌을 던져 물(氵)의 수면(皮)에 물결이 일어 파문이 생기는 형상을 본뜬 글자.

또 다른 뜻 물젖을, 방죽, 진동하는 결, 눈짓, 분란, 움직일.

- 波及(파급) 여파가 차차 다른 데로 미침.
- 波動(파동) 물결·사물의 움직임.
- 波紋(파문) 수면의 잔 물결 모양의 무늬.
- 波狀(파상) 물결과 같은 형상.

MILLENNIUM

한 자 방 정 식

水	+	包	⇨	泡
물 위에		기포가 생긴 것이		물거품이다.

5-8-형성자

況

상 황 황

물(氵)이 줄어든 것의 상황을 잘 관찰해야 큰(兄) 홍수를 막는 길이라는 의미의 글자.

또 다른 뜻 하물며, 형편, 모양, 더구나, 비유할, 더욱더, 심할.

- 近況(근황) 요즈음의 형편.
- 狀況(상황) 일이 진행되어가고 있는 형편.
- 盛況(성황) 성대한 상황.
- 現況(현황) 현재의 상황.

5-8-형성자

河

물 하

강(氵)이 너무 크고 끝이 없어 마땅히(可) 물의 아득하고 먼 형상을 본뜬 글자.

또 다른 뜻 강물, 내, 강, 강이름, 운하, 은하수, 삼각주, 짊어질.

- 河口(하구) 바다로 들어가는 어귀.
- 河岸(하안) 하천 양쪽의 둔덕.
- 河川(하천) 시내. 강.
- 河海(하해) 큰 강과 넓은 바다.
- 運河(운하) 육지를 파서 운송 따위의 목적으로 낸 수로.

5-8-형성자

治

다스릴 치

사람은 몸 속의 물(氵)을 잘 다스려야 자기(台)의 병을 예방할 수 있다는 의미의 글자.

또 다른 뜻 병고칠, 다스려질, 치유할, 단속할, 내이름(이).

- 治國(치국) 나라를 다스림.
- 治療(치료) 병·상처 등을 다스려 고침.
- 治安(치안) 나를 평안하게 잘 다스림.
- 政治(정치) 주권자가 영토와 국민을 다스리는 일.

5-8-회의·형성자

泄

샐 설

물이(氵) 길게(世=十을 셋 모아 30년, 곧 한 세대를 의미) 꼬리처럼 세는 형상을 본뜬 글자.

또 다른 뜻 쌀, 눌, 넘칠, 흘릴, 누설될, 흩어질(예), 떠날(예).

- 泄瀉(설사) 물찌동을 눔, 또는 그 똥.
- 漏泄(누설) 물이 샘. 비밀 따위가 밖으로 새어나가 알리어짐.
- 排泄(배설) 동물체가 양분을 섭취하고 그 찌꺼기를 몸 밖으로 내보내는 일.

5-8-형성자

泡

물거품 포

물(氵) 위에 기포(包)가 일어 물거품으로 그릇 위를 넘쳐 흐르는 형상을 본뜬 글자.

또 다른 뜻 거품, 성할, 물흐를, 강이름, 작은 샘, 여드름.

- 泡沫(포말) 물거품. 허무한 일을 비유한 말.
- 氣泡(기포) 고체나 액체 내부에 기체가 들어가 거품처럼 부풀어 있는 것.
- 水泡(수포) 물거품.공들인 일들이 헛되게 된 것.

5-8-형성자

洞

골 동

물(氵)이 흐르는 골의 주변을 따라 깊숙한 곳에 더불어(同) 고을이 생기는 형상을 본뜬 글자.

또 다른 뜻 마을, 동, 굴, 깊을, 깊숙할, 관철할(통), 통할(통).

- 洞窟(동굴) 자연적으로 생긴 넓고 깊은 굴.
- 洞內(동내) 동네 안.
- 洞里(동리) 마을. 동(洞)과 리(里).
- 洞名(동명) 동네의 이름. 동의 명칭.

MILLENNIUM

한 자 방 정 식

水	+	先	⇨	洗
대야의 물에		먼저 얼굴을		씻음.

6-9-형성자

洛

물 락

강물(氵)이 두 줄기로 각각(各) 흐르며 사방으로 흩어지는 물의 형상을 본뜬 글자.

(또 다른 뜻) 강이름, 낙수, 잇닿을, 뒤를 이을, 물방울 소리.

- 洛水(낙수) 하남성을 흘러 황하로 들어가는 강.
- 洛陽(낙양) 중국 하남성(河南省)의 도시.
- 洛學(낙학) 송학(宋學)의 한 파.
- 京洛(경락) 옛날의 서울.

6-9-형성자

洋

큰 바 다 양

큰 바다의 물(氵) 위에 한 척의 배가 있는 것같이 초원에 양(羊) 한 마리의 형상을 본뜬 글자.

(또 다른 뜻) 물결, 서양의, 넓을, 넘칠, 큰 파도, 외국, 은화.

- 洋服(양복) 남성의 서양식 정장(正裝).
- 洋食(양식) 서양식 음식.
- 洋屋(양옥) 서양식으로 지은 집. 양옥집.
- 東洋(동양) ① 아시아. ② 동쪽의 큰 바다.

6-9-회의자

流

흐 를 류

아이가 태어날 때 머리를 밑으로하고 양수(氵)와 흐르듯(流) 나오는 형상을 본뜬 글자.

(또 다른 뜻) 흐르게 할, 떠돌아다닐, 귀양보낼, 계통, 품격, 계층.

- 流動(유동) 이리저리 옮기어 다님. 움직임.
- 流入(유입) 흘러 들어옴.
- 流通(유통) 막힘이 없이 흘러 통함.
- 流行(유행) 일시적으로 널리퍼지는 현상.

6-9-형성자

洗

씻 을 세

대야의 물(氵)에 먼저(先) 얼굴을 씻은 물로 발을 씻는 사람의 형상을 본뜬 글자.

(또 다른 뜻) 깨끗이 씻을, 닦을, 청결하게 할, 깨끗할(선).

- 洗練(세련) 어색함이 없이 능숙하고 단련됨.
- 洗髮(세발) 머리를 감음.
- 洗情(세정) 자세한 사정이나 형편.
- 洗濯(세탁) 빨래. 더러운 것을 물에 빠는 것.

6-9-형성자

活

살 활

막혔던 물(氵)이 터져 마치 살아 움직이는(舌) 것처럼 요란한 물소리의 형상을 본뜬 글자.

(또 다른 뜻) 생존할, 생기있을, 살아나갈, 태어날, 물소리(괄).

- 活動(활동) 활발하게 움직임.
- 活潑(활발) 생기 있고 힘차며 시원스러움.
- 活性(활성) 반응속도가 빨라지는 성질.
- 活用(활용) 이리저리 적당히 잘 응용함.

6-9-형성자

派

물갈래 파

강물(氵)이 길게 흐르다 보면 물이 갈라지는(𠂢) 물갈래가 있는 형상을 본뜬 글자.

(또 다른 뜻) 파벌, 나눌, 갈래, 갈라질, 계통, 가닥, 분배할, 보낼.

- 派遣(파견) 일정한 임무를 주어 보냄.
- 派生(파생) 어떤 주체로부터 갈려 생김.
- 分派(분파) 여러 갈래로 갈라짐.
- 學派(학파) 학문의 유파(流派).

MILLENNIUM

한자방정식

水 + 合 ⇨ 洽

물기가 빈틈없이 속과 붙어 젖음.

6-9-형성자

洲

섬 주

바다나 강(氵)의 안에 고을(州)같은 섬이 있어 사방이 물로 둘러싸인 형상을 본뜬 글자.

또 다른 뜻 물, 물가, 대륙, 작은 섬, 큰 물덩이, 삼각주, 섬마을.

美洲(미주) 「아메리카주」의 한자 이름.
亞洲(아주) 「아세아주(亞細亞洲)」의 준말.
六洲(육주) 「육대양주」의 준말.
濠洲(호주) 「오스트레일리아」의 한자 이름.

6-9-형성자

洪

넓을 홍

홍수로 강물(氵)이 사방으로 넓게 넘쳐 모두(共) 큰 피해를 입는 형상을 본뜬 글자.

또 다른 뜻 큰물, 클, 홍수, 많을, 여울, 힘찬 맥박, 발어사.

洪福(홍복) 큰 행복. 큰 복력.
洪水(홍수) 큰 물. 큰 물의 사태.
洪魚(홍어) 가오리과의 바닷물고기.
洪化(홍화) 크나큰 덕화(德化).

6-9-형성자

津

나루 진

주변이 온통 물(氵)인 곳에 오직(聿) 배만이 드나드는 나루의 형상을 본뜬 글자.

또 다른 뜻 넘칠, 침, 진액, 넉넉할, 윤택할, 포구, 항구, 언덕.

津度(진도) 나룻터. 도선장. 나루.
津船(진선) 나룻배.
津涯(진애) 물가, 또는 배를 대는 언덕.
津液(진액) 생물체 내에서 생겨나는 액체.

6-9-회의·형성자

洽

젖을 흡

윤기(氵)가 있어서 빈틈없이(合) 더하여져 안쪽과 붙은 것처럼 젖은 형상을 본뜬 글자.

또 다른 뜻 윤택할, 화할, 널리, 화합할, 두루 미칠, 강이름(합).

洽然(흡연) 흡족하여 자질러진 모양.
洽足(흡족) 아쉽거나 모자람이 없이 아주 넉넉하고 만족스런 모습.
洽汗(흡한) 땀으로 흠뻑 젖음.

7-10-형성자

浪

물결 랑

미풍이 불어 강(氵)의 물결이 잔잔하고 부드럽게(良) 찰랑거리는 형상을 본뜬 글자.

또 다른 뜻 방랑할, 함부로, 허투로 터무니없을, 떠돌아다닐.

浪漫(낭만) 매우 정서적·낙천적인 상태.
浪費(낭비) 재물 따위를 헛되이 헤프게 씀.
浪說(낭설) 터무니없는 헛소리.
風浪(풍랑) 바람따라 일어나는 물결.

7-10-형성자

消

끌 소

불이 나 물(氵)로 불을 번지지 못하게 하고 불씨를 작게(肖)하여 끄는 형상을 본뜬 글자.

또 다른 뜻 꺼질, 다할, 사라질, 삭일, 거닐, 줄, 줄어들, 쇠할.

消極(소극) 기백이 부족하여 비활동 적임.
消費(소비) 욕망의 충족을 위해 소모하는 일.
消息(소식) 상황을 알리는 보도.
逍風(소풍) 자연학습을 위하여 먼 길을 가는 일.

MILLENNIUM

한자방정식

水 ＋ 谷 ⇨ 浴

물이 흐르는 골짜기에서 목욕을 함.

---

7 - 10 - 형성자

浮

뜰 부

좋은 종자를 고를 때 물(氵)에 종자를 넣고 뜨는(孚) 것을 골라내는 형상을 본뜬 글자.

또다른뜻 떠다닐, 가벼울, 근거없을, 들뜰, 덧없을, 띄울.

- 浮刻(부각) 특징을 두드러지게 나타냄.
- 浮氣(부기) 부증(浮症)으로 부은 상태.
- 浮力(부력) 사물이 물에 뜨는 힘.
- 浮雲(부운) 하늘에 뜬 구름.

---

7 - 10 - 형성자

浸

적실 침

장마철에 비가 많이 와 빗물(氵)이 온갖 것을 엄습(侵)하여 적시는 형상을 본뜬 글자.

또다른뜻 잠길, 빠질, 젖을, 번질, 베어들, 담글, 물웅덩이.

- 浸水(침수) 물이 들거나 물에 잠김.
- 浸蝕(침식) 강물 등에 의해 개먹어 들어감.
- 浸透(침투) 스미어 젖어들음. 깊이 스며듦.

---

7 - 10 - 회의자

涉

건널 섭

수심이 얕은 물(氵)을 걸어서(步) 건널 때 육지에서보다 시간이 더 경과됨을 의미한 글자.

또다른뜻 거칠, 경과할, 관계할, 돌아다닐, 지낼, 피흐를(첩).

- 涉獵(섭렵) 온갖 책을 널리 읽음.
- 涉外(섭외) 외부와 연락 · 교섭을 하는 일.
- 干涉(간섭) 관련없는 사람이 부당하게 참견함.
- 交涉(교섭) 어떤일을 의논하고 절충함.

---

7 - 10 - 형성자

浴

목욕할 욕

장황하게 긴 물(氵)이 흐르는 골짜기(谷)에 그 물로 목욕하는 사람의 형상을 본뜬 글자.

또다른뜻 깨끗이할, 멱감을, 목욕시킬, 몸에 받음, 새나는.

- 浴室(욕실) '목욕실(沐浴室)'의 준말.
- 浴衣(욕의) 목욕할 때 입는 옷.
- 浴槽(욕조) 목욕물을 담는 목욕통(沐浴桶).
- 浴湯(욕탕) '목욕탕(沐浴湯)'의 준말.

---

7 - 10 - 형성자

海

바다 해

바다에서는 많은 물이(氵) 매양(每)출렁거리는 파도로 넓고 아득한 형상을 본뜬 글자.

또다른뜻 널리, 넓을, 크게, 많을, 해양, 바닷물, 해수, 아득할.

- 海軍(해군) 바다에서 복무하는 군대.
- 海難(해난) 항해하다가 만나는 재난.
- 海拔(해발) 해면에서부터 잰 높이.
- 海上(해상) 바다 위.

---

7 - 10 - 형성자

浦

물가 포

바다의 조수(氵)가 아침 저녁 물가로 크게(甫) 밀려 왔다 밀려 나가는 형상을 본뜬 글자.

또다른뜻 개, 갯가, 포구, 항구, 조수가 드나드는 어귀. 바닷가.

- 浦口(포구) 배가 드나드는 개의 어귀.
- 浦民(포민) 갯가에 사는 어민.
- 浦村(포촌) 갯가에 있는 마을.
- 浦港(포항) 포구와 항구.

MILLENNIUM

한 자 방 정 식

水 + 炎 ⇨ 淡

보통 물보다 불로 끓인 물이 더 담박함.

---

7 - 10 - 형성자

浩

넓 을 호

넓은 지역 물(氵)이 질펀하게 큰 홍수가 나 여러 사람에게 알리는(告) 형상을 본뜬 글자.

또다른뜻 클, 물질펀할, 풍부할, 넉넉할, 거만할, 교만할.

浩氣(호기) 호연(浩然)한 기운.
浩大(호대) 썩 넓고 큼.
浩博(호박) 크고 넓음.
浩然(호연) ① 크고 왕성함. ② 물이 그침이 없이 흐르는 모양.

---

8 - 11 - 형성자

淚

눈 물 루

죄를 회개하여 눈에서 눈물(氵)이 어그러지듯(戾) 흘리고 있는 사람의 형상을 본뜬 글자.

또다른뜻 눈물흘릴, 눈물지을, 촛농이 흐를, 빨리 흐를(려).

淚誦(누송) 눈물로 시가 등을 읊음.
淚水(누수) 눈물.
淚眼(누안) 눈물이 글썽글썽한 눈.
淚下(누하) 냇물처럼 흐르는 눈물.

---

8 - 11 - 형성자

淡

담 박 할 담

어떤 물보다(氵) 불로 끓인(炎) 물이 세균들이 없어져 싱겁지만 담박한 형상을 본뜬 글자.

또다른뜻 물맑을, 싱거울, 묽을, 심심할, 질펀히 흐를(염).

淡綠(담녹) 담녹색. 엷은 녹색.
淡白(담백) 맛이나 빛이 깨끗하고 맑음.
淡色(담색) 연한 빛깔.
淡水(담수) 짠 맛이 없는 싱겁고 맑은 물.

---

8 - 11 - 형성자

深

깊 을 심

도도히 흐르는 물(氵)일수록 수심의 깊이(罙)가 깊고 멀리 뻗어 흐르는 형상을 본뜬 글자.

또다른뜻 멀, 으슥할, 깊이, 짙을, 깊숙할, 심오할, 무성할.

深刻(심각) 아주 깊고 절실함.
深慮(심려) 깊이 생각함. 또는 그 깊은 생각.
深奧(심오) 어떠한 것의 이치가 깊고 오묘함.
深化(심화) 어떤 현상이 차차 깊어져 감.

---

8 - 11 - 형성자

淨

깨 끗 할 정

손까지 들여보이는 물(氵)만큼 다투어(爭) 깨끗한 청백리같은 사람의형상을 본뜬 글자.

또다른뜻 맑을, 깨끗히할, 청정할, 밝을, 때묻지아니할.

淨潔(정결) 청정하고 맑고 깨끗함.
淨書(정서) 글씨를 깨끗이 옮겨 씀.
淨水(정수) 물을 깨끗하게 함. 오물따위를 깨끗하게 함.
淨化(정화) 더러운 구석을 깨끗하게 함.

---

8 - 11 - 형성자

涯

물 가 애

강물(氵)이 맞닿는 물가의 언덕(厓)이 물줄기가 끝나는 곳까지 이어진 형상을 본뜬 글자.

또다른뜻 끝, 가, 다할, 한계, 잡도리할, 검속할, 평생, 생애.

涯角(애각) 궁벽스럽고 아득히 먼 땅.
生涯(생애) ① 살아 가는 상태. ② 한 사람의 평생.
水涯(수애) 물 가.
天涯(천애) ① 하늘 끝. ② 멀리 떨어진 타향.

MILLENNIUM

한 자 방 정 식

水 + 青 ⇨ 淸

물은 속이 푸를수록 맑은 것이다.

---

8 - 11 - 형성자

淑

맑 을 숙

콩시루의 콩은 맑은 물(氵)을 줌으로써 콩나물(叔)로 잘 자라는 형상을 본뜬 글자.

(또 다른 뜻) 착할, 사모할, 얌전할, 정숙할, 능란할, 아름다울.

淑女(숙녀) 교양있는 정숙한 여자.
淑德(숙덕) 정숙하고 단아한 여자의 미덕.
貞淑(정숙) 여자로서 행실과 마음씨가 고움.
賢淑(현숙) 여자의 마음이 어질고 정숙함.

---

8 - 11 - 형성자

淫

음 란 할 음

물(氵)을 가까이 하면 물에 젖듯 남녀가 가까이 있으면(壬) 음란해지는 형상을 본뜬 글자.

(또 다른 뜻) 방탕할, 과할, 음탕할, 깊이빠질, 탐할, 미혹할.

淫女(음녀) 음탕한 여자.
淫亂(음란) 음탕하고 난잡함. 응큼하고 음탕함.
淫蕩(음탕) 주색에 탐닉하여 방탕함.
淫行(음행) 음란한 짓. 음란한 행위.

---

8 - 11 - 형성자

淺

얕 을 천

얕은 물(氵)인데도 창 두개로 의지하여 건너 몸을 상한(戔) 사람의 형상을 본뜬 글자.

(또 다른 뜻) 엷을, 옅을, 적을, 오래지않을, 취약할, 깊지않을.

淺薄(천박) 학문이나 생각이 얕고 엷음.
淺識(천식) 얕은 지식이나 식견.
淺深(천심) 얕음과 깊음. 심천(深淺).
淺學(천학) 얕은 학문이나 지식.

---

8 - 11 - 형성자

混

섞 일 혼

여러 갈래의 물줄기(氵)가 같은(昆) 한 곳으로 모여 섞여서 흐려지는 형상을 본뜬 글자.

(또 다른 뜻) 흐릴, 섞을, 합칠, 같을, 클, 구별못할, 오랑캐(곤).

混沌(혼돈) 사물의 구별이 확실하지 않음.
混用(혼용) 섞어서 씀.
混雜(혼잡) 뒤섞여 몹시 떠들썩한 상태.
混合(혼합) 두 물질 따위를 한데 뒤섞음.

---

8 - 11 - 형성자

添

더 할 첨

어긋난 언행으로 무뢰한 자에게 물(氵)을 더하여 붓고 욕되게(忝) 하는 형상을 본뜬 글자.

(또 다른 뜻) 첨가할, 덧붙일, 보탤, 안주, 맛을 더할, 맛있게 할.

添加(첨가) 덧붙이거나 보탬.
添補(첨보) 더하여 보충함.
添附(첨부) 더하여 붙임.
添削(첨삭) 어떤 사물을 첨가하거나 삭제함.

---

8 - 11 - 형성자

淸

맑 을 청

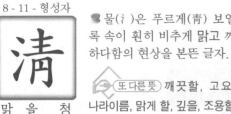

물(氵)은 푸르게(青) 보일수록 속이 훤히 비추게 맑고 깨끗하다함의 현상을 본뜬 글자.

(또 다른 뜻) 깨끗할, 고요할, 나라이름, 맑게 할, 깊을, 조용할.

淸溪(청계) 맑고 깨끗한 시내.
淸凉(청량) 날씨가 맑고 서늘함.
淸算(청산) ① 셈을 다하여 깨끗이 정리함. ② 빚을 다 갚음.
淸純(청순) 맑고 순박함.

MILLENNIUM

한 자 방 정 식

水	+	夜	⇨	液
물에 담근 것이		저녁에 풀어져		진액이 됨.

8-11-회의·형성자

淪

빠 질 륜

물(氵)이 뭉쳐(侖) 고여 있는 곳에 빠져 허우적대며 더욱 깊이 빠져드는 형상을 본뜬 글자.

또 다른 뜻 잔 물결, 파문, 잠길, 침몰할, 엄할, 심각할, 빠져 들.

淪落(윤락) 몰락하여 타지로 떠돌아 다님. 여자가 도덕적으로 타락하여 몸을 망침.
沈淪(침륜) 물에 빠져 가라앉음. 권세 등이 줄어들어 떨치지 못함.

8-11-형성자

淳

순 박 할 순

맑은 물(氵)같이 깨끗하고 훌륭한 인물이 되길 기원(享)하는 순박한 사람의 형상을 본뜬 글자.

또 다른 뜻 꾸밈이 없을, 도타울, 인정깊을, 깨끗할, 맑을, 클.

淳良(순량) 성품이 어질고 양순함.
淳朴(순박) 꾸밈이나 거짓이 없이 순진함.
淳化(순화) 순박하게 교화함. 또는 풍속 따위가 순박해짐.

8-11-형성자

液

진 액

물(氵)에 담근 것이 저녁(夜)이 되어 불어서 풀어져 진액처럼된 과일의 형상을 본뜬 글자.

또 다른 뜻 즙, 진액, 즙액, 겯, 겨드랑, 담글, 풀어질, 해산할.

液汁(액즙) 국물. 즙액.
液體(액체) 물이나 기름처럼 부피는 있으나 일정한 모양이 없는 물질.
液化(액화) 기체 또는 고체가 냉각이나 압력에 의하여 액체로 변하는 일.

8-11-형성자

涵

젖 을 함

물(氵)을 용기에 넣듯(函) 사람에게 지식 따위에 젖게 하여 주는 형상을 본뜬 글자.

또 다른 뜻 적실, 잠길, 가라앉을, 채용할, 음미할, 스며들.

涵養(함양) 물이 스미듯이 차차 길러 냄. 학문·견식·인격 따위가 차차 몸에 배도록 양성시킴.
涵咀(함저) 잘 씹어 맛봄. 글 따위의 내용을 잘 음미하여 깨달음.

9-12-형성자

渡

건 널 도

강(氵)을 건널 때 이쪽 나루에서 저쪽 나루를 향하여 지나가는(度) 형상을 본뜬 글자.

또 다른 뜻 나루, 건넬, 나루터, 넘길, 지나갈, 옮길, 중간 단계.

渡江(도강) 강을 건너는 일. 도하(渡河).
渡美(도미) 미국으로 건너감.
渡日(도일) 일본으로 건너감.
渡河(도하) 강을 건넘. 도강(渡江).
過渡(과도) 다음 과정으로 넘어가는 도중.

9-12-형성자

減

덜 감

물(氵)이 가득 채워진(咸) 것에서 덜고 덜어 점차 줄어드는 저수지의 형상을 본뜬 글자.

또 다른 뜻 덜릴, 감할, 다할, 생략할, 줄어들, 손상할, 지칠, 뺄.

減量(감량) 분량을 줄임.
減免(감면) 등수를 낮추어 면제함.
減算(감산) 감법으로 계산함. 빼기. 뺄셈.
減少(감소) 줄어서 적어짐.
減退(감퇴) 덜리어 쇠퇴함.

MILLENNIUM

한자방정식

水 + 則 ⇨ 測

수면의 평평한 / 법칙에 따라 / 측정함.

9 - 12 - 형성자

渴

목마를 갈

수분(氵)들이 그쳐(曷) 말라서 온갖 생물이 목말라 애타게 비를 기다리는 형상을 본뜬 글자.

(또다른뜻) 급할, 갈증, 서두를, 장례를 서둘러, 물마를(걸).

渴求(갈구) 갈망하여 구함.
渴望(갈망) 목말라 물 구하듯 간절히 바람.
渴水(갈수) 오랫 동안 가물어서 하천의 물이 마름.
渴症(갈증) 목말라 물 마시고 싶은 느낌.

9 - 12 - 형성자

測

측량할 측

수면(氵)이나 넓이를 측정할 때는 일정한 법칙(則)에 따라 헤아려 재는 형상을 본뜬 글자.

(또다른뜻) 헤아릴, 깊을, 잴, 알, 맑을, 칼날이 날카로울.

測量(측량) 사물의 거리 · 넓이 등을 헤아림.
測定(측정) 재어서 정함. 추측하여 결정함.
測候(측후) 기상을 관측함.
豫測(예측) 미리 짐작함.

9 - 12 - 형성자

湖

호 수 호

강(氵)이 끝이 보이지 않을 만큼 멀어(胡) 아득한 큰 호수나 큰 연못의 형상을 본뜬 글자.

(또다른뜻) 큰못, 큰 연못, 호반, 호소, 호심, 호안, 강호.

湖面(호면) 호수의 수면.
湖畔(호반) 호수의 가.
湖上(호상) 호수의 물위.
湖西(호서) 충청 남북도의 이칭.
湖水(호수) 못이나 늪보다 넓고 큰 연못.

9 - 12 - 형성자

港

항 구 항

바다(氵) 멀리 섬까지 뱃길(巷)이 나있고 배들이 정박할 수 있는 항구의 형상을 본뜬 글자.

(또다른뜻) 뱃길, 하구, 배가 머무는 곳, 나루, 항구(강).

港口(항구) 배가 드나들고 배가 머무는 곳.
港都(항도) 항구의 도시.
開港(개항) 새로 항구나 공항을 엶.
入港(입항) 배가 항구에 들어옴.

9 - 12 - 형성자

湮

묻힐 인

부엌 솥의 김(氵)들이 아궁이 앞을 막아(垔) 불이 묻쳐버린 것같은 형상을 본뜬 글자.

(또다른뜻) 없어질, 잠길, 멸망할, 막을, 가려질, 쇠하여질.

湮滅(인멸) 오래되어 자취가 묻히어 없어짐. 사라져 없어짐.
湮沒(인몰) 깊숙이 숨음. 흔적도 없이 사라짐.
湮厄(인액) 막힘. 불행.

9 - 12 - 형성자

淵

못 연

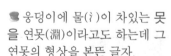

웅덩이에 물(氵)이 차있는 못을 연못(淵)이라고도 하는데 그 연못의 형상을 본뜬 글자.

(또다른뜻) 깊을, 조용할, 북소리, 활의 고자와 줌통 사이.

淵源(연원) 연못의 물이 솟는 근원. 사물의 근본.
淵衷(연충) 깊은 속마음.
深淵(심연) 깊은 연못. 헤어나기 어려운 깊은 구덩이로 비유.

MILLENNIUM

한자방정식

水	+	倉	⇨	滄
큰 바닷물이		곳집만큼 큰 파도로		푸르다.

9 - 12 - 형성자

湯

끓 일 탕

땡볕으로 이글이글거리는 열이 마치 물(氵) 끓는 것같이 볕이 빛(昜)을 발하는 형상을 본뜬 글자.

또다른뜻 끓는 물, 국, 국물, 끓인물, 데울, 목욕할, 해돋이(양).

湯器(탕기) 국이나 찌개 등을 담는 그릇.
湯池(탕지) 끓는 물이 솟는 연못.
溫湯(온탕) 온천이나 적당한 온도의 탕물.
浴湯(욕탕) 「목욕탕(沐浴湯)」의 준말.

10 - 13 - 형성자

溪

시 내 계

냇가의 시냇물(氵)은 어찌(奚) 생겨나 골짜기에서 흘러오는지 그 형상을 본뜬 글자.

또다른뜻 산골짜기, 텅 빌, 보람없을, 사마귀, 활이름.

溪谷(계곡) 물이 흐르는 산기슭의 골짜기.
溪川(계천) 시내와 내.
碧溪(벽계) 흐르는 물빛이 푸른 맑은 시내.
淸溪(청계) 깨끗한 시내.

10 - 13 - 형성자

滅

멸 망 할 멸

활활 타는 불기운이 물(氵)로 인하여 쇠잔해지고 멸망하듯 꺼지는(烕) 형상을 본뜬 글자.

또다른뜻 멸망시킬, 다할, 불꺼질, 없어질, 끊어질, 제거할.

滅裂(멸렬) 찢기고 흩어져 없어짐.
滅亡(멸망) 나라나 세력 따위가 망하여 없어짐.
滅種(멸종) 종자를 없애버림.
消滅(소멸) 세력이나 권리 따위가 사라져 없어짐.

10 - 13 - 형성자

溫

따 뜻 할 온

물(氵)이 끓게되면 뜨거워 부드럽게(昷) 식힐 때 따뜻한 물이 되는 형상을 본뜬 글자.

또다른뜻 부드러울, 데울, 복습할, 따뜻하게 할, 온화할.

溫帶(온대) 열대와 한대 사이의 따뜻한 곳.
溫度(온도) 덥고 찬 정도를 나타낸 수치.
溫泉(온천) 목욕할 수 있는 온천수의 샘.
溫和(온화) 따뜻하고 인자함.

10 - 13 - 형성자

源

근 원 원

깊은 산 속 골짜기에서 흐르는 물(氵)이 근원(原)이 되어 강이 되는 형상을 본뜬 글자.

또다른뜻 본원, 계속할, 사물의 근원, 물이 줄기차게 흐를.

源流(원류) 강의 본줄기. 근원.
源泉(원천) 물이나 사물의 근원.
根源(근원) 물줄기가 나오기 시작하는 곳.
發源(발원) 물의 근원. 사물의 근원. 사물이 시작되는 곳.

10 - 13 - 형성자

滄

푸 를 창

큰 바다의 물(氵)은 푸르고 곳집(倉)만큼 큰 파도로 몰아치는 형상을 본뜬 글자.

또다른뜻 큰 바다, 찰, 차가울, 싸늘할, 물빛, 바다, 강이름.

滄浪(창랑) 넓고 큰 바다의 푸른 물결.
滄茫(창망) 넓고 멀어서 아득함.
滄波(창파) 넓고 큰 바다의 푸른 물결.
滄海(창해) 넓고 아득히 먼 푸른 바다.

MILLENNIUM

한자방정식

水 + 弱 ⇨ 溺

물가에서 노는 / 어린애가 / 물에 빠지기 쉽다.

---

10 - 13 - 형성자

準

고를 준

수면(氵) 위를 새가(隹) 납렵하게 고른 면을 수직(十)으로 찍고 날아가듯한 형상을 본뜬 글자.

또다른뜻 평준할, 법도, 표준, 평평할, 비길, 준할, 기준.

準備(준비) 미리 마련하여 갖춤.
準則(준칙) 준거할 기준이 되는 법칙.
水準(수준) 사물의 일정한 표준이나 정도.
標準(표준) 사물의 준거할 만한 기준.

---

10 - 13 - 형성자

溺

빠질 닉

물가(氵)에서 어린이(弱)가 놀고 있는데 물에 빠지기 쉬우니 조심해야 한다는 의미의 글자.

또다른뜻 물에 빠질, 빠져 죽을, 마음빼앗길, 오줌(뇨).

溺死(익사) 물에 빠져 죽음.
溺愛(익애) 지나치게 사랑함. 사랑에 흘딱 빠짐.
耽溺(탐닉) 어쩐 일에 지나치게 즐긴 나머지 그곳에 빠짐.

---

10 - 13 - 형성자

溶

녹을 용

어떤 물건을 물(氵)에 넣으니(容) 녹아버리는 형상을 본뜬 글자로 용액을 이르는 글자.

또다른뜻 물 질펀히 흐를, 넘칠, 느긋할, 여유있을, 나부낄.

溶媒(용매) 용액을 만들 때에 용질을 녹이는 물질.
溶液(용액) 어떤 물질이 다른 물질에 녹아서 고르게 퍼져있는 물질.
溶解(용해) 녹음, 또는 녹임.

---

10 - 13 - 형성자

滑

미끄러울 활

물(氵) 속에서는 무거운 골자(骨)일지라도 미끄러워질 만큼 가벼운 형상을 본뜬 글자.

또다른뜻 반드러울, 부드럽게 할, 윤이 날, 어지러울(골).

滑降(활강) 미끄러져 내려옴.
滑走(활주) 비행기가 뜨고 내릴 때에 땅위를 미끄러져 내달음.
圓滑(원활) 모난 데가 없고 원만함.
狡滑(교활) 간사한 꾀가 많음.

---

11 - 14 - 형성자

漏

샐 루

비가 오면 물(氵)이 지붕(尸=屋의 생략형) 위에서 비(雨)가 새는 형상을 본뜬 글자.

또다른뜻 뚫을, 구멍, 빠뜨릴, 물시계, 스며들, 베어들, 틈.

漏落(누락) 글로 적어 둔 곳에서 빠짐.
漏水(누수) 새어 나오는 물.
漏泄(누설) 비밀이나 정보가 새어 나감.
漏電(누전) 전기가 새어 나감.

---

11 - 14 - 형성자

漠

사막 막

물(氵)을 구하기 어려운(莫) 사막에서 모래로 아득히도 멀리 펼져져 있는 형상을 본뜬 글자.

또다른뜻 아득할, 넓을, 조용할, 편안할, 안정할, 어두울.

漠然(막연) 똑똑하지 못하고 어렴풋함.
漠地(막지) 사막처럼 거칠고 메마른 땅.
茫漠(망막) 넓고 아득히 멂.
砂漠(사막) 아득하게 넓은 모래 벌판.

MILLENNIUM

한 자 방 정 식

水 + 魚 → 漁

바다나 강에서 물고기를 잡는 어부.

11 - 14 - 형성자

滿

찰 만

그릇 높이만큼 물(氵)이 가득 차서 평평하여(㒼) 풍족한 느낌을 주는 형상을 본뜬 글자.

또 다른 뜻 가득할, 풍족할, 가득 찰, 넉넉할, 교만할, 속일.

滿期(만기) 정한 기한이 다 참.
滿了(만료) 정해진 기간이 다 차서 끝남.
滿員(만원) 정한 인원수의 수가 꽉 참.
滿潮(만조) 가장 꽉 차게 들어온 밀물.

11 - 14 - 형성자

漫

질펀할 만

물(氵)이 길게(曼) 넘쳐 흘러 바닥에 질펀하게 엎질러져 부질없게 된 형상을 본뜬 글자.

또 다른 뜻 흩어질, 부질없을, 빠질, 게으를, 넘쳐흐를, 멋대로.

漫然(만연) 목적이 없이 되는 대로.
漫醉(만취) 술이 잔뜩 취함.
漫評(만평) 생각나는 대로의 자유로운 비평.
漫畵(만화) 사회를 풍자하는 그림책.

11 - 14 - 형성자

演

펼 연

멀리 흐르는 물(氵)처럼 대개의 동방(寅)인은 사상을 깊게 펼치며 익히는 형상을 본뜬 글자.

또 다른 뜻 넓을, 익힐, 연역할, 넓힐, 연습할, 설명할, 실험할.

演技(연기) 연극 등에서 배우의 기예.
演算(연산) 일정한 식으로 계산하는 일.
演習(연습) 실지로 하듯 함으로써 익힘.
演繹(연역) 뜻을 풀어서 밝힘.

11 - 14 - 회의 · 형성자

漁

고기잡을 어

바다나 강(氵)에서 물고기(魚)를 낚시나 어망으로 물고기를 잡는 어부의 형상을 본뜬 글자.

또 다른 뜻 탐낼, 빼앗을, 침략할, 낚을, 고기잡이, 어부, 어망.

漁夫(어부) 물고기잡이를 업으로 하는 사람.
漁船(어선) 고기잡이하는 배.
漁村(어촌) 어부들이 모여사는 마을.
漁獲(어획) 물고기, 조개 따위를 잡거나 땀.

11 - 14 - 형성자

漸

점차 점

가뭄의 끝에 비가와 물(氵)이 칼로 배인(斬) 갈라진 땅에 점차로 번지는 형상을 본뜬 글자.

또 다른 뜻 번질, 나아갈, 차츰, 위독할, 적실, 스밀, 흘러들.

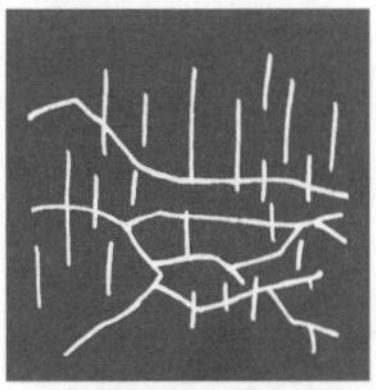

漸滅(점멸) 점점 쇠퇴하여 멸망함.
漸移(점이) 점차로 옮아감.
漸進(점진) 순서대로 조금씩 나아감.
漸次(점차) 점점 차례대로.

11 - 14 - 형성자

滴

물방울 적

빗물(氵)이 떨어질 때 처마끝(啇)에 매달려 물방울로 스며 내리는 형상을 본뜬 글자.

또 다른 뜻 스며내릴, 방울져 떨어질, 매우 작을, 윤기있을.

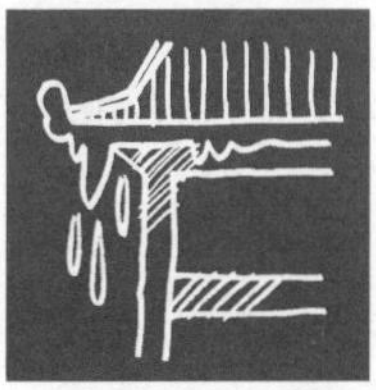

滴露(적로) 방울져 떨어지는 이슬.
硯滴(연적) 벼룻물을 담아두는 그릇.
雨滴(우적) 빗방울.
點滴(점적) 방울방울 떨어지는 물방울.

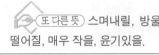

MILLENNIUM

한자방정식

水 ＋ 帶 ⇨ 滯

흐르던 물이 오물의 띠로 인해 막힘.

---

11 - 14 - 형성자

漆

옻칠할 칠

진액(氵)을 옻나무(桼)에서 채취하여 옻칠을 하는 목공의 형상을 본뜬 글자.

또 다른 뜻 검을, 옻나무, 캄캄할, 검은 칠, 칠, 일곱, 전심할.

- 漆工(칠공) 칠장이. 칠을 업으로 하는 사람.
- 漆器(칠기) 옻칠이나 잿물을 입힌 도자기.
- 漆夜(칠야) 아주 캄캄한 밤.
- 漆黑(칠흑) 옻칠처럼 검고 광택이 있음.

---

11 - 14 - 형성자

漢

한수 한

중국 양자강(氵) 상류의 한수 강에서는 우기 때면 물난리로 어려운(𦰩) 형상을 본뜬 글자.

또 다른 뜻 종족, 물이름, 나라이름, 종족이름, 사나이, 악한.

- 漢文(한문) 한자(漢字)로 된 글.
- 漢書(한서) 한문으로 기록된 서적.
- 漢陽(한양) '서울'의 옛 이름.
- 怪漢(괴한) 행동거지가 수상하고 질이 나쁜 사람.
- 惡漢(악한) 몹시 악독한 괴한.

---

11 - 14 - 형성자

漂

뜰 표

강물(氵)에서 표나게(票) 떠 있는 부표처럼 빨래할 때 구정물이 뜨는 형상을 본뜬 글자.

또 다른 뜻 빨래할, 떠돌, 높고 먼, 물에 뜰, 나부낄, 문지를.

- 漂浪(표랑) 떠도는 큰 물결.
- 漂流(표류) 물 위에 둥둥 떠서 흘러감.
- 漂白(표백) 바랜 옷 등을 희게 함.
- 浮漂(부표) 물 위에 떠서 떠돌아 다님.

---

11 - 14 - 형성자

滯

막힐 체

흐르던 물(氵)이 오물들의 띠(帶)로 막혀서 흐름이 더디게 되는 형상을 본뜬 글자.

또 다른 뜻 엉길, 쌓일, 머무를, 오랠, 쓸모없을, 빠질, 골돌할.

- 滯納(체납) 세금 따위를 기한 내에 납부하지 않음.
- 滯留(체류) 타지에 머물러 있음.
- 滯症(체증) 체하여 소화가 잘 되지 않음.
- 停滯(정체) 진행하던 상태가 정지되거나 침체됨.

---

12 - 15 - 형성자

潔

깨끗할 결

맑은 물(氵)에서 깨끗하게 빤 삼베 옷의 결(絜)들이 말쑥하고 빛나 보이는 형상을 본뜬 글자.

또 다른 뜻 맑을 조촐할, 행실 바를, 깨끗이할, 몸닦을.

- 潔白(결백) ① 깨끗하고 흼. ② 지조를 더럽힘이 없이 깨끗함.
- 潔癖(결벽) 극단적으로 깨끗함을 좋아함.
- 純潔(순결) 마음과 몸이 깨끗함.
- 清潔(청결) 맑고 깨끗함.

---

12 - 15 - 형성자

潭

못 담

물(氵)이 깊고 넓은(覃) 연못이나 못에 많은 물이 저장되어 있는 형상을 본뜬 글자.

또 다른 뜻 깊을, 물가, 깊게 괼, 적실, 담글, 스며들, 깊은 곳.

- 潭思(담사) 깊이 생각함. 골돌이 생각함.
- 潭水(담수) 깊은 못이나 늪의 물.
- 潭淵(담연) 깊은 못이나 연못.
- 深潭(심담) 깊은 못이나 연못. 담염.

MILLENNIUM

한자방정식

水 + 發 ⇒ 潑

물을 쏘아 대듯 뿌림.

12-15-회의·형성자

潮

조 수 조

달의 인력에 의해 바닷물(氵)이 아침(朝) 저녁으로 들고 나는 조수의 형상을 본뜬 글자.

또 다른 뜻 밀물, 나타날, 썰물, 축축해질, 시대의 흐름.

潮流(조류) 조수로 인한 바닷물의 흐름.
潮水(조수) 아침에 들었다 나가는 바닷물.
思潮(사조) 한 시대의 일반적 사상의 흐름.
風潮(풍조) 세상의 시대의 추세.

---

12 - 15 - 형성자

潤

적 실 윤

먼지 따위가 붙은 물건을 물(氵)에 적시어 물기를 닦으면 윤이 나는 형상을 본뜬 글자.

또 다른 뜻 윤택할, 부풀을, 불릴, 젖을, 윤이날, 은혜입을.

潤氣(윤기) 윤택한 기운.
潤澤(윤택) 윤기있는 광택. 물건이 풍부함.
潤滑(윤활) 뻑뻑하지 아니하고 매끄러움.
利潤(이윤) 총수익에서 비용을 뺀 소득.

---

12 - 15 - 형성자

潛

잠 길 잠

물(氵)에서 드러난 몸을 감추기 위해 재빨리(朁) 물 속으로 잠기는 형상을 본뜬 글자.

또 다른 뜻 감출, 자맥질할, 숨길, 숨을, 몰래, 깊을, 달아날.

潛伏(잠복) 몰래 숨어서 범인의 동태를 살핌.
潛水(잠수) 물 속에 잠김.
潛入(잠입) 전진 따위에 남몰래 숨어들음.
潛在(잠재) 속에 숨어 드러나지 아니함.

---

12 - 15 - 형성자

潑

물 뿌 릴 발

물(氵)을 쏘아대듯(發) 사나운 기세로 물을 뿌리는 것이 활발하게 보이는 형상을 본뜬 글자.

또 다른 뜻 사나울, 불량배, 활발할, 뿌릴, 끼얹을, 물솟을.

潑剌(발랄) 원기가 왕성하여 활동적임.
潑水(발수) 물 따위를 뿌림.
潑皮(발피) 건달. 무뢰한. 철면피.
活潑(활발) 움직임 따위가 생기있고 발랄함.

---

13 - 16 - 형성자

濃

짙 을 농

물(氵)은 농가(農)에서 중요시하여 안개 짙은 새벽에 물대기를 하는 형상을 본뜬 글자.

또 다른 뜻 걸쭉할, 이슬많을, 진할, 깊을, 두터울, 한창 때.

濃度(농도) 용액 속의 성분의 양과 비율.
濃液(농액) 농도 짙은 액체.
濃縮(농축) 진하게 엉기어 바싹 졸아 듦.
濃厚(농후) 액체가 묽지 않고 진함.

---

13 - 16 - 형성자

激

부 딪 칠 격

물살(氵)이 흐르면서 암석에 부딪치는 소리(敫)가 마치 급한 아우성같다라는 의미의 글자.

또 다른 뜻 과격할, 급할, 심할, 격할, 격류, 흘러들, 격렬할.

激減(격감) 갑자기 줄음.
激突(격돌) 격렬하게 부딪침.
激勵(격려) 용기나 의욕을 북돋아 줌.
激變(격변) 상황 등이 갑자기 심히 변함.

MILLENNIUM

한 자 방 정 식

水	+	監	⇨	濫
큰 홍수가 나		보는 곳마다		물이 넘침.

13 - 16 - 형성자

濁

흐릴 탁

강(氵)이 흐린 촉나라(蜀)에서는 흙탕물에 어지러울 정도 물살이 거칠었다는 의미의 글자.

또다른뜻 어지러울, 흐리게 할, 흐림, 때, 더럽힐, 더러운 행실.

濁流(탁류) 흘러가는 흐린 물.
濁音(탁음) 탁하게 울리는 소리.
濁酒(탁주) 막걸리.
淸濁(청탁) ① 맑음과 흐림.
② 사리의 옳고 그름.
混濁(혼탁) 맑지 아니하고 둔탁하고 흐림.

13 - 16 - 형성자

澤

못 택

흐르는 물(氵)을 연못처럼 가두었다가(睪) 농사에 이용하면 풍작을 가져온다는의미의 글자.

또다른뜻 연못, 윤, 윤택, 은혜, 덕택, 늪, 윤이 날, 혜택.

光澤(광택) 표면이 번쩍거리는 빛.
德澤(덕택) 덕분. 고맙고 어진 베풂음.
潤澤(윤택) 물건이 풍부하여 넉넉함.
惠澤(혜택) 은혜와 덕택.

14 - 17 - 형성자

濫

넘칠 람

비가 지나치게 많이 와 물(氵)이 사방으로 넘쳐 보이는(監) 홍수의 형상을 본뜬 글자.

또다른뜻 번질, 지나칠, 함부로할, 어지럽힐, 엿볼, 탐할.

濫讀(남독) 서적 등을 닥치는 대로 읽음.
濫發(남발) 무엇을 적당량 이상으로 산발함.
濫用(남용) 마구 함부로 씀.
氾濫(범람) 물이 넘쳐 흐름.

14 - 17 - 형성자

濟

건널 제

물(氵)을 건너던 사람들이 가지런히(齊) 가다가 한 사람이 빠져 구제하는 형상을 본뜬 글자.

또다른뜻 구할, 성할, 건질, 구제할, 이룰, 많고 성할, 쓸.

濟度(제도) 중생을 고해에서 인도하여 줌.
濟民(제민) 허덕이는 백성을 구제함.
濟世(제세) 세상을 구제함.
救濟(구제) 구원하여 건져 줌.

14 - 17 - 형성자

濯

빨래할 탁

시냇물(氵)에서 빨래를 하는데 황후의 옷(翟)을 빠는 것처럼 정성스러움을 의미한 글자.

또다른뜻 씻을, 빨, 헹굴, 클, 빛날, 아름다울, 상앗대, 뜸물.

濯足(탁족) 발을 씻음. 세족(洗足).
濯枝雨(탁지우) 음력 6월이면 오는 큰 비.
洗濯(세탁) 빨래. 옷 등을 물에 빠는 것.

14 - 17 - 형성자

濕

젖을 습

물(氵)에 잘 젖는 천으로는 누에고치(㬎)에서 뽑은 실로 만든 천이 가장 좋다는 의미의 글자.

또다른뜻 축축할, 근심할, 강이름(답), 나라(압), 사람이름(섭).

濕氣(습기) 축축한 기운.
濕疹(습진) 살갗에 생기는 염증.
多濕(다습) 습기가 많음.
燥濕(조습) 바싹 마름과 축축히 젖음.

MILLENNIUM

한 자 방 정 식

水	+	暴	⇨	瀑
높은 곳의 물이		세차게 떨어지는		폭포.

15 - 18 - 형성자

瀑

폭 포 폭

높은 곳에서 물(氵)이 세차게 (暴) 아래로 떨어지는 우렁찬 폭포의 형상을 본뜬 글자.

(또 다른 뜻) 소나기, 거품, 소나기(포), 용솟음칠(팍), 물끓을(팍).

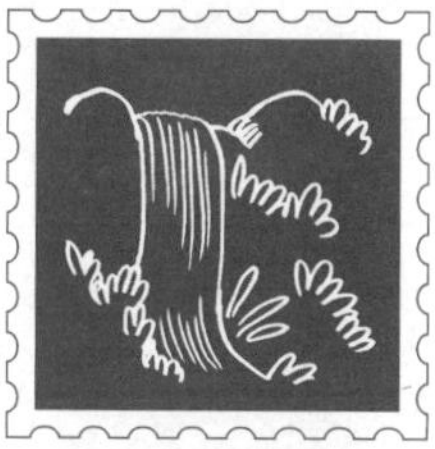

瀑雨(폭우) 갑자기 쏟아지는 큰 비. 소나기.
瀑布(폭포) 흐르는 물이 수직, 또는 그것과 비슷한 경사로 떨어지는 물.
瀑沫(포말) 물보라.

18 - 21 - 형성자

灌

물 댈 관

물(氵)이 부족하여 논에 물댈 때 황새(雚)들이 저만치에서 먹이를 찾는 형상을 본뜬 글자.

(또 다른 뜻) 씻을, 떨기나무, 관개할, 흘러들, 따를, 끼얹을.

灌漑(관개) 논 밭을 경작하는 데 필요한 물을 끌어댐.
灌木(관목) 떨기나무. 진달래. 모란.
灌腸(관장) 항문에서 직장, 또는 대장에 약물을 넣어 변을 통하게 함.

22 - 25 - 형성자

灣

물 굽 이 만

바다의 물(氵)이 활을 누인 것(彎)처럼 넘실넘실 물굽이치는 파도의 형상을 본뜬 글자.

(또 다른 뜻) 육지로 굽어져 들어오는 모양의 바다나 강.

港灣(항만) 항구와 해만. 항구 설치에 알맞은 바닷가.
海灣(해만) 바다와 만. 만.
灣流(만류) 조류의 하나. 멕시코 만류를 이르는 말.

2 - 5 - 형성자

犯

범 할 범

개가(犭=犬의 변형) 사람의 몸마디(㔾)를 범하여 무는 형상을 본뜬 글자.

(또 다른 뜻) 죄, 어길, 죄인, 저촉될, 칠, 돌격할, 능멸할, 거스를.

犯人(범인) 죄를 범한 사람으로서의 죄인.
犯罪(범죄) 죄를 범함. 범한 죄. 범법이 되는 죄.
犯行(범행) 위법이 되는 범죄의 행위의 일체.

4 - 7 - 형성자

狂

미 칠 광

개(犭)가 마치 왕(王)인양 제멋대로 미치듯이 날뛰며 물려고 달려드는 형상을 본뜬 글자.

(또 다른 뜻) 미치광이, 거셀, 사나울, 착란할, 얼빠질, 광란.

狂亂(광란) 미친 듯이 날뜀.
狂奔(광분) 미쳐 날뜀. 어떤 일에 미친 듯이 분주히 서두름.
狂人(광인) 정신이 이상한 미친 사람.
狂風(광풍) 사납게 부는 바람.

5 - 8 - 형성자

狗

개 구

무엇을 노리고 있는 개가(犭) 몸을 구부려(句) 웅크리고 있는 낮은 자세의 형상을 본뜬 글자.

(또 다른 뜻) 강아지, 작은 개, 범새끼, 곰새끼, 역(易)의 간.

狗尾草(구미초) 포아플과의 일년초 강아지풀.
走狗(주구) ① 사냥할 때 부리는 잘 달리는 개. ② 남의 앞잡이 노릇을 하는 사람을 비유.
黃狗(황구) 털빛이 누런 개.

犭

MILLENNIUM

한 자 방 정 식

犬	+	孟	⇨	猛
날렵한 개가		드세게		사납다.

7 - 10 - 형성자

狼

이 리 랑

집에서 기르던 개(犭)도 본디(良)는 야성을 지닌 이리였다는 그 형상을 본뜬 글자.

또 다른 뜻 난잡할, 허둥지둥할, 어지러울, 흐트러질, 거스를.

狼子(낭자) 피 따위가 흩어져 어지러운 모양. 나쁜 소문들이 자자함.
狼狽(낭패) 허둥대거나 갈팡질팡함. 일이 뜻대로 되지 않아 딱한 처지가 됨.
豺狼(시랑) 승냥이와 이리.

7 - 10 - 형성자

狹

좁 을 협

험준한 산에는 개가 (犭)가 겨우 끼어(夾) 다닐 수 있는 좁은 골짜기들이 많다는 의미의 글자.

또 다른 뜻 좁힐, 좁아질, 소리가 급할, 좁아지게 할, 좁은 의미.

狹量(협량) 좁은 도량.
狹路(협로) 좁은 길.
狹小(협소) 좁고 작음. 아주 좁음.
狹義(협의) 좁은 범위의 뜻.

8 - 11 - 형성자

猛

사 나 울 맹

날렵한 개(犭)가 힘차게(孟) 목을 돌리며 사납도록 으르렁대는 형상을 본뜬 글자.

또 다른 뜻 날랠, 용감할, 엄할, 잔혹할, 성낼, 마구 날뛸.

猛攻(맹공) 맹렬한 공격. 맹공격.
猛獸(맹수) 사나운 짐승. 야성을 가진 들짐승.
猛威(맹위) 사나운 위세. 맹렬한 위력.
猛將(맹장) 용맹한 장수. 용감하고 사나운 장수.

9 - 12 - 형성자

猶

오 히 려 유

개(犭)보다 오히려 두목인냥(酋) 원숭이가 으시대며 개를 희롱하는 형상을 본뜬 글자.

또 다른 뜻 원숭이, 머뭇거릴, 비슷할, 망설일, 차라리, 속일.

猶父(유부) 삼촌(三寸)의 이칭.
猶豫(유예) ① 결행하는 날짜나 시간을 미룸. ② 우물쭈물하며 망설임.
猶子(유자) 조카의 이칭.

9 - 12 - 형성자

猥

외 람 할 외

사람이 개(犭)처럼 분수에 넘치게(畏) 외람되게 과한 언행을 일삼는 형상을 본뜬 글자.

또 다른 뜻 분에 넘칠, 추잡할, 난잡할, 함부로, 많을, 성할.

猥濫(외람) 하는 짓이 분수에 넘침.
猥褻(외설) 이성에 대한 태도가 난잡함. 성적(性的) 자극이 심함.
猥雜(외잡) 음탕하고 난잡함.

10 - 13 - 형성자

猾

교 활 할 활

개(犭)의 움직임같이 유연한 뼈(骨)마디를 이용해 교활하게 행동하는 형상을 본뜬 글자.

또 다른 뜻 간교할, 어지럽힐, 희롱할, 가지고 놀, 교활한 사람.

猾吏(활리) 교활한 관리.
狡猾(교활) 간사스러운 잔 꾀가 많음.
邪猾(사활) 남 속이길 좋아하고 아주 교활함, 또는 그런 사람.

MILLENNIUM

한 자 방 정 식

犬 + 蜀 → 獨

한 우리의 개와 닭은 서로 싸우니 홀로둠.

---

13 - 16 - 형성자

獨

홀 로 독

개(犭)와 큰 닭(蜀)은 함께 두면 서로 싸우게 됨으로 홀로 두는 형상을 본뜬 글자.

(또 다른 뜻) 외로울, 혼자, 남다를, 독특할, 다만, 홀어미, 장차.

獨斷(독단) 혼자서 판단하고 결정함.
獨立(독립) 자신이 완전한 자주권을 가짐.
獨善(독선) 혼자만의 판단으로 전체를 움직임.
孤獨(고독) 외로움.

---

14 - 17 - 형성자

獲

얻 을 획

사냥꾼이 쏘아 떨어뜨린 새를 개(犭)가 물어다 재워 주어 얻는 기분이라는 의미의 글자.

(또 다른 뜻) 계집종, 손에 넣을, 빼앗을, 얻어질, 실심할(확)

獲得(획득) 얻어서 가짐.
鹵獲(노획) 싸워서 적의 물품을 빼앗음.
漁獲(어획) 수산물의 포획・채취함.
捕獲(포획) 사물이나 사람을 사로 잡음.

---

15 - 18 - 형성자

獵

사냥할 렵

개(犭)는 새들(巛)이나 새집을 노리는 쥐를(鼠) 희롱하듯 사냥하기를 좋아하는 형상을 본뜬 글자.

(또 다른 뜻) 사냥, 찾을, 잡을, 체포할, 놀랠, 잡아 쥘, 넘을, 다툴.

獵奇(엽기) 기이한 일이나 물건 따위를 즐겨서 찾고 구함.
獵銃(엽총) 사냥 등에 쓰이는 총.
涉獵(섭렵) 여기저기 찾아 다님. 여러 가지 책을 두루 다 읽음.

---

4 - 7 - 형성자

防

막 을 방

둘러쌓인 언덕(阝)이 사방(方)으로 있어 적의 침입을 막을 수 있다는 의미의 글자.

(또 다른 뜻) 둑, 방죽, 제방, 말릴, 금할, 대비할, 방호할, 수비할.

防犯(방범) 범죄가 일어나지 않도록 막음.
防備(방비) 침입・피해를 미리 막아서 지킴.
防禦(방어) 적이나 외세의 공격을 막음.
防止(방지) 막아서 멎게 함.

---

5 - 8 - 형성자

附

붙 을 부

산을 가까이 언덕(阝)들을 붙여놓은(付) 것같이 붙어있는 형상을 본뜬 글자.

(또 다른 뜻) 붙일, 가까이할, 달라붙을 접착할, 의지할, 관련될.

附近(부근) 가까운 언저리.
附帶(부대) 곁달아서 덧붙임.
附錄(부록) 본문의 끝에 덧붙이는 기록.
附設(부설) 어떤 데에 부속시켜 설치함.
附着(부착) 들러붙어 떨어지지 않음.

---

5 - 8 - 형성자

阿

언 덕 아

언덕(阝)들이 산을 향해 구부정(丁)하게 엎드려 아첨(口)하는 것 같은 언덕의 형상을 본뜬 글자.

(또 다른 뜻) 아첨할, 접두사, 구릉, 모퉁이, 산미탈, 호칭(옥).

阿膠(아교) 갖풀. 고아서 말린 접착제.
阿附(아부) 남의 비위를 맞추고 알랑거림.
阿諂(아첨) 남의 환심을 사거나 잘 보이려고 알랑거리는 자태.

阝
(阜)

MILLENNIUM

한자방정식

阜 + 良 ⇨ 限

산이나 언덕이 / 정하여 진대로 / 한정됨.

---

6 - 9 - 형성자

限

한 정 한

아무리 높은 산이나 언덕(阝)이라도 그 높이가 정하여(艮)지며 그 한정된 형상을 본뜬 글자.

또 다른 뜻 막힐, 한계, 지경, 요소, 경계, 구획, 규정, 제한.

- 限界(한계) 사물의 정해진 범위.
- 限度(한도) 한정된 정도. 일정한 정도.
- 限定(한정) 제한하여 정함. 또는 그 한도.
- 期限(기한) 정해져 있거나 약속된 기간.

---

6 - 9 - 형성자

降

내 릴 강

언덕(阝)들이 높은 곳으로부터 낮은(夅) 곳으로 내리는 것처럼 이어있는 형상을 본뜬 글자.

또 다른 뜻 떨어질, 다다를, 물러날, 항복할(항), 떨어질(항).

- 降等(강등) 등급, 계급이 내림.
- 降臨(강림) 신(神)이 지상에 내려옴.
- 降福(강복) 천주가 인간에게 복을 내림.
- 降服(항복) 전쟁등에서 패배하여 굴복함.

---

6 - 9 - 형성자

陋

더 러 울 루

멀리서 산은 아름답지만 언덕(阝) 안에(內) 감추어 진(匸) 더러운 곳이 많다는 의미의 글자.

또 다른 뜻 추할, 좁을, 낮을, 천할, 키작을, 흉할, 못생길.

- 陋見(누견) 천한 생각이나 좁은 의견. 자기 의견의 겸칭.
- 陋名(누명) 억울하게 뒤집어 쓴 불명예.
- 陋醜(누추) 더럽고 추함.
- 固陋(고루) 소견이 좁고 완고함.

---

7 - 10 - 형성자

陣

진 칠 진

은폐·엄폐하기 좋은 언덕(阝) 넘어 병장기를 실은 수레(車)를 세우고 진치는 형상을 본뜬 글자.

또 다른 뜻 진, 진지, 베풀, 줄설, 대오, 방비, 진영, 병법, 새떼.

- 陣營(진영) 대립하는 세력의 어느 한쪽.
- 陣中(진중) 군사의 진의 가운데. 전선(戰線).
- 陣地(진지) 진을 치고 군대가 머물고 있는 곳.
- 軍陣(군진) 군대의 진영.

---

7 - 10 - 형성자

除

덜 제

언덕(阝)을 깍아서 덜어놓은 것 같은 집안(余=舍의 변형)의 계단이나 층계의 형상을 본뜬 글자.

또 다른 뜻 버릴, 제거할, 나눌, 나눗셈, 사월(여), 갈(제).

- 除去(제거) 장애물이나 수를 없애 버림.
- 除名(제명) 명부에서 이름을 삭제함.
- 除籍(제적) 등록되어 있는 적에서 뺌.
- 除外(제외) 어떤 범위의 밖에 둠.

---

7 - 10 - 형성자

院

집 원

담장이 언덕(阝)같이 튼튼하게(完) 둘러쌓은 큰 집인 관청이나 학교의 형상을 본뜬 글자.

또 다른 뜻 관청, 학교, 절, 큰집, 사원, 담, 동산, 내전, 기루.

- 院內(원내) 「원(院)」자가 붙은 기관의 안.
- 院長(원장) 「원(院)」자가 붙은 기관의 장.
- 病院(병원) 질병을 치료하는 곳.
- 學院(학원) 설치 기준에 미달된 교육기관.

MILLENNIUM

한 자 방 정 식

阜 + 東 ⇨ 陳

언덕에도 떠오르는 해가 빛을 베푼다.

---

8 - 11 - 형성자

陶

질그릇 도

언덕(阝)을 등진 곳에 질그릇을 굽는 가마(匋) 굴에서 도자기를 굽는 형상을 본뜬 글자.

또다른뜻 즐길, 가르칠, 답답할, 도자기, 그릇, 화락할(요).

陶器(도기) 오지그릇. 흙으로 만든 그릇.
陶冶(도야) 심신을 닦아 기름.
陶醉(도취) 어떤 것에 마음이 끌려 취함.
陶土(도토) 도자기를 만드는 질흙이나 찰흙.

---

8 - 11 - 형성자

陸

뭍 륙

언덕(阝)과 울퉁불퉁한 땅(坴)으로 길고 넓게 이어져 있는 뭍의 형상을 본뜬 글자.

또다른뜻 육지, 들쭉날쭉할, 변변찮을, 날뛸, 잇닿을, 길.

陸橋(육교) 도로나 철도에 걸쳐진 다리.
陸軍(육군) 육상에서 복무하는 군인.
陸路(육로) 육상으로 난 길.
陸地(육지) 물에 덮이지 아니한 지구 표면.

---

8 - 11 - 형성자

陵

언덕 릉

언덕(阝)을 넘는(夌) 사람 앞에 또다른 언덕들이 펼쳐져 있는 무덤같은 형성을 본뜬 글자.

또다른뜻 넘을, 범할, 능, 임금무덤, 무덤, 오를, 업신여길.

陵墓(능묘) ① 능과 묘 ②.능(陵)
陵園(능원) 능과 동산.
丘陵(구릉) 높이300㎜ 미만의 언덕.
王陵(왕릉) 임금의 무덤.

---

8 - 11 - 형성자

陷

빠질 함

언덕(阝) 밑의 구덩이(臽) 무너져 빠지는 형상을 본뜬 글자로 함정이란 뜻을 의미한 글자.

또다른뜻 빠뜨릴, 함정, 무너뜨릴, 파묻힐, 함락할, 속일.

陷落(함락) 적의 성 등을 공격해 지배함.
陷沒(함몰) 모짝 결딴이 나서 없어짐.
陷穽(함정) 파놓은 구덩이나 계략.
缺陷(결함) 빠지거나 부족하여 불완전한 흠.

---

8 - 11 - 형성자

陳

베풀 진

언덕(阝)의 땅을 봄(東)에 갈고 베풀듯 벌리고 씨뿌릴 준비를 하는 형상을 본뜬 글자.

또다른뜻 벌일, 진술할, 오랠, 나라이름, 늘어놓을, 조사할.

陳腐(진부) 새롭지 못하고 케케묵음.
陳述(진술) 자세하게 말함. 또는 그 말.
陳列(진열) 보이기 위해 죽 벌리어 놓음.
陳情(진정) 사정을 진술함.

---

8 - 11 - 형성자

陰

그늘 음

산등성이의 언덕(阝)아래 응달진(侌) 곳에 어두운 그늘이 져 있는 풍경의 형상을 본뜬 글자.

또다른뜻 흐릴, 응달, 음침할, 여생식기, 어두울, 저승, 세월.

陰德(음덕) 숨은 덕행.
陰散(음산) 을씨년스럽고 썰렁함.
陰性(음성) 밖으로 드러나지 않는 성질.
陰沈(음침) 흐리고 컴컴함. 음울함.

MILLENNIUM

한 자 방 정 식

阝	+	昜	⇨	陽
언덕에		햇빛이 내려쬐고 있는		볕.

---

9 - 12 - 형성자

陽

볕 양

언덕(阝)을 햇빛이 빛나게(昜) 내려쬐고 있는 볕의 형상을 본뜬 글자로 양지의 뜻도 있음.

또다른뜻 해, 환할, 양, 양기, 양지, 드러낼, 거짓, 남생식기.

- 陽性(양성) 적극적이고 활동적인 성질.
- 陽地(양지) 볕이 바로 드는 땅. 양달.
- 陰陽(음양) ① 음과 양. ② 음극과 양극.
- 太陽(태양) 해.

---

9 - 12 - 형성자

階

섬 돌 계

언덕(阝) 아래 여러 개를 모두(皆) 평평하게 차례대로 층계난 섬돌(돌계단)의 형상을 본뜬 글자.

또다른뜻 차례, 층계, 돌계단, 사닥다리, 품계, 벼슬, 계급.

- 階級(계급) 지위·신분·관직 등의 단계.
- 階段(계단) ① 층계. ② 일의 점진적인 순서.
- 階次(계차) 계급의 차례.
- 階層(계층) 신분 등이 비슷한 사람의 층.

---

9 - 12 - 형성자

隆

성 할 륭

언덕(阝)은 지각변동으로 낮은(夅)곳이나 평지에서 언덕이나 산으로 성했다는(生) 의미의 글자.

또다른뜻 높을, 볼록할, 클, 두터울, 풍성할, 많을, 존귀할.

- 隆起(융기) 높게 일어나 들뜸. 또는 그것.
- 隆盛(융성) 기운차게 높이 일어남.
- 隆崇(융숭) 극히 정성스럽게 대접함.
- 興隆(흥륭) 기세 따위가 높게 일어남.

---

9 - 12 - 형성자

隊

떼 대

언덕(阝)의 계곡들이 나뉘어진(八)사이로 멧돼지(豕) 떼들의 군대 무리같은 형상을 본뜬 글자.

또다른뜻 군대, 대열, 대오, 무리, 늘어설, 병사, 떨어질(추).

- 隊列(대열) 대를 지어 늘어선 행렬.
- 隊伍(대오) 군대 행렬의 줄.
- 隊長(대장) 한 대오의 우두머리.
- 軍隊(군대) 국가의 무장력의 총칭, 또는 그 성원.

---

10 - 13 - 형성자

隔

막 힐 격

가다가 커다란 언덕(阝)이 가로 막아(鬲) 길이 막혀서 멀게 느껴지는 형상을 본뜬 글자.

또다른뜻 막을, 사이 뜰, 멀, 멀리 할, 격할, 거를, 떨어질, 가릴.

- 隔離(격리) 사이를 막거나 멀리 떨어지게 함.
- 隔世(격세) 심한 변천을 겪어 딴 시대처럼 달라짐을 비유하는 말.
- 隔日(격일) 하루씩 거르거나 하루씩 걸러 일함.

---

10 - 13 - 형성자

隘

좁 을 애

험준한 산의 언덕(阝)들은 길이 막히고 더욱(益) 가파르기도 하고 좁은 형상을 본뜬 글자.

또다른뜻 험할, 궁지에 빠질, 성급할, 괴로워할, 가로막을.

- 隘口(애구) 좁은 길. 요긴한 길목.
- 隘路(애로) 산과 산 사이의 좁은 길. 일의 진행을 방해되거나 어려운 점.
- 隘巷(애항) 좁고 답답한 동네.

MILLENNIUM

한 자 방 정 식

阜	+	章	⇨	障
눈앞에 언덕이		나타나 길이		막힘.

11 - 14 - 형성자

障

막 힐 장

가다가 눈앞에 언덕(阝)이 나타나(章) 길이 막혀 더 이상 가기가 꺼려지는 형상을 본뜬 글자.

또 다른 뜻 막을, 방어할, 가릴, 덮을, 한계, 장애, 꺽대기(평).

障壁(장벽) 무엇을 하는 데 방해되는 것.
障碍(장애) 가로 막아서 거치적거림.
故障(고장) 기능을 마비시킨 파손이나 사고나 장해로 생기는 탈.

11 - 14 - 형성자

際

사 귈 제

옛날에 언덕(阝) 아래에서 제사(祭)를 지냈는데 조위 온 사람들이 서로 사귈 수 있다는 의미의 글자.

또 다른 뜻 끝, 즈음, 만날, 사이, 중간, 교제, 무렵, 이어질.

交際(교제) 이웃이나 개인 대 개인이 사귀어 가까이 지냄.
國際(국제) 여러 나라를 포괄하는 것.
實際(실제) 실지의 경우나 형편.
此際(차제) 이 기회.

12 - 15 - 형성자

隣

이 웃 린

마을의 등대고(阝) 있는 이웃이 서로 쌀(米)을 들고 왔다갔다(舛) 하는 형상을 본뜬 글자.

또 다른 뜻 이웃할, 친근할, 도울, 이웃나라, 연결, 여물, 동네.

隣近(인근) 이웃. 근처. 근방.
隣接(인접) 이웃해 있음. 옆에 닿아 있음.
隣村(인촌) 이웃 마을.
善隣(선린) 이웃과 친근하게 지내는 일.

13 - 16 - 형성자

險

험 할 험

언덕(阝)이나 벼랑이 위태로운 것처럼 모든(僉) 사람의 입이 험하고 음흉한 형상을 본뜬 글자.

또 다른 뜻 위태로울, 음흉할, 간악할, 높을, 깊을, 힘들, 경사질.

險難(험난) 위험하고도 어려움.
險惡(험악) 무슨 변이 일어날 것 같은 험한 분위기.
冒險(모험) 위험을 무릅쓰고 하는 일.
危險(위험) 위태롭고 험해 안전하지 못함.

13 - 16 - 형성자

隨

따 를 수

물건을 들고 주인 뒤를 떨어져(隋) 천천히 따라 가는(辶) 하인의 형상을 본뜬 글자.

또 다른 뜻 뒤따를, 때에 따라, 내키는 대로, 허락할, 이어질.

隨伴(수반) 어떤 일과 함께 더불어서 생김.
隨時(수시) 그때 그때. 언제든지.
隨筆(수필) 붓가는 데로 느낌을 쓰는 글.
隨行(수행) 윗사람 등을 따라감. 따라 행함.

14 - 17 - 형성자

隱

숨 을 은

언덕(阝) 너머 움막에서 손(爪)으로 음식을 만들며(工) 숨어 산다는 의미의 글자.

또 다른 뜻 숨길, 세상을, 은퇴할, 불쌍히여길, 희미할.

隱居(은거) 속세를 떠나거나 피해서 숨어 삶.
隱匿(은닉) 숨기어 감춤.
隱身(은신) 몸을 숨김. 또는 그 일.
隱蔽(은폐) 숨기어 가림. 감추어 덮음.

阝(邑)

MILLENNIUM

한 자 방 정 식

交 + 邑 → 郊

벗하고 있는 / 고을 성밖의 / 들녁.

---

4 - 7 - 형성자

那

어 찌 나

칼(刀)이 두(二) 자루 뿐인데 어찌 나더러 이 고을(阝)을 지키라는 말인가를 의미한 글자.

(또 다른 뜻) 무엇, 저것, 어느, 어떻게, 짧은 시간, 어조사(내).

那落(나락) 지옥. 범어로 'Na raka의 음력.
那邊(나변) ① 그 곳. ② 어느 곳.
那何(나하) 어찌. 어떻게.
刹那(찰나) 지극히 짧은 동안.

---

4 - 7 - 형성자

邦

나 라 방

초목이 무성한(丰) 원시림 속의 고을(阝)들이 나라의 시초인 부족국가였음을 의미한 글자.

(또 다른 뜻) 국가, 도읍, 제후의 봉토, 천하, 제후로 봉할, 누나.

邦畵(방화) 자기 나라에서 만든 영화.
萬邦(만방) 모든 나라. 만국.
盟邦(맹방) 군사 따위의 동맹을 맺은 나라.
友邦(우방) 서로 친교가 있는 우호적인 나라.

---

4 - 7 - 형성자

邪

간 사 할 사

마치 어금니(牙)같이 생긴 고을(阝)이 있었는데 그곳 사람들이 간사했다는 의미의 글자.

(또 다른 뜻) 희롱할, 어긋날, 고을(야) 나머지(여), 느릿할(서).

邪計(사계) 바르지 못한 계책.
邪術(사술) 요사스런 술법. 정도가 아닌 술법.
邪惡(사악) 간사하고 악독함. 또는 그런 심리.
邪慾(사욕) ① 못된 욕망. ② 부정한 욕망.

---

5 - 8 - 형성자

邸

큰 집 저

씨족(氏)이나 종친들을 다 불러 앉힐 수 있는(一) 고을(阝)같이 큰 집의 형상을 본뜬 글자.

(또 다른 뜻) 바탕, 병풍, 왕족, 종친, 집, 묵을, 이를, 죽을, 근본.

邸宅(저택) 시설이나 구조가 큰 집.
邸下(저하) 조선 시대 때 왕세자의 존칭.
官邸(관저) 고급 관리가 살도록 정부가 제공하고 관리하는 집.

---

6 - 9 - 형성자

郊

들 교

번화한 고을(阝)과 벗하고(交) 있는 성밖 들녁의 형상을 본뜬 자로 교외를 의미한 글자.

(또 다른 뜻) 교외, 성밖, 국경, 끝, 가장자리, 지방관, 땅이름.

郊外(교외) 들이나 논밭이 많은 시외.
郊原(교원) 교외의 들.
近源(근원) 변두리 밖에 있는 마을·산야.
遠郊(원교) 도시에서 멀리 떨어진 시골.

---

7 - 10 - 형성자

郡

고 을 군

임금(君)의 명을 좇아 고을(阝)을 운영하고 백성을 다스리는 군수의 형상을 본뜬 글자.

(또 다른 뜻) 군청, 쌓을, 옛 행정구역의 하나, 지방 행정 구역.

郡界(군계) 군과 군 사이의 경계.
郡民(군민) 그 곳에서 사는 사람.
郡守(군수) 군(郡)의 행정을 총괄하는 장.
郡政(군정) 한 군(郡)의 행정.
郡廳(군청) 군의 행정을 주관하는 관청.

MILLENNIUM

한 자 방 정 식

者 + 邑 ⇨ 都

많은 사람들이 살고 있는 큰 고을에 도읍이 있다.

---

7 - 10 - 형성자

郎

사 내 랑

가장 어진(良) 사내가 이 고을(阝)에서 누구냐는 말에 우리 남편이라고 대답했다는 의미의 글자.

(또 다른 뜻) 남편, 낭군, 벼슬 이름, 남자의 미칭, 주인, 행랑.

- 郎君(낭군) 아내가 애교있게 남편을 이르는 말.
- 郎徒(낭도) '화랑도'의 준말.
- 郎材(낭재) 신랑감. 신랑의 재목.
- 新郎(신랑) 결혼한 남자나 갓 결혼한 남자.

---

8 - 11 - 형성자

部

거 느 릴 부

여러 마을로 나뉘어진(咅) 대표는 고을(阝)로써 많은 마을을 거느린다는 의미의 글자.

(또 다른 뜻) 무리, 떼, 분류, 부문, 구분, 통솔할, 나눌, 부(部).

- 部隊(부대) 군대·집단의 조직 단위의 하나.
- 部類(부류) 종류에 따라 나눈 갈래.
- 部分(부분) 전체를 몇 개로 나눈 것의 단위.
- 部署(부서) 근무상 나누어진 사무의 부분.

---

8 - 11 - 형성자

郭

외 성 곽

백성들의 안녕과 평안을 누릴(享) 수 있도록 고을(阝) 밖에 외성을 쌓았다는 의미의 글자.

(또 다른 뜻) 성곽, 바깥쪽, 둘레, 칼집, 넓힐, 확장할, 둘러쌀.

- 城郭(성곽) 내성과 외성을 아울러 말함.
- 外郭(외곽) 바깥 테두리. 외성(外城).
- 輪郭(윤곽) ① 일이나 사건의 대체적인 줄거리. ② 대강의 테두리나 모습.

---

8 - 11 - 회의자

郵

우 편 우

궁성과 변방(垂)으로 파발을 보낼 때 고을(阝)마다 우편을 담당하는 역참의 형상을 본뜬 글자.

(또 다른 뜻) 역말, 역, 역참, 전달할, 막살이, 탓할, 허물, 지날.

- 郵送(우송) 서신 등을 우편으로 보냄.
- 郵遞(우체) 서신 등의 송달 업무.
- 郵便(우편) 서신등을 송달하는 업무.
- 郵票(우표) 우편물에 붙이는 수수료의 증표인지.

---

9 - 12 - 형성자

都

도 읍 도

사람(者)들이 모여 살고 있는 고을(阝) 중 시골보다는 도읍지에 몰려있는 형상을 본뜬 글자.

(또 다른 뜻) 도회지, 서울, 있을, 자리잡을, 모일, 모조리.

- 都給(도급) 일의 결과에 대해 보수를 지급할 것을 약정한 금액.
- 都賣(도매) 물건 따위를 한데 몰아서 팖.
- 首都(수도) 한나라의 중앙 정부가 있는 서울.

---

10 - 13 - 형성자

鄕

고 향 향

어린애(幺)들은 도회지보다 좋아하는(良) 곳은 아빠 고향인 시골(阝)이라는 의미의 글자.

(또 다른 뜻) 시골, 고장, 마을, 방향, 대접할, 소리울릴, 동료.

- 鄕里(향리) 태어나서 자란 고향의 마을.
- 鄕愁(향수) 고향을 그리워하는 시름.
- 鄕友(향우) 고향의 벗. 고향이 같은 사람.
- 鄕村(향촌) 시골의 마을. 향리(鄕里).

MILLENNIUM

한자방정식

己 + 心 → 忌

자기만을 위한 마음이 조상의 기일조차 꺼림.

心

---

11 - 14 - 형성자

鄙

더러울 비

돼지가 입주변을 더럽게 하고 고을(阝) 이곳저곳(回)을 돌아다니는 것같은 형상을 본뜬 글자.

(또 다른 뜻) 품위, 낮을, 인색할, 궁벽할, 시골, 촌스러울, 천할.

鄙近(비근) 고상하지 못하고 천박함. 흔하며 천한 것에 가까움.
鄙陋(비루) 마음이 고상하지 못하고 하는 짓이 더러움.
鄙劣(비열) 성품과 행실이 더럽고 못남.

---

0 - 4 - 상형자

心

마음 심

사람의 가슴 속 심장을 본뜬 글자로 마음으로 생각이 생성되는 심장, 곧 염통을 의미한 글자.

(또 다른 뜻) 염통, 생각, 가슴, 심장, 가운데, 알맹이, 근본, 느낌.

心亂(심란) 마음이 어수선함.
心理(심리) 마음의 작용과 의식의 상태.
心性(심성) 본디부터 타고난 마음씨.
心情(심정) 마음에 품은 생각과 감정.

---

1 - 5 - 회의 · 형성자

必

반드시 필

땅을 나눌 때(八) 주살같이(弋) 날카로운 각목을 땅에 박아 반드시 표지하여야 한다는 의미의 글자.

(또 다른 뜻) 꼭, 필연코, 오로지, 믿을, 기대할, 구차할, 기필코.

必罰(필벌) 죄인에게는 반드시 벌을 줌.
必死(필사) 죽음을 각오하고 행동함.
必須(필수) 꼭 해야 하거나 있어야 함.
必要(필요) 꼭 요구되는 바가 있음.

---

3 - 7 - 형성자

忌

꺼릴 기

자기(己)만을 염려한 나머지 마음(心)으로 부터 조상의 기일조차 꺼리는 형상을 본뜬 글자.

(또 다른 뜻) 삼갈, 기일, 싫어할, 피할, 미워할, 질투할, 경계할.

忌日(기일) 사람이 죽은 날.
忌祭(기제) 해마다 기일에 지내는 제사.
忌憚(기탄) 어렵게 여기어 꺼림.
忌避(기피) 어떤 사물을 권태로고 싫어하고 꺼리어 피함.

---

3 - 7 - 회의 · 형성자

志

뜻 지

앞에 나가서(士=之의 변형) 가슴 속의 마음(心)을 내보이듯 뜻을 밝히는 형상을 본뜬 글자.

(또 다른 뜻) 뜻할, 적을, 기록할, 의향, 의를 지킬, 기억할, 문체.

志望(지망) 뜻하여 바람. 또는 그 뜻.
志願(지원) 바라서 원함.
志向(지향) 뜻이 쏠리어 향하는 방향.
初志(초지) 처음에 마음먹은 뜻.

---

3 - 7 - 회의 · 형성자

忘

잊을 망

깊이 간직한 있던 추억을 잊는다면 진정 잃은(亡) 것은 자신의 마음(心)이라고 의미한 글자.

(또 다른 뜻) 망각할, 잃어버릴, 기억못할, 소홀히할, 건망증 다할.

忘却(망각) 어떤 사실이나 기억을 잊어버림.
忘年(망년) 그 해의 온갖 괴로움을 잊음.
忘恩(망은) 은혜를 잊거나 모름.
健忘(건망) 잘 잊어버림. 건망증(健忘症).

MILLENNIUM

한자방정식

中 ＋ 心 ⇨ 忠

가슴 속에 간직한 충직한 마음이 충성이다.

3-7-형성자

忍

참을 인

칼날(刃)같이 날카롭게 마음(心)을 찌르듯한 고통을 참는 사람의 형상을 본뜬 글자.

또다른뜻 견디어낼, 모질, 잔인할, 용서할, 질길, 이겨낼.

忍苦(인고) 괴로움을 참고 견딤.
忍耐(인내) 괴로움과 어려움을 참고 견딤.
忍從(인종) 묵묵히 참고 좇음.
殘忍(잔인) 인정이 없고 몹시 모짐.

4-8-형성자

忠

충성 충

항상 충성스러움을 가슴 속에(中) 간직하며 충직함으로 마음(心)을 쓰는 형상을 본뜬 글자.

또다른뜻 정성, 정성스러울, 충직할, 정성을 다할, 충성할.

忠告(충고) 남의 허물을 충심으로 타이름.
忠實(충실) 충직하고 성실함. 또는 그 마음.
忠義(충의) 충성과 절의.
忠節(충절) 충성스러운 절개. 또는 그러한 행위.

4-8-형성자

忽

문득 홀

기억이 전혀 없을(勿) 것같았던 생각이 문득 마음(心) 속에서 떠오르는 형상을 본뜬 글자.

또다른뜻 갑자기, 소홀할, 잊을, 업신여길, 다할, 어두울.

忽待(홀대) 탐탁하지 않게 소홀히 대접함.
忽然(홀연) 뜻밖에 나타나거나 사라진 모양.
疏忽(소홀) 대수롭지 않고 예사임. 허술히 여기거나 탐탁하지 않게 생각함.

4-8-형성자

念

생각 념

지금까지(今) 지니고 있던 마음(心)을 잊지 아니하고 항상 생각하는 형상을 본뜬 글자.

또다른뜻 생각할, 욀, 읊을, 읽을, 삼가할, 극히 짧은 시간.

念頭(염두) 생각의 시초. 마음 속.
念侶(염려) 여러 가지로 헤아려 걱정함.
念願(염원) 마음에 생각하고 간절히 바람.
想念(상념) 마음 속에 품은 여러 가지 생각.

4-8-형성자

忿

분할 분

어떤 물건들을 나누는데(分) 그 양이 크고 작아 마음(心)속으로 분해하는 형상을 본뜬 글자.

또다른뜻 성낼, 원망할, 가득찰, 분기할, 분배할, 원통할.

忿怒(분노) 몹시 성을 내거나 분해함.
忿心(분심) 분한 마음.
忿恨(분한) 분해하고 원망함. 원한으로 분해함.
激忿(격분) 몹시 성을 냄. 격렬한 분노.

5-9-형성자

怒

성낼 노

종(奴)은 일과가 정해져 있지 않아 밤낮으로 혹사당해 마음(心) 속으로 성내는 형상을 본뜬 글자.

또다른뜻 위세, 힘쓸, 일어날, 꾸짖을, 나무랄, 기세오를.

怒氣(노기) 노한 얼굴빛, 또는 노한 기세.
怒濤(노도) 무섭게 미려오는 큰 파도.
怒色(노색) 성난 얼굴빛. 노기.
激怒(격노) 몹시 화를 냄. 격렬한 분노.

MILLENNIUM

한자방정식

台 + 心 ⇨ 怠

사람이 늙으면 마음이 느슨해지고 게을러짐.

5-9-형성자

思

생각 사

두뇌(田) 속에 마음(心)을 담고 있는 많은 생각들이 있는 형상을 본뜬 글자.

또다른뜻 생각할, 그리워할, 사모할, 슬퍼할, 뜻, 의사, 어조사.

思考(사고) 생각하고 궁리함.
思慮(사려) 여러 가지 주의 깊에 생각함.
思料(사료) 생각하여 헤아림. 사량(思量).
思想(사상) 판단·추리를 거쳐 생긴 의식.

5-9-형성자

怨

원망 원

누워서 이리저리 뒹굴며(夗) 원망스런 마음(心)에 잠을 들지못하는 사람의 형상을 본뜬 글자.

또다른뜻 원수, 원망할, 미워할, 원한, 비방할, 사무칠.

怨望(원망) 못마땅해 불평하고 미워함.
怨聲(원성) 원망하는 소리.
怨讐(원수) 해를 입어 원한이 맺힌 대상.
怨情(원정) 원망하는 심정.

5-9-형성자

急

급할 급

앞서가는 사람과 더불어(及의 변형) 같이 가기 위하여 급하게 가는 형상을 본뜬 글자.

또다른뜻 빠를, 급작스러울, 중요할, 서두를, 바쁠, 중요할.

急激(급격) 급하고 세참.
急求(급구) 사람이나 물건등을 급히 구함.
急變(급변) 상태가 갑자기 달라짐.
急報(급보) 급히 알림. 또는 그 소식.

5-9-형성자

怠

게으를 태

사람이 늙으면(台, 늙을 태) 마음(心)이 느슨해지고 게을러지며 완고해지는 형상을 본뜬 글자.

또다른뜻 느릴, 느슨할, 거만할, 소홀할, 게을리할, 해이할.

怠慢(태만) 게으르고 느림. 하기 싫어서 느림.
怠業(태업) 일을 게을리 함.
倦怠(권태) 시들어져 게으르거나 싫증남.
懶怠(나태) 게으르고 느림. 또는 그러한 심리.

6-10-형성자

恐

두려울 공

장인(工)이면 누구나(凡) 물건 만드는 기한으로 마음(心)이 두려워지기까지 한다는 의미의 글자.

또다른뜻 염려할, 겁낼, 두려워할, 협박할, 추측컨대, 삼가할.

恐喝(공갈) ① 을러서 무섭게 함. ② 거짓말.
恐怖(공포) 두렵고 무서움.
恐慌(공황) 「경제 공황」의 준말. 모든 경제 활동이 혼란으로 침체된 상태.
震恐(진공) 무서워서 떪.

6-10-형성자

恭

공손할 공

물건을 두 손으로 맞잡고(共) 위로 올려서 공손한 마음(心)으로 드리는 형상을 본뜬 글자.

또다른뜻 공경할, 삼갈, 겸손할, 받들어모실, 갖출, 대비할.

恭敬(공경) 공손히 섬김. 윗사람을 공손하게 받듦.
恭遜(공손) 예의가 바르고 겸손함.
恭順(공순) 공손하고 온순함.
不恭(불공) 공손하지 아니함.

MILLENNIUM

한 자 방 정 식

次 + 心 → 恣

모든 것이 나 다음 이라는 마음으로 방자함.

---

6 - 10 - 회의 · 형성자

恕

용 서 할 서

본의 아니게 잘못한 사람을 어짐같은(如) 마음(心)으로 용서하여 주는 형상을 본뜬 글자.

또 다른 뜻 동정할, 어질, 남의 처지를 헤아려 줄, 어질게 베풀.

恕諒(서량) 사정을 살피어 용서함.
恕免(서면) 죄를 용서받아서 벌을 면함.
恕宥(서유) 관용을 베풀어 벌하지 않음.

---

6 - 10 - 회의자

息

쉴 식

코(自=鼻의 생략형)로 숨은 가슴(心) 깊이 들어 쉬며 쉬고 있는 사람의 형상을 본뜬 글자.

또 다른 뜻 그칠, 숨쉴, 호흡할, 생존할, 자식, 번식할, 낳을.

棲息(서식) 동물 등이 어떠한 곳에 삶.
利息(이식) 원금에 대한 이자.
子息(자식) 아들과 딸의 총칭.
休息(휴식) 잠깐 쉼. 또는, 쉬는 동안.

---

6 - 10 - 형성자

恩

은 혜 은

진정 사람으로 말미암아(因) 마음(心)으로부터 우러나와 은혜를 베푸는 형상을 본뜬 글자.

또 다른 뜻 사랑할, 신세, 고마와할, 동정심, 은혜로이 여길.

恩功(은공) 은혜와 공로.
恩德(은덕) 은혜와 덕분. 은혜로운 덕.
恩師(은사) 가르침의 은혜를 끼친 스승.
恩惠(은혜) 베풀어 주는 신세나 혜택.

---

6 - 10 - 형성자

恣

빙 자 할 자

남을 언제나 나 다음(次)이라는 마음(心)으로 제멋대로 방자하게 구는 형상을 본뜬 글자.

또 다른 뜻 자기 멋대로할, 방자한 행동, 제멋대로 날뛸.

恣意(자의) 제멋대로의 방자한 생각.
恣逸(자일) 살아가는 태도가 방자함.
恣行(자행) 방자하게 행동을 함.
放恣(방자) 살아가는 태도가 제멋대로 임.

---

7 - 11 - 형성자

悠

멀 유

스스로 깨달은(攸) 바 있어 마음(心)으로부터 멀어지는 것도 근심하지 않는 형상을 본뜬 글자.

또 다른 뜻 아득할, 한가할, 근심할, 거리가 멀, 아득히.

悠久(유구) 연대가 길고 오램.
悠然(유연) 침착하고 여유가 있음.
悠長(유장) 아둥바둥함이 없이 늘쩡거림.
悠忽(유홀) 빈둥거리며 세월을 다 보냄.

---

6 - 10 - 형성자

恥

부끄러울 치

무지해 귀(耳)에 속삭이며 헐뜯어도 마음(心)에 두지 않고 부끄러워함이 없다는 의미의 글자.

또 다른 뜻 욕될, 창피할, 부끄러워할, 부끄럼, 욕보임을 당할.

恥部(치부) 숨기고 싶은 부끄러운 부분.
恥辱(치욕) 수치와 모욕. 부끄러움과 욕됨.
無恥(무치) 부끄러워함이 없음.
廉恥(염치) 청렴하여 부끄러움을 앎.

MILLENNIUM

한 자 방 정 식

非	+	心	⇨	悲
정상이 아닌		상처받은 마음이		슬프기만 함.

---

7 - 11 - 형성자

患

근 심 환

꼬챙이(串)로 심장(心)을 꽂는 듯한 고통스런 병을 얻어 주위의 근심을 사는 형상을 본뜬 글자.

또 다른 뜻 재화, 병, 근심할, 걱정, 고통, 고난, 재해, 걱정할, 병들.

患難(환난) 근심과 재난.
患者(환자) 병을 앓는 사람. 병자의 다른 말.
病患(병환) '어른의 병'을 높이는 말.
憂患(우환) 복잡한 일·환자로 인한 근심.

---

8 - 12 - 형성자

惡

악 할 악

마주보고 있는 두 꼽추(亞)는 추한만큼 마음(心)이 뒤틀려 악한 행동을 일삼는 형상을 본뜬 글자.

또 다른 뜻 나쁠, 무례할, 불쾌할, 추할, 사나울, 미워할(오), 병들(오).

惡辣(악랄) 악독하고 잔인함. 또는 그러한 행위.
惡用(악용) ① 잘못 씀. ② 나쁘게 이용함.
惡意(악의) 남을 해치려는 나쁜 마음.
憎惡(증오) 몹시 미워함.

---

8 - 12 - 형성자

悲

슬 플 비

정상이 아닌(非) 상처받은 마음(心)이 슬프기만하여 친한 사람의 염려하는 형상을 본뜬 글자.

또 다른 뜻 슬퍼할, 염려할, 아파할, 슬픔, 비애, 자비, 가엾게 여길.

悲感(비감) 슬프게 느껴짐. 또는 그 느낌.
悲觀(비관) 인생을 슬프게 느끼는 감정.
悲報(비보) 슬픈 소식. 고통스러운 소식.
悲哀(비애) 슬픔과 서러움.

---

8 - 12 - 회의자

惠

은 혜 혜

은혜에 보답하는 길은 언행을 삼가(叀)하고 어진 마음(心)으로 베풀어야 한다는 의미의 글자.

또 다른 뜻 인자할, 어질, 줄, 은덕, 인애, 혜택, 사랑할, 순종할.

惠贈(혜증) 은혜롭게 무엇을 줌.
惠澤(혜택) 은혜와 덕택.
恩惠(은혜) 베풀어 주는 신세나 혜택.
仁惠(인혜) 어질고 은혜로움.

---

8 - 12 - 형성자

惑

미 혹 할 혹

괴이한(或) 생각으로 호기심조차 커 마음(心)이 현란함으로 미혹되는 형상을 본뜬 글자.

또 다른 뜻 현란할, 헤맬, 어지러울, 빠질, 의심할, 의혹할, 현혹될.

迷惑(미혹) 마음이 흐려 무엇에 홀림.
誘惑(유혹) 남을 꾀어서 정신을 어지럽힘.
疑惑(의혹) 의심하여 분별에 당혹함.
惑星(혹성) 태양계를 도는 천체.

---

8 - 12 - 형성자

悶

번 민 할 민

문은 걸어 잠그듯 마음(心)을 스스로 닫고 번민하고 근심하는 사람의 형상을 본뜬 글자.

또 다른 뜻 마음답답할, 근심할, 걱정할, 염려할, 애태울, 어두울.

苦悶(고민) 괴로워하고 혼자 속을 태움.
煩悶(번민) 마음이 번거롭고 답답하여 괴로워함.
愁悶(수민) 수심에 싸여 홀로 애태우며 괴로워 함.

MILLENNIUM

한 자 방 정 식

相	+	心	⇨	想
진정한 것은 서로		마음으로		생각한다.

9 - 13 - 형성자

感

느낄 감

모두 다(咸) 한결같은 마음(心)으로 무언가에 감동되어 깊이 느끼는 형상을 본뜬 글자.

(또 다른 뜻) 감동할, 고마울, 깨달을, 터득할, 생각할, 감각.

感覺(감각) 감촉되어 깨달음. 느낌.
感動(감동) 깊이 느껴 마음이 움직임.
感謝(감사) 고맙게 여기어 사의를 표함.
感想(감상) 느낀 생각.

9 - 13 - 형성자

想

생각할 상

어떤 사물을 관심있게 보듯 서로(相) 마음(心)으로 생각하는 사람의 형상을 본뜬 글자.

(또 다른 뜻) 생각, 뜻할, 희망할, 상상할, 떠올릴, 바랄, 회상할.

想起(상기) 지난 일을 다시 생각하여 냄.
想念(상념) 마음속에 품은 여러 가지 생각.
想像(상상) 마음 속으로 그리어 봄.
想定(상정) 어떤 정황을 가정하여 단정함.

9 - 13 - 형성자

愛

사랑 애

아낌없이 주는 (受의 생략형) 마음(心)이란 조심스럽게 다가가 주는(夊) 사랑이라는 의미의 글자.

(또 다른 뜻) 사랑할, 아낄, 자애, 그리워할, 좋아할, 사모할.

愛用(애용) 즐겨 자주 사용·이용함.
愛情(애정) 사랑하는 마음이나 정.
愛着(애착) 애정에 사로잡혀 단념이 안됨.
愛好(애호) 사랑하고 즐김.

9 - 13 - 형성자

愁

근심 수

추수가 끝난 늦가을(秋), 여유있는 마음(心)이 이제는 또다른일에 근심함의 형상을 본뜬 글자.

(또 다른 뜻) 근심할, 탄식할, 시름, 걱정, 슬퍼할, 바꿀, 걱정할.

愁苦(수고) 근심 걱정으로 고통스러워함.
愁眉(수미) 근심에 잠긴 눈썹.
愁思(수사) 걱정에 수심이 가득한 생각.
愁心(수심) 근심함. 또는 근심하는 마음.

9 - 13 - 형성자

慈

사랑 자

초목이 무성한(玆) 것처럼 자식에 대한 어미 마음(心)이 사랑으로 가득찬 형상을 본뜬 글자.

(또 다른 뜻) 사랑할, 자애로울, 어머니, 잘 봉양할, 측은할, 동정.

慈堂(자당) 남의 어머니에 대한 존칭.
慈悲(자비) 사랑하고 불쌍히 여김.
慈愛(자애) 아랫사람에 대한 도타운 사랑.
仁慈(인자) 어질고 인정이 많음.

9 - 13 - 형성자

意

뜻 의

뜻을 다짐하며 긴 한숨(音)을 몰아쉬며 마음(心) 속 깊이 생각하는 사람의 형상을 본뜬 글자.

(또 다른 뜻) 생각, 의미, 의의, 내용, 생각할, 헤아릴, 의심할.

意見(의견) 어떤 사물에 대한 생각이나 의사.
意思(의사) 하고자 하는 생각.
意慾(의욕) 무엇을 하고자 하는 욕망.
意志(의지) 어떤 목적을 실현하려는 마음.

MILLENNIUM

한자방정식

能 + 心 ⇨ 態

매사 가능하다고 긍정적인 마음의 자세와 태도.

---

9 - 13 - 형성자

愚

어리석을 우

고지식하고 어리석은 원숭이(禺)같이 생각이 모자라 마음(心)이 옹졸한 형상을 본뜬 글자.

또 다른 뜻 고지식할, 접두사, 정직할, 자기의 겸칭, 우매할.

愚昧(우매) 어리석고 몽매함. 어리석고 우둔함.
愚問(우문) 어리석은 질문. 어리석은 물음
愚直(우직) 어리석고 고지식함. 어리석도록 한 길만 생각함.

---

9 - 13 - 형성자

愈

더 욱 유

매사 긍적적으로 여겨(兪) 심했던 마음(心)의 병이 더욱 좋아지는 형상을 본뜬 글자.

또 다른 뜻 나을, 심할, 보다 나을, 우수할, 점점 더, 근심할.

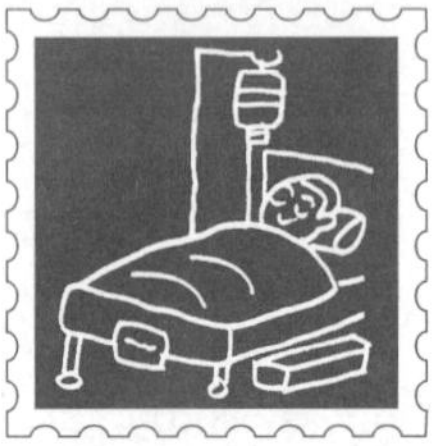

愈愈(유유) 근심하는 마음이 심한 모양.
治愈(치유) 치료를 받고 병이 나음.
快愈(쾌유) 병이 완전히 나음. 병이 개운하게 다 나음.

---

10 - 14 - 형성자

態

태 도 태

무슨 일이든 가능(能)하다고 긍정적인 마음(心)을 갖는 태도로 임하는 형상을 본뜬 글자.

또 다른 뜻 모양, 상태, 맵시, 생김새, 형상, 차림새, 꼴, 자세.

態度(태도) 생각 · 감정을 나타낸 외적 표현.
嬌態(교태) 교만한 생각.
狀態(상태) 사물 현상이나 모양, 또는 형편.
世態(세태) 세상의 일들이 돌아가는 형편.

---

11 - 15 - 형성자

慰

위로할 위

상처받은 사람이 편안해질(尉) 수 있도록 마음(心)을 다해 위로해 주는 형상을 본뜬 글자.

또 다른 뜻 달랠, 유쾌할, 위로, 우울해질, 울적해질, 원망할.

慰勞(위로) 수고를 치하해 마음을 풀어 줌.
慰問(위문) 방문하여 위로함.
慰安(위안) 위로하여 마음을 편하게 함.
慰藉(위자) 위로하여 보상해 주거나 도와 줌.

---

11 - 15 - 형성자

慕

사모할 모

날이 저물고(莫) 일과가 끝나니 사모하는 사람이 마음(心) 속에 생겨나는 형상을 본뜬 글자.

또 다른 뜻 그리워할, 생각할, 모뜰, 따를, 바랄, 원할, 본받을.

思慕(사모) 애뜻이 생각하며 그리워함.
愛慕(애모) 이성간에 사랑하고 사모함.
戀慕(연모) 사랑하여 그리워함.
追慕(추모) 죽은 사람을 기리며 사모함.

---

11 - 15 - 형성자

慾

욕 심 욕

하고자 하는(欲) 욕심이 지나치면 마음(心)으로부터 욕정까지 탐하게 되는 형상을 본뜬 글자.

또 다른 뜻 욕정, 탐낼, 지나칠, 욕심많을, 간절할, 애욕.

慾求(욕구) 욕심껏 구함.
慾望(욕망) 가지거나 누리고자 탐함.
慾心(욕심) 탐하거나 누리고자 하는 마음.
慾情(욕정) 이성에 대한 육체적 욕망.

MILLENNIUM

한 자 방 정 식

虎 + 思 ⇨ 慮

호랑이를 잡으려면 마음만으로는 안되니 깊이 생각해야 함.

---

11 - 15 - 회의자

慶

경 사 경

남의 경사에 사슴(鹿)을 들고가 기쁜 마음(心)으로 축하해 주는 사람의 형상을 본뜬 글자.

(또 다른 뜻) 축하할, 착할, 선행, 경사스럴, 다행할, 발어사(강).

- 慶福(경복) 경사스럽고 복됨.
- 慶事(경사) 치하할 만한 기쁜 일.
- 慶宴(경연) 경사스러운 잔치.
- 慶弔(경조) 경사스런 일과 궂은 일.
- 慶賀(경하) 경사스러운 일에 대하여 기쁜 뜻을 표함.

---

11 - 15 - 형성자

慮

생 각 할 려

호랑이(虍)를 잡으려면 생각(思)만으로는 않되고 생각해 행동해야 된다는 의미의 글자.

(또 다른 뜻) 염려할, 의심할, 사려할, 계획할, 조사할(록).

- 考慮(고려) 생각하여 봄.
- 配慮(배려) 이리저리 마음을 써서 생각해 줌.
- 心慮(심려) 마음 속의 근심과 걱정.
- 憂慮(우려) 근심과 걱정.

---

11 - 15 - 형성자

憂

근 심 우

머리(頁)에는 걱정이 많고 마음(心)이 무거워 근심으로 서성이는(夊) 사람의 형상을 본뜬 글자.

(또 다른 뜻) 걱정할, 애태울, 고통, 환란, 병, 앓을, 고생할.

- 憂慮(우려) 근심이나 걱정을 함.
- 憂悶(우민) 백성에 대한 근심.
- 憂秀(우수) 우울과 수심. 근심 걱정.
- 憂患(우환) 집안일이나 환자로 인한 걱정.

---

11 - 15 - 형성자

慧

총 명 할 혜

잡동사니들을 비(彗)로 쓸어 버리듯 마음(心)을 밝게하는 총명한 사람의 형상을 본뜬 글자.

(또 다른 뜻) 지혜, 슬기로울, 밝을, 슬기, 능력, 교활할, 깨달을.

- 慧敏(혜민) 지혜롭고 민감함.
- 慧心(혜심) 총명하고 슬기로운 마음.
- 慧眼(혜안) 총명한 기운이 서린 눈.
- 智慧(지혜) 슬기. 미혹을 절멸하고 슬기로움.

---

12 - 16 - 형성자

憩

쉴 게

혀(舌)를 감추고 입을 다물어 코(自)로 숨을 들어마시며 마음(心)을 진정시키고 쉰다는 뜻의 글자.

(또 다른 뜻) 휴식할, 숨쉴, 숨돌릴, 쉬어 갈, 휴게소, 휴식.

- 憩潮(게조) 밀물과 썰물이 바뀔 때에 일어나는 조류의 정지 상태.
- 憩止(게지) 일을 하다가 잠깐 쉼.
- 休憩(휴게) 잠깐 도안 머물러 쉼. 휴식.

---

12 - 16 - 형성자

憲

법 헌

피해(害의 생략형)를 당하지 않게 눈(目의 변형)과 마음(心)으로 법을 지킨다는 의미의 글자.

(또 다른 뜻) 관리, 밝힐, 모범, 법규, 규정, 높일, 가르침, 성할.

- 憲法(헌법) 근본이 되는 기초법.
- 憲章(헌장) 헌법의 전장. 약속한 규범.
- 改憲(개헌) 헌법의 내용을 일부 고침.
- 官憲(관헌) 관리. 정부나 관청의 법규.

MILLENNIUM

한 자 방 정 식

徵 + 心 ⇨ 懲

비뚤어진 사람을 불러 마음을 바로잡도록 징계함.

---

12 - 16 - 형성자

憑

빙 자 할 빙

믿을 만한 것을 의지(馮)하여 그것을 믿는 마음(心)을 빙자하여 말하는 형상을 본뜬 글자.

(또 다른 뜻) 의지할, 증거, 증거할, 기댈, 의거할, 맡길, 의탁할.

憑藉(빙자) 말막음으로 핑계를 댐. 남의 세력에 의지함.
信憑(신빙) 믿고 의지함.
證憑(증빙) 증거가 되거나 증거로 삼음. 또는 그러한 근거.

---

13 - 17 - 형성자

懇

간 절 할 간

일의 성사를 위해 정성스럽게(貇) 마음(心)을 다하여 간절히 바라는 형상을 본뜬 글자.

(또 다른 뜻) 간곡할, 정성, 성심, 살뜰할, 정성껏, 성심껏, 진정.

懇曲(간곡) 간절한 마음으로 정성을 다함.
懇求(간구) 간절히 구함.
懇談(간담) 정답게 서로 이야기를 나눔.
懇切(간절) 간곡하고 지성스러움.

---

13 - 17 - 형성자

應

응 할 응

보살핌을 받던 매(雁)가 그 주인의 바램에 응하여 꿩 등을 잡아다주는 형상을 본뜬 글자.

(또 다른 뜻) 대답할, 승락할, 허락할, 화동할, 화답할, 감당할.

應急(응급) 급한 것에 응해 우선 처리함.
應答(응답) 어떤 물음에 답함. 물음에 대한 답변.
應分(응분) 분수나 신분에 맞음.
應用(응용) 원리나 지식을 실제에 활용함.

---

15 - 19 - 형성자

懲

징 계 할 징

언행이 바르지 못한 사람을 불러(徵) 마음(心)을 바로잡도록 징계하는 형상을 본뜬 글자.

(또 다른 뜻) 나무랄, 혼날, 혼낼, 응징할, 벌줄, 그만둘, 징계.

懲戒(징계) 허물 따위를 뉘우치도록 경계함.
懲惡(징악) 못된 사람을 징계함.
懲役(징역) 기결수를 감옥에 가둠.
懲治(징치) 징계하여 다스림.

---

16 - 20 - 형성자

懸

매 달 현

어떤 일에 매달린(縣) 것이 아무리 멀고 아득해도 마음(心) 먹기에 달렸다는 의미의 글자.

(또 다른 뜻) 걸, 멀, 동떨어질, 달아맬, 늘어질, 헛될, 빚, 부채.

懸隔(현격) 차이가 매우 심하고 동떨어짐.
懸賞(현상) 모집 등을 위해 내거는 상.
懸案(현안) 아직 미해결의 문제.
懸板(현판) 글 따위를 새겨서 문위에 다는 널조각.

---

10 - 23 - 형성자

戀

사 모 할 련

사모한다는 말을 잇달아(䜌) 계속할만큼 마음(心) 속에 생각들이 거듭 되는 형상을 본뜬 글자.

(또 다른 뜻) 그리워할, 생각할, 그리움, 사랑의 정, 사랑하는 사람.

戀慕(연모) 사랑하여 그리워 함.
戀書(연서) 이성을 그리워하는 연애 편지.
戀愛(연애) 이성간의 사모하는 애정.
戀情(연정) 연모하여 그리는 마음.

MILLENNIUM

한 자 방 정 식

手 + 戈 → 我

손에 창을 들고 있는 병사는 나의 군사임.

---

0 - 4 - 상형자

戈

창 과

긴 나무막대의 끝에 칼이나 뾰쪽한 쇠붙이를 달아 놓은 창의 형상을 본뜬 글자.

(또 다른 뜻) 무기, 전쟁, 한쪽 날의 창, 싸움, 삐쳐올릴, 창날.

- 戈劍(과검) 창과 칼.
- 戈矛(과모) 가지가 없는 창.
- 干戈(간과) 전쟁에 쓰여지는 병기를 통틀어 이르는 말. 방패와 창.

---

1 - 5 - 상형자

戊

다섯째천간 무

초목(丿) 따위가 창(戈)처럼 뾰쪽하게 나 무성하고 천간의 다섯째를 의미하는 글자.

(또 다른 뜻) 무성할, 중앙, 오행의 토, 창, 모(矛의 옛자), 벼슬.

- 戊戌(무술) 60갑자의 서른 다섯째.
- 戊午(무오) 60갑자의 쉰다섯째.
- 戊寅(무인) 60갑자의 열다섯째.
- 戊辰(무진) 60갑자의 다섯째.

---

2 - 6 - 지시자

戌

개 술

무성한 나무(戊)의 가지 (一)를 쳐주는 시기를 9월로, 동물로는 개를 의미한 글자.

(또 다른 뜻) 열한째 지지, 서북쪽, 오행의 토, 개띠, 깎을, 개.

- 戌年(술년) 지지가 술(戌)인 해.
- 戌時(술시) 오후 7부터 9시까지의 사이.
- 甲戌(갑술) 50갑자의 열한째.
- 丙戌(병술) 60갑자의 스물셋째.

---

3 - 7 - 상형자

我

나 아

손(手)에 창(戈)을 들고 있는 아군 병사는 곧 나의 나라를 지키는 군인이라는 의미의 글자.

(또 다른 뜻) 우리, 자기, 나의, 아집, 굶주릴, 우리들, 제, 자신.

- 我軍(아군) 우리 편의 군대.
- 我輩(아배) 우리들.
- 我執(아집) 자기만의 생각에 집착하여 내세움.
- 自我(자아) 자기 자신에 관한 의식과 관념.

3-7-회의 · 형성자

成

이 룰 성

나무들을 도끼로 찍어 내는(戊) 일은 혈기있는 장정(丁)만이 이루어낼 수 있다는 의미의 글자.

(또 다른 뜻) 마칠, 완성될, 이루어질, 다스릴, 무성할, 조정할.

- 成功(성공) 목적한 바를 이룸. 뜻을 이룸.
- 成立(성립) 일이나 사물이 이루어짐.
- 成實(성실) 정성스럽고 참되어 거짓이 없음.
- 成就(성취) 목적한 바를 이룸.

---

3 - 7 - 회의자

戒

경 계 계

양 손에 창(戈)을 들고 언제 일어날지도 모르는 적에 대비하여 경계하는 형상을 본뜬 글자.

(또 다른 뜻) 경계할, 계율, 재계할, 조심할, 훈계, 알릴, 지경.

- 戒嚴(계엄) 비상시 경계를 엄중히 함.
- 戒律(계율) 지켜야 할 율법.
- 懲戒(징계) 위법행위에 대해 제재를 가함.
- 破戒(파계) 계율을 깨뜨려서 지키지 않음.

MILLENNIUM

한 자 방 정 식

單 ＋ 戈 ⇨ 戰

군사들이 단지 창을 들고 있는 것은 싸움을 위한 것임.

---

4 - 8 - 회의자

或

혹 혹

혹시 적이 쳐들어올지 몰라 창(戈)을 들고 입구(口)에서 땅(一)을 지키는 형상을 본뜬 글자.

또 다른 뜻 아마, 혹은, 어떤 사람, 의심할, 당혹할, 나라(역).

或間(혹간) 이따금. 간간이. 간혹(間或).
或是(혹시) 만일에. 어떠한 경우에.
或者(혹자) 어떤 사람.
或曰(혹왈) 어떤 사람이 말하는 바.

---

7 - 11 - 형성자

戚

겨레 척

문중의 자손이 무성하게(戊) 콩깍지에 콩(叔)이 줄지어 있듯 번진 겨레라는 의미의 글자.

또 다른 뜻 친족, 근심할, 친할, 가까울, 분개할, 재촉할(촉).

姻戚(인척) 혼인 관계로 이루어지는 친척.
親戚(친척) 친족과 외척. 일가붙이.
休戚(휴척) 기쁨과 슬픔. 편안함과 근심스러움.

---

12 - 16 - 형성자

戰

싸울 전

군사들이 단지(單) 무기(戈)를 들고 있는 것이 아니라 싸움터에서는 용맹을 다한다는 의미의 글자.

또 다른 뜻 싸움, 전쟁, 두려워할, 무서워할, 흔들릴, 전투.

戰功(전공) 전투에서 세운 공로.
戰亂(전란) 전쟁으로 인한 난리.
戰略(전략) 전쟁 수행의 방법으로 병법이나 책략.
戰爭(전쟁) 나라와 나라의 무력의 투쟁.

---

12 - 16 - 형성자

戲

희롱할 희

무당이 호랑이(虎)처럼 꾸짖기도 하고 무기(戈)를 들고 희롱하는 형상을 본뜬 글자.

또 다른 뜻 놀, 놀이, 연극할, 대장기(휘), 아하(호), 감탄소리(호).

戲曲(희곡) 연극의 각본.
戲弄(희롱) 말과 행동으로 놀려먹는 일.
遊戲(유희) 일정한 방법에 따라 재미있게 노는 놀이.

户

0 - 4 - 상형자

户

집 호

마루나 방에 여닫는 외짝문 집의 형상을 본뜬 글자, 또는 지게의 모양을 본뜬 글자.

또 다른 뜻 지게, 문, 호적, 외짝문, 출입구, 사람, 주민, 지킬.

戶口(호구) 호수(戶數)와 시구의 수.
戶別(호별) 집집마다.
戶數(호수) 호적상의 가호 수.
戶外(호외) 집의 바깥.

---

4 - 8 - 형성자

所

바 소

집(戶)의 문이 반쯤 열린 것처럼 도끼(斤)에 찍힌 나무에 틈새가 있는 바의 형상을 본뜬 글자.

또 다른 뜻 곳, 처소, 장소, 경우, 도리, 관아, 얼마쯤, 거처할.

所見(소견) 사물을 살펴본 의견이나 생각.
所得(소득) 어떤 일의 결과로 얻은 이익.
所有(소유) 자기 것으로 가짐. 또는 그 물건.
住所(주소) 살고 있는 곳.

MILLENNIUM

한 자 방 정 식

户	+	羽	⇨	扇
초가집 지붕처럼		둥근 날개같은		부채.

4 - 8 - 형성자

房

방 방

집(戶)의 부분부분 모서리(方)를 잇는 벽으로 사방 둘러싸인 것이 방이라는 의미의 글자.

(또 다른 뜻) 별이름, 집, 가옥, 거처, 송이, 아내, 첩, 화살넣는 통.

房門(방문) 방으로 드나드는 문.
房事(방사) 남녀가 성교(性交)하는 일.
房星(방성) 28수의 넷째 별자리.
房貰(방세) 남의 집에 사는 방세.
房帳(방장) 외풍을 막기 위해 치는 휘장.

5 - 9 - 형성자

扁

작을 편

집(戶)의 처마밑과 문 위에 가로로 작게 걸려 있는 현판이나 액자의 형상을 본뜬 글자.

(또 다른 뜻) 치우칠, 현판, 편편할, 넓적할, 액자, 엮을, 두루(변).

扁桃(편도) 편도선의 준말.
扁額(편액) 방안이나 대청, 또는 문위에 가로로 거는 현판.
扁舟(편주) 작은 배. 작은 조각배.
扁平(편평) 넓고 평평함.

6 - 10 - 형성자

扇

부채 선

초가집(戶)의 지붕처럼 둥근 바탕에 날개처럼(羽) 접었다 폈다 하는 부채의 형상을 본뜬 글자.

(또 다른 뜻) 부채질할, 부추길, 선동할, 문짝, 성할, 거세당한 말.

扇風(선풍) 수동이나 전기의 힘으로 바람을 일으키는 기구.
扇形(선형) 부채같이 생긴 모양.
秋扇(추선) 제철이 지나서 쓸모없는 물건이나 버림받은 여인을 비유한 말.

0 - 4 - 상형자

手

손 수

손가락을 모두 펴고 있는 손바닥의 형상을 본뜬 글자로 손으로 인한 재주의 뜻도 있음.

(또 다른 뜻) 손수할, 재주, 수단, 능할, 손가락, 솜씨, 손바닥.

手記(수기) 자기의 체험을 손수 적은 글.
手段(수단) 목적을 달성하기 위한 방법.
手續(수속) 일의 순서나 방법.
手數料(수수료) 어떠한 일을 돌보아 준 보수.

4 - 8 - 회의자

承

이을 승

정승(丞)이 칙서를 두손(手)으로 받아 그것을 정사로 잇는 형상을 본뜬 글자.

(또 다른 뜻) 받을, 받들, 받아들일, 받쳐 들, 계승할, 후계.

承諾(승낙) 청하는 바를 들어 줌.
承服(승복) ① 납득함. ② 죄를 자복함.
承認(승인) ① 사실임을 인정함. ② 들어 줌.
繼承(계승) 조상·선임자의 뒤를 이어받음.

5 - 9 - 회의·형성자

拜

절 배

오른(手)과 왼손(手)을 무릎 아래(下) 가지런히 하고 절하는 아랫 사람의 형상을 본뜬 글자.

(또 다른 뜻) 절할, 공경할, 벼슬 줄, 벼슬받을, 경의, 방문할.

拜金(배금) 돈을 지나치게 소중히 여김.
拜禮(배례) 예를 갖추어 절을 함.
拜上(배상) 편지 끝에 '절하고 올림'의 뜻.
拜謁(배알) 종경하는 어른을 만나 뵘.

手

MILLENNIUM

한 자 방 정 식

尚 + 手 ⇨ 掌

어떤 일을 맡겠다고 높이 손을 들어 손바닥을 보임.

---

6 - 10 - 회의자

拳

주 먹 권

다섯 손가락(手)을 모두 구부려(龹)쥔 주먹을 권법 따위에서 쓰는 형상을 본뜬 글자.

또 다른 뜻 주먹쥘, 힘, 권법, 무술, 지킬, 사랑할, 공손할, 굽을.

- 拳銃(권총) 작고 짧은 호신용 총.
- 拳鬪(권투) 주먹으로 치고 막고 하는 경기.
- 强拳(강권) 강한 주먹.
- 空拳(공권) 맨두먹. 빈 주먹.
- 鐵拳(철권) 쇠뭉치같이 군센 주먹.

---

8 - 12 - 형성자

掌

손 바 닥 장

공식석상에서 일을 맡겠다고 높이(尙) 손바닥이 보이게 손(手)을 드는 형상을 본뜬 글자.

또 다른 뜻 맡을, 주장할, 동물발바닥, 주관할, 손아귀에 쥘.

- 掌匣(장갑) 손을 보호하기 위해 끼는 것.
- 掌紋(장문) 손바닥의 금으로 된 무늬.
- 掌握(장악) 손 안에 잡아 쥐는 것.
- 管掌(관장) 맡아서 다룸.
- 合掌(합장) 두 손바닥을 합침.

---

11 - 15 - 형성자

摩

문 지 를 마

돌 따위를 팔이 저리도록(麻) 두손(手)에 쥐고 갈듯 문지르는 사람의 형상을 본뜬 글자.

또 다른 뜻 어루만질, 닦을, 연마할, 쓰다듬을, 닿을, 갈무리할.

- 摩擦(마찰) 서로 닿아서 비빔. 뜻이 서로 맞지 않아서 옥신각신함.
- 按摩(안마) 손으로 몸을 두드리거나 주물러서 혈액순환을 도와 피로를 풀리게함.

---

13 - 17 - 형성자

擊

칠 격

바퀴와 굴대의 마찰로(毄) 내는 소리가 손(手)에 무기를 내려치는 소리같다는 뜻의 글자.

또 다른 뜻 마주칠, 두드릴, 때릴, 공격할, 부딪칠, 움직일.

- 擊發(격발) 총의 방아쇠를 당겨 쏨.
- 擊墜(격추) 비행기 등을 쏘아 떨어뜨림.
- 攻擊(공격) 적을 침. 시비를 가려서 따짐.
- 目擊(목격) 눈으로 집적 봄.

---

14 - 18 - 형성자

擧

들 거

여럿이 더불어(與) 함께 찬부 여부를 손(手)으로 들어올린 형상을 본뜬 글자.

또 다른 뜻 일으킬, 행할, 온통, 들추어낼, 천거할, 열거할.

- 擧論(거론) 초들어서 논제로 삼음.
- 擧動(거동) 일에 나서서 움직이는 태도.
- 擧手(거수) 손을 위로 들어 올림.
- 擧行(거행) 명령 대로 시행함. 식을 치룸.

---

0 - 4 - 회의자

支

지 탱 할 지

열 십(十)자로 묶은 대나무를 손(手)에 들고 연약한 나무의 줄기를 지탱하게 한다는 뜻의 글자.

또 다른 뜻 헤아릴, 흩어질, 줄, 지지, 가지, 팔다리, 지불할.

- 支給(지급) 돈 · 물건을 내어 줌.
- 支拂(지불) 돈을 치름. 물건을 내어줌.
- 支店(지점) 본점(本店)에서 갈려 나온 가게.
- 支出(지출) 어떤 목적을 위해 금전을 내어 줌.

MILLENNIUM

한 자 방 정 식

己 + 攵 ⇨ 改

자기의 과오를 회초리로 쳐서 고치는 사람.

攵

2 - 6 - 형성자

收

거 둘 수

벼이삭을 손으로 얽어 잡고(丩) 낫으로 쳐서(攵) 거두어 들이는 가을 형상을 본뜬 글자.

또 다른 뜻: 잡을, 거두어들일, 모을, 떠맡을, 가지런히할, 길을.

收金(수금) 받을 돈을 거두어 들임.
收拾(수습) 어수선한 상태를 바로 잡음.
收入(수입) 금품 따위를 거두어 들임.
收穫(수확) 곡식 · 이익 등을 거두어 들임.

3 - 7 - 형성자

攻

칠 공

장인(工)이 쇠를 망치로 쳐(攵) 연마하듯 장수가 적을 쳐서 다스리는 형상을 본뜬 글자.

또 다른 뜻: 닦을, 다스릴, 공격할, 꾸짖을, 괴롭힐, 빼앗을.

攻擊(공격) 적을 내달아 침.
攻略(공략) 적의 진지를 공격하여 빼앗음.
攻防(공방) 공격하는 일과 방어하는 일.
攻勢(공세) 공격하고 있는 상태.

3 - 7 - 형성자

改

고 칠 개

자기(己) 자신의 과오를 스스로 회초리로 치듯(攵) 하여 고치고 다스리는 형상을 본뜬 글자.

또 다른 뜻: 바꿀, 바로잡을, 따로, 새삼스러울, 새롭게 할.

改良(개량) 나쁜 점을 고쳐 좋게 함.
改善(개선) 좋게 고침.
改正(개정) 고쳐 바르게 함.
改定(개정) 고쳐 다시 정함.
改造(개조) 고쳐 다시 만듦.

4 - 8 - 형성자

放

놓 을 방

학동들이 이곳저곳(方)에서 방자한 것은 너무 풀어 놓아서인데 회초리로 쳐(攵) 다스린다는 뜻의 글자.

또 다른 뜻: 풀어줄, 내쫓을, 게시할, 내버려둘, 석방할, 불지를.

放果(방과) 그 날의 정하여진 학과를 끝냄.
放浪(방랑) 정처 없이 떠돌아 다님.
放流(방류) 가두어 놓은 물을 흘려 보냄.
放牧(방목) 가축을 풀어서 놓아 기름.

5 - 9 - 형성자

故

연 고 고

오래 된 옛(古) 일의 연고를 짚어 보거나 막대기로 쳐(攵) 생각해내는 형상을 본뜬 글자.

또 다른 뜻: 옛, 오래 될, 까닭, 죽을, 짐짓, 낡을, 진실로, 고장날.

故國(고국) 조상 적부터 살아온 나라. 조국.
故意(고의) 일부러 하는 행동이나 생각.
故障(고장) 기능이 마비된 사고.
故鄕(고향) 자기가 태어나 자라 곳.

5 - 9 - 회의 · 형성자

政

정 사 정

바른(正) 정사를 펴기 위해서는 때로는 회초리로 치듯(攵) 다스린다는 의미의 글자.

또 다른 뜻: 다스릴, 바로잡을, 법규, 법제, 정치인, 관리, 구실.

政界(정계) 정치에 관여하는 사람의 사회.
政府(정부) 국정의 집행을 맡는 행정부.
政策(정책) 정치적 목적의 방책.
政治(정치) 국가의 주권자가 그 영토와 국민을 다스림.

MILLENNIUM

한 자 방 정 식

每	+	攵	⇨	敏
어려서부터 매양		회초리치듯 단련하여		민첩함.

---

6 - 10 - 형성자

效

본받을 효

친구를 사귐(交)에 있어서 매사 본받을만한 사람과 사귀라고 타이르는(攵) 형상을 본뜬 글자.

(또 다른 뜻) 효험, 힘쓸, 다할, 증험할, 수여할, 전할, 셀, 밝힐.

- 效果(효과) 보람이 있는 결과.
- 效力(효력) 법률 · 규칙 따위의 작용.
- 效用(효용) 만족시킬 수 있는 능력.
- 效率(효율) 들인 힘에 비하여 유효한 분량의 비율.

---

7 - 11 - 회의 · 형성자

敎

가르칠 교

올바르게 인도(孝)한다는 의미에서 회초를 쳐서(攵) 가르치고 훈계하는 형상을 본뜬 글자.

(또 다른 뜻) 깨우칠, 훈계할, 종교, 가르침, 지도할, 교리, 스승.

- 敎科(교과) 가르치는 과목.
- 敎師(교사) 학문이나 기예를 가르치는 사람.
- 敎養(교양) 지식, 품행 등을 가르쳐 기름.
- 敎育(교육) 인성, 지식등을 가르치고 지도함.

---

7 - 11 - 형성자

敏

민첩할 민

어려서부터 매양(每) 회초리를 쳐서(攵) 부르게 가르친 탓으로 민첩하고 총명해진 형상을 본뜬 글자.

(또 다른 뜻) 재빠를, 총명할, 예민할, 힘쓸, 자세할, 엄지발가락.

- 敏感(민감) 감각이 예민함.
- 敏腕(민완) 민첩한 수완. 날쌘 수단.
- 敏捷(민첩) 활동이 빠르고도 능란함.
- 銳敏(예민) 예리하고 민감함.

---

7 - 11 - 형성자

救

구원할 구

비행을 일삼는 사람을 구하려면(求) 회초리를 쳐서(攵)라도 구원해야 한다는 의미의 글자.

(또 다른 뜻) 도울, 건질, 고칠, 치료할, 막을, 도움, 구원, 구제할.

- 救國(구국) 위태롭게 된 나라를 구함.
- 救急(구급) 위급한 상황에서 구해 냄.
- 救援(구원) 어려운 상황에서 구하여 줌.
- 救濟(구제) 불행한 사람을 도와 줌.

---

7 - 11 - 형성자

敖

거만할 오

땅(土)을 모(方)나게 서서 오가는 사람들을 칠듯(攵) 거만하게 노는 형상을 본뜬 글자.

(또 다른 뜻) 희롱할, 놀릴, 놀, 멋대로, 시끄러울, 볶을, 오만할.

- 敖慢(오만) 태도가 거만함. 또는 그 태도.
- 敖蔑(오멸) 잘난 체하며 남을 멸시함.
- 敖遊(오유) 실컷 질리게 놂.

---

7 - 11 - 형성자

敗

패할 패

무기로 조개껍질(貝)같은 방패를 쳐(攵) 깨뜨려 적을 패하게 하는 형상을 본뜬 글자.

(또 다른 뜻) 깨어질, 무너질, 헐, 썩을, 실패할, 질, 부술, 재앙.

- 敗亡(패망) 패하여 망함.
- 敗北(패배) 전쟁 · 경기 · 싸움에서 짐.
- 敗因(패인) 싸움이나 경기에서 진 원인.
- 腐敗(부패) 썩어서 못쓰게 됨.

MILLENNIUM

한 자 방 정 식

苟	+	攵	⇨	敬
진실한 사람으로		만들기위해 매질한 분을		공경함.

8 - 12 - 형성자

敦

도 타 울 돈

향(享)을 제단에 올릴 때, 서로 치고(攵) 싸우며 컷던 우정이 도탑다는 의미의 글자.

(또 다른 뜻) 정성, 성낼, 모일(단), 다스릴(퇴), 새길(조), 덮을(도).

- 敦篤(돈독) 돈목하게 인정이 두터움.
- 敦睦(돈목) 정이 두텁고 화목함.
- 敦化(돈화) 두터운 교화.
- 敦厚(돈후) 돈목하게 인정이 두터움.

8 - 12 - 회의자

敢

용 감 할 감

과감하게 적을 치고(攻) 그 적군의 귀(耳)를 취하여오는 용감한 장수의 형상을 본뜬 글자.

(또 다른 뜻) 감히, 구태여, 무릅쓸, 감당할, 굳셀, 과감할.

- 敢鬪(감투) 과감히 싸움.
- 敢行(감행) 과감하게 행함.
- 焉敢(언감) 어찌감히. 언감생심(焉敢生心).
- 勇敢(용감) 언행 따위가 용기가 있어 과감함.

8 - 12 - 회의 · 형성자

散

흩 을 산

두드려서(攵) 다진(共) 고기(月)가 옆으로 흩어져 연하고 부드러워 맛있는 형상을 본뜬 글자.

(또 다른 뜻) 문체, 흩어질, 한가로울, 가루, 떨어질, 갈라질.

- 散亂(산란) 사물이나 정신등이 어지럽게 됨.
- 散漫(산만) 마음이 어수선하여 걷잡을 수가 없음.
- 散在(산재) 여기저기 흩어져 있음.
- 散會(산회) 회의 · 모임을 마치고 흩어짐.

9 - 13 - 회의자

敬

공 경 할 경

진실한(苟) 사람으로 이끌어 주고 채찍(攵)하여 가르쳐 주는 분을 공경하는 형상을 본뜬 글자.

(또 다른 뜻) 삼갈, 공경, 훈계할, 정중할, 공손할, 사의표할.

- 敬虔(경건) 공경하는 마음으로 깊이 삼가고 조심스러움.
- 敬禮(경례) 경의를 표하기 위한 인사.
- 敬老(경로) 노인을 공경함.
- 敬意(경의) 공경이나 섬기는 마음.

11 - 15 - 형성자

敵

대 적 할 적

적의 본거지인 뿌리(啇)를 뽑기 위해 쳐들어가 대적하는 군사들의 형상을 본뜬 글자.

(또 다른 뜻) 원수, 대등할, 적, 적수, 대응할, 필적할, 저항할.

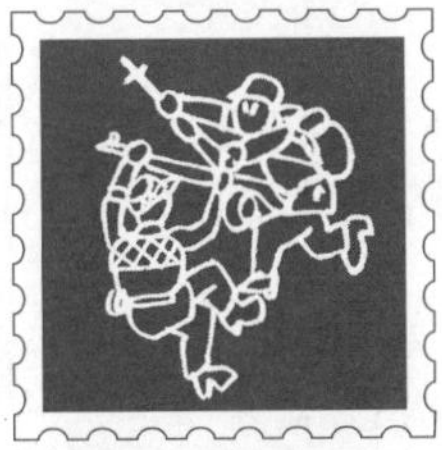

- 敵愾(적개) 적에 대하여 품는 의분.
- 敵軍(적군) 적의 군대. 적의 군사.
- 敵對(적대) 서로 적으로 간주함.
- 敵意(적의) ① 적대하는 마음. ② 앙심.

11 - 15 - 형성자

數

셈 할 수

어리석은 여자(婁)가 딴전을 부리며 손가락(攵 =攴의 변형)으로 셈하는 형상을 본뜬 글자.

(또 다른 뜻) 셈, 몇, 두서너, 운수, 운명, 꾀, 자주(삭), 촘촘할(촉).

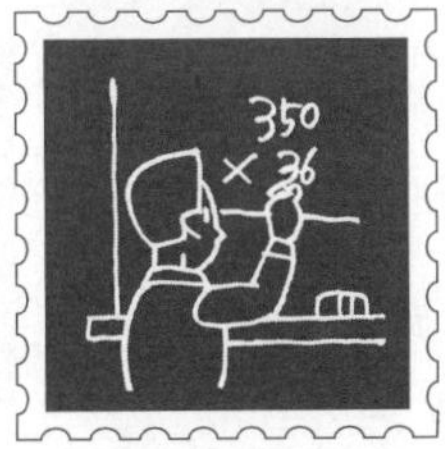

- 數量(수량) 수효와 분량.
- 數理(수리) 수학의 이론과 이치.
- 數次(수차) 여러 차례. 여러 차례에 걸쳐.
- 數回(수회) 여러 번. 여러 회에 걸쳐.

MILLENNIUM

한자방정식

米 + 斗 ⇨ 料

쌀의 양은 말과 되로 헤아림.

---

11 - 15 - 형성자

敷

펼 부

젊고 총명한 사내(甫)들이 여러 방면(方)에서 세력을 떨치며(攵) 의지를 펴는 형상을 본뜬 글자.

또 다른 뜻 베풀, 넓게 깔, 진술할, 나눌, 분할할, 널리, 디스릴.

敷設(부설) 철도·교량 따위를 설치함.
敷衍(부연) 알기 쉽도록 덧붙여 자세히 설명함.
敷地(부지) 건물·도로 따위를 시설하기 데에 쓰이는 땅.

---

12 - 16 - 회의·형성자

整

가지런히할 정

묶여(束) 있는 나무는 쳐(攵)서 바르게(正) 토막낸 것으로 가지런히 정리된 형상을 본뜬 글자.

또 다른 뜻 정돈할, 가지런할, 증서 따위에서 금액 뒤에 넣는 글자.

整理(정리) 흐트러진 것을 질서 있게 함.
整頓(정돈) 정리하여 가지런히 함.
整備(정비) 헝크러진 것을 바로 갖춤.
整然(정연) 사물이 정돈된 모양.

文

0 - 4 - 상형자

文

글월 문

사람의 턱 밑에 서로 엇갈린 옷깃처럼 글월이나 문서를 곱게 접는 형상을 본뜬 글자.

또 다른 뜻 문장, 글자, 서적, 책, 산문, 운문, 학문, 문서, 무늬.

文庫(문고) 휴대하기 좋게 총서처럼 엮은 책.
文明(문명) 일정한 역사적 시기에 이룩된 사회 발전과 문화의 총체.
文書(문서) 계약이나 소유 따위를 밝힌 서류.

斗

0 - 4 - 상형자

斗

말 두

곡식 따위를 한 말 정도를 담은 자루의 형상을 본뜬 글자로 한 말은 열 되가 됨.

또 다른 뜻 열되, 우뚝솟을, 별이름, 갑자기, 뾰족할, 튀어나올.

斗起(두기) 불끈 일어남.
斗落(두락) 논밭의 마지기.
斗量(두량) 되나 말로 곡식의 양을 잼.
斗然(두연) 우뚝 솟은 모양.
斗屋(두옥) 아주 작은 집. 썩 작은 방.

---

6 - 10 - 회의자

料

헤아릴 료

쌀(米)은 말(斗)로 헤아려 정확한 양을 알아 그 대금을 지불하는 사람의 형상을 본뜬 글자.

또 다른 뜻 셀, 다스릴, 대금, 감, 거리, 재료, 삯, 값, 급여, 요금.

料金(요금) 사용·소비·관람 등의 대가의 돈.
料理(요리) 음식을 맛있고 영양 있게 만듦.
給料(급료) 월급이나 일급(日給) 등의 품삯.

---

7 - 11 - 형성자

斜

비낄 사

남아있는(余) 말(斗) 속의 곡식을 쏟아내기 위하여 말을 비끼어 내는 형상을 본뜬 글자.

또 다른 뜻 기울, 경사질, 엇갈릴, 바르지못할, 땅이름(야).

斜傾(사경) 한쪽으로 비스듬히 기욺.
斜面(사면) 비스듬한 면. 경사진 면.
斜陽(사양) 서쪽으로 기울어지는 해.
斜風(사풍) 비껴 부는 바람.

MILLENNIUM

한 자 방 정 식

其	+	斤	⇨	斯
그 나무를		도끼로 쳐서		이처럼 만듦.

---

10 - 14 - 형성자

斡
돌 알

해돋는(𠦝) 아침에 사람(人)이 곡식이 들어 있는 말(斗)을 들고 돌고 있는 형상을 본뜬 글자.

또다른뜻 주선할, 도와줄, 알선할, 관리할(간), 돌보아 줄(간).

斡旋(알선) 남의 일을 주선하여 줌. 매매를 주선하여 구문을 받는 행위. 돌림.
斡遷(알천) 돌아 다님.

---

0 - 4 - 상형자

斤
도 끼 근

날이 서고 자루가 달린 도끼(斤)의 형상을 본뜬 글자로 무게의 단위로도 쓰임.

또다른뜻 근(600g), 자귀, 벨, 무게단위, 사랑할, 귀여워할.

斤量(근량) 저울로 된 무게.
斤數(근수) 저울로 단 무게의 수치.
斤秤(근칭) 100근까지 달 수 있는 저울.
十斤(십근) 어떤 물건 따위의 무게가 열근임.

---

1 - 5 - 형성자

斥
물 리 칠 척

장작을 도끼(斤)로 찍어내듯(丶) 절을 물리치고 재침을 우려하여 망보는 형상을 본뜬 글자.

또다른뜻 내칠, 망볼, 엿볼, 넓힐, 가리킬, 드러날, 염탐할.

斥言(척언) 남을 배척하는 말.
斥候(척후) 적의 동태를 정찰하고 탐색함.
排斥(배척) 물리쳐 내뜨림. 물리쳐 버림.
指斥(지척) 웃어른의 언행을 지적해 탓함.

---

9 - 13 - 회의 · 형성자

新
새 신

땅에서 서듯(立) 도끼(斤)에 찍힌 고목(木)에서도 돋아나는 새로운 순의 형상을 본뜬 글자.

또다른뜻 신, 새로울, 새로, 새로와질, 새 것, 새해, 새롭게.

新規(신규) 새로운 규정. 또는 규모.
新設(신설) 새로 설치함.
斬新(참신) 두드러지게 새로움.
革新(혁신) 구습을 버리고 새롭게 함.

---

8 - 12 - 형성자

斯
이 사

배의 키를 만들기 위해 그(其) 나무를 도끼(斤)로 쪼개어 이처럼 만드는 형상을 본뜬 글자.

또다른뜻 이것, 어조사, 곳, 이에, 쪼갤, 가를, 떠날, 천할, 잠깐.

斯界(사계) 그 사회. 그 전문 방면.
斯道(사도) 각각 종사하는 그 방면의 도.
斯世(사세) 이 세상.
斯學(사학) 이 학문. 그 학문.

---

14 - 18 - 회의자

斷
끊 을 단

이어진(㡭) 오라를 도끼(斤)로 끊어내거나 장작을 토막내는 도끼의 형상을 본뜬 글자.

또다른뜻 결단할, 조각낼, 동강낼, 그만둘, 거절할, 단념할.

斷絶(단절) 관계를 끊음.
斷定(단정) ① 딱 잘라 결정함. ② 판단.
斷乎(단호) 결심을 과단히 처리하는 모양.
斷念(단념) 품었던 생각 따위를 끊음.

斤

MILLENNIUM

한 자 방 정 식

斤 (적과 도끼로) + 丶 (찍어내듯) ⇨ 斥 (물리침.)

方

---

0 - 4 - 상형자

方

모 방

해변에 두 배가 정박해 있고 그 배가 짐을 강건너 쪽(方)으로 나르는 형상을 본뜬 글자.

(또 다른 뜻) 네모, 방위, 방향, 방법, 곳, 장소, 바야흐로, 처방.

方面(방면) 어떤 방향의 지역.
方法(방법) 목적을 위한 방식과 수단.
方案(방안) 일을 처리할 방법이나 계획.
方針(방침) 사업이나 행동 방향의 지침.

---

4 - 8 - 상형자

於

어조사 어

갑자기 까마귀가 날자 놀라 내뱉는 감탄사에서 …에, …보다 등 어조사로 전이된 뜻의 글자.

(또 다른 뜻) …에서, …보다, 있을, 살, 기댈, 의지할, 탄식할(오).

於腹(어복) 바둑에서 천원을 중심으로 한 지역.
於是(어시) 여기에 있어서.
於心(어심) 마음 속.
於呼(오호) 감탄하는 소리.

---

5 - 9 - 형성자

施

베풀 시

사방(方)에서 사람(人)들이 굶주리는데 실로(也) 어진 사람이 베풀고 있는 형상을 본뜬 글자.

(또 다른 뜻) 줄, 설치할, 퍼질, 이어질, 행할, 사용할, 옮을(이).

施工(시공) 공사를 시행함.
施設(시설) 베풀어 설비함. 또는 그 계책.
施策(시책) 계책을 베풂. 또는 그 계책.
施行(시행) 실지로 행하여 효력을 발생시킴.

---

6 - 10 - 회의자

旅

나그네 려

사방(方)에서 사람(人)들이 앞서가는 사람을 따라(氏) 먼길을 가는 나그네의 형상을 본뜬 글자.

(또 다른 뜻) 여행할, 군대, 함께, 행상, 무리, 자제, 야생할, 제사.

旅券(여권) 외국에 여행하는 사람의 신분.
旅團(여단) 군대를 편성하는 단위의 하나.
旅行(여행) 다른 고장이나 외국에 나다니는 일.

---

7 - 11 - 회의자

旋

돌 선

일을 마치고 이곳저곳에서 집을 향하여(方) 사람(人)들이 걸음(疋)을 돌리는 형상을 본뜬 글자.

(또 다른 뜻) 빙빙 돌, 돌아올, 돌릴, 굽을, 도리어, 선할, 갑자기.

旋律(선율) 멜로디.
旋風(선풍) 돌발적인 사건으로 동요가 생김.
旋回(선회) 어떤 사물의 주변을 빙빙 돎.
凱旋(개선) 적과의 싸움에서 이기고 돌아옴.

---

7 - 11 - 회의자

族

겨레 족

나라를 지키기 위해 사방(方)에서 사람들이(人) 화살(矢)을 가지고 나오는 겨레의 형상을 본뜬 글자.

(또 다른 뜻) 일가, 친족, 동포, 인척, 혈족, 일족, 모일, 연주할(주).

族閥(족벌) 큰 세력을 가진 가문의 일족.
族譜(족보) 한 족속의 혈통에 관한 책.
族屬(족속) 같은 종족의 겨레붙이.
魚族(어족) 물고기의 종족.

MILLENNIUM

한 자 방 정 식

日	+	一	⇨	旦
이른 새벽 해가		땅위로 돋아나		아침을 연다.

10 - 14 - 형성자

旗

기 기

바람의 방향(方)으로 깃발이 날리고 그(其) 기 아래 군인이(人) 모여 있는 형상을 본뜬 글자.

(또 다른 뜻) 대장기, 표할, 표지, 덮을, 군대의 부서, 별이름.

旗手(기수) 기로 신호를 전하는 사람.
旗章(기장) 국기 · 군기 · 교기 등의 총칭.
旗幟(기치) 태도나 행동을 구별하는 표시.
國旗(국기) 국가를 상징하는 기.

0 - 4 - 상형자

日

날 일

낮의 해가 눈부시게 빛나는 가운데 흑점 하나(一)가 보이고 그 해가 지면 날이 저문다는 뜻의 글자.

(또 다른 뜻) 해, 낮, 하루, 앞서, 햇볕, 햇살, 날짜, 시기, 기한.

日刊(일간) 신문 등을 날마다 발행함.
日課(일과) 날마다 하는 일정한 일.
日常(일상) 날마다. 평상시. 평소.
日程(일정) 그 날에 할 일. 또는 순서.

1 - 5 - 지시자

旦

아 침 단

이른 새벽에 해(日)가 땅(一) 위로 돋아나고 하루가 시작되는 아침의 형상을 본뜬 글자.

(또 다른 뜻) 날샐, 일찍, 밝을, 해 돋을, 밤샐, 환할, 누그러질.

旦暮(단모) 아침과 저녁.
旦夕(단석) 아침과 저녁.
元旦(원단) 설날 아침.
正旦(정단) 설날 아침. 원단(元旦).

2 - 6 - 회의자

旬

열 흘 순

지구가 태양(日)을 한 바퀴 감싸고(勹) 도는 시일이 열흘이고 이로 십간이 정해진 의미의 글자.

(또 다른 뜻) 십년, 두루, 고루, 두루 펼, 열흘 동안, 가득찰, 돌.

旬刊(순간) 서열흘 간격으로 발행함.
旬望(순망) 음력 초열흘과 보름.
旬報(순보) 열흘마다 발간하는 신문.
旬葬(순장) 죽은 지 열흘 만에 지낸 장사.

2 - 6 - 회의자

早

이 를 조

이른 아침의 해(日)는 동쪽(十=甲의 생략형)에서 지평선 너머 떠오르는 형상을 본뜬 글자.

(또 다른 뜻) 일찍, 새벽, 미리, 급히, 서두를, 빠를, 첫, 아침.

早急(조급) 매우 급함.
早速(조속) 이르고 빠름.
早熟(조숙) 나이에 비하여 성숙함.
早朝(조조) 이른 아침.

2 - 6 - 회의자

旨

뜻 지

숟가락(匕)으로 음식(日=甘의 변형)을 맛보는 것처럼 어떤 뜻을 음미하는 형상을 본뜬 글자.

(또 다른 뜻) 생각, 음미할, 맛, 맛좋을, 의의, 내용, 명령, 선미할.

甘旨(감지) 맛 좋은 음식.
密旨(밀지) 임금의 비밀스런 명령.
聖旨(성지) 임금의 뜻.
趣旨(취지) 근본이 되는 뜻.

MILLENNIUM

한자방정식

日 + 月 ⇨ 明

낮에는 해가 / 밤에는 달이 / 밝게 해준다.

3-7-형성자

旱

가물 한

비가 오지 않고 햇볕(日)은 열을 토해 땅을 마르게(干) 하는 가뭄의 형상을 본뜬 글자.

(또 다른 뜻) 가뭄, 물없을, 뭍, 땅이 갈라질, 물기가 없는, 한발.

- 旱魃(한발) 가물음. 가뭄을 맡는 귀신.
- 旱災(한재) 가뭄으로 인한 재앙.
- 旱祭(한제) 가뭄으로 지속되어 지내는 제사 .
- 旱害(한해) 가뭄으로 말미암아 입은 재해.

4-8-회의·형성자

明

밝을 명

낮에는 해(日)가 밤에는 달(月)이 이 세상의 어둠을 밝게 해주는 형상을 본뜬 글자.

(또 다른 뜻) 밝힐, 깨끗할, 맑을, 똑똑할, 날샐, 시력, 나라이름.

- 明記(명기) 분명하게 기록함.
- 明渡(명도) 건물·토지 등을 남에게 넘겨 줌.
- 明示(명시) 분명하게 나타내 보임.
- 明日(명일) 내일. 다음 날.

4-8-상형자

易

바꿀 역

햇빛(日)을 받아 몸색깔을 바꾸어 위험을 모면하는 도마뱀(勿)의 형상을 본뜬 글자.

(또 다른 뜻) 바뀔, 주역, 고칠, 새롭게할, 교환할, 쉬울(이).

- 易者(역자) 점치는 사람.
- 交易(교역) 물건을 서로 사고 파는 일.
- 貿易(무역) 물품을 서로 교환·거래함.
- 簡易(간이) 간단하고 쉬움.

4-8-형성자

昇

해돋을 승

아침 해(日) 돋아 오르는(升) 것처럼 지위나 벼슬이 오르는 등 격상되는 형상을 본뜬 글자.

(또 다른 뜻) 오를, 풍년들, 올릴, 떠어를, 올려 줄, 귀인의 죽음.

- 昇降(승강) 오르고 내림.
- 昇段(승단) 운동·바둑 등의 단수가 오름.
- 昇進(승진) 관직이나 직장 따위에서 직위 등이 오름.
- 昇天(승천) 하늘에 오름. 죽음.

4-8-회의자

昔

옛 석

누에치는 동안 나날(日)이 거듭되어 누에고치가 되고 처음 시작이 옛날 같다는 뜻의 글자.

(또 다른 뜻) 어제, 옛날, 오랠, 오래 될, 접때, 저녁, 섞일(착).

- 昔年(석년) ① 여러 해 전. 옛날. ② 지난 해.
- 昔人(석인) 옛 사람. 고인(古人).
- 昔賢(석현) 옛 현인. 고현(古賢).
- 今昔(금석) 지금과 옛적. 금고(今古).

4-8-회의자

昏

날저물 혼

날이 저물어 서쪽으로 낮아지는 (氏=低의 생략형) 해(日)로 어두워지는 형상을 본뜬 글자.

(또 다른 뜻) 어두울, 혼미할, 밤, 야간, 현혹될, 해질무렵.

- 昏倒(혼도) 어지러워 넘어짐.
- 昏迷(혼미) 정신이 흐리고 사리에 어두움.
- 昏絶(혼절) 정신이 아찔하여 까무러 침.
- 黃昏(황혼) 해가 지고 어둑어둑할 때.

MILLENNIUM

한 자 방 정 식

日	+	王	⇨	旺
태양은 이 우주안의		왕이므로		더욱 왕성함.

---

4 - 8 - 형성자

旺

왕 성 할 왕

해(日)는 이 우주의 천체 중에서 왕(王)이라고 증명하듯 그 열이 왕성한 형상을 본뜬 글자.

(또 다른 뜻) 성할, 고울, 아름다울, 세력이 드셀, 기운이 왕성할.

旺盛(왕성) 사물이 성함. 잘되어 가고 있고 한창 성함.
盛旺(성왕) 어떤 목적의 대회 따위에 사람들이 많이 모여 한창 성함.
興旺(흥왕) 어떤 사물이 성하게 일어남.

---

4 - 8 - 형성자

昂

오 를 앙

해(日)가 높이(卬) 오르는 것처럼 물건 값이 하늘 높은 줄 모르게 오르는 형상을 본뜬 글자.

(또 다른 뜻) 떠 오를, 값 높을, 높이 오를, 높아질, 들, 머리들.

昂貴(앙귀) 물가 따위가 많이 오름.
昂騰(앙등) 시세로보아 물건 값 따위가 많이 오름.
昂然(앙연) 자기의 힘만을 믿고 아주 교만해지는 모양.

---

4 - 8 - 회의자

昌

창 성 할 창

해(日)를 찬양하여 말하며(曰) 그 햇빛으로 만물이 창성하는 형상을 본뜬 글자.

(또 다른 뜻) 훌륭한, 번성할, 고울, 아름다울, 기쁠, 어지러울.

昌盛(창성) 번성하여 잘되어 감.
昌言(창언) 도움이 되고 이치에 맞는 말.
昌運(창운) 확트이게 길하고 좋은 운수.
昌平(창평) 나라가 번성하고 태평함.

---

5 - 9 - 회의자

是

옳 을 시

태양(日)의 움직임이 어긋남이 없듯 이처럼 언행이 바르고(正) 옳아야 한다는 의미의 글자.

(또 다른 뜻) 이, 바를, 곧을, 바로잡을, 다스릴, 진실, 규칙.

是非(시비) 옳고 그름. 또는 그것의 말다툼.
是認(시인) 옳다고 인정함.
是正(시정) 잘못된 것을 바로잡음.
弱是(약시) 이와 같음.

---

5 - 9 - 형성자

昨

어 제 작

하루가 저물어 해(日)가 잠깐사이(乍)지고 오늘이 어제가 되어버렸다는 의미의 글자.

(또 다른 뜻) 앞서, 옛날, 엊그제, 작년, 옛적, 전년, 전일, 지난날.

昨今(작금) 어제와 오늘.
昨年(작년) 지난 해.
昨夢(작몽) 어제밤의 꿈.
昨日(작일) 어제.

---

5 - 9 - 형성자

星

별 성

해(日)의 빛을 받으며 새싹이 움트듯(生) 밤의 별들도 해로 인해 빛나는 형상을 본뜬 글자.

(또 다른 뜻) 세월, 성좌, 오성, 칠성, 천문, 점칠, 저녁, 빨리.

星群(성군) 공통의 공간에 있는 항성들.
星雲(성운) 구름 모양으로 보이는 천체.
星座(성좌) 별자리.
星河(성하) 별바다, 곧 은하수를 일컬음.

MILLENNIUM

한 자 방 정 식

日 + 未 ⇨ 昧

해가 아직 아니 떴으니 어둡다.

5 - 9 - 형성자

昭

밝을 소

날이 새어 해(日)가 마치 누구의 부름(召)을 받듯 떠오르니 세상이 밝아지는 형상을 본뜬 글자.

또 다른 뜻 밝힐, 빛날, 분명히, 밝게, 드러날, 나타날(조).

昭明(소명) 사물을 분간함이 밝고 똑똑함.
昭詳(소상) 밝고 자세함.
昭示(소시) 명백히 나타내어 보임.
昭應(소응) 감응이 또렷이 나타남.

5 - 9 - 형성자

映

비칠 영

떠오르는 해(日)가 하늘의 가운데(央) 떠올라 비칠 때 가장 빛나고 밝다는 의미의 글자.

또 다른 뜻 비출, 덮을, 덮어가릴, 햇빛, 햇살, 희미할(앙).

映畵(영화) 영상으로 표현하는 예술의 장르.
映窓(영창) 방을 밝게 하기 위해 낸 창문.
反映(반영) 어떤 일이 미치어 영향을 줌.

5-9-회의 · 형성자

春

봄 춘

하늘(天)과 땅(一) 사이에 해(日)는 빛을 발하고 봄에는 만물을 소생케 한다는 의미의 글자.

또 다른 뜻 젊은 때, 정욕, 남녀의 정, 움직일(준), 꿈틀거릴(준).

春夢(춘몽) '인생의 덧없음'을 꿈에 비유함.
春秋(춘추) ① 봄과 가을. ② 어른의 나이.
春香(춘향) 봄. 20세 안팎의 젊은 나이를 비유하여 이르는 말.

5 - 9 - 형성자

昧

어두울 매

해(日)가 아직 아니(未) 떴으니 동틀무렵까지는 밝지 못한 어두운 형상을 본뜬 글자.

또 다른 뜻 어리석을, 밝지못할, 새벽, 동틀무렵, 탐할, 릅쓸.

夢昧(몽매) 사리에 어둡고 어리석음.
三昧(삼매) 하나의 대상에만 정신이 집중되어 있어 흔들리지 않는 경지.
愚昧(우매) 어리석고 몽매함.

6 - 10 - 형성자

時

때 시

옛날에는 해(日)로 때를 알았으며 절에서 시각을 종으로도 알려 주었다는 의미의 글자.

또 다른 뜻 철, 시간, 세월, 기회, 운명, 때에, 때맞출, 이것.

時局(시국) 현재 대세의 판국.
時急(시급) 시각이 절박하여 몹시 급함.
時期(시기) 정한 때. 바라고 기다리는 때.
時限(시한) 기한을 정한 시각.

7 - 11 - 회의자

晝

낮 주

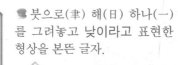

붓으로(聿) 해(日) 하나(一)를 그려놓고 낮이라고 표현한 형상을 본뜬 글자.

또 다른 뜻 낮에, 낮동안, 대낮, 백주, 주간, 한낮을 밝힐.

晝間(주간) 낮. 낮 동안.
晝夜(주야) 밤낮. 밤낮으로 꼬박 하루.
晝行(주행) 낮에 활동함. (야행성이 아님).
白晝(백주) 대낮. 환하게 밝은 낮.

MILLENNIUM

한 자 방 정 식

日	+	辰	⇨	晨
떠오르는 해와		지는 별이 교차하는		새벽.

---

7 - 11 - 형성자

晩

늦을 만

하루 해(日)가 눈을 벗어나(免) 서산으로 지니 늦은 시각이고 하루가 저문 형상을 본뜬 글자.

또 다른 뜻 저물, 저녁, 해질 무렵, 때늦을, 끝, 천천히, 서서히.

晩景(만경) 해가 질 무렵의 경치.
晩年(만년) 사람의 펴생에서의 끝 시기.
晩成(만성) 늦게야 이루어짐.
晩鍾(만종) 저녁 무렵에 타종하는 종.

---

7 - 11 - 형성자

晨

새벽 신

해(日)가 떠오르려고 하는 시각에 별(辰)이 교차하듯 지는 새벽의 형상을 본뜬 글자.

또 다른 뜻 샛별, 이른 아침, 새벽 닭이 울, 새벽을 알릴.

晨星(신성) 샛별.
晨省(신성) 아침에 부모의 안부를 살핌.
晨謁(신알) 이른 아침 사당에 나가 뵘.
晨昏(신혼) 아침과 저녁.

---

8 - 12 - 회의 · 형성자

晴

비 갤 청

흐린 날 비가개어 해(日)가 비추니 하늘이 온통 푸르게(靑) 보인 맑은 형상을 본뜬 글자.

또 다른 뜻 맑을, 갤, 비그칠, 구름없을, 하늘이 맑을, 개운할.

晴潭(청담) 날씨의 맑음과 흐림.
晴朗(청랑) 날씨가 맑고 화창함.
晴天(청천) 맑게 개인 하늘.
晴和(청화) 하늘이 맑고 날씨가 화창함.
晴暉(청휘) 맑은 날의 햇빛.

---

8 - 12 - 형성자

景

볕 경

해(日)가 서울(京)에 있는 높은 궁궐 위에 떠올라 햇볕을 주니 경치가 좋다는 뜻의 글자.

또 다른 뜻 빛, 경치, 모양, 클, 우러를, 햇볕, 밝을, 경사스럴.

景觀(경관) 경치. 풍광.
景氣(경기) 매매 · 거래 등의 활동 상태.
景致(경치) 자연계의 아름다운 현상.
景況(경황) 흥미있는 상황.
風景(풍경) ① 경치. ② 풍경화.

---

8 - 12 - 형성자

普

넓을 보

나란히(並) 해(日)가 구름에 가려있다 나오면서 빛을 넓게 비치는 형상을 본뜬 글자.

또 다른 뜻 두루, 침침할, 널리, 널리 미칠, 보통, 프러시아.

普及(보급) 세상에 널리 퍼지게 함.
普選(보선) 보통 선거.
普施(보시) 은혜 등을 널리 베풂.
普通(보통) 널리 일반에게 통함. 널리 일반적인 것.
普遍(보편) 두루 널리 미침.

---

8 - 12 - 회의 · 형성자

智

슬기 지

지혜(知)와 슬기는 햇빛(日)처럼 사리에 밝은 이에게 있다는 의미의 글자.

또 다른 뜻 지혜, 꾀, 슬기로울, 지혜로울, 모략, 지혜로운 이.

智見(지견) 슬기와 식견(識見).
智慮(지려) 슬기로운 생각.
智謀(지모) 슬기로운 꾀. 지략(智略).
智慧(지혜) 슬기. 슬기로움. 사리를 분별하는 마음의 작용.

MILLENNIUM

한 자 방 정 식

日	+	爰	⇨	暖
햇볕이		느즈러지게		따뜻함.

---

8 - 12 - 형성자

晶

수 정 정

마치 해(日)가 세 개 포개지듯이 빛이 밝고 휘황찬란히 빛나는 수정의 형상을 본뜬 글자.

또 다른 뜻 결정, 밝을, 맑을, 영채 날, 투명할, 빛, 수정, 빛날.

晶光(정광) 밝고 투명한 빛.
結晶(결정) 원자나 분자들의 배열이 규칙적으로 이루어진 고체.
水晶(수정) 석영이 6모의 기둥꼴로 된 결정체.

---

9 - 13 - 형성자

暑

더 울 서

해(日)가 불타고(者) 있는듯한 한 여름의 햇볕이 타오르는 불처럼 더운 형상을 본뜬 글자.

또 다른 뜻 더위, 여름철, 무더움, 무더울, 여름, 음력 6월.

暑熱(서열) 심한 더위의 열기.
暑炎(서염) 몹시 심한 더위.
暴暑(폭서) 매우 사나운 더위.
避暑(피서) 시원한 곳에서 더위를 피함.

---

9 - 13 - 형성자

暇

한 가 할 가

하루(日) 중 일이 잠시 없는 틈(叚)이 있어 이 시각이 여유가 있고 한가로운 형상을 본뜬 글자.

또 다른 뜻 겨를, 틈새, 느긋할, 느긋하게 지낼, 여유있을, 휴식할.

暇日(가일) 한가한 틈이 있는 날.
病暇(병가) 병으로 말미암아 쉬는 휴가.
餘暇(여가) 겨를. 틈. 짬.
閑暇(한가) 겨를이 생기어 여유가 있음.
休暇(휴가) 근무 등을 일정기간 쉼.

---

9 - 13 - 형성자

暖

따 뜻 할 난

햇볕(日)이 따뜻하여 온 몸이 느즈러지듯(爰) 느슨해져 온유하게 보이는 형상을 본뜬 글자.

또 다른 뜻 온유할, 난류, 따뜻히할, 온순할(훤), 유순할(훤)

暖氣(난기) 따뜻한 기운.
暖帶(난대) 아열대. 열대와 온대의 중간 지역.
暖爐(난로) 방을 덥게 하는 기구. 스토브.
暖房(난방) 방이나 실내를 따뜻하게 함.

---

9 - 13 - 형성자

暗

어 두 울 암

하루 해(日)가 지고 천지가 어두워지니 주변의 소리(音)조차 조용해진 형상을 본뜬 글자.

또 다른 뜻 흐릴, 숨을, 남몰래, 가만히, 외울, 어리석을, 어둠.

暗記(암기) 사물을 외어 잊지 아니함.
暗買(암매) 물건을 불법으로 몰래 삼.
暗算(암산) 기구를 쓰지 않고 머리로 계산함.
暗鬪(암투) 암암리에 다툼.

---

10 - 14 - 형성자

暢

화 창 할 창

햇볕이 넓게 펼쳐서(申) 빛나(昜) 화창하듯 덕을 널리 베풀어 펼치는 형상을 본뜬 글자.

또 다른 뜻 통할, 자랄, 진술할, 실시할, 화락할, 통달할, 맑을.

暢達(창달) 거침없이 쑥쑥 뻗어서 나감.
暢快(창쾌) 마음에 맺힌 것없이 시원함.
流暢(유창) 말 잘해 거침이 없음.
和暢(화창) 날씨 등이 부드럽고 맑음.

한 자 방 정 식

斬 + 日 ⇨ 暫

무엇을 싹둑 베듯 / 하루가 가는 / 잠깐사이.

---

11 - 15 - 회의 · 형성자

暮

저 물 모

해가 지평선 너머 숲으로 떨어지면서 빛이 없어져(莫) 하루(日)가 저무는 형상을 본뜬 글자.

(또 다른 뜻) 늦을, 더딜, 늙을, 해질, 밤, 때늦을, 마지막.

- 暮景(모경) 저녁때의 경치. 만경(晩景).
- 暮年(모년) 노년(老年).
- 暮冬(모동) 늦겨울.
- 暮雪(모설) 저물 무렵에 내리는 눈.
- 暮夜(모야) 늦은 밤.

---

11 - 15 - 회의자

暴

사 나 울 폭

햇볕(日)에 두 손(共)으로 펴서 쌀(米)을 말려 사나울 정도로 딱딱한 형상을 본뜬 글자.

(또 다른 뜻) 지나칠, 갑자기, 모질게 굴, 사나울(포), 앙상할(박).

- 暴徒(폭도) 폭동을 일으키는 무리.
- 暴風(폭풍) 사납게 부는 바람.
- 暴行(폭행) ① 난폭한 행동. ② 남에게 폭력을 가하는 일.
- 暴棄(포기) '자포자기'의 준말.
- 暴惡(포악) 사나우며 악함.

---

11 - 15 - 형성자

暫

잠 깐 잠

도끼같은 것을 들어 무엇을 잠깐사이 싹둑 베듯(斬) 하루(日)가 가는 형상을 본뜬 글자.

(또 다른 뜻) 잠시, 임시, 얼른, 갑자기, 일시적인, 짧을, 촌각.

- 暫間(잠간) 「잠깐」의 원말.
- 暫逢(잠봉) 잠깐 만남. 짧은 시간 잠시 만남.
- 暫時(잠시) 「잠시간」의 준말. 짧은 시간.
- 暫定(잠정) 일시의 안정. 임시로 정함.

---

12 - 16 - 형성자

曉

새 벽 효

동쪽 지평선 너머 해(日)가 멀리서(堯) 떠오르는 새벽에 점점 밝아지는 형상을 본뜬 글자.

(또 다른 뜻) 밝을, 깨달을, 타이를, 동틀무렵, 환할, 사뢸, 아뢸.

- 曉起(효기) 새벽에 일찍 일어남.
- 曉霧(효무) 새벽녘에 끼는 안개.
- 曉星(효성) 샛별. 새벽 하늘에 드문드문 보이는 별. 매우 드문 존재의 비유.
- 曉鍾(효종) 새벽에 치는 종.

---

12 - 16 - 형성자

曆

책 력 력

천체를 헤아려(厤) 해(日)와 달의 움직임으로 절기를 따져 책력을 측정하는 형상을 본뜬 글자.

(또 다른 뜻) 운수, 햇수, 세월, 헤아릴, 역법, 수효, 연대, 나이.

- 曆法(역법) 역학에 관한 여러 가지 법.
- 曆學(역학) 책력에 관해 연구하는 학문.
- 陽曆(양력) 태양력의 준말.
- 冊曆(책력) 해와 달의 운행과 절기에 관한 책.

---

14 - 18 - 형성자

曜

비 칠 요

태양(日)이 세상 만물을 비치는 빛이 날개짓(羽) 하는 새(隹)가 날으는 것같은 형상을 본뜬 글자.

(또 다른 뜻) 빛날, 요일, 일월성신, 햇빛, 빛낼, 일주일, 칠성.

- 曜靈(요령) 해와 태양의 이칭.
- 曜日(요일) 그 주일의 칠요 중의 하루.
- 日曜(일요) 일요일의 준말.
- 七曜(칠요) 각 요일의 수를 합한 요일.

MILLENNIUM

한 자 방 정 식

聿 + 曰 ⇨ 書

붓으로 + 성인의 가르침을 ⇨ 글로 씀.

---

15 - 19 - 형성자

曠

넓을 광

떠오르는 태양(日)은 아득한 옛날부터 넓게(廣) 비추는데 그 넓은 지역의 형상을 본뜬 글자.

(또 다른 뜻) 휑할, 빌, 오랠, 홀아비, 밝을, 환할, 공허할, 버릴.

- 曠達(광달) 마음이 넓어 사물에 구애받지 않음.
- 曠野(광야) 광대한 들. 허허벌판.
- 曠蕩(광탕) 넓고 넓은 모양.
- 曠闊(광활) 넓고 탁 트임. 넓고 아득한 벌판.

---

7 - 11 - 회의 · 형성자

旣

이미 기

고소한(皀) 참기름으로 만든 음식이 맛이 너무 맛있어 숨막힐듯(旡) 이미 먹어버렸다는 뜻의 글자.

(또 다른 뜻) 다할, 끝날, 본디, 이윽고, 이미있을, 녹미(희).

- 旣決(기결) ① 이미 결정됨. ② 결재된 서류.
- 旣得(기득) 이미 얻음. 취득함.
- 旣定(기정) 이미 정하여 짐. 이미 결정됨.
- 旣成(기성) 이미 이루어졌거나 이루어져 있음.

---

0 - 4 - 지시자

曰

가로 왈

굳게 다문 입(口)을 열어 마음 속의 생각(一)을 가로되 하며 말하는 형상을 본뜬 글자.

(또 다른 뜻) 가로되, 말하기를, 이를, 말할, 일컬을, 이에, 발어사.

- 曰可(왈가) 어떤 일에 대하여 옳으니….
- 曰字(왈자) 말과 행동이 단정하지 못하고 수선스러움.
- 子曰(자왈) 공자께서 말씀하시기를.
- 或曰(혹왈) 어떤 이가 말하는 바.

---

2 - 6 - 상형자

曲

굽을 곡

대를 가로 세로 굽혀서 엮어 만든 광주리에 여러 가지 물건을 담은 형상을 본뜬 글자.

(또 다른 뜻) 곡절, 가락, 굽힐, 구석, 자세할, 악곡, 항오, 재주.

- 曲線(곡선) 굽은 선.
- 曲藝(곡예) 아슬아슬하게 하는 재주.
- 曲折(곡절) ① 자세한 사연이나 까닭. ② 구부러지고 꺽어짐.
- 曲調(곡조) 음악이나 가사의 가락.

---

3 - 7 - 형성자

更

고칠 경

밝고(丙) 옳게 살도록 나무가지(支)로 만든 회초리로 다스려 어긋난 점을 고치는 형상을 본뜬 글자.

(또 다른 뜻) 바꿀, 교대할, 대신할, 갚을, 다시(갱), 재차(갱).

- 更生(갱생) 다시 살아남. 생활을 새롭게 함.
- 更新(갱신) 다시 새로와짐.
- 更正(갱정) 다시 고쳐 바로잡음.
- 更迭(경질) 현직의 사람을 갈아내고 다른 사람으로 임용함.

---

6 - 10 - 형성자

書

글 서

붓으로(聿) 성인이 가로되(曰) 하는 말들을 글로 써서 책으로 엮어 전하는 형상을 본뜬 글자.

(또 다른 뜻) 책, 문서, 쓸, 편지, 문장, 기록, 글자, 문자, 문체.

- 書記(서기) 문서나 기록을 맡아보는 사람.
- 書類(서류) 글로 기록된 문서의 총칭.
- 書面(서면) 글을 쓸 수 있는 지면.
- 書式(서식) 증서 · 원서 등을 작성하는 법식.

MILLENNIUM

한 자 방 정 식

曰 + 取 ⇨ 最

위험을 무릅쓰고 적의 귀를 취한 것이 가장 큰 공임.

---

8 - 12 - 회의자

最

가 장 최

위험을 무릅쓰고(曰=冒) 적을 사살해 가장 큰 공은 귀를 취(取)하는 형상을 본뜬 글자.

(또 다른 뜻) 제일, 으뜸, 모두, 모일, 중요한 일, 정리될, 끊어질.

- 最高(최고) 가장 높음. 또는, 가장 좋음.
- 最近(최근) 얼마 안 되는 지나간 몇 날.
- 最新(최신) 가장 새로움.
- 最低(최저) 가장 낮음.
- 最初(최초) 맨 처음. 초번.

---

8 - 12 - 회의 · 형성자

曾

일 찍 증

물을 담은 시루(曰)에서 떡이 익어 김이 사방으로(八) 일찌기 거듭 나오는 형상을 본뜬 글자.

(또 다른 뜻) 거듭, 곧 이전에, 지난날, 더할, 포갤, 오를, 깊숙할.

- 曾孫(증손) 손자의 아들. 아들과 손자.
- 曾孫女(증손녀) 손자의 딸.
- 曾孫婦(증손부) 증손자의 아내.
- 未曾有(미증유) 일찍이 없었음. 전례가 없음.

---

8 - 12 - 형성자

替

바 꿀 체

두 사내(夫)가 서로 말을 바꿔서 주고받으며(曰) 언쟁을 벌이는 형상을 본뜬 글자.

(또 다른 뜻) 대신할, 쇠퇴할, 교체할, 번갈, 버릴, 멸망할, 미칠.

- 替當(체당) 남의 일을 대신하여 담당함.
- 交替(교체) ① 서로 번갈아 대신함. ② 다른 것으로 바꿈.
- 代替(대체) 다른 것으로 바꿈. 다른 것으로 대신함.
- 隆替(융체) 성함과 쇠퇴함.

---

9 - 13 - 회의자

會

모 을 회

많은 사람들을 불러모아(合) 그 모여든 이들에게 깨우침(曰)을 주는 형상을 본뜬 글자.

(또 다른 뜻) 모일, 맞을, 깨달을, 기회, 회계, 그림, 때마침, 처음.

- 會計(회계) 나고 드는 돈을 따져서 셈함.
- 會同(회동) 사람들이 같은 목적으로 모임.
- 會議(회의) 여럿이 모여 의논함.
- 會合(회합) 모이어 합함. 또는, 그 모임.

---

0 - 4 - 상형자

月

달 월

만월에 초승달(月)이 되어 가는 과정에서 지자(之=二)처럼 구름이 걸려 있는 형상을 본뜬 글자.

(또 다른 뜻) 세월, 한달, 위성, 다달이, 음양의 음, 오행의 수.

- 月末(월말) 그 달의 끝.
- 月報(월보) 다달이 하는 보고나 보도.
- 月賦(월부) 물건 값 등을 분할하여 냄.
- 歲月(세월) 지나가는 시간. 시절.

---

2 - 6 - 회의 · 형성자

有

있 을 유

왼손(十=又의 변형)에 고기(月=肉의 변형)가 들려 있는 모양의 형상을 본뜬 글자.

(또 다른 뜻) 가질, 과연, 또, 어떤, 존재할, 소지할, 많을, 친할.

- 有能(유능) 재능이 있음. 능력이 있음.
- 有利(유리) 이익이 있음. 이로움.
- 有望(유망) 앞으로 희망이나 전망이 보임.
- 保有(보유) 지니고 있음. 가지고 있음.

月

MILLENNIUM

한자방정식

良 ＋ 月 ⇨ 郞

어진 이의 마음은 달처럼 명랑하다.

4-8-형성자

朋

벗 붕

두 사람의 몸(月=肉의 변형)이 돈독하고 다정스런 벗으로써 맞대어 있는 형상을 본뜬 글자.

또다른뜻 무리, 친구, 패물, 떼, 무리이룰, 쌍, 한 쌍, 보물.

- 朋黨(붕당) 뜻을 같이한 사람들의 모임.
- 朋輩(붕배) 지위나 나이 등이 비슷한 벗.
- 朋友(붕우) 벗. 친구.
- 佳朋(가붕) 좋은 벗.

4-8-회의·형성자

服

옷 복

몸의 피부(月=肉의 변형)를 다스리듯(𠬝) 보호하는 옷을 입고 있는 형상을 본뜬 글자.

또다른뜻 옷입을, 일할, 좇을, 복종할, 복입을, 제것으로할.

- 服役(복역) ① 병역에 종사함. ② 징역을 삶.
- 服用(복용) 약을 먹음.
- 服裝(복장) 옷차림.
- 服從(복종) 다른 사람의 의사나 명령에 따름.

6-10-형성자

朔

초하루 삭

그믐달이 거슬려(逆의 생략형) 거꾸로 되면 초하루의 초생달(月)이 되는 형상을 본뜬 글자.

또다른뜻 북쪽, 정삭, (음력 매월)1일, 시작될, 처음, 새벽.

- 朔望(삭망) 음력 초하룻날과 보름날.
- 朔月(삭월) 음력 초하룻날의 달.
- 朔地(삭지) 북방에 있는 땅.
- 朔風(삭풍) 겨울철의 북풍.

7-11-형성자

朗

명랑할 랑

어진(良) 사람은 그 마음이 언제나 달(月)처럼 밝고 명랑하며 은은한 형상을 본뜬 글자.

또다른뜻 밝을, 유쾌할, 소리높이, 또랑또랑하게, 활달할.

- 朗讀(낭독) 소리 내어 읽음.
- 朗報(낭보) 명랑하고 즐거운 소식.
- 朗誦(낭송) 소리를 내어 시 등을 읽음.
- 明朗(명랑) 언행이 밝고 쾌활함.

7-11-회의·형성자

望

바랄 망

집에 없는(亡) 사람을 달(月)을 우뚝서서(壬) 바라보며 돌아오길 바라는 형상을 본뜬 글자.

또다른뜻 바라볼, 우러러볼, 원망할, 덕망, 기대할, 원할, 보름.

- 觀望(관망) 한 발 물러나 형세를 바라봄.
- 所望(소망) 바라는 바.
- 失望(실망) 바라는 바대로 아니되어 낙심함.
- 怨望(원망) 못마땅하게 여기어 미워함.

8-12-형성자

期

기약할 기

지구를 한 바퀴 돌아서 그(其) 자리에 돌아온 달(月)이 한 달을 기약한 것을 의미한 글자.

또다른뜻 기간, 일년, 정할, 결심할, 약속할, 기대할, 구할.

- 期間(기간) 어느 시기부터 정한 시기까지.
- 期待(기대) 어떤 일이 성사되길 바램.
- 期約(기약) 때를 정하여 약속함.
- 期日(기일) 정한 날짜. 정한 일자.

MILLENNIUM

한 자 방 정 식

木	+	一	⇨	未
나무들이 무성해		앞을 가로막으니		앞이 아니보임.

8-12-회의·형성자

朝
아 침 조

동쪽에서 해가 돋는(𠦝) 시각에 달이(月) 그 모습을 감추는 아침의 형상을 본뜬 글자.

또 다른 뜻 조정, 조회, 임금뵐, 왕조, 처음, 회견할, 찾아뵐.

朝刊(조간) '조간 신문'의 준말.
朝鮮(조선) 우리 나라 상고 시대의 국명.
朝陽(조양) 아침 햇볕.
朝廷(조정) 임금이 정치를 의논하고 집정하며 집행하는 곳.

0-4-상형자

木
나 무 목

땅 속에 뿌리(人)를 내리고 줄기와 가지(一)가 뻗어나 있는 나무의 형상을 본뜬 글자.

또 다른 뜻 모과, 절박할, 오행의 하나, 목성, 저릴, 뻣뻣할.

木工(목공) 나무로 만드는 일.
木材(목재) 건축·가구 등에 쓰이는 나무.
木造(목조) 나무로 만듦. 또는, 그 물건.
木版(목판) 나무에 글자나 그림을 새긴 판.

1-5-지시자

末
끝 말

나무(木)의 곧게 뻗은 줄기 너머에 가로막은(一) 것이 가지의 끝부분이라는 의미의 글자.

또 다른 뜻 마칠, 보잘것없을, 가루, 마지막, 결과, 마침내.

末尾(말미) 어떤 것의 끝 부분.
末葉(말엽) 시대를 3등분한 맨 끝 부분.
結末(결말) 일을 맺는 일.
粉末(분말) 가루.
始末(시말) ① 일의 시작과 끝. 본말. ② 일의 전말.

1-5-상형자

未
아 닐 미

나무(木)들이 무성해 틈을 가로 막아(一) 앞이 보이지 아니하는 형상을 본뜬 글자.

또 다른 뜻 못할, 지지, 미래, 장래, 사남쪽, 6월, 오행의 토.

未開(미개) 문화 정도의 수준이 낮음.
未決(미결) 아직 결정이나 해결이 아니됨.
未來(미래) 장차 올 앞날. 장래.
未收(미수) 거두어 들이지 못한 돈.

1-5-지시자

本
근 본 본

나무(木)의 줄기 밑둥, 땅(一) 아래가 이 나무의 근본이 되는 뿌리라는 의미의 글자.

또 다른 뜻 주될, 뿌리, 밑, 자기, 책, 밑둥, 기초, 근원, 바탕.

本能(본능) 생물의 선천적인 동작이나 능력.
本論(본론) 말따위에서 주된 부분.
本人(본인) 이야기하는 사람.
本質(본질) 사물이나 현상에 내재하는 근본적인 성질.

1-5-형성자

札
편 지 찰

얇은 나무패에 글을 써서 비둘기(乙)에 매달아 문서나 편지를 보내는 형상을 본뜬 글자.

또 다른 뜻 패, 명찰, 돈, 화폐, 공문서, 뽑을, 꺽을, 돌림병.

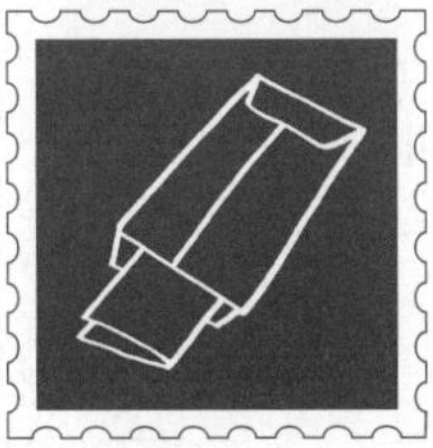

札記(찰기) 조목조목 조목별로 적음.
名札(명찰) 이름·소속 등을 적어 가슴 따위에 달게 되어 있는 명패.
書札(서찰) 편지.
現札(현찰) 돈, 특히 현금.

MILLENNIUM

한자방정식

木 ✚ 口 ⇨ 束

나무들이 한군데 다발로 묶여 있음.

2-6-지시자

朱

붉을 주

소나무(木)의 중간쯤(一)에 딱딱한 고갱(丿)의 속이 대체적으로 붉은 형상을 본뜬 글자.

또 다른 뜻 성(姓), 붉은 빛, 적토, 주사, 단사, 줄기, 그루터기.

- 朱記(주기) 중요한 부분 붉은 글씨로 씀.
- 朱書(주서) 붉은 먹으로 글을 씀.
- 朱盾(주순) 붉은 입술. 단순(丹盾).
- 朱筆(주필) 붉은 잉크를 묻혀 쓰는 붓.

2-6-형성자

朴

순박할 박

나무(木)의 껍질이 거북이 등의 금(卜)처럼 그대로가 순박하게 보이는 형상을 본뜬 글자.

또 다른 뜻 등걸, 성(姓), 밑둥, 후박나무, 꾸밈없을, 때릴, 클.

- 朴素(박소) 꾸밈없이 생긴 그대로 임.
- 朴硝(박초) 초석을 한 번 구운 약재.
- 淳朴(순박) 꾸밈이 없고 소박함.
- 質朴(질박) 꾸밈 없이 수수함.

2-6-형성자

朽

썩을 후

나무(木)도 사람처럼 숨이막히면(丂) 곧 죽게 되고 그런 뒤에 썩어버리는 형상을 본뜬 글자.

또 다른 뜻 쇠할, 부패할, 약해질, 썩은 냄새, 기세약해질.

- 朽滅(후멸) 썩어서 없어짐.
- 朽敗(후패) 썩어서 무너지거나 깨어짐.
- 老朽(노후) 낡아서 못쓰게 됨.
- 不朽(불후) 썩지 아니함. 없어지지 않고 언제까지나 전하여 짐.

3-7-회의자

束

묶을 속

나무(木)들이 다발(口)로 묶여 있어 약속이나 한 것처럼 밑둥이 가지런한 형상을 본뜬 글자.

또 다른 뜻 묶음, 다발, 약속할, 동여맬, 잡아맬, 언약을 맺을.

- 拘束(구속) 행동·의사의 자유를 제한함.
- 團束(단속) 규칙 등을 지키도록 통제함.
- 約束(약속) 장래의 일을 상대와 언약함.
- 束縛(속박) 얽어 매어 구속함.

3-7-형성자

李

오얏 리

여행하던 도중에 오얏나무(木)를 흔히 발견하게 되는데 그 열매(子)의 형상을 본뜬 글자.

또 다른 뜻 자두, 성(姓), 심부름꾼, 오얏나무, 벼슬아치.

- 李杜(이두) 이 태백과 두보.
- 李花(이화) 오얏꽃.
- 桃李(도리) 복숭아와 오얏.
- 行李(행리) 관청의 사자.

3-7-형성자

村

마을 촌

촌수(寸)를 가려가며 순박하게 살아가는 마을의 우거진 나무(木)의 형상을 본뜬 글자.

또 다른 뜻 시골, 촌스러울, 꾸밈이 없을, 밭집, 동리, 촌사람.

- 村落(촌락) 시골의 마을. 촌리(村里).
- 村夫(촌부) 시골남자. 시골에 사는 남자.
- 村野(촌야) 시골 마을과 들.
- 村長(촌장) 한 마을의 우두머리.

MILLENNIUM

한 자 방 정 식

木 + 日 ⇨ 東

나무 사이로 해가 떠오르는 동녘.

3-7-형성자

材

재 목 재

나무(木)를 재목으로 삼아 재주(才)를 부려 무엇을 만드는 형상을 본뜬 글자.

(또 다른 뜻) 재료, 감, 재능, 자질, 성질, 재주, 수완, 헤아릴.

- 材料(재료) 물건을 만들 때 바탕이 되는 것.
- 材木(재목) 건축 등의 재료가 되는 것.
- 材質(재질) 재료이 질과 성질.
- 資材(자재) 어떤 물건을 만드는 근본이 되는 재료.

3-7-형성자

杜

막 을 두

널판지 나무(木)로 토담(土)에 문을 만들어 닫아 출입을 막는 바깥 문의 형상을 본뜬 글자.

(또 다른 뜻) 팥배나무, 감당나무, 당리, 닫아 걸, 두견이, 두보.

- 杜康(두강) 중국 고대의 사람으로 술을 처음 만들었다는 이. 술의 별칭.
- 杜鵑(두견) 두견새. 두견화.
- 杜門(두문) 문을 걸어 닫음. 두문불출의 준말.
- 杜絶(두절) 막히고 끊어짐.

4-8-회의자

東

동 녘 동

나무(木)나 숲 사이로 아침 해(日)가 떠오르는 동녘 해의 형상을 본뜬 글자.

(또 다른 뜻) 동쪽, 오행의 목, 오색의 청(靑), 동쪽으로 갈.

- 東歐(동구) '동구라파'의 준말.
- 東部(동부) 어떤 지역에서 동쪽 부분.
- 東亞(동아) '동아세아'의 준말.
- 東洋(동양) 동쪽에 있는 아시아 나라들의 총칭.

4-8-상형자

果

열 매 과

나무가지(木) 끝에 열매가 마치 해(日)처럼 붉게 열려 있는 형상을 본뜬 글자.

(또 다른 뜻) 실과, 과연, 과실, 결과, 굳셀, 용감할, 정말, 훌륭할.

- 果敢(과감) 과단성 있고 용감함.
- 果斷(과단) 일을 딱 잘라 결단성 있게 결정함.
- 果實(과실) 식용으로 할 수 있는 나무 열매.
- 果然(과연) 알고 보니 정말로.

4-8-형성자

松

솔 송

소나무(木)가 사시사철 치우침이 없이(公) 늘상 푸르고 변함이 없는 형상을 본뜬 글자.

(또 다른 뜻) 소나무, 항풍, 절개, 절조, 장수, 사철, 푸른, 송진.

- 松林(송림) 솔숲. 소나무로 뒤덮인 숲.
- 松木(송목) 소나무. 소나무의 목재(木材).
- 松竹(송죽) 소나무와 대나무.
- 松花(송화) 소나무의 꽃이나 꽃가루.

4-8-회의자

林

수 풀 림

울창한 숲이 빽빽한 나무(木)들로 많이 우거져 있는 야외 산의 형상을 본뜬 글자.

(또 다른 뜻) 숲, 빽빽할, 많을, 성(姓), 모일, 들, 야외, 같은 동아리.

- 林野(임야) 삼림과 나무가 늘어서 있는 땅.
- 林業(임업) 삼림을 경영의 목적으로 하는 사업.
- 綠林(녹림) ① 푸른 숲. ② 도적의 소굴.
- 山林(산림) 산에 있는 숲.

MILLENNIUM

한 자 방 정 식

木 + 斤 ⇨ 析

통나무를 도끼로 쳐서 쪼갬.

4-8-형성자

杯

잔 배

옛날에는 식기나 잔 따위를 나무(木) 아니면(不) 대나무 통으로 대신했다는 의미의 글자.

또다른뜻 술잔, 밥그릇, 잔처럼 생긴(물건), 우승 기념의 잔.

- 杯酒(배주) 잔에 따른 술. 또는 잔술.
- 乾杯(건배) 술잔에 기원을 담아 부딪치는 잔.
- 金杯(금배) 금으로 만든 잔.
- 銀杯(은배) 은으로 만든 것이나 은도금한 잔.

4-8-회의자

析

쪼갤 석

나무(木)를 두 토막으로 나누기위해 쪼갤 때 도끼(斤)를 이용하는 형상을 본뜬 글자.

또다른뜻 풀, 나눌, 무지개, 가를, 해부할, 분석할, 처녑(사).

- 析出(석출) 화합물을 분석하여 어떤 물질을 골라 냄.
- 分析(분석) 이떤 사물을 분해하여 그 속의 성분 등을 갈라 냄.
- 解析(해석) 사물을 자세하게 풀어 연구함.

4-8-형성자

枝

가지 지

무성한 나무(木)일수록 줄기로부터 갈라진(支) 가지가 많이 돋아있는 형상을 본뜬 글자.

또다른뜻 버틸, 흩어질, 가지칠, 팔다리, 분가, 육손이(기).

- 枝幹(지간) 가지와 원줄기.
- 枝頭(지두) 가지의 끝.
- 枝葉(지엽) 화초나 나무 등 식물의 가지와 잎.
- 枝策(지책) 지팡이를 짚음. 나무가지로 만든 지팡이를 짚음.

4-8-형성자

枕

베개 침

나무(木)를 이용해서 만든 베개가 딱딱해 머뭇거리며(冘) 불편해 하는 형상을 본뜬 글자.

또다른뜻 베개벨, 침목, 횡목, 잠잘, 잠, 받칠, 임할, 말뚝.

- 枕塊(침괴) 흙덩이를 베개로 삼음.
- 枕頭(침두) 베갯머리.
- 起枕(기침) 잠자리에서 일어 남. 기상의 존칭.
- 木枕(목침) 나무 토막으로 만든 배게.

4-8-형성자

板

널조각 판

통나무(木)를 갈라서 뒤집어(反) 쓰기 편하게 널조각 판자로 만들어 쓰는 형상을 본뜬 글자.

또다른뜻 널판지, 널, 판목, 판자, 딱다기, 조서, 문서, 명찰.

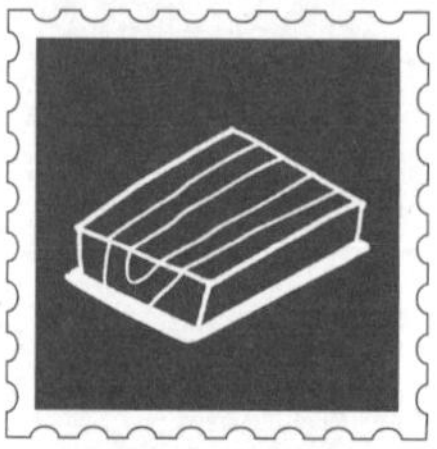

- 看板(간판) 상점 등의 상호의 표지판.
- 木版(목판) 넓적한 나무 판자. 널조각.
- 鐵板(철판) 쇠로 된 넓은 판.
- 黑板(흑판) 칠판의 이칭.

4-8-형성자

枚

낱 매

나무(木)를 종이처럼 엷게 만들어 낱개로 재촉하여(攵) 헤아리는 형상을 본뜬 글자.

또다른뜻 낱낱, 줄기, 석까래, 회초리, 장수(張數), 몇 장.

- 枚擧(매거) 낱낱이 들어서 말함.
- 枚當(매당) 한 매당의 단위.
- 枚數(매수) 종이 따위를 헤아리는 단위로 장(張)의 수.
- 十枚(십매) 종이 따위의 열 장.

MILLENNIUM

한자방정식

加 + 木 ⇒ 架

물건을 더 얹기위해 + 나무로 ⇒ 시렁을 만듦.

5-9-회의·형성자

枯

마를 고

나무(木)가 오래되면(古) 고목이 되어 마르고 뿌리가 썩어 수명을 다하는 형상을 본뜬 글자.

또 다른 뜻: 마른나무, 죽을, 야윌, 시들, 수척할, 거칠, 오래 될.

- 枯渴(고갈) 물이 말라서 없어짐.
- 枯木(고목) 물의 고갈로 인하여 말라 죽은 나무.
- 枯葉(고엽) 시들어 마른 초목의 잎.
- 枯旱(고한) 가뭄에 식물이 말라 죽음.

5-9-형성자

架

시렁 가

물건들을 많이 더하여(加)얹기 위해 나무(木)로 건너질러 설치한 시렁의 형상을 본뜬 글자.

또 다른 뜻: 말뚝, 잠자리, 침대, 건너지를, 얽어 만들, 뛰어날.

- 架橋(가교) 다리를 놓음.
- 架線(가선) 선을 공중에 건너질러 맴.
- 架設(가설) 다리·선 등을 건너질러 설치함.
- 架子(가자) 초목의 줄기를 받쳐 세운 시렁.

5-9-형성자

柳

버들 류

나무(木) 중 가지와 잎이 무성하여(卯) 가지가 축늘어져 있는 버드나무의 형상을 본뜬 글자.

또 다른 뜻: 버드나무, 수레이름, 상여덮개, 별자리 이름, 성(姓).

- 柳腰(유요) 버들처럼 가늘고 부드러운 허리.
- 柳炭(유탄) 버드나무를 태워 만든 숯.
- 柳花(유화) 버드나무의 꽃.
- 細柳(세류) 세버들.
- 楊柳(양류) 버드나무.

5-9-형성자

某

아무개 모

옛날 임신 유무를 단(甘) 매화(木) 열매를 먹여보아야 아무개도 알 수 있었다는 뜻의 글자.

또 다른 뜻: 어느, 어느 것, 어느 일, 어느 곳, 매화나무(매).

- 某時(모시) 아무 때. 아무 시간.
- 某氏(모씨) 「아무개」의 존칭.
- 某月(모월) 아무 달. 어느 달.
- 某種(모종) 어떠한 종류. 아무 종류.
- 某處(모처) 아무 곳이나 어떤 곳을 나타내는 말.

5-9-형성자

柔

부드러울 유

창(矛) 따위의 자루로는 나무(木)가 부드럽고 촉감이 좋아 사용되는 형상을 본뜬 글자.

또 다른 뜻: 순할, 유순할, 화평할, 온순할, 복종할, 사랑할.

- 柔順(유순) 성질이 부드럽고 온순함.
- 柔弱(유약) 부드럽고 연약함.
- 柔軟(유연) 부드럽고 연함.
- 溫柔(온유) 마음씨가 따뜻하고 부드러우며 인정이 있음.

5-9-형성자

査

조사할 사

옛날에는 서류 따위를 목판(木)에 기록하였는데 그것을 보며 조사하는 형상을 본뜬 글자.

또 다른 뜻: 사실할, 뗏목, 사돈, 떼, 풀명자나무, 자세히 살필.

- 査頓(사돈) 혼인 관계로 척분이 있는 사람.
- 査定(사정) 조사나 심사를 하여 결정함.
- 審査(심사) 심의해서 사정함.
- 調査(조사) 사물의 내용을 자세히 살핌.

MILLENNIUM

한 자 방 정 식

木 + 主 ⇨ 柱

지붕을 버티게 하는 나무가 주가되는 기둥.

5-9-형성자

柏

측백나무 백

나무(木) 중에서 나무결이 곱고 흰(白) 것은 측백나무나 잣나무로 그 형상을 본뜬 글자.

(또 다른 뜻) 잣나무, 편백나무, 측백나무와 편백나무의 총칭.

冬柏(동백) 동백나무. 또는 그 열매.
松柏(송백) 소나무와 잣나무.(절개 상징).
側柏(측백) 편백과의 상록 교목.
扁柏(편백) 소나무과의 상록 교목.

5-9-형성자

柱

기 둥 주

집의 지붕을 버티게 하는 것은 나무(木)로 만든 기둥이 주(主)가 된다는 뜻의 글자.

(또 다른 뜻) 버틸, 받칠, 기러기발, 줄기, 괼, 막을, 헐뜯을.

柱石(주석) 기둥과 주춧돌.
柱礎(주초) 기둥 밑에 괴는 기초가 되는 주춧돌.
電柱(전주) 전봇대. 나무 기둥으로 세워 만든 전봇대.
支柱(지주) 무엇을 버티는 기둥. 받침대.

5-9-회의자

染

물 들 일 염

옛날에는 천에 물들일 때 나무(木)나 풀의 즙(汁)을 짜서(乙) 사용했던 형상을 본뜬 글자.

(또 다른 뜻) 물젖을, 적실, 더럽혀질, 때묻을, 전염될, 병걸릴.

染料(염료) 합성이나 천연의 물감의 총칭.
染色(염색) 천이나 종이 등에 물을 들임.
感染(감염) 전염병·나쁜 버릇 등에 물이 듦.
汚染(오염) 더럽게 물이 듬.

6-10-형성자

格

격 식 격

나무(木)의 밑동 뿌리들은 저마다(各) 격식을 두고 사방으로 뻗은 형상을 본뜬 글자.

(또 다른 뜻) 품위, 정도, 자격, 이를, 대적할, 자리, 그칠, 표준.

規格(규격) 일정한 규정에 들어맞는 격식.
人格(인격) 사람으로서의 독자적인 품격.
破格(파격) 일정한 격식을 깨뜨림.

6-10-형성자

桂

계수나무 계

옛날 사람들이 계수나무(木)가 있는 달(圭)의 표면을 바라보며 동경했던 형상을 본뜬 글자.

(또 다른 뜻) 월계수, 달 속에 있다는 상상의 나무, 늘푸른나무.

桂冠(계관) 「월계관」의 준말. 계수가지로 엮은 월관.
桂樹(계수) 「계수나무」의 준말.
桂秋(계추) ① 음력 8월. ② 가을을 달리 부르는 말.
桂皮(계피) 한방에서 약재로 쓰는 계수나무의 껍질.

6-10-회의자

桑

뽕 나 무 상

손(又=手의 변형)같은 뽕잎을 뽕나무에서 따는데 잎을 딸때는 해돋는 곳이 좋다는 뜻의 글자.

(또 다른 뜻) 뽕잎딸, 누에칠, 뽕나무 활, 뱁새, 해돋는 곳.

桑年(상년) 사람의 나이 48세를 이르는 말.
桑飛(상비) 뱁새의 이칭.
桑葉(상엽) 뽕나무의 잎사귀.
桑田(상전) 뽕나무를 심어 가꾸는 방.

MILLENNIUM

한 자 방 정 식

木 + 艮 ⇨ 根

나무의 줄기가 그치고 이어지는 뿌리.

---

6 - 10 - 형성자

校

학 교 교

무지하거나 뒤틀린 나무(木)처럼 서로(交)의 어린 사람을 학교에서 가르치는 형상을 본뜬 글자.

(또 다른 뜻) 교정볼, 헤아릴, 교정할, 짐승우리, 장교, 풍길(효).

校舍(교사) 학교의 건물.
校長(교장) 학교의 장.
校正(교정) 틀린 글자를 바로 잡음.
將校(장교) 준위 이상의 무관.
學校(학교) 설비를 갖추고 학생들에게 교육하는 기관.

---

6 - 10 - 회의자

栗

밤 률

가시돋은 모양(西)의 열매들이 밤나무(木)에 주렁주렁 매달린 밤의 형상을 본뜬 글자.

(또 다른 뜻) 밤나무, 떨, 두려워할, 추위심할, 단단할, 공손할.

栗尾(율미) 글을 쓰는 붓의 이칭.
栗園(율원) 밤나무 동산. 밤나무로 뒤덮힌 동산.
生栗(생률) 납작하게 쳐서 깍은 날밤.
黃栗(황률) 말려서 껍질을 벗긴 밤.

---

6 - 10 - 형성자

桃

복 숭 아 도

옛날에 복숭아나 앵두나무(木)의 가지로 흉한 일의 조짐(兆)을 쫓는 형상을 본뜬 글자.

(또 다른 뜻) 복숭아나무, 앵두, 침대, 달아날, 도망할, 색정, 혼기.

桃李(도리) 복숭아와 오얏.
桃色(도색) ① 복숭아 빛깔. ② 남녀 사이에 얽힌 색정적인 일.
桃花(도화) 복숭아 꽃.
白桃(백도) 꽃 빛깔이 흰 봉숭아 꽃.

---

6 - 10 - 형성자

桐

오동나무 동

나무(木) 중 하나같이(同) 결이 곱고 부드러워 거문고 재목으로 쓰이는 오동나무의 형상을 본뜬 글자.

(또 다른 뜻) 오동, 거문고, 음력 7월, 유동, 오동기름, 내의 이름.

桐君(동군) 거문고의 이칭.
桐油(동유) 오동의 씨에서 짠 기름.
梧桐(오동) 오동나무. 오동과의 활엽 교목.
油桐(유동) 대극과의 낙엽 활엽 교목.

---

6 - 10 - 형성자

根

뿌 리 근

나무(木)의 줄기가 그치고(艮) 이어지는 것으로 나무의 근거가 되는 그 뿌리의 형상을 본뜬 글자.

(또 다른 뜻) 근본, 밑, 근원, 뿌리내릴, 기인할, 근거할, 생식기.

根幹(근간) ① 뿌리와 줄기. ② 근본.
根據(근거) 어떤 일이나 의논의 출처가 되는 것.
根本(근본) 사물이 생기는 본바탕.
根絶(근절) 뿌리째 없애 버림.

---

6 - 10 - 형성자

核

씨 핵

자식은 나무(木)에 열린 과일과 같은 것이며 쪼개면 씨가 있는 핵(亥)의 형상을 본뜬 글자.

(또 다른 뜻) 알맹이, 중심, 핵무기, 핵, 굳을, 견실할, 혹독할.

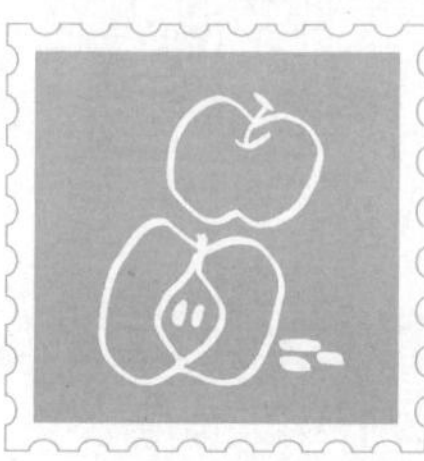

核果(핵과) 열매 씨 속의 핵.
核膜(핵막) 세포의 핵을 싸고 있는 껍질.
核心(핵심) 사물의 가장 중심이 되는 부분.
反核(반핵) 핵무기의 보유나 사용을 반대함.

MILLENNIUM

한 자 방 정 식

安	＋	木	⇨	案
편안한 자세를 위해		나무로 만든		책상.

6 - 10 - 형성자

栽

심을 재

끝이 뾰족한 창(戈)과 같은 연장을 써서 땅(土)을 파 묘목(木)을 심는 형상을 본뜬 글자.

(또 다른 뜻) 묘목, 어린 싹, 담틀, 토담틀, 나무기를, 북돋을.

栽培(재배) 식물을 심어 기름.
栽植(재식) 농작물이나 묘목을 심음.
盆栽(분재) 화초 등을 화분에 심어 줄기나 꽃을 보기 좋게 가꿈.

6 - 10 - 형성자

株

그루 주

나무(木)의 밑둥을 자르면 붉은(朱) 부분이 있는데 나무의 그루를 헤아릴 때 주(株)가 된다는 뜻.

(또 다른 뜻) 그루터기, 주식, 줄기의 밑둥, 뿌리, 초목의 뿌리.

株價(주가) 주식이나 주권의 값.
株式(주식) 주식회사의 자본을 이루는 단위.
株主(주주) 주식의 소유자.
新株(신주) 주식회사에서 새로 발행한 주식.

6 - 10 - 형성자

案

책상 안

사무를 볼 때 편안(安)한 자세로 나무(木)로 만든 책상에서 글을 쓰는 형상을 본뜬 글자.

(또 다른 뜻) 방석, 소반, 주발, 식기, 생각할, 상고할, 문서, 안건.

案件(안건) 토의하거나 조사해야 할 사실.
案內(안내) 어떤 내용을 소개하여 알려 줌.
起案(기안) 문안(文案)을 기초함.
提案(제안) 안건이나 계획을 제출함.

7 - 11 - 형성자

梁

다리 량

물이 성하게(汾) 흐르는 곳에 나무들을(木) 가로질러 만들어 놓은 다리의 형상을 본뜬 글자.

(또 다른 뜻) 들보, 대들보, 징검다리, 빼앗을, 사나울, 왕조.

橋梁(교량) 사이를 통행할 수 있는 다리.
棟梁(동량) 마룻대. 대들보. 인재.
魚梁(어량) 물을 한 군데로만 흐르게 하여 고기를 잡는 장치.

7 - 11 - 형성자

械

틀 계

죄인을 고문하거나 징계(戒)할 때 쓰이는 나무(木)로 만든 틀 곧 형틀의 형상을 본뜬 글자.

(또 다른 뜻) 기계, 형틀, 기구, 도구, 병장기, 무기, 형틀을 채울.

機械(기계) 동력에 의하여 어떤 운동을 일으켜 그 결과로 성과있는 일을 하는 도구.
械器(계기) 기계나 기구.
木械(목계) 나무로 만든 기계나 기구.

7 - 11 - 형성자

條

가지 조

바람에 흔들리는(攸) 나무(木)의 가지들이 마치 조목조목 따지는 것같은 형상을 본뜬 글자.

(또 다른 뜻) 조목, 조리, 곁가지, 멀, 뻗어나갈, 맥락, 법, 씻을.

條件(조건) 일의 성립에 필요한 요소.
條理(조리) 일의 앞뒤가 맞고 체계가 섬.
條目(조목) 낱낱의 조(條)나 항목(項目).
條項(조항) 조목이나 항목.

MILLENNIUM

한자방정식

木 + 直 ⇨ 植

묘목은 곧게 심어야 한다.

7 - 11 - 형성자

梅
매화 매

화사한 매화꽃이 만발한 매화나무(木)를 탐낼(每) 만큼 많이 피어있는 형상을 본뜬 글자.

(또 다른 뜻) 매화나무, 매우, 신맛, 어두울, 어렴풋함, 매실.

梅室(매실) 겨울에 매화를 기르는 온실.
梅實(매실) 매화나무의 열매.
梅香(매향) 매화의 향기. 매화 열매에서 풍기는 향기.
梅花(매화) 매화나무. 매화꽃.

7 - 11 - 형성자

梧
오동나무 오

나무(木)로 된 악기는 우리(吾)에게 즐거움을 주는데 그 재목은 오동나무 라는 뜻의 글자.

(또 다른 뜻) 벽오동, 거문고, 책상, 서안, 버틸, 겨룰, 악기(어).

梧桐(오동) 「오동나무」의 준말.
五月(오월) 음력 7월의 이칭.
枝梧(지오) 버팀. 저항함. 오동나무의 가지.
梧秋(오추) 음력 7월의 딴 이름.

7 - 11 - 형성자

梨
배 리

우리에게 이로움(利)을 주는 배나무(木)에 열린 배는 갈증에 좋다는 형상을 본뜬 글자.

(또 다른 뜻) 배나무, 늙은이, 찢을, 쪼갤, 여럿, 죽을, 따를.

梨果(이과) 배나 능금 따위의 열매.
梨雪(이설) 배꽃을 눈에 비유한 말로 배꽃이 질 때 눈처럼 날리는 것.
梨園(이원) 배밭. 배나무의 밭.
梨花(이화) 배나무의 꽃. 배꽃.

8 - 12 - 회의자

森
빽빽할 삼

나무(木)를 많이 심어야 나무들이 숲(林)을 이루고 빽빽하게 울창해진다는 형상을 본뜬 글자.

(또 다른 뜻) 나무빽빽할, 우뚝 솟을, 무성할, 드리워질, 으쓱할.

森羅(삼라) 숲처럼 많이 벌여 서 있음.
森林(삼림) 나무가 많이 우거진 수풀.
森嚴(삼엄) 질서가 서있고 매우 엄숙함.
森然(삼연) 숲이 깊이 우거진 모양.

8 - 12 - 형성자

植
심을 식

땅에 구덩이를 파고 그곳에 나무(木)를 곧게(直) 심는 사람들의 형상을 본뜬 글자.

(또 다른 뜻) 식물, 근거를 둘, 재목, 목재, 기둥, 귀기울일, 곧을.

植木(식목) 나무를 심음. 또는 그 나무.
植物(식물) 생물계의 이대 분류 중 하나.
植樹(식수) 나무를 심음. 식목(植木).
移植(이식) 나무나 피부 등을 옮겨 심음.

8 - 12 - 회의자

棄
버릴 기

쓰레받기를 들고 버리기(去의 변형) 위해 낙엽(葉의 생략형)을 쓸어내는 형상을 본뜬 글자.

(또 다른 뜻) 그만 둘, 떠날, 내버릴, 폐할, 멀리할, 내쫓을, 잊을.

棄却(기각) 소송 등을 도로 물리치는 일.
棄權(기권) 권리를 버리고 행사하지 않음.
廢棄(폐기) 못 쓸 것이나 효력 따위를 버림.
抛棄(포기) 자격이나 권리를 버림.

MILLENNIUM

한 자 방 정 식

木 + 風 ⇨ 楓

나무의 잎들이 늦가을 바람으로 단풍이 듦.

8 - 12 - 형성자

棲

깃들일 서

나무(木) 가지에 보금자리를 아내(妻)의 품같이 짓고 깃들어 사는 새의 형상을 본뜬 글자.

(또다른뜻) 살, 들어살, 머무를, 묵을, 보금자리, 집, 쉴, 잠자리.

棲息(서식) 동물이 깃들어 삶.
同棲(동서) 법적으로 부부가 아닌 남녀가 부부 관계를 맺고 함께 사는 것. 동거.
雙棲(쌍서) 부부, 또는 암컷과 숫컷이 함께 사는 일.

9 - 13 - 형성자

極

다할 극

나무(木)로 만든 용마루는 빠르게(亟) 깍아 지붕 끝을 다한듯 높은 형상을 본뜬 글자.

(또다른뜻) 지극할, 끝, 매우, 심히, 떨어질, 그만둘, 한계.

極大(극대) 더할 수 없이 큼.
極東(극동) 동쪽의 맨 끝.
極甚(극심) 극히 심함.
極熱(극열) 몹시 심한 열.
極盡(극진) 힘이나 마음을 다함.
極致(극치) 최고의 경지나 막다른 상태.

9 - 13 - 형성자

楊

버들 양

버들의 나무(木) 가지가 바람에 깃발 날리듯(揚의 생략형) 하늘거리는 형상을 본뜬 글자.

(또다른뜻) 사시나무, 버드나무, 버들가지, 이쑤시개, 갯버들.

楊柳(양류) 버드나무.
楊枝(양지) 버드나무 가지. 버들가지.
垂楊(수양) 「수양버들」의 준말.
白楊(백양) 버들과의 낙엽 교목. 성냥개비나 종이의 원료로 쓰임.

9 - 13 - 형성자

楓

단풍 풍

나무(木)의 잎들이 늦가을의 바람(風)에 붉게 변하여 단풍잎이 되어가는 형상을 본뜬 글자.

(또다른뜻) 단풍나무, 신나무, 가을, 단풍이 들, 단풍으로 물든 숲.

楓菊(풍국) 가을철의 단풍(丹楓)과 국화.
楓林(풍림) 단풍나무 숲.
楓約(풍약) 화투놀이에서의 풍약.
丹楓(단풍) 가을에 붉게 변한 나뭇잎.

9 - 13 - 형성자

業

업 업

종을 가운데 달아놓고 받침 틀 따위에 문양을 새기는 것을 업으로 일하는 형상을 본뜬 글자.

(또다른뜻) 일, 업보, 사업, 학문, 기예, 직업, 사작할.

業務(업무) 직업으로 맡아서 하는 일.
業者(업자) 사업을 직접 경영하는 사람.
業主(업주) 영업상의 명의주(名義主).
業體(업체) 사업과 기업의 주체.

10 - 14 - 형성자

構

얽을 구

장작이나 나무(木) 따위를 우물 정자처럼 얽어서 쌓는(冓) 사람의 형상을 본뜬 글자.

(또다른뜻) 맞출, 맺을, 이룰, 꾀할, 집, 건물, 글지을, 꾸밀.

構想(구상) 생각을 얽어 놓음.
構成(구성) 얽어 만듦.
構造(구조) 꾸미어 만듦. 짜서 맞춤.
構築(구축) 얽어 만들어서 쌓아 올림. 집 따위를 세워서 지음.

MILLENNIUM

한 자 방 정 식

木 + 倉 ⇨ 槍

나무 끝을 뾰족하게 하여 창졸간에 찌르는 창.

---

10 - 14 - 형성자

榮

영화 영

무성한(火) 나무(木)는 오동나무로써 영화롭게도 황실의 악기의 재목이 된다는 뜻의 글자.

또다른뜻 영화로울, 무성할, 명예, 영달, 꽃필, 융성할, 광명.

- 榮光(영광) 빛나는 영예. 광영(光榮).
- 榮譽(영예) 영광스런 명예. 영명(榮名).
- 榮轉(영전) 보다 좋은 자리로 옮김.
- 榮華(영화) 몸이 귀하게 되어 이름을 드날림.

---

10 - 14 - 형성자

槍

창 창

나무(木) 끝에 뽀쪽한 쇠를 달아 창졸간(倉)에 적을 찌를 수 있는 창의 형상을 본뜬 글자.

또다른뜻 무기, 병기, 어지럽힐, 흐트러지게 할, 혜성.

- 槍劍(창검) 창과 칼.
- 槍法(창법) 무술의 하나로 창을 쓰는 법.
- 槍術(창술) 병장기의 하나로 창을 쓰는 무술이나 기술.
- 竹槍(죽창) 대나무 끝을 뾰족하게 만든 창.

---

11 - 15 - 형성자

槪

대개 개

곡식 따위를 말릴 때 대개 나무(木)로 만든 평미래로 이미(旣) 펴서 말린 형상을 본뜬 글자.

또다른뜻 헤아릴, 절개, 기개, 경치, 풍경, 평미레, 저울, 대강.

- 槪念(개념) 대강의 뜻이나 일반적인 관념.
- 槪論(개론) 내용을 대강 추리어 서술함.
- 槪要(개요) 추리어 낸 주요한 내용이나 줄거리.
- 槪況(개황) 대개의 상황.

---

11 - 15 - 형성자

樓

다락 루

나무(木)로 기둥을 세워 끝에(婁) 지붕을 얹고 사방을 트이게 지은 다락의 형상을 본뜬 글자.

또다른뜻 다락집, 기생집, 망루, 겹칠, 포개질, 청루, 다락방.

- 樓閣(누각) 사방이 트이게 지은 다락 집.
- 樓館(누관) 다락집처럼 높게 지은 관.
- 樓船(누선) 다락이 있게 지은 배.
- 樓下(누하) 다락집의 아래. 다락 밑.

---

11 - 15 - 형성자

模

본뜰 모

물건을 다량으로 만들기 위해 나무(木)로 본뜨는 것을 꾀하는(莫) 형상을 본뜬 글자.

또다른뜻 법, 본, 거푸집, 본보기, 무늬, 문채, 형, 모양, 형상.

- 模倣(모방) 본떠서 만듦. 어떤 것의 흉내를 냄.
- 模範(모범) 존경의 대상이 있어 본받아 배울 만함.
- 模樣(모양) 사물의 겉에 나타나는 꼴.
- 模造(모조) 모방하여 만듦.

---

11 - 15 - 형성자

樣

모양 양

나무(木) 뿌리같은 양(羊)의 긴(永) 창자처럼 구불구불한 모양의 형상을 본뜬 글자.

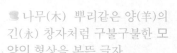

또다른뜻 본, 도토리, 모범, 형태, 상태, 양식, 상수리 나무(상).

- 樣相(양상) 생김새. 모습. 모양.
- 樣式(양식) 일정한 형식. 또는 스타일.
- 樣態(양태) 모양. 형편.
- 模樣(모양) 겉으로 나타나는 생김새.

MILLENNIUM

한자방정식

木	+	喬	⇨	橋
나무로 가로질러		높게 연결한		다리.

---

11 - 15 - 회의자

樂

즐거울 락

즐거움을 주는 악기로 북(白)은 가죽을 맨 줄(幺=幺)로 탁자(木)에 올려 놓는 형상을 본뜬 글자.

(또다른뜻) 즐길, 낙, 즐거움, 즐겁게 할, 풍류(악), 좋아할(요).

樂觀(낙관) 일이 잘되어 갈 것으로 여김.
樂園(낙원) 부족함이 없는 즐거운 곳.
樂器(악기) 음악을 연주하기 위한 기구.
音樂(음악) 소리에 의한 예술.

---

11 - 15 - 형성자

標

표할 표

목기둥이나 나무(木) 끝에 다른 것과 구별하여 표한(票) 표시의 형상을 본뜬 글자.

(또다른뜻) 표, 표시, 표적, 나타낼, 표지, 우듬지, 나무끝, 푯말.

標榜(표방) 어떤 명목을 내세워 주장함.
標本(표본) 본보기가 되는 물건.
標示(표시) 표를 하여 드러나 보이게 함.
標準(표준) 사물의 정도 등의 근거나 기준.

---

11 - 15 - 형성자

樞

지도리 추

나무(木) 기둥에 매는 지도리처럼 중요한 지역(區)를 말뚝으로 표시하는 형상을 본뜬 글자.

(또다른뜻) 고동, 중요한 곳, 장치, 근본, 대권, 느릅나무(우).

樞密(추밀) 정치상의 비밀을 처리하는 곳.
樞秘(추비) 중요하고 비밀한 곳.
樞軸(추축) 지도리와 굴대. 사물의 가장 중요한 부분.
中樞(중추) 사물의 중심이 되는 중요한 부분이나 자리.

---

12 - 16 - 형성자

機

베틀 기

나무(木)로 만든 조그마한(幾) 베틀의 형상을 본뜬 글자로 모든 기계를 총칭하여 말함.

(또다른뜻) 틀, 기계, 기관, 기틀, 기미, 기회, 고동, 실마리.

機能(기능) 어떠한 기관의 활동능력.
機密(기밀) 중요하고도 비밀스러운 일.
機會(기회) 어떤 일에 가장 알맞은 고비.

---

12 - 16 - 형성자

樹

나무 수

나무는(木) 땅에(土) 곧게 심고 콩(豆)은 밭에 한 치(寸) 사이로 심는 형상을 본뜬 글자.

(또다른뜻) 심을, 세울, 초목, 식물, 담장, 둘, 담을, 담, 수립할.

樹林(수림) 나무가 우거진 숲.
樹立(수립) 제도·계획 등을 이룩하여 세움.
樹木(수목) 살아서 서 있는 나무의 총칭.
樹葉(수엽) 나뭇잎. 나무의 잎사귀.

---

12 - 16 - 형성자

橋

다리 교

강이나 계곡 사이 나무(木)로 가로질러 높게(喬) 연결해 놓은 다리의 형상을 본뜬 글자.

(또다른뜻) 교량, 업신여길, 높을, 굳셀, 빠를(고), 세찰(고).

橋脚(교각) 다리를 받치는 기둥.
橋頭堡(교두보) 다리를 엄호하기 위한 보루.
橋梁(교량) 다리.
橋塔(교탑) 교량의 입구나 교각 위의 탑.
架橋(가교) 다리를 놓음.

MILLENNIUM

한 자 방 정 식

木	+	亶	⇒	檀
나무 중		목질이 단단한		박달나무.

---

12 - 16 - 형성자

橫

가 로 횡

나무(木)의 누런(黃) 색이 보이게 껍질 벗겨 만든 빗장으로 가로지르는 대문을 본뜬 글자.

(또 다른 뜻) 가로지를, 뜻밖에, 동서쪽, 좌우, 옆, 곁, 가로놓을.

- 橫斷(횡단) 가로 지나감. 가로로 끊음.
- 橫領(횡령) 불법으로 남의 재산을 차지함.
- 橫財(횡재) 뜻밖에 재물을 얻음.
- 縱橫(종횡) 세로와 가로. 「종횡무진」의 준말.

---

13 - 17 - 형성자

檀

박달나무 단

향나무(木)나 박달나무 등이 크고(亶) 단단해 목탁이나 그릇을 만드는 형상을 본뜬 글자.

(또 다른 뜻) 자작나무의 교목, 단향목, 백단, 향나무, 시주할.

- 檀君(단군) 우리나라의 개국신으로 고조선을 세운 시조.
- 檀紀(단기) 단군 기원.
- 檀木(단목) 박달나무.
- 檀香(단향) 단향목. 단향목의 목재.

---

13 - 17 - 형성자

檢

검 사 할 검

봉인된 나무(木) 상자의 여러(僉) 면이나 방법으로 세심히 검사하는 형상을 본뜬 글자.

(또 다른 뜻) 단속할, 교정할, 법, 봉할, 조사할, 헤아릴, 법식.

- 檢査(검사) 사실을 조사해 시비를 가려 냄.
- 檢索(검색) 검사하여 찾아 봄.
- 檢出(검출) 조사하여 밝혀 냄. 뒤져서 찾아냄.
- 檢討(검토) 내용을 조사하여 따짐.

---

17 - 21 - 형성자

欄

난 간 란

떨어짐을 방지하기 위해 나무(木) 따위로 가로 막은(闌) 난간의 형상을 본뜬 글자.

(또 다른 뜻) 테두리, 외양간, 테, 간막이, 칸, 우물귀틀, 구획.

- 欄干(난간) 층계나 다리의 가장자리에 사람의 낙상을 막기 위한 보호대.
- 欄外(난외) 난간의 바깥. 신문이나 책 따위의 여백.
- 空欄(공란) 지면에 내용 없이 비워둔 난.

---

18 - 22 - 형성자

權

권 세 권

황화목(木)이나 황새(雚)처럼 황금색 복색은 권세의 으뜸인 황제의 색이란 뜻의 글자.

(또 다른 뜻) 권도, 방편, 저울, 저울질할, 권력, 잡을, 가질, 쥘.

- 權力(권력) 공인된 권리와 힘. 정권을 주도해 나가는 세력.
- 權利(권리) 사물의 처리 · 처분할 수 있는 권한.
- 權勢(권세) 권력과 세력.
- 權威(권위) 권력과 위세. 권위자.

---

2 - 6 - 회의자

次

버 금 차

두(冫) 번째의 서열은 짜증나 하품(欠)하며 버금가는 것을 아쉬워 하는 형상을 본뜬 글자.

(또 다른 뜻) 다음, 차례, 번, 몇 번, 잇을, 순서, 행렬, 지위, 매길.

- 次期(차기) 다음의 시기. 다음의 계제.
- 次例(차례) 순서로 벌여져 나가는 관계.
- 次席(차석) 수석 다음의 자리.
- 次元(차원) 사물을 생각함과 행동의 입장.

MILLENNIUM

한자방정식

谷 + 欠 ⇨ 欲

계곡의 골짜기처럼 마음이 비좁은 사람은 욕심이 많다.

---

7 - 11 - 형성자

欲

욕 심 욕

골짜기(谷)의 사이가 비좁은(欠) 것처럼 마음이 좁은 사람일수록 욕심이 많다는 의미의 글자.

(또 다른 뜻) 하고자할, 바랄, 욕심, 탐낼, 좋아할, 색정, 얌전할.

- 欲求(욕구) 바라거나 욕심껏 구함.
- 欲望(욕망) 무엇을 갖거나 누리고자 탐함.
- 欲心(욕심) 탐내거나 누리고자 하는 마음.
- 欲情(욕정) 한때 충동으로 일어나는 색욕.

---

8 - 12 - 형성자

欺

속 일 기

그(其) 어디가 부족한(欠) 자신을 뒤돌아 보지 못하고 남을 속이기만 하는 형상을 본뜬 글자.

(또 다른 뜻) 거짓말할, 업신여길, 보기흉할, 기만할, 남을 속일.

- 欺瞞(기만) 남을 속임. 기망.
- 欺罔(기망) 남을 그럴 듯하게 속임.
- 欺心(기심) 자기의 양심을 속임.
- 詐欺(사기) 달콤한 말이나 그럴싸한 말로 꾀를 부려 남을 속임.

---

8 - 12 - 형성자

款

정 성 관

벼슬아치(士)가 문서 따위를 정성스럽게 보다가 지루하여 하품(欠)하는 형상을 본뜬 글자.

(또 다른 뜻) 정성스러울, 조문, 항목, 새길, 돈, 경비, 두드릴.

- 落款(낙관) 그림 따위에 찍는 도장.
- 定款(정관) 이떤 사업의 목적과 조직 · 업무 · 집행 등에 관한 규정의 문건.
- 借款(차관) 나라 사이의 협정에 의해 일정 조건으로 자금 등을 빌리는 일.

---

10 - 14 - 형성자

歌

노 래 가

맞아(可) 맞아(可) 하품하듯(欠) 입을 다물지 못하고 노래하듯 읊조리는 사람의 형상을 본뜬 글자.

(또 다른 뜻) 노래할, 읊을, 노래지을, 새지저귈, 한시의 체, 읊조릴.

- 歌曲(가곡) 노래.
- 歌劇(가극) 대사를 노래로 하는 연극.
- 歌舞(가무) 노래와 춤.
- 歌謠(가요) 민요 · 동요 · 속요 · 유행가 따위의 총칭.
- 歌唱(가창) 노래 함. 노래를 부름.

---

11 - 15 - 형성자

歎

탄 식 할 탄

어려움(難의 생략형)이 닥쳤을 때 하품(欠)하듯 탄식하는 사람의 형상을 본뜬 글자.

(또 다른 뜻) 기릴, 감탄할, 화답할, 노래할, 칭찬할, 신음할.

- 歎服(탄복) 깊이 감탄하여 복종함.
- 歎息(탄식) 한탄하며 한숨을 쉼.
- 感歎(감탄) 감동하여 찬탄함.
- 恨歎(한탄) 원통하여 한숨쉬며 탄식함.

---

11 - 15 - 형성자

歐

토 할 구

새벽까지 술을 마시고 토하는 것을 숨기기(區) 위해 하품(欠)하듯 하는 형상을 본뜬 글자.

(또 다른 뜻) 뱉을, 칠, 쥐어박을, 노래할, 구라파, 닭우는 소리.

- 歐美(구미) 유럽과 미국. 서양을 의미한 말.
- 歐洲(구주) 유럽주. 구라파주의 준말.
- 東歐(동구) 동부 유럽. 동구라파.
- 西歐(서구) 서부 유럽. 서구라파.

MILLENNIUM

한자방정식

一 + 止 ⇨ 正

가던 길(땅)에서 멈추고 자세를 바르게 함.

止

18 - 22 - 형성자

歡

기 뻐 할 환

황새(雚)가 하품(欠)하듯 입을 쩍벌리고 먹이가 풍족해 기뻐하는 형상을 본뜬 글자.

(또다른뜻) 기쁨, 즐길, 기쁘게 할, 즐거움, 임, 남자애인.

歡談(환담) 정답고 즐겁게 이야기 함.
歡送(환송) 사람을 기쁜 마음으로 보냄.
歡迎(환영) 기쁜 마음으로 사람을 맞음.
歡呼(환호) 기뻐서 부르짖음.

0 - 4 - 상형자

止

그 칠 지

(止)는 발목 아래 발이나 발바닥의 형상을 본뜬 글자로 걷다가 그치는 것이 발이란 뜻.

(또다른뜻) 막을, 멈출, 금지할, 머무를, 발, 발을 칠, 그만둘.

禁止(금지) 하지 못하도록 함.
停止(정지) 도중에서 멎거나 그침.
制止(제지) 말리어서 못하게 함.
中止(중지) 일을 중도에서 멈추거나 그만 둠.
解止(해지) 계약을 해제함. 해약(解約).

1 - 5 - 회의자

正

바 를 정

가던 길을 멈추고 땅(一)에 바르게 서있는 사람의 가지런한 발의 형상을 본뜬 글자.

(또다른뜻) 옳을, 바로잡을, 본(주가 된), 벼슬, 정월, 우두머리.

正當(정당) 옳고 바름. 도리에 합당함.
正常(정상) 변동이 없고 제대로인 상태.
正義(정의) 사람으로서 바른 도리.
正直(정직) 마음이 거짓없이 바르고 곧음.

2 - 6 - 회의 · 형성자

此

이 차

함께 멈추고(止) 나란히(匕=比의 생략형) 서서 이것이라고 가리키는 형상을 본뜬 글자.

(또다른뜻) 이에, 이것, 그칠, 이곳, 이와같을, 오늘, 대나무.

此期(차기) 이 시기. 이 시기에. 이 계제.
此時(차시) 이 때.
此外(차외) 이 이외(以外).
此後(차후) 이 다음. 이 뒤. 이 이후.

3 - 7 - 회의자

步

걸 음 보

걸음을 걷는 발(止=足의 변형)이 조심스럽게(少) 땅을 스치듯 걷는 형상을 본뜬 글자.

(또다른뜻) 걸음, 보(거리의 단위), 나아갈, 행할, 찾아다닐.

步武(보무) 활발하고 의젓하게 걷는 걸음.
步兵(보병) 육군 병과의 하나.
步哨(보초) 위병 · 경계 근무를 맡는 초병.
步幅(보폭) 발자국과 발자국 사이의 폭.

4 - 8 - 회의자

武

호 반 무

왕조 무관의 별칭으로 호반이 창(戈)을 휘둘러(一) 난리를 막는(止) 형상을 본뜬 글자.

(또다른뜻) 굳셀, 무사, 병기, 무기, 군인, 자랑할, 전술, 병법.

武器(무기) 전쟁에서 쓰이는 살상용 기구.
武勇(무용) 싸움에서의 용맹스러움.
武裝(무장) 전쟁에 필요한 장비를 갖춤.
威武(위무) 위엄있고 씩씩함.

MILLENNIUM

한 자 방 정 식

不	+	正	⇨	歪
옳지 못하고		바르지 못한		비뚤어진 마음.

歹

---

5 - 9 - 회의자

歪

비 뚤 왜

옳지 아니하고(不) 바르지(正) 못한 일이나 거짓을 일삼는 비뚤어진 형상을 본뜬 글자.

(또 다른 뜻) 어긋날, 바르지 아니할, 옳지 못할, 어긋날(외).

- 歪曲(왜곡) 뒤틀려 구부러짐. 사실과 맞지 않게 해석함. 비틀어 구부러지게 함.
- 歪形(왜형) 비뚤어진 모양.

---

9 - 13 - 형성자

歲

세 월 세

묵은 해가 멈추고(止) 무성한(戊) 세월이 있을 새해에 작은 걸음(少)이 시작된다는 뜻의 글자.

(또 다른 뜻) 해, 정초, 나이, 시일, 새해, 일생, 풍년, 매년, 목성.

- 歲暮(세모) 한 해의 마지막 무렵인 연말.
- 歲月(세월) 흘러간 시간들.
- 歲入(세입) 단체의 한 회계 연도의 총수입.
- 歲出(세출) 단체의 한 회계 연도의 총지출.

---

12 - 16 - 형성자

歷

지 낼 력

세월(厤)의 흐름 속에 역사는 기록으로 남아(止) 오랜 세월 지나 전해 오는 형상을 본뜬 글자.

(또 다른 뜻) 겪을, 두루, 차례 차례, 분명할, 뛰어넘을, 가마.

- 歷史(역사) 인류 사회의 변천과 흥망 성쇠.
- 歷任(역임) 여러 직위를 두루 거쳐 지냄.
- 歷程(역정) 경과하여 온 노정.
- 經歷(경력) 겪어 지내 온 일들. 이력.

---

14 - 18 - 형성자

歸

돌 아 올 귀

언덕(𠂤의 생략형) 너머 밭에서 일을 멈추고(止) 아내(帚)가 있는 집으로 돌아오는 형상을 본뜬 글자.

(또 다른 뜻) 돌아갈, 붙좇을, 따를, 시집갈, 편들, 의탁할, 마칠.

- 歸家(귀가) 집으로 돌아가거나 돌아옴.
- 歸國(귀국) 타국에서 자기 나라로 돌아옴.
- 歸隊(귀대) 자기 부대로 돌아옴.
- 歸鄕(귀향) 객지에서 고향으로 돌아감.

---

2 - 6 - 회의자

死

죽 을 사

사람이나 동물이 죽으면(匕) 앙상한 뼈(歹)로 남는 것인데 그 죽음의 형상을 본뜬 글자.

(또 다른 뜻) 죽일, 죽음, 생기 없는, 목숨걸, 끊을, 마칠, 사자.

- 死亡(사망) 사람이 죽음.
- 死別(사별) 죽어서 이별함.
- 死傷(사상) 죽거나 다침. 죽음과 부상.
- 死守(사수) 어떤 일에 죽음으로써 지킴.
- 死鬪(사투) 죽을 힘을 다해 싸움.

---

5 - 9 - 형성자

殆

위태로울 태

사람이 뼈가 앙상하게(歹) 드러난 늙은(台) 어르신들의 위태로운 모습의 형상을 본뜬 글자.

(또 다른 뜻) 거의, 의심할, 두려워할, 지칠, 다가설, 게을리할.

- 殆無(태무) 거의 없음.
- 殆半(태반) 거의 절반. 거의 반절 이상인 수나 양.
- 殆哉(태재) 몹시 위태로움. 또는 그 일.
- 危殆(위태) 형세가 어렵고 안전하지 못함.

MILLENNIUM

한 자 방 정 식

歹	+	直	⇨	殖
앙상한 나무를		곧게 심어		번식하게 함.

5 - 9 - 형성자

殃

재 앙 앙

인간에게 경계라도 시킬 듯 하늘이 죽음(歹)과 그 가운데(央) 재앙을 내리는 형상을 본뜬 글자.

(또다른뜻) 해칠, 해를 끼칠, 재난. 천재지변, 처참한 피해.

- 殃及(앙급) 죄악의 갚음이 어디까지 미침.
- 殃禍(앙화) 죄의 앙갚음으로 받는 재앙.
- 餘殃(여앙) 나쁜 짓을 많이 하여 받는 재앙.
- 災殃(재앙) 천재지변의 재앙.

6 - 10 - 형성자

殊

다 를 수

악랄한 죄인은 목을쳐서 죽이는데(歹) 붉은(朱) 피를 쏟게 함이 보통 죽음과 다르다는 의미의 글자.

(또다른뜻) 뛰어날, 죽일, 끊을, 결심할, 특별할, 떨어질, 클.

- 殊恩(수은) 특별한 은혜.
- 殊異(수이) 특별히 다름.
- 殊勳(수훈) 뛰어난 공훈. 비길 데 없는 큰 공훈.
- 特殊(특수) 특별히 다름. 보통과는 아주 다른 특별함.

6 - 10 - 형성자

殉

따라죽을 순

옛날 지아비가 죽으면(歹) 아내도 열흘만에(旬) 따라죽게 하는 순장의 형상을 본뜬 글자.

(또다른뜻) 순직할, 따를, 구할, 영위할, 순회할, 목숨버릴.

- 殉國(순국) 나라를 위해 죽음.
- 殉愛(순애) 사랑을 위해 모든 것을 바침.
- 殉葬(순장) 죽은 사람과 함께 묻는 장사.
- 殉職(순직) 공무 · 직무를 수행하다가 죽음.

8 - 12 - 형성자

殘

남 을 잔

앙상한 뼈(歹)만 남게 하는 고된 전쟁터에서 창(戈)과 창(戈)이 맞부딪히는 형상을 본뜬 글자.

(또다른뜻) 나머지, 모질, 잔인할, 상할, 죽일, 해칠, 포악할.

- 殘高(잔고) 잔액. 공제하고 남은 액수.
- 殘額(잔액) 공제하거나 치루고 남은 액수.
- 殘忍(잔인) 인정이 없고 몹시 모짊.
- 相殘(상잔) 서로 해치고 싸움.

8 - 12 - 형성자

殖

번 식 할 식

앙상한(歹) 묘목을 곧게(直) 심어 무성하게 불어나 번식하는 형상을 본뜬 글자.

(또다른뜻) 번성할, 자랄, 불릴, 심을, 세울, 곧을, 불어날.

- 殖産(식산) 재산 따위를 불림. 생산을 늘림.
- 繁殖(번식) 붇고 늘어 많이 퍼짐. 동물이나 식물 따위가 많이 불어남.
- 利殖(이식) 이자가 이자를 낳아서 큰 재물로 늘려감.

10 - 14 - 형성자

殞

죽 을 운

사람이 죽어서 앙상한 뼈(歹)만 남아 있는 둥근(員) 구덩이가 묘라는 의미의 글자.

(또다른뜻) 떨어질, 운명할, 목숨이 끊길, 서거할, 명이 다할.

- 殞感(운감) 제사 때 음식을 혼령이 찾아와 맛 봄.
- 殞命(운명) 사람의 명이 다하여 죽음.
- 殞石(운석) 지구 밖에서 지구에 떨어진 돌 따위의 물체. 별똥.

MILLENNIUM

한 자 방 정 식

展 + 殳 ⇨ 殿

넓게 펼쳐 / 기둥을 박은 / 웅장한 대궐.

殳

殯

14 - 18 - 형성자

殯 빈 소 빈

죽은(歹 =死의 생략형) 사람의 빈소에 찾아와서 명복을 비는 손님(賓)의 형상을 본뜬 글자.

(또 다른 뜻) 대렴할, 초빈할, 파묻힐, 매몰될, 손, 빈객, 안치할.

殯所(빈소) 발인 때까지 관을 두는 곳. 죽은 이의 영위를 모신 곳.
殯殿(빈전) 발인 때까지 왕이나 왕비의 관을 모시던 전각.
臨殯(임빈) 임시로 관을 모신 곳.

段

5 - 9 - 형성자

段 층 계 단

경사지고(丿) 높게 (丨)에 누인 삼각(三)처럼 처서(殳) 층계나 계단을 만드는 형상을 본뜬 글자.

(또 다른 뜻) 차례, 조각, 구분, 수단, 등급, 단편, 피륙, 포목, 가지.

段階(단계) 일이 되어 나아가는 과정.
段落(단락) 일이 다 된 끝.
手段(수단) 일 처리의 묘안과 솜씨.
下段(하단) 유도 · 바둑 따위의 등급 중 하위 등급.

殺

7 - 11 - 형성자

殺 죽 일 살

농작물을 베어 먹는 멧돼지(杀 =豕의 변형)를 몽둥이로 처서(殳) 죽이는 형상을 본뜬 글자.

(또 다른 뜻) 없앨, 벨, 제거할, 부술, 깨뜨릴, 어수선할, 감할(쇄).

殺菌(살균) 세균 등의 미생물을 죽임.
殺傷(살상) 죽이거나 상처를 입힘.
殺人(살인) 사람을 죽임.
殺害(살해) 살수를 써서 남의 생명을 해침.

毁

9 - 13 - 형성자

毁 헐 훼

쌀 따위를 절구(臼)에 넣고 벼가 헐어지도록 바닥(土)을 치는(殳) 형상을 본뜬 글자.

(또 다른 뜻) 헐, 헐어질, 야윌, 파리해질, 깨뜨릴, 헐뜯을, 없앨.

毁謗(훼방) 남의 일을 헐뜯어 방해함.
毁損(훼손) 사물 등을 헐어서 못 쓰게 함.
毁節(훼절) 절개를 깨뜨림. 변절.
破毁(파훼) 깨뜨려 헐어버림. 파기.

殿

9 - 13 - 형성자

殿 대 궐 전

기둥의 간격을 넓게 펼쳐(展) 박은(殳) 대궐의 웅장한 전경의 형상을 본뜬 글자.

(또 다른 뜻) 전각, 뒤, 후미, 천자의 거처, 절, 진정할, 신음할.

殿角(전각) 궁전 지붕의 모서리.
殿堂(전당) 신불을 모셔 놓은 집. 어떤 분야의 중심이 되는 건물.
殿下(전하) 왕 · 왕비 또는 황태자 · 황자 · 황녀의 존칭.

毋

母

1 - 5 - 상형자

母 어 미 모

어미가 아이를 안고 젖을 물린 형상을 본뜬 글자로 자기 출신의 나라 · 학교 따위도 쓰임.

(또 다른 뜻) 어머니, 모체, 근본, 암컷, 땅, 근원, 소생의 근원.

母校(모교) 자기가 배우고 있거나 졸업한 학교.
母性(모성) 어머니로서 정신적 · 육체적인 특성.
母情(모정) 자식에 대한 어머니의 정.
母親(모친) 어머니의 존칭.

MILLENNIUM

한 자 방 정 식

高	+	毛	⇨	毫
가장 뛰어난		털로 만든		붓.

3 - 7 - 형성자

每
매양 매

싹이 트고 나오는(人) 것이 부풀은 어미(母)의 젖가슴처럼 매양 나오는 형상을 본뜬 글자.

(또 다른 뜻) 늘, 항상, 각각, 마다, 그때마다, 탐할, 자주, 비록.

- 每年(매년) 해마다. 매해.
- 每事(매사) 하나하나의 모든 일. 일마다.
- 每月(매월) 매달. 달마다.
- 每樣(매양) 항상 그 모양으로.
- 每日(매일) 날마다. 하루하루마다.

4 - 8 - 회의자

毒
독할 독

사람의 목숨(主=生의 생략형) 을 독한 독초로 해치는 것은 인간으로서 할 수 없다(毋)는 뜻의 글자.

(또 다른 뜻) 독, 해칠, 상해할, 해할, 독을 탈, 독초, 거북(대)

- 毒菌(독균) 독이 있는 균.
- 毒物(독물) 독기가 있는 물질.
- 毒殺(독살) 독약으로 인한 죽음. 독약 따위로 죽임.
- 解毒(해독) 감염된 부위 따위의 독을 없앰.

0 - 4 - 회의 · 형성자

比
비교할 비

比는 두 사람이 나란히 서서 서로 비교할 수 있게 차례로 서 있는 형상을 본뜬 글자.

(또 다른 뜻) 견줄, 비례, 무리, 나란할, 나란히 할, 차례, 이웃.

- 比較(비교) 둘 이상의 사물을 견주어 봄.
- 比例(비례) 예를 들어 견주어 봄.
- 比喩(비유) 다른 사물을 빌어 표현하는 일.
- 比率(비율) 어떤 것을 다른 것과의 비.

0 - 4 - 상형자

毛
털 모

짐승의 긴 꼬리의 부들부들한 털이나 새의 깃이 바람에 날리는 털의 형상을 본뜬 글자.

(또 다른 뜻) 가늘, 풀, 터럭, 작을, 가벼울, 식물, 조금, 짐승.

- 毛髮(모발) 사람의 머리털.
- 毛織(모직) 털실로 짠 피륙.
- 毛布(모포) 담요.
- 毛皮(모피) ① 짐승의 털이 붙은 가죽. ② 짐승의 털을 가공하여 옷 따위를 만들기 위한 재료.

7 - 11 - 형성자

毫
붓 호

가는 털 중에서 가장 뛰어난(高의 생략형) 털(毛)을 묶어서 붓을 만드는 형상을 본뜬 글자.

(또 다른 뜻) 가는 털, 아주 작을, 붓끝, 무게나 길이의 하나치.

- 毫端(호단) 붓끝.
- 毫末(호말) 털끝만한 일.
- 秋毫(추호) 가을철에 가늘어진 짐승의 털. .
- 揮毫(휘호) 붓을 휘둘러 글 등을 씀.

0 - 4 - 상형자

氏
성 씨

아무게 성씨 집안에서 시집온 각시가 친정 어미가 걱정되어 언덕을 자주 넘는 형상을 본뜬 글자.

(또 다른 뜻) 각시, 나라이름, 땅이름, 사람의 호칭, 뿌리, 근본.

- 某氏(모씨) 아무개의 존칭.
- 姓氏(성씨) 성(姓)의 경칭.
- 氏族(씨족) 같은 조상을 가진 여러 가족으로 구성된 직계를 수장으로 하는 사회집단.

MILLENNIUM

한 자 방 정 식

一 ＋ 水 ⇨ 求

땅에서 잡은 짐승의 물기없앤 가죽을 구해 옷을 만듦.

气

水

1 - 5 - 지시자

民

백 성 민

성씨는 각기 다르지만 같은 백성들로 전답을 의지하여 사는 민초들의 형상을 본뜬 글자.

(또다른뜻) 평민, 민초, 어두울, 어리석을, 일반국민, 민족.

民間(민간) 일반 국민의 사회.
民生(민생) 일반 국민의 생활 또는 생계.
民心(민심) 국민의 마음. 민정(民情).
民願(민원) 주민이 행정 처리를 요구하는 일.

6 - 10 - 형성자

氣

기 운 기

쌀(米)로 밥지을 때 김이 나는, 또는 땅에서 습기가 증발해 그 기운으로 날씨를 이룬다는 뜻의 글자.

(또다른뜻) 날씨, 숨, 힘, 기체, 수증기, 조짐, 절기, 심기.

氣槪(기개) 어려움에도 꺾이지 않는 의기.
氣力(기력) 사람이 몸으로 활동할 수 있는 힘.
氣勢(기세) 행동이나 기운 따위로 세차게 뻗치는 힘.
氣壓(기압) 대기의 압력.

0 - 4 - 상형자

水

물 수

흐르는 물줄기의 형상을 본뜬 글자로 높은 곳에서 낮은 곳으로 흐르는 물을 의미한 글자.

(또다른뜻) 평평할, 오행의 하나, 별 이름, 하천, 홍수, 수성.

水道(수도) '상수도'의 준말.
水面(수면) 물의 표면.
水産(수산) 바다·강 등에서 나는 산물.
水準(수준) 사물의 가치·등급·실력 따위의 일정한 표준이나 정도.

1-5-회의·형성자

氷

얼 음 빙

강이나 시내 따위가 얼어붙은 (丶=冫의 생략형) 물(水) 표면이 딱딱한 얼음의 형상을 본뜬 글자.

(또다른뜻) 얼, 얼어서 굳어진, 어름처럼, 오싹할, 소름끼칠.

氷山(빙산) 바다에 산처럼 떠 있는 얼음덩이.
氷雪(빙설) 얼음과 눈.
氷點(빙점) 얼거나 녹기 시작하는 온도.
氷河(빙하) 얼어붙은 강이나 바다.

1 - 5 - 상형자

永

길 영

원류에서 여러 갈래로 뻗어 흐르는 물줄기는 아주 길고 멀리 흐르는 형상을 본뜬 글자.

(또다른뜻) 오랠, 멀, 강이 길, 길게 늘일, 깊을, 질을, 영원할.

永訣(영결) 죽은 사람과 산 사람의 이별.
永久(영구) 끝없이 오램.
永遠(영원) 미래를 향해 한없이 계속됨.
永住(영주) 일정한 곳에 오래 삶.

2 - 7 - 상형자

求

구 할 구

땅(一)의 짐승에게 구할 수 있는 가죽으로 옷을 만들려고 물기(水)를 없애는 형상을 본뜬 글자.

(또다른뜻) 청할, 찾을, 구걸할, 빌, 부를, 다잡을, 힘쓸.

求乞(구걸) 식량 따위를 거저 달라고 함.
求心(구심) 중심을 향하여 쏠림.
求愛(구애) 이성의 사랑을 구함.
求人(구인) 필요한 사람을 구함.
求職(구직) 일자리를 구함.

MILLENNIUM

한 자 방 정 식

白 + 水 ⇨ 泉

밀바닥이 훤이 보이는 맑은 물의 샘.

---

5 - 9 - 상형자

泉

샘 천

밀바닥이 맑고 훤히(白) 보이는 깨끗한 연못이나 샘의 물(水)이 솟아나는 형상을 본뜬 글자.

(또다른뜻) 물이 솟는 근원, 저승, 돈, 물이 솟아나는 샘.

泉脈(천맥) 땅속에 있는 샘물줄기.
泉水(천수) 샘에서 나는 물. 샘물.
泉源(천원) 샘의 근원.
溫泉(온천) 천연의 따뜻한 물이 솟는 샘.

---

5 - 10 - 형성자

泰

클 태

두(二) 손으로 크게(大) 모아 큰 물(水)에 손을 담구어 편안함을 얻는 형상을 본뜬 글자.

(또다른뜻) 편안할, 산이름, 넉넉할, 너그러울, 태극, 하늘.

泰山(태산) 썩 높고 큰 산.
泰安(태안) 태평하여 안락함.
泰然(태연) 태도나 기색이 변함이 없음.
泰平(태평) 나라가 안정되고 평안함.

---

0 - 4 - 상형자

火

불 화

엇갈리게 얹혀진 장작에 불이 활활 타는 형상을 본뜬 글자로 모닥불을 의미한 글자.

(또다른뜻) 불사를, 급할, 병, 횃불, 화재, 걱정, 불땔, 화급할.

火急(화급) 대단히 급함.
火傷(화상) 높은 열에 데어서 상함.
火神(화신) 불을 관장하는 곳.
火焰(화염) 불꽃.
火災(화재) 불이 나는 재앙.

---

2 - 6 - 회의자

灰

재 회

불탄 곳을 손(厂=又의 변형)으로 만져도 뜨겁지 않고 불(火) 대신 재만 남는다는 뜻의 글자.

(또다른뜻) 석회, 태워버릴, 멸망할, 재로 화할, 회색, 가루.

灰壁(회벽) 석회로 바른 벽.
灰分(회분) 석회질의 성분.
灰心(회심) 재처럼 욕심이 없는 마음.
石灰(석회) 석회석을 태워 얻어지는 물질.

---

3 - 7 - 회의자

災

재앙 재

내(巛=川의 옛자)의 물과 불(火)로써 하늘은 재앙을 내린다는 뜻으로 그 형상을 본뜬 글자.

(또다른뜻) 천벌, 큰 화재, 천재, 응징할, 주벌할, 죄악, 해칠.

災殃(재앙) 천재지변으로 말미암은 참사.
災害(재해) 재앙으로 인하여 받은 피해.
罹災(이재) 재해을 입음. 이재민.
天災(천재) 자연의 변화로 일어나는 재앙.

---

4 - 8 - 회의자

炎

불꽃 염

불(火)이 활활 타오르는 위에 불꽃이 불(火)을 더욱 뜨겁게 하는 형상을 본뜬 글자.

(또다른뜻) 더울, 불탈, 타오를, 뜨거울, 남쪽 방향, 말잘할(담).

炎凉(염량) 더위와 서늘함.
炎暑(염서) 몹시 심한 더위. 염열(炎熱).
炎旱(염한) 여름철 한더위에 드는 가물음.
老炎(노염) 늦더위를 이르는 말.

火

MILLENNIUM

한 자 방 정 식

火	+	頁	⇨	煩
불덩어리처럼		머리가 어수선한		번민하는 마음.

4 - 8 - 회의자

炊

불 땔 취

불(火)로 아궁이에 불을 때니 밥솥에 김이 하품(欠)하듯 거품을 내며 끓는 형상을 본뜬 글자.

(또 다른 뜻) 밥, 지을, 피어오를, 불지필, 구울, 부풀을, 지을.

炊飯(취반) 밥을 지음.
炊事(취사) 음식을 장만하는 일.
炊煙(취연) 밥짓는 연기.
自炊(자취) 자기가 손수 밥을 지어 먹음.

5 - 9 - 회의자

炭

숯 탄

산(山) 언덕(厂) 밑에서 나무를 태워진(火) 숯이 묻히어 오래되면 석탄이 된다는 의미의 글자.

(또 다른 뜻) 숯불, 석탄, 탄소, 원소의 이름, 목탄, 불타고 남은.

炭鑛(탄광) 석탄을 캐는 광산.
炭素(탄소) 비금속으로 무색·무취의 석탄·금강석 등의 고체.
木炭(목탄) 뎃상 등에 쓰는 숯.
石炭(석탄) 지층 속에 있는 가연성 탄질암.

8 - 12 - 회의자

焚

불 사 를 분

숲(林)에서 마른 나무를 베어와 쪼갠 장작에 불사를 때 불(火)이 타는 형상을 본뜬 글자.

(또 다른 뜻) 불탈, 태울, 불을 놓을, 화형에 처할, 불로 사냥할.

焚坑(분갱) 분서갱유의 준말.
焚身(분신) 사람이 자기 몸을 불살라 죽음.
焚香(분향) 빈소 따위에서 불에 향을 태움.
焚化(분화) 태워 버림.

9 - 13 - 회의자

煩

번 민 할 번

불덩이(火)처럼 머리(頁)가 번거롭고 잡다한 일로 어수선하여 번민하는 형상을 본뜬 글자.

(또 다른 뜻) 번거러울, 성가실, 답답할, 애탈, 걱정거리, 귀찮을.

煩惱(번뇌) 마음이 시달려서 괴로움.
煩忙(번망) 번거롭고 바쁨.
煩悶(번민) 마음이 번거로와 답답해 함.
煩雜(번잡) 도심이나 마음 따위가 번거롭고 혼잡함.

9 - 13 - 형성자

煙

연 기 연

불(火)이 타고 있는 아궁이가 막혀(垔) 연기가 자욱하게 피어오르는 형상을 본뜬 글자.

(또 다른 뜻) 안개, 담배, 흐릿한, 기운, 먼지, 그을음, 제사지낼.

煙氣(연기) 무엇이 탈 때 생기는 기체.
煙雲(연운) 연기와 구름. 연기같은 구름.
煙草(연초) 담배. 잎담배.
煙花(연화) 봄의 경치. 화포(花砲)를 비유한 말.

9 - 13 - 형성자

煤

그 을 음 매

불(火)를 지펴놓고 노는 아무게(某)의 코가 그을은 아궁이처럼 시커먼 형상을 본뜬 글자.

(또 다른 뜻) 매연, 석탄, 먹, 매탄, 시커먼, 아궁이.

煤氣(매기) 그을음이 섞인 탁한 공기.
煤煙(매연) 연기에 섞여 나오는 그을음. 석탄이 타는 연기나 그을음.
煤炭(매탄) 석탄.

MILLENNIUM

한 자 방 정 식

火	+	登	⇨	燈
넓고 환하게		높게 올린		등잔불.

---

9 - 13 - 형성자

煉

쇠 불 릴 련

쇠붙이를 불(火)에 넣고 달구워 쇠불릴 때 가려서(柬) 뒤집는 형상을 본뜬 글자.

(또 다른 뜻) 반죽할, 불릴, 쇠붙이를 정련할, 구울, 반죽해 구울.

- 煉獄(연옥) 혼령이 천국에 들어가기 전에 불로써 죄를 깨끗이 한다는 곳.
- 煉乳(연유) 달여서 진하게 졸인 우유.
- 煉炭(연탄) 석탄을 가루내어 반죽해서 굳혀 만든 연료.

---

10 - 14 - 형성자

煽

부 추 길 선

불(火)이 타는 곳에 부채(扇)로 부치듯 어떤 일을 부추기는 사람의 형상을 본뜬 글자.

(또 다른 뜻) 부칠, 부채질할, 꼬드길, 성할, 불길이 세찰 .

- 煽動(선동) 어떤 행동에 나설 것을 부추김.
- 煽情(선정) 정욕이나 색정을 일으킴.
- 煽熾(선치) 선동하여 왕성하게 함.
- 煽惑(선혹) 선동하여 현혹시킴.

---

12 - 16 - 형성자

燈

등 잔 등

넓게 환하게 비추기 위해서 등잔불(火)을 높다랗게 올려놓은(登) 형상을 본뜬 글자.

(또 다른 뜻) 등불, 촛불, 등명, 등, 불법, 부처의 가르침, 등대불.

- 燈臺(등대) 밤배의 해로를 비춰주는 대.
- 燈船(등선) 등불을 높이 걸어 항로를 알려주는 배.
- 燈影(등영) 등불의 그림자.
- 燈燭(등촉) 등불과 촛불.

---

12 - 16 - 회의 · 형성자

燃

불 탈 연

불(火)에 마른나무 따위를 불사르다. 그러면(然) 불타는 것이 더욱 성하다는 의미의 글자.

(또 다른 뜻) 태울, 불태울, 불사를, 열내며 탈, 따뜻하게 할.

- 燃料(연료) 연소시켜 에너지를 얻는 물질.
- 燃燒(연소) 불이 붙어 탐.
- 可燃(가연) 불에 잘 탈 수 있음.
- 再燃(재연) 꺼졌던 불이 다시 탐.

---

12 - 16 - 형성자

燒

불 사 를 소

불사를 때 불(火)이 타면서 불꽃이 높이(堯) 쳐오르는 그 불길의 형상을 본뜬 글자.

(또 다른 뜻) 불붙을, 불땔, 애탈, 불에 탈, 불에 익힐, 소주.

- 燒却(소각) 불에 태워서 없애 버림.
- 燒失(소실) 불에 타서 없어짐.
- 燒酒(소주) 곡류를 발효시켜 증류한 술.
- 燒火(소화) 무엇을 불에 태우거나 사름.

---

13 - 17 - 형성자

燥

마 를 조

물기를 말릴 때 불(火) 위에서 물이 떨어지면서 새가 지저귀(喿)는 소리를 낸다는 의미의 글자.

(또 다른 뜻) 녹일, 초조할, 말릴, 건조할, 건조시킬, 마른 것.

- 燥急(조급) 참을성이 없고 성급함.
- 燥濕(조습) 바싹 마름과 축축히 젖음.
- 燥熱(조열) 바싹 마르고 더움.
- 乾燥(건조) 습기나 물기가 없어지거나 마른 것.

MILLENNIUM

한 자 방 정 식

火 + 暴 → 爆

불길이 사납게 터져 폭발함.

---

13 - 17 - 형성자

燭

촛 불 촉

젯상에 올려놓은 촛불(火)이 마치 접시꽃 벌레(蜀)같이 너울너울 일렁이는 형상을 본뜬 글자.

(또 다른 뜻) 밝을, 촛광, 초, 비출, 비칠, 촉, 빛나는 모양.

- 燭光(촉광) 등불 · 불 따위의 빛.
- 燭淚(촉루) 촛농. 초가 탈 때 흐르는 촛농.
- 洞燭(통촉) 아랫사람의 형편을 헤아림.
- 華燭(화촉) 빛깔을 들인 밀초.

---

13 - 17 - 형성자

營

경 영 할 영

화려하게 빛나는(熒의 생략형) 궁전(宮)에서 나라를 경영하는 임금의 형상을 본뜬 글자.

(또 다른 뜻) 다스릴, 진영, 진, 꾀할, 측량할, 경작할, 꾸려갈, 집.

- 營利(영리) 재산의 이익을 도모함.
- 營業(영업) 영리목적으로 사업을 경영함.
- 營爲(영위) 어떤 일을 삶 속에서 경영함.
- 自營(자영) 사업을 자신이 경영함.

---

15 - 19 - 형성자

爆

폭 발 할 폭

불길(火)이 사납게(暴) 타면서 무엇이 톡톡 터져 폭발하는 형상을 본뜬 글자.

(또 다른 뜻) 터질, 불사를, 튀길, 지질, 불로 지질, 터질(포).

- 爆擊(폭격) 폭탄을 떨어뜨려 적토를 파괴함.
- 爆發(폭발) 폭탄 등이 큰 소리로 터짐.
- 爆彈(폭탄) 용기에 폭발약을 장치한 탄알.
- 爆破(폭파) 폭발시켜 부숨.

---

16 - 20 - 형성자

爐

화 로 로

숯 따위의 불(火)이 담겨진 검은 그릇(盧)의 모양인 화로의 형상을 본뜬 글자.

(또 다른 뜻) 난로, 뙤약볕, 위로, (마루 바닥에 낸 불피우는 장치).

- 煖爐(난로) 실내를 덥게 하기 위한 기구.
- 風爐(풍로) 밑으로 바람이 통하는 화로.
- 香爐(향로) 향을 피우는 조그마한 화로.
- 火爐(화로) 숯불을 담는 그릇.

---

17 - 21 - 형성자

爛

빛 날 란

불길(火)이 다하여(闌) 사그라져 문드러질 순간 한 번 반짝 빛나는 형상을 본뜬 글자.

(또 다른 뜻) 밝을, 문드러질, 무르녹을, 너무 익을, 피부가 헐.

- 爛漫(난만) 꽃이 만발하여 화려함.
- 爛發(난발) 꽃이 한창 흐드러지게 핌.
- 爛熟(난숙) 무르녹게 익음.
- 爛醉(난취) 흠뻑 취함.

---

6 - 10 - 형성자

烈

매 울 렬

주변으로 확대되어 벌려진(列) 불길(灬 =火의 변형)이 피어오르는 연기로 매운 형상을 본뜬 글자.

(또 다른 뜻) 세찰, 사나울, 심할, 절개굳을, 공(功), 아름다울.

- 烈光(열광) 몹시 강한 빛.
- 烈女(열녀) 절개가 곧은 여자. 열부(烈婦).
- 烈士(열사) 나라를 위하여 충성을 다한 사람.
- 烈風(열풍) 맹렬히 부는 바람.

MILLENNIUM

한 자 방 정 식

隹 + 火 → 焦

새의 꼬리처럼 불이 탈 때의 그을림.

---

6 - 10 - 상형자

烏

까 마 귀 오

까마귀가 앉은 있는 옆모습의 형상을 본뜬 글자로 새조(鳥)와 구별할 수 있게 눈(一)을 뺀 글자.

(또다른뜻) 검을 어찌, 흑색, 환호의 소리, 나라이름(아).

- 烏鵲(오작) 까마귀와 까치. 까막까치를 이르는 말.
- 烏合(오합) 까마귀처럼 무질서하게 모임.
- 烏竹(오죽) 대나무의 한 가지로 껍질은 녹색인데 속이 흑색임.

---

7 - 11 - 상형자

焉

어 찌 언

중국에서는 까마귀를 길조로 여겨 사람이 죄악을 일삼을때 나타난다하여 머리에 正자로 대신함.

(또다른뜻) 이에, 접속사, 곧, 그래서, 즉, 이, 여기, 어조사(이).

- 焉敢(언감) 어찌 감히.
- 於焉(어언) 알지 못하는 사이 어느덧.
- 終焉(종언) 죽거나 없어져서 존재의 끝남을 이르는 말. 계속하던 일이 끝남을 이르는 말.

---

8 - 12 - 형성자

然

그 럴 연

개를(犬) 거꾸로 매달아 불(灬 =火의 변형)로 그을려 그러하여 익히는 형상을 본뜬 글자.

(또다른뜻) 그러할, 옳을, 그러면, 접미사, 그러나, 탈, 불태울.

- 然否(연부) 그러함과 그러하지 아니함.
- 然則(연즉) '그런즉'으로 접속부사.
- 然後(연후) 그러한 뒤.
- 必然(필연) 꼭 그렇게 됨.

---

8 - 12 - 형성자

無

없 을 무

아무리 큰 숲(無)일지라도 불(灬 =火의 변형) 불에 타버리면 흔적도 없다는 의미의 글자.

(또다른뜻) 아닐, 말, 아니할, 허무의 도, 무엇, 무릇, 대체로.

- 無關(무관) 관계가 없음. '무관계'의 준말.
- 無能(무능) ① 재능이 없음. ② 능력이 없음.
- 無慘(무참) 비할 바 없이 끔찍하고 참혹함.
- 無限(무한) 한이 없음. 끝이 없음.

---

8 - 12 - 상형자

焦

그 을 릴 초

새의 꼬리(隹)처럼 불(火의 변형)이 탈 때 그을림이 위로 퍼지는 형상을 본뜬 글자.

(또다른뜻) 불탈, 애탈, 초조할, 그스를, 새이름, 가마솥(추).

- 焦眉(초미) 눈섭이 탄다는 뜻으로 매우 위급함을 비유한 말.
- 焦點(초점) 사물의 가장 종요로운 부분.
- 焦燥(초조) 애태우며 마음 졸임.
- 焦土(초토) 불에 타 그을린 땅.

---

9 - 13 - 형성자

熙

빛 날 희

신하(臣)의 몸(己)이 불빛(火의 변형)처럼 빛나는 것 같이 총기가 있는 형상을 본뜬 글자.

(또다른뜻) 기뻐할, 화락할, 넓을, 즐길, 빛, 넓힐, 일으킬.

- 熙笑(희소) 기뻐서 웃는 웃음.
- 熙朝(희조) 잘 다스려진 태평성대의 시대.
- 熙洽(희흡) 화락함.
- 熙熙(희희) 화목해 하는 모양.

MILLENNIUM

한자방정식

能 + 火 ⇨ 熊

힘든 일도 능히 해낼 불같이 억센 발의 곰.

---

9 - 13 - 형성자

照

비 칠 조

햇빛(日)을 받는(召) 것처럼 불(火의 변형)빛이 비추니 주위가 환해지는 형상을 본뜬 글자.

또다른뜻 비칠, 대조할, 햇빛, 의거할, 준거할, 돌볼, 깨우칠.

- 照例(조례) 조목조목 적어 놓은 법령.
- 照査(조사) 대조하여 조사함.
- 對照(대조) 둘 이상의 대상을 맞대어 봄.
- 參照(참조) 참고로 대조함. 참고하여 대조함.

---

10 - 14 - 형성자

熊

곰 웅

어떤 힘든 일도 능(能)히 해낼 만큼 힘센 곰의 발이 불(火의 변형)같은 형상을 본뜬 글자.

또다른뜻 빛날, 세 발 자라, 빛나는 모양, 둔할.

- 熊膽(웅담) 곰의 쓸개.
- 雄掌(웅장) 곰의 발바닥.
- 白熊(백웅) 털빛이 하얀 곰.
- 赤熊(적웅) 털빛이 붉은 곰.

---

11 - 15 - 형성자

熟

익 을 숙

어느(孰) 누구나 고기를 구워 먹을 때 불(火의 변형)에 꼬챙이로 익혀 먹는 형상을 본뜬 글자.

또다른뜻 낯익을, 익숙할, 익힐, 성숙할, 충분할, 열매익을.

- 熟考(숙고) 잘생각함. 심사숙고(深思熟考).
- 熟練(숙련) 어떤 일을 숙달되게 익힘.
- 熟面(숙면) 익히 잘 아는 사람.
- 能熟(능숙) 능란하고 익숙함. 숙련되어 능수능란함.

---

11 - 15 - 형성자

熱

더 울 열

세차게(埶 =勢의 생략형) 불(火의 생략형)같은 날씨로 더운 여름의 형상을 본뜬 글자.

또다른뜻 뜨거울, 열, 쏠릴, 몸이 달을, 흥분할, 더워질, 탈.

- 熱狂(열광) 너무 기뻐서 미친 듯이 날뜀.
- 熱誠(열성) 열렬한 정성.
- 熱情(열정) 어떤 일에 열중하는 마음.
- 熱火(열화) 뜨거운 불길.

---

12 - 16 - 상형자

燕

제 비 연

제비의 부리(廿)와 몸(口) 양쪽날개(北), 그리고 꼬리(灬)의 형상을 본뜬 글자.

또다른뜻 편안할, 잔치, 나라이름, 어여쁜 모양, 심신이 편할.

- 燕京(연경) 중국「북경」의 옛 명칭.
- 燕尾(연미) 제비의 꼬리.
- 燕巢(연소) 제비의 소굴. 제비의 집.
- 燕雀(연작) 제비와 참새. 도량 좁은 사람.

爪

4 - 8 - 회의자

爭

다 툴 쟁

손톱(爪) 달린 손(ヨ=乂=手의 변형)으로 갈고리(亅)같이 하고서 다루는 형상을 본뜬 글자.

또다른뜻 간할, 겨룰, 말다툼할, 소송할, 싸움, 전쟁, 논쟁.

- 爭議(쟁의) 의견 차이로 서로 다툼.
- 爭取(쟁취) 싸워서 이김.
- 爭奪(쟁탈) 다투어 빼앗음.
- 鬪爭(투쟁) 어떤 목적을 관철하기 위해 서로 다투어 싸움.

MILLENNIUM

한자방정식

片 + 卑 → 牌

나무 조각을 얇게 다듬어 명패를 만듦.

---

8 - 12 - 형성자

爲

할 위

손톱(爪)으로 머리를 극적이며 이상스런 행위를 하는 원숭이의 형상을 본뜬 글자.

(또 다른 뜻) 할, 위할, 행위, 만들, 지을, 속일, 될, 당할, 하게 할.

爲國(위국) 나라를 위함.
爲民(위민) 백성을 위함.
爲始(위시) 첫 번을 삼아 시작함. 비롯함.
爲政(위정) 정치를 행함. 정치를 함.
爲主(위주) 주장을 삼음.

---

14 - 18 - 상형자

爵

벼슬 작

벼슬아치는 손(爪)아귀에 법망(四)을 쥐고 우뚝 서서(艮) 한 마디(寸)의 말로 호령한다는 뜻의 글자.

(또 다른 뜻) 작위, 참새모양의 잔, 벼슬, 신분의 위계, 참새.

公爵(공작) 오등작의 첫째 작위.
侯爵(후작) 오등작의 둘째 작위.
伯爵(백작) 오등작의 셋째 작위.
子爵(자작) 오등작의 넷째 작위.
男爵(남작) 오등작의 다섯째 작위.

---

0 - 4 - 회의자

父

아비 부

도끼나 괭이를 들고 땅을 씻어내리며 열심히 일하는 가장이 아비라는 의미의 글자.

(또 다른 뜻) 아버지, 늙으신네, 남자의 미칭, 비롯할, 연로한.

父系(부계) 아버지 쪽의 혈연 계통.
父君(부군) '아버지'의 높임말.
父女(부녀) 아버지와 딸.
父母(부모) 아버지와 어머니. 양친.

---

0 - 4 - 지시자

片

조각 편

통나무 토막을 두 개로 쪼개어 조각낸 장작의 형상을 본뜬 글자로 작다는 의미도 있음.

(또 다른 뜻) 쪽, 쪼갤, 토막, 절반, 한 쪽, 아주 작음, 얇은 조각.

片道(편도) 가고 오는 길 중 어느 한쪽.
片鱗(편린) 한 조각의 비늘. 작은 일부분.
片肉(편육) 얇게 썬 수육.
片舟(편주) 작은 배. 조각배.

---

4 - 8 - 형성자

版

널 판

옛날엔 나무를 널조각(片)을 넓은 쪽으로 뒤집어(反) 내용을 새겼다는 의미의 글자.

(또 다른 뜻) 판목, 인쇄, 판자, 호적, 널판지, 책, 편지, 명부.

銅版(동판) 구리면에 글 등을 새긴 원판.
木版(목판) 나무면에 글 등을 새긴 인쇄판.
再版(재판) 출판물을 두 번째 간행함.
出版(출판) 인쇄하여 책으로 냄.

---

8 - 12 - 형성자

牌

패 패

널조각(片)을 낮고 얇게(卑) 다듬어 명패를 만들어서 문패나 위패로 썼다는 의미의 글자.

(또 다른 뜻) 명패, 위패, 문패, 신주, 명찰, 간판, 부신, 공문서.

馬牌(마패) 조선 시대 어사가 차던 패.
名牌(명패) 이름 따위를 적은 패.
門牌(문패) 주소·성명을 써서 문에 다는 패.
位牌(위패) 신위의 이름을 적어 모시는 패.

牙

牛

MILLENNIUM

한 자 방 정 식

牛	+	生	⇨	牲
농가의 소가		인간 삶을 위해		희생함.

9 - 13 - 형성자

牒

편 지 첩

나무 조각(片)을 나뭇잎(葉의 생략형)처럼 얇게 하여 편지 따위를 쓰는 형상을 본뜬 글자.

(또 다른 뜻) 공문서, 족보, 장부, 문서, 계보, 임명서, 보고문.

- 牒報(첩보) 서면으로 상관에게 상황을 보고함.
- 牒案(첩안) 공문서.
- 請牒(청첩) 경사가 있을 때 남을 초청하는 안내문.
- 通牒(통첩) 공식적으로 통지하는 글월.

0 - 4 - 상형자

牙

상 아 아

코끼리의 상아로 품위와 위엄을 드높이기 위하여 대장기 끝에 장식한 형상을 본뜬 글자.

(또 다른 뜻) 어금니, 대장기, 거간꾼, 송곳니, 날카로운 이.

- 牙城(아성) 대장기를 세운 주장의 성.
- 牙音(아음) 어금닛 소리.
- 象牙(상아) 코끼리의 어금니.
- 齒牙(치아) 「이」의 점잖은 일컬음.

0 - 4 - 상형자

牛

소 우

머리와 그 위에 솟은 두 뿔 그리고 꼬리를 늘어뜨리고 있는 소의 형상을 본뜬 글자.

(또 다른 뜻) 우유, 별이름, 견우성, 무릅쓸, 희생.

- 牛骨(우골) 쇠뼈. 소의 뼈.
- 牛馬(우마) 소와 말.
- 牛舍(우사) 외양간.
- 牛乳(우유) 암소의 젖. 암소의 젖으로 가공한 음료.
- 牛皮(우피) 소의 가죽. 쇠가죽.

4 - 8 - 회의자

牧

칠 목

소(牛)를 회초리(攵)로 치는 농부의 형상을 본뜬 글자로 회초리로 다스린다는 뜻의 글자.

(또 다른 뜻) 기를, 다스릴, 이끌, 벼슬이름, 놓아 기를, 법, 법도.

- 牧歌(목가) 전원 생활을 주제로 한 시가.
- 牧師(목사) 기독교회의 교직 교구 관리자.
- 牧場(목장) 우마 등을 놓아 기르는 장소.
- 牧畜(목축) 가축을 다량 기름.

4 - 8 - 형성자

物

만 물 물

농가에서 소(牛)는 없어서는 안될(勿) 만물 중에 가장 소중히 여긴다는 의미의 글자.

(또 다른 뜻) 물건, 무리, 사물, 일, 볼, 살필, 종류, 재물, 이름붙일.

- 物價(물가) 물건의 값. 상품의 가격.
- 物情(물정) 세상 돌아가는 형편이나 인심.
- 物質(물질) ① 물건의 본바탕. ② 공간을 차지하고 있는 량이 있는 물건.

5 - 9 - 형성자

牲

희 생 생

농가에서 소(牛)가 인간의 삶(生)을 위하여 농사일에 희생하는 형상을 본뜬 글자.

(또 다른 뜻) 천지, 신명 따위에 제사를 드릴 때 쓰이는 소.

- 牲犢(생독) 희생으로 쓰이는 송아지.
- 犧牲(희생) 어떤 목적이나 일에 자신을 그곳에 바치는 정신. 어떤 사건의 마무리를 위해 심신을 바치는 행위.

MILLENNIUM

한 자 방 정 식

牛 ＋ 寺 ⇨ 特

옛날부터 소는 관청에서도 쓰임새가 특별했음.

---

6 - 10 - 형성자

特

특별할 특

옛날 소(牛)의 등에 관청(寺)에서 부탁한 특별한 재물을 실어 나르는 형상을 본뜬 글자.

(또 다른 뜻) 홀로, 숫소(숫컷), 유달리, 한 마리 다만, 매우, 곧.

特級(특급) 특별한 계급이나 등급.
特別(특별) 보통과 다름.
特殊(특수) 보통의 것과는 특별히 다름.
特惠(특혜) 특별한 혜택.

---

7 - 11 - 형성자

牽

끌 견

현미를(玄) 우마에 실어서 묶고 소(牛)로 끌게 하여 끌어 당기는 형상을 본뜬 글자.

(또 다른 뜻) 끌어당길, 이을, 몰, 당길, 거느릴, 만류할, 강요할.

牽連(견련) 잇달아 계속됨.
牽牛(견우) 독수리자리의 별.
牽引(견인) 끌어당김.
牽制(견제) 지나치게 세력을 펴거나 과한 자유행동을 제재하여 막고 억누름.

---

16 - 20 - 형성자

犧

희생 희

소(牛)처럼 열심히 일하는 것은 옳은(義) 일을 위해서 자기 자신을 희생한다는 의미의 글자.

(또 다른 뜻) 희생양, 사랑하여 기를, 술그릇, 소 모양을 한 술통.

犧牲(희생) 자기의 목숨·재산 따위를 남을 위해 바치거나 버림.
犧銓(희전) 온전한 희생.

---

0 - 4 - 상형자

犬

개 견

집에서 기르는 개가 주인을 맞아 기뻐하며 앞발을 쳐들고 있는 형상을 본뜬 글자.

(또 다른 뜻) 하찮은 것, 하찮은 편, 중국 서방 이민족을 지칭함.

犬豚(견돈) 개와 돼지. 범용한 사람.
犬馬(견마) 개와 말. 자기 몸을 겸손하게 일컫는 말.
犬猿(견원) ①개와 원숭이. ②서로 사이가 나쁜 두 사람.

---

4 - 8 - 형성자

狀

형상 상

널판(爿의 대칭형)으로 이어 만든 대문에 개(犬)가 오줌누는 형상의 모습을 본뜬 글자.

(또 다른 뜻) 형용할, 나타낼, 모양, 문서(장), 편지(장), 서간(장).

狀態(상태) 사물의 현재의 형편이나 모양.
狀況(상황) 일이 되어가는 형편이나 모양.
狀啓(장계) 관원이 서면으로으로 왕에게 보고함.
賞狀(상장) 상을 주는 증서.

---

10 - 14 - 회의자

獄

옥 옥

두 개(犬)가 마주보고서 말(言)하듯 다투는 것처럼 크게 다툰 사람은 옥살이한다는 뜻의 글자.

(또 다른 뜻) 감옥, 소송, 소송할, 재판할, 죄, 법, 형법, 형벌.

獄苦(옥고) 옥살이 하는 고생. 옥안에서 하는 고생.
監獄(감옥) 교도소의 구칭.
投獄(투옥) 옥에 가둠.
下獄(하옥) 죄인을 옥에 넣음.

犬

MILLENNIUM

한자방정식

牛 + 義 ⇨ 犧

소처럼 옳은 일을 위해 희생함.

15-19-회의·형성자

獸

짐 승 수

산에 사는 야생의 짐승과 집에서 기르는 개(犬) 따위를 싸잡아 짐승의 의미를 가진 글자.

또다른뜻 길짐승, 야생동물, 포, 말린고기, 야수, 들짐승, 가축.

獸慾(수욕) 짐승과 같은 음란한 욕망.
獸醫(수의) 「수의사」의 준말. 가축병원 의사.
禽獸(금수) 날짐승과 길짐승.
鳥獸(조수) 새와 짐승.

16-20-형성자

獻

바 칠 헌

어진 사람이 부모님께 범(虎) 대신 솥(鬲)에 개(犬)고기를 요리하여 바치는 형상을 본뜬 글자.

또다른뜻 어진사람, 맞이할, 좋을, 잘할, 우의가 있을, 상주할.

獻納(헌납) 금품(金品) 등을 바침.
獻身(헌신) 몸과 마음을 다 바쳐 힘씀.
獻花(헌화) 신전이나 영전에 꽃을 바침.
貢獻(공헌) 힘을 써 이바지함. 기여(寄與).

耂

0-6-회의자

老

늙 을 로

긴 머리가 허옇고 주름이 많이 패인 늙은 노인이 지팡이를 의지한 형상을 본뜬 글자.

또다른뜻 늙은이, 익숙할, 노련할, 어른, 덕높은 이, 노숙할.

老練(노련) 오랫동안 경험을 쌓아 능란함.
老齡(노령) 늙은 나이.
老少(노소) 늙은 노인과 젊은이.
老弱(노약) 늙은 노인과 연약한 어린아이.

2-6-형성자

考

헤 아 릴 고

노인(老)이 연륜이 있어 묘(巧의 工이 생략)하게 사물의 헤아림이 깊다는 의미의 글자.

또다른뜻 상고할, 장수할, 죽은 아비, 늙을, 생각할, 조사할.

考慮(고려) 생각하여 헤아림.
考査(고사) 자세히 상고하여 검사하는 일.
考案(고안) 어떤 안(案)을 생각하여 냄.
參考(참고) 참조하여 헤아림.

5-9-형성자

者

놈 자

노인(耂)이 화로를 뒤척이며 스스로(白=自의 생략형) 삿대질하며 이놈저놈 한다는 뜻의 글자.

또다른뜻 사람, 것, 어조사, 곳, 때, 경우, …은, …라는 것은.

記者(기자) 신문 등의 기사를 쓰는 사람.
作者(작자) '저작자(著作者)'의 준말.
學者(학자) 학문을 연구하는 사람.
筆者(필자) 글을 쓸 사람이나 쓴 사람.

玉

0-4-지시자

王

임 금 왕

왕관을 쓴 임금은 하늘·땅·사람을 다스리고 지배한다는 뜻을 의미한 글자.

또다른뜻 왕좌, 으뜸, 임금노릇할, 왕처럼 군림할, 최고가 될.

王國(왕국) 왕이 다스리는 군주국가.
王陵(왕릉) 옛날 역대 왕의 무덤.
王妃(왕비) 임금의 아내.
王族(왕족) 임금의 일가.

MILLENNIUM

한 자 방 정 식

玉	+	朱	⇨	珠
진주는		약간 붉은 빛이 도는		구슬이다.

---

0 - 5 - 상형자

玉

구 슬 옥

세 개의 옥돌이 꿰어진 구슬의 형상을 본뜬 글자로 王자와 구별하기 위해 점을 넣음.

(또다른뜻) 옥, 옥돌, 아름다울, 훌륭한, 임금, 존귀할, 소중할.

玉器(옥기) 옥으로 만든 그릇.
玉色(옥색) 약간 파르스름한 빛깔.
玉石(옥석) ① 옥돌. ② 좋은 것과 나쁜 것.
玉篇(옥편) 한자를 순서대로 풀이한 자전.

---

4 - 8 - 형성자

玩

놀 완

마당에서 어린애들이 놀기엔 구슬(玉의 생략형)이 으뜸(元)이라는 의미의 글자.

(또다른뜻) 장난할, 소일할, 장난감, 구경할, 익숙해질, 노리개.

玩具(완구) 장난감.
玩弄(완롱) 우스갯감으로 가지고 놂.
玩賞(완상) 즐기며 감상함.
愛玩(애완) 매우 사랑하며 즐겨 구경함.

---

5 - 9 - 형성자

珍

보 배 진

진주(玉의 생략형)와 머리결(㐱)같이 어두운 곳에서도 빛나는 것이 보배라는 의미의 글자.

(또다른뜻) 보배로울, 진귀할, 맛좋을, 귀하게 여길, 보화, 보물.

珍貴(진귀) 보배롭고 귀중하거나 귀한 것.
珍談(진담) 진귀한 이야기.
珍味(진미) 맛이 썩 좋은 음식의 맛.
珍品(진품) 진귀한 물품.

---

6 - 10 - 회의자

班

나 눌 반

쌍구슬(玨)을 칼로(刂) 나누어 어떤 한 쪽을 주어서 후일 증거로 삼는다는 의미의 글자.

(또다른뜻) 반, 학급, 돌릴, 돌이킬, 헤어질, 이어질, 펼, 대등할.

班常(반상) 양반과 상사람.
班長(반장) 학교 교실 따위에서 반의 우두머리.
同班(동반) 같은 반. 같은 반열.
統班(통반) 대가 주소의 후미에 표기하는 통과 반.

---

6 - 10 - 형성자

珠

구 슬 주

구슬(玉의 생략형) 중 진주는 약간 붉은(朱) 빛이 도는 구슬이라는 의미의 글자.

(또다른뜻) 진주, 주옥, 보석, 둥근 알, 원형의 옥, 붉을, 붉은 옥.

珠算(주산) 수판이나 주판을 써서 하는셈. 수판셈.
珠玉(주옥) 구슬과 옥돌. 훌륭한 것을 비유.
眞珠(진주) 조개 따위에서 생성되는 자연산 구슬.

---

7 - 11 - 형성자

球

구 슬 구

옥돌(玉의 생략형)을 구하여(求) 둥글게 갈아서 공처럼 만든 구슬의 형상을 본뜬 글자.

(또다른뜻) 공, 둥근 덩어리, 아름다운 옥, 경석, 지구, 지구본.

球團(구단) 야구를 사업으로 하는 단체.
球面(구면) 구의 표면.
球形(구형) 공처럼 둥근 모양.
地球(지구) 인류가 살고 있는 천체.

MILLENNIUM

한 자 방 정 식

玉 + 里 ⇨ 理

구슬달린 명패로 고을을 다스림.

---

7 - 11 - 형성자

理

다스릴 리

천자로부터 하사받은 구슬(玉) 달린 명패로 고을(里)을 다스리는 관리의 형상을 본뜬 글자.

(또 다른 뜻) 도리, 깨달을, 이치, 바르게 할, 정리할, 이해할.

- 理論(이론) 사물을 논리적으로 체계화 함.
- 理性(이성) 인간의 논리적 · 개념적 사유 능력.
- 理解(이해) 분별하여 해석함.
- 管理(관리) 어떤 사물을 헤아려 중요히 여김.

---

7 - 11 - 형성자

現

나타날 현

흙에 묻혀 있던 옥(玉의 생략형)을 빛이 나타나게(見) 갈고 닦는 형상을 본뜬 글자.

(또 다른 뜻) 드러날, 이제, 옥빛, 지금, 현재, 현재 있을, 현상.

- 現金(현금) 현재 몸에 지니고 있는 돈.
- 現代(현대) 지금의 이 시대.
- 現狀(현상) 현재의 상태.
- 現實(현실) 현재 실제로 존재하는 사실.

---

8 - 12 - 상형자

琴

거문고 금

두 개의 옥구슬(玉의 생략형)이 지금(今) 부딪혀 나는 듯한 거문고의 형상을 본뜬 글자.

(또 다른 뜻) 비파, 부부의 금술.

- 大琴(대금) 목관 악기의 하나.
- 彈琴(탄금) 거문고 · 가야금 따위를 탐.
- 琴道(금도) 거문고를 타는 기술과 이론.
- 琴瑟(금슬) 거문고와 비파. 부부 사이의 정.

---

8 - 12 - 형성자

琢

쫄 탁

모난 옥(玉)을 쪼아 구슬로 만들 때 마치 멧돼지(豕)가 발로 땅을 치는 소리같다는 뜻의 글자.

(또 다른 뜻) 옥다듬을, 연마할, 꾸밀, 다듬을, 선택할, 부리로 쫄.

- 琢器(탁기) 틀에 박아 쪼아서 만든 그릇.
- 琢磨(탁마) ① 옥석을 쪼아 다듬음. ② 학문이나 덕행 · 기예 따위를 힘써 갈고 닦음.

---

9 - 13 - 형성자

瑕

티 하

옥구슬(玉의 생략형)에 티가 하나 있어 그것이 허물(叚)이 된다는 의미의 글자.

(또 다른 뜻) 옥의 티, 허물, 흠, 잘못, 멀, 정도의 차가 클, 어찌.

- 瑕缺(하결) 옥의티. 옥의 흠.
- 瑕惡(하악) 흠이나 결점.
- 瑕疵(하자) 옥의 티. 어떤 일의 결점.
- 瑕痕(하흔) 흉터. 상흔.

---

9 - 13 - 형성자

瑞

상서로울 서

옥(玉의 생략형)은 오로지(而) 산(山)에서만이 구할 수 있는 상서로운 것이라는 뜻의 글자.

(또 다른 뜻) 상서, 길조, 경사스러울, 부절, 부신, 좋은 조짐.

- 瑞光(서광) 상서로운 빛. 길한 일의 조짐.
- 瑞雪(서설) 상서로운 눈.
- 瑞玉(서옥) 옥으로 만든 신표.
- 祥瑞(상서) 기쁜 일이 있을 조짐.

한자방정식

艸 + 化 ⇨ 花

줄기에 잎을 먼저 내고 그 위에 변화를 준 꽃.

---

13 - 17 - 형성자

環

고리 환

빛나는 옥구슬(玉의 생략형)을 보고 놀라(瞏) 눈동자가 고리처럼 돌아가는 형상을 본뜬 글자.

또다른뜻 두를, 돌, 둥근 구슬, 환옥, 물러날, 선회, 둘러 쌀.

環境(환경) 생활하는 주위의 상태.
環象(환상) 주위를 둘러싼 일체의 형상.
循環(순환) 쉬지 않고 자꾸 돎.
花環(화환) 조화나 생화를 고리 모양으로 만든 것.

---

13 - 18 - 형성자

璧

둥근옥 벽

적을 소멸하듯(辟) 옥(玉의 생략형)의 결점을 없앤 빛을 발하는 둥근 옥의 형상을 본뜬 글자.

또다른뜻 둥글 납작할, 중앙에 구멍이 아름다운 옥, 주름.

雙璧(쌍벽) 두 개의 구슬. 여럿 가운에서 우열을 가릴, 수 없게 뛰어난 둘.
完璧(완벽) 결점이 하나도 없이 훌륭함. 빌어 왔던 사물을 온전히 돌려 보냄.

---

4 - 8 - 형성자

芽

싹 아

발아하는 새싹(艹)의 줄기가 코끼리의 상아(牙)처럼 돋아나는 싹의 형상을 본뜬 글자.

또다른뜻 싹이 틀, 조짐이 보일, 처음, 새싹, 광물, 어금니.

麥芽(맥아) 엿기름.
發芽(발아) 씨앗에서 싹이 나옴.
摘芽(적아) 농작물의 새싹을 골아 필요이외의 것을 따 버리는 일.
胎芽(태아) 임신 후 수정란.

---

4 - 8 - 형성자

芳

꽃다울 방

군자가 민초(艹 백성)들을 위해 꽃다운 덕행으로 그 향기가 널리 퍼지는 형상을 본뜬 글자.

또다른뜻 향기, 이름빛날, 행실 아름다울, 향기로울, 명성이 높을.

芳年(방년) 20세 전후의 꽃다운 나이.
芳名(방명) 남의 이름의 존칭. 방명록.
芳草(방초) 꽃다운 풀. 녹음방초.
芳香(방향) 꽃다운 향기. 향기.

---

4 - 8 - 형성자

花

꽃 화

꽃나무는 줄기와 풀(艹)같은 잎을 먼저 내고 그 위에 꽃을 피우는 변화(化)를 의미한 글자.

또다른뜻 꽃필, 아름다울, 어두울, 꽃다울, 무늬, 흐려질.

花壇(화단) 화초를 심기 위한 꽃밭.
花廊(화랑) 미술품을 진열하여 전시한 곳.
花盆(화분) 화초를 심는 그릇.
花園(화원) 꽃동산. 꽃을 재배하는 농장.

---

5 - 9 - 회의자

苗

싹 묘

묘판에서 싹으로 키운 모종이 풀(艹)만큼 자란 것을 논밭에 이식하는 형상을 본뜬 글자.

또다른뜻 모종, 자손, 종족 이름, 싹, 책을, 후손, 우예, 민중.

苗木(묘목) 옮겨 심는 어린 나무.
苗床(묘상) 모종을 키우는 자리. 못자리.
苗裔(묘예) 대(代)가 오래된 자손.
苗板(묘판) 못자리. 모판.

MILLENNIUM

한 자 방 정 식

艸	+	戊	⇨	茂
초목이		번성하여		무성한 숲.

5-9-형성자

茂
무 성 할 무

초목(艹)이 번성하여(戊) 무성하게 자란 숲의 경과의 뛰어난 형상을 본뜬 글자.

(또다른뜻) 우거질, 뛰어날, 왕성할, 아름다울, 성할, 힘쓸.

茂林(무림) 나무가 우거진 숲.
茂盛(무성) 초목이 많이 나서 우거짐.
茂松(무송) 소나무가 빽빽히 들어선 숲.
茂草(무초) 여러 종류의 풀들이 무성하게 남.

5-9-형성자

苦
쓸 고

풀(艹)을 오래(古) 말려 약초로 쓰이는데 대개 효험이 있는 약은 쓰다는 것을 의미한 글자.

(또다른뜻) 괴로울, 멀미, 쓴맛, 괴롭힐, 고달플, 지칠, 고생할.

苦難(고난) 괴로움과 어려움.
苦惱(고뇌) 마음이 괴롭고 아픔.
苦悶(고민) 괴로워하고 속을 썩임.
苦心(고심) 마음을 애태우며 괴로워 함.

5-9-형성자

英
꽃 부 리 영

꽃은 잎(艹)과 줄기 위로 피어나는데 그 꽃의 가운데(央) 꽃부리의 형상을 본뜬 글자.

(또다른뜻) 꽃장식, 명예, 뛰어날, 영국의 약칭, 장식, 영웅.

英明(영명) 뛰어나게 슬기롭고 총명함.
英雄(영웅) 영특하여 대업을 성취한 사람.
英才(영재) 뛰어난 재주, 또는 그런 재주를 가진 사람.

5-9-형성자

苟
구 차 할 구

잡초(艹)같이 구부린(句) 것처럼 엎드려 구차하게 보일 정도로 애쓰는 형상을 본뜬 글자.

(또다른뜻) 다만, 진실로, 풀이름, 원컨대, 채소이름, 초라할.

苟免(구면) 겨우 액을 벗어남.
苟生(구생) 구차하게 삶.
苟安(구안) 한 때 겨우 편안 함.
苟且(구차) ① 군색스럽고 구구함. ② 살림이 매우 가난함. ③ 언행이 떳떳하지 못함.

5-9-회의자

若
같 을 약

나물(艹)을 오른(右) 손으로 골라 길이나 크기가 같은 것으로 다듬는 형상을 본뜬 글자.

(또다른뜻) 만약, 어조사, 및, 와, 과, 혹시, 이러한, 땅이름(야).

若干(약간) 정도나 양이 얼마 되지 아니함.
若視(약시) 여차. 이러함.
若下(약하) 여하. 어떠함.
若朽(약후) 젊어 한창 때임에도 쓸모없음.
萬若(만약) 행여나 하는 미심쩍음.

5-9-형성자

苑
동 산 원

화원의 바탕이 잔디(艹)가 둥근 모양(夗)으로 펼쳐진 동산으로 된 형상을 본뜬 글자.

(또다른뜻) 한 동아리, 나무가 무성할, 틀어박힐, 맺힐(울).

苑花(원화) 동산에 핀 꽃.
鹿苑(녹원) 사슴을 기르는 뜰이나 동산.
秘苑(비원) 대궐 안에 있는 동산이나 궁궐 주변의 정원.
藝苑(예원) 예술인의 사회.

MILLENNIUM

한자방정식

艸 + 早 ⇨ 草

잎들이 이른 봄에 파릇히 자란 풀.

5-9-회의자

苛

가혹할 가

어린애들이 잔디밭(艹)에서 풀을 가혹하게 밟는 것은 옳은(可) 일이 아니라는 뜻의 글자.

(또다른뜻) 까다로울, 사나울, 번거로울, 어지러울, 꾸짖을.

苛斂(가렴) 조세 따위를 혹독하게 거둠.
苛細(가세) 성질이 까다롭고 옹졸함.
苛征(가정) 세금 따위를 가혹하게 징수함.
苛酷(가혹) 몹시 혹독함.

6-10-형성자

茶

차 다

풀(艹) 중 사람들(人)이 달여서 마실 수 있는 잎이나 나무(木)가 차의 재료라는 뜻의 글자.

(또다른뜻) 차나무, 차나무 싹, 신차, 초잎을 달인, 차(차).

茶菓(다과) 차와 과자.
茶道(다도) 차에 관한 예의.
茶房(다방) 각종 차로 영업하는 가게.
茶園(다원) 차나무를 심은 밭.
茶話(다화) 차를 미시며 하는 이야기.

6-10-형성자

茫

망망할 망

초목(艹)이 무성한 것이 바닷물(氵)이 끝없이(亡) 펼쳐진 망망함과 같은 형상을 본뜬 글자.

(또다른뜻) 멀, 넓을, 아득할, 빠를, 신속할, 갑자기, 남만.

茫漠(망막) 넓고 멂. 뚜렷한 구별이 없음.
茫洋(망양) 끝없이 넓은 바다.
茫然(망연) 넓고 멀어서 아득한 모양.
浩茫(호망) 넓고 아득함.

6-10-형성자

荒

거칠 황

풀(艹)이 생기를 잃고(亡) 냇가(川)에는 물마른지 오래되어 땅이 거치른 흉년이라는 뜻의 글자.

(또다른뜻) 흉년, 허황할, 거짓, 빠질, 망칠, 황폐할, 패할.

荒唐(황당) 언행이 거칠고 거짓이 많음.
荒凉(황량) 황폐하여 을씨년스럽고 쓸쓸함.
荒野(황야) 손이 안간 거친 들판.
荒廢(황폐) 거두지 아니하여 못쓰게 됨.

6-10-형성자

草

풀 초

움트는 풀(艹)은 이른(早) 봄에 새싹이던 것이 무성한 초목으로 자라는 형상을 본뜬 글자.

(또다른뜻) 엉성할, 초잡을, 초서, 시작할, 풀숲, 초원, 초안.

草芥(초개) 풀과 먼지. 하찮은 것의 비유.
草露(초로) 풀잎에 맺힌 이슬.
草案(초안) 초잡은 안. 기안의 초고.
草原(초원) 풀이 난 들판.

7-11-회의자

莫

없을 막

저 서쪽 숲(艹) 사이로 해가(日)가 빛(大)과 함께 사라지고 없어지는 형상을 본뜬 글자.

(또다른뜻) 아닐, 저물, 말, 아득할, 쓸쓸할, 거스를, 저물(모).

莫强(막강) 더할 수 없이 강함.
莫大(막대) 수량이 극히 크고 많음.
莫論(막론) 말할 나위도 없음.
莫甚(막심) 더할 나위 없이 심함.
莫逆(막역) 서로 허물 없이 썩 친함.

MILLENNIUM

한자방정식

艸 + 采 → 菜

풀사이에서 찾아 캐는 나물들.

---

7 - 11 - 형성자

荷

짐 하

풀(艹)을 베어 얹은 짐을 멘(何) 사람, 또는 잎이 꽃을 짐처럼 메고 있는 형상을 본뜬 글자.

또 다른 뜻 연, 연꽃, 멜, 질, 책망할, 번거러울, 무거운 짐.

荷物(하물) 짐. 물건의 뭉치.
荷役(하역) 배의 짐을 싣고 내리는 일.
荷重(하중) 짐의 무게. 물체에 닿는 외력.
出荷(출하) 화물을 실어 냄.

---

7 - 11 - 형성자

莊

장엄할 장

초목(艹)이 울창한 가운데 있는 별장이 경치와 함께 웅장(壯)하고 장엄한 형상을 본뜬 글자.

또 다른 뜻 별장, 장중할, 바를, 단정할, 엄숙할, 정중할, 꾸밀.

莊嚴(장엄) 분위기 따위가 경건하고 엄숙함.
莊重(장중) 장엄하고 무게가 있음.
別莊(별장) 경치 좋은 곳에 마련한 집.
山莊(산장) 산에 있는 별장.

---

8 - 12 - 형성자

菊

국화 국

대개 가을에 피는 풀(艹)같은 국화는 쌀(米)알같은 꽃잎으로 쌓여있는 형상을 본뜬 글자.

또 다른 뜻 엉거시과의 여러해살이풀, 대국, 대륜, 음력 9월.

菊花(국화) 엉거시과의 꽃의 총칭.
野菊(야국) 들국화. 들에핀 국화.
秋菊(추국) 가을에 피는 국화.
黃菊(황국) 빛이 누른 국화.

---

8 - 12 - 형성자

菌

버섯 균

초목(艹)의 썩어가는 구멍(口) 안에서 벼알(禾)처럼 누렇게 자라는 버섯의 형상을 본뜬 글자.

또 다른 뜻 곰팡이, 세균, 병균, 무궁화, 하루살이, 죽순.

菌傘(균산) 우산 모양으로 생긴 버섯의 형상.
病菌(병균) 병의 원인이 되는 균.
殺菌(살균) 병원체인 세균을 죽이는 것.
細菌(세균) 가장 미세한 하등 단세포의 미생물.

---

8 - 12 - 형성자

菜

나물 채

아낙들이 나물을 풀(艹) 사이에서 캐고(采) 있는 형상을 본뜬 글자로 채소의 뜻도 있음.

또 다른 뜻 푸성귀, 반찬, 안주, 채소, 채소밭, 채취할, 캘.

菜農(채농) 채소 등을 가꾸는 농사.
菜蔬(채소) 온갖 푸성귀의 나물.
菜食(채식) 푸성귀로 만든 음식만 먹음.
菜園(채원) 채소를 가꾸는 큰 규모의 밭.

---

8 - 12 - 형성자

華

빛날 화

무성한 꽃(艹)들 속에서 몇 송이 헤아려 드리우니(垂) 그 모양이 빛나는 형상을 본뜬 글자.

또 다른 뜻 번성할, 머리셀, 꽃, 중화, 빛, 아름다울, 화려할.

華年(화년) ① 61세. 환갑. ② 꽃다운 나이.
華麗(화려) 빛나고 고움.
華屋(화옥) 화려하게 지은 집.
華婚(화혼) 혼인을 아름답게 이르는 말.

MILLENNIUM

한 자 방 정 식

艸 + 洛 ⇨ 落

풀잎 위로 / 방울져 물방울이 / 떨어짐.

---

8 - 12 - 형성자

菓

과 자 과

풀(艹)같은 새싹이 자라 과일(果)이 여문 형상을 본뜬 글자로 과자가 과일처럼 달다는 뜻의 글자.

또 다른 뜻 과일, 과실, 옛날에는 果와 같은 의미로 썼음.

菓子(과자) 밀가루 · 쌀가루 따위로 설탕과 함께 만든 식품.
菓品(과품) 과일의 총칭.
銘菓(명과) 특별하게 만든 상표가 붙은 유명한 과자.
製菓(제과) 과자 따위를 만듦.

---

9 - 13 - 형성자

落

떨 어 질 락

풀잎(艹)에 떨어지는 물방울(洛)의 형상을 본뜬 글자로 도성에서 떨어진 촌락의 뜻도 있음.

또 다른 뜻 마을, 쓸쓸할, 낙성할, 낙하할, 빠질, 죽을, 버릴.

落島(낙도) 육지에서 멀리 떨어진 외딴섬.
落書(낙서) 글씨나 그림 등을 장난스레이 씀.
落伍(낙오) 대오(隊伍)에서 뒤떨어짐.
落後(낙후) 뒤떨어짐.

---

9 - 13 - 형성자

葉

입 엽

새싹(艹)으로 돋아나 많은(世) 잎을 가진 나무(木)로 자라나는 형상을 본뜬 글자.

또 다른 뜻 세대, 대, 장(종이 따위를 세는 단위), 뽕, 끝, 성(섭).

葉書(엽서) '우편 엽서'의 준말.
葉茶(엽차) 잎을 따서 만든 차.
落葉(낙엽) 나뭇잎이 떨어짐. 또는 그 잎.
枝葉(지엽) 가지와 잎사귀. 본체에서 갈라진 부분.
初葉(초엽) 어떠한 시대의 초기.

---

9 - 13 - 상형자

萬

일 만 만

萬자는 전갈이나 벌의 머리와 몸, 다리의 형상을 본뜬 글자로 많은 수 일만의 뜻이 됨.

또 다른 뜻 수많을, 다수, 갖가지, 결코, 반드시, 클, 전갈.

萬感(만감) 솟는 갖가지의 생각이나 느낌.
萬苦(만고) 온갖 괴로움.
萬能(만능) 모든 것에 효과나 능력이 있음.
萬物(만물) 이 세상에 있는 모든 것들.

---

9 - 13 - 형성자

著

지 을 저

대나무(竹의 변형인 艹)를 얇게 조각내 자기(者)가 지은 글을 종이처럼 썼다는 의미의 글자.

또 다른 뜻 나타날, 뚜렷할, 입을, 쓸, 붙을(착), 시작할(착).

著名(저명) 이름이 세상에 널리 드러남.
著書(저서) 책을 지음. 또는 그 책.
著述(저술) 논문이나 책 따위를 씀.
著者(저자) 저작을 한 사람.

---

9 - 13 - 회의 · 형성자

葬

장사지낼 장

풀(艹)로 덮은 것은 죽은(死) 사람을 땅에 묻고 장사지낸 묘, 곧 무덤이라는 의미의 글자.

또 다른 뜻 장사, 매장할, 묻을, 묻힐, 장례, 묘지.

葬禮(장례) 장사를 지내는 일.
葬事(장사) 시체를 묻거나 화장하는 일.
葬地(장지) 장사하여 시체를 묻을 곳.
合葬(합장) 부부의 시체를 함께 묻음.

MILLENNIUM

한 자 방 정 식

艸	+	畜	⇨	蓄
풀잎을 말린 것은		가축을 위해		쌓을려 함이다.

10 - 14 - 형성자

蓋

덮을 개

풀(艹)을 가지고 가서(去) 땅속에 묻힌 옹기그릇(皿)의 위를 덮는 형상을 본뜬 글자.

또다른뜻 덮개, 대개, 일산, 뚜껑, 숭상할, 합할, 양산, 문짝(합).

蓋然(개연) 불확실하지만 그럴 것 같음.
蓋瓦(개와) 기와로 지붕을 이음.
蓋草(개초) 이엉으로 지붕을 이음.
覆蓋(복개) 뚜껑이나 덮개를 덮음.

10 - 14 - 형성자

蒙

어릴 몽

아직 어린 새끼 돼지는 건초(艹)를 겹겹히 덮어(冡) 보호해 주는 형상을 본뜬 글자.

또다른뜻 덮을, 입을, 어린아이, 어리석을, 받을, 덮어쓸.

蒙利(몽리) 이익을 얻음.
蒙昧(몽매) 사리에 어둡고 어리석음을 비유한 말.
蒙恩(몽은) 은덕을 입음.
啓蒙(계몽) 무지한 이들을 깨우쳐 줌.
童蒙(동몽) 어린 아이.

10 - 14 - 형성자

蒸

찔 증

가마에 삼대를 넣고 마른 풀(艹)로 불을 지펴 찔(烝) 때 김이 수증기처럼 나는 형상을 본뜬 글자.

또다른뜻 김이 오를, 나아갈, 겨울제사, 아름다울, 땔나무.

蒸氣(증기) 「수증기」의 준말.
蒸溜(증류) 증기를 냉각해 액화시킨 성분.
蒸發(증발) 액체가 기체 형상화한 상태.
蒸庶(증서) 모든 백성.

10 - 14 - 형성자

蓄

쌓을 축

곡식 위에 건초(艹)를 쌓아서(畜) 습한 것을 방지해 상하지 않도록 하는 형상을 본뜬 글자.

또다른뜻 모을, 쌓아 둘, 둘(두다), 저축할, 간직할, 저장할.

蓄財(축재) 재물을 모아 쌓음.
蓄積(축적) 자금·경험 등을 모아서 쌓음.
貯蓄(저축) 은행 따위에 절약하여 모아 둠.
含蓄(함축) 많은 뜻이 들어 있거나 포함되어 있음.

10 - 14 - 형성자

蒼

푸를 창

풀(艹)로 만든 곳집(倉)에 넣어 둘 곡식이 논밭에 온통 푸르게 펼쳐 있는 형상을 본뜬 글자.

또다른뜻 무성할, 우거질, 백성, 당황할, 허둥지둥할, 쓸쓸할.

蒼空(창공) 푸른 하늘. 창천(蒼天).
蒼白(창백) 푸른 기가 돌 만큼 해쓱함.
蒼生(창생) 세상의 모든 사람. 백성.
蒼卒(창졸) 당황해하는 모양.

10 - 14 - 형성자

蒐

모을 수

풀더미의 풀(艹)처럼 헤아릴 수 없이 많은 것을 넋(鬼)없이 모으는 형상을 본뜬 글자.

또다른뜻 수집할, 꼭두서니, 사냥할, 모아들일, 고를, 항물(회).

蒐集(수집) 여러 가지 재료 따위를 찾아서 모음.
蒐輯(수집) 여러 가지 자료를 찾아 모아서 편집함.

MILLENNIUM

한자방정식

艸 + 陰 ⇨ 蔭

무성한 숲이 있어 / 응달진 / 그늘이 있다.

---

11 - 15 - 형성자

蓮

연꽃 련

연꽃은 연못에서 잎을 깔고 화사하게 피어 사람의 마음을 끄는(連) 형상을 본뜬 글자.

또다른뜻 연, 연밥, 연실, 고을이름, 범부채의 뿌리(섭).

- 蓮根(연근) 구멍이 많이 난 연의 뿌리.
- 蓮實(연실) 연밥. 연꽃의 열매.
- 蓮子(연자) 연밥. 연꽃의 열매.
- 蓮花(연화) 연꽃.
- 木蓮(목련) 목련과의 낙엽. 활엽 교목.

---

11 - 15 - 형성자

蔬

채소 소

밭이나 들 따위에서 풀(艹)과 함께 성기어(疏) 나오는 채소나 나물 등의 형상을 본뜬 글자.

또다른뜻 나물, 버섯, 남새, 푸성귀, 풀의 열매, 거칠, 쌀알.

- 蔬果(소과) 채소와 과실. 채과(菜果).
- 蔬食(소식) ① 채소로 만든 음식. 채식. ② 변변하지 못한 음식.
- 蔬菜(소채) 소채류의 나물. 채소. 온갖 푸성귀의 총칭.

---

11 - 15 - 상형자

蔘

인삼 삼

잎(艹)의 끝이 세개(參)로 갈라진 인삼의 형상을 본뜬 글자로 뿌리가 사람의 몸을 닮음.

또다른뜻 삼, 넓고 클, 갈대싹, 가지가 치솟을, 늘어진 모양.

- 山蔘(산삼) 깊은 산속에 저절로 나서 자란 인삼.
- 人蔘(인삼) 두릅나무과의 다년초로 뿌리가 사람의 몸처럼 생긴 약초.
- 紅蔘(홍삼) 수삼을 쪄서 말린 불그레한 빛깔의 인삼.

---

11 - 15 - 형성자

蔑

업신여길 멸

수풀(艹)에 숨은 네 마리(四)의 개(戌)가 사람들로부터 업신여김을 받는 형상을 본뜬 글자.

또다른뜻 깔볼, 없을, 버릴, 속일, 어두울, 잘(작음), 멸망시킬.

- 蔑德(멸덕) 자상하고 아름다운 덕.
- 蔑視(멸시) 남을 업신여김. 오만하게 남을 낮추어 봄.
- 輕蔑(경멸) 남을 깔보고 업신여김.
- 侮蔑(모멸) 업신여기고 깔봄.

---

11 - 15 - 형성자

蔭

그늘 음

나무와 무성한 숲(艹)의 응달진(陰) 그늘의 형상을 본뜬 글자로 陰과 같이 쓰는 경우도 있음.

또다른뜻 덮을, 가릴, 음보, 풀그늘, 감쌀, 우거질, 번성할.

- 蔭德(음덕) 조상의 덕. 남몰래 하는 덕행.
- 蔭補(음보) 벼슬자리를 조상의 덕으로 얻음.
- 蔭映(음영) 그림자나 빛깔이 서로 비치는 일.
- 茂蔭(무음) 거짓이 많고 무성함.

---

12 - 16 - 형성자

蕩

방탕할 탕

약초(艹)를 지나치게 끓여(湯) 탕기에 남는 것이 없는 것처럼 방탕함은 무익하다는 뜻의 글자.

또다른뜻 쓸, 쓸어버릴, 흔들릴, 움직일, 넓고 클, 흩어질.

- 蕩減(탕감) 빚을 다 감해 줌.
- 蕩兒(탕아) 방탕한 사나이. 난봉꾼.
- 蕩盡(탕진) 재물 따위를 다 써서 없앰.
- 掃蕩(소탕) 적이나 병균 따위를 휩쓸어 없애버림.

MILLENNIUM

한 자 방 정 식

艸 + 監 → 藍

물에 불린 풀을 자세히 살펴보니 쪽빛임.

---

12 - 16 - 형성자

蔽

가 릴 폐

풀잎(艹)으로 천장 따위의 헤진(敝) 곳을 임시 방편으로 가려서 막는 형상을 본뜬 글자.

(또 다른 뜻) 가로막을, 속일, 덮어 쌀, 숨길, 비밀로 할, 시들(별).

- 蔽空(폐공) 하늘을 뒤덮어 가림.
- 蔽遮(폐차) 보이지 않게 가리어 막음.
- 掩蔽(엄폐) 보이지 않도록 가리어 숨김.
- 隱蔽(은폐) 보이지 않도록 감추어 덮음.

---

13 - 17 - 형성자

薄

엷 을 박

풀(艹)을 두루(尃) 엷게 펴서 말리는 형상을 본뜬 글자로 비유하여 야박하다는 뜻도 있음.

(또 다른 뜻) 얕을, 야박할, 작을, 적을, 메마를, 토박할, 박하.

- 薄待(박대) 푸대접. 무관심한 대접.
- 薄命(박명) 기구한 운명. 팔자가 사나움.
- 薄情(박정) 인정이 적음.
- 野薄(야박) 야멸차고 인정이 없음.

---

13 - 17 - 형성자

薦

천거할 천

신선한 풀(艹)을 먹이기 위해 해태(廌)에 옮겨 주듯 사람을 천거하는 형상을 본뜬 글자.

(또 다른 뜻) 드릴, 깔, 추천할, 올릴, 바칠, 자리, 자리깔, 우거질.

- 薦擧(천거) 인재를 들어 천거함.
- 薦望(천망) 관리를 보다 윗자리로 천거함.
- 推薦(추천) 어떤 대상을 책임지고 소개함.
- 自薦(자천) 자기를 남에게 추천함.

---

14 - 18 - 형성자

藏

감 출 장

습기를 막기 위해 건초(艹)를 쌓아서 곡식 따위를 숨겨(臧) 감춘 형상을 본뜬 글자.

(또 다른 뜻) 간직할, 곳집, 창고, 깊을, 저장할, 숨길, 요새, 장물.

- 藏書(장서) 책을 간직해 둠. 또는 그 책.
- 藏匿(장익) 알지 못하게 숨김.
- 埋藏(매장) 묻어서 감춤. 묻히어 있음.
- 貯藏(저장) 재화 등을 모아 간수하여 둠.

---

14 - 18 - 형성자

藍

쪽 빛 람

풀이(艹) 물에 불려진 모습을 잘 살펴보니(監) 푸른색의 쪽빛 염료로 쓸 수 있다는 의미의 글자.

(또 다른 뜻) 쪽, 누더기, 남색, 어지럽힐, 채소무침, 초무침, 절.

- 藍碧(남벽) 짙은 푸른 색.
- 藍色(남색) 푸른 빛과 자주 빛의 중간.
- 藍紙(남지) 남색으로 물을 들인 종이.
- 藍青(남청) 짙은 검푸른 빛.

---

14 - 18 - 형성자

藉

빙자할 자

뽕밭을 빙자하여 밭의 채소(艹)들을 쟁이(耒)로 어제(昔) 다 갈아버린 형상을 본뜬 글자.

(또 다른 뜻) 핑계할, 위로할, 어지러울, 흩뜨릴, 친경할(적).

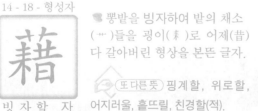

- 藉藉(자자) 사람들의 입에 오르내림.
- 狼藉(낭자) 여기저기 흩어져 있음.
- 憑藉(빙자) 어떤 것을 내세워서 핑계함.
- 慰藉(위자) 위로하고 도와 줌.

MILLENNIUM

한자방정식

艸 + 樂 → 藥

풀뿌리를 달여서 병을 즐겁게 회복시키는 약.

---

15 - 19 - 형성자

藝

재 주 예

초목(艹)을 심을(埶) 때도 능수능란하게 심을려면 기술과 재주가 있어야 된다는 의미의 글자.

(또 다른 뜻) 기술, 학문, 재능, 기예, 심을, 씨뿌릴, 과녁, 고요함.

藝能(예능) 영화 · 음악 · 미술 등의 총칭.
藝術(예술) 미(美)를 창작 · 표현하려는 활동.
曲藝(곡예) 줄타기 · 곡마 따위의 기예.
文藝(문예) 문학 예술의 준말.

---

15 - 19 - 형성자

藥

약 약

풀뿌리(艹)같은 약을 달여 먹고 심신이 즐거울(樂) 정도로 회복된 형상을 본뜬 글자.

(또 다른 뜻) 고칠, 치료할, 화약, 아편, 양념할, 젓갈이나 포.

藥局(약국) 약사가 약을 조제하여 파는 곳.
藥師(약사) 약사 국가시험에 합격한 사람.
藥用(약용) 약으로 쓰이는 동식물 따위의 약재.
藥效(약효) 약의 효험.

---

16 - 20 - 형성자

蘇

깨어날 소

풀(艹)처럼 넓적하게 물위에 누운 있는 물고기(魚)도 양분(禾)을 섭취하면 깨어난다는 의미의 글자.

(또 다른 뜻) 차조기, 희생할, 소련의 약칭, 소생할, 벗어날.

蘇聯(소련) 소비에트 연방 공화국의 한자 음역.
蘇復(소복) 병이 나아 전과 같이 회복함.
蘇生(소생) 다시 살아남. 회생(回生).
美蘇(미소) 미국과 소련.

---

17 - 21 - 형성자

蘭

난 초 란

향기가 그윽한 풀잎(艹)같은 난초는 흔하지 않고 드물다(闌)는 의미의 글자.

(또 다른 뜻) 등골나무, 목란, 목련, 자목련, 혈관, 방랑할, 얼룩.

蘭竹(난죽) 난초와 대.
蘭草(난초) 난초과의 다년초.
蘭秋(난추) 「음력 7월」의 이칭.
蘭香(난향) 난초의 향기.
芝蘭(지란) ① 지초와 난초. ② 선행을 하는 사람 또는 군자를 비유한 말.

---

3 - 7 - 형성자

迅

빠를 신

천천히 걷는(辶) 이리 새끼일지라도 성장하면 어미처럼 빠르다는 의미의 글자.

(또 다른 뜻) 신속할, 이리 새끼, 힘센 새끼, 맹렬할, 매우 빠를.

迅雷(신뢰) 명렬한 괴성이나 뇌우. 몹시 빠른 우뢰, 또는 격렬한 우뢰.
迅速(신속) 대단히 빠름.
迅傳(신전) 빨리 전함.
迅捷(신첩) 재빠름.

---

3 - 7 - 형성자

迂

멀 우

장정이 멀리 먼 길을 떠날 때 탄식하듯(于) 돌아보며 천천히(辶) 가는 형상을 본뜬 글자.

(또 다른 뜻) 돌, 길이 멀, 둔할, 돌아가는 길, 억제할, 과장할.

迂路(우로) 멀리 돌아가는 길.
迂山(우산) 멀리까지 펼쳐진 산.
迂餘(우여) 여러 가지 사정.
迂回(우회) 곧바로 가지 않고 멀리 돌아감.

辶

MILLENNIUM

한 자 방 정 식

反	+	辶	⇨	返
가던 길을 되돌려		집을 향해 천천히		돌아온다.

4-8-형성자

近

가 까 울 근

산의 고목을 도끼(斤)로 찍는 소리가 쉬엄쉬엄(辶) 가깝게 들리는 형상을 본뜬 글자.

(또다른뜻) 요즈음, 가까이할, 친하게 지낼, 근방, 친근할.

近間(근간) 요사이. 요즈음.
近郊(근교) 도시의 가까운 변두리.
近代(근대) 얼마 지나지 아니한 시대.
近接(근접) 가깝게 접근하거나 접속함.

4-8-형성자

迎

맞 을 영

매우 반가운 사람을 우러러 보며(卬) 사뿐히 걸어가(辶) 맞는 사람의 형상의 본뜬 글자.

(또다른뜻) 맞이할, 만날, 나갈, 기다릴, 헤아릴, 추산할, 마중.

迎立(영립) 맞아들여 임금으로 세움.
迎新(영신) 새해를 맞음.
迎入(영입) 인사등을 환영하여 맞아 들임.
迎接(영접) 손님을 맞아서 영접함.

4-8-형성자

返

돌 아 올 반

가던 길을 다시 되돌아(反) 천천히(辶) 집을 향해 돌아오는 사람의 형상을 본뜬 글자.

(또다른뜻) 돌이킬, 되돌아올, 되돌림, 돌려 줄, 고칠, 다시할.

返納(반납) 도로 돌려 드림.
返戾(반려) 도로 돌려 줌.
返送(반송) 도로 돌려 보냄.
返品(반품) 상품 따위를 다시 돌려 보냄.
返還(반환) 사물, 또는 권리 따위를 도로 돌려 줌.

5-9-형성자

迫

핍 박 할 박

외세가 핍박하여 올 때 백기(白)들듯 저항을 줄여가며 천천히 오는(辶) 형상을 본뜬 글자.

(또다른뜻) 다가올, 닥쳐올, 닥칠, 다그칠, 군색할, 위축될.

迫頭(박두) 절박하게 닥쳐옴.
迫力(박력) 절도있게 일을 밀고 나가는 힘.
迫害(박해) 약한 무리 등을 못 견디게 굴어서 해롭게 함.
逼迫(핍박) 바싹 조려 괴롭게 굶.

5-9-형성자

述

지 을 술

글을 지을 때 삽주뿌리(朮)처럼 끊어질 듯 이어질 듯 끈기있게(辶) 해야 한다는 뜻의 글자.

(또다른뜻) 책쓸, 말할, 이을, 논술할, 해석할, 풀이할, 문체.

記述(기술) 어떤 사실 따위를 기록하여 진술함.
敍述(서술) 어떤 사실을 차례를 좇아 설명함.
著述(저술) 글을 지어 책을 만듦.
陳述(진술) 사건 진상 따위를 자세하게 말함.

5-9-형성자

迭

바 꿀 질

처음 마음 먹었던 의지를 잃은 듯(失) 천천히(辶) 걸으며 다시 바꾸는 형상을 본뜬 글자.

(또다른뜻) 갈마들, 번갈아들, 지나칠, 도에 지나칠, 달아날.

更迭(경질) 어떤 지위에 있는 사람을 갈아내고 딴 사람을 그 자리에 앉힘.
交迭(교질) 어떤 지위에 자리를 다른 사람으로 교체하여 바꿈.

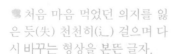

MILLENNIUM

한 자 방 정 식

兆 + 辶 ⇨ 逃

안좋은 조짐이 있어 살금살금 달아남.

---

6 - 10 - 형성자

送

보 낼 송

정을 주고 떠나는 사람을 웃음(关 =笑의 생략형)으로 보내는(辶) 형상을 본뜬 글자.

(또 다른 뜻) 부칠, 줄, 가질, 전송할, 쫓을, 몰아낼, 선물, 전송.

- 送金(송금) 은행등을 이용하여 돈을 부침.
- 送年(송년) 한 해를 보냄.
- 送別(송별) 떠나는 사람을 이별하여 보냄.
- 送付(송부) 소포 · 화물 등으로 물건을 부침.

---

6 - 10 - 형성자

逃

달아날 도

죄인이 두려워하다가 조짐이(兆) 안좋아 살금살금(辶) 도망치듯 달아나는 형상을 본뜬 글자.

(또 다른 뜻) 도망할, 도망칠, 피할, 도피할, 떠나갈, 벗어날.

- 逃亡(도망) 피하거나 쫓겨 달아남.
- 逃身(도신) 몸을 피하여 도망함.
- 逃走(도주) 피하거나 쫓겨 달아남. 도망.
- 逃避(도피) 도망하여 몸을 피함.

---

6 - 10 - 형성자

迷

미혹할 미

낟알(米)을 줍는 농부처럼 더듬더듬 가는(辶) 미혹한 길을 헤메이는 형상을 본뜬 글자.

(또 다른 뜻) 헷갈릴, 길잘못들, 길잃을, 헤메일, 혹할, 유혹할.

- 迷宮(미궁) 사건이 얽혀 판단이 어려움.
- 迷路(미로) 섞갈리기 쉬운 어지러운 길.
- 迷信(미신) 무엇에 홀린 망년된 믿음.
- 迷惑(미혹) 무엇에 홀려 흐림.

---

6 - 10 - 형성자

逆

거스를 역

두 사람이 서로 뜻을 거스르는(屰) 것처럼 등지고 슬금슬금(辶) 가는 형상을 본뜬 글자.

(또 다른 뜻) 어긋날, 맞이할, 거역할, 배반할, 거절할, 헤아릴.

- 逆境(역경) 순조롭지 아니해 불행한 환경.
- 逆流(역류) 물이 거꾸로 거슬러 흐르는 것.
- 逆順(역순) 거꾸로 된 순서.
- 逆行(역행) 거슬러 행함. 거슬러 올라감.

---

6 - 10 - 회의 · 형성자

退

물러날 퇴

해가 서쪽에 한동안 머물러(艮) 있는 것처럼 하다 천천히(辶) 물러나는 형상을 본뜬 글자.

(또 다른 뜻) 물리칠, 겸양할, 후퇴할, 그만둘, 은퇴할, 쇠약할.

- 退勤(퇴근) 직장에서 근무를 마치고 나옴.
- 退步(퇴보) 전만 못하게 되거나 물러감.
- 退職(퇴직) 관직이나 직장을 그만두고 물러남.
- 退治(퇴치) 물리쳐 없애버림.

---

6 - 10 - 형성자

追

따를 추

물건을 쌓는(𠂤) 것처럼 간격을 맞추어 쉬엄쉬엄(辶) 뒤를 따르는 사람의 형상을 본뜬 글자.

(또 다른 뜻) 쫓을, 미룰, 좇을, 내쫓을, 마칠, 추종할, 추모할.

- 追加(추가) 나중에 더하여 보탬.
- 追悼(추도) 죽은 사람을 생각하며 슬퍼함.
- 追憶(추억) 지난 일을 돌이켜 생각함.
- 追從(추종) 세력 · 사상 따위의 뒤를 따라 좇음.

MILLENNIUM

한자방정식

車 + 辶 ⇒ 蓮

고관의 출타로 수레들이 천천히 뒤를 이음.

7 - 11 - 회의자

連

이을 련

고관들이 출행할 때 수행원의 수레(車)들이 천천히 (辶) 이어 뒤 따르는 현상을 본뜬 글자.

(또 다른 뜻) 연할, 잇달, 잇닿을, 연속할, 연결할, 끌, 모일, 동행.

連結(연결) 서로 이어서 맺음.
連帶(연대) 둘 이상 연합해 책임지는 일.
連絡(연락) 소식 · 안부 따위를 상대방에게 알림.
連累(연루) 남이 저지른 죄에 관련됨.

7 - 11 - 형성자

途

길 도

먼 길을 가다보면 쉬엄쉬엄(辶) 또다른(余) 여러갈래의 길이 있는 형상을 본뜬 글자.

(또 다른 뜻) 도로, 길가, 도중, 진행할, 일을 하던 중.

途上(도상) ① 길 위. ② 중도.
途中(도중) 계속되는 일이 끝나기 전.
前途(전도) ① 앞으로 나아갈 길. ② 장래.
中途(중도) 하던 일의 도중. 가고 있는 동안.

7 - 11 - 형성자

造

지을 조

신불에게 고하기(告) 위한 글을 지어 삼가 제단을 향해 걸어가는(辶) 형상을 본뜬 글자.

(또 다른 뜻) 만들, 이를, 이룩할, 성취할, 졸지에, 벌일, 다리.

造景(조경) 경치를 아름답게 꾸미는 일.
造船(조선) 배를 건조함.
造作(조작) 꾸며 내거나 지어냄.
造形(조형) 형태를 이루어 만듦.
造化(조화) 신통하게 변한 사물.

7 - 11 - 형성자

速

빠를 속

약속(束)을 지키기 위해 빨리 뛰어가는(辶) 사람의 형상을 본뜬 글자. 빠르다는 뜻의 글자.

(또 다른 뜻) 빨리, 신속할, 빨리, 할부를, 초청할, 초래할, 자주.

速決(속결) 빨리 결정하거나 처리함.
速斷(속단) 신중을 기하지 아니하고 판단함.
速度(속도) 진행되는 것의 빠른 정도.
速行(속행) 빨리 가거나 행함.

7 - 11 - 형성자

逢

만날 봉

추억에 젖어 천천히 걷다가(辶) 그리워 하던 옛 사람을 만나는(夆) 형상을 본뜬 글자.

(또 다른 뜻) 맞이할, 상봉할, 맞을, 점칠, 클, 볶은 보리, 봉화.

逢變(봉변) 썩 망신스러운 일을 당함.
逢着(봉착) 어떤 처지나 상황에 부닥침.
逢禍(봉화) 불행한 변고를 당하거나 만남.
相逢(상봉) 서로 만남.

7 - 11 - 회의 · 형성자

逐

쫓을 축

사납고 재빠른 멧돼지(豕)는 천천히(辶) 갈 때 놀라게 해서 쫓는 형상을 본뜬 글자.

(또 다른 뜻) 물리칠, 차례로 할, 뒤쫓을, 빠를(적), 멧돼지(돈).

逐出(축출) 쫓아 몰아냄.
角逐(각축) 서로 이기려고 맞서서 다툼.
驅逐(구축) 적 따위를 몰아내거나 쫓아냄.
追逐(추축) 쫓아 버림. 벗끼리 왕래함.

MILLENNIUM

한 자 방 정 식

甫 + 辶 ⇨ 逋

수상한 사람이 / 살금살금 / 도망감.

---

7 - 11 - 형성자

透

통 할 투

무성한(秀) 숲 속을 이리저리 헤매다(辶)가 밖과 통하는 길로 나오는 형상을 본뜬 글자.

(또 다른 뜻) 통하게 할, 환할, 꿰뚫어 볼, 뛰어넘을, 샐, 놀랄(숙).

- 透過(투과) 꿰뚫고 지나감.
- 透明(투명) 물 · 유리 등이 속까지 비침.
- 透視(투시) 막힌 물체를 환히 꿰뚫어 봄.
- 透徹(투철) 트이게 철저하고 정확함.

---

7 - 11 - 형성자

通

통 할 통

골목길(甬)은 복잡하지만 천천히(辶) 가다보면 큰 길로 통하게 되어 있다는 의미의 글자.

(또 다른 뜻) 알릴, 내왕할, 알, 정을 통할, 통, 통지, 통달할, 풀이.

- 通告(통고) 말이나 서면으로 알리어 줌.
- 通念(통념) 일반적으로 널리 통하는 개념.
- 通報(통보) 통지하여 보고함. 또는, 알림.
- 通信(통신) 소식을 전함.

---

7 - 11 - 형성자

逝

갈 서

나무가 꺾어져(折) 시들시들하여 죽듯 사람도 서서히(辶) 죽어 가는 형상을 본뜬 글자.

(또 다른 뜻) 빠를, 죽을, 맹세할, 갈, 떠나갈, 미칠, 이를, 피할.

- 逝去(서거) 윗사람의 죽음을 정중하게 이르는 말.
- 逝川(서천) 한 번 가면 다시 돌아올 수 없는 강물.
- 急逝(급서) 갑자기 죽음.
- 長逝(장서) 영원한 죽음을 높이 이르는 말.

---

7 - 11 - 형성자

逍

노 닐 소

바람이 이리저리 흩어지듯(肖)사람이 느긋하게(辶) 이곳저곳을 노니는 형상을 본뜬 글자.

(또 다른 뜻) 거닐, 산책할, 즐길, 다닐, 길을 걸을, 걸어다닐.

- 逍遙(소요) 산책 삼아 자유롭게 거닐거나 마음 내키는 대로 유유히 생활을 즐김.
- 逍風(소풍) 갑갑한 마음을 풀기 위하여 바람을 쐬거나 산책을 함.

---

7 - 11 - 형성자

逋

도망갈 포

가명을 쓰며 다니는 수상한 남자가(甫) 살금살금(辶) 도망가는 형상을 본뜬 글자.

(또 다른 뜻) 달아날, 도주할, 숨을, 은닉할, 체포할, 동떨어질.

- 逋逃(포도) 죄를 짓고 도망감.
- 逋亡(포망) 달아남. 도망침.
- 逋稅(포세) 세금을 내지 않고 불법으로 면함.
- 逋脫(포탈) 불법적인 수단으로 조세를 피하여 면함.

---

8 - 12 - 형성자

進

나아갈 진

새(隹)가 비상하기 위해 천천히(辶) 날개짓을 하며 앞으로 나아가는 형상을 본뜬 글자.

(또 다른 뜻) 오를, 더할, 앞으로 갈, 벼슬할, 힘쓸, 움직일, 드릴.

- 進路(진로) 진학이나 목적한 행로를 향해 앞으로 나아가는 길.
- 進展(진전) 진행하여 발전함.
- 進出(진출) 어떤 방면으로 나아감.
- 進退(진퇴) 나아감과 물러남.

MILLENNIUM

한 자 방 정 식

兎 + 辶 ⇨ 逸

토끼가 사람을 피해 + 살며시 ⇨ 숨음.

---

8 - 12 - 회의자

逸

숨을 일

토끼(兎)가 사람 눈을 피해 살며시(辶) 도망가 숨으니 편안하게 되었다는 의미의 글자.

(또다른뜻) 달아날, 달릴, 편안할, 뛰어날, 빠질, 빠뜨릴, 일화.

- 逸品(일품) 아주 뛰어난 사물.
- 逸話(일화) 알려지지 아니한 이야기.
- 獨逸(독일) 유럽의 게르만족의 나라.
- 安逸(안일) 편안하고 한가로움.

---

8 - 12 - 형성자

週

돌 주

주변을 두루(周) 한 바퀴 돌아 제 자리로 돌아오니(辶) 한 주일이 걸렸다는 의미의 글자.

(또다른뜻) 회전할, 요일, 주일, 주간, 시간의 단위.

- 週間(주간) 한 주일 동안.
- 週期(주기) 한 바퀴 도는 시기.
- 週年(주년) 돌이 돌아온 해.
- 週末(주말) 한 주일의 끝. 토요일, 또는 토요일 오후에서 일요일까지.

---

9 - 13 - 회의자

道

길 도

사람(道)으로서 모름지기 걸어 갈(辶) 길은 도의적인 길이라는 의미의 글자.

(또다른뜻) 도리, 이치, 도덕, 재주, 기예, 도(행정구역), 종교.

- 道德(도덕) 인간으로서 마땅히 지켜야 할 도리.
- 道路(도로) 인도와 차도의 총칭.
- 道理(도리) 마땅히 지켜야 할 바른 길.
- 道義(도의) 마땅히 행하여야 할 도덕상의 의리.

---

9 - 13 - 형성자

達

이를 달

땅(土)을 기듯 새끼 양(羊)이 어미 양 곁으로 이르러 쉬엄쉬엄 가는(辶) 형상을 본뜬 글자.

(또다른뜻) 통달할, 깨달을, 나타날, 출세할, 능숙할, 올릴.

- 達成(달성) 뜻한 바를 이룸.
- 到達(도달) 목적한 것에 이름.
- 發達(발달) 진보하여 완저한 지경에 이름.
- 倍達(배달) 물건을 대신 가져다 줌.
- 通達(통달) 훤히 통함.

---

9 - 13 - 형성자

過

지날 과

길을 지나다가 뜻밖의 사고(咼)를 저질러 잠시 걸음을 주춤하는(辶) 형상을 본뜬 글자.

(또다른뜻) 지나칠, 허물, 실수, 과실, 건널, 과거, 그르칠, 취할.

- 過去(과거) 지나간 때. 지난날.
- 過激(과격) 지나치게 결렬함.
- 過渡(과도) 옮아 가거나 바뀌 가는 도중.
- 過失(과실) 잘못이나 허물. 과오.
- 經過(경과) 거치거나 지나감. 진행되거나 변화의 상태.

---

9 - 13 - 형성자

違

어길 위

가죽(韋) 군복을 입고 천천히(辶) 가다가 낙오되어 군법을 어긴 병사의 형상을 본뜬 글자.

(또다른뜻) 잘못, 과실, 다를, 틀릴, 위반할, 떨어질, 달아날.

- 違反(위반) 법령 등을 어기고 아니 지킴.
- 違背(위배) 법령 등을 어기고 아니 지킴.
- 違法(위법) 법 등을 어김.
- 非違(비위) 법에 어긋나는 위법적인 일.

MILLENNIUM

한 자 방 정 식

軍 + 辶 ⇨ 運

군사들이 병장기 실은 수레를 천천히 운전함.

---

9 - 13 - 형성자

遇

만 날 우

돌아다니다가 짐승(禺)들이 서로 만나듯 서성이며(辶)걷다가 서로 만나는 형상을 본뜬 글자.

(또다른뜻) 당할, 대우할, 대접할, 우연히, 뜻맞을, 어리석을.

- 境遇(경우) 부딪친 형편이나 사정.
- 待遇(대우) 그 사람의 품격에 예의를 갖추어 대함.
- 不遇(불우) 좋은 때를 못만나 불행함.
- 處遇(처우) 조처하여 대우함.

---

9 - 13 - 형성자

遍

두 루 편

현판(扁)을 들고 걸어가는(辶) 사람들이 두루 볼 수 있게 걸어 놓은 형상을 본뜬 글자.

(또다른뜻) 널리, 두루미칠, 처음부터 끝까지 한 번으로 하는 일.

- 遍歷(편력) 이리저리 널리 돌아다님.
- 遍在(편재) 두루 퍼지어 있음.
- 遍照(편조) 빠짐없이 두루 비춤.
- 普遍(보편) 모든 것에 두루 미치거나 통함, 또는 그러한 일.

---

9 - 13 - 형성자

運

운 전 할 운

병기 따위를 옮기고 부리는 일을 군사(軍)들이 수레를 운전하여 나르는(辶) 형상을 본뜬 글자.

(또다른뜻) 부릴, 나를, 옮길, 운수, 운명, 움직일, 돌, 운용할.

- 運命(운명) 운. 운수.
- 運搬(운반) 사람이나 물건을 옮겨 나름.
- 運營(운영) 조직 등을 운용하여 경영함.
- 運航(운항) 배나 항공기가 항로를 운행함.

---

9 - 13 - 형성자

遂

드 디 어 수

팔방(八)으로 멧돼지(豕)처럼 느긋하게(辶) 열심히 뛰어 다니다 드디어 뜻을 이룬다는 뜻의 글자.

(또다른뜻) 마침내, 이룩할, 이룰, 성취할, 마칠, 끝낼, 따를.

- 遂意(수의) 뜻을 이룸.
- 遂行(수행) 계획한 대로 해냄.
- 未遂(미수) 목적을 이루지 못한 결행.
- 完遂(완수) 주어진 사명 따위를 완전히 수행함.

---

9 - 13 - 형성자

遊

놀 유

이곳저곳(方)에서 부모(人)들이 자식(子)들을 데리고 거닐며(辶) 놀며 즐기는 형상을 본뜬 글자.

(또다른뜻) 즐길, 여행할, 떠돌, 흩어질, 유람할, 사귈, 교제할.

- 遊樂(유락) 놀며 즐김.
- 遊覽(유람) 돌아다니며 구경함.
- 遊離(유리) 따로 떨어져 있음.
- 遊興(유흥) 흥취있게 놀거나 재미있게 놂.
- 交遊(교유) 서로 사귀며 놀거나 왕래함.

---

9 - 13 - 형성자

遁

숨 을 둔

투구(盾)로 얼굴을 가리듯 살며시(辶) 몸을 덤불로 가려 숨은 병사의 형상을 본뜬 글자.

(또다른뜻) 달아날, 도망칠, 피할, 달릴, 속일, 잃을, 뒷걸음(준).

- 遁甲(둔갑) 남의 눈을 홀리어 몸을 숨기는 술법.
- 遁辭(둔사) 책임을 회피하려고 발뺌하는 말.
- 遁世(둔세) 속세를 피하여 숨어 삶.
- 隱遁(은둔) 세상을 피해 숨음.

MILLENNIUM

한자방정식

皇 + 辶 ⇨ 遑

황제앞에서 살금살금 하면서도 급함.

---

9 - 13 - 형성자

遑

급 할 황

신하가 결백(白)을 변명하기 위해 왕(王)을 찾아 살금살금(辶) 급하게 가는 형상을 본뜬 글자.

(또다른뜻) 허둥지둥할, 허둥거릴, 황망할, 당황할, 급박할.

- 遑急(황급) 허둥지둥하도록 급한 모양.
- 遑忙(황망) 마음이 몹시 급하고 당황하여 허둥지둥함.
- 遑遑(황황) 마음이 몹시 급하여 허둥지둥하며 바빠서 서두는 모습.

---

9 - 13 - 형성자

逼

핍 박 할 핍

한(一) 식구(口)에게 밭을(田) 주었으나 쉬엄쉬엄(辶) 게으름피는 것을 핍박하는 형상을 본뜬 글자.

(또다른뜻) 닥칠, 가까울, 다그칠, 강박할, 급박할, 협력할.

- 逼迫(핍박) 바싹 조여 괴롭힘.
- 逼眞(핍진) 실물과 거의 다름없을 정도로 아주 비슷함.
- 切逼(절핍) 정한 날짜가 다급하게 바싹 닥쳐서 몹시 다급하게 절박한 상황.

---

10 - 14 - 형성자

遣

보 낼 견

일을 나누어(𠳋) 주면서 외지로 보내 나아가(辶) 그곳에서 일하게 하는 형상을 본뜬 글자.

(또다른뜻) 파견할, 놓아 줄, 석방할, 내쫓을, 떠나갈, 마음달랠.

- 遣外(견외) 외국에 파견함.
- 遣奠(견전) 발인할 때에 문 앞에서 지내는 제사.
- 派遣(파견) 일정한 임무를 주어 보냄.

---

10 - 14 - 형성자

遠

멀 원

옷이 치렁치렁(袁)하고 걸음걸이가 쉬엄쉬엄(辶) 하며 멀리 가는 나그네의 형상을 본뜬 글자.

(또다른뜻) 멀리할, 심오할, 깊을, 아득할, 길이 멀, 멀어질.

- 遠近(원근) 먼 곳과 가까운 곳.
- 遠大(원대) 규모나 생각 따위가 큼.
- 遠洋(원양) 육지에서 멀리 떨어진 바다.
- 遠征(원정) 적 따위를 멀리 치러 떠나감.

---

10 - 14 - 형성자

遙

멀 요

옛날 질그릇 병(䍃)하나 살려고 해도 멀리 쉬엄쉬엄(辶) 다녀와야 하는 형상을 본뜬 글자.

(또다른뜻) 거닐, 노닐, 아득할, 서성거릴, 소요할, 길, 빨리갈.

- 遙望(요망) 멀리 바라봄.
- 遙拜(요배) 연고가 있는 먼 곳을 향한 절.
- 遙遠(요원) 까마득히 멂.
- 逍遙(소요) 슬슬 거닐어 돌아다님.

---

10 - 14 - 형성자

遡

거 스 를 소

초하루(朔)의 초생달이 천천히(辶) 거스르면 그믐달이 된다는 의미의 글자로 소급을 뜻함.

(또다른뜻) 올라갈, 바람을 거슬러 갈, 하소연할, 소급할.

- 遡及(소급) 세월을 거슬러 올라가 어떤 효력 따위가 미침.
- 遡原(소원) 물의 근원, 또는 학문의 본원이나 사물의 근원을 거슬러 올라가며 찾아냄.

MILLENNIUM

한자방정식

孫 + 辶 ⇒ 遜

손자가 + 어느덧 자라 ⇒ 겸손할 줄 앎.

---

10 - 14 - 형성자

遜

겸 손 할 손

자식을 이은 손자(孫)가 어느덧 자라 할아버지 앞에서 겸손할 줄 아는 형상을 본뜬 글자.

(또 다른 뜻) 사양할, 도망할, 피할, 뒤떨어질, 따를, 순종할.

遜色(손색) 서로 견주어 보아 그것만은 못함.
謙遜(겸손) 남을 높이고 자신을 낮추는 겸양한 태도.
恭遜(공손) 예의바르고 공손함.
不遜(불손) 공손함이 없이 거만함.

---

10 - 14 - 형성자

遞

갈 마 들 체

언덕 아래 굴(厂)에서 호랑이(虎)가 새끼보호 위해 갈마들며 어슬렁거리는(辶) 형상을 본뜬 글자.

(또 다른 뜻) 차례바꿀, 역말, 전할, 교대할, 번갈아, 둘러쌀.

遞減(체감) 차례로 감함.
遞信(체신) 순차로 소식이나 편지를 전함.
交遞(교체) 서로 번갈아 듦. 교통과 체신.
郵遞(우체) 서신·전신 따위를 맡아 보는 일.

---

11 - 15 - 형성자

遭

만 날 조

조정의 벼슬아치(曹)들이 조용히 걷다(辶)가 이따금씩 아는 사람을 만나는 형상을 본뜬 글자.

(또 다른 뜻) 당할, 마주칠, 상봉할, 순회할, 번, 될, 재앙만날.

遭故(조고) 부모의 상을 당함.
遭難(조난) 재앙이나 곤란한 지경을 만남.
遭遇(조우) 우연히 만남. 난세를 만남.
遭禍(조화) 화를 입음. 화를 만나 당함.

---

11 - 15 - 형성자

遲

더 딜 지

코뿔소(犀)가 코뿔의 무게 때문에 빨리 달리지 못하고(辶) 더디게 가는 형상을 본뜬 글자.

(또 다른 뜻) 늦을, 기다릴, 천천히, 완만할, 느릴, 둔할, 늦어질.

遲刻(지각) 정한 시각보다 늦음.
遲延(지연) 시간을 늦추거나 늦추어짐.
遲參(지참) 정한 시각에 늦게 참석함.
遲滯(지체) 꾸물대며 시간이 걸림.

---

11 - 15 - 형성자

適

맞 을 적

여인이 밭에서 따온 채소와 열매의 꼭지(啇)를 길이가 맞게 천천히(辶) 다듬는 형상을 본뜬 글자.

(또 다른 뜻) 마땅할, 즐거울, 즐길, 갈, 시집갈, 원수, 알맞을.

適當(적당) 정도에 알맞음.
適用(적용) 무엇을 어디에 맞추어 씀.
適應(적응) 조건·환경 등에 잘 어울림.
快適(쾌적) 심신에 알맞아 기분이 썩 좋음.

---

11 - 15 - 형성자

遮

가 릴 차

직사 광선을 거의(庶) 가릴 수 있도록 촘촘히(辶) 위를 가려 막는 형상을 본뜬 글자.

(또 다른 뜻) 가로지를, 가로챌, 길목지킬, 침범할, 가로막을.

遮光(차광) 광선을 가리어 막음.
遮斷(차단) 막아서 끊음.
遮陽(차양) 차마 끝에 덧대어 비나 볕을 가리는 엷은 조각.
遮日(차일) 햇볕을 가리기 위해 치는 장막.

MILLENNIUM

한 자 방 정 식

貴	+	辶	⇨	遺
귀한 것을 잃고		두리번하는 사람이		걱정을 끼침.

12 - 16 - 형성자

選

가 릴 선

적당한 사람을 가려서 손동작(巽)이 조심스럽게(辶) 제사를 올리는 형상을 본뜬 글자.

(또다른뜻) 뽑을, 선택할, 선발할, 보낼, 좋을, 주저할, 셀(산).

- 選擧(선거) 여러 사람중 적당한 사람을 뽑음.
- 選擇(선택) 여럿 가운데서 골라 뽑음.
- 選定(선정) 여러 것 중에서 가려서 정함.
- 選擇(선택) 골라서 뽑음.

12 - 16 - 형성자

遷

옮 길 천

터를 높고(䙴) 좋은 곳으로 자리를 옮기거나 천천히(辶) 바꾸는 형상을 본뜬 글자.

(또다른뜻) 바꿀, 귀양보낼, 천도할, 물러날, 교환할, 추방할.

- 遷都(천도) 도읍을 옮김.
- 遷善(천선) 나쁜 것을 고쳐 착하게 됨.
- 變遷(변천) 세월의 흐름 속에 변하여 바뀜.
- 左遷(좌천) 낮은 관직이나 외직으로 전근함.

12 - 16 - 형성자

遺

끼 칠 유

귀한 것(貴)을 잃고서 쉬엄쉬엄(辶) 가면서 걱정 끼치는 마음에 불안해 하는 형상을 본뜬 글자.

(또다른뜻) 잃을, 남길, 빠뜨릴, 대소변 볼, 버릴, 떨어질, 더할.

- 遺憾(유감) 마음에 섭섭함. 언짢은 마음.
- 遺稿(유고) 고인(古人)이 생전에 남긴 원고.
- 遺物(유물) 선대의 인류가 남긴 물건.
- 遺失(유실) 잃어버림.

12 - 16 - 형성자

遵

지 킬 준

공경(尊)하는 분을 조심스럽게 따르며(辶) 그 분을 지키며 보호하는 형상을 본뜬 글자.

(또다른뜻) 순종할, 좇을, 행할, 거느릴, 따라 배울, 뛰어날.

- 遵法(준법) 법령 등을 지킴.
- 遵守(준수) 규칙 등을 그대로 좇아 지킴.
- 遵用(준용) 어떤 정하여진 규칙 등을 좇아 씀.
- 遵行(준행) 관례 · 명령 등을 좇아서 행함.

13 - 17 - 형성자

避

피 할 피

남의 눈을 피해(辟) 살금살금(辶) 도망가는 사람의 형상을 본뜬 글자로 피하다의 뜻이 있음.

(또다른뜻) 면할, 어길, 떠날, 숨을, 벗어날, 물러날, 도망갈.

- 避難(피난) 재난을 피해 다른 곳으로 옮김.
- 避暑(피서) 시원한 곳을 찾아 더위를 피함.
- 避身(피신) 몸을 숨기어 피함.
- 逃避(도피) 도망하여 몸을 피신함.

13 - 17 - 형성자

還

돌 아 올 환

어떤 일에 놀라(睘) 눈공을 돌리며(辶) 시선이 처음으로 다시 돌아오는 형상을 본뜬 글자.

(또다른뜻) 돌아갈, 돌릴, 돌, 회전할, 돌려보낼, 영위할(영).

- 還給(환급) 물건을 주인에게 돌려 줌.
- 還元(환원) 본디대로 되돌아감.
- 返還(반환) 도로 돌려 줌. 반려(返戾).
- 歸還(귀환) 본디의 곳으로 돌아감. 또는 돌아옴.

MILLENNIUM

한자방정식

萬 + 辶 ⇨ 邁

만리 먼 길도 쉬엄쉬엄 살펴 가야함.

13 - 17 - 형성자

邁
갈 매

천리만리(萬) 먼 곳을 향해 가는 도중 쉬엄쉬엄(辶) 갈 때도 있는 형상을 본뜬 글자.

(또다른 뜻) 멀리 갈, 뛰어날, 지날, 늙을, 넘을, 매진할.

邁德(매덕) 힘써 덕을 닦음.
邁進(매진) 힘써 나아감. 힘차게 나아감.
高邁(고매) 품위·인격·학식 따위가 높고 뛰어남.
超邁(초매) 보통보다 훨씬 뛰어남.

15 - 19 - 형성자

邊
가 변

자기(自)의 집(穴)을 지을 때 가의 주변 방향(方)도 천천히(辶) 살핀다는 의미의 글자.

(또다른 뜻) 가장자리, 변방, 변두리, 국경, 이자, 변리, 시골.

江邊(강변) 강가. 물가.
身邊(신변) 몸과 몸의 주위.
底邊(저변) 밑바닥을 이루는 변. 사회적경제적으로 기저(基底)를 이루는 계층이나 환경.
海邊(해변) 바닷가. 또, 그 지방.

0 - 5 - 회의자

玄
검을 현

머리(亠) 꼭대기 봉우리에 있는 것들이 모두 작고(幺) 검게 보이는 형상을 본뜬 글자.

(또다른 뜻) 오묘할, 깊을, 고요할, 검은빛, 적흑색, 아득히 멀.

玄米(현미) 벼의 껍질만 벗긴 쌀.
玄孫(현손) 손자의 손자. 증손자의 아들.
玄黃(현황) 하늘의 검은 빛과 땅의 누런 빛.
幽玄(유현) 이치나 아치가 썩 깊음.

5 - 10 - 회의자

玆
이에 자

아득하여 검게(玄) 보인데다가 이에 하늘마저 검어(玄) 모든 것이 깜깜한 형상을 본뜬 글자.

(또다른 뜻) 이, 검을, 이곳, 여기, 이때, 해(年), 가까울, 발어사.

玆而(자이) 이에.
玆夷(자이) 바다 거북이의 한 종류.

6 - 11 - 상형자

率
비율 률

검은(玄) 머리 수를 둘(二) 둘(二) 비율로 전부(十)를 헤아려 통솔하는 형상을 본뜬 글자.

(또다른 뜻) 비례, 능률, 비율, 견줄, 비교, 거느릴(솔), 앞장설(솔).

能率(능률) 단위당 할 수 있는 일의 비.
比率(비율) 다른 수나 양에 대한 비.
率先(솔선) 남보다 앞장 서서 함.
輕率(경솔) 언행이 조심성이 없고 가벼움.

0 - 5 - 상형자

瓜
오이 과

덩굴에 매달린 오이, 또는 참외, 모과 따위의 형상을 본뜬 글자로 벼슬의 임기도 뜻함.

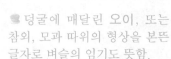

(또다른 뜻) 오이꽃, 참외, 모과, 음력 7월의 이칭, 여자의 혼기.

瓜期(과기) 기한이 다 참.
瓜年(과년) 여자가 혼기에 이른 나이.
瓜田(과전) 오이 밭.
瓜種(과종) 오이·참외·호박 등의 씨.
瓜菜(과채) 오이 나물.

玄

瓜

MILLENNIUM

한 자 방 정 식

次 + 瓦 ⇒ 瓷

밀부터 차례로 기와처럼 얇게 빚은 사기그릇.

瓦

0 - 5 - 상형자

瓦

기 와 와

찰흙이나 진흙으로 빚어서 구워 만든 기와가 포개진 형상을 본뜬 글자.

(또다른뜻) 질그릇, 구운 토기, 실패(실을 감은 것), 방패의 등.

瓦當(와당) 기와와 마구리.
瓦石(와석) 기와와 돌.
瓦屋(와옥) 기와로 지붕을 이은 집.
瓦解(와해) 어떤 원인으로 급격히 무너짐.

6 - 11 - 형성자

瓷

사기그릇 자

진흙을 밑에서 부터 차례(次)대로 기와(瓦)처럼 얇게 빚어서 사기그릇을 만든다는 의미의 글자.

(또다른뜻) 오지그릇, 자기, 도자기, 사그릇, 토기.

瓷器(자기) 사기그릇. 사그릇.
瓷佛(자불) 도자기로 된 불상.
白瓷(백자) 하얀 빛깔의 자기.
青瓷(청자) 푸른 빛깔의 자기.

甘

0 - 5 - 지시자

甘

달 감

열 십(十)과 열 십(十)이 모여 입(口)이 되고 그 안의 혀(一)로 단맛을 보는 형상을 본뜬 글자.

(또다른뜻) 맛좋을, 즐길, 단 것, 맛있는 것, 달가워할, 익을.

甘味(감미) 단 맛. 맛이 닮.
甘受(감수) 달게 받음.
甘食(감식) 음식 · 과일 따위를 달게 먹음.
甘言(감언) 달콤한 말.
甘草(감초) 콩과의 다년생 약용 식물.

4 - 9 - 형성자

甚

심할 심

남녀가 더할 나위없이 심할 정도로 달콤한(甘) 나날을 보내는 짝(匹)의 형상을 본뜬 글자.

(또다른뜻) 더욱, 매우, 지나칠, 즐거울, 두터울, 중후할.

甚難(심난) 마음이 느슨해져서 심히 어려움.
甚大(심대) 몹시 큼.
極甚(극심) 극히 심함.
深甚(심심) 마음이 표현정도가 매우 깊음.
幸甚(행심) 매우 다행함.

生

0 - 5 - 상형자

生

날 생

봄이면 어김없이 파릇파릇하게 새싹(人)이 땅으로(土)부터 움터 나오는 형상을 본뜬 글자.

(또다른뜻) 낳을, 생길, 살, 삶, 기를, 싱싱할, 서투를, 백성.

生計(생계) 살아갈 방도나 형편.
生命(생명) 목숨. 사물의 유지되는 기간.
生産(생산) 생활에 필요한 재화를 만드는 일.
生活(생활) 생계를 꾸리어 살아나감.

6 - 11 - 형성자

産

낳을 산

저 선비(彦의 생략형)는 사내이고 그의 부모가 낳아서 길러 준 자식이라는 의미의 글자.

(또다른뜻) 태어날, 출생지, 산물, 기를, 생활, 생업, 만들어 낼.

産卵(산란) 어조류 따위가 알을 낳음.
産母(산모) 아이를 갓 낳은 여자.
産物(산물) 그 지방에서 나는 토산물.
生産(생산) 인간 생활에 필요한 물건을 만듦.

MILLENNIUM

한 자 방 정 식

田 + 力 ⇨ 男

밭에 나가 애쓰는 사람은 남자이다.

用

0-5-회의자

用

쓸 용

목장을 안정되게 쓸 수 있도록 울타리를 친 형상을 본뜬 글자로 사용하다의 뜻으로 쓰임.

또 다른 뜻 쓰일, 사용할, 작용, 능력, 씀씀이, 비용, 베풀, 써.

用件(용건) 볼일.
用途(용도) 쓰이는 길. 쓰이는 데.
用意(용의) 어떤 일을 하려고 마음을 먹음.
用品(용품) 어떤 데에 쓰이는 온갖 물품.

田

0-5-상형자

田

밭 전

에워싼(囗) 둘레 안에 밭들이 둑을 막아(十) 경계로 펼쳐져 있는 형상을 본뜬 글자.

또 다른 뜻 경작지, 경지의 구획, 심을, 갈(갈다), 경작할, 농업.

田畓(전답) 밭과 논. 논밭.
田稅(전세) 논밭의 조세.
田野(전야) 논밭으로 이루어진 들녘.
田園(전원) 논밭과 동산. 시골.
油田(유전) 석유(石油)가 나는 곳.

0-5-상형자

甲

갑옷 갑

거북이의 등딱지같은 갑옷 또는 밭에서 뿌리를 내린 초목이 움트는 형상을 본뜬 글자.

또 다른 뜻 천간, 동쪽, 오행, 아무개, 딱지, 껍데기, 첫째.

甲利(갑리) 곱쳐서 받는 이자.
甲富(갑부) 첫째가는 부자.
甲種(갑종) ① 으뜸 가는 종류. ② 사물을 분류하는 기준으로 첫째.
甲板(갑판) 배위의 평평한 바닥.

0-5-상형자

由

말미암을 유

나무가지에 매달린 열매의 형상을 본뜬 글자로 열매로 말미암아 즙과 술을 만들 수 있음.

또 다른 뜻 까닭, …부터, 인연할, 본받을, 인하여, 사용할.

由來(유래) 어떤 것에 기인하여 일어남.
由緖(유서) 예로부터 전하여 온 내력.
事由(사유) 일의 까닭. 연고. 연유.
理由(이유) 까닭 · 사유. 구실. 변명.

0-5-상형자

申

납 신

하늘에서 퍼져 내리는 번개는 조물주가 납신 듯하다는 번개의 형상을 본뜬 글자.

또 다른 뜻 아홉째 지지, 원숭이, 서남서, 펼, 말할, 알릴, 성(姓).

申告(신고) 사유를 관청이나 상사에게 보고함.
申請(신청) 담당하는 기관 등에 신고하여 청구함
庚申(경신) 60갑자의 쉰일곱째.
內申(내신) 내용을 공개하지 않고 상신함.

2-7-회의자

男

사내 남

낮에 밭에(田) 나가 열심히 힘(力)을 쓰는 사내는 대개 아들이거나 지아비라는 의미의 글자.

또 다른 뜻 아들, 남자, 작위, 장부, 장정, 젊은이 사내자식.

男女(남녀) 남자와 여자.
男妹(남매) 오빠와 누이. 오누이.
男兒(남아) ① 사내 아이. ② 남자다운 남자.
男優(남우) 남자배우의 준말.
男子(남자) 남성으로 태어난 사람. 사나이.

MILLENNIUM

한 자 방 정 식

田	+	介	⇨	界
밭사이에		끼어 있는 밭두렁이		지경이다.

4 - 9 - 회의자

畏

두려워할 외

어둠 속에서 귀신의 머리(田=鬼의 생략형)를 보면 모두들 두려워한다는 의미의 글자.

(또 다른 뜻) 겁낼, 놀랄, 꺼릴, 싫어할, 조심할, 두려울, 위협할.

- 畏懼(외구) 무서워하고 두려워함.
- 畏愼(외신) 두려워하고 존경하여 삼가함.
- 畏兄(외형) 경외하는 형이라는 뜻.
- 敬畏(경외) 존경하고 두려워 함.

4 - 9 - 회의자

畓

논 답

물(水)로써 곡식 따위를 가꾸는 밭같은(田) 것을 논이라 하며 그 논의 형상을 본뜬 글자.

(또 다른 뜻) 우리 나라에서 주로 쓰이는 글자로 논의 의미가 전부임.

- 畓穀(답곡) 논에서 나는 곡식. 벼를 이르는 말.
- 畓農(답농) 논 농사.
- 水畓(수답) 물이 여유 있고 기름진 논.
- 田畓(전답) 밭과 논.

4 - 9 - 형성자

界

지 경 계

밭(田)과 밭 사이의 끼어(介) 있는 밭두렁으로 그 경계인 지경으로 삼는 형상을 본뜬 글자.

(또 다른 뜻) 한계, 경계, 세계, 범위, 한정할, 이간할, 경계선.

- 境界(경계) 기준에 의해 분간되는 한계.
- 分界(분계) 서로 나누인 지역의 경계.
- 世界(세계) 지구상의 모든 나라. 온세상.
- 限界(한계) 사물의 정해진 범위.

5 - 10 - 회의자

畜

가 축 축

무성한(玄=玆의 생략형) 논밭(田)의 곡식들은 가축들의 수고로 생산된다는 의미의 글자.

(또 다른 뜻) 기를, 쌓을, 모을, 비축할, 간직할, 만류할, 보유할.

- 畜舍(축사) 가축을 기르는 건물.
- 畜産(축산) 가축을 증식하는 산업.
- 家畜(가축) 집에서 기르는 동물.
- 牧畜(목축) 소·양 등의 가축을 기름.

5 - 10 - 형성자

留

머 무 를 류

문을 걸어 닫고(卯) 밭(田)에 나가 그곳에 머무는 동안 오랜 시간이 지난다는 의미의 글자.

(또 다른 뜻) 오랠, 묵을, 체류할, 정지할, 굳게 지킬, 지체할.

- 留念(유념) 기억하여 두고 생각함.
- 留任(유임) 임기 만료후 연이어 임명됨.
- 留置(유치) 사물을 일정한 지배하에 둠.
- 留學(유학) 외국에서 공부함.

6 - 11 - 형성자

略

간 략 할 략

밭(田)의 경계를 발자국 수로 헤아려 간략하게 각각(各)의 면적을 셈하는 형상을 본뜬 글자.

(또 다른 뜻) 생략할, 대강, 꾀, 지모, 노략질할, 대략, 징벌할.

- 略歷(약력) 간략히 적은 이력.
- 簡略(간략) 간단하고 소략함.
- 謀略(모략) 남을 해치려고 꾀를 써서 일을 꾸밈.
- 省略(생략) 덜어서 줄임.
- 侵略(침략) 불법적으로 쳐들어가 빼앗음.

MILLENNIUM

한 자 방 정 식

尚 + 田 ⇨ 當

짝지을 만큼 비슷한 밭이 바꾸기에 마땅함.

---

6 - 11 - 회의자

畢

마 칠 필

밭(田)의 풀들이 각각의 땅(土)에서 시월(十)이면 푸르름을 마치고 처음(一)으로 돌아감을 뜻한 글자.

(또다른뜻) 끝낼, 다, 죄다, 그물, 모두, 무성할, 대숲, 빠를.

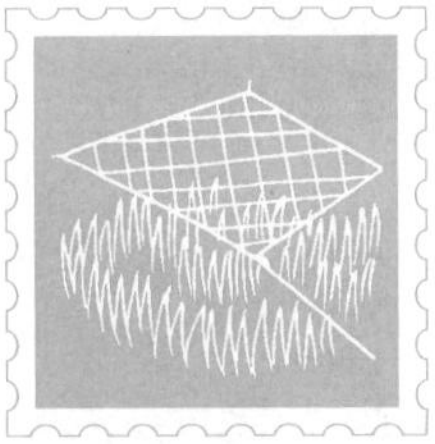

畢竟(필경) 마침내. 결국에는.
畢納(필납) 납세나 납품 등을 끝냄.
畢生(필생) 생명의 마지막까지 다함.
畢證(필증) 납세나 납품의 증명하는 증.

---

6 - 11 - 회의자

異

다 를 이

넓적한 귀신(田=鬼의 생략형) 탈을 두 손으로 받쳐(共) 쓰니 다른 사람같다는 의미의 글자.

(또다른뜻) 나눌, 이상할, 괴상할, 비범할, 진기할, 의심할.

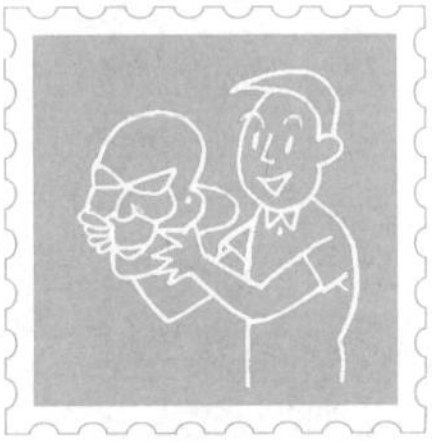

異見(이견) 다른 의견.
異常(이상) 정상적인 것과 본래와 다름.
異議(이의) 남과 의견이나 주장과 달리함.
異質(이질) 성질이 다름. 다른 성질.

---

7 - 12 - 상형자

番

차 례 번

짐승 발톱(釆)과 발바닥(田)이 차례를 이어 놓은 듯 땅에 그 흔적을 남긴 형상을 본뜬 글자.

(또다른뜻) 번, 번들, 횟수, 갈마들, 순서, 무성할, 땅이름(반).

番地(번지) 땅을 일정한 기준으로 나눔.
番號(번호) 차례를 나타내는 호의 수.
當番(당번) 차례가 돌아와 번드는 사람.
輪番(윤번) 번드는 차례.

---

7 - 12 - 회의자

畵

그 림 화

붓으로(聿) 밭의(田) 경계를 선으로(一) 그려놓은 듯한 그림의 형상을 본뜬 글자.

(또다른뜻) 그림그릴, 채색, 채색할, 화가, 구획할(획), 꾀(획).

畵家(화가) 그림 그리는 것을 업으로 한 사람.
畵壇(화단) 화가의 사회.
畵房(화방) 미술가가 작업하는 방. 화실.
畵集(화집) 그림을 모아 엮은 책. 화첩.

---

8 - 13 - 형성자

當

마 땅 할 당

서로 짝지을(尙) 만큼 값이 서로 비슷한 밭(田)이어야 맞바꾸기에 마땅하다는 의미의 글자.

(또다른뜻) 당할, 그, 맡을, 이, 전당잡힐, 대적할, 들어맞을.

當局(당국) 어떤 일을 담당하는 주된 기관.
當時(당시) 일이 생긴 바로 그 때.
當面(당면) 어떤 일이 바로 눈 앞에 닥침.
當付(당부) 단단히 부탁함. 또는 그 부탁.

---

10 - 15 - 형성자

畿

경 기 기

창(戈)을 들고 군사들이 지키는 궁성을 벗어나면 작은(幺) 밭들이(田)이 펼쳐지는 경기 지방을 뜻함.

(또다른뜻) 기내, 서울, 국도, 도읍지, 경계, 지경, 뜰, 문지방.

畿內(기내) 서울을 중심으로 뻗은 경기.
京畿(경기) 서울을 중심으로 가까운 지역.
畿湖(기호) 경기도, 황해도 남부와 충청남도까지의 지역.

MILLENNIUM

한자방정식

疒 + 正 ⇨ 症

병든 사람이 온전히 나으려면 증세를 알아야 함.

疋

7 - 12 - 형성자

疏

성 길 소

모태의 아이가 발(疋=⻊의 변형)부터 돌아 나와(㐬) 성기는 형상을 본뜬 글자.

또다른뜻 버성길, 트일, 뚫일, 나물, 거칠, 적을, 상소할.

疏外(소외) 친했던 사이를 멀어지게 함.
疏忽(소홀) 대수롭지 아니하고 예사임.
上疏(상소) 신하가 임금에게 올리는 글.

9 - 14 - 형성자

疑

의심할 의

아들(子)이 숟가락(匕)만 곧게(矢) 찍으면서 일어서지(疋) 않는 것이 의심스럽다는 의미의 글자.

또다른뜻 의심, 의혹, 두려워할, 이긋날, 혐의, 정할(응).

疑問(의문) 의심스럽게 생각함.
疑心(의심) 믿지 못하는 마음.
疑惑(의혹) 의심하여 분별하지 못함.
容疑(용의) 범죄의 혐의.
嫌疑(혐의) 범죄를 저질렀으리라는 의심.

疒

4 - 9 - 형성자

疫

염병 역

병(疒) 중에 손발이 뭉그러지고 무엇으로 치면(殳) 마디가 떨어지는 염병의 형상을 본뜬 글자.

또다른뜻 전염병, 돌림병, 역병, 유행병, 역질, 천연두, 마마.

疫病(역병) 전염으로 생기는 악성 유행병.
疫疾(역질) 천연두를 일컫는 말.
免疫(면역) 병균에 대해 저항력을 가짐.
防疫(방역) 전염병을 예방하려고 소독함.

5 - 10 - 형성자

疾

병 질

병(疒)이 든 사람의 증세가 화살(矢)처럼 빠르게 나타나는 병의 형상을 본뜬 글자.

또다른뜻 질병, 고통, 괴로워할, 빠를, 미워할, 전염병, 버릇.

疾病(질병) 몸에 생길 수 있는 온갖 병.
疾視(질시) 밉게 봄.
疾患(질환) 질병 · 몸에 생기는 온갖 병.
痼疾(고질) 오래 되어 고치기 어려운 병.

5 - 10 - 형성자

病

병들 병

열병(疒)으로 병든 사람이 몸져 누워 열(丙)로 앓고 있어 근심하는 사람의 형상을 본뜬 글자.

또다른뜻 병, 앓을, 근심할, 질병, 흠, 나쁜 습관, 괴로와할.

病暇(병가) 병으로 인하여 얻은 휴가.
病苦(병고) 병으로 인한 괴로움.
病院(병원) 질병으로 진찰 · 치료하는 곳.
病患(병환) 앓아 누워 있는 사람의 병을 높여 이르는 말.

5 - 10 - 형성자

症

증세 증

병든(疒) 사람이 온전(正)하게 나으려면 병의 증세를 밝혀 치료해야 한다는 의미의 글자.

또다른뜻 병, 병의 증세, 나쁜 버릇, 나쁜 습관, 아픈 증세.

症狀(증상) 병의 증세.
症勢(증세) 병으로 말미암아 나타나는 그 증상.
症候(증후) 병의 증세.
炎症(염증) 살이 붉게 붓고 열나는 증세.
痛症(통증) 아픈 증세.

MILLENNIUM

한자방정식

疒 + 艮 ⇨ 痕

앓던 병이 / 그쳐 회복되더라도 / 흔적이 남는다.

5 - 10 - 형성자

疲

피곤할 피

병(疒)을 오래 앓으면 뼈만 앙상한 피부(皮)로 조금만 움직여도 피곤하다는 의미의 글자.

또다른뜻 지칠, 노곤할, 고달플, 노쇠할, 귀찮을, 앓을(지).

疲困(피곤) 심신이 지치어 고달음.
疲勞(피로) 과로로 인해 심신이 고달픔.
疲弊(피폐) 기운이 지치고 쇠약하여짐.
心疲(심피) 마음이 지쳐 시들함.

6 - 11 - 형성자

痕

흔적 흔

다친 곳이나 앓던 병(疒)의 증세가 그쳐(艮) 회복되더라도 그 흔적은 남는다는 의미의 글자.

또다른뜻 자취, 흉터, 발뒤꿈치, 남은 자국, 헐은 곳, 상흔.

痕迹(흔적) 뒤로 남은 자취나 자국.
刀痕(도흔) 칼로 베인 자국. 칼자국.
傷痕(상흔) 다친 다리의 흉터나 자국.
殘痕(잔흔) 남아 있는 흔적.

7 - 12 - 형성자

痛

아플 통

병을 앓아(疒) 피부가 곪고 부풀어 고름이 터져(甬) 그 부위가 아픈 형상을 본뜬 글자.

또다른뜻 괴로울, 상할, 심할, 원통할, 속상할, 아파할, 엄할.

痛感(통감) 마음에 사무치게 느낌.
痛症(통증) 아픈 증세.
苦痛(고통) 육체적 · 정신적인 괴로움.
哀痛(애통) 몹시 슬퍼함. 또는, 그 애달픔.

8 - 13 - 형성자

痲

홍역 마

병(疒) 중, 엉시과의 삼주뿌리(朮)가 서로 엉귀 듯한 세균이 홍역의 병균이라는 의미의 글자.

또다른뜻 마비될, 뻣뻣할, 중풍, 얼굴이 얽을, 무감각할.

痲痺(마비) 신경이나 근육이 뻣뻣해져 그 기능을 잃는 현상. 어떤 사물이 그 기능을 발휘 못하고 재 구실을 못함.
痲疹(마진) 바이러스로 생기는 급성 발진성 전염병.

12 - 17 - 형성자

癌

암 암

병(疒) 중, 입(口)처럼 여러 개가 불룩한(山) 종양이 돋아 앓는 병이 암이라는 의미의 글자.

또다른뜻 악성 종양으로 말미암은 위암, 유방암, 폐암 따위.

癌腫(암종) 체내에 굳은 덩어리가 생기는 악성 종기.
肝癌(간암) 간에 생기는 악성 종기의 암종.
胃癌(위암) 위에 생기는 악성 종기의 암종.
肺癌(폐암) 폐에 생긴 암종.

12 - 17 - 형성자

療

병고칠 료

앓는(疒) 병을 고칠 때 섭나무가 불타 듯한(尞) 열을 다스리는 형상을 본뜬 글자.

또다른뜻 병을 다스릴, 병을 고칠, 낫게 할, 앓을(삭), 병들(삭).

療飢(요기) 시장기를 면할 만큼 조금 먹음.
療法(요법) 병을 고치는 방법.
療養(요양) 병을 치료하고 조섭함.
治療(치료) 병을 다스려서 낫게 함. 병을 고침.

MILLENNIUM

한 자 방 정 식

疒 + 疑 ⇨ 癡

병적으로 의심이 많은 사람은 어리석다.

---

14 - 19 - 형성자

癡

어리석을 치

병(疒)적으로 의심(疑)이 많은 어리석은 사람이 미치광이처럼 보이는 형상을 본뜬 글자.

(또 다른 뜻) 미칠, 미치광이, 멍청이, 천치, 바보, 삼독의 하나.

- 癡情(치정) 부정의 관계로 맺어진 남녀간의 애정.
- 癡漢(치한) 아무 여자에게나 못된 장난을 걸거나 희롱하는 남자.
- 白癡(백치) 지능 정도가 극히 낮은 천치.

---

4 - 9 - 상형자

癸

열째천간 계

두 발(癶) 사이에 화살촉(天=矢의 변형)이 꽂혀 있는 형상을 본뜬 글자로 열째 천간을 뜻함.

(또 다른 뜻) 겨울, 북쪽, 오행의 수, 월경, 월수, 병기, 경도.

- 癸卯(계묘) 60갑자의 마흔째.
- 癸未(계미) 60갑자의 스므째.
- 癸巳(계사) 60갑자의 서른째.
- 癸時(계시) 오전 0시 반부터 1시 반 까지의 사이.

---

7 - 12 - 형성자

發

필 발

풀밭을 두 발(癶)로 자세를 잡고 활(弓)시위를 당겨 손을 펴 쏘는(殳) 형상을 본뜬 글자.

(또 다른 뜻) 펼, 피어오를, 일어날, 떠날, 낼, 밝힐, 꽃이 필.

- 發見(발견) 알려지지 아니한 사물을 찾아냄.
- 發達(발달) 진보하여 보다 나은 지경에 이름.
- 發露(발로) 겉으로 들어남.
- 發付(발부) 증서 · 영장 · 원서 등을 발행함.

---

7 - 12 - 형성자

登

오를 등

제기나 그릇(豆) 등을 두 발(癶)을 모듬고 높은 곳에 올려서 보관하는 형상을 본뜬 글자.

(또 다른 뜻) 나갈, 실을, 기재할, 익힐, 보탤, 탈, 드릴, 높을.

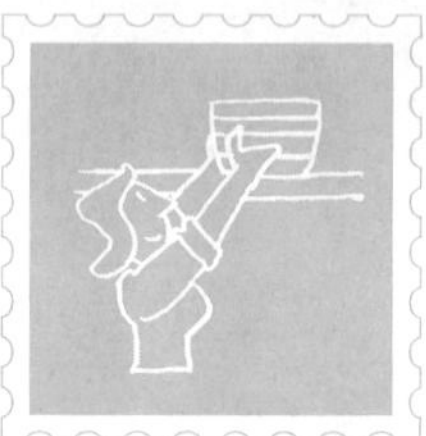

- 登校(등교) 학교에 나감. 학교에 출석함.
- 登記(등기) 권리 · 재산 등을 공식 문서에 표기함.
- 登錄(등록) 문서에 올림.
- 登山(등산) 산에 오름.
- 登頂(등정) 산 정상에 오름.

---

0 - 5 - 지시자

白

흰 백

해(日)가 떨어지고 어둠 속에서는 흰 사물이 마치 빛을 발하는(丿) 것같은 형상을 본뜬 글자.

(또 다른 뜻) 희, 깨끗할, 밝을, 아뢸, 환할, 날샐, 벼, 작위.

- 白色(백색) 흰 빛깔. 하얀 색.
- 白雪(백설) 흰 눈. 하얀 눈.
- 告白(고백) 숨김 없이 사실대로 말함.
- 明白(명백) 잘잘못이나 옳고 그름이 분명함.
- 蒼白(창백) 얼굴이 해쓱함.

---

1 - 6 - 형성자

百

일백 백

사람의 한(一)평생이 일백의 백수에 가까워 지면 머리가 백발이(白) 된다는 의미의 글자.

(또 다른 뜻) 많을, 모두, 여러, 백 번, 여러 번할, 백성, 온갖.

- 百計(백계) 온갖 꾀.
- 百科(백과) 온갖 학과(學科).
- 百難(백난) 온갖 괴로움과 어려움.
- 百分(백분) 백으로 나눔.
- 百姓(백성) 일반 국민이나 서민의 예스런 말.

MILLENNIUM

한자방정식

白 + 王 → 皇

태양이 자연의 왕인 것처럼 황제가 그러하다.

---

3 - 8 - 형성자

的

과 녁 적

하얀(白) 바탕의 과녁에 조그마한(勺) 중심선에 화살이 꽂혀 있는 형상을 본뜬 글자.

또 다른 뜻 적실할, 꼭, 밝을, 표준, 요점, 참된, 연밥, 기러기발.

的否(적부) 꼭 그러함과 그러하지 아니함.
的實(적실) 틀림없이 확실함.
的中(적중) 목표 등에 딱 들어맞음.
公的(공적) 공공에 관한 것. 사적(私的)인 말의 반대.

---

4 - 9 - 회의자

皇

임 금 황

태양(白)을 의미하는 한 나라의 왕(王)은 태양처럼 임금으로 군림하는 형상을 본뜬 글자.

또 다른 뜻 황제, 클, 공덕이 큰 임금, 군주, 바로잡을, 겨를.

皇國(황국) 황제가 다스리는 나라.
皇城(황성) 황제국의 도성(都城).
皇室(황실) 황제의 족속. 황제의 집안.
皇帝(황제) 제국 군주의 존칭.

---

4 - 9 - 회의자

皆

다 개

많은 사람의 견주듯(比) 다투어 아뢰는데(白) 모두 다 똑같은 말을 하는 형상을 본뜬 글자.

또 다른 뜻 같을, 모두, 함께, 두루 미칠, 개기일식, 개기월식.

皆骨山(개골산) 금강산의 겨울 동안의 별칭.
皆勤(개근) 하루도 빠짐없이 출석·출근함.
皆旣蝕(개기식) 개기 월식·개기 일식의 통칭.

---

0 - 5 - 회의자

皮

가 죽 피

동물의 가죽을(厂) 칼(丨) 따위를 이용해 오른손(又)으로 벗기는 형상을 본뜬 글자.

또 다른 뜻 거죽, 껍질, 성(姓).

皮骨(피골) 살가죽과 뼈.
皮膚(피부) 동물 몸의 겉을 싼 살갗.
皮相(피상) 겉으로 드러난 모양이나 현상.
皮質(피질) 조직의 겉층을 이루는 부분.

---

5 - 10 - 회의자

益

더 할 익

물(八+一+八=水의 변형)이 그릇(皿)에 가득 더하여져 넘쳐 흐르는 형상을 본뜬 글자.

또 다른 뜻 이익, 넘칠, 보탤, 유익할, 보람, 효험, 증가할.

益甚(익심) 갈수록 더욱 심함.
益友(익우) 자기에게 유익함이 있는 벗.
益者(익자) 남을 이롭게 하는 사람.
損益(손익) 손해와 이익.

---

7 - 12 - 회의자

盜

도 둑 도

아무리 배가 고파도 남의 그릇(皿)의 음식에 침(氵欠)을 흘리게 되면 도둑이 된다는 뜻의 글자.

또 다른 뜻 훔칠, 도둑질할, 가로챌, 밀통할, 소인, 천인, 달아날.

盜掘(도굴) 고분 등을 몰래 파내는 일.
盜難(도난) 도둑 맞는 재난.
盜殺(도살) 가축 등을 몰래 잡음.
盜用(도용) 남의 것을 몰래 씀.
盜賊(도적) 남의 물건을 빼앗거나 훔치는 사람.

MILLENNIUM

한 자 방 정 식

般 + 皿 ⇨ 盤

과일 따위를 나르는 그릇이 쟁반이다.

---

7 - 12 - 형성자

盛

성 할 성

음식이 가득 차려진(成) 상위의 그릇(皿)들을 본뜬 글자로 풍성하고 성함을 의미한 글자.

또 다른 뜻 담을, 많을, 채울, 바리, 이룰, 절정, 왕성할, 번성할.

盛大(성대) 규모 · 기세 등이 성하고 큼.
盛衰(성쇠) 성함과 쇠퇴함.
盛業(성업) 벌인 사업 따위가 한창 번창함.
盛行(성행) 매우 왕성하게 유행함.

---

8 - 13 - 형성자

盟

맹 세 할 맹

맹세할 때 확신을 밝히기(明) 위해 동물피를 그릇(皿)에 담아 기구하는 형상을 본뜬 글자.

또 다른 뜻 약속, 명서, 동호자, 끼리의 모임, 굳은 약속, 언약.

盟邦(맹방) 동일 목적하에 화친한 나라.
盟誓(맹서) 장래를 다짐하며 약속함. 맹세.
盟約(맹약) 맹세하여 맺은 굳은 약속.

---

9 - 14 - 형성자

盡

다 할 진

화롯불을 뒤적이며(聿) 불(火)이 다할 때까지 화로(皿) 곁을 떠나지 않는 형상을 본뜬 글자.

또 다른 뜻 다될, 마칠, 모두, 진력할, 그칠, 극진할, 적어질.

盡力(진력) 있는 힘을 다해 애쓰는 것.
盡忠(진충) 충성을 다함.
賣盡(매진) 표 등이 남김없이 다 팔림.
無盡(무진) 다함이 없음.
脫盡(탈진) 기운이 다 없어짐.

---

9 - 14 - 회의자

監

살 필 감

고개를 누운(臥) 것처럼 비스듬히 숙여(一) 그릇(皿) 안에 물을 살피는 형상을 본뜬 글자.

또 다른 뜻 볼, 단속할, 감시할, 경계할, 모범, 감옥, 벼슬이름.

監禁(감금) 자유를 구속하여 가두어 둠.
監督(감독) 보살펴 단속함. 또는, 그 사람.
監視(감시) 주의하여 살피고 지켜 봄.
監獄(감옥) 교도소의 구칭.

---

10 - 15 - 형성자

盤

쟁 반 반

식품이나 과일 따위를 나르는(般) 평평하고 넓적한 그릇(皿)인 쟁반의 형상을 본뜬 글자.

또 다른 뜻 받침, 바탕, 소반, 밑받침, 굽을, 돌, 반석, 즐길.

盤石(반석) 넓고 편편하게 된 큰 돌.
基盤(기반) 기초가 될 만한 지반.
旋盤(선반) 쇠를 깍는 금속 공작 기계.
地盤(지반) ① 땅의 표면. ② 일의 기초가 되는 바탕.

---

0 - 5 - 상형자

目

눈 목

눈구멍(冂) 안에 흰자위와 눈동자(二)가 있는 눈의 형상을 본뜬 글자.

또 다른 뜻 볼, 제목, 요점, 우두머리, 안구, 주시할, 응시할.

目擊(목격) 눈으로 직접 봄.
目錄(목록) 이름 등을 순서대로 적은 것.
目的(목적) 이루려고 하는 목표나 방향.
目次(목차) 목록 · 제목 · 조항 등의 차례.

MILLENNIUM

한 자 방 정 식

亡 + 目 ⇨ 盲

시력을 잃은 눈을 가진 소경.

3 - 8 - 회의자

直
곧 을 직

열(十) 개의 눈(目)으로 보듯 숨은(ㄴ=隱의 옛자) 것까지 곧게 보고 있는 형상을 본뜬 글자.

(또 다른 뜻) 바를, 바로, 곧, 번, 번들, 공정할, 똑바로, 값(치).

直結(직결) 직접적으로 연결됨.
直面(직면) 어떤 사물을 직접 대함.
直接(직접) 중간 매개 없이 바로 접촉함.
直通(직통) 막힘이 없이 곧장 통함.

3 - 8 - 형성자

盲
소 경 맹

시력을 잃은(亡) 눈(目)을 가진 소경은 보지못해 세상 물정에 몽매한 형상을 본뜬 글자.

(또 다른 뜻) 어두울, 몽매할, 장님, 봉사, 청맹과니, 바라볼(망).

盲目(맹목) 사리에 어두운 눈.
盲啞(맹아) 소경과 벙어리.
盲從(맹종) 시시비비를 덮어놓고 따름.
色盲(색맹) 색의 구별이 되지 않는 눈의 상태.

4 - 9 - 회의자

看
볼 간

햇빛에 눈이 부셔 손(手)으로 눈(目)을 가리고 자세히 보는 사람의 형상을 본뜬 글자.

(또 다른 뜻) 바라볼, 방문할, 지킬, 대우할, 터득할, 분별할.

看過(간과) 대충 보아 넘기다가 빠뜨림.
看守(간수) ① 보살피고 지킴. ② 교도소의 교정직 공무원의 구칭.
看做(간주) 그렇다고 침. 그런 양으로 여김.

4 - 9 - 회의자

相
서 로 상

사람들이 서로 나무(木)에 올라가 눈(目)을 크게 뜨고 멀리 바라보는 형상을 본뜬 글자.

(또 다른 뜻) 바탕, 질, 따를, 형상, 얼굴, 인도할, 다스릴, 빌(양).

相談(상담) 어려운 일 등을 서로 의논함.
相對(상대) 서로 마주 대함. 또는 그 대상.
相反(상반) 서로 반대됨. 서로 어긋남.
相互(상호) 서로. 피차간.

4 - 9 - 형성자

省
살 필 성

아주 적은(少) 것일지라도 방심하지 않고 자세히 살펴 세세히 보는 형상을 본뜬 글자.

(또 다른 뜻) 볼, 조사할, 문안할, 분명할, 깨달을, 가을사냥(선).

省墓(성묘) 조상의 산소를 찾아 돌봄.
省悟(성오) 반성하여 깨달음.
省察(성찰) 자기의 마음을 반성하여 살핌.
反省(반성) 자신의 행위에 대해 돌이켜 살핌.

4 - 9 - 상형자

眉
눈 썹 미

사람의 얼굴은 눈썹(尸) 아래 눈(目)이 있는 형상을 본뜬 글자로 둘레의 뜻도 있음.

(또 다른 뜻) 가장자리, 글귀를 듣고 적을, 아양떨, 눈썹 사이.

眉間(미간) 양미간. 두 눈썹의 사이.
眉目(미목) 눈썹과 눈.
眉壽(미수) 눈썹이 세도록 오래 살음.
眉宇(미우) 이마와 눈썹 근처.
眉月(미월) 눈썹같은 초승달.

MILLENNIUM

한자방정식

目 + 民 ⇨ 眠

하루의 고된 눈으로 백성들은 잠을 잔다.

---

4 - 9 - 상형자

盾

방 패 순

무사의 투구(⺁)에 가로 세로 쇠를(十) 이은 것은 눈(目)의 보호를 위한 방패라는 의미의 글자.

(또 다른 뜻) 피할, 숨을, 막을, 슬 이름(윤), 사람 이름(돈).

- 矛盾(모순) 말과 행동의 앞뒤가 서로 맞지 않아 단정할 수 없는 것.
- 盾戈(순과) 방패와 쌍날창.
- 盾鼻(순비) 방패를 잡기 쉽게 만든 손잡이.

---

5 - 10 - 형성자

眞

참 진

도닦은 신선처럼 변하여(匕=化의 옛자) 눈(目)에 안 띄게 참으로 선행을 베푼다는(八) 뜻의 글자.

(또 다른 뜻) 거짓이 아닐, 진짜, 순수할, 변함없을, 자연, 본질.

- 眞價(진가) ① 참된 값어치. ② 참값.
- 眞否(진부) 참됨과 그러하지 못함.
- 眞相(진상) 실제의 모습.
- 眞實(진실) 거짓이 없고 참됨.

---

5 - 10 - 형성자

眩

어지러울 현

사람이 멈짓하며 눈(目)이 갑자기 어두워지고(玄) 어지러워 현기증을 느끼는 형상을 본뜬 글자.

(또 다른 뜻) 아찔할, 현혹할, 어두울, 현기증, 눈부실, 팔(견).

- 眩氣(현기) 눈이 아찔하고 어지러움이 있는 증세.
- 眩亂(현란) 눈앞이 캄캄하고 아찔함.
- 眩惑(현혹) 무언가에 홀려서 미혹되게 함.

---

5 - 10 - 형성자

眠

잠잘 면

일이 고되어 눈(目)이 감기고 잠자는 밭농사 하는 백성(民)들의 형상을 본뜬 글자.

(또 다른 뜻) 잘, 모를, 지각없을, 어지러워질, 졸, 쉴, 볼(민).

- 眠期(면기) 누에가 잠자는 기간.
- 眠食(면식) 침식(寢食).
- 冬眠(동면) 겨울잠.
- 睡眠(수면) ① 졸음. 잠. ② 활동을 쉼.
- 催眠(최면) 마음이나 심리를 움직여 잠이 오게함.

---

6 - 11 - 형성자

眼

눈 안

눈(目) 속의 눈동자를 멈추고(艮) 한 곳을 응시하는 사람의 눈의 형상을 본뜬 글자.

(또 다른 뜻) 눈, 눈알, 눈구멍, 눈매, 볼, 구멍, 눈이 불거질(은).

- 眼鏡(안경) 눈이나 시력을 보호하는 물건.
- 眼科(안과) 눈병을 연구하고 치료하는 의학.
- 眼目(안목) 사물을 보고 분별하는 견식.
- 眼中(안중) 생각하고 있는 범위.

---

7 - 12 - 형성자

着

붙을 착

들녘의 양(羊)들이 착 붙어서(丿) 서로 눈(目)을 떼지 않고 무리를 이루는 형상을 본뜬 글자.

(또 다른 뜻) 붙일, 달라붙을, 옷입을, 신을, 시작할, 자리잡을.

- 着工(착공) 공사를 시작함.
- 着陸(착륙) 비행기 등에서 육지에 내림.
- 着想(착상) 일의 실마리가 될 만한 생각.
- 着手(착수) 일에 손을 대어 시작함.

MILLENNIUM

한자방정식

目	+	垂	⇨	睡
눈꺼풀을		아래로 드리우고		졸고 있음.

8 - 13 - 회의 · 형성자

睡

졸 수

사람이 잠잘 때 눈(目)의 눈꺼풀을 아래로 드리우고(垂) 졸고 있는 형상을 본뜬 글자.

(또다른뜻) 잠, 잠잘, 꽃봉우리 지는 모양, 잠꼬대, 조는 모양.

睡眠(수면) 졸음. 잠. 활동을 쉼.
熟睡(숙수) 깊이 든 잠. 잘 잠.
午睡(오수) 낮잠. 낮에 잠깐 자는 잠.
昏睡(혼수) 의식을 잃고 인사불성이 됨.

8 - 13 - 형성자

睦

화목할 목

눈두덩이(目)에 살이 언덕(坴)같이 붙어 있는 사람은 대개 화목한 사람이라는 의미의 글자.

(또다른뜻) 온순할, 공손할, 삼가할, 가까울, 부드러워질, 통할.

睦族(목족) 동족끼리 서로 화목하게 지냄.
敦睦(돈목) 사이가 두텁고 화목함.
親睦(친목) 서로 친하게 지내고 화목함.
和睦(화목) 뜻이 맞고 정다움.

8 - 13 - 형성자

督

재촉할 독

어린(叔) 자식들에게 부모들은 눈(目)을 떼지 않고 바른 길을 재촉한다는 의미의 글자.

(또다른뜻) 살펴볼, 조사할, 생각할, 촉구할, 단속할, 감독할.

督勵(독려) 감독하여 장려함.
督責(독책) 몹시 재촉함. 몹시 책망함.
督促(독촉) 무엇을 하도록 독려하여 재촉함.
監督(감독) 보살펴 단속함. 또는 그 사람.

12 - 17 - 형성자

瞬

잠깐 순

태어나 눈(目) 깜짝할 사이 순임금(舜)의 부귀영화도 잠깐 머물다가 진다는 의미의 글자.

(또다른뜻) 눈깜박일, 극히 짧은 동안, 눈깜박할 사이.

瞬間(순간) 극히 짧은 시간.
瞬時(순시) 삽시간.
一瞬(일순) 지극히 짧은 한 순간의 동안.
一瞬間(일순간) 눈을 깜짝할 사이의 한 순간.

0 - 5 - 상형자

矛

창 모

군사들이 장식달린 긴 자루 끝에 세모진 쇠를 꽂은 창을 들고 서있는 형상을 본뜬 글자.

(또다른뜻) 자루가 긴 창, 끝이 세모진 창, 병장기 중 하나.

矛盾(모순) 언행의 앞뒤가 맞지 않음. 옛날 무기상이 이 창은 모든 방패를 뚫고, 이 방패는 모든 창을 막는다는 말에 "그 창으로 그 방패를 찌르면 어떻게 되느냐"는 질문에 대답을 하지 못했다는 고사.

4 - 9 - 형성자

矜

자랑할 긍

창을(矛) 들고 서있는 병사가 오늘(今)의 자신이 자랑스러운지 의기양양한 형상을 본뜬 글자.

(또다른뜻) 불쌍히 여길, 괴로와할, 숭상할, 존중할, 위태할.

矜救(긍구) 불쌍히 여기어 도와줌.
矜持(긍지) 자신하는 바가 있어 스스로 자랑스러워하는 마음.
自矜(자긍) 스스로 자랑스럽게 생각함.

矛

MILLENNIUM

한자방정식

矢	+	口	⇨	知
화살처럼 빨리		그 말뜻을		알아차림.

矢

0 - 5 - 상형자

矢

화 살 시

대의 마디마디를 다듬어 곧게 만든 화살의 형상을 본뜬 글자로 베풀다의 뜻도 있음.

(또 다른 뜻) 대산가지, 벌여 놓을, 맹세할, 곧을, 받을, 맞을, 베풀.

矢石(시석) 전투에 쓰이던 화살과 돌.
弓矢(궁시) 활과 화살.
毒矢(독시) 살상의 무기로 촉에 독을 바른 화살.
嚆矢(효시) 온갖 사물의 시초를 비유함.

2 - 7 - 형성자

矣

어 조 사 의

자신(厶)의 아집을 내세우지 말고 화살(矢)처럼 곧게 말을 아껴야 한다는 의미의 어조사인.

(또 다른 뜻) ...일뿐이다, 오직 ...뿐, ...일 것인가, ...하구나.

萬事休矣(만사휴의) 모든 일이 헛수고로 돌아감을 이르는 말. 희망이 끊어짐을 이르는 말. 어찌할 도리가 없어짐 따위를 의미한 글자.

3 - 8 - 회의자

知

알 지

영특한 사람은 화살(矢)처럼 빨리 알아차리고 그 말(口)의 뜻을 깨닫는다는 의미의 글자.

(또 다른 뜻) 깨달을, 생각할, 인정할, 인지할, 터득할, 지식.

知覺(지각) 알아서 깨달음.
知能(지능) 지적 활동의 능력.
知德(지덕) 지식과 덕행.
知識(지식) 사물의 이치를 판별하여 앎. 사물에 대한 명료한 의식과 판단.

7 - 12 - 형성자

短

짧 을 단

화살(矢)의 촉이 콩(豆)같이 작고 짧은 형상을 본뜬 글자로 옛날에는 길이의 자로 쓰임.

(또 다른 뜻) 키작을, 숨가쁠, 적을, 부족할, 모자랄, 결점.

短期(단기) 단기간. 짧은 기간.
短命(단명) 명이 짧음. 짧은 생애로 죽음.
短點(단점) 잘못되고 모자라는 점. 결점.
短縮(단축) 짧게 줄어듦. 짧게 줄임.

8 - 13 - 형성자

矮

난 쟁 이 왜

화살(矢)처럼 마디가 짧고 벼의(禾) 키에 묻힌 여자(女)처럼 작은 난쟁이의 형상을 본뜬 글자.

(또 다른 뜻) 키작을 짧게 할, 움추릴, 몸집이 작을, 몸피적을.

矮軀(왜구) 키작은 체구.
矮小(왜소) 키가 작고 가냘픔.
矮松(왜송) 다복솔. 어린 소나무.
矮人(왜인) 난쟁이.

12 - 17 - 형성자

矯

바로잡을 교

굽은 화살(矢)을 곧은 나무로(喬) 만든 교정도구로 바로잡아 거짓처럼 펴는 형상을 본뜬 글자.

(또 다른 뜻) 도지개, 속일, 핑계할, 빙자할, 거스릴, 용감할.

矯世(교세) 세상의 나쁜 것을 바로잡음.
矯飾(교식) 거짓으로 겉만 꾸밈.
矯枉(교왕) 구부러진 것을 바로잡음.
矯正(교정) 틀어진 것을 곧게 바로잡음.

MILLENNIUM

한 자 방 정 식

石 + 更 ⇨ 硬

돌은 / 오랜 세월이 지나도 / 굳고 단단함.

石

0 - 5 - 상형자

石
돌 석

언덕(厂)에 바윗돌이 괴어 있고(口) 주변에 잔 돌들이 깔려 있는 형상을 본뜬 글자.

(또다른뜻) 비석, 돌침, 문석, 돌팔매, 화살촉, 숫돌, 어리석을.

石器(석기) 돌로 만든 여러 가지 기구.
石手(석수) 돌로 물건을 만드는 사람. 석공.
石油(석유) 지하의 탄화수소의 혼합물.
石塔(석탑) 돌로 쌓은 탑. 돌탑.

4 - 9 - 형성자

硏
갈 연

울퉁불퉁한 돌(石)들의 표면을 평평하게(幵) 하기 위하여 갈고 가는 형상을 본뜬 글자.

(또다른뜻) 궁구할, 벼루, 자세히 밝힐, 연구할, 연자방아.

硏究(연구) 깊이 있게 조사하고 생각함.
硏磨(연마) 돌·쇠붙이 등을 갈고 닦음.
硏修(연수) 학업 등을 연구하고 닦음.
硏精(연정) 정밀하게 연구함.

5 - 10 - 형성자

破
깨뜨릴 파

돌(石)을 던져 가죽(皮)이 찢기듯 어떤 물건이 깨뜨려지고 쪼개지는 형상을 본뜬 글자.

(또다른뜻) 부술, 망가뜨릴, 가를, 갤, 깨질, 바닥날, 무너질(비).

破格(파격) 일정한 격식을 깨뜨림.
破棄(파기) 깨뜨리거나 찢어서 내버림.
破産(파산) 재산을 모두 잃어버림.
破損(파손) 깨어져 못 쓰게 만듦.

5 - 10 - 형성자

砲
대포 포

둥근 돌(石)을 쇠로 감싼듯한(包) 매끄러운 대포의 형상을 본뜬 글자로 탄환의 의미를 포함함.

(또다른뜻) 돌쇠뇌, 대포, 총포, 포성, 큰 소리, 병장기의 하나.

砲擊(포격) 대포를 쏘아 공격함.
砲臺(포대) 대포를 설치할 축조물.
砲門(포문) 성벽이나 군함 따위에 사격을 목적으로 내놓은 구멍.
砲聲(포성) 대포소리. 총포를 발사하는 소리.

7 - 12 - 형성자

硬
굳을 경

돌(石)은 굳고 단단하여 세월이 지나도(更) 변하지 않을 만큼 강한 형상을 본뜬 글자.

(또다른뜻) 단단할, 강할, 억지로, 강경할, 굳어질, 뻣뻣할.

硬度(경도) 물체의 단단함의 정도.
硬性(경성) 단단한 성질.
硬軟(경연) 단단함과 부드러움.
硬直(경직) 굳어서 단단하고 뻔뻔하게 됨.
硬化(경화) 단단히 굳어짐.

7 - 12 - 형성자

硯
벼루 연

돌(石)로 먹을 갈 수 있게 만든 벼루를 사용해 붓으로 글을 써서 보여지게(見) 한다는 의미의 글자.

(또다른뜻) 먹을 가는 사각 또는 원형 따위의 돌로 만든 도구.

硯屛(연병) 벼루 머리에 치는 작은 병풍.
硯箱(연상) 벼루집.
硯床(연상) 문방 제구를 놓아 두는 책상.
硯滴(연적) 먹을 갈 때 사용하는 물그릇.

MILLENNIUM

한자방정식

石 + 定 ⇨ 碇

해변의 돌같은 곳에 배를 대고 머물기위해 닻을 내림.

---

8 - 13 - 형성자

碑

비 석 비

천한(卑) 돌(石)일지라도 돌기둥이나 비석에 쓰이며 그것에 글을 새기는 형상을 본뜬 글자.

(또 다른 뜻) 묘문, 묘비, 돌기둥, 문체, 길이 전할, 경계의 표시.

碑閣(비각) 안에 비를 세워 놓은 집.
碑銘(비명) 비에 새긴 글.
碑文(비문) 비에 새긴 글.
碑石(비석) 인물이나 사적을 기념하려고 비문을 새겨서 세운 빗돌.

---

8 - 13 - 형성자

碇

닻 정

배가 해변의 단단한(石) 곳에 대고 머물(定) 수 있게 닻을 내리는 형상을 본뜬 글자.

(또 다른 뜻) 닻을 내릴, 배를 멈추기 위해 무거운 쇠를 내림.

碇泊(정박) 어선이나 함선 따위의 배가 닻을 내리고 댐.

---

8 - 13 - 형성자

碎

부술 쇄

돌(石)을 나르고 그 돌을 잘게 부수는 것은 하인(卒)들이 하는 일이라는 의미의 글자.

(또 다른 뜻) 부서질, 깨뜨릴, 부스러기, 번거러울, 자질구레한.

碎氷(쇄빙) 얼음을 깨뜨림.
碎身(쇄신) 몸이 부서질 정도로 죽을 힘을 다함.
粉碎(분쇄) ① 가루처럼 잘게 부스러뜨림. ② 적을 철저하게 쳐부숨을 비유한 말.

---

9 - 14 - 형성자

碧

푸를 벽

옥(王=玉의 생략형)은 하얀(白) 돌(石)이지만 반질하게 갈면 푸른빛이 도는 형상을 본뜬 글자.

(또 다른 뜻) 짙은 청록색, 청백색, 푸른 옥돌, 푸른 옥, 이끼 낀.

碧溪(벽계) 물빛이 푸른 맑은 시내.
碧眼(벽안) 푸른 눈동자의 눈.
碧玉(벽옥) 푸르고 아름다운 옥.
碧海(벽해) 푸른 바다.
青碧(청벽) 푸른 옥돌.

---

10 - 15 - 형성자

磁

자석 자

돌(石)같이 단단하고 검은(玆) 빛을 띤 자석이 쇠붙이를 끌어 당기는 형상을 본뜬 글자.

(또 다른 뜻) 지남철, 사기그릇, 자기자극, 끌어당기는 힘, 나침판.

磁極(자극) 자석의 양쪽 끝 부분.
磁器(자기) 백토로 빚어 구운 도자기.
磁力(자력) 밀치고 당기는 자석의 힘.
磁石(자석) 쇠를 끌어당기는 성질을 가진 물체.

---

9 - 14 - 형성자

碩

클 석

돌(石)이 머리(頁=首의 옛자)처럼 크고 단단한 것으로 그 쓰임새가 많다는 의미의 글자.

(또 다른 뜻) 머리가 클, 가득할, 충실할, 왕성할, 아름다울.

碩老(석로) 덕이 높은 노인.
碩茂(석무) 크게 무성함. 재덕이 뛰어난 큰 인물.
碩士(석사) 학덕이 높은 사람. 학위의 한 가지.
碩學(석학) 큰 학자.

MILLENNIUM

한 자 방 정 식

石	+	楚	⇨	礎
기둥밑의 돌은		매질하듯 다진		주춧돌.

---

10 - 15 - 형성자

確
확 실 할 확

의지가 돌(石)처럼 굳고 지조가 학(鶴)처럼 순백하여 매사 확실한 사람의 형상을 본뜬 글자.

(또 다른 뜻) 굳을, 단단할, 강할, 굳셀, 확신할, 정확할, 확고할.

確固(확고) 확실하고 견고함.
確實(확실) 틀림없이 실제로 그러함.
確定(확정) 확실히 정함. 확실하게 결정됨.
確證(확증) 확실히 증명함. 확실한 증거.

---

11 - 16 - 형성자

磨
갈 마

삼(麻)의 껍질로 실을 만들기 위하여 연자방아나 돌(石)에 갈아 다듬는 형상을 본뜬 글자.

(또 다른 뜻) 갈아서 광낼, 숫돌로 갈, 문지를, 마찰할, 닳을.

磨滅(마멸) 갈리고 닳아서 없어짐.
磨耗(마모) 닳아서 없어짐.
硏磨(연마) 학예 등을 깊이 연구함.
琢磨(탁마) 학문이나 덕행을 닦음.

---

13 - 18 - 형성자

礎
주 춧 돌 초

집지을 때 기초되는 기둥을 세워 그 밑에 주춧돌(石)을 매질하듯(楚) 처 넣는다는 뜻의 글자.

(또 다른 뜻) 기초, 초석, 기초할, 바탕이 될, 모퉁잇돌, 기반.

礎石(초석) 주춧돌. 어떤 사물의 기초.
基礎(기초) 사물의 기본이 되는 토대.
定礎(정초) 주춧돌을 놓음.
柱礎(주초) 기둥 밑에 괴는 돌같은 물건.

---

0 - 5 - 지시자

示
보 일 시

제물(一)을 올린 제단(丁)에 음식을 나누어(八) 차리고 신에게 정성을 보인다는 뜻의 글자.

(또 다른 뜻) 가르칠, 알릴, 볼, 암시할, 드러낼, 중, 지신(기).

示達(시달) 상부에서 명령 등을 전달함.
示範(시범) 모범을 보임. 우선하여 보여줌.
示唆(시사) 미리 암시하여 일러줌.
示威(시위) 위세나 기세를 드러내어 보임.

---

3 - 8 - 회의자

社
모 일 사

옛날에 사람들이 모여 기원을 알리기(示) 위해 토신(土)에게 제를 올렸다는 의미의 글자.

(또 다른 뜻) 단체, 토지신, 사직, 사회, 회사, 지신.

社規(사규) 회사의 규칙.
社稷(사직) 한 왕조의 기초.
本社(본사) 지사에 대하여 주(主)된 회사.
會社(회사) 영리를 목적으로 하는 단체.

---

3 - 8 - 회의 · 형성자

祀
제 사 사

옛날 제사를 지낼 때 정성을 보이는(示) 젯상을 동남향(巳)으로 하여 기원했다는 뜻의 글자.

(또 다른 뜻) 제사지낼, 제사를 받들, 신에게 빌, 제단, 의식.

祀天(사천) 하늘에 제사를 지냄.
祭祀(제사) 신에게 정성을 표하는 예식.
合祀(합사) 둘 이상의 혼백을 모신 제사.
享祀(향사) 신에게 정성을 표하는 제사.

MILLENNIUM

한자방정식

示 + 必 ⇨ 祕

보일 수 없고 / 반드시 / 숨겨야 하는 비밀.

---

4 - 9 - 회의 · 형성자

祈
빌 기

젯상에 음식을 차리고 정성을 보이며(示) 부디 살펴주십사(斤) 비는 형상을 본뜬 글자.

(또 다른 뜻) 신에게 빌, 구할, 고할, 갚을, 보답할, 산제사(궤).

- 祈求(기구) 신명에게 소원을 빎.
- 祈念(기념) 기원하는 마음.
- 祈禱(기도) 신명에게 빎. 또는, 그 의식.
- 祈願(기원) 바라는 일이 이루어지기를 빎.

---

4 - 9 - 형성자

祉
복 지

어떤 사람의 복된 행복을 보면서(示) 그곳에 눈길이 머무르는(止) 형상을 본뜬 글자.

(또 다른 뜻) 하늘에서 내리는 행복, 만족할 만한 복지시설, 지록.

- 祉祿(지록) 행운. 행복.
- 福祉(복지) 만족할 만한 생활환경.
- 衆祉(중지) 대중의 복지. 중생의 복지.
- 休祉(휴지) 휴식이나 휴양 따위의 복지시설.

---

5 - 10 - 형성자

祕
숨길 비

비밀스런 것을 숨길 때 보일(示) 수 없고 반드시(必) 밝혀지지 않아야 된다는 의미의 글자.

(또 다른 뜻) 알리지 아니할, 신, 헤아리기 어려울, 헤아리지 못할(필).

- 祕訣(비결) 숨기고 혼자 아는 좋은 방법.
- 祕錄(비록) 비밀의 기록.
- 祕密(비밀) 숨기어 공개하지 않는 일.
- 祕方(비방) 특별히 비밀스런 방법. 비법.

---

5 - 10 - 회의 · 형성자

祖
조상 조

보이는(示) 곳에 조상의 위패를 모시고 많은(且) 음식으로 젯상을 마련한다는 의미의 글자.

(또 다른 뜻) 할아비, 시조, 국조, 사당, 처음, 비롯할, 본받을.

- 祖國(조국) 조상 때부터 살아온 나라.
- 祖父(조부) 할아버지.
- 祖上(조상) 돌아간 부모 위 대대의 어른.
- 始祖(시조) 한 겨레의 처음이 되는 조상.

---

5 - 10 - 형성자

神
귀신 신

신이 인간에게 보여(示) 주는 영묘한 것 중 귀신같이 펼쳐(申)지는 번개라는 의미의 글자.

(또 다른 뜻) 천신, 상제, 신령, 혼령, 마음, 정신, 영묘할, 신경.

- 神經(신경) 사물을 감각하거나 생각하는 힘.
- 神祕(신비) 보통의 인식을 초월한 일.
- 神聖(신성) 신과 같이 성스러움.
- 神通(신통) 모든 일에 신기하게 통달함.

---

5 - 10 - 형성자

祠
사당 사

살아 있는 사람을 굽어 보는(示) 조상의 위패를 맡아(司) 모신 사당의 형상을 본뜬 글자.

(또 다른 뜻) 신사, 제사, 봄제사, 제사지낼, 서약의 말, 음식물.

- 祠壇(사단) 제사를 지내기 위해 만들어 놓은 단.
- 祠堂(사당) 신주(神主)를 모셔 두는 집.
- 祠版(사판) 죽은 이의 위패.
- 神祠(신사) 신령을 모시는 사당(祠堂).

MILLENNIUM

한 자 방 정 식

西 + 示 ⇨ 票

포장의 허리부분에 + 잘 보이게 ⇨ 표를 닮.

---

5 - 10 - 회의자

祝

빌 축

신의 눈에 띌만큼(示) 소원을 입(口)으로 말하여 비는 사람(儿=人의 변형)의 형상을 본뜬 글자.

(또다른뜻) 기원할, 축하할, 원할, 사내무당, 축문, 저주할(주).

祝福(축복) 앞날의 행복을 빎.
祝願(축원) 희망대로 이루어지길 기원함.
祝典(축전) 축하하는 의식 · 행사.
祝賀(축하) 좋은 일 장한 일에 경축하고 치하함.

---

6 - 11 - 형성자

祥

상서러울 상

젯상에 정성을 보여(示) 음식과 양(羊)고기를 차리고 비니 상서로운 조짐이 있다는 뜻의 글자.

(또다른뜻) 복, 복록, 좋을, 재앙, 조짐, 요괴, 제사이름, 자세할.

祥夢(상몽) 상서로운 꿈.
祥瑞(상서) 복과 길함이 일어날 징조.
祥雲(상운) 상서로운 구름.
吉祥(길상) 길함과 상서로움.

---

6 - 11 - 회의자

票

표 표

포장된 것을 바르게 전달될 수 있게 허리(西=腰)부분에 표를 잘 보이게(示) 단다는 의미의 글자.

(또다른뜻) 쪽지, 물표, 관람권, 차표, 빠를, 불똥튀일, 요동할.

票決(표결) 가부 의사를 표시하여 결정함.
賣票(매표) 표를 팖.
傳票(전표) 금전의 출납 등을 적은 쪽지.
車票(차표) 찻삯을 주고 구입한 표.

---

6 - 11 - 회의자

祭

제사 제

제사지낼 때 고기(月=肉의 변형)와 또(又) 음식으로 정성을 보인다는(示)는 의미의 글자.

(또다른뜻) 제사지낼, 사귈, 서로 접할, 헤아릴, 신에게 보답할.

祭壇(제단) 제사를 지내는 단.
祭祀(제사) 신 또는 죽은 사람을 위로함.
祭典(제전) 제사나 행사를 치루는 의식.
祝祭(축제) 경축하여 벌이는 큰 잔치나 행사.

---

8 - 13 - 형성자

禁

금할 금

수풀(林) 안의 사당 근처에는 부정을 금하기 위해 사람이 보여서(示)는 않된다는 의미의 글자.

(또다른뜻) 꺼릴, 규칙, 계율, 삼가할, 비축할, 비밀, 감옥, 견딜.

禁忌(금기) 꺼리어서 싫어하거나 금함.
禁輸(금수) 수출과 수입을 금함.
禁食(금식) 곡기를 끊음. 음식을 먹지 않음.
禁煙(금연) 담배 피우는 것을 금함.

---

8 - 13 - 회의 · 형성자

祿

녹 록

신이나 왕에게 충직함을 보여(示) 복이나 녹을 받아 삶의 근본(彔)을 구한다는 뜻의 글자.

(또다른뜻) 복, 녹봉, 녹을 줄, 기록할, 상줄, 작위, 녹전, 곡식.

祿俸(녹봉) 관원에게 연액으로 주는 급료.
祿位(녹위) 녹봉과 작위.
福祿(복록) 복과 녹봉.
貫祿(관록) 몸에 갖추어진 위엄.
國祿(국록) 나라에서 벼슬아치들에게 주는 녹봉.

MILLENNIUM

한자방정식

示 + 壽 ⇨ 禱

정성을 보여 장수를 신불에게 빎.

---

9 - 14 - 회의 · 형성자

福

복 복

어진이가 정성을 보여(示) 제단에 가득(畐) 음식을 마련하니 신이 복을 내린다는 뜻의 글자.

(또다른뜻) 복을 이룰, 복받을, 제사의 고기, 간직할(부).

福祉(복지) 행복과 이익. 상지(祥止).
薄福(박복) 복이 적음.
祝福(축복) 앞날의 행복을 빎.
幸福(행복) 충족될 만큼 재물과 복록이 풍족하여 즐거운 생활 상태.

---

9 - 14 - 회의 · 형성자

禍

재앙 화

신(示=神의 생략형)이 허물(咼=過의 생략형)을 저지른 사람에게 재앙을 내린다는 뜻의 글자.

(또다른뜻) 재난, 불행, 걱정, 재앙이 화근될, 허물, 무너질.

禍根(화근) 재앙의 근원.
禍難(화난) 재앙과 환난.
禍福(화복) 재화와 복록.
災禍(재화) 재액과 화난.
慘禍(참화) 차마 눈으로 볼 수 없을 만큼 끔직한 재앙.

---

12 - 17 - 형성자

禪

좌선할 선

신에게 정성을 보이기(示) 위해 제단 앞에 좌선하고 앉아 있는 사람의 형상을 본뜬 글자.

(또다른뜻) 봉선, 천신제, 산신제, 선위할, 전할, 줄, 고요할.

禪師(선사) 선종의 법리에 통달한 중.
禪宗(선종) 참선에 의하여 본성을 터득하려는 불교의 한 종파.
坐禪(좌선) 가부좌를 하고 마음을 다스림.

---

13 - 18 - 회의 · 형성자

禮

예도 례

정성을 보이기(示) 위해 풍성한(豊)음식으로 예도에 따라 제사를 지내는 형상을 본뜬 글자.

(또다른뜻) 예의, 예법, 의식, 예물, 예실, 법도, 의례, 주례.

禮物(예물) 사례의 뜻으로 주는 물건.
禮服(예복) 예식이나 행사 때 입는 옷.
禮式(예식) 예법에 의해 행하여지는 식.
禮儀(예의) 예절과 몸가짐.

---

14 - 19 - 형성자

禱

빌 도

신에게 제사를 지내며 정성을 보여(示) 장수(壽)를 기원하고 비는 형상을 본뜬 글자.

(또다른뜻) 기원할, 염원할, 축원할, 기도할, 제사지낼.

祈禱(기도) 신이나 부처에게 빎.
默禱(묵도) 말없이 마음속으로 하는 기도.
祠禱(사도) 제사지낼 때 비는 기도.
祝禱(축도) 축복을 내려주십사하고 비는 기도.

---

8 - 13 - 상형 · 형성자

禽

날짐승 금

그물에(人) 걸린 새는 날짐승의 형상을 한 산신령이라는 의미의 글자로 모든 짐승을 총칭 함.

(또다른뜻) 금수, 짐승, 날개있는 짐승, 사로잡힐, 포로.

禽獸(금수) 날 짐승과 길 짐승의 총칭.
禽鳥(금조) 날짐승. 새.
猛禽(맹금) 성질이 사납고 육식을 하는 날짐승.
夜禽(야금) 낮에 자고 밤에 활동하는 새.

MILLENNIUM

한 자 방 정 식

禾	+	火	⇨	秋
벼이삭이		햇볕에 익어가는		가을.

禾

禾 (벼 화)

0 - 5 - 상형자

벼의 줄기목(木)에 이삭이 드리워진 형상을 본뜬 글자로 모든 곡식류를 총칭하기도 함.

또다른뜻 곡물, 곡식의 모, 곡식의 줄기, 벼농사, 말이빨의 수효(수).

- 禾穀(화곡) 벼에 딸린 곡식의 총칭.
- 禾利(화리) 벼수확의 예상으로의 매매 대상.
- 禾苗(화묘) 벼의 못자리. 벼의 모.
- 禾粟(화속) 벼와 조.

私 (사사 사)

2 - 7 - 형성자

굽힌 팔 사이의 볏단(禾)을 안고 있는 수확물은 사사로이 자기의 소유라는 의미의 글자.

또다른뜻 자기, 자신, 개인, 사사로움, 자기 욕망, 홀로.

- 私感(사감) 사사로운 감정.
- 私立(사립) 개인의 비용으로 설립한 기관.
- 私有(사유) 개인의 소유. 또는 그 소유물.
- 私債(사채) 개인 사이의 사사로운 빚.

秀 (빼어날 수)

2 - 7 - 회의자

벼(禾)가 익어 아이밴(乃) 것처럼 통통한 것이 빼어난 들녁을 만든다는 의미의 글자.

또다른뜻 높이 솟아날, 뛰어날, 성장할, 꽃피울, 아름다울.

- 秀句(수구) 빼어난 시구(詩句).
- 秀麗(수려) 경치 등의 빼어난 아름다움.
- 秀眉(수미) 뛰어나게 아름다운 눈썹.
- 秀才(수재) 머리가 좋고 재주가 뛰어난 사람.

秋 (가을 추)

4 - 9 - 형성자

벼이삭(禾)은 여름날 뜨거운(火) 햇볕에 익어 가을에 그 벼를 수확하는 형상을 본뜬 글자.

또다른뜻 오행의 금, 서쪽, 오색의 백, 성숙한 때, 시기, 나이.

- 秋季(추계) 가을. 가을의 시기.
- 秋思(추사) 가을철에 느끼는 온갖 생각.
- 秋收(추수) 가을에 곡식을 거두는 일.
- 秋風(추풍) 가을 바람. 가을에 부는 바람.

科 (과정 과)

4 - 9 - 회의자

곡식(禾)을 나누는 되나 말(斗)은 일정한 법식과 과정으로 헤아린다는 의미의 글자.

또다른뜻 조목, 품등, 정도, 밑동, 벼뿌리, 규정, 법률, 과거.

- 科料(과료) 가벼운 죄에 물리는 벌금.
- 科目(과목) ① 분류한 조목. ② 학문의 구분.
- 科程(과정) 학과과정의 준말.
- 理科(이과) 사물 및 현상을 연구하는 학문.

秒 (초 초)

4 - 9 - 형성자

벼(禾)의 작은(少) 까끄라기의 형상을 본뜬 글자로 아주 짧은 시간인 초를 나타내기도 함.

또다른뜻 미미할, 미소할, 미묘할, 시간 · 온도 · 까끄라기.

- 秒速(초속) 1초 동안 사물이 운동하는 속도.
- 秒當(초당) 1초를 단위로 움직이는 정도.
- 秒針(초침) 초를 가리키는 시계 바늘.
- 分秒(분초) 시간의 분과 초.

MILLENNIUM

한자방정식

禾 + 失 ⇨ 秩

수확한 벼를 잃지 않으려고 차례로 거둠.

---

5 - 10 - 형성자

租

세 금 조

벼(禾)농사를 지어서 가을이면 수확하고 또한(且) 그 때가 되면 세금을 낸다는 의미의 글자.

(또다른뜻) 구실, 쌓을, 세를, 세 낼, 비롯할, 쌀(싸다), 꾸러미쌀.

- 租稅(조세) 국가가 거두어 들이는 수입.
- 租借(조차) 한 나라가 다른 나라의 일부를 빌리어 일정기간 통치하는 것.
- 地租(지조) 토지에 대하여 매기던 조세.

---

5 - 10 - 형성자

秩

차 례 질

벼를(禾) 수확할 때 이삭 하나라도 잃지(失) 않으려고 차례차례 세심히 거둔다는 의미의 글자.

(또다른뜻) 차례를 세울, 쌓을, 쌓아올릴, 녹봉, 정돈할, 항상.

- 秩米(질미) 봉급으로 대신 받는 쌀.
- 秩卑(질비) 관직 · 녹봉이 낮음.
- 秩序(질서) 사물의 조리. 또는 그 순서.
- 秩册(질책) 여러 권이 묶여 한 권이 됨.

---

6 - 11 - 형성자

移

옮 길 이

모판의 벼(禾)를 옮겨 모내기를 하여 많은(多) 모들이 벼가 되어가는 형상을 본뜬 글자.

(또다른뜻) 옮을, 이사할, 변할, 모낼, 나아갈, 도달할, 클(치).

- 移徙(이사) 사는 곳을 다른 곳으로 옮김.
- 移送(이송) 옮기어 다른 곳으로 보냄.
- 移越(이월) 옮기어 넘김.
- 移轉(이전) 장소 · 주소 따위를 옮김.

---

7 - 12 - 형성자

程

법 정

볏단의 벼(禾)를 드러내어(呈) 정해진 법대로 그 수확량을 헤아리는 형상을 본뜬 글자.

(또다른뜻) 법도, 표준, 정도, 헤아릴, 도량형의 계량기, 노정.

- 程度(정도) 어떠한 한도.
- 課程(과정) 과업(課業)의 정도. 교과 과정.
- 規程(규정) 조목별로 정해 놓은 표준.
- 日程(일정) 정해진 그 날의 자기가 할 일.

---

7 - 12 - 형성자

稅

세 금 세

수확한 벼(禾)의 일부로 해마다 세금을 기쁘게(兌) 납세하는 사람의 형상을 본뜬 글자.

(또다른뜻) 조세, 거둘, 구실, 징수할, 휴식할, 보낼, 선사할.

- 稅金(세금) 세무 기관에 조세로 바치는 돈.
- 稅務(세무) 세금을 거두어 들이는 사무.
- 稅率(세율) 조세를 매기는 비율.
- 稅制(세제) 세무(稅務)에 관한 제도.

---

7 - 12 - 형성자

稀

드 물 희

벼(禾)가 여물지 못한 흉년에는 배불리 먹는 이가 드물어 풍년을 희망(希)한다는 뜻의 글자.

(또다른뜻) 드문드문할, 적을, 희석될, 희귀할, 찾기 어려울.

- 稀薄(희박) 일의 희망이거나 가망이 적음.
- 稀釋(희석) 다른 용액을 가하여 묽게 함.
- 稀少(희소) 매우 귀하고 드물어서 적음.
- 古稀(고희) 70세를 이르는 말.

MILLENNIUM

한자방정식

禾 + 重 → 種

볍씨를 물에서 무거운 것만을 고른 씨.

---

8 - 13 - 형성자

稚

어 릴 치

늦게 모종한 벼(禾)가 새의 짧은 꼬리(隹)만큼 밖에 아직 어려 자라지 않은 형상을 본뜬 글자.

또다른뜻 늦을, 만생종, 어린 벼, 유치할, 나이어릴, 새끼.

- 稚老(치노) 어린 마음이 되어버린 노인.
- 稚魚(치어) 부화한지 얼마 안되는 물고기.
- 稚拙(치졸) 유치하고 졸렬함.
- 幼稚(유치) 나이가 어림. 수준이 낮음.

---

8 - 13 - 형성자

稟

여 쭐 품

머리를 여러 번(回) 벼(禾)의 이삭처럼 조아리며 여쭙는 사람의 형상을 본뜬 글자.

또다른뜻 말씀올릴, 아뢸, 사뢸, 녹미, 줄, 내려 줄, 곳집(름).

- 稟達(품달) 윗사람에게 고하여 여쭘.
- 稟性(품성) 사람의 저마다 타고난 성품.
- 稟申(품신) 윗사람에게 알림.
- 稟議(품의) 윗사람에게 글이나 말로 여쭈어 의논함.

---

9 - 14 - 형성자

種

씨 종

벼(禾)의 씨앗을 물에 담가 무겁고(重) 실한 것을 가려서 파종하는 형상을 본뜬 글자.

또다른뜻 씨앗, 근본, 핏줄, 혈통, 종류, 품류, 원인, 무리, 심을.

- 種類(종류) 사물의 부분을 나누는 갈래.
- 種目(종목) 여러가지 종류의 항목.
- 種子(종자) 씨. 씨앗.
- 種族(종족) 같은 조상에서 나온 혈족.

---

9 - 14 - 회의 · 형성자

稱

일 컬 을 칭

벼(禾) 등의 곡식을 손(爪)으로 반복(再)하여 저울질하며 품명을 일컫는 형상을 본뜬 글자.

또다른뜻 저울, 부를, 부르는 이름, 설명할, 칭찬할, 알맞을.

- 稱頌(칭송) 대개 어른에게 칭찬하여 일컬음.
- 稱讚(칭찬) 대개 아랫사람에게 잘한다고 추기어 줌.
- 稱號(칭호) 어떤 뜻으로 일컫는 이름.
- 名稱(명칭) 사물을 부르는 호칭.

---

10 - 15 - 형성자

穀

곡 식 곡

가을에 관리(士)들도 나와 한(一) 손으로 벼(禾)를 쥐고(冖) 쳐서(殳) 곡식을 거두는 형상을 본뜬 글자.

또다른뜻 곡물, 양식, 낟알, 기를, 살아갈, 행복, 녹, 고할.

- 穀價(곡가) 곡식의 값.
- 穀物(곡물) 쌀 · 보리 · 콩 · 조 · 수수 등의 곡식.
- 穀類(곡류) 쌀 · 보리 · 밀 등의 곡식 종류.
- 穀倉(곡창) 곡식을 넣어 두는 창고.

---

10 - 15 - 형성자

稻

벼 도

벼(禾)를 절구질(舀)하여 얻은 벼가 쌀이며 그것을 주식으로 삼는다는 의미의 글자.

또다른뜻 화본과에 딸리는 한해살이풀로써 벼를 이름, 곡식.

- 稻米(도미) 입쌀.
- 稻作(도작) 벼농사.
- 稻蟲(도충) 벼를 해치는 벌레의 총칭.
- 稻花(도화) 벼꽃. 벼의 꽃.
- 早稻(조도) 올벼.

MILLENNIUM

한 자 방 정 식

禾	+	責	⇨	積
볏단을		책임지고 날라서		쌓음.

---

10 - 15 - 형성자

稿

원 고 고

벼(禾)의 볏짚으로 옛날에는 고귀한(高) 종이를 만들어 원고로 쓰였다는 의미의 글자.

(또 다른 뜻) 화살대, 초고, 초안, 호궤할, 군사를 위로할, 볏단.

稿料(고료) 「원고료」의 준말.
原稿(원고) 글월의 초벌. 초고.
遺稿(유고) 죽은 사람이 생전에 남긴 원고.
草稿(초고) 시나 문장의 초벌 원고. 또는 책의 초벌 원고.

---

10 - 15 - 형성자

稼

농 사 가

벼(禾)를 모종하고 수확하는 등의 농사를 짓는 집들이(家) 있는 농촌의 형상을 본뜬 글자.

(또 다른 뜻) 심을, 익은 벼, 벼 이삭, 베지아니한 벼, 초가집.

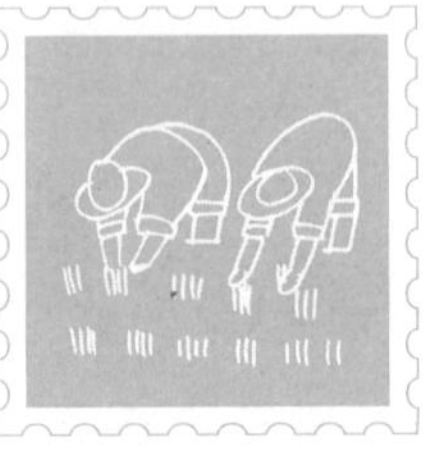

稼器(가기) 농삿일의 농기구.
稼動(가동) 일을 하거나 일을 위해 기계를 움직임.
稼穡(가색) 농작물 심는 일과 거두어 들이는 일.
出稼(출가) 얼마동안 객지로 품팔러 나감.

---

10 - 15 - 형성자

稽

생 각 할 계

벼(禾)를 찧은 쌀은 볏단보다 더욱(尤) 무거우니 헤아리고(旨) 생각하여 옮겨야한다는 뜻의 글자.

(또 다른 뜻) 검토할, 머무를, 머무르게 할, 헤아릴, 조아릴.

稽留(계류) 머무름.
稽査(계사) 고찰하여 자세히 조사함.
稽首(계수) 공경의 뜻으로 머리를 조아림.
滑稽(골계) 남을 웃기려고 하는 익살.

---

11 - 16 - 형성자

積

쌓 을 적

볏단(禾)을 책임지고(責) 날라서 쌓아 올리듯 재물을 저축하여 모은다는 의미의 글자.

(또 다른 뜻) 모을, 저축할, 쌓일, 포갤, 오래될, 수확, 저축(자).

積立(적립) 모아서 쌓아둠.
積善(적선) 남을 돕는 착한 선행을 쌓음.
積載(적재) 차량·선박등에 짐을 실음.
見積(견적) 일의 비용 등을 미리 계산함.

---

14 - 19 - 형성자

穫

거 둘 확

가을에 벼(禾)를 수확할 때 깊숙히(濩의 생략형) 잡고 베어서 거두는 형상을 본뜬 글자.

(또 다른 뜻) 거둬 들일, 벼를 벨, 수확할, 확보할, 땅 이름(호).

收穫(수확) 농작물을 거두어 들임.
秋穫(추확) 가을철의 수확. 가을걷이.
豊穫(풍확) 푸짐한 수확. 풍족한 수확.

---

14 - 19 - 형성자

穩

평 온 할 온

벼(禾)의 볏집 안에 숨으면(隱의 생략형) 풍성하여 평온하고 편안하다는 의미의 글자.

(또 다른 뜻) 평안할, 곡식을 거두어 모을, 온화할, 사리에 맞을.

穩健(온건) 온당하고 건전함.
穩當(온당) 사리에 어그러지지 않고 알맞음.
穩全(온전) 본디대로 고스란히 있음.
平穩(평온) 고요하고 안온함.

MILLENNIUM

한자방정식

穴 + 工 ⇨ 空

땅 속의 굴은 / 흙을 파내어 / 텅비어 있음.

穴

---

0 - 5 - 상형자

穴

구 멍 혈

옛날 원시인들의 집(宀)은 곧 굴 속인데 그 굴들은 좌우로 구멍을 파서 연결되어 있다는 의미의 글자.

또다른뜻 구덩이, 움, 움집, 뚫린 구멍, 소굴, 동굴, 샘, 오목할, 굴.

- 穴居(혈거) 동굴 속에서 삶. 혈처(穴處).
- 曲穴(곡혈) 구불구불한 굴. 구불구불한 미로.
- 墓穴(묘혈) 들짐승들로 인해 무덤에 나있는 구멍.
- 虎穴(호혈) 호랑이가 사는 굴.

---

2 - 7 - 형성자

究

궁구할 구

구불구불한 구멍(穴)으로 연결된 굴속 이곳저곳을 궁구하여 살피는 형상을 본뜬 글자.

또다른뜻 궁리할, 연구할, 끝, 끝날, 동굴, 골짜기, 주사위.

- 究明(구명) 철저히 파고들어서 밝힘.
- 究問(구문) 캐어 물음. 따지어 물음.
- 硏究(연구) 깊이 있게 조사하고 생각함.
- 探究(탐구) 더듬어 깊이 연구함.

---

3 - 8 - 형성자

空

빌 공

굴은(穴) 땅속을 파내어(工) 안이 비어있다는 의미의 글자로 하늘이나 공기를 뜻하기도 함.

또다른뜻 구멍, 없을, 속이 빌, 공허할, 적막할, 하늘, 공중.

- 空間(공간) 비어 있는 곳.
- 空白(공백) 아무 것도 없이 빔. 여백.
- 空席(공석) 비어 있는 자리.
- 空港(공항) 민간 항공의 비행장.
- 空虛(공허) 실속이 없이 헛됨. 텅 빈 허무.

---

4 - 9 - 회의자

突

부딪칠 돌

구멍(穴)에서 갑자기 뛰쳐나온 개(犬)가 어떤 것에 부딪쳐 놀라 우뚝서는 형상을 본뜬 글자.

또다른뜻 갑자기, 찌를, 범할, 건드릴, 불룩할 팔, 속일, 나올.

- 突擊(돌격) 적 따위를 향하여 돌진하여 공격함.
- 突發(돌발) 일이 별안간 발생함.
- 突變(돌변) 성격·표정 따위가 갑작스럽게 변함.
- 突出(돌출) ① 툭 튀어나옴. ② 쑥 내밀거나 불거짐.

---

6 - 11 - 형성자

窓

창 창

집안(穴)을 밝게 하기 위해 벽에 모(厶)를 내어 창을 만들 생각(心)을 하였다는 의미의 글자.

또다른뜻 창문, 지개문, 벽문, 푸른 하늘, 출입구, 접수할.

- 窓口(창구) 돈·서류 등을 접수하는 창.
- 窓門(창문) 공기나 빛이 통하는 작은 문.
- 同窓(동창) 같은 학교 같은 스승에게 배운 일.
- 學窓(학창) 배우는 교실이나 학교.

---

6 - 11 - 형성자

窒

막을 질

땅에 구멍(穴)내어 말뚝을 박고 양쪽에 이르도록(至) 막아 울타리를 치는 형상을 본뜬 글자.

또다른뜻 막힐, 가득찰, 통하지 않을, 멈출, 그칠, 묘문(절).

- 窒塞(질색) 몹시 놀라거나 싫어서 기막힐 지경에 이름.
- 窒素(질소) 공기를 구성하는 비금속 원소의 하나.
- 窒息(질식) 숨이 턱막힘.
- 窒皇(질황) 사당이나 무덤 앞의 문.

MILLENNIUM

한 자 방 정 식

穴	+	躬	⇨	窮
비좁은 굴에 갇힌		몸의 움직임이		궁함.

---

8 - 13 - 형성자

窟

굴 굴

굴(穴)의 깊은 속을 몸을 굽혀(屈) 들어가 자세히 굴을 살피는 사람의 형상을 본뜬 글자.

(또 다른 뜻) 움, 사람이 모이는 곳, 물건이 모이는 곳, 동물이 사는 굴.

- 窟穴(굴혈) 나쁜 짓을 하는 무리들이 자리잡고 머무는 굴.
- 洞窟(동굴) 깊고 넓은 굴.
- 石窟(석굴) 바위나 돌로 이루어진 굴.
- 土窟(토굴) 땅속으로 뚫린 굴.

---

10 - 15 - 형성자

窮

궁할 궁

구멍(穴)이 비좁은 굴에 갇혀 몸(躬)을 움직이는 것이 궁하여 궁리하는 형상을 본뜬 글자.

(또 다른 뜻) 다할, 끝날, 그만둘, 멈출, 바닥날, 곤란할, 추구할.

- 窮極(궁극) ① 극도에 달함. ② 마지막.
- 窮理(궁리) 사리를 깊이 연구하고 생각함.
- 窮塞(궁색) 몹시 곤궁한 처지나 형편.
- 窮地(궁지) 매우 어려운 처지.

---

17 - 22 - 형성자

竊

도둑 절

집안(穴)의 물건들을 온통 다 훔쳐가는(𥿑) 도둑의 형상을 본뜬 글자로 窃 표제자는 본자임.

(또 다른 뜻) 훔칠, 도둑질할, 범할, 몰래, 분명하게 할, 물릴.

- 竊念(절념) 남모르게 자기 혼자서 여러모로 생각함.
- 竊盜(절도) 남의 것을 몰래 훔침.
- 竊取(절취) 남의 것을 몰래 가짐.
- 剽竊(표절) 남의 문장 따위를 일부 또는 전부를 몰래 따다 씀.

立

0 - 5 - 회의자

立

설 립

立은 大자와 一로 합성된 자가 변형되어 만들어진 자로 사람이 大자로 땅에 서있는 모양의 글자.

(또 다른 뜻) 일어설, 확고할, 정해질, 이루어질, 나타날, 건립할.

- 立法(입법) 법률을 제정하는 의회의 행위.
- 立證(입증) 증거나 증인으로 내세움.
- 立地(입지) 경제 활동으로 선택되는 장소.
- 成立(성립) 사물이 이루어 짐.

---

5 - 10 - 회의자

竝

아우를 병

두 사람이 한 곳에서 나란히 아울러 서있는(立) 형상을 본뜬 글자로 함께라는 뜻임

(또 다른 뜻) 함께할, 견줄, 모여들, 겸할, 결코, 곁(방), 짝(반).

- 竝立(병립) 나란히 섬. 함께 나란히 성립함.
- 竝設(병설) 함께 베풀거나 함께 씀.
- 竝用(병용) 아울러서 씀.
- 竝行(병행) 두 가지 일을 아울러서 함.

---

6 - 11 - 회의 · 형성자

章

글 장

소리에서 음(音)이 열(十) 개로 하여 맺는 것이 일단락인데 글에서는 곧 장이라는 의미의 글자.

(또 다른 뜻) 문채, 단락, 문장, 조목, 규정, 법식, 표징, 모범.

- 文章(문장) 글로써 사상이나 감정을 씀.
- 印章(인장) 도장.
- 憲章(헌장) 헌법이나 규범의 전장(典章).
- 勳章(훈장) 나라에 공로가 있어 표창으로 받는 휘장.

MILLENNIUM

한 자 방 정 식

衣 + 皮 ⇒ 被

옷은 피부를 보호하기 위해 입는다.

---

6 - 11 - 회의자

竟 마 침 내 경

선률(音)과 같이 정성을 다해 선행하여 마침내 어진 사람(儿)이라 일컬음 받는다는 뜻의 글자.

(또 다른 뜻) 마칠, 끝날, 다할, 두루, 미칠, 이어질, 도리어, 거울.

竟夜(경야) 밤을 세움.
究竟(구경) 어떤 과정의 마지막이나 끝.
畢竟(필경) 마침내. 결국에는.

---

7 - 12 - 형성자

童 아 이 동

시달리는(辛의 생략형) 종이 무거운(里=重의 생략형) 과로와 아이 취급을 받는 형상을 본뜬 글자.

(또 다른 뜻) 어린애, 어리석을, 민둥산, 종, 눈동자, 왕성할.

童蒙(동몽) 어려서 사리에 어두운 아이.
童詩(동시) 어린이의 정서를 읊은 시.
童心(동심) 어린이의 마음.
童謠(동요) 어린이의 정서에 맞는 노래.

---

7 - 12 - 형성자

竣 마 칠 준

건물 세우는(立) 일을 맡더니 이윽고 뛰어나게(夋의 생략형) 마친 사람의 형상을 본뜬 글자.

(또 다른 뜻) 멈출, 고칠, 다할, 웅크릴, 오싹해질, 물러날, 엎드릴.

竣工(준공) 주택・건축・다리 따위의 공사를 끝마침. 落成(낙성).
竣事(준사) 하던 일을 마침.
竣役(준역) 진행 중인 공사를 마침.

---

9 - 14 - 형성자

端 끝 단

대지를 뚫고 나와 서는(立) 초목의 싹이 처음에는 끝이 뾰족하게 돋는 형상을 본뜬 글자.

(또 다른 뜻) 바를, 바르게 할, 가장자리, 말단, 실마리, 발단.

端末(단말) ① 끄트머리. ② 발단과 결말.
端緖(단서) ① 일의 시초. ② 일의 실마리.
端雅(단아) 단정하고 아담함.
端午(단오) 풍작을 기원하는 우리 고유의 명절.

---

15 - 20 - 회의자

競 다 툴 경

두 사람이 大자(立=大+一의 변형) 마주보고 서서(儿) 심하게 다투는 형상을 본뜬 글자.

(또 다른 뜻) 말타툼, 겨룰, 쫓을, 나아갈, 향하여 갈, 나란히 설.

競技(경기) 기술의 낫고 못함을 경쟁함.
競選(경선) 서로 우열을 가리는 경쟁.
競爭(경쟁) 같은 목적으로 서로 다툼.
競合(경합) 서로 차지하려고 겨룸.

---

5 - 10 - 형성자

被 입 을 피

옷(衤=衣의 변형)은 사람 몸의 치부를 가리고 피부(皮)를 보호하기 위해 입는다는 의미의 글자.

(또 다른 뜻) 이불, 두를, 침구, 잠옷, 덮어가림, 옷입을, 당할.

被服(피복) 옷. 의복.
被疑(피의) 의심을 받음. 혐의를 받음.
被襲(피습) 습격을 당함.
被害(피해) 재산・신체 등의 손해를 입음.

MILLENNIUM

한 자 방 정 식

米 + 分 → 粉

쌀을 잘게 부수어 가루를 냄.

7 - 12 - 형성자

補

도울 보

찢긴 옷(衤)을 기우듯 사람의 부족한 부분을 도와서 큰(甫) 재목으로 키운다는 뜻의 글자.

(또다른뜻) 기울, 고칠, 보수할, 더할, 수놓을, 임명할, 보좌할.

補給(보급) 물품을 뒷바라지로 대어 줌.
補償(보상) 남의 손해를 메꾸어 갚아 줌.
補藥(보약) 몸의 원기를 돕는 약.
補助(보조) 일을 거들어 일손을 돕는 일.

7 - 12 - 형성자

裕

넉넉할 유

옷(衤)이 커서 넉넉한 것처럼 너그럽고 산골짜기(谷)같이 포근한 사람의 형상을 본뜬 글자.

(또다른뜻) 품이 클, 부유할, 너그러울, 관대할, 풍요로울.

裕福(유복) 살림이 넉넉함.
富裕(부유) 재물이 넉넉하고 유복함.
餘裕(여유) 넉넉하고 남음이 있음.
豊裕(풍유) 흠뻑 많아서 넉넉함. 풍요.

8 - 13 - 형성자

裸

벌거숭이 라

옷(衣의 변형)을 입지않은 과일(果)같이 벌거숭이인 사람의 벌거벗은 형상을 본뜬 글자.

(또다른뜻) 벌거벗을, 벗을, 나체, 털없는 동물, 비늘없는 생물.

裸眼(나안) 안경을 벗은 맨눈.
裸體(나체) 옷을 벗은 알몸.
半裸(반라) 옷을 절반 벗고 절반은 입은 상태의 몸.
全裸(전라) 벌거벗은 알몸뚱이.

9 - 14 - 형성자

複

겹칠 복

중노동하는 사람이 피부를 보호하기 위해 옷(衣)을 겹쳐서 (復의 생략형) 입은 형상을 본뜬 글자.

(또다른뜻) 겹옷, 솜옷, 겹쳐질, 복도, 겹쳐질(부), 겹칠(부).

複道(복도) 실내에서 각방에 연결된 통로.
複利(복리) 이자를 더한 것에 붙인 이자.
複線(복선) 겹으로 된 줄.
複數(복수) 둘 이상의 수.

米

0 - 6 - 상형자

米

쌀 미

벼의 줄기 목(十)에 낟알(네 개의 점)이 매달린 벼이삭이 쌀이 된다는 의미의 글자.

(또다른뜻) 쌀모양의 식물 열매, 수의 무늬, 미터(meter)의 취음.

米穀(미곡) 쌀. 갖가지 곡식류의 총칭.
米粒(미립) 쌀알.
米粉(미분) 쌀가루.
米壽(미수) 여든여덟 살.

4 - 10 - 형성자

粉

가루 분

떡 따위를 만들기 위해 쌀(米)을 잘게 부수어(分) 가루를 내는 형상을 본뜬 글자.

(또다른뜻) 쌀가루, 고물(떡 따위의 속), 화장품, 분말, 석회가루.

粉末(분말) 곡물 따위가 잘게 부스러진 가루.
粉碎(분쇄) 가루처럼 잘게 부스러뜨림.
粉食(분식) 가루로 만든 음식.
粉紅(분홍) 엷게 붉은 분홍색.

MILLENNIUM

한자방정식

米 + 青 ⇨ 精

쌀은 푸른 빛이 감도는 것이 정갈하다.

---

5 - 11 - 형성자

粗
거칠 조

쌀(米)이 처음에는 거칠어서 또(且) 다시 정미하여 양식으로 만든다는 의미의 글자.

또다른뜻 소략할, 클, 소홀할, 정세(精略)하지 않을, 거친 쌀.

- 粗略(조략) 정성들이지 않아 거칠고 엉성함. 대략. 대강.
- 粗惡(조악) 품질이 거칠고 나쁨.
- 粗雜(조잡) 거칠고 난잡함. 품위가 없음.
- 粗暴(조폭) 행동이 거칠고 포악함.

---

5 - 11 - 형성자

粒
낟알 립

쌀(米)은 벼의 줄기 끝에 선(立) 벼이삭의 낟알들의 껍질을 벗긴 것이라는 의미의 글자.

또다른뜻 낟알, 쌀알, 낟알, 둥글한 구슬, 쌀밥먹을, 곡물.

- 粒子(입자) 낟알. 알갱이. 품질을 구성하고 있는 가장 작은 단위.
- 微粒(미립) 작은 알갱이. 미립자.
- 細粒(세립) 잘고 잘디잔 알갱이.
- 素粒(소립) 물리학에서의 입자의 총칭.

---

5 - 11 - 형성자

粘
끈끈할 점

쌀(米)의 점(占=點의 생략형)같은 씨눈은 끈끈한 양분으로 이루어졌다는 의미의 글자.

또다른뜻 붙을, 점액, 끈끈한 액체, 점막, 진흙, 찰흙, 접착.

- 粘性(점성) 차지고 끈끈한 점액의 성질.
- 粘液(점액) 끈끈한 액체.
- 粘着(점착) 사물 따위에 끈기 있게 달라붙음.
- 粘土(점토) 그릇 · 기와 따위를 만드는 데 쓰이는 흙.

---

6 - 12 - 상형 · 회의자

粟
조 속

주렁주렁 매달린 알갱이(西)가 오곡 중 쌀(米)보다 작은 것이 조라는 의미의 글자.

또다른뜻 좁쌀, 오곡의 총칭, 벼, 낟알, 군량, 삼가할, 소름.

- 粟立(속립) 조의 낟알. 극히 작은 물건.
- 粟米(속미) 좁쌀.
- 粟飯(속반) 조밥. 조로 지은 밥.
- 粟膚(속부) 추워서 좁쌀 모양으로 돋는 살결. 소름. 닭살.

---

6 - 12 - 형성자

粧
단장할 장

쌀가루(米=粉의 생략형)는 얼굴을 단장하는(庄) 분을 만드는 원료로 쓰인다는 의미의 글자.

또다른뜻 치장할, 꾸밀, 휴대할, 매만질, 정돈할, …제하다.

- 粧刀(장도) 휴대용 작은 칼.
- 丹粧(단장) 얼굴 · 옷차림 등을 곱게 꾸밈.
- 治粧(치장) 매만져 잘꾸미거나 모양을 냄.
- 化粧(화장) 분 따위를 발라 얼굴을 곱게 함.

---

8 - 14 - 형성자

精
정할 정

쌀(米)을 자세히 살펴보니 푸른(青) 빛이 날정도로 깨끗하고 정한(정갈한) 형상을 본뜬 글자.

또다른뜻 정미할, 자세할, 면밀할, 깊숙할, 교묘할, 정밀할.

- 精工(정공) 정밀하고 교묘하게 공작함.
- 精巧(정교) 정밀하고 교묘함.
- 精密(정밀) 가늘고 촘촘함.
- 精算(정산) 정밀한 계산.
- 精神(정신) 사고 · 감정의 작용을 일으키는 심리.

MILLENNIUM

한 자 방 정 식

竹 + 夭 ⇨ 笑

대잎들이 바람에 휘어지듯 웃는다.

竹

---

8 - 14 - 형성자

粹

순수할 수

쌀(米)은 사람이 먹는 순수한 양식이므로 정성을 다하여(卒) 보관하는 형상을 본뜬 글자.

(또다른뜻) 전일할, 아름다울, 같을, 온전할, 상세할, 불변할.

粹美(수미) 잡된 것이 섞이지 않고 아주 아름다움.
純粹(순수) 조금도 잡된 것이 섞이지 않음. 마음에 사념이나 사욕이 없음.
精粹(정수) 가장 순수한 것. 가장 독보적인 것.

---

10 - 16 - 형성자

糖

사탕 당

쌀(米)죽에 엿기름을 넣어 빚으면 단맛이 배인 엿이나 사탕이 갑자기(唐) 되는 형상을 본뜬 글자.

(또다른뜻) 설탕, 달, 단맛, 엿, 당류.

糖米(당미) 수수쌀.
糖分(당분) 당류의 성분.
雪糖(설당) 설탕. 흰 알갱이로 된 감미료.
製糖(제당) 사탕이나 설탕을 만듦.

---

12 - 18 - 형성자

糧

양식 량

쌀(米)의 양(量)을 헤아려 밥을 지어 먹는 주식으로써의 양식이 되는 쌀의 형상을 본뜬 글자.

(또다른뜻) 식량, 곡식, 양곡, 건량, 학량, 구실, 조세, 급여.

糧穀(양곡) 양식으로 쓰는 곡식.
糧米(양미) 양식으로 쓰는 쌀.
糧食(양식) 음식용 곡식. 식량(食糧).
軍糧(군량) 군대의 양식.
食糧(식량) 음식용 곡식. 양식(糧食).

---

0 - 6 - 상형자

竹

대 죽

竹은 많은 대나무를 두 그루의 줄기와 잎으로 형상화한 글자로 곧은 대를 절개로 표현함.

(또다른뜻) 대나무, 피리, 대피리, 죽간, 죽순, 죽아, 죽마, 죽장.

竹林(죽림) 대숲. 대밭. 대로 무성한 숲.
竹筍(죽순) 대의 어린 줄기. 대의 싹.
竹窓(죽창) 대로 만든 창.
松竹(송죽) 사철 푸른 소나무와 대나무.

---

4 - 10 - 형성자

笑

웃을 소

대나무(竹)가 드센 바람에 휘어지고(夭) 잎들이 바스락대는 소리가 웃음같다는 의미의 글자.

(또다른뜻) 웃음, 기뻐 웃을, 비웃을, 꽃필, 업신여길, 반길.

笑談(소담) 우스운 이야기.
笑殺(소살) 웃어 넘기고 문제 삼지 아니함.
笑顔(소안) 웃는 얼굴.
笑話(소화) 우스운 이야기.
微笑(미소) 소리 내지 아니하고 살짝 웃는 웃음.

---

5 - 11 - 회의 · 형성자

第

차례 제

글을 대쪽(竹)에 써서 형다음 아우(弟의 생략형)처럼 차례로 엮는 형상을 본뜬 글자.

(또다른뜻) 차례정할, 품등, 계급, 집, 저택, 과거시험, 다만.

及第(급제) 시험에 합격함.
落第(낙제) 시험에 떨어짐.
登第(등제) 과거에 급제함. 등과(登科).
第三者(제삼자) 당사자가 아닌 사람.

MILLENNIUM

한자방정식

竹 + 由 ⇨ 笛

대의 죽간으로 말미암아 피리가 됨.

---

5 - 11 - 형성자

符

부 신 부

죽편(竹)에 각서 따위를 써서 당사자에게 주어(付) 부신으로 서로 보관하는 형상을 본뜬 글자.

또다른뜻 수결, 도장, 상서로움, 미래기, 예언서, 영험, 모범.

- 符信(부신) 후일 맞추어 증거로 삼는 것
- 符籍(부적) 잡신을 막기 위해 그린 종이.
- 符合(부합) 꼭 들어맞음.
- 符號(부호) 어떤 뜻을 나타내는 기호.

---

5 - 11 - 형성자

笛

저 적

대나무(竹)는 속이 비어 있음으로 말미암아(由) 피리나 저를 만든다는 의미의 글자.

또다른뜻 피리, 취악기, 소리나는 기구, 신호소리.

- 笛手(적수) 대금을 부는 세악수(細樂手).
- 警笛(경적) 주의 · 경계하도록 울리는 고동.
- 汽笛(기적) 증기를 이용한 장치의 소리.
- 玉笛(옥적) 옥으로 만든 취악기.

---

6 - 12 - 회의자

筆

붓 필

대나무(竹)는 붓의(聿) 대롱을 만드는 데 쓰이며 그 붓으로 글을 쓰는 형상을 본뜬 글자.

또다른뜻 쓸, 적을, 덧붙여 쓸, 산문, 필적, 글씨, 필재.

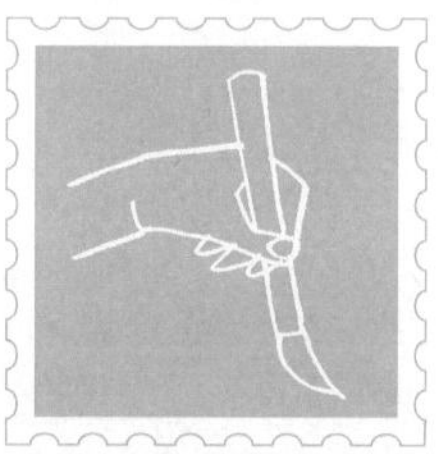

- 筆記(필기) 강의 · 연설 등의 내용을 씀.
- 筆算(필산) 숫자를 써서 계산함.
- 筆苑(필원) 문필가들의 사회.
- 筆才(필재) 글씨나 문장의 재능.
- 筆跡(필적) 손수 쓴 글씨나 스스로 그린 그림의 형적.

---

6 - 12 - 형성자

答

대답할 답

종이가 발명되기 이전에 죽간(竹)에 서신의 대답하는 답신쓰기에 적합(合)했다는 뜻의 글자.

또다른뜻 응할, 물음에 답할, 보답할, 합당할, 만날, 막을.

- 答禮(답례) 남에게 받은 예(禮)를 갚는 일.
- 答訪(답방) 방문해 온 답례로 방문함.
- 答辯(답변) 물음에 대하여 밝히어 응답함.
- 答案(답안) 문제의 대한 답.

---

6 - 12 - 형성자

策

꾀 책

대나무(竹)의 죽간에 사상이나 가시돋친(朿) 경계의 글, 또는 꾀 등을 썼다는 의미의 글자.

또다른뜻 꾀할, 채찍, 채찍질할, 지팡이, 명령서, 책. 방법.

- 策略(책략) 어떤 일을 처리하는 꾀. 전략.
- 策定(책정) 계획을 세워 정함.
- 計策(계책) 어떤 일을 위해 짜낸 꾀. 방책.
- 政策(정책) 정치적 목적을 위한 방책.

---

6 - 12 - 회의 · 형성자

等

등급 등

대(竹)로 만든 죽간은 옛날 관청(寺)에서 문서 등에 등급을 주어 많이 쓰였다는 의미의 글자.

또다른뜻 품등, 계급, 단계, 차별, 구분할, 같을, 동아리, 무리.

- 等級(등급) 좋고 나쁨 등을 나눈 급수.
- 等分(등분) 서로 같게 나눔. 또는 그분량.
- 等差(등차) ①등급의 차이. ②차가 같음.
- 等閑(등한) 소홀히 함.

MILLENNIUM

한자방정식

竹	+	卽	⇨	節
대나무가		위로 뻗어 나아간		마디.

6 - 12 - 형성자

筒

통 통

대나무(竹)의 통은 한결같이(同)비어 있어 옛날에 그릇 대용으로 많이 쓰였다는 의미의 글자.

또다른뜻 죽통, 대롱으로 만든 통, 굴뚝, 필통, 퉁소.

筒箭(통전) 통 속에 넣어서 손으로 쏘는 화살.
煙筒(연통) 양철 따위로 둥글게 만든 굴뚝.
筆筒(필통) 붓을 넣은 통이나 연필 따위를 넣고 다니는 기구.

6 - 12 - 형성자

筋

힘줄 근

인체에는 대나무(竹)같은 뼈를 감싸는 살(月)이 있고 그곳에는 힘줄(力)이 있다는 뜻의 글자.

또다른뜻 기운, 힘, 체력, 근력, 근육, 기력, 글씨의 필법.

筋骨(근골) ① 근육과 뼈. ② 글을 쓰는 필법.
筋力(근력) 근육의 힘. 체력.
筋肉(근육) 힘줄과 살. 힘살.
鐵筋(철근) 콘크리트 속에 뼈대로 삼는 쇠막대.

8 - 14 - 회의자

算

셈할 산

대나무(竹)로 만든 주판의 형상을 본뜬 글자로 셈하기 위해 갖춘(具) 도구라는 의미의 글자.

또다른뜻 수, 수효, 대그릇, 바구니, 산술, 꾀한, 계략, 슬기.

算數(산수) 수와 산술등을 가르치는 학과.
算入(산입) 셈에 넣음. 계산에 넣음.
算定(산정) 셈하여 정함. 계산하여 정함.
算出(산출) 계산해 냄.

8 - 14 - 형성자

管

대롱 관

대(竹)의 대롱으로 만든 피리의 형상을 본뜬 글자로 옛날 관병(官)의 신호로 쓰임.

또다른뜻 관리할, 주관할, 피리, 붓대, 불, 맡을, 다스릴.

管理(관리) 사무를 관할하여 처리함.
管制(관제) 관리하고 통제함.
管轄(관할) 권한에 의해 지배함.
主管(주관) 어떤 일을 책임지고 맡아봄.
血管(혈관) 혈액이 흐르는 관.

9 - 15 - 형성자

範

법 범

수레(車)의 바퀴가 자국을 낸 것처럼 본보기(竹+巳)로 삼는 것이 법이라는 의미의 글자.

또다른뜻 법률, 틀, 본보기, 한계, 모범, 구획, 항상, 만날, 규범.

範圍(범위) 어떤 힘이 미치는 한계.
規範(규범) 사물의 본보기. 모범.
模範(모범) 본받아 배울 만함.
示範(시범) 모범을 보임.
師範(사범) ① 본보기. ② 무술 따위를 가르치는 사람.

9 - 15 - 형성자

節

마디 절

대(竹)가 쭉 뻗어 나아가는(卽) 사이의 잎과 마디의 형상을 본뜬 글자로 절개의 뜻도 있음.

또다른뜻 단락, 절개, 부신, 병부, 시기, 조절할, 규칙, 제도.

節減(절감) 물품 · 경비등을 아껴 줄임.
節制(절제) 정도를 넘지 않게 삼가함.
節次(절차) 일을 치르는 순서나 방법.
禮節(예절) 예의나 절도.

MILLENNIUM

한 자 방 정 식

竹	+	相	⇨	箱
대나무 껍질을		서로 엮어서		상자를 만듦.

9 - 15 - 형성자

篇
책 편

옛날엔 편편한 대쪽(竹)에 현판(扁)같이 납작한 조각을 내어 책을 쓴 형상을 본뜬 글자.

또다른뜻 글, 시문, 편(시문을 세는 단위), 가볍게 날리는.

篇尾(편미) 한편의 끝 부분. 편말(篇末).
篇首(편수) 시나 문장의 첫머리.
三篇(삼편) 세번째 편.
長篇(장편) 소설 따위의 긴 작품.
前篇(전편) 몇 편의 책 중에서 앞의 편.

9 - 15 - 형성자

箱
상 자 상

옛날 대나무(竹)로 가로 세로 서로(相) 엮어서 상자 모양을 만든 것의 형상을 본뜬 글자.

또다른뜻 곳집, 곡간, 곁방, 물건을 넣어 두는 그릇.

箱子(상자) 물건을 넣어 두기 위하여 나무판 따위로 만든 그릇.
竹箱(죽상) 대로 만든 상자나 그릇.
木箱(목상) 나무판 따위로 만든 상자.

10 - 16 - 형성자

篤
도 타 울 독

대(竹)로 만든 회초리는 가죽이 질긴 말(馬)에게는 아픔보다는 도타움을 느낀다는 뜻의 글자.

또다른뜻 독실할, 병심할, 인정많을, 신실할, 굳을, 고생할.

篤實(독실) 열성있고 성실함.
篤志(독지) ① 인정이 도탑고 친절한 마음. ② 뜻을 독실하게 함.
敦篤(돈독) 인정이 도타움.
危篤(위독) 병세가 중하여 생명이 위독함.

10 - 16 - 형성자

築
쌓 을 축

대나무(竹)로 만든(工) 모든(凡) 죽세공품들이 나무(木)처럼 쌓여 있는 형상을 본뜬 글자.

또다른뜻 다질, 지을.

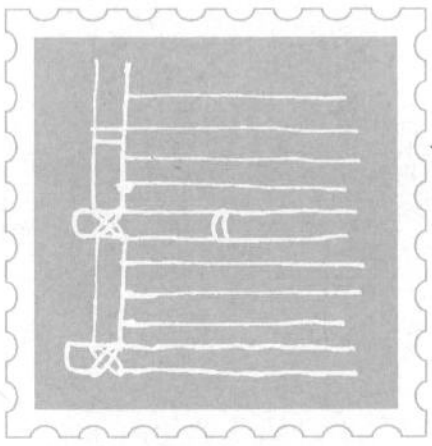

築城(축성) 성을 쌓음.
築造(축조) 교량 따위를 쌓아서 만듦.
建築(건축) 건물등을 세우거나 쌓아 만듦.
增築(증축) 기존의 건물 따위를 더 늘여서 지음.

12 - 18 - 형성자

簡
편 지 간

옛날에는 대쪽(竹)을 편편한 사이사이(間)를 이어 편지 따위로 이용한 형상을 본뜬 글자.

또다른뜻 간략할, 문서, 가릴, 책, 서책, 줄일, 생략할, 뽑을.

簡潔(간결) 간단하고 깔끔함.
簡單(간단) 간략하고 단순함.
簡素(간소) 간략하고 수수함.
簡易(간이) 간단하고 쉬움.
簡擇(간택) 여럿 중에서 골라 하나를 택함.
簡便(간편) 간단하고 편리함.

13 - 19 - 형성자

簿
장 부 부

대나무(竹)를 쪼개어 넓고(溥) 편편한 곳을 이용해 장부 따위로 쓰는 형상을 본뜬 글자.

또다른뜻 문서, 조사할, 관장할, 행렬, 임금행렬, 발, 채반.

簿記(부기) 재산의 출납 등을 기장한 책.
簿牒(부첩) 관아의 장부의 문서.
名簿(명부) 성명을 기록한 장부.
帳簿(장부) 수입지출을 기록하는 책.
主簿(주부) 약국을 낸 이.

MILLENNIUM

한자방정식

竹	+	龍	⇨	籠
대나무 껍질로		용이 앉은 모양의		대그릇을 만듦.

---

14 - 20 - 형성자

籍
문 서 적

대나무(竹) 쪽에 밭을 갈았던(耒) 어제(昔)의 내용을 문서에 기록한 형상을 본뜬 글자.

(또다른뜻) 서적, 책, 명부, 인명부, 호적, 적을, 기록할, 구실.

- 國籍(국적) 국가 구성원으로서의 자격.
- 書籍(서적) 어떤 내용을 담은 책의 총칭.
- 學籍(학적) 학생 개개인의 기록.
- 戶籍(호적) 호수·식구별로 기록한 문서.

---

16 - 22 - 회의자

籠
대그릇 롱

대나무(竹)로 용(龍)이 웅크리고 앉은 모양으로 엮어 만든 대그릇의 형상을 본뜬 글자.

(또다른뜻) 화살통(전통), 수레의 굴대, 새장, 쌀, 대바구니.

- 籠球(농구) 상대편의 바스켓에 공을 던져 넣어 득점을 겨루는 경기.
- 籠絡(농락) 교묘한 수단으로 남을 속여 이용함.
- 籠城(농성) 어떤 목적 달성을 위해 모여 버티는 일.

糸

1 - 7 - 회의자

系
이을 계

꼬아 있는(丿) 실타래의 형상을 본뜬 글자로 실들이(糸) 길게 이어져 있다는 의미의 글자.

(또다른뜻) 계통, 뒤이을, 맬, 잇을, 실마리, 단서, 핏줄, 혈통.

- 系譜(계보) 혈통등이 계승되어 온 족보.
- 系列(계열) 한 갈래에서 파생되는 계통.
- 系統(계통) 일정한 체계를 세워 벌인 것.
- 直系(직계) 직접 이어지는 계통.

---

2 - 8 - 형성자

糾
살필 규

실타래(糸)의 머리 위가 터져 있는(丩)것처럼, 살피며 소리지르는 형상을 본뜬 글자.

(또다른뜻) 꼴, 모을, 합칠, 거둘, 얽힐, 시정할, 조사할, 규탄할.

- 糾明(규명) 사리를 따져 밝힘.
- 糾察(규찰) 죄상을 따져 조사함.
- 糾彈(규탄) 관리의 죄상을 밝혀 탄핵함.
- 糾合(규합) 흩어진 사람들을 한데 모음.

---

3 - 9 - 형성자

紀
벼 리 기

실타래의 실들이(糸) 얽어져 마치 한 몸(己)처럼 벼리의 기강을 세운다는 의미의 글자.

(또다른뜻) 규율, 적을, 기록할, 단서, 다스릴, 근본, 통할, 고칠.

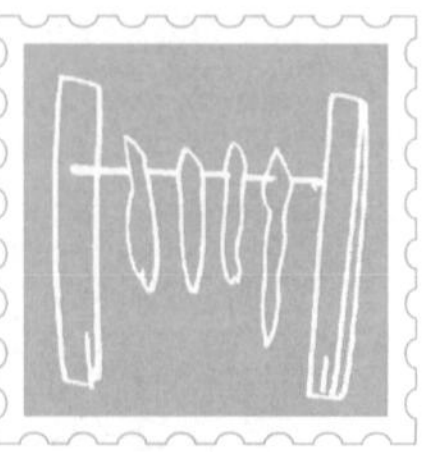

- 紀綱(기강) 기율과 법강.
- 紀念(기념) 사적을 오랫동안 기리어 전함.
- 紀元(기원) 비롯된 기초가 되는 해.
- 紀律(기율) 행위의 표준이 될 만한 질서.

---

3 - 9 - 형성자

約
맺을 약

실(糸)의 일정한 길이나 간격으로 작은 매듭(勺)을 맺어 나아가는 형상을 본뜬 글자.

(또다른뜻) 묶을, 약속할, 검소할, 간략할, 대략, 생략할, 끈.

- 約款(약관) 법령·계약등에서 정해진 조항.
- 約束(약속) 앞으로 일을 당사자간 정함.
- 約定(약정) 약속하여 정함. 또는 그 조목.
- 約婚(약혼) 결혼하기로 약속함.

MILLENNIUM

한자방정식

糸 + 內 ⇨ 納

실을 안으로 감듯 들임.

---

3 - 9 - 형성자

紅
붉을 홍

실(糸)을 연지색 물감을 사용하여 붉게 만드는(工) 형상을 본뜬 글자로 연지의 뜻도 있음.

(또 다른 뜻) 선홍색, 연지, 길쌈, 붉은 꽃, 말여뀌, 미녀, 검붉을.

- 紅桃(홍도) '홍도화''홍도나무'의 준말.
- 紅蓮(홍련) 붉은 연꽃.
- 紅蔘(홍삼) 수삼을 쪄서 말린 붉은 인삼.
- 紅葉(홍엽) 단풍이 든 나뭇잎. 붉은 잎.

---

4 - 10 - 형성자

級
등급 급

실(糸)로써 가장자리 끝까지 미치게(及) 하여 베를 짜서 등급을 매기는 형상을 본뜬 글자.

(또 다른 뜻) 차례, 목덜미, 위차, 석차, 층계, 계단, 수준, 급수.

- 級友(급우) 같은 학급에서 배우는 벗.
- 階級(계급) 관직 등의 등급.
- 等級(등급) 높고 낮음의 차례나 등수.
- 進級(진급) 등급·계급·학급 등이 오름.

---

4 - 10 - 형성자

紛
어지러울 분

어지럽게 엉킨 실(糸)의 가닥을 나누는(分) 형상을 본뜬 글자로 번잡하다라는 뜻도 있음.

(또 다른 뜻) 엉크러질, 섞일, 많을, 어두울, 느슨해질, 주머니.

- 紛糾(분규) 뒤얽혀 말썽으로 시끄러움.
- 紛亂(분란) 분잡하고 떠들썩함.
- 紛失(분실) 무엇을 잃어버림.
- 紛爭(분쟁) 말썽을 일으켜 시끄럽게 다툼.

---

4 - 10 - 형성자

納
들일 납

실(糸)이 물을 흡수하듯 물건 따위를 안으로(內) 들이는 형상을 본뜬 글자.

(또 다른 뜻) 받아들일, 바칠, 납일할, 보낼, 줄, 거두어 들일.

- 納期(납기) 공과금 따위를 바칠 기한.
- 納付(납부) 세금공과금 등을 바침.
- 納稅(납세) 조세를 관청에 바침.
- 納品(납품) 물품을 바침. 또는 그 물품.

---

4 - 10 - 회의자

素
흴 소

드리워진(主 = 垂의 생략형) 빨래의 명주실(糸)이 희고 빛나는 형상을 본뜬 글자.

(또 다른 뜻) 생명주실, 근본, 처음, 본시, 바탕, 원료, 유래, 평소.

- 素朴(소박) 거짓이 없이 순수함.
- 素服(소복) 하얗게 차려 입은 옷. 상복.
- 素材(소재) 예술 작품의 바탕이 되는 재료.
- 素質(소질) 장래 발전할 기초가 있는 바탕.

---

4 - 10 - 형성자

紙
종이 지

책의 낱장들이 실(糸)를 겹겹이 쌓은 것처럼 쭈뼛쭈뼛(氏) 나온 종이의 형상을 본뜬 글자.

(또 다른 뜻) 편지, 종이의 장수, 종이를 세는 단위, 한지, 창호지.

- 紙價(지가) 종이의 값.
- 紙物(지물) 종이의 총칭.
- 紙業(지업) 종이를 생산·판매하는 영업.
- 紙幣(지폐) 종이로 인쇄하여 만들어진 화폐.
- 破紙(파지) 못쓰게 된 종이.

MILLENNIUM

한자방정식

糸 + 且 ⇨ 組

실을 거듭 포개어 베를 짬.

---

4 - 10 - 형성자

純

순수할 순

실(糸)같이 가늘게 돋아나는 새싹들이 순수한 모양으로 모여(屯) 있는 형상을 본뜬 글자.

또다른뜻 순색비단, 오로지, 천진할, 옷선(준), 묶을(돈).

- 純度(순도) 품질·사물등의 순수한 정도.
- 純粹(순수) 잡것의 섞임이 전혀 없음.
- 至純(지순) 지극히 순결함.
- 淸純(청순) 맑고 순박함.

---

4 - 10 - 형성자

紡

실뽑을 방

누에에서 실(糸)을 뽑을 때 같은 방향(方)으로 실패를 돌려 감는 형상을 본뜬 글자.

또다른뜻 자을, 실, 걸, 길쌈질, 피륙을 짤, 물레, 뽑을.

- 紡績(방적) 동식물의 섬유를 가공하여 실을 뽑음.
- 紡織(방직) 실을 뽑는 일과 피륙을 짜는 일.
- 綿紡(면방) 목화를 가공하여 실을 뽑는 일.

---

4 - 10 - 회의자

索

동아줄 삭

동아줄을 짚으로 꼴 때 열(十) 손가락을 모아 실(糸)을 비비는 것처럼 한다는 의미의 글자.

또다른뜻 새끼, 새끼 꼴, 택할, 원할, 쓸쓸할, 공허할, 찾을(색).

- 索莫(삭막) 황폐하여 쓸쓸함.
- 索引(색인) 내용을 찾기 쉽게 꾸민 목록.
- 索敵(색적) 적을 색출함.
- 索出(색출) 뒤지어 찾아 냄.
- 思索(사색) 사물의 이치를 따지어 깊이 생각함.

---

4 - 10 - 형성자

紐

맬 뉴

실(糸)같은 것으로 엮은 동아줄로 소(丑)의 코에 매어서 이리저리 이끄는 형상을 본뜬 글자.

또다른뜻 끈, 끈을 맬, 매듭, 근원할, 주름, 비틀, 꼭질, 밀접할.

- 紐帶(유대) 끈이나 띠로 묶듯이 서로 결합하는 관계. 서로 밀접한 상태.
- 結紐(결뉴) 서로 관계를 맺음. 서로 우호적인 관계를 갖음.

---

4 - 10 - 형성·회의자

紋

무늬 문

실(糸)로 짠 천의 바탕에 글(文)이나 무늬를 놓아 옷감 따위로 쓰는 형상을 본뜬 글자.

또다른뜻 직물의 무늬, 주름, 직물의 주름, 무늬의 모양.

- 紋樣(문양) 무늬. 무늬의 모양.
- 紋銀(문은) 은의 함유량이 가장 많은 최상품 은괴.
- 指紋(지문) 손가락 끝마디 안쪽의 살갗 무늬.
- 波紋(파문) 수면에 이는 물결의 무늬.

---

5 - 11 - 형성자

組

짤 조

베틀에 실(糸)을 많이 포개어(且) 베를 짜는 형상을 본뜬 글자로 구성한다는 의미도 있음.

또다른뜻 구성할, 끈, 베짤, 꿰맬, 짝될, 조직할, 땅이름(저)

- 組立(조립) 부품들을 하나의 구조물로 짬.
- 組長(조장) 조직체 내에서의 조의 책임자.
- 組織(조직) 결합해 하나로 모임.
- 組合(조합) 여럿을 모아 한 덩어리가 됨.

MILLENNIUM

한 자 방 정 식

田 + 糸 ⇨ 累

밭사이의 실같은 여러 갈래 두렁.

---

5 - 11 - 형성자

紫

자 주 빛 자

적청의 염료를 혼합하여 이것을(此) 하얀 실(糸)에 물들여 자주빛을 낸다는 의미의 글자.

(또 다른 뜻) 자주빛 의관과 인수, 신선 · 제왕이 사는 곳의 빛깔.

紫檀(자단) 콩과의 상록 활엽 교목.
紫桃(자도) 「자두」의 본이름.
紫色(자색) 자줏빛. 자주색.
紫朱(자주) 자줏빛. 빨강과 파랑의 중간색.

---

5 - 11 - 회의 · 형성자

累

여 러 루

밭과 밭사이(田) 여러 가래의 실(糸)같은 길이 종횡으로 나있는 형상을 본뜬 글자.

(또 다른 뜻) 거듭할, 포갤, 묶을, 늘일, 쌓일, 벌거벗길(라).

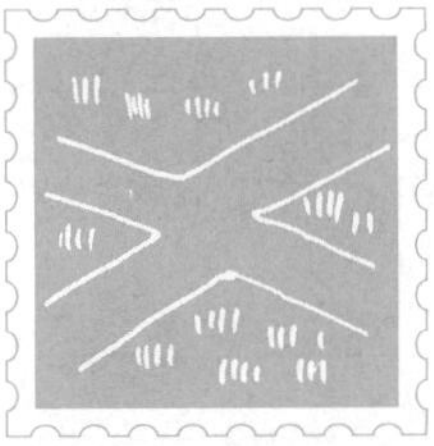

累計(누계) 쌓아 온 것들을 몰아서 합함.
累犯(누범) 재범 이상의 범죄.
累算(누산) 어떤 수들을 누계한 계산.
累積(누적) 어떤 사물을 차곡차곡 포개어 쌓음.

---

5 - 11 - 형성자

絃

악 기 줄 현

실(糸)같은 줄을 매어 오묘한(玄) 음색을 내는 현악기의 악기줄의 형상을 본뜬 글자.

(또 다른 뜻) 현악기, 탈, 거문고, 가야금, 현악기를 탈, 밧줄.

絃歌(현가) 현악기를 타면서 부르는 노래.
絃誦(현송) 거문고를 타면서 시를 읊음.
絃樂(현악) 현악기로 연주하는 음악.
管絃(관현) 관악기와 현악기.

---

5 - 11 - 형성자

細

가 늘 세

실(糸)을 머금은 누에의 숫구멍(田)같은 연약한 입에서 나오는 실은 가늘다는 의미의 글자.

(또 다른 뜻) 자잘할, 자세할, 작을, 여윌, 드물, 비천할, 세밀할.

細菌(세균) 미세한 단세포의 미생물.
細密(세밀) 자세하고 빈틈이 없이 꼼꼼함.
細部(세부) 자세한 부분.
細心(세심) 작은 일에도 꼼꼼히 주의함.

---

5 - 11 - 형성자

終

마 칠 종

누에를 기르는 것으로부터 실(糸)을 감는 것까지 겨울(冬)이면 마치게 된다는 의미의 글자.

(또 다른 뜻) 끝날, 죽을, 마지막, 마침내, 걸칠, 사방 백리의 땅.

終結(종결) 일을 끝냄.
終了(종료) 일을 끝마침. 어떤 일을 마무리 함.
終身(종신) 목숨이 다할때까지의 동안.
終日(종일) 아침부터 저녁까지의 사이.

---

5 - 11 - 형성자

紳

큰 띠 신

명주실(糸)을 물들여 선비의 큰띠인 허리띠(申)를 만든 형상을 본뜬 글자로 지금은 신사를 말함.

(또 다른 뜻) 벼슬아치, 진신, 예복에 갖추어 매는 큰 띠, 신사.

紳士(신사) ① 시골에 있는 벼슬아치, 또는 벼슬에서 물러난 사람. ② 교양있고 점잖은 남자.
縉紳(진신) ① 벼슬아치의 총칭. ② 지위가 있고 행동이 점잖은 사람.

MILLENNIUM

한 자 방 정 식

糸 + 吉 → 結

실을 묶듯 약속을 맺음.

---

5 - 11 - 형성자

紹

이 을 소

양반이 처마끝에 이은 줄(糸)을 잡아당겨서 종을 쳐 하인을 부르는(召) 형상을 본뜬 글자.

(또다른뜻) 계승할, 주선할, 소개할, 알선할, 중개할.

紹介(소개) ①거래 따위가 이루어지도록 주선함. ②모르는 사이를 서로 알고 지내도록 소개해 줌.

紹述(소술) 선대의 가업을 이어받아 발전시킴.

---

6 - 12 - 형성자

統

거 느 릴 통

실(糸)이 이어지듯 위계 질서도 윗사람이 아랫사람을 채워(充) 거느린다는 뜻의 글자.

(또다른뜻) 다스릴, 계통, 줄기, 합칠, 통솔할, 통괄할, 혈통.

統計(통계) 한데 몰아서 계산함.

統率(통솔) 몰아서 거느리어 지도함.

統制(통제) 방침에 따라 제한을 가함.

統一(통일) 하나로 통괄함.

---

6 - 12 - 형성자

結

맺 을 결

실(糸)이나 동아줄이 끊기지 않게(吉) 여러 가닥을 엮듯이 약속을 맺는 형상을 본뜬 글자.

(또다른뜻) 묶을, 끝낼, 마칠, 엉길, 매듭질, 동여맬, 쌓을, 거둘.

結果(결과) 어떤 원인으로 생긴 결말.

結論(결론) 말이나 글의 끝맺는 부분.

結成(결성) 단체를 맺어 이룸.

結婚(결혼) 남녀가 부부 관계를 맺음. 혼인.

---

6 - 12 - 회의자

絶

끊 을 절

실(糸)로 만든 천의 색깔(色)이 다른 부분을 경계로 끊어서 자르는 형상을 본뜬 글자.

(또다른뜻) 끊어질, 뛰어날, 다시 없을, 분리할, 중지할.

絶對(절대) 어떤 것도 비교될 만한 것이 없음.

絶頂(절정) 최고의 정도나 상태.

絶讚(절찬) 지극히 칭찬함. 또는 그 칭찬.

絶好(절호) 시기나 기회가 다시 없이 좋음.

---

6 - 12 - 형성자

給

줄 급

실(糸)이 길게 이어지듯 끊임없이 물건을 더하여(合) 가져다 주는 형상을 본뜬 글자.

(또다른뜻) 넉넉할, 공급할, 댈, 더할, 보탤, 갖추어질, 급여.

給料(급료) 월급이나 일급 등의 품삯.

給與(급여) 근로자에게 지급하는 급료.

給費(급비) 비용을 지급함.

給水(급수) 물 · 음료수 따위를 공급함.

---

6 - 12 - 형성자

絡

이 을 락

실(糸)을 각각(各) 떨어져 있는 부위를 둘러 모아 이어서 고리를 만드는 형상을 본뜬 글자.

(또다른뜻) 두를, 감을, 연락할, 경락, 생명주, 맥락, 고삐, 얽힐.

經絡(경락) 침이나 뜸을 놓거나 뜨는 자리.

籠絡(농락) 교묘히 남을 놀림.

脈絡(맥락) 일을 가만한 기맥이나 내용.

連絡(연락) 잇대어 계속함. 또는 통보함.

MILLENNIUM

한 자 방 정 식

糸	+	岡	⇒	綱
실을 꼬아 만든		무덤 둘레의		벼리.

---

6 - 12 - 회의자

絲
실 사

두 개의 실타래(糸)가 나란히 놓인 형상을 본뜬 글자로 명주실로 만든 거문고 뜻도 있음.

(또다른뜻) 명주실, 명주, 거문고, 현악기, 가늘고 긴, 실같이 길.

- 絹絲(견사) 고치실을 원료로 해서 만든 실.
- 毛絲(모사) 털실. 털로 만든 실.
- 原絲(원사) 직물의 원료가 되는 실.
- 鐵絲(철사) 쇠로 만든 가는 철선.

---

7 - 13 - 형성자

絹
비 단 견

명주실(糸)은 누에(肙)로부터 얻어 비단을 짜는 형상을 본뜬 글자로 명주실의 뜻도 있음.

(또다른뜻) 명주, 생명주, 생견, 과녁을 매놓은 줄, 그물.

- 絹毛(견모) 견직물과 모직물. 견사와 모사.
- 絹紡(견방) 「견사방적」의 준말.
- 絹絲(견사) 고치실로 만든 비단.
- 絹織(견직) 「견직물」의준말.
- 絹布(견포) 비단으로 짠 직물.

---

8 - 14 - 형성자

綱
벼 리 강

굵은 실(糸)를 꼬아 무덤(岡)처럼 만든 그물 둘레의 벼리의 형상을 본뜬 글자.

(또다른뜻) 대강, 추요, 줄을 칠, 통괄할, 비끄러맬, 늘어설.

- 綱領(강령) 일의 으뜸이 되는 큰 줄거리.
- 綱常(강상) 인간이 지켜야 할 도리.
- 紀綱(기강) 기율과 법강.
- 要綱(요강) 기본적인 줄거리나 골자.

---

7 - 13 - 형성자

經
지 날 경

실(糸)이 마치 흐르는 물(巠)처럼 지나가는 듯 날실이 씨실을 거느리는 형상을 본뜬 글자.

(또다른뜻) 날실, 세로, 길, 떳떳할, 법, 이치, 다스릴, 경영할.

- 經過(경과) ① 때의 지나감. ② 때를 지남.
- 經歷(경력) 온갖 겪어 지내 온 일들. 이력.
- 經理(경리) 회계, 급여등의 사무를 처리함.
- 經常(경상) 계속 변하지 않음.

---

8 - 14 - 회의 · 형성자

緊
긴 요 할 긴

현악기의 줄(糸)은 신하(臣)가 오른손(又)으로 실을 잡아당긴 것처럼 긴요하다는 뜻의 글자.

(또다른뜻) 얽을, 굳게 얽을, 감을, 오그라질, 팽팽할, 위태할.

- 緊急(긴급) 일이 긴요하고도 급함.
- 緊迫(긴박) 몹시 급박함.
- 緊張(긴장) 마음과 정신을 바짝 차림.
- 緊縮(긴축) 바짝 줄임.

---

8 - 14 - 형성자

維
맬 유

그물의 실(糸) 사이로 잡힌 새(隹)가 오직 날으려다 더욱 매이게 되는 형상을 본뜬 글자.

(또다른뜻) 밧줄, 금줄, 벼리, 묶을, 동일, 걸, 맞맬, 이을, 지탱할.

- 維那(유나) 재의 의식을 지휘하는 사람.
- 維新(유신) 낡은 제도를 고쳐 새롭게 함.
- 維持(유지) 지탱하여 나감.
- 纖維(섬유) 동물 세포 등에서 분화한 실 모양의 물질.

MILLENNIUM

한자방정식

糸	+	罔	⇨	網
실로 촘촘히		안이 빈		그물.

8 - 14 - 회의자

綿
솜 면

면포는 솜을 얽어서 만든 실(糸)로 짠 피륙으로써 비단(帛) 버금간다는 의미의 글자.

(또다른뜻) 무명, 면사, 이을, 이어질, 얽힐, 목화, 퍼질, 공략할.

- 綿毛(면모) 솜털. 보드라운 털.
- 綿密(면밀) 자세하고 빈틈이 없음.
- 綿服(면복) 솜옷. 솜을 넣어 지은 옷.
- 綿織(면직) 무명실로 짠 피륙의 총칭.

8 - 14 - 형성자

綠
푸를 록

나무껍질을 벗기면(彔) 실(糸) 같은 섬유질이 있는데 그것은 푸른빛을 띤다는 의미의 글자.

(또다른뜻) 초록빛, 초록빛 비단, 푸른 빛, 무성할, 여름철.

- 綠林(녹림) ①푸른 숲. ②도적의 소굴.
- 綠末(녹말) 불린 녹두를 갈아서 말린 가루.
- 綠色(녹색) 청색과 황색의 가루.
- 綠樹(녹수) 잎이 푸른 나무.

8 - 14 - 형성자

網
그물 망

실(糸)로 촘촘히 짠 텅빈(罔) 그물을 바다에 뿌리는 어부의 형상을 본뜬 글자.

(또다른뜻) 그물무늬, 법, 그물질할, 법망씌울, 휩싸일, 망라할.

- 網巾(망건) 상투머리가 흩어지지 않게 이마에 두르는 띠.
- 網紗(망사) 그물과 같이 성기게 짠 깁.
- 漁網(어망) 물고기를 잡는 그물.
- 投網(투망) 그물을 던짐.

9 - 15 - 형성자

緞
비단 단

명주실(糸)로 짠 피륙인 비단을 계단(段)에 단단이 깔아놓은 형상을 본뜬 글자.

(또다른뜻) 비단옷, 명주베, 피륙의 통칭, 신 뒤축의 헝겊(하).

- 緋緞(비단) 명주실로 두껍고 광택이 나게 짠 피륙의 통칭.
- 紬緞(주단) 명주와 비단.

8 - 14 - 형성자

綴
철할 철

옛날 책을 쌍쌍이(叉 + 叉) 엮어서 실(糸)로 철한 형상을 본뜬 글자로 묶는다는 뜻도 있음.

(또다른뜻) 꿰맬, 연할, 맺을, 맬, 가장자리, 장식할, 막을.

- 綴字(철자) 자음과 모음의 자를 맞추어 한 음절의 글자를 구성하는 것.
- 補綴(보철) ①보충하여 한데 엮음. ②의치를 고정시키거나 박는 일.

8 - 14 - 형성자

綜
모을 종

실(糸)을 실패에 풀어 그 올을 모아서 베(宗)를 만드는 형상을 본뜬 글자.

(또다른뜻) 잉아, 통괄할, 다스릴, 종합할, 뭉칠.

- 綜絲(종사) 베틀의 날실을 끌어올리기 위하여 맨 굵은 실. 잉아.
- 綜合(종합) 여러 갈래로 나뉘어진 것을 한데 합함.
- 綜核(종핵) 사건의 본말을 종합하여 자세히 밝힘.

MILLENNIUM

한자방정식

糸	+	泉	⇨	線
실이		샘솟듯 이어지는		줄.

---

8 - 14 - 회의자

綻

옷터질 탄

실(糸)로 만들어진 베, 그 베로 지은 옷이 터져 속살이 보이는(定) 형상을 본뜬 글자.

또 다른 뜻 드러날, 솔기가 터질, 꽃이 필, 터질, 꿰맬, 기울.

- 綻露(탄로) 어떤 사실이나 비밀이 드러남.
- 綻裂(탄열) 옷솔기가 터져 찢어짐.
- 破綻(파탄) ①찢어져 터짐. ②일이 돌이킬 수 없는 지경에 이름.

---

9 - 15 - 형성자

緖

실마리 서

도망 못 가게 벌레의 다리에 실(糸)로 묶고 도망간 것(者)의 실마리를 찾는다는 의미의 글자.

또 다른 뜻 나머지, 시작, 발단, 계통, 행렬, 마음, 따를, 찾을.

- 緖論(서론) 본론에 들어가기 전의 논설.
- 端緖(단서) 일의 처음. 일의 실마리.
- 情緖(정서) 사물에 부딪쳐 이는 감정.
- 由緖(유서) 전해 오는 내력.

---

9 - 15 - 형성자

練

익힐 련

실(糸)을 삶아 이물질을 제거하고 양질의 실을 분별하는(柬) 법을 익히는 형상을 본뜬 글자.

또 다른 뜻 누일, 고를, 상복, 단련할, 시험할, 경험할, 가려낼.

- 練磨(연마) 학문·정신 등을 배우고 닦음.
- 練兵(연병) 전투에 필요한 훈련을 평시에 함.
- 鍊習(연습) 학문·기예등을 익숙하게 익힘.

---

9 - 15 - 형성자

緣

인연 연

실(糸)로 천의 끊어진(彖) 부분을 잇는 것처럼 사람의 인연은 그와 같다는 의미의 글자.

또 다른 뜻 묶을, 꾸밀, 가장자리, 연유할, 따를, 버릴, 연의.

- 緣故(연고) ① 사유. ② 혈통과 정분관계.
- 緣分(연분) 사람들이 맺어지는 깊은 관계.
- 緣由(연유) 까닭. 유래(由來). 사유(事由).
- 事緣(사연) 앞뒤 사정과 까닭.

---

9 - 15 - 형성자

緯

씨 위

피륙의 실(糸) 중, 세로실을 날실,가로실을 씨라하고 하는데 돌며(韋) 베를 짜는 형상을 본뜬 글자.

또 다른 뜻 씨줄, 씨금, 가로, 씨실, 짤, 악기줄, 예언서, 묶을.

- 緯度(위도) 지구 위의 가로로 된 좌표.
- 緯線(위선) 적도에 평행하게 지구의 표면을 남북으로 자른 가상의 선.
- 經緯(경위) ① 피륙의 날과 씨. ② 경도와 위도.

---

9 - 15 - 형성자

線

줄 선

실(糸)이 실패에서 계속 이어나오는 줄이 샘(泉)에서 물이 솟는 것같은 형상을 본뜬 글자.

또 다른 뜻 금, 실, 길, 노선, 선분.

- 幹線(간선) 철도·전선 등의 중요한 선.
- 光線(광선) 빛. 빛의 줄기.
- 路線(노선) 발착지와 도착지가 정하여진 선.
- 電線(전선) 전류가 흐르도록 설치한 선.

MILLENNIUM

한자방정식

糸 + 扁 ⇨ 編

실로 대조각을 엮는 책.

---

9 - 15 - 형성자

編

엮을 편

실(糸)로 가장자리를 엮은 대쪽(扁) 따위에 글을 지어 쓰는 형상을 본뜬 글자.

또 다른 뜻 얽을, 모을, 짤, 땋을, 책 끈, 기록할, 문서, 땋을(변).

編曲(편곡) 어떤 곡을 달리 바꾼 곡.
編成(편성) 엮어서 책·영화 등을 만듦.
編輯(편집) 여러자료나 글을 모아 엮음.
編綴(편철) 서류·신문 등을 짜서 철함.

---

9 - 15 - 형성자

緩

느릴 완

양쪽으로 팽팽하게 매여있는 실(糸)을 자꾸 잡아당기면 느리게 느즈러진다는(爰) 뜻의 글자.

또 다른 뜻 더딜, 늦출, 부드러울, 관대할, 느슨할, 늘어질.

緩急(완급) 느림과 빠름.
緩慢(완만) 느릿느릿함. 급하지 아니함.
緩行(완행) 느리게 함. 「완행열차」의 준말.
緩和(완화) 급박한 것을 느슨하게 누그러뜨림.

---

9 - 15 - 형성자

緘

봉할 함

안에 물건 따위를 넣고 위로 모아 실(糸)로 묶어서 봉하는(咸) 형상을 본뜬 글자.

또 다른 뜻 묶을, 끈, 줄, 꿰맬, 문서함, 봉투, 편지, 밧줄.

緘口(함구) 입을 다물고 말을 하지 아니함.
緘書(함서) 봉함한 편지나 문서.
開緘(개함) 봉투를 뜯어서 열음.
封緘(봉함) 편지나 문서 따위를 봉투에 넣고 봉하는 일.

---

9 - 15 - 형성자

締

맺을 체

실(糸)같은 백성이 바늘같은 임금(帝)을 따르는 것은 선정과 충성의 맺음이라는 의미의 글자.

또 다른 뜻 연결할, 끈으로 묶을, 울적해질, 조약을 맺을.

締結(체결) ①계약이나 조약을 맺음. ②단단히 묶어서 마무리를 지음.
締盟(체맹) 나라와 나라가 동맹을 맺음.

---

10 - 16 - 회의자

縣

고을 현

고을에는 목을 매달(県)만큼 엄한 현감이 있고 핏줄(系)로 이루어진 백성이 있다는 뜻의 글자.

또 다른 뜻 지방의 현, 달, 매달, 목맬, 잡아 맬, 공포할, 저울추.

縣監(현감) 종6품의 지방 문관.
縣令(현령) 종5품의 큰 현의 지방 문관.
郡縣(군현) 옛날 지방 행정 단위인 군과 읍.
州縣(주현) 옛날 지방 행정 단위로 주와 현.

---

10 - 16 - 형성자

縛

묶을 박

옛날 도망을 방지하기 위하여 오라(糸)로 죄인의 손을 묶는(尃) 형상을 본뜬 글자.

또 다른 뜻 속박할, 얽을, 얽어 맬, 감을, 오랏줄, 밧줄(부).

縛擒(박금) 동물 따위를 사로잡아 묶음.
結縛(결박) 죄인 따위를 단단히 동여서 묶음.
束縛(속박) ①다발로 묶음. ②자유를 빼앗음.
捕縛(포박) 잡아서 묶음.

MILLENNIUM

한자방정식

糸 + 從 ⇨ 縱

실패의 실끝에 추를 달아 좇는 세로.

---

10 - 16 - 형성자

緻

촘촘할 치

실로(糸) 두 천의 가장자리를 촘촘하게 기워 끝단까지 이르도록(致)하는 형상을 본뜬 글자.

(또다른뜻) 밸, 꿰맬, 기울, 찬찬할, 면밀할, 꼼꼼할, 섬세할.

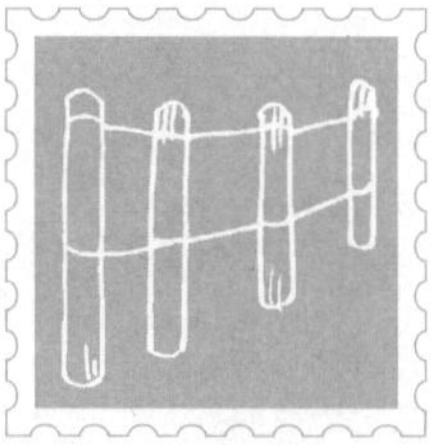

- 緻密(치밀) ①자상하고 꼼꼼함. ②피륙같은 것이 배고 톡톡함. ③결이 섬세하고 고움. ④촘촘하게 얽힘
- 精緻(정치) 어떤 사물이 정교하고 치밀함.

---

11 - 17 - 형성자

績

길쌈 적

베틀 앞에서 베를 짤 때 실(糸)로 책임(責)을 다하려는 듯 길쌈질하는 형상을 본뜬 글자.

(또다른뜻) 길쌈할, 실 자를, 공적, 잇을, 일, 이룰, 성취할, 공.

- 功績(공적) 쌓은 공로.
- 紡績(방적) 섬유 등을 가공해 실을 만듦.
- 成績(성적) 지식 등의 평가된 결과.
- 實績(실적) 실제의 공적이나 업적.

---

11 - 17 - 형성자

繁

번성할 번

무성하게(敏) 풀이 한군데 매인(糸 = 系의 생략형) 것처럼 혈족 따위가 번성하다는 뜻의 글자.

(또다른뜻) 많을, 자주, 번잡할, 번거러울, 성할, 뱃대끈(반).

- 繁盛(번성) 번식 따위가 한창 잘 되어 성함.
- 繁殖(번식) 불고 늘어서 갑자기 많이 퍼짐.
- 繁昌(번창) 발전 따위로 번화하고 창성함.
- 繁華(번화) 번창하여 흥청거림.

---

11 - 17 - 형성자

總

거느릴 총

실(糸)로 물건 따위를 얽어 잇는 것처럼 합하여 거느리는(悤) 형상을 본뜬 글자.

(또다른뜻) 다스릴, 모을, 합할, 동여맬, 모두, 다, 단속할, 무리.

- 總計(총계) 전체를 통틀어 한데 계산함.
- 總括(총괄) 개별적인 것들을 한데 묶음.
- 總額(총액) 전체의 액수.
- 總會(총회) 그 단체의 정원이 모이는 회의.

---

11 - 17 - 형성자

縱

세로 종

실패의(糸) 끝에 추를 달아 아랫 쪽으로 내려 세로로 추를 좇는(從) 형상을 본뜬 글자.

(또다른뜻) 놓을, 놓아줄, 멋대로 할, 가령, 용서할, 바쁠(총).

- 縱隊(종대) 세로로 줄지어 늘어선 대형.
- 縱斷(종단) 세로로 끊거나 길이로 자름.
- 縱橫(종횡) 세로와 가로. 거침없이 다님.
- 操縱(조종) 마음대로 부림.

---

11 - 17 - 형성자

縮

오그라들 축

옷감을 물에 담구니 실(糸)의 속성으로 물에 오래 묵으면(宿) 오그라드는 형상을 본뜬 글자.

(또다른뜻) 줄, 줄어들, 모자랄, 물러설, 움추릴, 다스릴, 거를.

- 縮小(축소) 줄여서 작아 짐. 또는 줄임.
- 減縮(감축) 덜리어 줄어짐. 덜어서 줄임.
- 伸縮(신축) 늘어나고 줄어듦.
- 萎縮(위축) 마르거나 시들어서 쪼그라듦.

MILLENNIUM

한 자 방 정 식

糸	+	逢	⇨	縫
실로		피륙의 헐은 곳을		꿰맴.

---

11 - 17 - 형성자

縫

꿰 맬 봉

실(糸)로 짠 피륙의 헐은 부분을 서로 만나듯(逢) 천을 대어 꿰매는 형상을 본뜬 글자.

(또다른뜻) 기울, 바느질할, 합칠, 결합할, 봉할, 박을, 붙일.

縫製(봉제) 재봉틀 따위로 박아서 만드는 일.
縫合(봉합) 수술한 부위를 꿰매어 붙임.
彌縫(미봉) 임시변통으로 꾸며대어 맞춤.

---

12 - 18 - 형성자

織

짤 직

실(糸)로 베를 짤 때 그 소리(音)가 마치 창과 창(戈)이 맞부딪치는 소리같다는 의미의 글자.

(또다른뜻) 베짤, 직물, 구성할, 베틀, 실, 모직, 모시, 무늬비단.

織物(직물) 면직물 · 모직물 · 견직물 등.
毛織(모직) 털실로 짠 피륙.
綿織(면직) 무명실로 짠 피륙.
組織(조직) ① 개개의 요소가 전체를 이룸. ② 개개인이 모여 단체를 이룸.

---

12 - 18 - 형성자

繕

기 울 선

헐은 옷을 바늘에 실(糸)을 꿰어 기워서 좋은(善) 옷으로 만드는 형상을 본뜬 글자.

(또다른뜻) 고칠, 보완할, 다스릴, 좋게 할, 모아엮을, 베낄.

補繕(보선) 보충하거나 하여 수선함.
修繕(수선) 낡거나 허름한 것을 고침.
營繕(영선) 건축물 따위를 새로 짓거나 수리하거나 하는 일.

---

13 - 19 - 형성자

繪

그 림 회

실(糸)로 짠 천에 물감을 만나게(會) 하듯 붓을 놀려 그림을 그리는 형상을 본뜬 글자.

(또다른뜻) 그림그릴, 무늬비단, 채색, 무늬, 수, 머리묶을(괘).

繪想(회상) 사람의 얼굴을 그린 그림.
繪畵(회화) 물건 따위의 형상을 평면에 그려 냄. 모든 그림의 총칭.
墨繪(묵회) 특히 동양에서 먹을 이용한 그림. 묵화.

---

13 - 19 - 형성자

繫

맬 계

우마의 힘을 빌리기 위해 수레에 매달고 동아줄(糸)로 치며(毄) 다스리는 형상을 본뜬 글자.

(또다른뜻) 매달릴, 구속할, 체포할, 동여맬, 머무르게 할.

繫累(계루) 어떤 사물에 얽매이어 누가 됨.
繫留(계류) 붙잡아 매어 놓음.
連繫(연계) 서로 밀접한 관계를 가짐.
捕繫(포계) 잡아 묶어 둠.

---

14 - 20 - 회의자

繼

이 을 계

실(糸)의 끊어진(㡭) 부분을 잇듯이 일 따위를 중단하지 않고 잇는 형상을 본뜬 글자.

(또다른뜻) 잇을, 계속할, 계승할, 더할, 포갤, 이어질, 후계.

繼母(계모) 아버지의 후처. 의붓어머니.
繼續(계속) 끊이지 아니하고 이어지는것.
繼承(계승) 선임자를 이어받음.
後繼(후계) 어떤 것의 선임자 뒤를 이음.

MILLENNIUM

한자방정식

缶 + 夬 ⇨ 缺

오래된 질그릇이 갈라지고 이즈러짐.

15 - 21 - 형성자

續

이을 속

실(糸)이 계속 풀리듯 물건을 팔고(賣) 사는 것이 계속 이어지는 형상을 본뜬 글자.

또다른뜻 잇달을, 덧붙일, 연계할, 이어질, 뒤이을, 계속.

續開(속개) 멈추었던 것을 다시 계속하여 엶.
續集(속집) 기존 서책에 잇대어 모은 문집.
續出(속출) 잇달아 나옴.
續行(속행) 회의 · 경기 등을 계속 행함.

17 - 23 - 형성자

纖

가늘 섬

실(糸)처럼 가늘고 가는 동물의 털이 창끝에 장식으로 매달린 형상을 본뜬 글자.

또다른뜻 잘, 가냘플, 엷은 비단, 작을, 가는 선, 검소할, 찌를.

纖細(섬세) 사물이나 성격 따위가 아주 세밀함.
纖弱(섬약) 가늘고 약함.
纖維(섬유) 실이나 털과 같이 질기고 탄력이 있는 가는 물체.

4 - 10 - 형성자

缺

이지러질 결

술 따위를 담글 때 쓰는 질그릇(缶)의 한 부분이 갈라지고(夬) 이즈러진 형상을 본뜬 글자.

또다른뜻 모자랄, 빌, 깨질, 망그러질, 부족할, 머리띠(규).

缺格(결격) 자격을 갖추고 있지 아니함.
缺席(결석) 출석하지 아니함.
缺如(결여) 있어야 할 것이 모자라거나 없음.
缺陷(결함) 완전하지 못하고 흠이 있음.

3 - 8 - 형성자

罔

없을 망

그물(冈) 속에 갖혀 정신을 잃고(亡) 잡힌 물고기가 도망치고 없어진 형상을 본뜬 글자.

또다른뜻 속일, 그물, 굴레, 잡을, 아닐, 모함할, 덮을, 망령될.

罔極(망극) 은혜가 커 갚을 길이 없음.
罔測(망측) 상리에 어긋나 헤아리지 못함.
欺罔(기망) 그럴 듯하게 속임.
誣罔(무망) 남을 꾀어서 그럴 듯하게 속임.

8 - 13 - 회의자

置

둘 치

양쪽 막대기에 묶인 그물(罒)을 곧고(直) 팽팽하게 펼쳐 두어진 형상을 본뜬 글자.

또다른뜻 역말, 놓을, 놓아둘, 베풀, 세울, 폐할, 용서할, 마을.

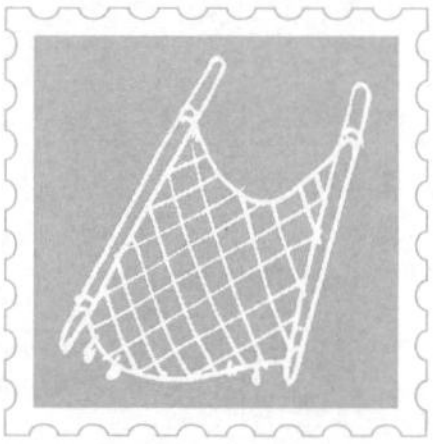

置重(치중) 어떠한 것에 특히 중점을 둠.
位置(위치) 일정한 곳에 차지한 자리.
設置(설치) 베풀어서 둠.
措置(조치) 문제 해결을 위해 대책을 강구함.

8 - 13 - 회의자

罪

허물 죄

나쁜 짓을 하다 법망의 그물(罒)에 걸려든 허물이 많은 죄인의 형상을 본뜬 글자.

또다른뜻 죄, 형벌, 벌줄, 범죄, 과오, 실수, 재앙, 화, 책망할.

罪名(죄명) 범죄의 명칭.
罪目(죄목) 범죄 사실의 명목.
罪悚(죄송) 어떤 일로 인해 죄스럽고 황송함.
罪惡(죄악) 죄가 되는 악한 짓.
罪責(죄책) 어떤 실수 따위로 잘못을 저지른 책임.

缶

罒

MILLENNIUM

한 자 방 정 식

罒 ➕ 能 ⇨ 罷

법망에 걸린 관리는 유능할지라도 파면함.

---

9 - 14 - 회의자

罰

벌 줄 벌

옛날에 죄인에게 벌줄 목적으로 꾸짖고(罒+言) 칼(刀)달린 형틀에 묶은 형상을 본뜬 글자.

(또 다른 뜻) 벌, 죄, 벌할, 죄를 씻을, 죽일, 형벌을 줄, 별이름.

- 罰金(벌금) 죄의 댓가로 부과하는 돈.
- 罰則(벌칙) 위반 행위의 처벌 규칙.
- 賞罰(상벌) 상과 벌.
- 刑罰(형벌) 죄의 징계로 주는 고통.

---

9 - 14 - 형성자

署

관 청 서

그물(罒)이 이어지듯 관청과 백성들이 서로 도와 일(者)을 처리하는 형상을 본뜬 글자.

(또 다른 뜻) 마을, 부서, 나눌, 대리할, 서명할, 관직, 관할할.

- 署名(서명) 자기의 성명을 써 넣는 것.
- 署長(서장) 한 서(署)의 우두머리.
- 部署(부서) 근무상에 나누어진 부분.
- 支署(지서) 본서에서 갈라진 하부 조직.

---

10 - 15 - 회의자

罷

파 할 파

과오로 법망(罒)에 걸린 관리를 유능(能)할지라도 그의 벼슬을 파하는 형상을 본뜬 글자.

(또 다른 뜻) 마칠, 내칠, 그만둘, 중지할, 그칠, 덜을, 고달플(피).

- 罷免(파면) 직무나 직업에서 쫓아냄.
- 罷業(파업) 하던 일을 중지함.
- 罷職(파직) 관직에서 물러나게 함.
- 革罷(혁파) 낡고 고루한 것을 없앰.

---

11 - 16 - 회의자

罹

걸 릴 리

그물(罒)에 걸린 새나 물고기에게는 그것이 곧 재앙일것이라고 생각(惟)된다는 의미의 글자.

(또 다른 뜻) 입을, 당할, 휘말릴, 재앙을 만날, 근심, 근심할.

- 罹病(이병) 병에 걸림.
- 罹災(이재) 재해를 입음. 재앙을 만남.
- 罹禍(이화) 재앙을 당함. 재앙을 만남.
- 罹患(이환) 병에 걸림.

---

14 - 19 - 회의자

羅

벌 일 라

양쪽 기둥에 그물(罒)의 네 귀를 벌려서 매단(維) 형상을 본뜬 글자로 비단의 뜻도 있음.

(또 다른 뜻) 펼, 비단, 새 그물, 그물질할, 깔, 늘어설, 벌려놓을.

- 羅城(나성) 성의 외곽.
- 羅列(나열) 죽 벌여 놓음.
- 羅針(나침) 방향을 가르켜 지시함.
- 網羅(망라) ① 빠짐없이 휘몰아 들임. ② 물고기·새 따위를 잡는 그물.

羊

0 - 6 - 상형자

羊

양 양

양의 뿔과 귀, 그리고 털이 풍성한 몸, 또 꼬리의 형상을 본뜬 글자.

(또 다른 뜻) 양가죽, 희고 부드러울, 착하고 아름다울, 상서로울.

- 羊角(양각) ① 양의 뿔. ② 회오리바람.
- 羊毛(양모) 양털. 양에서 자른 털.
- 羊肉(양육) 양의 고기.
- 羊皮(양피) 양의 가죽.
- 牧羊(목양) 양을 치거나 놓아서 기름.

MILLENNIUM

한 자 방 정 식

羊 + 我 → 義

양처럼 순한 이가 스스로 옳은 일을 해야 함.

---

3 - 9 - 회의자

美

아름다울 미

양(羊)은 혈색이 좋고 아름답게 빛이 오른 큰(大) 것이 맛으로는 으뜸이라는 의미의 글자.

또다른뜻 맛난, 음식, 좋을, 미려할, 착할, 옳을, 훌륭할, 바를.

美觀(미관) 아름답고 훌륭한 풍경.
美女(미녀) 용모가 아름다운 여자. 미인.
美談(미담) 갸륵한 행실의 이야기.
美德(미덕) 아름답고 갸륵한 덕행.

---

5 - 11 - 회의자

羞

부끄러워할 수

양(羊)털을 깍아내니 송아지(丑)처럼 가죽이 드러나 무척 부끄러워 하는 형상을 본뜬 글자.

또다른뜻 음식, 바칠, 드릴, 수치, 치욕, 모욕당할, 음식올릴.

羞惡(수오) 선을 이행하지 못하는 자신의 부끄러움. 羞惡之心(수오지심).
羞恥(수치) 부끄러움.
珍羞(진수) 맛이 좋은 음식을 차림.

---

7 - 13 - 형성자

群

무 리 군

양(羊) 떼들도 나름대로 우두머리인 왕(君)이 있어 무리져서 따르는 형상을 본뜬 글자.

또다른뜻 떼, 많을, 동아리, 벗, 동료, 부류, 친족, 일가, 떼지을.

群像(군상) 많은 사람들.
群小(군소) 작은 무리들.
群衆(군중) 한 곳에 떼지어 있는 무리.
群集(군집) 사람 등이 한 곳에 모임.

---

7 - 13 - 형성자

義

옳 을 의

양(羊)같이 순하고 착한 마음씨를 나(我) 스스로 가지며 옳은 일에 뜻을 두는 형상을 본뜬 글자.

또다른뜻 바를, 해, 넣을, 뜻, 의로 맺을, 의로울, 의, 의리, 직분.

義理(의리) 사람으로서 지켜야 할 도리.
義務(의무) 마땅히 하여야 할 일.
義憤(의분) 불의를 보고 일으키는,분노.
義俠(의협) 정의를 위해 약자를 돕는 일.

---

7 - 13 - 형성자

羨

부러워할 선

양(羊)이 물(水)에 씻겨 아름답게 빛나니 다른 양들이 하품(欠)하듯 부러워하는 형상을 본뜬 글자.

또다른뜻 탐낼, 탐할, 나머지, 잉여, 남을, 잘못할, 묘도(연).

羨望(선망) 부러워함.
欽羨(흠선) 흥망하여 공경하고 부러워함.
羨道(연도) 고분의 입구에서 현실에 까지 이르는 길.

---

0 - 6 - 상형자

羽

깃 우

새의 날개에는 깃이 있어 새털을 가지런히 하거나 비상할 때 도움이 되는 형상을 본뜬 글자.

또다른뜻 날개, 새, 날짐승, 음계, 새의 깃, 깃털, 느슨할(호)

羽毛(우모) 깃과 털. 깃털.
羽翼(우익) 새의 날개. 보좌하는 일.
羽化(우화) ①번데기가 날개가 있는 나방으로 됨. ②몸에 날개가 돋아서 선인이 됨.

MILLENNIUM

한 자 방 정 식

公	+	羽	⇨	翁
귀인의 턱에		깃처럼 수염난		늙은이.

4 - 10 - 형성자

翁

늙은이 옹

신분 따위가 고귀한 귀인(公)일수록 새깃(羽)같은 수염이 나 있는 늙은이라는 의미의 글자.

(또 다른 뜻) 노인의 존칭, 목털, 목에 난 새의 털, 아버지.

翁姑(옹고) 시아버지와 시어머니.
翁壻(옹서) 장인과 사위.
翁主(옹주) 임금의 후궁이 낳은 딸.
老翁(노옹) 늙은 남자. 늙은 이.

5 - 11 - 형성자

習

익힐 습

새새끼가 깃(羽)을 세우며 가슴팍의 하얀(白) 털을 보이며 날으는 법을 익히는 형상을 본뜬 글자.

(또 다른 뜻) 습관, 되풀이할, 연습할, 복습할, 배울, 길들일.

習慣(습관) 버릇. 저절로 몸에 밴 버릇.
習得(습득) 배워 익혀서 앎.
習作(습작) 연습으로 작품을 만듦.
習性(습성) 습관이나 버릇이 되어버린 성질.

5 - 11 - 형성자

翌

다음날 익

밤을 지세운 새가 다음날 동이 트자 깃(羽)을 세우며(立) 비상하려는 형상을 본뜬 글자.

(또 다른 뜻) 이튿날, 익일, 명일, 도울, 보익할, 다음.

翌年(익년) 이듬해. 다음 해.
翌亮(익량) 도움. 보익함.
翌月(익월) 다음 달.
翌日(익일) 다음 날. 이튿날.

11 - 17 - 형성자

翼

날개 익

새는 날개와 깃(羽)이 있어 다른(異) 동물과 달리 균형을 맞추어 날은다는 의미의 글자.

(또 다른 뜻) 도울, 호위할, 이튿날, 별이름, 날개, 이룰, 천거할.

翼面(익면) 날개의 표면.
翼室(익실) 본채의 좌우로 달린 방.
羽翼(우익) 새의 날개. 보좌하는 사람.
右翼(우익) 보수적인 당파.

0 - 6 - 상형자

而

말이을 이

而는 긴 수염 사이의 입으로 계속 말잇는 노인의 형상을 본뜬 글자로 어조사로 쓰임.

(또 다른 뜻) 그리하여, 그러나, 그런데, 너, 뿐, ~과 같을, 곧, 써.

而今(이금) 이제 와서.
而立(이립) 인생 가운데 30살을 일컬음.
而已(이이) ~일 따름임. ~뿐임.
然而(연이) 그러나.

3 - 9 - 회의 · 형성자

耐

견딜 내

수염(而)을 뽑는 형벌이 있었는데 법도(寸)에 어긋난 죄인은 그것을 견디어야 했다는 뜻의 글자.

(또 다른 뜻) 참을, 감당할, 수염을 깍는 형벌, 능할(능), 能의 古字.

耐久(내구) 오래 견딤.
耐乏(내핍) 궁핍을 견딤.
耐火(내화) 불에 견딤.
忍耐(인내) 참고 견딤.

而

MILLENNIUM

한자방정식

耒 + 井 → 耕

쟁기로 논밭을 가는 농부.

耒

---

4 - 10 - 형성자

耕

밭 갈 경

옛날 농삿일은 쟁기(耒)로 농지(井)나 밭을 가는 것으로부터시작했다는 의미의 글자.

또다른뜻 생계꾸릴, 논밭갈, 농사지을, 농사, 부지런히 힘쓸.

耕具(경구) 토지를 경작하는데 쓰는 기구.
耕農(경농) 논밭을 갈아 농사를 지음.
耕耘(경운) 논밭을 갈고 김을 맴.
耕作(경작) 땅을 갈아 농사를 지음.

---

4 - 10 - 형성자

耗

줄일 모

거친 농지를 쟁기(耒)로 갈아 모난 흙을 줄여 털(毛)처럼 부드럽게 하는 형상을 본뜬 글자.

또다른뜻 줄, 감소할, 쓸, 소비할, 빌, 없을, 소식, 형편, 어두울.

耗亂(모란) 어지럽고 문란하여 분명하지 않음.
耗盡(모진) 줄어서 다 없어짐.
磨耗(마모) 닳아서 없어짐.
消耗(소모) 써서 없어짐. 써서 없앰.

耳

---

0 - 6 - 상형자

耳

귀 이

사람의 한쪽 귀의 형상을 본뜬 글자로 귀로 듣거나 눈으로 보아서 헤아린다는 뜻도 있음.

또다른뜻 청각, 귀에 익을, 들을, 싹틀, 싹, 어조사, 팔대손(잉)

耳目(이목) ① 귀와 눈. ② 남들의 주의.
耳石(이석) 귀 속에 있는 골편(骨片).
耳垂(이수) 귓불.
耳順(이순) 나이 '예순 살'의 일컬음.
耳語(이어) 귀엣말.

---

3 - 9 - 형성자

耶

어조사 야

아버지가 늙어서 말을 잘 알아(耳) 듣지도 못하셔서 근심(阝)스럽다는 의미의 어조사 임.

또다른뜻 아버지, ~일까, 어째서~일까, ~인가, 간사할(사).

耶蘇敎(야소교) 기독교. 예수교.
耶華和(야화화) 기독교에서의 여호와.
有耶(유야) 있는 것인가.
無耶(무야) 없는 것인가.

---

4 - 10 - 형성자

耽

즐길 탐

사람이 귀(耳)에 들려오는 음악소리에 깊이 빠져(沈의 생략형) 즐기는 형상을 본뜬 글자.

또다른뜻 기쁨을 누릴, 빠질, 탐닉할, 열중해 일에 빠질.

耽溺(탐닉) 어떤 일을 몹시 즐겨서 거기에 빠짐.
耽讀(탐독) 책을 유달리 열중하여 읽음.
耽美(탐미) 미를 추구하여 거기에 빠짐.

---

7 - 13 - 형성자

聘

부를 빙

귀인을 불러서 듣는(耳) 강연은 신랑신부를 이끄는(甹) 것처럼 정중함이 있다는 뜻의 글자.

또다른뜻 찾을, 안부물을, 장가들, 아내맞을, 구할, 초빙할.

聘母(빙모) 아내의 어머니. 장모.
聘父(빙부) 아내의 친정 아버지. 장인.
聘丈(빙장) 악장(岳丈)장인의 경칭.
招聘(초빙) 인사를 예를 갖추어 맞아 들임.

MILLENNIUM

한자방정식

門 + 耳 ⇒ 聞

문안에서 / 귀를 대고 / 밖의 소리를 들음.

---

7 - 13 - 회의자

聖

성 인 성

어떤 진리를 들어도(耳) 그것에 통달하고 거짓없이 공정한(呈) 성인의 형상을 본뜬 글자.

(또 다른 뜻) 성스러울, 거룩할, 뛰어날, 임금, 천자, 슬기, 지혜.

- 聖潔(성결) 거룩하고 깨끗함.
- 聖句(성구) 성서에 있는 글귀.
- 聖堂(성당) 천주교의 의식이 행해지는 집.
- 聖書(성서) 교리를 기록한 경전. 성경.
- 聖賢(성현) 성인과 현인.

---

8 - 14 - 형성자

聞

들 을 문

대문(門) 안에서 들으니 밖에서 사람들이 말하는 소리가 귀(耳)에 들린다는 의미의 글자.

(또 다른 뜻) 들릴, 알려질, 들어 알, 관여할, 냄새맡을, 들려줄.

- 見聞(견문) 보고 들음. 문견(聞見).
- 所聞(소문) 여러 사람의 입으로 전해진 말.
- 新聞(신문) 소식 따위를 전달하는 간행물.
- 風聞(풍문) 세상에 떠도는 소문.

---

11 - 17 - 회의 · 형성자

聲

소 리 성

아악기의 일종인 경쇠(磬)의 소리를 듣고(耳) 노래를 읊는 형상을 본뜬 글자.

(또 다른 뜻) 음악, 노래, 음향, 음성, 언어, 명예, 소문, 소리낼.

- 聲明(성명) 입장과 견해를 여러 사람에게 밝힘.
- 聲樂(성악) 목소리를 주체로 한 음악.
- 聲優(성우) 목소리만으로 연기하는 배우.
- 名聲(명성) 유명하고 좋은 평판.

---

11 - 17 - 형성자

聰

귀 밝 을 총

거느리는(悤) 여러 사람들의 말을 귀(耳)담아 들어서 귀가 밝고 총명해 졌다는 의미의 글자.

(또 다른 뜻) 총명할, 잘 들릴, 명민할, 귀가 잘 들릴, 영명할.

- 聰氣(총기) 총명한 기운.
- 聰明(총명) 총기가 있어 좋고 명민함.
- 聰敏(총민) 두뇌 따위가 총명하고 민첩함.
- 聰慧(총혜) 언행에 있어 총명하고 슬기로움.

---

11 - 17 - 회의자

聯

잇 닿 을 련

베틀로 베를 짤 때 북의 귀(耳)에 꿰인(絲) 실이 잇닿아 따르는 형상을 본뜬 글자.

(또 다른 뜻) 이를, 짝, 짝맞출, 잇을, 연결할, 한패를 이룰.

- 聯關(연관) 서로 걸려 얽힘.
- 聯隊(연대) 부대 편제의 단위의 하나.
- 聯盟(연맹) 공동 목적으로 맹약하는 것.
- 聯合(연합) 둘 이상의 것이 합동하는 것.

---

12 - 18 - 형성자

職

직 분 직

관리가 직분상 귀(耳)로 남이 말한 소리(音)를 널판에 창(戈)으로 새기는 형상을 본뜬 글자.

(또 다른 뜻) 직책, 벼슬, 관직, 맡을, 일, 직업, 책임질, 공물.

- 職務(직무) 직업상의 임무. 또는, 업무.
- 職業(직업) 어떤 일에 종사하는 활동.
- 職場(직장) 일정한 직위로 일하는 장소.
- 職責(직책) 직무상의 책임.

MILLENNIUM

한 자 방 정 식

小	+	月	⇨	肖
자식은		아버지의 몸		닮은 꼴로 같다.

16 - 22 - 회의 · 형성자

聽
들 을 청

정직한 사람은 진정한 소리만 듣고(耳) 심지가 곧으며(壬) 지혜를 얻는(悳)다는 의미의 글자.

또 다른 뜻 받아들일, 판결할, 단정할, 재판할, 들어 줄, 순종할.

- 聽覺(청각) 귀청이 울려서 나는 감각.
- 聽講(청강) 강의를 들음.
- 聽衆(청중) 강연 · 음악 등을 듣는 무리.
- 聽取(청취) 말 · 라디오 따위를 잘 들음.

7 - 13 - 회의자

肅
엄 숙 할 숙

흠이나 벼루(㳄)의 먹물에 붓을 묻혀 글을 쓴데도 귀인은 엄숙하기만 하다는 의미의 글자.

또 다른 뜻 엄할, 공경할, 정중할, 경계할, 가지런할, 고요할.

- 肅然(숙연) 분위기 따위가 고요하고 엄숙함.
- 嚴肅(엄숙) 분위기 따위가 장엄하고 정숙함.
- 自肅(자숙) 스스로 삼가함.
- 靜肅(정숙) 분위기 따위가 고요하고 엄숙함.

0 - 6 - 상형자

肉
고 기 육

고기덩이가 꼬지에 꿰인 형상을 본뜬 글자로 동물의 뼈에서 도려낸 고기를 말함.

또 다른 뜻 살, 몸, 육체, 고깃덩이, 살이 붙을, 목소리, 실찔.

- 肉感(육감) 육체적으로 느낌.
- 肉薄(육박) 가까이 다가붙음.
- 肉聲(육성) 그 사람의 직접적인 말소리.
- 肉食(육식) 고기붙이를 먹음.
- 肉體(육체) 사람의 몸뚱이. 신체. 육신.

3 - 7 - 형성자

肖
같 을 초

그 아버지를 작게(小) 축소해 놓은 듯한 자식이 아비의 몸(月)을 닮아 같은 형상을 본뜬 글자.

또 다른 뜻 닮을, 작을, 좋을, 꺼질(소), 녹을(소), 없어질(소).

- 肖似(초사) 사람의 얼굴이나 모양이 비슷함.
- 肖像(초상) 그림 따위에 나타낸 어떤 사람의 얼굴과 모습. 초상화.
- 不肖(불초) ① 모나고 어리석음. ② 불초소생의 준말.

3 - 7 - 형성자

肝
간 간

몸(月)에 흡입되는 음식 중 나쁜 것을 걸러내고 몸을 보호(干)하는 것이 간이라는 뜻의 글자.

또 다른 뜻 간장, 마음, 충정, 중요할, 정성, 오장육부의 간.

- 肝膽(간담) ① 간과 쓸개. ② 속마음.
- 肝油(간유) 생선의 간에서 추출한 기름.
- 肝腸(간장) 간과 창자.
- 肝蟲(간충) 동물의 간에 기생하는 해충.

4 - 8 - 회의자

肯
즐 길 긍

하루 일과를 마치고(止) 고단한 몸(月)을 편히 하여 휴식을 즐기는 형상을 본뜬 글자.

또 다른 뜻 긍정할, 뼈에 붙은 살, 기꺼이, 옳게 여길, 수긍할.

- 肯諾(긍낙) 어떤 사안 따위를 수긍해 허락함.
- 肯定(긍정) 그러하다고 인정. 또는 승인함.
- 首肯(수긍) 그러하다고 고개를 끄덕임.

MILLENNIUM

한 자 방 정 식

田 ＋ 月 ⇨ 胃

음식물을 담고 있는 　 몸의 속에 있는 　 위.

---

4 - 8 - 상형자

肩

어 깨 견

짐이나 물건 따위를 얹을(戶) 수 있는 몸(月)의 일부로 어깨가 적당하다는 의미의 글자.

(또 다른 뜻) 견딜, 맡길, 임용할, 단단할, 어깨뼈(간), 여윌(흔).

肩胛(견갑) 어깨뼈가 있는 자리.
肩骨(견골) 「견갑골」의 준말.
肩部(견부) 어깨 부분.
肩章(견장) 주로 제복의 어깨에 붙이는 계급장.
比肩(비견) ① 어깨를 나란히 함. ② 우열이 없이 동등함.

---

4 - 8 - 회의자

肥

거 름 비

적당히 살(月)이 쪄야 뱀(巳의 변형)도 기름진 거름이 될 수 있다는 의미의 글자.

(또 다른 뜻) 살찔, 기름질, 퇴비, 거름줄, 걸게 할, 살찐 말, 어육.

肥大(비대) 살쪄서 몸집이 뚱뚱함.
肥料(비료) 토지에 뿌려주는 영양 물질.
肥滿(비만) 몸에 기름기가 많아 뚱뚱함.
肥沃(비옥) 땅이 걸고 기름짐.

---

4 - 8 - 형성자

肺

허 파 폐

사람의 몸(月)에 공기가 시장(市)에 사람이 드나드는 것처럼 드나드는 곳을 허파라는 뜻의 글자.

(또 다른 뜻) 부아, 마음, 충심, 지저깨비, 붉을, 무성할(패).

肺肝(폐간) 폐와 간.
肺炎(폐렴) 폐에 생긴 염증.
肺臟(폐장) 폐(肺). 허파. 마음. 마음 속.
心肺(심폐) 심장과 허파.

4-8-회의 · 형성자

育

기 를 육

어미는 뱃속에서 거꾸로(㐬) 태어난 어린아이의 몸(月)을 보살피며 기른다하는 의미의 글자.

(또 다른 뜻) 키울, 낳을, 가르칠, 육성할, 유지할, 맏아들(주).

育成(육성) 양성(養成). 가르쳐서 이루어지도록 함. 길러 자라게 함.
育英(육영) 영재를 가르쳐 기름.
發育(발육) 꽃이 피듯 자라남.
飼育(사육) 짐승을 먹여 기름.
養育(양육) 길러서 자라게 함.

---

5 - 9 - 회의자

胃

밥 통 위

섭취한 음식물 담고(田) 있는 것은 몸(月)의 윗부에 있는 밥통이라는 의미의 글자.

(또 다른 뜻) 마음, 위장, 별이름(28수의 하나 서쪽 창고를 맡음).

胃病(위병) 위에 생기는 병들의 총칭.
胃酸(위산) 위액 속에 들어 있는 산.
胃液(위액) 위샘에서 분비되는 소화액.
胃腸(위장) 위(胃)와 장(腸).

---

5 - 9 - 형성자

背

등 배

사람이 달아날(北) 때는 상대에게 몸(月)의 뒤인 등을 보이며 달아난다는 의미의 글자.

(또 다른 뜻) 뒤, 등질, 어길, 배반할, 간괘, 달아날, 물러날.

背景(배경) 무대 뒤에 꾸민 경치.
背反(배반) 믿음과 의리를 저버리고 등짐.
背信(배신) 신의를 저버림.
背後(배후) ① 등뒤. ② 일의 이면(裏面).
違背(위배) 어기어 배반함.

MILLENNIUM

한자방정식

月 + 包 ⇨ 胞

어미의 몸속에 싸고 있는 태보.

5-9-형성자

胡

오랑캐 호

오래된(古) 소의 목살(月)이 늘어나 쭈굴쭈굴한 것이 마치 오랑케같다는 의미의 글자.

(또다른뜻) 오래 살, 어찌, 턱 밑살, 멀, 장수할, 엉터리, 풀, 턱.

胡桃(호도) 「호두」의 원말.
胡亂(호란) 오랑캐들로 인해 일어난 병란.
胡麥(호맥) 호밀.
胡孫(호손) 원숭이의 별칭.

5-9-회의·형성자

胞

태보 포

어미의 몸(月) 속에 태아를 싸고(包) 있는 태보의 엷은 막 같은 형상을 본뜬 글자.

(또다른뜻) 삼, 세포, 종기, 교포, 숙부, 조리사, 여드름, 동포.

胞胎(포태) 임신(姙娠). 잉태(孕胎).
僑胞(교포) 외국에서 사는 동포.
同胞(동포) 동기(同氣). 형제 자매. 겨레.
細胞(세포) 생물체의 기본적 구성 단위.

5-9-형성자

胎

아이밸 태

아이를 밴 어머니 몸(月) 속에서 열 달을 자란 뒤 내가(台) 태어났다고 하는 의미의 글자.

(또다른뜻) 새끼밸, 태, 삼, 처음, 시초, 태아, 잉부, 기를, 벗어날.

胎敎(태교) 임부가 마음을 바르게 하고 언행을 삼가하여 태아에게 감화를 주는 것.
胎動(태동) 일의 기운이 싹틈.
胎生(태생) 모태에서 출생함.
孕胎(잉태) 아이를 뱀.

6-10-회의·형성자

胸

가슴 흉

사람의 몸(月) 속의 심장을 감싸고 있는 것은 가슴이라는 의미의 글자로 마음의 뜻도 있음.

(또다른뜻) 마음, 가슴 속, 앞, 전면, 요충지, 요처, 옷섶, 깃.

胸廓(흉곽) 인체의 가슴을 둘러싼 골격.
胸部(흉부) 가슴, 가슴 부위.
胸像(흉상) 인체의 머리에서 가슴까지를 나타낸 조각상.
胸圍(흉위) 젖가슴의 둘레.
胸中(흉중) 가슴 속. 마음 속.

6-10-상형자

能

능할 능

곰은 머리(厶)와 몸(月)과 앞발(匕) 뒷발(匕)을 능하게 움직여 흉내를 잘 낸다는 의미의 글자.

(또다른뜻) 능히 할, 능력, 잘할, 뛰어날, 재주, 재량, 견딜(내).

能動(능동) 스스로 내켜서 하는 행동.
能力(능력) 일을 원만히 할 수 있는 사람.
能率(능률) 정한 시간에 할 수 있는 일의 비율.
能熟(능숙) 능하고 익숙함.

6-10-형성자

脅

으를 협

팔의 힘을 한껏 자아내어(力) 상대방의 몸(月) 향해 육박해서 으르는 형상을 본뜬 글자.

(또다른뜻) 위협할, 옆구리, 갈빗대, 겨드랑이, 으쓱거릴(흡).

脅迫(협박) 으르고 위협함.
脅制(협제) 으르대고 견제함.
脅痛(협통) 갈빗대가 절리고 아픈 증세.
威脅(위협) 완력이나 위력 따위로 으르고 협박함.

MILLENNIUM

한자방정식

月	+	却	⇨	脚
몸을 움직이거나		물러날 때		다리를 씀.

---

6 - 10 - 회의자

脈
맥 맥

몸(月) 속의 혈관의 맥은 강물의 물줄기(派의 생략형)가 갈라져 흐르듯 흐른다는 의미의 글자.

(또다른뜻) 물길, 수로, 줄기, 잇닿을, 진맥할, 맥짚을, 혈관.

- 脈絡(맥락) 일의 가만한 기맥.
- 脈搏(맥박) 심장에 의한 피의 동요.
- 山脈(산맥) 산악이 연한 산줄기.
- 診脈(진맥) 맥박을 짚어보고 진찰함.

---

6 - 10 - 회의자

脆
연할 취

몸(月) 의 연한 부분은 자칫 다치기 쉬운 위험한(危) 곳이라는 의미의 글자.

(또다른뜻) 무를, 가벼울, 못견딜, 경박할, 부드러울, 연약할.

- 脆薄(취박) ① 연하고 얇음. ② 인정이나 풍속이 경박함.
- 脆弱(취약) ① 무르고 약함. ② 어떤 부위나 지명 따위가 위태하고 약함.

---

6 - 10 - 형성자

脂
비계 지

육류 고기(月)는 가장 맛좋은 부분이(旨) 비계이다라는 의미의 글자로 지방을 말하는 것임.

(또다른뜻) 기름, 나무진, 연지, 송진, 기름칠, 영화, 소득.

- 脂肪(지방) 동식물의 기름 성분.
- 脂粉(지분) 연지나 백분 따위의 화장품.
- 樹脂(수지) 나무에서 나오는 진·송진·올 따위.
- 油脂(유지) 동식물에서 얻어지는 기름.

---

7 - 11 - 형성자

脫
벗을 탈

곤충 따위의 애벌레가 몸(月)의 허물을 벗고나와 그 모양이 탈바꿈(兌)되는 형상을 본뜬 글자.

(또다른뜻) 빠뜨릴, 빠질, 헤어날, 탈출할, 벗어날, 기뻐할(태).

- 脫稿(탈고) 원고 쓰기를 마침.
- 脫落(탈락) 떨어지거나 빠지어 없어짐.
- 脫法(탈법) 법의 규정을 교묘하게 피함.
- 脫出(탈출) 구속 등에서 몸을 빠져 나옴.

---

7 - 11 - 형성자

脚
다리 각

몸(月)의 일부 중 구부렸다폈다하기도 하고 물러날(却) 때 수고하는 곳이 다리라는 뜻의 글자.

(또다른뜻) 정강이, 종아리, 발, 걸음걸이, 파발꾼, 심부름꾼.

- 脚本(각본) 연극의 꾸밈새. 무대 모양, 배우의 대사 등을 적은 글.
- 脚色(각색) 소설 등을 각본으로 만듦.
- 橋脚(교각) 다리나 교량을 받치는 기둥의 아랫도리.

---

7 - 11 - 형성자

脣
입술 순

사람의 몸(月) 중 별(辰)처럼 빛나는 이름 담고 있는 곳이 입술이라는 의미의 글자.

(또다른뜻) 언저리, 가장자리, 입술떨, 입술모양, 꼭맞을(민).

- 脣舌(순설) ① 입술과 혀. ② 수다스러움.
- 脣腫(순종) 입술에 나는 피부 질환의 부스럼.
- 脣齒(순치) 입술과 이.
- 脣形(순형) 입술과 같은 모양.
- 丹脣(단순) 붉은 입술.

MILLENNIUM

한 자 방 정 식

月 + 要 ⇨ 腰

사람의 몸 중 가장 중요한 곳이 허리임.

---

8 - 14 - 형성자

腐

썩을 부

곳간(府)에 고기(肉)를 오래 두면 다른 물건에 비해 빨리 썩는다는 의미의 글자.

(또 다른 뜻) 썩힐, 부패할, 쓸모없을, 거세할, 악취날, 고심할.

腐爛(부란) 썩어서 문드러짐.
腐木(부목) 썩은 나무.
腐蝕(부식) 흙 속에서 유기물이 썩는 일.
腐敗(부패) ① 법규·제도 등이 문란함.② 문란하고 타락해짐.

---

8 - 12 - 형성자

腕

팔 완

사람의 몸(月) 중 굽거나(宛) 펴서 많은 일을 하는 부분이 팔이라는 의미의 글자.

(또 다른 뜻) 팔뚝, 손목, 재주, 팔목, 팔꿈치, 상완, 전완, 기량.

腕力(완력) 주먹심. 육체적으로 억누르는 힘.
敏腕(민완) 일처리에 민첩한 수완.
手腕(수완) 일을 처리해 나가는 재간.
右腕(우완) 오른팔.

---

9 - 13 - 회의·형성자

腰

허리 요

사람의 몸(月) 중에서 가장 중추적 역할을 하는 종요로운(要) 곳이 허리라는 의미의 글자.

(또 다른 뜻) 골반, 밑둥, 산기슭, 허리에 찰, 허리띠, 척추.

腰帶(요대) 허리띠. 허리에 매는 혁대.
腰折(요절) 우스워 허리가 끊어질듯함.
腰痛(요통) 허리가 아픈 증세.
細腰(세요) 허리가 가늘어 날씬한 여자.

---

9 - 13 - 회의자

腦

뇌 뇌

사람 몸(月)의 일부인 뇌는 강물처럼 생각이 흐르고 정수리(㐫)에 위치한 형상을 본뜬 글자.

(또 다른 뜻) 머릿골, 뇌수, 머리통, 두개골, 판단력, 기억력, 중심.

頭腦(두뇌) 뇌. 사물을 판단하는 슬기.
洗腦(세뇌) 어떤 사상을 주입하는 일.
腦裡(뇌리) 머릿속. 마음 속.
腦炎(뇌염) 뇌수에 염증이 생긴 병.

---

9 - 13 - 형성자

腹

배 복

사람의 몸(月) 속에 마음이나 오장을 거듭하여(复) 담고 있는 배의 형상을 본뜬 글자.

(또 다른 뜻) 마음, 심중, 심복, 앞, 전면, 전방, 가운데, 두터울.

腹筋(복근) 복벽을 구성하고 있는 근육.
腹背(복배) 배와 등. 앞면과 뒷면.
腹部(복부) 배의 부분.
腹案(복안) 아직 발표되지 않은 고안.

---

9 - 13 - 형성자

腸

창자 장

동물의 몸(月) 속에 깃발처럼 구불구불 빛나는(昜) 부분이 복부의 창자라는 의미의 글자.

(또 다른 뜻) 마음, 기질, 장(위의 아래부터 항문에 이르는 소화기관).

腸液(장액) 창자에서 분비하는 소화액.
腸炎(장염) 창자의 점막에 생기는 염증.
心腸(심장) 감정이 우러나오는 속 자리.
胃腸(위장) 위와 장. 위와 창자.

MILLENNIUM

한자방정식

月 + 善 → 膳

음식을몸에 섭취하게 + 좋게 한는 → 반찬.

---

9 - 13 - 회의자

腫

종 기 종

사람의 몸(月)에 이상이 있는 것 중 종기는 부기로 움직임 조차 무겁다는(重) 의미의 글자.

(또다른뜻) 부스럼, 부을, 부기, 부종, 병, 머리의 병, 물집.

腫氣(종기) 살갗이 곪아서 생기는 병.
腫痒(종양) 과잉 세포로 덩어리를 이룬 병.
根腫(근종) 덩어리진 망울이 박힌 부스럼.
浮腫(부종) 몸이 붓는 증세의 병.

---

11 - 15 - 형성자

膚

살 갗 부

범(虍)이 털가죽으로 온몸을 싸고(田) 있듯이 사람의 몸(月)엔 얇게 살갗이 있다는 뜻의 글자.

(또다른뜻) 얄을, 피부, 겉껍질, 고기, 제육, 천박할, 이끼, 클.

膚淺(부천) 말이 천박함.
膚學(부학) 피부에 대해 연구하는 학문.
髮膚(발부) 머리털과 피부.
皮膚(피부) 몸의 겉을 싼 외피. 살갗.

---

12 - 16 - 형성자

膨

불룩해질 팽

과식한 사람 몸(月)의 일부인 복부가 부풀어서(彭) 불룩해진 형상을 본뜬 글자.

(또다른뜻) 배불룩할, 부풀어 커질, 부를, 늘어날, 펴질.

膨大(팽대) 부풍어서 커짐.
膨滿(팽만) 배가 가득 부름.
膨脹(팽창) ①부풀어 커짐. ②발전하여 늘어남. 온도의 상승에 따라 물체의 체적이 늘어나는 현상.

---

12 - 16 - 형성자

膳

반 찬 선

사람이 먹는 음식 중 몸(月)에 더욱 섭취하기 좋게(善) 하는 것이 반찬이라는 의미의 글자.

(또다른뜻) 음식, 바칠, 상차릴, 간맞출, 고기, 희생양, 훌륭한.

膳物(선물) 좋은 마음으로 선사하는 물건.
膳服(선복) 음식과 의복.
膳賜(선사) 성의 표시로 물건을 줌.
膳羞(선수) 희생의 고기와 맛있는 음식.

---

13 - 17 - 형성자

臆

가 슴 억

사람의 몸(月)중 마음이나 뜻 · 생각(意) 따위를 품고 있는 곳이 가슴이다는 의미의 글자.

(또다른뜻) 생각, 마음 흉골, 의도, 기막힐, 답답할, 감주, 예주.

臆斷(억단) 어떤 사안을 억측하여 결단함.
臆說(억설) 판명되지 않은 것을 억측하여 하는 말.
臆測(억측) 자기만의 생각으로 제멋대로 짐작함.
胸臆(흉억) 가슴속, 또는 속생각.

---

13 - 17 - 형성자

膽

쓸 개 담

사람의 몸(月) 속에는 간장에서 분비되는 액체가 이르는(　) 곳이 쓸개라는 의미의 글자.

(또다른뜻) 담력, 담낭, 기백, 간클, 대담할, 결단력, 마음, 충심.

膽力(담력) 겁없고 용감한 기운.
膽汁(담즙) 간장에서 분비되는 소화액.
落膽(낙담) 실패한 일로 마음이 상함.

MILLENNIUM

한자방정식

自 + 犬 → 臭

코로 + 개는 → 냄새를 잘 맡음.

---

18 - 22 - 형성자

臟

오 장 장

동물의 몸(月)에는 대개 오장 육부를 속에 감추고(藏) 있다는 의미의 글자.

(또 다른 뜻) 장기, 심장, 신장, 간장, 폐장, 비장의 총칭, 회포.

- 肝臟(간장) 요소의 생성・해독을 하는 간.
- 脾臟(비장) 내장의 하나.
- 腎臟(신장) 양쪽에 한 쌍 있는 배설기관.
- 心臟(심장) 염통.

---

0 - 6 - 상형자

臣

신 하 신

맞은 편 소매 속에 각각 손을 감추듯 모아 읍조리고 있는 신하의 형상을 본뜬 글자

(또 다른 뜻) 낮출, 섬길, 거느릴, 직분을 다할, 종, 포로, 자기.

- 臣僚(신료) 모든 신하. 신하의 동료.
- 臣僕(신복) 신하가 되어 복종함. 신하.
- 臣下(신하) 임금을 섬기는 벼슬아치의 총칭.
- 忠臣(충신) 충성스러운 신하.

---

2 - 8 - 회의자

臥

누 울 와

신하(臣)가 누운듯 앉아있는 임금 앞에서 엎드리거나 읍조리는(人) 형상을 본뜬 글자.

(또 다른 뜻) 엎드릴, 쉴, 옆누울, 거짓 잠, 휴식할, 은둔할.

- 臥龍(와룡) ① 누운 용. ② 초야의 큰 인물.
- 臥病(와병) 병으로 자리에 누움.
- 臥床(와상) 누워서 잘 수 있는 평상.
- 臥蠶(와잠) 자고 있는 누에.

---

11 - 17 - 회의자

臨

임 할 림

사람이 허리를 굽혀 엎드리고서(臥) 물건(品)에 임하여 살피고 헤아리는 형상을 본뜬 글자.

(또 다른 뜻) 대할, 다다를, 다스릴, 어루만질, 지킬, 공격할.

- 臨迫(임박) 어떤 시기가 가까이 닥쳐 옴.
- 臨床(임상) 병상에 임함.
- 臨時(임시) 정하지 않은 일시적인 기간.
- 君臨(군림) 가장 높은 자리에 서서 권력을 휘두름.

---

0 - 6 - 상형자

自

스 스 로 자

자기 자신의 코를 손가락으로 스스로 가리키는 형상을 본뜬 글자로 자연의 뜻도 있음.

(또 다른 뜻) 몸소, 자기, 부터, 친히, 저절로, 절로, 따를, 사용할.

- 自己(자기) 그사람 자신.
- 自動(자동) 기계 따위가 제 스스로 작동함.
- 自省(자성) 자기자신에 대해 스스로 반성함.
- 自處(자처) 스스로 그렇게 처신함.

---

4 - 10 - 회의자

臭

냄 새 취

개(犬)는 코로(自) 냄새를 맡는 후각이 발달해 썩은 것까지 잘 찾아낸다는 의미의 글자.

(또 다른 뜻) 냄새날, 향기, 나쁜 냄새, 향기로울, 냄새맡을(후).

- 臭敗(취패) 냄새가 나도록 부패함.
- 口臭(구취) 입에서 나는 악취.
- 惡臭(악취) 나쁜 냄새. 불쾌한 냄새.
- 體臭(체취) 사람들 마다의 몸의 냄새.

MILLENNIUM

한 자 방 정 식

至 + 夊 ⇨ 致

목적지에 다다르는데 뒤처진 사람도 이윽고 이르름.

至

0 - 6 - 회의자

至

이 를 지

빠른 화살(矢의 생략형)이 날아와서 땅(土)에 이르러 거꾸로 꽂히는 형상을 본뜬 글자.

(또 다른 뜻) 다다를, 지극할, 하지, 동지, 도래할, 극진할.

- 至極(지극) 더없이 극진함.
- 至急(지급) 매우 급함. '지급 전보'의 준말.
- 至當(지당) 이치에 맞고 지극히 당연함.
- 至誠(지성) 지극한 정성. 지극히 성실함.

4 - 10 - 회의자

致

이 를 치

목적지에 이르는데는(至) 뒤쳐져(夊) 오는 사람일지라도 힘을 다하면 이를 수 있다는 뜻의 글자.

(또 다른 뜻) 다다를, 부를, 이룰, 보낼, 운치, 풍치, 넣을, 극치.

- 致命(치명) 숨이 끊어질 지경에 이름.
- 致賀(치하) 축하하고 칭찬의 뜻을 표함.
- 致謝(치사) 고마움과 감사함의 뜻을 표함.

8 - 14 - 회의자

臺

돈 대 대

높게(高의 변형) 쌓은 돈대 위의 정자에 이르면(至) 아래 경치가 아름답다는 뜻의 글자.

(또 다른 뜻) 누각, 정자, 조정, 관청, 대(기계 따위를 세는 단위)

- 臺本(대본) 연극 · 영화 등의 각본.
- 臺詞(대사) 극중 인물의 말.
- 臺帳(대장) 상업상 계산을 기록한 장부.
- 臺紙(대지) 사진 · 글 등을 붙일 때 쓰는 밑바탕이 되는 두꺼운 종이.

臼

7 - 14 - 형성 · 회의자

與

줄 여

마주보고 있는 두 사람이 양손을 맞잡고 더불어 서로의 뜻을 주고 받는 형상을 본뜬 글자.

(또 다른 뜻) 함께할, 더불어, 참여할, 베풀, 동아리, 가담할.

- 與件(여건) 주어진 조건.
- 與否(여부) 그러함과 그러하지 아니함.
- 與信(여신) 은행에서 고객을 신용하는 일.
- 與野(여야) '여당과 야당'의 준말.

9 - 16 - 회의자

興

일어날 흥

여러 사람이 한마음(同)으로 뜻을 마주들어(臼+廾) 일어나니 흥하는 형상을 본뜬 글자.

(또 다른 뜻) 흥할, 흥겨울, 시작할, 흥취, 번성할, 왕성할, 출세할.

- 興亡(흥망) 흥망과 망함. 흥기와 멸망.
- 興味(흥미) 흥취를 느끼는 재미.
- 興盛(흥성) 매우 왕성하게 일어남.
- 興業(흥업) 사업이나 산업을 일으킴.

12 - 18 - 형성자

舊

옛 구

머리가 갈대꽃(萑)같이 부숭부숭한 옛날 절구(臼) 모양의 부엉이 형상을 본뜬 글자.

(또 다른 뜻) 옛, 오랠, 옛날, 오래될, 오래도록, 예로부터, 부엉이.

- 舊面(구면) 이전부터 알고 있는 사람.
- 舊聞(구문) 전에 들은 이야기나 소문.
- 舊法(구법) 예전의 법률.
- 舊式(구식) 예전의 방식. 격식. 형식.

MILLENNIUM

한자방정식

舟 + 殳 ⇨ 般

배로 물을 쳐서 짐을 옮김.

---

0 - 6 - 상형자

舌

혀 설

말을 할 때 입안의 이곳저곳을 막아(干의 변형) 소리(口)를 만드는 혀의 형상을 본뜬 글자.

또 다른 뜻 말, 언어, 혀모양, 관악기의 박편, 혀노릇.

舌端(설단) 혀의 끝. 혀끝.
舌鋒(설봉) 날카로운 변설을 창날에 비유한 말.
舌戰(설전) 말다툼. 심히 언쟁을 하는 것.
口舌(구설) 시비하는 말이나 헐뜯는 말.

---

2 - 8 - 형성자

舍

집 사

지붕(人)으로 하늘을 막아(干)편하게 숨쉬며(口) 휴식을 취하는 집의 형상을 본뜬 글자.

또 다른 뜻 쉴, 놓을, 버릴, 여관, 거처, 관청, 관부, 방, 서재, 둘.

舍監(사감) 기숙생을 감독하는 사람.
舍廊(사랑) 손님 대접하는 방.
舍宅(사택) 사원을 위하여 지은 집.
舍兄(사형) 형을 남에게 대한 겸칭.

---

8 - 14 - 형성 · 회의자

舞

춤 출 무

아무것도 없는(無의 생략형) 듯한 넓은 곳에서 발을 엇딛듯(舛)춤추는 형상을 본뜬 글자.

또 다른 뜻 춤, 희롱할, 무용할, 기뻐할, 고무할, 빠를, 가리개.

舞臺(무대) 공연을 하기 위해 설치한 단.
舞姬(무희) 춤추는 일을 업으로 삼는 여자.
鼓舞(고무) ① 북치며 춤을 춤. ② 격려함.

---

0 - 6 - 상형자

舟

배 주

술잔을 얹는 잔대, 또는 통나무로 만든 쪽배의 형상을 본뜬 글자로 작은 배를 의미함.

또 다른 뜻 얹을, 띨, 두를, 전할, 허리에 찰, 솥두리미받친 그릇.

舟車(주거) 배와 수레.
舟橋(주교) 배로 이어 만든 다리. 배다리.
舟運(주운) 배로 화물 등을 나르는 일.
片舟(편주) 작은 배. 조각배.

---

4 - 10 - 회의자

般

옮길 반

배(舟)로 짐 따위를 옮길 때 노로 물을 쳐서(殳) 앞으로 나아가는 배의 형상을 본뜬 글자.

또 다른 뜻 나를, 돌, 돌이킬, 일반, 돌아올, 오랠, 머뭇거릴.

萬般(만반) 여러 가지의 전부.
一般(일반) 한모양. 같은 모양. 전반.
全般(전반) 통틀어 모두.
諸般(제반) 모든 것. 여러가지.

---

4 - 10 - 형성자

航

배로건널 항

물을 배로 건너거나(舟) 하늘을 높이(亢) 날아서 비행한다는 의미의 글자.(亢은 높은 돛대 의미)

또 다른 뜻 배, 건널, 비행기, 비행할, 날, 방주, 배다리, 부교.

航空(항공) 항공기로 공중을 비행함.
航路(항로) 선박 · 항공기의 해로나 공로.
航海(항해) 배로 바다 위를 감.
渡航(도항) 배로 바다를 건넘.

MILLENNIUM

한 자 방 정 식

舟	+	廷	⇨	艇
여러 배중		갑판이 뜰같은		거룻배.

---

5 - 11 - 형성자

船
배 선

짐을 싣고 강을 건널 수 있는 조금 큰 배(舟)로 물따라(㕣)가는 형상을 본뜬 글자.

또 다른 뜻 선박, 배의 총칭, 배의 몸체, 선체, 옷깃, 의령.

船舶(선박) 짐이나 사람 등을 나르는 배.
船室(선실) 배안에서 승객들이 쓰는 방.
船積(선적) 배에 짐을 실음.
船荷(선하) 배에 실을 짐. 선화(船貨).

---

5 - 11 - 형성자

舶
큰 배 박

사람이나 화물을 나를 수 있는 배(舟)로 배 중에 큰배(白)의 형상을 본뜬 글자.

또 다른 뜻 장삿배, 상선, 무역선, 크고작은 배의 총칭, 당도리.

舶來(박래) ① 외국에서 배로 날라옴. ② 외국에서 들여온 물품.
商舶(상박) 장사를 목적으로 오가는 배.
船舶(선박) 짐이나 사람 등을 나르는 배.

---

7 - 13 - 형성자

艇
거 루 정

배(舟) 중 갑판에 돛이 없이 뜰(廷)같이 평평한 배를 거룻배라고 한다는 의미의 글자.

또 다른 뜻 거룻배, 작은 배, 조정, 싸움배, 함정, 보트.

小艇(소정) 작은배.
漕艇(조정) ① 보트를 저음. ② 보트를 저어서 그 빠르기로 승부를 겨루는 경기.
艦艇(함정) 전투하는 '싸움배'의 총칭.

---

14 - 20 - 회의자

艦
싸움배 함

배(舟) 중 적은 동태를 살피거나(監) 적과 대치하여 싸움을 하는 배의 형상을 본뜬 글자.

또 다른 뜻 군함, 함정, 큰 배, 함선, 전함, 전투에 쓰이는 배.

艦隊(함대) 군함 두 척 이상으로 편성된 해군 부대.
軍艦(군함) 해군의 해상 전투를 담당하는 배.
戰艦(전함) 전투에 쓰이는 배의 총칭.

艮

1 - 7 - 형성자

良
어 질 량

체로 쳐서 순수한 곡식을 고르듯 어진 사람도 그렇게 고르는 형상을 본뜬 글자.

또 다른 뜻 좋을, 진실로, 남편, 뛰어날, 아름다울, 온순할.

良書(양서) 좋은 내용과 질의 책.
良順(양순) 어질고 순함.
良心(양심) 도덕적인 판단으로 정선된 의식.
良質(양질) 좋은 질이나 품질.
良好(양호) 매우 좋음. 이상이 없이 썩 좋음.

---

11 - 17 - 형성자

艱
어려울 간

눈을 부릅뜨고 물건을 노리니(艮) 진흙 속에(堇) 있는 것을 차지하기가 어렵다는 의미의 글자.

또 다른 뜻 어려워할, 괴로워할, 험악할, 부모상, 어버이상.

艱難(간난) 살아가는 동안의 괴롭고 고생스러움.
艱辛(간신) 힘들고 고생스러움. 간신히.
內艱(내간) 어머니나 조모의 상.
外艱(외간) 아버지나 조부의 상.

MILLENNIUM

한자방정식

人 + 巴 ⇨ 色

사람이 뱀같이 미인의 낯을 살핌.

色

虍

0 - 6 - 회의자

色
빛 색

사람(人의 변형)이 미인의 얼굴 빛을 뱀과 같이 살피는(巴) 형상을 본뜬 글자.

(또다른뜻) 낯빛, 여색, 빛깔, 얼굴빛, 윤, 광택, 모양, 기색, 색정.

- 色感(색감) 색채의 감각. 빛깔의 느낌.
- 色彩(색채) 빛깔. 일정한 성질이나 경향.
- 色香(색향) 꽃 따위의 색과 향기.
- 物色(물색) 적합한 물건이나 사람을 찾음.

18 - 24 - 회의자

艶
고울 염

미인의 얼굴이 넉넉하고(豊) 고운 빛(色)으로 더욱 아름답게 보이는 형상을 본뜬 글자.

(또다른뜻) 예쁠, 요염할, 광택, 광채, 초나라의 기사, 탐낼.

- 艶名(염명) 미인이라는 평판.
- 艶聞(염문) 연애나 정사에 관한 소문.
- 艶福(염복) 아름다운 여자가 잘 따르는 복.
- 妖艶(요염) 사람을 호릴만큼 매우 아리따움.

2 - 8 - 상형자

虎
범 호

사나운 범(虍)이 입을 쩍벌리고 두 어금니를 드러낸채 표효하고 있는 형상을 본뜬 글자.

(또다른뜻) 호랑이, 용맹스러울, 포학할, 바둑의 수법, 사나울.

- 虎狼(호랑) 범과 이리.
- 虎尾(호미) 범의 꼬리.
- 虎視(호시) 범처럼 날카로운 눈으로 봄.
- 虎子(호자) 호랑이의 새끼.
- 虎皮(호피) 호랑이의 털가죽.

3 - 9 - 회의자

虐
사나울 학

호랑이(虍)가 날카로운 발톱으로 먹이감을 쓸어내리는(ㅌ) 사나운 형상을 본뜬 글자.

(또다른뜻) 포학할, 심히굴, 학대할, 해칠, 괴롭힐, 재앙, 죽을.

- 虐待(학대) 약한 사람 따위를 가혹하게 대함.
- 虐殺(학살) 사람 따위를 참혹하게 죽임.
- 殘虐(잔학) 눈뜨고 보지 못할 만큼 잔인하고 포악함.
- 暴虐(포학) 사납고 잔인함.

5 - 11 - 형성자

處
곳 처

범(虍)처럼 당당히 걸어가서(夂) 걸상(几)이 있는 곳을 찾아가 앉는 형상을 본뜬 글자.

(또다른뜻) 장소, 살, 머무를, 처리할, 있을, 차지할, 둘, 위치.

- 處女(처녀) 아직 결혼하지 아니한 여자.
- 處罰(처벌) 형벌에 처함. 또는 그 형벌.
- 處分(처분) 사물을 처리하는 결과의 결정.
- 處遇(처우) 조처하여 대우함.

6 - 12 - 형성자

虛
빌 허

범(虍)을 잡으려고 땅을 깊이 파서(丘의 생략형) 빈 함정을 만들어 놓은 형상을 본뜬 글자.

(또다른뜻) 헛될, 약할, 별이름, 없을, 모자랄, 공허할, 비울.

- 虛空(허공) 텅빈 공중.
- 虛費(허비) 시간이나 재물 따위를 헛되이 써 버림.
- 虛弱(허약) 체력이나 마음이 여려 힘이나 기운이 약함.
- 虛荒(허황) 마음이 들떠서 황당함.

MILLENNIUM

한 자 방 정 식

号	+	虎	⇨	號
부르는 소리가		범같은 목소리로		이름을 부름.

虫

---

7 - 13 - 회의자

號

이 름 호

이름을 부르는(号) 소리가 마치 범의 (虎) 울부짖는 소리처럼 우렁찬 형상을 본뜬 글자.

(또다른뜻) 부르짖을, 울부짖을, 일컬을, 기호, 번호, 부를, 명성.

號數(호수) 번호의 수효.
號外(호외) 정한 호수의 외.
號笛(호적) 신호로 부는 피리.
番號(번호) 차례를 나타내는 호수.
商號(상호) 영업 · 사업상의 간판 이름.

---

5 - 11 - 회의자

蛋

알 단

뱀이나 새 따위도 짝(疋)을 만나 새끼(虫)낳거나 알을 낳아서 부화하는 형상을 본뜬 글자.

(또다른뜻) 새, 거북이, 뱀 따위의 알, 단민, 단백질.

蛋白(단백) 알의 흰자위.
蛋白質(단백질) 생물체를 구성하는 고분자 유기물의 총칭. 흰자질.
蛋黃(단황) 알의 노른자위.

---

5 - 11 - 형성자

蛇

뱀 사

뱀이 머리를 쳐들고 꼬리를 늘어뜨려서 기어가는 것이 다른(它) 벌레(虫)와 다르다는 의미의 글자.

(또다른뜻) 별이름, 북방의 별, 구불구불 갈(이), 천박할(이).

蛇窟(사굴) 뱀의 굴.
蛇尾(사미) 뱀의 꼬리.
蛇足(사족) ① 뱀의 발. ②「화사첨족」쓸데없는 일을 덧붙여 하다가 도리어 일을 그르친다는 고사.
毒蛇(독사) 독이 있는 뱀.

---

7 - 13 - 형성자

蜂

벌 봉

바둥거리며 모여 사는 벌레(虫) 중 뾰족한 침봉(鋒의 생략형)이 있는 벌의 형상을 본뜬 글자.

(또다른뜻) 창날, 봉침, 붐빌, 벌떼, 반란, 항쟁, 봉기.

蜂起(봉기) 떼를 지어 벌떼처럼 일어남.
蜂蝶(봉접) 벌과 나비.
蜂針(봉침) 침 모양의 벌의 산란관.
蜜蜂(밀봉) 꿀벌.
養蜂(양봉) 꿀벌을 치는 일.

---

8 - 14 - 형성자

蜜

꿀 밀

깊은 산중 은밀한 집(宀)을 지은 벌집에는(虫) 반드시(必) 꿀이 있는 형상을 본뜬 글자.

(또다른뜻) 꿀벌, 밀봉, 귤, 명충의 알, 밀월, 봉밀주.

蜜蜂(밀봉) 꿀벌.
蜜水(밀수) 꿀물.
蜜語(밀어) 특히. 남녀간의 달콤한 말.
蜜月(밀월) 결혼초의 달콤한 동안. 영어의 허니문을 의역한 한자 음역.

---

9 - 15 - 형성자

蝶

나 비 접

애벌레(虫) 나비가 되어 엷은(世) 날개를 접을락 말락 나무(木)에 앉아 있는 형상을 본뜬 글자.

(또다른뜻) 호접, 호랑나비, 벌레, 꿈.

蝶夢(접몽) ① 나비가 된 꿈. 꿈 ② 물아일체의 경지를 이르는 말.
蝶泳(접영) 두 손을 동시에 뻗치는 수영.
胡蝶(호접) 나비.
黃蝶(황접) 황갈색을 띄는 나비.

MILLENNIUM

한 자 방 정 식

食	+	虫	→	蝕
식량을		벌레가		좀먹음.

9 - 15 - 형성자

蝕

좀 먹 을 식

벌레(虫)가 더덕더덕 먹이(食) 치운 좀먹은 자리의 형상을 본뜬 글자로 일식월식의 뜻도 있음.

또 다른 뜻 일식, 월식, 썩어 들어갈, 상처가 썩을, 부식할.

腐蝕(부식) 태양이 달에 가리어 컴컴한 현상.
日蝕(일식) 태양이 달에 가리어 컴컴한 현상.
月蝕(월식) 지구로 인해 달의 일부 또는 전부가 가려져 어둡게 보이는 현상.

10 - 16 - 형성자

螢

개똥벌레 형

어둑해지고나서 공중에 반짝반짝(熒의 생략형) 빛나는 벌레(虫)가 개똥벌레라는 뜻의 글자.

또 다른 뜻 반딧불, 반디, 형광, 형화, 등불삼을.

螢光(형광) 반딧불.
螢雪(형설) 고난 속에서 학문을 닦음. 반딧불을 모아서 학문을 닦음.
螢案(형안) 공부하는 책상.
螢窓(형창) 학문을 닦는 곳. 학창(學窓).

10 - 16 - 형성자

融

녹 을 융

금속 따위를 솥(鬲)같은 곳에 넣고 녹일 때 즈음 벌레(虫)처럼 흐물흐물해지는 형상을 본뜬 글자.

또 다른 뜻 녹일, 화할, 융통성, 밝을, 명랑할, 통할, 화락할.

融資(융자) 자금을 융통함.
融通(융통) 필요한 것이나 돈을 돌려 씀.
融合(융합) 여러 물질이 녹아 하나로 됨.
融和(융화) 서로 어울려서 화목하게 됨.

12 - 18 - 회의자

蟲

벌 레 충

살모사(虫)가 땅에 넓게 자리잡고 위로 머리를 쳐드는 그 뱀도 벌레라는 의미의 글자.

또 다른 뜻 동물의 총칭, 곤충, 벌레, 좀먹을, 그을릴(동).

蟲類(충류) 벌레의 종류.
蟲齒(충치) 벌레 먹어 상한 이.
蟲害(충해) 해충으로 인한 농작물의 피해.
昆蟲(곤충) 곤충류에 딸린 벌레.
幼蟲(유충) 새끼벌레. 애벌레.
害蟲(해충) 해가 되는 벌레.

18 - 24 - 상형 · 형성자

蠶

누 에 잠

성충이 되기 전 일찌기(朁) 누에는 시를 뽑는 곤충(虫)으로 누에고치라고 한다는 뜻의 글자.

또 다른 뜻 누에 칠, 사기의 별칭, 잠실, 감옥, 촉왕의 선조.

蠶具(잠구) 누에를 치는 여러 가지 기구.
蠶婦(잠부) 누에를 치는 여자.
蠶食(잠식) 점진적으로 먹어 들어감.
蠶業(잠업) 「양잠업」의 준말.

19 - 25 - 형성자

蠻

오 랑 캐 만

옛날 중국 남방의 오랑캐가 뱀신(虫)을 모셔놓고 자기 부족을 다스렸다는(䜌)의미의 글자.

또 다른 뜻 남쪽 오랑캐, 업신여길, 남방미개족, 권력을 자행할.

蠻勇(만용) 주책없이 날뛰는 용맹.
蠻夷(만이) 중국의 남쪽과 동쪽의 종족.
蠻行(만행) 야만스러운 행동.
野蠻(야만) 문화 따위가 미개한 상태.

MILLENNIUM

한 자 방 정 식

行	+	朮	⇨	術
이어지는		삽주뿌리처럼		재주가 늚.

血

0 - 6 - 회의자

血
피 혈

동물의 살을 칼질하여(丿) 그릇(皿)에 그 피를 담는 형상을 본뜬 글자로 혈액의 뜻임.

또다른뜻 골육, 희생의 피, 물들일, 상처, 눈물, 울, 근심할.

血管(혈관) 혈액이 체내에서 흐르는 핏줄.
血脈(혈맥) 피가 도는 줄기.
血孫(혈손) 혈통을 이어가는 자손.
血液(혈액) 피. 혈관을 타고 흐르는 피.

6 - 12 - 회의자

衆
무리 중

혈통(血)이 같은 사람들이 한무리를 지며 더욱 많은 사람들이 모이는 형상을 본뜬 글자.

또다른뜻 많을, 많은 사람, 민심, 군중, 차조, 메뚜기.

衆寡(중과) 어떤 사물의 수효가 많음과 적음.
衆論(중론) 많은 사람의 의견 따위나 여론.
衆目(중목) 여러 사람의 눈.
衆生(중생) 속세의 백성이란 말로 많은 사람.

行

0 - 6 - 상형자

行
다닐 행

십자로나 길을 왼발(彳)과 오른발(亍)을 교대로 내딛으며 다니는 사람의 형상을 본뜬 글자.

또다른뜻 걸을, 행할, 여행, 서체명, 행위, 항렬(항), 대열(항).

行脚(행각) 어떤 목적으로 돌아다님.
行樂(행락) 재미있게 놀며 여흥 따위를 즐김.
行事(행사) ① 어떤 일을 시행함. ② 축제의 의식.
行爲(행위) 어떤 일을 행하는 것.

3 - 9 - 회의자

衍
퍼질 연

소문이나 유명세 따위가 물이 흐르는(氵) 것처럼 넓게 퍼지는(行) 형상을 본뜬 글자.

또다른뜻 넓힐, 남을, 넘칠, 넘쳐 흘러갈, 군더더기, 흩어질.

衍文(연문) 문장 가운데 쓸데없는 글귀.
衍義(연의) 뜻을 넓혀서 덧붙여 설명함.
蔓衍(만연) 널리 퍼짐.
敷衍(부연) 알기 쉽게 자세히 설명을 덧붙임.

5 - 11 - 형성자

術
재주 술

꾀있는 사람이 재주가 삽주뿌리(朮)처럼 끊어질듯 하면서도 이어가는(行) 형상을 본뜬 글자.

또다른뜻 기술, 계략, 길, 통로, 마음씨, 규칙, 법칙, 수단.

技術(기술) 이론을 실지로 응용하는 재주.
美術(미술) 미를 표현하는 예술의 일분야.
醫術(의술) 병을 진찰하거나 고치는 인술.
話術(화술) 말재간이 있는 재주.

6 - 12 - 형성자

街
거리 가

큰 길의 거리는 많은 사람이 다니는(行) 길로써 여러 갈래(圭)로 퍼지는 형상을 본뜬 글자.

또다른뜻 한길, 시가, 큰길, 네거리, 십자로, 길, 통로, 시중.

街道(가도) 도시 사이를 통한 큰 길.
街路(가로) 시가지의 도로.
商街(상가) 가게가 죽 늘어서 있는 거리.
市街(시가) 도시의 큰 길거리.

MILLENNIUM

한 자 방 정 식

行	+	重	⇒	衝
무기를 들고 달려가		적을 거듭		찌름.

7 - 13 - 회의자

衙

마 을 아

관청의 관리가 자신이 익숙한 마을의 길(吾)을 매일 거듭하여 다니는(行) 형상을 본뜬 글자.

또 다른 뜻 관청, 당대 천자의 거처, 예궐활, 병영, 행렬, 갈(어).

- 衙門(아문) 관아의 문. 관청의 총칭.
- 衙前(아전) 조선 시대 지방 관청의 낮은 벼슬아치.
- 官衙(관아) 옛날 관원들이 모여서 공무를 맡아보던 관청.

9 - 15 - 형성자

衝

찌 를 충

군사가 전투에서 적을 향해 달려가(行) 무기를 더듭(重) 부딪히며 찌르는 형상을 본뜬 글자.

또 다른 뜻 부딪칠, 요긴할, 사북, 요충지, 향할, 치솟을, 나올.

- 衝擊(충격) 마음에 심한 자극을 받음.
- 衝突(충돌) 서로 맞부딪침. 서로 싸움.
- 衝動(충동) 흥분할 만큼 자극을 받음.

10 - 16 - 회의 · 형성자

衛

호 위 할 위

군복(韋)을 입은 군사가 성벽 위를 돌면서(行) 성을 호위하며 지키는 형상을 본뜬 글자.

또 다른 뜻 지킬, 막을, 시위할, 방비할, 영위할, 경영할.

- 衛兵(위병) 대궐 · 관아 등을 경비한 군사.
- 衛生(위생) 건강상 환경을 깨끗이 함.
- 防衛(방위) 막아서 지킴.
- 護衛(호위) 보호하여 지킴.

10 - 16 - 형성자

衡

저 울 형

원래 소의 뿔(角) 사이에 끼우는 막대기(大)로 무게를 다(行)는 저울의 쓰이는 형상을 본뜬 글자.

또 다른 뜻 저울대, 평평할, 저울질할, 달, 들보, 가로(횡).

- 衡石(형석) 저울대와 저울추.
- 衡平(형평) 균형이 잡혀 있음.
- 均衡(균형) 어느 한쪽으로 치우침이 없이 고름.
- 銓衡(전형) 인재를 여러모로 골라 뽑음.

0 - 6 - 상형자

衣

옷 의

윗저고리로 단장한 여인의 형상을 본뜬 글자로 남녀가 입는 옷의 의미로 발전된 글자.

또 다른 뜻 상의, 웃옷, 옷입을, 저고리, 예복, 싸는 것, 이끼.

- 衣類(의류) 여러 가지 옷들의 총칭.
- 衣服(의복) 옷의 총칭.
- 衣裳(의상) ① 저고리와 치마. ② 옷.
- 脫衣(탈의) 옷을 벗음.

衣

3 - 9 - 회의자

表

거 죽 표

털옷(二=毛의 변형)을 입은(衣) 사람의 형상을 본뜬 글자로 털의 거죽을 의미한 글자.

또 다른 뜻 바깥, 밝힐, 나타낼, 밝을, 모범, 표, 겉, 저고리.

- 表面(표면) 겉으로 드러난 면.
- 表示(표시) 의사나 불만 등을 드러냄.
- 表情(표정) 마음속의 것을 밖으로 드러냄.
- 表現(표현) 의견 따위를 나타냄.

MILLENNIUM

한자방정식

壯	+	衣	⇨	裝
웅장한 건물 안을		옷감으로		꾸밈.

---

4 - 10 - 상형자

衰

쇠 잔 할 쇠

풀로 엮어 만든(艹) 상복(衣)을 입은 상주의 모습이 쇠잔할만큼 파리한 형상을 본뜬 글자.

(또다른뜻) 쇠할, 약해질, 작아질, 늙을, 여윌, 퇴색할, 상복(최).

衰亡(쇠망) 나라나 세력 따위가 쇠퇴하여 망함.
衰弱(쇠약) 힘이 쇠하여 져서 약함.
衰殘(쇠잔) 쇠하여 약해짐.
衰退(쇠퇴) 쇠하여 퇴보함.

---

4 - 10 - 형성자

衷

정 성 충

입은 옷(衣)을 추스리며 중심(中)을 가다듬고 목욕재계하듯 정성을 다하는 형상을 본뜬 글자.

(또다른뜻) 알맞을, 속마음, 정성스러울, 가운데, 중앙, 속옷.

衷心(충심) 진정으로 우러나오는 마음.
衷情(충정) 마음속에서 우러나오는 참된 정.
苦衷(고충) 괴로운 마음.
折衷(절충) 양쪽을 알맞게 조화시키는 일.

---

6 - 12 - 형성자

裂

찢 을 렬

옷(衣)이나 보따리 따위를 갈기갈기 찢고(列)보니 이곳저곳 흩어진 형상을 본뜬 글자.

(또다른뜻) 찢어질, 터질, 깨질, 무너질, 차열, 비단천, 재단할.

決裂(결렬) 갈가리 찢어짐.
龜裂(균열) 사물이 갈라져 분열함.
滅裂(멸열) 찢기고 흩어져 없어짐.
破裂(파열) 어떤 사물 따위가 터져 갈라짐.

---

6 - 12 - 형성자

裁

마 를 재

옛날 옷을(衣) 지을 때 바닥(土)에 천을 놓고 칼(戈)로 자르고 마름질하는 형상을 본뜬 글자.

(또다른뜻) 마름질할, 마를, 재단할, 헤아릴, 결단할, 본, 형.

裁可(재가) 어떤 일이나 안건을 허락함.
裁斷(재단) 옷감 등의 마름질.
裁量(재량) 자기 선에서 헤아려 처리함.
決裁(결재) 제출한 안건을 허가·승인함.

---

7 - 13 - 형성자

裏

속 리

옷(衣)의 안쪽 속은 마을(里)의 길같은 이음새로 이어져 있는 형상을 본뜬 글자.

(또다른뜻) 안, 가운데, 내부, 뱃속, 가슴속, 속마음, 옷의안.

裏面(이면) 속. 안. 내면. 표면의 안쪽.
裏書(이서) 수표 등의 뒷면에 기록함.
腦裏(뇌리) 머리속.
表裏(표리) 속과 겉. 표면과 내면. 내용과 수식.

---

7 - 13 - 형성자

裝

꾸 밀 장

사람의 자태를 옷(衣)으로 치장하듯 건물을 웅장하게(壯) 꾸미는 건축의 형상을 본뜬 글자.

(또다른뜻) 치장할, 차릴, 갖출, 차림새, 화장할, 행장, 수식할.

裝備(장비) 일정한 장치와 설비를 갖춤.
裝飾(장식) 실내 등을 치장하여 꾸밈.
服裝(복장) 신분·직업 등에 따라 입는 옷.
裝置(장치) 용구 등을 꾸밈.

MILLENNIUM

한 자 방 정 식

尚	+	衣	→	裳
고상하게		품위있게 옷감으로		치마를 만듦.

---

8 - 14 - 형성자

裳

치 마 상

치마나 수위를 가급적 높게 입어 옷(衣)으로 고상한(尙) 품위를 지킨다는 의미의 글자.

(또 다른 뜻) 옷, 낮에 입는 옷, 사물의 형용, 아랫도리 옷.

- 羅裳(나상) 얇은 비단으로 지은 치마.
- 繡裳(수상) 수를 놓은 치마.
- 衣裳(의상) 겉에 입는 저고리와 치마.
- 紅裳(홍상) 여자용의 붉은 치마. 다홍치마.

---

8 - 14 - 형성자

製

지 을 제

옷을 지을(制) 때 치수를 재고 그것에 맞게 마름질하여 옷(衣)을 짓는 형상을 본뜬 글자.

(또 다른 뜻) 만들, 마를, 옷지을, 재단, 글지을, 약지을, 글, 옷.

- 製鋼(제강) 시우쇠를 불려 강철을 만듦.
- 製藥(제약) 약을 제조함. 또는 그 약.
- 製造(제조) 공장 등에서 물품을 생산함.

---

9 - 15 - 형성자

褒

가 릴 포

사람이 입는 옷(衣)이 몸을 보호(保)하는 것처럼 성인의 업적을 기리는 형상을 본뜬 글자.

(또 다른 뜻) 칭찬할, 넓을, 넓은, 옷자락, 클, 섬서성, 모을(부).

- 褒賞(포상) 칭찬하여 상을 줌.
- 褒章(포장) 국가적으로나 사회적으로 공이 있는 사람에게 주는 휘장.
- 褒貶(포폄) 칭찬과 나무람. 시비 · 선악을 판단하여 결정함.

---

11 - 17 - 회의자

褻

더 러 울 설

속옷(衣) 안에 불알(勢의 생략형) 밑의 배설로 옷이 더러워진 난감한 형상을 본뜬 글자.

(또 다른 뜻) 무람없을, 속옷, 평복, 평상복, 더럽힐, 친압할.

- 褻慢(설만) 무례하고 방자함.
- 褻衣(설의) ① 속옷. ② 관복이나 제복이 아닌 보통의 평상복.
- 猥褻(외설) ① 대하는 태도가 너무 무람 없음. ② 성욕을 자극하는 난잡함.

---

16 - 22 - 형성자

襲

엄 습 할 습

죽은 이를 염할때 용(龍)이 승천한 때처럼 천을(衣) 감으면서 허무가 엄습함을 뜻한 글자.

(또 다른 뜻) 덮칠, 계승할, 이을, 받을, 미칠, 인한, 뒤집을.

- 攻襲(공습) 적 따위의 지역을 습격하여 침.
- 急襲(급습) 적 따위의 지역을 갑자기 습격함.
- 被襲(피습) 습격을 당함.
- 襲擊(습격) 적 따위의 지역을 갑자기 덮쳐 침.

---

0 - 6 - 상형자

西

서 녘 서

부엉이가 일어날 때 새들은 해가 서녘으로 질 무렵 둥지로 돌아 온다는 의미의 글자.

(또 다른 뜻) 서양, 서쪽, 가을, 오행의 금, 깃들, 둥우리에 들.

- 西歐(서구) 구주(歐洲)와 미주(美洲).
- 西紀(서기) '서력 기원'의 준말.
- 西方(서방) 서쪽. 서유럽의 자유주의 국가.
- 西洋(서양) 유럽과 미주의 여러 나라.

MILLENNIUM

한 자 방 정 식

襾	+	復	⇨	覆
그릇 위를 덮기위해		뚜껑을 거듭		엎어서 덮음.

3 - 9 - 상형자

要

중요할 요

몸에 옷을 덮은(襾)듯 여인(女)이 양손을 중요한 곳인 허리에 대는 형상을 본뜬 글자.

(또다른뜻) 구할, 근본, 요컨대, 반드시, 원할, 사북, 요구할.

- 要件(요건) ① 긴요한 일. ② 필요한 조건.
- 要求(요구) 얻으려고 청함.
- 要所(요소) 꼭 있어야 할 성분이나 조건.
- 要因(요인) 주요한 원인.

12 - 18 - 형성자

覆

엎을 복

그릇마다 뚜껑을 엎어서 덮은(襾)것을 때마다 거듭하는(復) 형상을 본뜬 글자.

(또다른뜻) 뒤집을, 되풀이할, 덮을, 무너질, 망할, 덮을(부).

- 覆蓋(복개) 뚜껑이나 덮개를 덮음.
- 覆面(복면) 얼굴을 가림. 또는 가리는 물건.
- 覆試(복시) 초시에 합격한 사람이 다시보던 과거.
- 覆審(복심) 다시 조사함.

13 - 19 - 형성자

覇

으뜸 패

초생달이 엎어져(襾) 바뀌는(革) 오달(月)처럼 환하게 으뜸이되는 형상을 본뜬 글자.

(또다른뜻) 우두머리, 처음, 달빛, 움켜잡을, 무력으로 다스릴.

- 覇功(패공) 패자의 공적.
- 覇權(패권) 패자가 지니는 권력.
- 覇王(패왕) 제후의 우두머리.
- 覇者(패자) ① 최고의 승리자. ② 패도로 나라를 통하는 사람.

見

0 - 7 - 회의자

見

볼 견

눈(目)으로 보면서 살피고 헤아리는 자상하면서, 어진 사람(儿)의 형상을 본뜬 글자.

(또다른뜻) 보일, 의견, 생각, 뵐, 나타날, 드러날, 나타날(현).

- 見聞(견문) 보고 들음.
- 見本(견본) 상품의 품질 등을 알리기 위한 소량의 본보기 상품.
- 見習(견습) 남의 하는 일을 보고 익힘.
- 見解(견해) 자기가 본 해석.

4 - 11 - 회의자

規

법 규

똑똑한 사내(夫)는 법과 사물 따위를 바로보는(見) 것으로부터 남다르다는 의미의 글자.

(또다른뜻) 법칙, 그림쇠, 규정, 모범, 의범, 걸음쇠, 원만할.

- 規格(규격) 일정한 표준.
- 規模(규모) 사물의 짜임새나 크기의 정도.
- 規定(규정) 조목별로 정하여 놓은 표준.
- 規則(규칙) 모두 같이 지키기로 한 법칙.

5 - 12 - 회의자

視

볼 시

보이는(示) 것과 보는(見)것을 흘리지 말고 자세히 살펴서 보아야 한다는 의미의 글자.

(또다른뜻) 보일, 우러러볼, 바라볼, 살필, 조사할, 엿볼, 뵐.

- 視覺(시각) 망막을 자극시켜 일어나는 감각.
- 視力(시력) 사물을 인식하는 눈의 능력.
- 視線(시선) 눈의 방향. 눈길.
- 視野(시야) 눈의 보는 힘이 미치는 범위.

MILLENNIUM

한자방정식

學 + 見 → 覺

배우면서 / 많은 것을 보아 / 깨달음.

---

9 - 16 - 형성자

親

친 할 친

서서(立) 묘목(木)을 보살피는(見) 것처럼 항상 친하게 보살펴주는 어버이의 형상을 본뜬 글자.

(또 다른 뜻) 가까울, 어버이, 모소, 친히, 겨레, 일가, 사랑할.

親交(친교) 친밀하고 정답게 사귀는 교분.
親睦(친목) 서로 친하여 뜻이 맞고 정다움.
親善(친선) 서로 친하여 사이가 좋음.
親友(친우) 친한 벗. 친구(親舊).

---

13 - 20 - 형성자

覺

깨 달 을 각

글자를 보아서(見) 배우고(學의 생략형) 사물의 진리를 깨닫는 사람의 형상을 본뜬 글자.

(또 다른 뜻) 깨우칠, 드러날, 느낌, 감각, 터득할, 기억할, 깰(교).

覺醒(각성) 정신을 차림. 잘못을 깨달음.
覺悟(각오) 어떤 일에 대한 마음의 준비.
發覺(발각) 숨겼던 일이 우연치 않게 드러남.
知覺(지각) 알아서 깨달음.

---

14 - 21 - 회의 · 형성자

覽

볼 람

수면에 비친 자기 모습을 살피어(監의 변형) 보듯(見) 두 사물을 비교하는 형상을 본뜬 글자.

(또 다른 뜻) 두루 볼, 살펴볼, 비교하여 볼, 바라볼, 전망할.

觀覽(관람) 연극 · 경기 · 영화 등을 구경함.
博覽(박람) 사물을 널리 살펴 봄.
閱覽(열람) 책 등을 죽 내리 훑어 봄.
遊覽(유람) 구경하면서 이곳저곳을 다님.

---

18 - 25 - 형성자

觀

볼 관

황새(雚)가 주위를 돌며 먹이를 찾기 위하여 자세히 살펴 보는(見) 형상을 본뜬 글자.

(또 다른 뜻) 보일, 생각, 견해, 경치, 모습, 드러낼, 병사할, 볼품.

觀光(관광) 타지의 풍물을 구경하기 위한 여행.
觀念(관념) 견해와 생각.
觀望(관망) 형세를 멀리까지 바라봄.
觀察(관찰) 어떤 사물을 주의 깊게 살펴봄.

---

0 - 7 - 상형자

角

뿔 각

모가 나고 각진 짐승의 뿔이나 소뿔(角)의 형상을 본뜬 글자로 모나다는 뜻도 있음.

(또 다른 뜻) 다툴, 견줄, 모날, 모, 각, 뿔피리, 나팔, 소리(곡).

角度(각도) 각의 크기. 관점. 방면.
角逐(각축) 서로 이기려고 경쟁함.
四角(사각) 네 모퉁이에 각이 있는 모양.

---

6 - 13 - 회의자

解

풀 해

소의 뿔(角)을 잘라내고(刀) 소의(牛) 뼈와 살을 헤아려 풀어 헤치는 형상을 본뜬 글자.

(또 다른 뜻) 풀어질, 깨달을, 가를, 해부할, 깍을, 흩뜨릴, 벗을.

解放(해방) 압박 · 압제에서 벗어남.
解散(해산) 모였던 사람들이 흩어짐.
解弛(해이) 긴장감이 풀려 느슨해 짐.
和解(화해) 다툼을 그치고 풂.

角

MILLENNIUM

한 자 방 정 식

言 + 己 ⇨ 記

말씀이나 자신에 관한 것을 기록함.

---

13 - 20 - 형성자

觸

닿을 촉

뿔(角)같은 더듬이로 접시꽃 벌레(蜀)가 영역을 지키기 위해 촉각을 맞닿으며 싸운다는 뜻의 글자.

(또 다른 뜻) 부딛힐, 받을, 움직일, 저촉될, 더럽힐, 범할.

- 觸覺(촉각) 사물이 닿았을 때의 감각.
- 觸感(촉감) 무엇을 닿았을 때의 느낌.
- 觸媒(촉매) 반응을 촉진하거나 지연시키는 것.
- 抵觸(저촉) 위반하거나 거슬림.

---

0 - 7 - 형성자

言

말씀 언

言의 본래의 자는 辛+口로 된자인데 죄악이 뱉는 말로부터 비롯된다는 의미의 글자.

(또 다른 뜻) 말, 언어, 직언할, 타이를, 설명할, 서술할, 물을.

- 言動(언동) 언어 행동의 준말.
- 言論(언론) 말과 글로 생각을 발표하는 일.
- 言約(언약) 언말로 약속함. 또는 그 약속.
- 言行(언행) 말과 행동. 언동(言動).

---

2 - 9 - 회의자

計

셈할 계

어떤 사물을 말(言)로써 헤아리고(十) 그 계산을 셈하고 검토하는 형상을 본뜬 글자.

(또 다른 뜻) 계산할, 수, 꾀할, 헤아릴, 산술, 총계, 장부, 숙고할.

- 計量(계량) 분량이나 무게를 잼.
- 計算(계산) 어떤 수나 양 따위의 셈을 헤아림.
- 計定(계정) 계산하기 위하여 설정된 단위.
- 計策(계책) 어떤 것을 이루기 위한 대책.

---

2 - 9 - 형성자

訂

바로잡을 정

틀어진 가구 따위를 바로잡아 고치라고 말(言)하여 일꾼(丁)이 고치는 형상을 본뜬 글자.

(또 다른 뜻) 의논할, 정할, 머무를, 부과할, 고르게 할.

- 訂正(정정) 잘못을 바로잡음.
- 改正(개정) 잘못된 것을 고쳐 바로잡음.
- 校正(교정) 책의 잘못된 오자 등을 고침.
- 修正(수정) 책 등의 잘못을 고쳐 바로잡음.

---

2 - 9 - 회의자

訃

부고 부

집안의 어른이 돌아가셨다는 말(言)을 짐바리(卜)를 시켜 글로써 부고를 돌린다는 뜻의 글자.

(또 다른 뜻) 죽음을 알림, 죽음을 알리는 통지, 부고할, 이를.

- 訃告(부고) 사람이 죽은 것을 알림. 또는 그 통지.
- 訃聞(부문) 사람이 죽었다는 소식.
- 訃音(부음) 사람의 죽음을 알리는 기별.
- 通訃(통부) 사람의 죽음을 알림.

---

3 - 10 - 형성자

記

기록할 기

어른의 말씀(言)이나 자신(己)의 역사를 오랫도록 남기기 위해 기록하는 형상을 본뜬 글자.

(또 다른 뜻) 적을, 글, 문서, 기억할, 욀, 문체, 기사, 도장, 인장.

- 記念(기념) 어떤 뜻 깊은 일을 기림.
- 記錄(기록) 어떤 사실을 적음. 또는 그 글.
- 記名(기명) 성명을 기록함.
- 記事(기사) 신문 등에 어떤 사실을 알린 글.

MILLENNIUM

한 자 방 정 식

言 + 方 → 訪

어떻게 말할 것인가 / 방법을 아는 / 이를 찾음.

---

3 - 10 - 회의자

討

칠 토

죄인을 잡아 엄히 말(言)해 손마다(寸)를 치며 죄상을 실토할 것을 강요하는 형상을 본뜬 글자.

(또다른뜻) 찾을, 궁구할, 요구할, 다스릴, 죄줄, 정벌할, 없앨.

討論(토론) 의견을 내세워 정당함을 논함.
討議(토의) 의견을 내놓고 검토하고 협의 함.
檢討(검토) 어떤 잘못을 여럿이 규명함.

---

3 - 10 - 형성자

訓

가르칠 훈

부모나 스승이 가르치고 훈계해 말씀하신(言) 것은 물흐르는(川)것처럼 좇는다는 뜻의 글자.

(또다른뜻) 뜻 풀이할, 훈계할, 인도할, 이끌, 경계할, 길(순).

訓戒(훈계) 타일러서 경계함. 또는 그 말.
訓鍊(훈련) 무술을 연습함.
訓示(훈시) 주의 사항을 가르쳐 타이름.
訓話(훈화) 훈시하는 말.

---

3 - 10 - 형성자

訊

물을 신

죄인에게 엄하게 물어 죄상을 말(言)하라고 심하게(迅의 생략형) 다루는 형상을 본뜬 글자.

(또다른뜻) 신문할, 하문할, 방문할, 고문할, 알릴, 간할.

訊問(신문) 캐어 물음. 증인이나 피고 등을 불러다 놓고 구두로 캐어 물어 조사하는 일.
訊訪(신방) 찾아봄.

---

3 - 10 - 형성자

託

부탁할 탁

어떤 사람을 찾아 가 말(言)하길 자신의 일을 맡기며(托의 생략형) 부탁하는 형상을 본뜬 글자.

(또다른뜻) 맡길, 위임할, 청탁할, 붙일, 의지할, 빌, 위탁할.

託故(탁고) 사고를 핑계함.
託辭(탁사) ① 핑계하는 말. ② 부탁하여 말함.
託送(탁송) 남에게 부탁하여 물건을 보냄.
付託(부탁) 남에게 어떤 일을 해 달라고 당부함.

---

4 - 11 - 형성자

訪

찾을 방

난감한 일에 어찌할 바 몰라 말(言)해줄 사람을 찾아 방법(方)을 구하는 형상을 본뜬 글자.

(또다른뜻) 방문할, 심방할, 구할, 찾을, 뵈올, 널리, 꾀할.

訪問(방문) 남을 찾아오거나 찾아감.
訪美(방미) 미국을 방문함.
訪北(방북) 북한을 방문함.
尋訪(심방) 방문하여 찾아옴.
探訪(탐방) 어떤 사람이나 장소를 탐문하여 찾아 봄.

---

4 - 11 - 형성자

訟

송사할 송

시시비비를 가려 공평하게(公) 판단해서 말해(言) 줄 기관에 송사하는 형상을 본뜬 글자.

(또다른뜻) 시비할, 시비가릴, 하소연할, 송사, 논쟁할, 바로잡을.

訟理(송리) 송사(訟事)하는 이유.
訟務(송무) 송사에 관한 사무. 또는 업무.
訟事(송사) 법원에 판결을 요구하는 절차.
訟案(송안) 송사의 내용·과정을 적은 것.

MILLENNIUM

한자방정식

言 ＋ 斥 ⇨ 訴

포기하라는 말을 · 물리치고 하소연함.

---

4 - 11 - 형성자

許

허락할 허

절구공이를 찧는 것처럼 엇갈린 오해가 말(言)로 풀어 낮(午)일을 허락하였다는 의미의 글자.

또다른뜻 기량, 쯤, 매우, 대단히, 받아들일, 들어줄, 가담할.

- 許可(허가) 어떤 것을 할 수 있게 함.
- 許諾(허락) 청하는 일을 하도록 들어 줌.
- 許容(허용) 허락하여 용납함.
- 特許(특허) 국가에서 특별히 허락함.

---

4 - 11 - 회의자

設

베풀 설

집지을때 위로의 말(言)과 음식을 베풀어 일꾼(役의 생략형)들을 먹인다는 의미의 글자.

또다른뜻 세울, 가령, 늘어놓을, 진열할, 설치할, 시설할.

- 設計(설계) 앞으로의 일에 대한 계획.
- 設立(설립) 단체 · 조직 등을 새로 만듬.
- 設備(설비) 베풀어 갖춤.
- 設定(설정) 어떤 사물을 베풀어 정함.

---

4 - 11 - 회의자

訛

그릇될 와

거짓되고 그릇된 말(言)은 우매한 사람들이 믿게 되고(化) 퍼뜨린 사람의 형상을 본뜬 글자.

또다른뜻 잘못될, 속일, 거짓될, 사투리, 유언비어 변화.

- 訛說(와설) 잘못 전하여진 말.
- 訛言(와언) ① 거짓말. ② 잘못 전해진말.
- 訛傳(와전) 말을 그릇 전함. 그릇된 전언.
- 訛脫(와탈) 글자의 와전과 탈락.

---

4 - 11 - 회의자

訣

이별할 결

서로 풀지못할 말(言)만을 거듭하고 서글피 갈라져(夬) 이별하는 이들의 형상을 본뜬 글자.

또다른뜻 비방, 사별할, 애도할 표할, 끊을, 잘라 낼.

- 訣別(결별) 기약없는 이별. 관계나 교제 따위를 영원히 끊음.
- 口訣(구결) 한문의 이해를 돕기 위해 다는 토.
- 秘訣(비결) 남이 알지 못하는 비법.

---

5 - 12 - 형성자

詐

속일 사

아무리 치밀하고 거짓된 말(言)도 얼마 안가서(乍) 그 속임이 밝혀지게 된다는 뜻의 글자.

또다른뜻 거짓, 거짓말할, 기만할, 희롱할, 말꾸밀, 교묘할.

- 詐欺(사기) 남을 속여 손해를 입힘.
- 詐病(사병) 꾀병. 거짓으로 앓는 병.
- 詐稱(사칭) 직함 등을 속여서 일컬음.

---

5 - 12 - 형성자

訴

하소연할 소

억울함을 하소연하기를 포기하라는 말(言)을 물리치고(斥) 법원에 송사한다는 뜻의 글자.

또다른뜻 송사할, 알릴, 고할, 헐뜯을, 참소할, 헐뜯을(척).

- 訴訟(소송) 법원에 판결을 요구하는 절차.
- 訴願(소원) 상급 관청에 호소하여 바람.
- 訴追(소추) 검사가 공소를 제기하는 일.
- 訴請(소청) 하소연하여 청함.

MILLENNIUM

한 자 방 정 식

言	+	永	⇨	詠
시조 등을 말하듯		길게		읊음.

---

5 - 12 - 형성자

詠

읊 을 영

시가나 시조 등을 말(言)로 길게(永) 노래하듯 운률을 넣어 읊는 형상을 본뜬 글자.

(또 다른 뜻) 노래할, 시가, 시가를 읊는 노래의 가사.

- 詠歌(영가) 창가(唱歌). 곡조의 노래를 부름.
- 詠頌(영송) 시가 등을 소리 내어 읊음.
- 詠唱(영창) 오페라의 서정적 독창곡.
- 詠詩(영시) 시를 읊음.

---

5 - 12 - 형성자

詞

말 사

본래 말(言)을 잇는 접속사나 조사로 쓰였으나(司) 뜻이 변질되어 말이나 글의 뜻이 됨.

(또 다른 뜻) 말씀, 글, 문장, 알릴, 고할, 청할, 호소할, 원할.

- 詞伯(사백) 시문에 조예가 깊은 이를 높이어 이르는 말. 문사(文士).
- 詞因(사인) 시문을 짓는 사람.
- 歌詞(가사) 노랫말.
- 動詞(동사) 사물의 동작을 나타내는 품사.

---

5 - 12 - 형성자

評

평론할 평

어떤 사물을 말(言)할 때 판단을 공평하게(平)하여 평론하여야 한다는 의미의 글자.

(또 다른 뜻) 평정할, 품평할, 끊을, 군신의 언행을 평론하는 글.

- 評價(평가) 가치나 수준 따위를 평함.
- 評論(평론) 사물의 가치 등을 비평해 논함.
- 評定(평정) 평가하여 결정함.
- 評判(평판) 세상 사람들이 비평함.

---

5 - 12 - 형성자

註

주 낼 주

책이나 문안 따위의 중요한 부분의 말(言)이나 주된(主) 내용에 주내는 형상을 본뜬 글자.

(또 다른 뜻) 뜻을 풀이할, 뜻을 풀어 밝힐, 주, 주해, 적을, 기술함.

- 註釋(주석) 낱말이나 문장의 뜻을 보다 알기 쉽게 풀이함.
- 註疏(주소) 경서의 주를 다시 자세히 풀이함.
- 脚註(각주) 본래 아래 따로 풀이하여 적은 글.

---

3 - 12 - 형성자

診

진찰할 진

한방에서 전하는 말(言)로 사람(人)의 터럭(彡) 얼굴빛으로 진찰한다는 뜻의 글자.

(또 다른 뜻) 엿볼, 점칠, 볼, 맥을 볼, 증상, 징후, 고할, 진료.

- 診斷(진단) 의사가 환자를 진찰하여 병의 증세를 판단함.
- 診療(진료) 진찰하고 치료함.
- 診察(진찰) 의사가 병의 원인과 증상을 살펴봄.

---

6 - 13 - 형성자

誇

자랑할 과

스스로 큰 소리(言)치며 자신의 재주를 뽐내고(夸) 자랑하는 못난이의 형상을 본뜬 글자.

(또 다른 뜻) 뽐낼, 클, 자만할, 자랑, 거칠, 굵고 성길, 노래할(구).

- 誇功(과공) 공로를 지나치게 자랑함.
- 誇大(과대) 작은 것을 크게 떠벌림.
- 誇示(과시) 뽐내어 보임.
- 誇張(과장) 실지보다 크게 부풀려 나타냄.

MILLENNIUM

한 자 방 정 식

言	+	羊	⇨	詳
말을		양처럼 거짓없이		자세히 말함.

6 - 13 - 형성자

試

시 험 할 시

말로(言) 뻔질나게(式) 물어서 그 사람의 수준 따위를 평가하고 시험하는 형상을 본뜬 글자.

(또 다른 뜻) 시험, 해볼, 비교할, 더듬을, 징험할, 찾아볼, 견줄.

試圖(시도) 시험삼아 꾀하여 봄.
試練(시련) ① 시험하고 단련함. ② 겪기 어려운 고난.
試食(시식) 음식 솜씨를 보기 위해 먹어 봄.
試驗(시험) 문제 따위로 지식을 알아봄.

6 - 13 - 형성자

詳

자 세 할 상

말을(言) 조리있고 자세하게 양(羊)의 하얀 털처럼 거짓없이 말하는 형상을 본뜬 글자.

(또 다른 뜻) 상세할, 거짓없을, 공평할, 상서로울, 속일(양).

詳考(상고) 상세히 참고함.
詳細(상세) 속속들이 자세함. 자상하고 세밀함.
詳述(상술) 자세하게 진술함.
詳議(상의) 상세한 의론.
未詳(미상) 알려지지 않음.
仔詳(자상) 매우 자세함.

6 - 13 - 형성자

詩

시 시

옛날 고변(言)이 있을 때 관청(寺)에서는 운률을 넣어 시처럼 말하였다는 의미의 글자.

(또 다른 뜻) 운문, 문체, 글귀, 악보, 노래할, 읊을, 생각할, 말.

詩壇(시단) 시인들의 사회.
詩想(시상) 시적인 생각이나 상념.
詩選(시선) 선정한 시를 뽑아 모은 책.
詩集(시집) 시를 모아 엮은 책.
漢詩(한시) 한문으로 지은 시.

6 - 13 - 형성자

話

말 할 화

말(言)은 구강내의 혀(舌)를 움직여서 말을 하는데 모든 이야기는 그렇게하여 진다는 뜻의 글자.

(또 다른 뜻) 이야기, 이야기할, 다스릴, 사투리, 부끄러워 할.

話術(화술) 말재주.
話題(화제) 이야기 제목. 이야기거리.
談話(담화) 의견이나 태도를 밝히는 일.
對話(대화) 마주 대하여 이야기함.

6 - 13 - 형성자

該

그 해

제단에서 주문을 외울(言) 때 그 젯상에는 돼지머리(亥)를 올려놓고 정성을 다한다는 의미의 글자.

(또 다른 뜻) 해당할, 겸할, 가리킬, 갖추어질, 마땅히, 당연히.

該當(해당) ① 바로 들어맞음. ② 관련되는 바로 그것.
該敏(해민) 널리 알아 영리함.
該博(해박) 여러 방면으로 학식이 넓음. 사물에 관해 널리 앎.
該地(해지) 그곳. 그 땅.

6 - 13 - 형성자

詰

힐 난 할 힐

못된 말(言)은 남이 잘되어 가는 길(吉)함을 시기하는 힐난에 불과하다는 의미의 글자.

(또 다른 뜻) 꾸짖을, 따져물을, 공격할, 금지할, 바로잡을.

詰難(힐난) 잘못을 따져서 비난하고 꾸짖음.
詰問(힐문) 책임이나 잘못을 따져서 물음.
詰責(힐책) 잘못을 따져서 책임을 묻거나 심하게 꾸짖음.

MILLENNIUM

한자방정식

言	+	成	→	誠
결심한 말을		이루기 위해		정성을 다함.

7 - 14 - 형성자

誌

기록할 지

일상에서 자기의 느낌을 말(言)하고 대략해 하루 역사를 기록(志)하는 형상을 본뜬 글자.

(또다른뜻) 기록, 사기, 역사, 기억할, 목표삼을, 기사, 사적.

誌面(지면) 잡지 등에 글이 실리는 면.
誌上(지상) 잡지의 지면 위.
日誌(일지) 그날 그날의 일을 적은 기록.
雜誌(잡지) 다양한 내용의 정기 간행물.

7 - 14 - 형성자

誠

정성 성

한번 결심하여 내뱉은 말(言)의 뜻을 이루기(成) 위해 정성을 다하는 형상을 본뜬 글자.

(또다른뜻) 진실, 정성스러울, 진실로, 참으로, 사실, 공경할.

誠信(성신) ① 성실. ② 성실된 신앙.
誠實(성실) 정성스럽고 참되어 거짓이 없음.
誠心(성심) 정성스러운 마음. 성실한 마음.
誠意(성의) 정성스러운 뜻.

7 - 14 - 형성자

說

말씀 설

사람들에게 쉬운 말(言)로 좋은 소식을 알리니 그 말씀에 기뻐하는(兌) 형상을 본뜬 글자.

(또다른뜻) 기쁠, 말할, 설, 언론, 가르침, 달랠(설), 기쁠(열).

說教(설교) 교리를 설명함.
說得(설득) 알아듣도록 타일러 말함.
說明(설명) 상대가 잘 알아듣게 말함.
說破(설파) 사물의 내용을 밝혀 말함.

7 - 14 - 형성자

誤

그릇칠 오

장담하여 말(言)하는 것은 그 큰 소리(吳)가 그릇된 말일 경우가 많다는 의미의 글자.

(또다른뜻) 그릇될, 잘못, 틀릴, 실수할, 뒤바뀔, 오도할.

誤記(오기) 잘못 적음. 또는, 그 기록.
誤字(오자) 잘못 쓴 글자.
誤診(오진) 진단을 잘못함. 잘못된 진단.
誤差(오차) 참값과 근사값과의 차이.

7 - 14 - 형성자

認

인정할 인

남의 말(言)을 진지하게 들어야(忍) 그 말을 인정할지 말지 판단할 수 있다는 뜻의 글자.

(또다른뜻) 허락할, 인식할, 발견할, 분별할, 허가할, 승인할.

認可(인가) 인정하여 허가함.
認識(인식) 분별하고 판단하여 아는 일.
認定(인정) 확실히 그렇다고 여김.
否認(부인) 인정하지 아니함.

7 - 14 - 형성자

誘

꾀일 유

뛰어난(秀) 말솜씨(言)로 그럴듯하게 상대방을 설득하고 꾀이는 사람의 형상을 본뜬 글자.

(또다른뜻) 담길, 꾀어낼, 권할, 달랠, 유혹할, 유인할, 미혹할.

誘導(유도) 목적하는 방향으로 이끎.
誘發(유발) 어떤 일로 다른 일이 일어남.
誘引(유인) 꾀어냄.
誘惑(유혹) 꾀어서 정신을 못차리게 함.

MILLENNIUM

한 자 방 정 식

折 ＋ 言 ⇨ 誓

나쁜 습관을 끊고 / 말로 다짐하며 / 맹세함.

---

7 - 14 - 형성자

語

말 씀 어

서로 마주보고 말(言)하길 각자 자기(吾)의 말씀이 옳다고 주장하는 형상을 본뜬 글자.

(또다른뜻) 말할, 이야기, 말씨, 어구, 문구, 대답할, 깨우칠.

- 語句(어구) ① 말과 구(句). ② 말.
- 語錄(어록) 짤막한 말을 모은 기록.
- 語調(어조) 말의 가락. 말의 높낮이.
- 言語(언어) 말로 표현하여 전달하는 것.

---

7 - 14 - 형성자

誦

외 울 송

시를 외우기 위해 소리내어 읽는 소리(言)가 물솟는(甬) 것처럼 들리는 형상을 본뜬 글자.

(또다른뜻) 낭송할, 암송할, 말할, 여쭐, 해설할, 가사, 원망할.

- 誦讀(송독) 소리내어 읽음.
- 誦書(송서) 글 등을 소리내어 읽음.
- 誦詠(송영) 시가(詩歌) 등을 외어 읊음.
- 暗誦(암송) 글을 보지 아니하고 외움.

---

7 - 14 - 형성자

誡

경 계 할 계

자칫 빗나갈 행동을 말(言)로 잘 타일러 계율(戒)로써 경계시는 어른의 형상을 본뜬 글자.

(또다른뜻) 경계시킬, 훈계할, 조심할, 삼가할, 명검의 이름.

- 誡命(계명) 도덕 · 종교상 마땅히 지켜야 할 규범이나 규율.
- 十誡(십계) 기독교의 근본 계율.
- 嚴誡(엄계) 매우 엄격한 계율.
- 訓誡(훈계) 타일러서 경계시킴.

---

7 - 14 - 형성자

誕

태 어 날 탄

아무개집에 한 입(言)이 더 늘었다(延)고 태어난 아이에 대해 말하는 형상을 본뜬 글자.

(또다른뜻) 속일, 방자할, 탄생할, 거짓말할, 클, 발어사, 조사.

- 誕生(탄생) 사람이 태어남.
- 誕辰(탄신) 임금이나 성인이 태어난 날.
- 誕日(탄일) 임금이나 성인이 태어난 날.
- 聖誕(성탄) 성인이나 임금의 탄생.

---

7 - 14 - 형성자

誓

맹 세 할 서

그릇된 습관을 끊고(折) 새 사람 되겠다고 말(言)하며 맹세하는 사람의 형상을 본뜬 글자.

(또다른뜻) 맹서할, 다짐할, 약속할, 임명할, 훈계할, 알릴.

- 誓約(서약) 맹세하여 약속함.
- 誓願(서원) 신불에게 맹세하고 자기의 뜻이 이루어지기를 기원함.
- 盟誓(맹서) 맹세. 굳게 다짐하여 약속함.
- 宣誓(선서) 공개적인 맹세.

---

7 - 14 - 형성자

誣

무 고 할 무

무당(巫)의 말(言)을 믿고 행동하는 것을 미신이라고 무고하는 형상을 본뜬 글자.

(또다른뜻) 무고, 속일, 깔볼, 업신여길, 거짓말할, 함부로할.

- 誣告(무고) 없는 일을 꾸며 고소하는 일.
- 誣構(무구) 터무니없이 남을 죄로 얽음.
- 誣說(무설) 터무니없는 말.
- 誣陷(무함) 허물없는 사람을 모함함.

MILLENNIUM

한 자 방 정 식

言 + 炎 ⇨ 談

이야기할 때 화로가로 모여 말씀을 듣는 아이들.

8 - 15 - 형성자

請

청 할 청

젊은(靑) 하급관리가 윗사람에게 말(言)로써 청하고 부탁하는 형상을 본뜬 글자.

(또 다른 뜻) 물을, 원할, 청, 부탁, 구할, 구걸할, 초청할, 진실(정).

請求(청구) 해달라고 요구함.
請負(청부) 도급(都給)으로 일거리를 맡음.
請願(청원) 일이 이루어지도록 원해 청함.
請託(청탁) 청하여 부탁함. 또는 그 부탁.

8 - 15 - 형성자

課

부과할 과

말(言)로써 공부한 결과를 묻거나 일의 결과(果)로써 세금을 부과하는 형상을 본뜬 글자.

(또 다른 뜻) 과목, 부과, 시험할, 과할, 매길, 일, 헤아릴, 부서.

課稅(과세) 세금을 매기어 내도록 함.
課業(과업) 하여야 할 일.
課員(과원) 단체에서 어떤 과의 일원.
課長(과장) 단체에서 한 과의 책임자.

8 - 15 - 형성자

誰

누 구 수

새를 관상용으로 기르는 그 초롱의 새(隹)는 누구의 것이냐고 묻는(言) 형상을 본뜬 글자.

(또 다른 뜻) 물을, 물어볼, 옛날, 접때, 발어사, 아무게, 누가.

誰得(수득) '누가 이득을 보랴' 의 뜻.
誰某(수모) 아무개.
誰失(수실) '누가 손해를 보랴' 의 뜻.
誰何(수하) 누구냐고 불러서 물어 보는 일.

8 - 15 - 형성자

諒

살 필 량

어진 사람의 말(言)은 자세히 살펴보면 덕이 큰(京) 말로써 믿을 수 있다는 의미의 글자.

(또 다른 뜻) 믿을, 진실, 미쁠, 헤아릴, 총명할, 도울, 보좌할.

諒知(양지) 살피어 앎.
諒察(양찰) 생각하여 미루어 살핌.
諒解(양해) 사정을 침착하여 잘 이해함.
恕諒(서량) 사정을 가만하여 용서함.

8 - 15 - 형성자

談

말 씀 담

아이들이 어른의 옛날 이야기(言)나 그 말씀을 듣기 위해 화로(火)가로 모인다는 뜻의 글자.

(또 다른 뜻) 이야기할, 바둑돌, 말, 담화, 언론, 농담할, 말할.

談笑(담소) 웃으면서 다정하게 이야기 함.
談合(담합) 서로 의견 일치를 봄.
談話(담화) 어떤 문제에 대한 이야기.
面談(면담) 서로 면대하여 이야기 함.

8 - 15 - 형성자

論

논의할 론

성인의 말씀(言)을 서책(侖)에 담아 그것을 읽고 서로 의견을 논의하는 형상을 본뜬 글자.

(또 다른 뜻) 말할, 평할, 의논할, 서술할, 학설, 헤아릴, 추측할.

論理(논리) 생각하여 분별하는 이치. 조리.
論說(논설) 사물의 이치를 들어 말함.
論評(논평) 논술하여 비평함. 또는 그 비평.
異論(이론) 다른 이론(理論).

MILLENNIUM

한 자 방 정 식

言 + 周 → 調

조리있는 말로 두루두루 미치게 고르게 말함.

---

8 - 15 - 형성자

調

고 를 조

관심있는 내용을 뽑아 조리있는 말(言)로 고르게 두루두루(周) 미치게 한다는 의미의 글자.

(또 다른 뜻) 뽑을, 조사할, 맞출, 살필, 헤아릴, 가락, 아침(주).

- 調達(조달) 자금 · 물자 등을 대어 줌.
- 調査(조사) 명확히 알기 위하여 살펴봄.
- 調書(조서) 조사한 사실을 적은 문서.
- 調整(조정) 골라 알맞게 정돈함.

---

8 - 15 - 형성자

誼

옳 을 의

흔히 주고 받는 말(言)일지라도 마땅히(宜) 옳은 말만으로 가려서 해야 한다는 의미의 글자.

(또 다른 뜻) 정분, 교분, 의논할, 도리, 모두가 옳다고 생각하는 바.

- 誼理(의리) 옳은 도리. 의리(義理).
- 友誼(우의) 친구간의 정의.
- 情誼(정의) 사귀어서 친하게 된 정분.
- 厚誼(후의) 도타운 정. 고마운 정.

---

9 - 16 - 형성자

謁

아 뢸 알

임금이 물으니(言) 신하는 언제(曷) 어떻게 할 것인가를 아뢰는 형상을 본뜬 글자.

(또 다른 뜻) 뵐, 여쭐, 참배할, 알릴, 물을, 방문할, 청할, 명함.

- 謁廟(알묘) 조상이나 신불의 사당에 참배함.
- 謁者(알자) 임금이나 어른의 알현을 청하는 사람.
- 謁見(알현) 지체 높은 사람을 찾아 뵘.
- 拜謁(배알) 지체 높은 어른을 뵘.

---

9 - 16 - 형성자

諾

허 락 할 낙

젊은이(若)가 윗사람이 묻는 말(言)에 대답만 잘해도 그 일을 허락해 준다는 의미의 글자.

(또 다른 뜻) 대답할, 예, 좋소, 알았소, 그리하오, 수긍, 승낙.

- 受諾(수락) 요구를 받아 들여 승락함.
- 承諾(승낙) 청하는 바를 그 말을 들어 줌.
- 應諾(응낙) 부탁의 말을 들어 줌.
- 許諾(허락) 청하고 바라는 일을 들어 줌.

---

9 - 16 - 형성자

謂

이 를 위

말(言)을 전하기위해 윗전에 이르를 때는 위(胃)에서 음식물 삭히듯 소상해야 한다는 뜻의 글자.

(또 다른 뜻) 고할, 일컬을, 말할, 진술할, 설명할, 가리킬, 까닭.

- 可謂(가위) ① 가히 이르자면 과연. ② 흔히 일러 오는 그대로.
- 所謂(소위) 이른바.
- 云謂(운위) 말함을 일러.

---

9 - 16 - 형성자

謀

꾀 할 모

어떤 일의 결행을 위한 말(言)의 유출을 막고 아무도(某) 모르게 꾀하는 형상을 본뜬 글자.

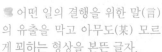

(또 다른 뜻) 도모할, 의논할, 자문할, 꾸밀, 모의할, 계책, 모략.

- 謀略(모략) 남을 못된 구렁이에 모는 계책.
- 謀免(모면) 꾀를 써서 벗어남.
- 謀反(모반) 자국을 배신하여 역모함.
- 謀議(모의) 어떤 일을 꾀하고 의논함.

MILLENNIUM

한자방정식

言	+	虐	⇨	謔
가혹한 말로		남을 학대하며		희롱함.

9 - 16 - 형성자

諸

모든 제

말(言)을 잘하는 사람(者)은 모든 일을 여러 가지 뜻을 들어 조리있게 말한다는 뜻의 글자.

(또다른뜻) 말잘할, 여러, 어조사, 간수할, 갈무리할, 절인 것.

- 諸君(제군) (손아래 사람에게) 여러분. 자네들.
- 諸般(제반) 여러 가지.
- 諸位(제위) 여러분.
- 諸賢(제현) 점잖은 여러분.

9 - 16 - 형성자

諫

간할 간

윗분께 말(言)을 간할 때 여러 각도에서 의미를 분별(柬)하여 올려야 한다는 의미의 글자.

(또다른뜻) 충고할, 직언할, 제지할, 간범할, 고치게 할, 간언.

- 諫官(간관) 임금에게 사안을 간하는 벼슬.
- 諫言(간언) 간하는 말.
- 諫爭(간쟁) 간하여 다툼. 굳게 간함.
- 忠諫(충간) 충성으로 간함. 충식하게 간함.

9 - 16 - 형성자

諧

화할 해

말(言)을 모두(皆) 공감하여 화할 수 있게 농담섞어 재미나게 설명하는 형상을 본뜬 글자.

(또다른뜻) 화합할, 고를, 조화로울, 적합할, 적정할, 농담할.

- 諧聲(해성) 한자 육서의 하나인 형성자.
- 諧語(해어) 가락이나 운율을 넣은 익살이나 농담.
- 諧謔(해학) 풍자적이고 익살스런 말.
- 諧和(해화) 서로 화합함.

9 - 16 - 형성자

謔

희롱할 학

상대방을 희롱하여 하는 말(言)은 상대를 학대(虐)하는 가혹한 말이 된다는 의미의 글자.

(또다른뜻) 농담할, 기롱할, 가혹할, 학대할, 익살, 기롱, 농담.

- 善謔(선학) 선한 의미의 희롱이나 익살.
- 笑謔(소학) 웃으며 희롱함. 익살스럽게 웃는 웃음.
- 嘲謔(조학) 비웃으며 희롱함.
- 諧謔(해학) 풍자적이고 익살스런 말.

9 - 16 - 형성자

諷

욀 풍

시가를 외우는 소리(言)가 문밖으로 흘러 바람(風) 타고 들려오는 형상을 본뜬 글자.

(또다른뜻) 읊조릴, 말할, 암송할, 풍자할, 비유할, 풍간할.

- 諷諫(풍간) 슬며시 돌려서 간함
- 諷詠(풍영) 시가 따위를 읊조림.
- 諷喩(풍유) 슬며시 돌려서 타이름.
- 諷刺(풍자) 슬며시 돌려서 남의 결점 따위를 꼬집어 말함.

9 - 16 - 형성자

諮

물을 자

어떤 일을 꾀하기 위해 먼저 고문에게 물어(言) 상의하는(咨) 형상을 본뜬 글자.

(또다른뜻) 의논할, 자문할, 상의할, 웃사람에게 물을.

- 諮問(자문) 전문가에게 의견을 물음. 일을 보다 바르게 처리하기 위해 윗사람이나 전문가, 또는 전문적인 기관에 의견을 의뢰하여 묻는 일.

MILLENNIUM

한자방정식

言 + 帝 → 諦

말을 황제에게 올릴 때 잘 살펴서 함.

9 - 16 - 형성자

諦

살 필 체

신하가 정사의 말(言)을 임금(帝)께 간할 때는 정세를 잘 살펴서 해야 한다는 의미의 글자.

(또 다른 뜻) 깨달을, 조사할, 자세히 알, 명확할, 호곡할(제).

諦觀(체관) 정신차려서 잘 살피고 헤아려 봄.
諦念(체념) ① 도리를 깨닫는 마음. ② 희망을 버림. 단념함.
要諦(요체) 사물의 가장 중요한 점.

9 - 16 - 형성자

諭

깨 우 칠 유

책 속에 성인의 말(言)들을 읽어가면서 그런 것이었구나(兪)하고 깨우치는 형상을 본뜬 글자.

(또 다른 뜻) 타이를, 견줄, 비유할, 밝힐, 행해질, 두루 미칠.

諭示(유시) 타일러 훈계함, 또는 그 말이나 문서화된 글.
諭旨(유지) ① 취지를 알려 줌. ② 임금이 신민에게 내리는 타이름.
教諭(교유) 가르치고 타이름.

9 - 16 - 형성자

諜

염 탐 할 첩

적의 동태를 살펴 전하기(言) 위해 엷은(葉) 잎으로 가리고 염탐하는 형상을 본뜬 글자.

(또 다른 뜻) 엿볼, 정탐할, 간첩, 편안할, 평온할, 재잘거릴.

諜報(첩보) 적의 동태를 염탐하여 알려줌.
諜者(첩자) 염탐꾼. 간첩.
間諜(간첩) 적국의 내정을 몰래 살피는 염탐꾼.
防諜(방첩) 적의 첩보 활동을 막음.

10 - 17 - 형성자

講

익 힐 강

책의 내용(言)을 얽어매듯(冓) 여러 갈래로 익힐 수 있게 강론하는 형상을 본뜬 글자.

(또 다른 뜻) 강론할, 답론할, 학습할, 풀이할, 설명할, 정리할.

講究(강구) 좋은 도리를 연구함.
講堂(강당) 강의나 의식을 행하는 큰 방.
講師(강사) 촉탁을 받아 강의하는 교사.
講義(강의) 글이나 학설의 뜻을 강설함.

10 - 17 - 형성자

謝

사 례 할 사

감사의 말(言)을 할 때는 조리있게 화살을 쏘듯(射) 진정 사례하는 형상을 본뜬 글자.

(또 다른 뜻) 사절할, 거절할, 사죄할, 감사할, 진술할, 용납할.

謝禮(사례) 상대에게 고마운 뜻을 나타냄.
謝絶(사절) 제의를 받아들이지 아니함.
謝罪(사죄) 지은 죄에 대해 용서를 빔.
感謝(감사) 고마움의 인사.

10 - 17 - 형성자

謠

노 래 요

질그릇(䍃) 따위를 젓가락으로 장단을 맞추며 내용(言)에 가락을 붙인 노래를 의미한 글자.

(또 다른 뜻) 소문, 풍설, 속요, 유행가, 풍문, 노래할, 비방할.

歌謠(가요) 유행가 · 민요 따위의 총칭.
童謠(동요) 아이들이 즐기는 노래나 문학.
民謠(민요) 어떤 민족의 옛 정서의 노래.
俗謠(속요) 민간의 속된 노래.

MILLENNIUM

한 자 방 정 식

言 + 兼 ⇨ 謙

진실한 말과 아울러 사양하는 말로 겸손함.

---

10 - 17 - 형성자

謙

겸손할 겸

언제나 말씨(言)가 겸손해야 하며 아울러(兼) 분에 넘치는 일은 사양해야 한다는 의미의 글자.

또다른뜻 양보할, 사양할, 자신을 낮춤.

- 謙德(겸덕) 겸양의 덕성.
- 謙遜(겸손) 자신을 낮추는 공손한 태도.
- 謙讓(겸양) 자신을 내세우지 않고 사양함.
- 謙虛(겸허) 자신을 낮추어 겸손함.

---

10 - 17 - 형성자

謗

헐뜯을 방

남을 헐뜯는 말(言)은 두루(旁) 살펴보면 자신이 못났음을 알리는 것이라는 의미의 글자.

또다른뜻 욕할, 비방할, 몰래 꾸짖을, 저주할, 대답할.

- 誹謗(비방) 남을 헐뜯고 욕함.
- 猜謗(시방) 시기하며 비방함.
- 人謗(인방) 사람들이 몰래 비방함.
- 毁謗(훼방) ① 남을 헐어서 비방함. ② 남의 일을 비방함.

---

10 - 17 - 형성자

謄

베낄 등

짐승(月)의 가죽에 싸인 책(卷의 생략형)의 내용(言)을 베끼어 적는 사람의 형상을 본뜬 글자.

또다른뜻 등사할, 복사할, 복사, 발췌하여 쓸, 베껴적을.

- 謄本(등본) ① 원본대로 베껴 적은 서류. ② 사본.
- 謄寫(등사) 원본을 베껴 씀.
- 謄抄(등초) ① 원본에서 필요한 것만을 골라 베낌. ② 등본과 초본.

---

11 - 18 - 형성자

謹

삼갈 근

말(言)은 질펀한 진흙(堇) 길을 갈 때 걸음거리처럼 조심하고 삼가해야 한다는 의미의 글자.

또다른뜻 신중할, 조심할, 공경할, 오로지.

- 謹告(근고) 삼가 아룀. 또는, 삼가 알림.
- 謹愼(근신) 언행을 삼가하고 조심함.
- 謹賀(근하) 삼가 축하함.
- 謹厚(근후) 조심스럽고 온후함.

---

11 - 18 - 형성자

謬

그릇될 류

말(言)이란 자칫 잘못하면 높이 날으는(翏) 새처럼 그릇됨이 커질거라는 의미의 글자.

또다른뜻 속일, 오류, 어긋날, 차이가 날, 거짓으로 속일.

- 謬見(유견) 그릇된 생각과 견해.
- 謬說(유설) 이치에 어긋나는 말이나 학설.
- 謬習(유습) 그릇된 습관. 못된 버릇.
- 誤謬(오류) 이치에 어긋남. 그릇된 견해나 인식.

---

12 - 19 - 형성자

識

알 식

선조들은 후손이 알 수 있게 말(言)을 창(戈)으로 새겨 경계의 소리(音)를 전했다는 뜻의 글자.

또다른뜻 기록할, 볼, 깨달을, 기록할, 적을, 표(지), 기호(지).

- 識見(식견) 학식과 견문.
- 識別(식별) 알아서 구별함. 헤아려 구별함.
- 博識(박식) 아는 것이 많음.
- 標識(표지) 다른 것과 구별하여 알게 하기 위한 표시나 특징.

MILLENNIUM

한 자 방 정 식

言 + 義 ⇨ 議

말로 / 옳은 방법을 찾기 위해 / 의논함.

---

12 - 19 - 형성자

證

증 거 증

사실을 증명하기 위한 말(言)을 모두 듣게 단 위에 올라가(登) 증거대어 말한다는 의미의 글자.

또다른뜻 증명할, 증험할, 근거, 근거할.

證據(증거) 어떤 사실을 증명할 근거.
證明(증명) 사물의 진부를 증거로 밝힘.
證憑(증빙) 증거가 될 만함.
證書(증서) 어떤 사실을 증명하는 문서.

---

13 - 20 - 형성자

譜

계 보 보

조상의 말씀(言)이나 족보 따위를 체계화하여 자손에게 두루(普) 전하려는 계보를 의미한 글자.

또다른뜻 족보, 문서, 악보, 문서 붙이.

系譜(계보) 조상 때부터 혈통을 적은 책.
年譜(연보) 평생 이력을 연대순으로 적은 기록.
族譜(족보) 한 족속의 계보를 적은 책.

---

13 - 20 - 형성자

警

경계할 경

포졸이 길잃은 사람에게 길의 안내나 나쁜 일을 경계하도록(敬) 타이르는(言) 형상을 본뜬 글자.

또다른뜻 깨달을, 깨우칠, 방비할, 경계, 방비.

警戒(경계) 잘못되지 않도록 미리 조심함.
警告(경고) 조심하도록 미리 주의를 줌.
警備(경비) 경계하고 방비함.
警護(경호) 경계하고 호위함.

---

13 - 20 - 형성자

議

의논할 의

서로 선의를 꾀하기 위해 말(言)을 나누며 옳은(義) 방법을 의논하는 형상을 본뜬 글자.

또다른뜻 의견, 따질, 말할, 꾀할.

議決(의결) 의논하여 결정함.
議案(의안) 의논해야할 사건이나 안건.
議題(의제) 의논할 문제.
議員(의원) 의결권을 가진 합의기관의 구성원.

---

13 - 20 - 형성자

譯

통변할 역

다른 나라의 말을(言) 듣고 살펴(睪) 번역하거나 통변하는 사람의 형상을 본뜬 글자.

또다른뜻 번역할, 풀어 밝힐, 풀이할, 번역.

譯書(역서) 번역한 책이나 글.
譯詩(역시) 번역한 시.
譯者(역자) 번역한 사람.
飜譯(번역) ① 어떤 말을 다른 말로 옮김. ② 외국말을 우리나라 말로 옮김.

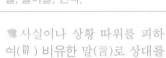

---

13 - 20 - 형성자

譬

비유할 비

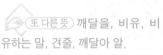

사실이나 상황 따위를 피하여(辟) 비유한 말(言)로 상대를 인식시키는 형상을 본뜬 글자.

또다른뜻 깨달을, 비유, 비유하는 말, 견줄, 깨달아 알.

譬喩(비유) 어떤 사물의 모양·상태 따위를 설명하기 위해 그것과 비슷한 다른 사물에 빗대어 표현하거나 그런 표현 방법을 이르는 말.

MILLENNIUM

한자방정식

與 + 言 ⇨ 譽

모든 사람들이 더불어 칭송하며 기림.

---

14 - 21 - 형성자

譽

기릴 예

어떤 이의 행적을 모두가 더불어(與) 기리고 칭송하니 그 영예로운 형상을 본뜬 글자.

(또다른뜻) 명예, 칭찬할, 바로잡을, 가상히 여길, 영예, 명성.

- 譽聲(예성) 명예와 성문(聲聞). 칭찬의 소리.
- 名譽(명예) 세상 사람들에게 뛰어남을 인정받는 이름이나 영광.
- 榮譽(영예) 영광스런 명예.

---

14 - 21 - 형성자

護

보호할 호

좋은 말(言)은 나쁜 생각들을 재우고(蒦) 노약자를 보호하는 것이라는 의미의 글자.

(또다른뜻) 지킬, 도울, 감쌀, 통솔할, 거느릴, 감시할, 구제할.

- 護衛(호위) 따라다니며 보호하고 지킴.
- 看護(간호) 환자 등을 보살펴 돌봄.
- 辯護(변호) 남의 이익을 위해 변명함.
- 救護(구호) 구조하여 보호함.

---

15 - 22 - 형성자

讀

읽을 독

글을 읽는 듯한 말(言)로 장삿꾼이 목청을 돋구어 물건을 파는(賣) 형상을 본뜬 글자.

(또다른뜻) 글읽을, 해독할, 풀, 설명할, 읽기, 구두점(두).

- 讀書(독서) 책을 읽음.
- 讀者(독자) 책 · 신문 등을 읽는 사람.
- 讀破(독파) 책 등을 끝까지 다 읽음.
- 讀後感(독후감) 책을 읽은후 그 느낌을 적음.

---

16 - 23 - 형성자

變

변할 변

좋은 말을(言) 실(糸)처럼 엮듯이 회초리로 쳐서(夂) 심성을 변하게 하는 형상을 본뜬 글자.

(또다른뜻) 고칠, 재앙, 바뀔, 변경될, 변화할, 화할, 어길.

- 變更(변경) 바꾸어서 고침. 변개(變改).
- 變動(변동) 바꾸어 달라짐.
- 變造(변조) 다른 모양으로 바꾸어 만듦.
- 變化(변화) 사물의 형상이나 성질 등이 달라짐.

---

16 - 23 - 형성자

讎

원수 수

새(隹)가 먹이를 두고 서로 거친 소리(言)를 내며 원수처럼 싸우는 형상을 본뜬 글자.

(또다른뜻) 적, 원수질, 바로잡을, 대답할, 원수갚을, 대접할.

- 讎仇(수구) 원수.
- 復讎(복수) 원수를 갚음.
- 怨讎(원수) 자기에게 원한이나 해를 끼치어 원망의 대상이 되는 상대.
- 讎校(수교) 원수 대하듯 진지하게 문장을 교정함.

---

17 - 24 - 형성자

讓

사양할 양

보이지 않게 남을 도와(襄) 준 것의 보답을 겸손하게 사양하는 말(言)을 의미한 글자.

(또다른뜻) 겸손할, 양보할, 넘겨줄, 거절할, 물러설, 매도할.

- 讓渡(양도) 재산이나 물건을 남에게 넘겨줌.
- 讓步(양보) 사양하여 물러나거나 굽힘.
- 謙讓(겸양) 자랑하지 않고 겸손하게 사양함.
- 辭讓(사양) 겸사하고 받지 않음.

MILLENNIUM

한자방정식

曲	+	豆	⇨	豊
정성껏 음식을		그릇에 담은		풍성함.

---

19 - 26 - 형성자

讚
기릴 찬

어진이 바른 말(言)은 누구나 칭송하여 돕고(贊) 후일엔 그 뜻을 기린다는 뜻의 글자.

(또다른뜻) 도울, 칭찬할, 밝힐, 명백히 할, 기록할, 보좌할.

- 讚美(찬미) 아름다운 것을 기리어 칭송함.
- 讚辭(찬사) 칭찬하는 말이나 또는 그 글.
- 讚頌(찬송) 덕을 기리어 칭찬함.
- 絶讚(절찬) 지극히 칭찬함. 또는 그 칭찬.

谷

0 - 7 - 회의자

谷
골 곡

谷은 물 수의 변형과 口로 이루어진 자로 골짜기에서 물이 흐르는 형상을 본뜬 글자.

(또다른뜻) 골짜기, 기를, 궁진할, 계곡, 좁은 길, 성장시킬.

- 谷水(곡수) 골짜기에서 흐르는 물.
- 谷風(곡풍) ① 골바람. ② 동풍.
- 溪谷(계곡) 물이 흐르는 골짜기.
- 幽谷(유곡) 그윽하고 깊은 산골.
- 峽谷(협곡) 험하고 좁은 골짜기.

---

10 - 17 - 형성자

豁
소통할 활

사방이 활짝 트인(害) 산등성이의 골짜기(谷)에 바람이 잘 소통되는 형상을 본뜬 글자.

(또다른뜻) 넓을, 뚫린 골, 트인 골짜기, 통할, 달할, 공허할.

- 豁達(활달) ① 사방이 탁 트여 넓은 모양. ② 도량이 넓은 모양.
- 豁如(활여) 도량이 넓은 모양.
- 豁悟(활오) 환히 깨달음.
- 空豁(공활) 텅 비고 넓음. 황량하고 넓음.

豆

0 - 7 - 상형자

豆
콩 두

豆는 뚜껑을 의미한 一과 아래에는 제기의 모양인데 그 모양이 콩같다는 의미의 글자.

(또다른뜻) 팥, 제기, 제수, 잔받침, 양의 단위, 무게의 단위.

- 豆類(두류) 콩의 종류.
- 豆腐(두부) 콩으로 만든 묵과 같은 식품.
- 豆肥(두비) 콩을 썩혀서 쓰는 거름.
- 豆油(두유) 콩기름.

---

3 - 10 - 형성자

豈
어찌 기

산등성이(山)에 콩머리(豆)처럼 승리한 군사들이 오는데 어찌 기쁘지 않겠는가라는 의미의 글자.

(또다른뜻) 일찌기, 즐길(개), 개선가(개), 개선할(개), 화할(개).

- 豈可(기가) 어찌 할 수 있는가? 해서는 안된다는 금지(禁止)의 뜻.
- 豈敢(기감) 어찌 감히.
- 豈不(기불) 어찌…않으랴.
- 豈樂(개악) 기뻐함. 즐거워함.
- 豈弟(기제) 화락하게 즐김.

---

6 - 13 - 회의자

豊
풍성할 풍

제사 때 쓰이는 제기(豆)에 풍성하게 담긴 음식(曲)을 차려 정성을 표하는 형상을 본뜬 글자.

(또다른뜻) 풍년, 두터울, 넉넉할, 가득할, 찰, 족할, 제기.

- 豊富(풍부) 넉넉하고 많음.
- 豊盛(풍성) 넉넉하고 무성하게 많음.
- 豊作(풍작) 풍년이 들어 잘된 농사.
- 豊足(풍족) 넉넉하고 부족함이 없음.

한 자 방 정 식

予	+	象	→	豫
자기 스스로		코끼리는 죽을 곳으로		미리 간다.

豚 (돼지 돈)

4 - 11 - 회의자

대체적으로 새끼 돼지를 일컬어 살(月)이 통통하게 찐 돼지(豕)라는 의미의 글자.

또 다른 뜻: 새끼돼지, 흙부대자루, 복어, 지척거릴, 절둑걸음.

- 豚舍(돈사) 돼지 우리.
- 豚肉(돈육) 돼지 고기.
- 豚肢(돈지) 돼지 기름.
- 豚皮(돈피) 돼지 가죽.
- 養豚(양돈) 돼지를 먹여 기름.
- 河豚(하돈) 복어. 복.

象 (코끼리 상)

5 - 12 - 형성자

좌를 향하고 있는 코끼리의 형상을 본뜬 글자로 그것을 그림으로 그린다는 의미의 글자.

또 다른 뜻: 형상, 모양, 본뜰, 본받을, 상형, 상아, 법칙, 악곡.

- 象牙(상아) 코끼리의 위로 향한 어금니.
- 象徵(상징) 말로 설명하기 힘든 개념 따위를 구체적인 것으로 나타내는 일.
- 象皮(상피) 코끼리의 가죽.

豪 (호걸 호)

7 - 14 - 형성자

등덜미가 높이(高의 생략형) 솟은 힘센 멧돼지(豕)처럼 강한 호걸의 형상을 본뜬 글자.

또 다른 뜻: 호협할, 호방할, 응대할, 사치스러움, 걸출할, 귀인.

- 豪傑(호걸) 지혜 · 용기 · 기개가 뛰어난 이.
- 豪奢(호사) 호화롭고 지나치게 사치함.
- 文豪(문호) 크게 뛰어난 문학가.
- 富豪(부호) 재산이 넉넉하고 세력이 있음.

豫 (미리 예)

9 - 16 - 형성자

코끼리(象)는 죽을 때 제(予) 스스로 묻힐 곳에 미리 가 죽음을 기다린다는 뜻의 글자.

또 다른 뜻: 머뭇거릴, 먼저, 기뻐할, 참여할, 싫어할, 우선.

- 豫感(예감) 어떤 일이 있기 전 미리 느낌.
- 豫防(예방) 질병 · 재해 등을 미리 대처함.
- 豫算(예산) 미리 필요한 금액 등의 계산.
- 豫約(예약) 미리 약속을 정함.

貌 (모양 모)

7 - 14 - 회의 · 형성자

해태(豸)는 실재없는(白) 상상의 동물로 그 모양이 어둠속에선 사람처럼 보인다는 뜻의 글자.

또 다른 뜻: 거동, 형상, 안색, 겉보기, 모습, 본뜰(막), 멀(막).

- 貌襲(모습) 사람이나 사물의 생긴 모양새.
- 變貌(변모) 모습이 변함. 또는 그 모습.
- 外貌(외모) 사람을 겉으로 보인 모양.
- 容貌(용모) 사람 얼굴의 모양.

貝 (조개 패)

0 - 7 - 상형자

조개가 입을 벌리고 있는 형상을 본뜬 글자로 옛날에는 조개껍질을 화폐의 단위로 쓰임.

또 다른 뜻: 재물, 비단, 화폐, 조가비, 조개무늬, 장신구, 패물.

- 貝類(패류) 조개의 종류.
- 貝粉(패분) 조개 따위의 껍데기의 가루.
- 貝石(패석) 조가비가 붙어 있는 돌.
- 貝塚(패총) 조개 껍데기가 쌓여 있는 무덤.

MILLENNIUM

한자방정식

工 + 貝 ⇨ 貢

수확한 / 재물의 일부를 / 나라에 바침.

2-9-회의자

負

짐질 부

사람(人의 변형)이 짐을 지고 있는 것은 남으로부터 빌린 재물(貝)이라는 뜻의 글자.

또다른뜻 질, 저버릴, 패할, 빚질, 책임질, 입을, 믿을, 씌울.

- 負擔(부담) 어떤 의무나 책임을 짐.
- 負傷(부상) 몸에 상처를 입음.
- 負債(부채) 남에게 빚을 짐. 또는 그 빚.
- 勝負(승부) 경기나 결투에서의 이김과 짐. 승패.

2-9-형성자

貞

곧을 정

점(卜)을 보기 위해서 정성껏 재물(貝)을 바치고 몸을 정갈히 하고 곧아야한다는 의미의 글자.

또다른뜻 바를, 정할, 정갈할, 안정할, 정성, 점칠, 정조, 절개.

- 淨潔(정결) 정조가 굳고 행실이 깨끗함.
- 淨淑(정숙) 여자의 곧고 고운 행실.
- 淨節(정절) 여자의 곧은 절개.
- 淨操(정조) 성적인 순결을 보존하는 일.

3-10-형성자

財

재물 재

재물이나 돈(貝)을 재간껏(才) 모아 온갖 보물이나 재산 따위가 많은 형상을 본뜬 글자.

또다른뜻 보배, 뇌물, 재화, 녹, 봉록, 마를, 처리할, 재주, 재능.

- 財界(재계) 실업가와 금융업자의 사회.
- 財團(재단) 일정한 목적으로의 재산 집단.
- 財務(재무) 경제에 관한 사무.
- 財產(재산) 경제적 가치가 있는 동산·부동산의 재화.

3-10-형성자

貢

바칠 공

열심히 일하여 수확한(工) 재물(貝)의 일부를 나라에 공물로 바치는 형상을 본뜬 글자.

또다른뜻 공물, 천거할, 추천할, 알릴, 고할, 무너질, 하사할.

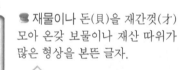

- 貢納(공납) 공물을 바침.
- 貢物(공물) 궁중이나 나라에 바치는 물건.
- 貢獻(공헌) 공물을 상납하거나 이바지함.
- 朝貢(조공) 속국이 종주국에 예물을 바침.

4-11-회의·형성자

貫

꿸 관

줄에 꿰인(毌) 동전의 돈뭉치(貝)의 형상을 본뜬 글자로 무게의 단위인 관으로도 쓰임.

또다른뜻 지위, 관, 꿰뚫을, 호적, 착용할, 통과할, 이어질.

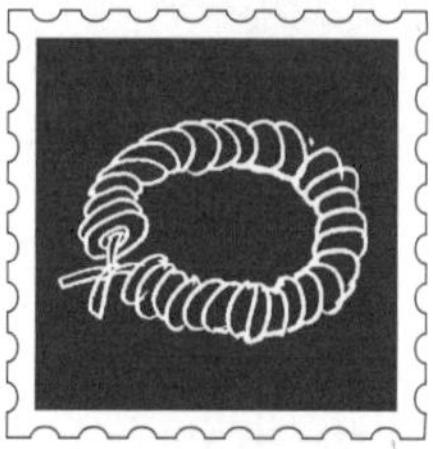

- 貫祿(관록) 사람의 몸에 갖추어진 위엄.
- 貫徹(관철) 어려움을 이기고 목적을 이룸.
- 貫通(관통) 꿰뚫음. 표적을 뚫고 지나감.
- 本貫(본관) 시조가 난 땅.

4-11-형성자

責

꾸짖을 책

가시나무(主=朿의 변형)에 찌르듯 빌린 돈(貝)을 갚지 못해 꾸짖음 당하는 형상을 본뜬 글자.

또다른뜻 책임, 나무랄, 강요할, 비방할, 규명할, 빚(채).

- 責望(책망) 잘못을 꾸짖고 나무람.
- 責務(책무) 책임을 맡은 임무나 업무.
- 責任(책임) 맡겨진 의무나 임무.
- 呵責(가책) 스스로의 잘못을 꾸짖음.

MILLENNIUM

한 자 방 정 식

貝	+	反	⇨	販
재물이나 상품을		되풀이 하여		팔고 팖.

4-11-회의·형성자

貧

가난할 빈

가난한 살림은 벌어온 것을 쪼개고 쪼개면(分) 항상 돈(貝)이 모자라는 형상을 본뜬 글자.

(또 다른 뜻) 빈곤할, 가난, 곤궁, 적을, 부족할, 청렴할, 모자랄.

- 貧困(빈곤) 가난하여 살기가 어려움.
- 貧民(빈민) 가난한 백성. 세민(細民).
- 貧富(빈부) 가난함과 부유함.
- 貧弱(빈약) 충실하지 못하여 보잘것 없음.

4-11-형성자

販

팔 판

물건을 되풀이하여(反) 팔고 팔아서 재물(貝)을 모으는 장사꾼의 형상을 본뜬 글자.

(또 다른 뜻) 매매할, 장사할, 상업, 장사꾼, 판매할, 팔아모을.

- 販路(판로) 상품이 팔리는 방면이나 길.
- 販賣(판매) 상품을 파는 것.
- 販促(판촉) 「판매 촉진」의 준말.
- 市販(시판) 「시중 판매」의 준말.
- 總販(총판) 어떤 상품을 도거리로 도맡아 파는 것.

4-11-형성자

貪

탐낼 탐

욕구란 한정이 없어 이제(今) 가지고 있는 재물(貝)로 만족하련만 더 탐을 낸다는 뜻의 글자.

(또 다른 뜻) 탐할, 욕심낼, 더듬어 찾을, 지나친 욕심, 욕심부릴.

- 貪官(탐관) 재물을 탐하는 관리.
- 貪心(탐심) 탐을 내는 마음. 탐욕(貪慾).
- 貪慾(탐욕) 지나치게 탐하는 욕심.
- 食貪(식탐) 음식을 욕심 내어 탐냄.

4-11-형성자

貨

재화 화

재물이 화(化)하여 돈(貝)이 될 수 있는 물품, 또는 화물 재화라고 한다는 의미의 글자.

(또 다른 뜻) 물품, 화물, 재물, 돈, 값나갈, 상품, 팔, 뇌물줄.

- 貨物(화물) 운반되는 물품.
- 貨幣(화폐) 금속이나 종이로 만든 돈.
- 金貨(금화) 금으로 만든 돈.
- 外貨(외화) 외국의 화폐.
- 財貨(재화) 값나가는 사물의 총칭. 재물.

5-12-형성자

貿

무역할 무

많은(卯) 물품(貝)을 몰아서 사고팔아 나라와 나라 간에 무역하는 형상을 본뜬 글자.

(또 다른 뜻) 교역할, 몰아서 살, 바꿀, 장사할, 매매할, 뒤섞일.

- 貿穀(무곡) 장사하려고 곡식을 사들임.
- 貿米(무미) 장사 목적으로 쌀을 사드림.
- 貿易(무역) 물품을 서로 교환·거래하는 일. 특히 외국과의 거래.

5-12-형성자

貸

빌릴 대

돈을 남에게 빌릴 때 대신(代) 그 원금(貝)에 대한 이자를 지불하는 형상을 본뜬 글자.

(또 다른 뜻) 줄, 용서할, 꿀, 빌려줄, 느슨할, 틀릴(특), 구걸할(특).

- 貸金(대금) 꾸어 준 돈.
- 貸付(대부) 기한을 정하고 돈을 빌려 줌.
- 貸借(대차) 꾸어 줌과 꾸어 옴.
- 貸出(대출) 대부하여 지출함.
- 賃貸(임대) 임료을 받고 물건을 빌려 줌.

MILLENNIUM

한 자 방 정 식

加	＋	貝	⇨	賀
뜻을 더해서		물품을		하례함.

---

5 - 12 - 형성자

費

소 비 할 비

재물(貝)을 떳떳한 비용으로 쓰는 이와 아무렇게 소비해버리는(弗) 이가 있다는 의미의 글자.

또 다른 뜻 쓸, 비용, 손상할, 소모될, 용도, 빛날, 효용, 땅이름.

費用(비용) 물건을 사거나 일에 드는 돈.
浪費(낭비) 재물 등을 헛되게 마구 씀.
消費(소비) 써서 없앰.
虛費(허비) 돈이나 시간 따위를 헛되이 써 버림.

---

5 - 12 - 회의자

買

살 매

돈(貝)으로 산 물건을 망태기(罒)에 넣어서 가져오는 사람의 형상을 본뜬 글자.

또 다른 뜻 부를, 자초할, 값치를, 넘겨받을, 고용할, 불러올.

買收(매수) 물건 등을 사들임.
買食(매식) 음식을 사서 먹음.
買入(매입) 물건 등을 사들임.
買店(매점) 값이 뛸 것을 예상하여 사둠.
購買(구매) 구입(購入). 물건을 사들임.

---

5 - 12 - 형성자

貴

귀 할 귀

광주리나 삼태기(口+一=臾의 변형)에 귀한 동전(貝)이 가득 담아 있는 형상을 본뜬 글자.

또 다른 뜻 귀히여길, 소중할, 높을, 중요할, 존경할, 자랑할.

貴賓(귀빈) 귀한 손님. 귀객.
貴中(귀중) 우편물 등 단체의 이름 아래 씀.
貴下(귀하) 상대를 존중해 부르는 말.
高貴(고귀) 지위나 인품이 높고 귀함.

---

5 - 12 - 형성자

賀

하 례 할 하

경사스러운 날을 하례하는 뜻을 더해(加) 많은 물품(貝)이 들어오는 형상을 본뜬 글자.

또 다른 뜻 하례, 경축할, 경사, 위로할, 치하할, 더할, 가상할.

賀客(하객) 축하하는 손님.
賀禮(하례) 축하하는 예식.
賀宴(하연) 축하하는 뜻으로 베푼 잔치.
賀正(하정) 새해를 축하함.
祝賀(축하) 경사 따위에 기쁨을 함께 표시한 인사.

5-12-회의 · 형성자

貯

쌓 을 저

많은 재물이나 돈(貝)을 곡간(宀)에 장정(丁)들이 쌓아 올리는 형상을 본뜬 글자.

또 다른 뜻 저장할, 저축할, 쌓아둘, 우두커니 설, 상점, 행복.

貯金(저금) 존을 절약해 은행 등에 맡김.
貯藏(저장) 재화 등을 모아서 간수함.
貯蓄(저축) 절약하여 모아 둠.
貯炭(저탄) 숯 · 석탄 따위를 저장함.

---

5 - 12 - 형성자

貳

두 이

두 번째(二) 주살까지(弋) 재물(貝)인 짐승을 거듭 잡는 형상을 본뜬 글자로 금액 표기에 쓰임.

또 다른 뜻 둘, 곁따를, 두 마음, 배반할, 의심할, 二의 갖은자.

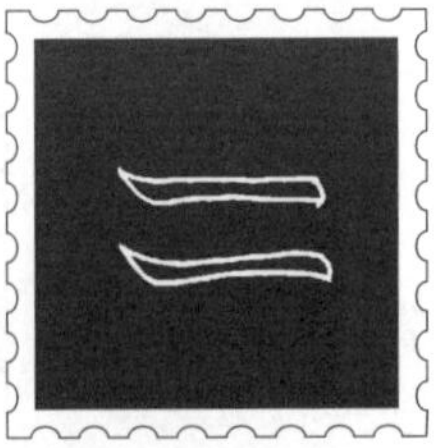

貳拾(이십) 10의 2배의 수.
貳百(이백) 100의 2배의 수.
貳千(이천) 1000의 2배의 수.
貳萬(이만) 10000의 2배의 수.

MILLENNIUM

한 자 방 정 식

次	+	貝	⇨	資
목숨다음으로		중요한 재산의		재물들.

---

5 - 12 - 형성자

貰

세 낼 세

세대(世)의 대를 이어서 돈(貝)의 액수를 정하여 가옥 따위의 세를 내는 형상을 본뜬 글자.

(또 다른 뜻) 용서할, 외상할, 놓아줄, 관대할, 관대하게 대할.

- 貰家(세가) 셋집. 빌린 돈.
- 貰錢(세전) 남에게 빌린돈.
- 月貰(월세) 방 따위를 빌려 쓰고 다달이 내는 사글세.
- 傳貰(전세) 일정 기간 동안 소유자에게 세를 주고 부동산을 빌려 쓰는 일.

---

6 - 13 - 형성자

資

재 물 자

사람이 목숨 다음(次)으로 소중히 여기는 것은 재물인 재산(貝)일것이라는 의미의 글자.

(또 다른 뜻) 자본, 천성, 자격, 근본, 재질, 비용, 장사할, 저장할.

- 資格(자격) 어떤 신분에 필요한 조건.
- 資金(자금) 특정한 목적에 쓰이는 돈.
- 資料(자료) 근본이 되는 재료나 원료.
- 資源(자원) 생산에 필요한 것.

---

6 - 13 - 형성자

賊

도 둑 적

창칼을 들고 오랑캐(戎)가 변방의 고을 백성들의 재물(貝)을 도둑질해가는 형상을 본뜬 글자.

(또 다른 뜻) 해칠, 훔칠, 역적, 강탈할, 죽일, 협박할, 학대할.

- 賊徒(적도) 도둑의 무리. 적당(賊黨).
- 盜賊(도적) 남의 재물을 훔치는 도독.
- 山賊(산적) 산 속에 근거지를 둔 도적.
- 逆賊(역적) 주군을 반역한 적도.

---

6 - 13 - 형성자

賃

품 팔 이 임

일이 있는 곳에 가서 맡은(任) 바 품팔이를 해 일한 댓가(貝)를 받는 형상을 본뜬 글자.

(또 다른 뜻) 품삯, 빌릴, 세낼, 더부살이, 고용인, 고용될, 빌려줄.

- 賃貸(임대) 유료로 물건 등을 빌려 줌.
- 賃借(임차) 유료로 물건 등을 빌려 씀.
- 勞賃(노임) 노동에 대한 보수. 품삯.
- 運賃(운임) 운송에 대한 삯.

---

6 - 13 - 회의자

賄

뇌 물 회

돈(貝)을 주어 자기의 일을 돌보아 달라고(有) 뇌물을써서 청탁하는 형상을 본뜬 글자.

(또 다른 뜻) 선물, 재물, 예물로 줄, 뇌물을 줄, 청탁의 재물.

- 賄賂(회뢰) 뇌물 따위를 청탁의 댓가로 주거나 받음.
- 收賄(수회) 댓가성의 뇌물을 받음. 수뢰(受賂).
- 贈賄(증회) 뇌물을 줌. 자기의 이익을 꾀하기 위해 몰래 주는 부정한 재물.

---

6 - 13 - 회의자

賂

뇌 물 뢰

사리사욕을 도모하기 위하여 부정한 재물(貝)을 각처(各)에 뇌물로 뿌리는 형상을 본뜬 글자.

(또 다른 뜻) 뇌물줄, 청탁할, 선물, 금품을 보낼, 부정한 돈.

- 賂物(뇌물) 직권을 이용하여 자기에게 특별한 편의를 보아 달라는 뜻으로 주는 부정한 선물이나 돈.
- 受賂(수뢰) 뇌물을 받음.
- 賄賂(회뢰) 뇌물을 주거나 받음.

MILLENNIUM

한 자 방 정 식

貝	+	易	⇨	賜
하례품은		충심을 바꾸지 말라고		주는 것임.

---

7 - 14 - 회의자

賓

손 빈

집(宀)에 손님 맞을 때 한결(一) 같이 겸손히(少) 대접하며 재물(貝)을 아끼지 않는다는 뜻의 글자.

또 다른 뜻 공경할, 복종할, 손님, 묵을, 대우할, 화친할, 사위.

賓客(빈객) 점잖은 손님.
國賓(국빈) 나라의 손님인 외국인.
貴賓(귀빈) 귀한 손님.
來賓(내빈) 식장 등에 찾아온 손님. 하객.

---

8 - 15 - 형성자

賦

구 실 부

백성들의 재물(貝) 중, 무사(武)들을 위한 군비의 구실로 세금을 징수하는 형상을 본뜬 글자.

또 다른 뜻 부역, 매길, 세금, 세금거둘, 베풀, 타고날, 부과할.

賦課(부과) 세금 등의 의무를 지우는 것.
賦稅(부세) 세금을 부과함.
賦與(부여) 나눠 줌. 벌려 줌.
天賦(천부) 선천적으로 가지고 있음.
割賦(할부) 분할하여 배당함.

---

8 - 15 - 회의자

賣

팔 매

도매로 산 물건을 다시 내놓고(士=出의 변형) 팔아서 장사를 하는 형상을 본뜬 글자.

또 다른 뜻 기만할, 배신할, 내통할, 널리, 퍼뜨릴, 값받을.

賣渡(매도) 물건을 팔아 넘김.
賣買(매매) 물건 등을 팔고 삼.
賣物(매물) 팔 물건.
賣上(매상) ① 상품을 팖. ② 매상고(賣上高)의 준말.
賣店(매점) 기관이나 단체 내의 작은 가게.

---

8 - 15 - 형성자

賜

줄 사

임금이 신하에게 하사품(貝)을 주는 것은 충직한 마음을 바꾸지(易) 말라는 의미의 글자.

또 다른 뜻 하사할, 베풀, 고마울, 명령할, 은덕, 은혜, 다할.

賜米(사미) 나라에서 하사한 쌀.
賜藥(사약) 임금이 독약을 내려 줌.
膳賜(선사) 남에게 호의로 물품 따위를 줌.
下賜(하사) 임금이 신하에게 내리는 재물.

---

8 - 15 - 회의 · 형성자

賤

천 할 천

사고파는 물품(貝)이 헐거나 상하게(戔) 되어 고객이 값싸고 천하게 여기는 형상을 본뜬 글자.

또 다른 뜻 업신여길, 값쌀, 천히 여길, 신분낮을, 자기겸칭.

賤待(천대) 업신여기어 푸대접함.
貴賤(귀천) 귀함과 천함.
微賤(미천) 신분등이 미미하고 천함.
卑賤(비천) 신분 따위가 낮고 천함.

---

8 - 15 - 회의자

質

바 탕 질

인간 생활을 영위함에 있어 바탕이(斤+斤) 되는 것은 재물(貝)이라는 의미의 글자.

또 다른 뜻 물건, 품성, 순박할, 진실할, 뿌리, 근본, 순질할.

質問(질문) 모르거나 의심나는 점을 물음.
質疑(질의) 의심나는 점을 물어서 밝힘.
質的(질적) 질에 관계되는 것.
資質(자질) 타고난 성품이나 자질.

MILLENNIUM

한자방정식

尙 + 貝 ⇨ 賞

공로를 칭찬하며 + 물품을 하사하여 ⇨ 상을 줌.

8-15-형성·회의자

賢

어 질 현

항상 신하(臣)처럼 오른손(又)을 공손히 하고 재물(貝)로 베푸는 어진 이의 형상을 본뜬 글자.

또 다른 뜻 어진이, 덕행있을, 재덕있을, 성인, 선량할, 존경할.

- 賢明(현명) 어질고 영리하여 사리에 밝음.
- 賢婦(현부) 현명한 부인. 어진 며느리.
- 賢淑(현숙) 여자의 마음이 어질고 정숙함.
- 聖賢(성현) 성인과 현인.

8-15-형성자

賞

상 줄 상

공로가 있는 사람에게 칭찬(尙)과 상으로 재물(貝)을 하사하는 형상을 본뜬 글자.

또 다른 뜻 기릴, 칭찬할, 품평할, 상, 찬양할, 높일, 숭상할.

- 賞金(상금) 상으로 주는 돈.
- 賞狀(상장) 상의 뜻을 표하여 주는 증서.
- 賞牌(상패) 상으로 주는 패.
- 賞品(상품) 상으로 주는 물품.
- 懸賞(현상) 어떤 목적이나 조건으로 상금을 겲.

8-15-형성자

賠

배상할 배

남의 재물(貝)을 가르거나(部의 생략형) 피해를 입혔을 때 배상해야한다는 의미의 글자.

또 다른 뜻 물어 줄, 손해를 배상할, 갚아 줄, 손해를 보상할.

- 賠償(배상) 남에게 입힌 피해나 손해를 물어줌.
- 賠金(배금) 남에게 입힌 피해나 손해를 배상하는 돈. 배상금.
- 損賠(손배) 「손해배상」의 줄임말.

9-16-형성자

賴

의지할 뢰

약속(束)을 칼(刀)로 베듯 물건을 사고 팔아 그 이득(貝)에 가족이 의지한다는 의미의 글자.

또 다른 뜻 힘입을, 믿을, 의뢰할, 얻을, 이득볼, 착할, 다행히.

- 賴天(뇌천) 하늘의 은혜를 입음.
- 無賴(무뢰) 직업이 없이 불량한 짓을 함.
- 信賴(신뢰) 믿고 의지함.
- 依賴(의뢰) 어떤 일을 남에게 부탁함.

10-17-형성자

購

살 구

재물이나 돈(貝)으로 물건들을 사서 우물 정자(井)처럼 얽어(冉) 쌓는 사람의 형상을 본뜬 글자.

또 다른 뜻 사들일, 상금걸, 값치를, 보상할, 화해할, 구매할.

- 購讀(구독) 서적·신문 따위를 사서 읽음.
- 購買(구매) 물건 따위를 삼.
- 購入(구입) 물건 따위를 삼.
- 急購(급구) 물건 따위를 급하게 사들임.

10-17-형성자

賻

부의 부

사람이 죽은 초상집에 재물(貝)을 보내 두루(専) 위로하고 부의하는 형상을 본뜬 글자.

또 다른 뜻 부조할, 초상집에 부조할, 부조로 보내는 물품이나 돈.

- 賻儀(부의) 초상집에 부조로 보내는 물건이나 돈.
- 賻助(부조) 상가에 물품이나 돈을 보내어 위로하고 도와줌.
- 弔賻(조부) 조문(弔問)과 부의(賻儀).

MILLENNIUM

한 자 방 정 식

赤 + 攵 ⇨ 赦

충심을 약속받기 위해 / 적을 쳐서 / 풀어주고 용서함.

---

12 - 19 - 형성자

贈

줄 증

어떤 이에게 공적의 치하의 뜻으로 재물(貝)을 주어 힘을 더해(曾)주는 형상을 본뜬 글자.

또 다른 뜻 더할, 보낼, 선물할, 추사할, 조상할, 내쫓을, 보탤.

- 贈別(증별) 시 등을 친구와 헤어질 때 줌.
- 贈呈(증정) 남에게 물품 등을 줌.
- 贈賄(증회) 남에게 뇌물을 줌.
- 寄贈(기증) 물품을 선물로 보내어 줌.

---

12 - 19 - 회의자

贊

찬성할 찬

모임 등에 앞서 나아가(先+先) 찬성의 의미로 금품(貝)을 찬조해주는 형상을 본뜬 글자.

또 다른 뜻 도울, 조력할, 추천할, 드러낼, 알릴, 밝힐, 참가할.

- 贊反(찬반) 찬성과 반대.
- 贊成(찬성) 타인의 의견이 옳다고 동의함.
- 贊助(찬조) 뜻을 같이하여 찬성하여 도움.
- 協贊(협찬) 협력하여 도움.

---

15 - 22 - 회의자

贖

속받칠 속

돈(貝)을 속으로 받친 종에게 양민의 신분을 파는(賣) 것을 사는 형상을 본뜬 글자.

또 다른 뜻 바꿀, 속전낼, 무역할, 잇을, 갈, 되찾을, 전당잡힐.

- 贖良(속량) 종의 신분을 면함.
- 贖錢(속전) 죄을 면하기 위해 바치는 돈.
- 贖罪(속죄) 재물 따위로 죄를 면하는 일.
- 代贖(대속) 남의 죄나 고통을 대신함.

---

0 - 7 - 회의자

赤

붉을 적

모닥불이 크게(土=大의 변형) 활활 탈 때 불(火의 변형)이 더욱 붉은 형상을 본뜬 글자.

또 다른 뜻 붉은 빛, 빌, 벌거벗을, 적나라, 멸할, 충심, 제거할.

- 赤道(적도) 적도면과 천구가 맞닿는 선.
- 赤色(적색) 붉은 빛깔. 붉은 색.
- 赤字(적자) 수입보다 지출이 많은 것.
- 赤潮(적조) 비닷물이 붉게 변하는 현상.

---

4 - 11 - 형성자

赦

용서할 사

적국을 쳐서(攵) 선량한 양민들은 용서해주어서 충심(赤)을 약속받은 형상을 본뜬 글자.

또 다른 뜻 착하지않을, 사면, 사면할, 관용베풀, 채찍질할(책).

- 赦令(사령) 사면의 명령.
- 赦免(사면) 지은 죄를 용서해 그 벌을 용서하는 일.
- 大赦(대사) 죄인에게 베푸는 큰 사면.
- 恩赦(은사) 나라의 경사로 특별사면하는 일.

---

0 - 7 - 회의자

走

달아날 주

달아나는 사람의 발이 땅(土)에서 마치 떠있는 발(止의 변형)처럼 보이는 형상을 본뜬 글자.

또 다른 뜻 달릴, 뛰어갈, 달음질할, 도망칠, 뜰, 종종걸음.

- 走力(주력) 달리는 힘.
- 走破(주파) 그치지 아니하고 끝까지 달림.
- 走行(주행) 동력으로 움직여 달려감.
- 奔走(분주) ①마구 달림. ②몹시 바쁨.

MILLENNIUM

한 자 방 정 식

走 + 己 ⇨ 起

달리기 위해 굽혔던 몸을 일어남.

---

2 - 9 - 형성자

赴

다다를 부

점을 보고 기대하여(卜) 그 곳에 다다르기 위해 달려가는(走) 사람의 형상을 본뜬 글자.

(또 다른 뜻) 알릴, 나아갈, 부고할, 이를, 도달할, 부임할.

赴擧(부거) 옛날 선비가 과거를 보러 감.
赴門(부문) 과장에 들어감.
赴召(부소) 임금의 명을 좇아 나아가 옴.
赴任(부임) 임명을 받아 임지로 감.

---

3 - 10 - 형성자

起

일어날 기

달리기(走) 위해 몸(己)을 구부정하게 굽혔던 자세에서 일어나 질주하는 형상을 본뜬 글자.

(또 다른 뜻) 시작할, 일어설, 뛰어오를, 내닫을, 입신할, 발생할.

起工(기공) 공사를 시작함.
起動(기동) 몸을 일으켜 움직임.
起伏(기복) 세력이 성하였다 쇠하였다 함.
起訴(기소) 검사가 법원에 공소를 제기함.
起業(기업) 새로 사업을 일으킴.

---

5 - 12 - 형성자

超

뛰어넘을 초

장수가 달려와(走) 임금의 부름(召)를 받잡고 산을 뛰어넘어 황망히 가는 형상을 본뜬 글자.

(또 다른 뜻) 뛰어날, 초탈할, 넘을, 지나갈, 건널, 멀어질, 빠를.

超過(초과) 일정한 정도나 수를 넘음.
超黨(초당) 당파의 이익을 초월하여 일함.
超越(초월) 영역이나 한계를 뛰어 넘음.
超脫(초탈) 세속을 벗어남.

---

5 - 12 - 형성자

越

넘을 월

넘쳐 흐르는 힘으로 달려가(走) 도끼(戉)로 장애물을 무너뜨리고 넘는 형상을 본뜬 글자.

(또 다른 뜻) 넘길, 뛰어날, 나라이름, 앞지를, 달아날, 넘칠.

越權(월권) 자기에게 주어진 권한 밖의 일을 함.
越南(월남) 남쪽으로 넘어감.
越等(월등) 실력등이 다른 것보다 뛰어남.
越墻(월장) 담을 넘음.

---

8 - 15 - 형성자

趣

풍치 취

마음의 여유를 되찾기 위해 달려가(走) 뛰어난 풍치가 있는 곳을 찾는(取) 형상을 본뜬 글자.

(또 다른 뜻) 재미, 재촉할, 달릴, 향할, 까닭, 취지, 재촉할(촉).

趣味(취미) 마음에 끌려 쏠리는 흥미.
趣旨(취지) 근본이 되는 종요로운 뜻.
趣向(취향) 취미가 쏠리어 그곳을 향한 방향.
風趣(풍취) 풍경의 아취. 경치.

---

0 - 7 - 상형자

足

발 족

무릎(口)에서 발바닥(止의 변형)까지를 발이라 부르고 그곳 발바닥의 형상을 본뜬 글자.

(또 다른 뜻) 넉넉할, 과할, 뿌리, 충족할, 감당할, 지나칠(주).

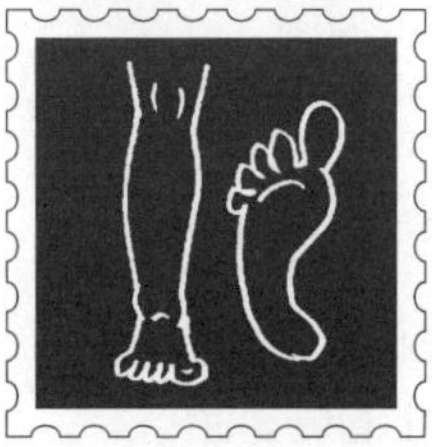

足部(족부) 발에서 발목까지의 부분.
足鎖(족쇄) 죄인의 발목에 채우던 쇠사슬.
足掌(족장) 발바닥.
鳥足(조족) ①새의 발자국. ②아주 작거나 적은 것의 비유.

MILLENNIUM

한자방정식

足 + 亦 ⇨ 跡

발자국이 거듭거듭 이어진 발자취.

---

5 - 12 - 형성자

距

떨어질 거

닭의 발(⻊의 변형) 뒤에 붙어 있는 며느리발톱(巨)이 앞과 떨어져 있는 형상을 본뜬 글자.

(또 다른 뜻) 막을, 며느리발톱, 겨를, 도달할, 대항할, 뛸, 어찌.

距骨(거골) 복사뼈.
距離(거리) ① 두 곳 사이의 떨어진 길이. ② 서로 어울리지 못한 간격.
相距(상거) 서로 떨어져 있는 거리.

---

5 - 12 - 형성자

跌

넘어질 질

걷다가 발(⻊)이 뒤틀려 실족(失)해 넘어지는 형상을 본뜬 글자로 차질의 뜻도 있음.

(또 다른 뜻) 헛디딜, 지나칠, 비틀거릴, 넘을, 달릴, 잘못할.

跌蕩(질탕) ① 제멋대로임. ② 지나치게 방탕에 가까운 행위나 더러움으로 범벅이 됨.
蹉跌(차질) ①발을 헛딛어 넘어짐. ②하던 일들이 어그러짐을 비유함.

---

6 - 13 - 형성자

跳

뛸 도

걷기 위한 발(⻊)이지만 이따금 뛰어야할 조짐(兆)이 있을 때는 뛰는 형상을 본뜬 글자.

(또 다른 뜻) 건널, 솟구칠, 뛰어오를, 도약할, 달아날, 빨리 갈.

跳梁(도량) 거리낌 없이 함부로 날뜀.
跳襲(도습) 옛 것을 좇아서 그대로 함.
跳躍(도약) 뛰어오름.
跳脫(도탈) 탈출하여 뛰어서 달아남.

---

6 - 13 - 형성자

路

길 로

사람들은 각기(各) 지기나름대로 발(⻊)이 향하여 가는 길이 있을 수 있다는 의미의 글자.

(또 다른 뜻) 도로, 도리, 연줄, 방법, 문맥, 방면, 고달플, 길손.

路上(노상) 길바닥. 길 위.
路線(노선) 일정한 목적지를 향한 길.
路程(노정) 여행의 경로. 여정(旅程).
道路(도로) 사람이나 차가 다닐 수 있는 길.

---

6 - 13 - 형성자

跡

발자취 적

발(⻊)의 거듭거듭(亦) 나타나는 발자취를 뒤밟아 추적하거나 따라가는 형상을 본뜬 글자.

(또 다른 뜻) 자취, 흔적, 뒤밟을, 발자국, 미행할, 흔적을 잡을.

潛跡(잠적) 아는 사람을 피해 종적을 아주 감춤.
追跡(추적) 뒤를 밟아 쫓아감.
筆跡(필적) 글씨의 형적. 글씨의 솜씨.
痕迹(흔적) 지나간 뒤의 남은 자취.

---

8 - 15 - 형성자

踏

밟을 답

겨울에 밭을 발(⻊)로 거듭(沓) 밟아주는 것을 냉한을 막기 위한 것이라는 뜻의 글자.

(또 다른 뜻) 디딜, 밟아누를, 걸을, 밟고 갈, 신, 발에 신는 것.

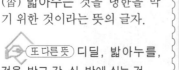

踏舞(답무) 발장단을 맞추면서 추는 춤.
踏步(답보) 제자리 걸음.
踏査(답사) 그 곳에 실지로 가서 조사함.
踏襲(답습) 선인의 행적을 따라 행함.

MILLENNIUM

한자방정식

足	+	就	⇨	蹴
발로		나아가		걷어 참.

8 - 15 - 형성자

踐
밟을 천

산에 길내려면 땅을 발(足)로 밟아 풀를 죽여(戔) 굳은 터로 만든다는 의미의 글자.

또다른뜻 행할, 디딜, 따를, 좇을, 걸어갈, 이행할, 실천할.

踐踏(천답) 짓밟음. 발로 짓밟는 행위.
踐言(천언) 말한 바를 실천함.
踐祚(천조) 임금의 자리를 이음. 왕위를 이음.
實踐(실천) 실제로 이행함. 실제 행동으로 옮김.

11 - 18 - 형성자

蹟
자취 적

현자가 밟고(足) 지나간 발자취는 후대의 귀감으로 책임감(責)이 있어야 한다는 뜻의 글자.

또다른뜻 자국, 행적, 사적, 좇을, 지나간 자국, 끼친 자욱.

古蹟(고적) 옛적의 물건이나 건물 등.
史蹟(사적) 역사상의 사건이나 시설의 자취.
遺蹟(유적) 옛 사람이 끼친 자취의 사적.
行蹟(행적) 평생에 한 일.

11 - 18 - 형성자

蹤
자취 종

우매한 종 따위의 발(足)은 항상 그 주인의 자취만을 밟고 따른(從)다는 의미의 글자.

또다른뜻 발자취, 놓아 보낼, 풀어서 놓을, 발자국을 좇을.

踪迹(종적) ① 어떤 일이 일어난 뒤에 드러난 모양이나 흔적. ② 발자취, 또는 행방. ③ 고인이나 현인의 행적.

12 - 19 - 형성자

蹶
넘어질 궐

발(足)로 세차게 차서 넘어뜨리자 오랑캐(厥)가 여지없이 넘어지고마는 형상을 본뜬 글자.

또다른뜻 일어날, 엎어질, 전복될, 탕진할, 꺾을, 움직일(궤).

蹶起(궐기) ①벌떡 일어남. ②여러 사람이 굳은 뜻을 품고 힘차게 일어남.
蹶失(궐실) 발을 헛디딤. 실족함.

12 - 19 - 형성자

蹴
찰 축

옛날, 족구를 하기 위해 발(足)을 한 번 다지고 나가(就) 공을 차는 형상을 본뜬 글자.

또다른뜻 걷어찰, 발로 찰, 밟을, 뒤좇을, 공경하는 마음.

蹴球(축구) 각 11명씩의 선수로 두편으로 나누어 상대편 문 안에 공을 넣음으로써 승부를 겨루는 경기.
一蹴(일축) ①한 번 걷어참. ②단번에 물리침.

13 - 20 - 형성자

躁
조급할 조

팔에 물건을 안고 너무 조급한 나머지 발(足)로 다른 물건을 잡으려(喿) 한다는 뜻의 글자.

또다른뜻 성급할, 떠들, 왁지할, 시끄러울, 동요할, 교활할.

躁競(조경) 조급한 마음으로 부귀·권세를 다툼.
躁狂(조광) 소란을 피우며 미쳐 날뜀.
躁急(조급) ①참을성없이 급함. ②초조하게 서두름.
躁症(조증) 조급히 구는 성질.

MILLENNIUM

한 자 방 정 식

車	+	干	⇨	軒
수레의		둥근 덮개같은		추녀.

身

車

14 - 21 - 형성자

躍

뛸 약

활에 맞은 꿩(翟)이 도망가니 사냥꾼은 발(足)을 민첩히 뛰어가 잡는 형상을 본뜬 글자.

(또 다른 뜻) 뛰어오를, 활동할, 가슴뛸, 물가, 좋아할, 빠를(척).

躍動(약동) 펄펄 날듯 생기있고 활발함.
躍進(약진) 힘차게 앞으로 나아감.
飛躍(비약) 급격히 발전하거나 향상됨.
活躍(활약) 힘차게 활동함.

0 - 7 - 상형자

身

몸 신

신이 납시어 어미 몸속의 태아에 생명을 불어넣어 아이를 배게 한다는 의미의 글자.

(또 다른 뜻) 몸뚱이, 신체, 체구, 자신, 신분, 칼날, 몸소, 세대.

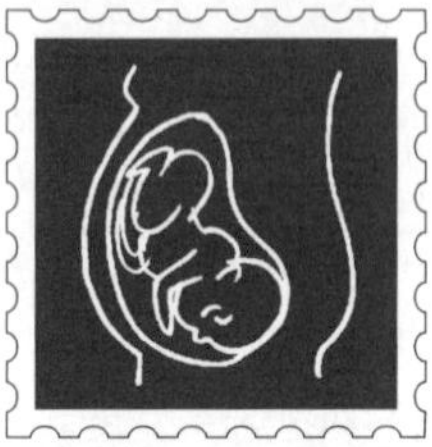

身命(신명) 몸과 목숨.
身分(신분) ① 개인의 사회적 지위. ② 법률상의 일정한 지위나 자격.
身上(신상) 몸에 관계된 형편.신변에 관련된 형편.
身元(신원) 일신상의 관련된 성분.

11 - 18 - 형성자

軀

몸 구

몸소(身) 나와 자신의 구석구석(區) 몸을 단장하며 출타할, 준비를 하는 형상을 본뜬 글자.

(또 다른 뜻) 신체, 몸통, 몸뚱이.

軀幹(구간) 몸의 뼈대. 몸통.
巨軀(거구) 큰 몸뚱이.
老軀(노구) 늙고 나약한 몸뚱이. 늙은 몸.
體軀(체구) 몸뚱이. 몸집.

0 - 7 - 상형자

車

수레 차

수레에 두 개의 바퀴가 있는 형상을 본뜬 글자로 그 바퀴로 움직인다는 의미의 글자.

(또 다른 뜻) 수레바퀴, 바퀴, 차륜, 도르래, 활차, 치은, 수레(거).

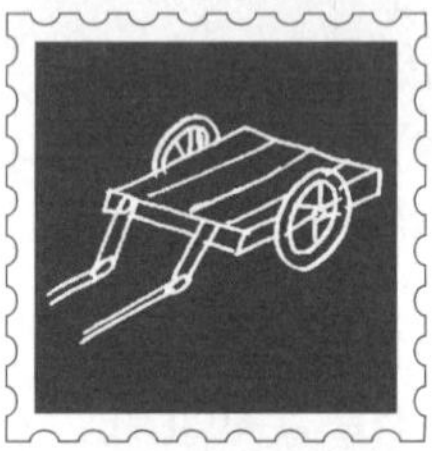

車庫(차고) 차를 넣어두는 곳간.
車道(차도) 차가 통행하는 도로.
車輛(차량) 기차의 한 칸. 여러 가지 차량.
車種(차종) 자동차의 종류.
駐車(주차) 자동차 등을 일정한 자리에 세워 둠.

2 - 9 - 회의자

軍

군사 군

병장기 따위를 쌓아(冖) 수레(車)에 싣는 군사들의 분주한 모습의 형상을 본뜬 글자.

(또 다른 뜻) 병사, 군무, 병무, 전투, 군영, 군복무, 병사(兵事).

軍國(군국) 군사(軍事)를 중히 여기는 나라.
軍紀(군기) 군대의 규율과 풍기(風紀).
軍隊(군대) 국방의무로 조직된 군인의 집단.
軍備(군비) 국방상의 군사 설비.

3 - 10 - 형성자

軒

추녀 헌

수레(車)의 위에 비바람을 막을 수 있게 씌우는 덮개(干) 같은 추녀의 형상을 본뜬 글자.

(또 다른 뜻) 처마, 수레, 난간, 높이 오를, 집, 가옥, 창, 고기토막.

軒頭(헌두) 추녀 끝.
軒燈(헌등) 처마에 다는 등.
軒昂(헌앙) 풍채가 당당하며 너그러움.
軒號(헌호) 남의 당호를 높여 일컫는 말.

MILLENNIUM

한자방정식

車 + 甫 ⇨ 輔

수레는 사람들에게 크게 도움을 준다.

---

4 - 11 - 형성자

軟

연 할 연

수레(車) 바퀴에 연한 풀묻힌 밧줄로 감아 구를 때 부드럽게(欠) 하는 형상을 본뜬 글자.

또 다른 뜻 연약할, 말랑할, 보들할, 부드러울, 가벼울, 약할.

軟骨(연골) 연한 뼈. 물렁뼈.
軟弱(연약) 부드럽고 유약함. 연하고 약함.
硬軟(경연) 단단함과 부드러움. 단단하고 부드러움.
柔軟(유연) 부드럽고 연함. 무딤이 없이 자연스러움.

---

5 - 12 - 형성자

軸

굴 대 축

수레(車) 바퀴에 굴대를 끼우는 까닭(由)은 어긋나지 않게 하기 위함이라는 의미의 글자.

또 다른 뜻 북, 두루마리, 바디집, 요점, 앓을, 지칠, 망서릴.

主軸(주축) 주가 되는 글.
地軸(지축) 자전할 때 지구의 회전축.
車軸(차축) 수레바퀴의 굴대.
樞軸(추축) ① 지도리와 굴대. ② 사물의 긴요한 부분을 비유.

---

6 - 13 - 형성자

較

비교할 교

수레(車)의 짐을 밧줄로 묶을 때 무게의 균형을 비교해 바꿔(交) 묶는 형상을 본뜬 글자.

또 다른 뜻 견줄, 대략, 나타낼, 드러낼, 곧을, 바를, 밝을, 거의.

較量(교량) 어떤 사물을 비교하여 헤아려 봄.
較差(교차) 최고와 최저와의 차.
比較(비교) ①둘을 서로 견주어 봄. ②둘 이상의 사물을 견주어 고찰함.

---

6 - 13 - 형성자

載

실 을 재

땅(土)에서 수레(車)에 짐을 많이 실을 수 있게 나무를 잘라(戈) 덧대는 형상을 본뜬 글자.

또 다른 뜻 실어나를, 적을, 기재할, 얹을, 탈, 오를, 짐, 하물.

記載(기재) 명부·장부 등에 적어 놓음.
滿載(만재) 가득실음. 가득 기재함.
連載(연재) 원고을 토막내어 매회 실음.
積載(적재) 차량·선박 등에 짐을 실음.

---

7 - 14 - 형성자

輕

가 벼 울 경

수레(車) 중 물흐르듯(巠) 잘 갈 수 있는 것은 작고 가벼운 것이라는 의미의 글자.

또 다른 뜻 가벼히여길, 적을, 모자랄, 경솔할, 신분낮을, 깔볼.

輕減(경감) 감하여 가볍게 함.
輕視(경시) 가볍게 봄.
經由(경유) 원유를 끓여 얻는 기름.
輕重(경중) ① 가벼움과 무거움. ② 무게.

---

7 - 14 - 형성자

輔

도 울 보

수레(車)가 사람들에게 움직이는 수단으로 크게(甫) 도움을 주는 형상을 본뜬 글자.

또 다른 뜻 조력할, 힘빌릴, 바르게 할, 보좌할, 벗, 덧방나무.

輔佐(보좌) 윗사람 곁에서 그의 사무를 도움.
輔弼(보필) 임금의 정사를 도움. 곁에서 도움.
輔國(보국) 나라일을 도움.
輔導(보도) 도와서 바르게 이끎.

MILLENNIUM

한 자 방 정 식

光 ＋ 軍 ⇨ 輝

빛나는 전공을 세운 군사가 더욱 빛 남.

---

8 - 15 - 형성자

輩

무 리 배

여러 갈래(非)로 사람을 실어다 줄 수레(車)들이 무리져서 줄지어 있는 형상을 본뜬 글자.

또 다른 뜻: 동아리, 짝, 패, 패거리, 또래, 반열, 동류, 떼거리.

- 輩出(배출) 내보냄. 인재를 만들어 냄.
- 同輩(동배) 나이 등이 서로 비슷한 사람.
- 先輩(선배) 학식 등이 자기보다 많거나 나은 사람.
- 年輩(연배) 서로 비슷한 나이.

---

8 - 15 - 형성자

輝

빛 날 휘

전투에서 괄목할만한 전공을 세운 군사(軍)가 더욱 빛나 보이는(光) 형상을 본뜬 글자.

또 다른 뜻: 빛, 아침 햇빛, 불빛, 광채, 광휘, 빛나보일, 섬광.

- 輝度(휘도) 발광체의 밝은 정도를 나타냄.
- 輝石(휘석) 화성암 등에 들어있는 발광물.
- 輝線(휘선) 스펙트럼에서 밝게 빛나는 선.
- 輝煌(휘황) 광채가 나서 눈부심.

---

8 - 15 - 형성자

輪

바 퀴 륜

수레(車)의 바퀴에는 둥근 뭉치(侖)에 여러 개의 살대로 이어져 있는 형상을 본뜬 글자.

또 다른 뜻: 둘레, 차례로 돌, 수레바퀴, 수레, 구름, 주위, 외곽.

- 輪姦(윤간) 한 여자를 여러 남자가 범함.
- 輪番(윤번) 돌아가면서 차례로 번듦.
- 輪作(윤작) 여러 가지 곡류를 돌려 짓기.
- 輪廻(윤회) 차례로 돌고 돎.

---

8 - 15 - 형성자

輛

수 레 량

수레(車)를 잘 구르게 하는 것은 양쪽(兩)에 쌍으로 있는 바퀴라는 의미의 글자.

또 다른 뜻: 열차칸, 나란히 할, 짝할, 수레수의 단위, 차량.

- 車輛(차량) ① 수레의 총칭. ② 연결된 열차의 한 칸.

---

9 - 16 - 형성자

輸

실어나를 수

배에서 성과 이름이 써있는(兪) 것을 구별해 수레(車)로 실어나르는 형상을 본뜬 글자.

또 다른 뜻: 패할, 나를, 옮길, 일러둘, 통보할, 애쓸, 바닥날.

- 輸送(수송) 사람이나 물건을 실어 옮김.
- 輸入(수입) 외국의 물품 등을 사들임.
- 輸出(수출) 국내의 상품 등을 내보내 팖.
- 運輸(운수) 화물 등을 옮김.

---

9 - 16 - 형성자

輯

모 을 집

수레(車)에 짐을 실듯 성현의 말씀(口)이나 귀동냥(耳)한 것들을 모으는 형상을 본뜬 글자.

또 다른 뜻: 모일, 화목할, 화할, 부드럽게 할, 수집할, 편집할.

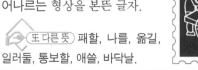

- 輯錄(집록) 여러 가지 모아 적음.
- 特輯(특집) 신문·방송 등에서 특정 문제를 특별히 다루어 편집하거나 방송함.
- 編輯(편집) 여러 자료를 모아 책을 엮음.

MILLENNIUM

한 자 방 정 식

車	+	專	⇨	轉
수레의 바퀴가		끊임없이 오로지		구름.

10 - 17 - 형성자

輿
수 레 여

수레(車)같은 가마를 여러 사람이 양쪽으로 나누어(八) 들어맨(臼+廾)형상을 본뜬 글자.

또 다른 뜻 여럿, 땅, 가마, 실을, 멜, 짊어질, 많을, 대중, 시초.

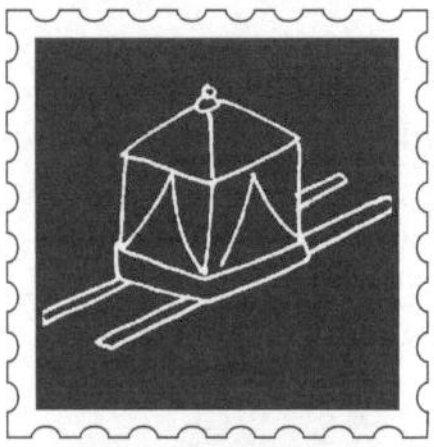

輿論(여론) 사회 대중의 공통된 의견.
輿望(여망) 많은 사람의 기대.
輿頌(여송) 여러 사람들의 칭송.
輿地(여지) 지구. 대지(大地).

10 - 17 - 형성자

轄
다스릴 할

수레(車) 바퀴 굴대에 못을 박는(害) 것은 바퀴가 엇나가지 않게 다스리는 것이라는 뜻의 글자.

또 다른 뜻 비녀장, 관장할, 지배할, 바퀴마찰, 굴러 흔들릴.

管轄(관할) ①권한을 가지고 다스림. ②그 지배가 미치는 범위.
直轄(직할) 직접 맡아서 다스림. 또는 그 지역.
統轄(통할) 모두 거느려서 다스리고 주관함.

11 - 18 - 형성자

轉
구 를 전

짐을 옮기는 수레(車)의 바퀴가 오로지(專) 끊임없이 돌아 구르는 형상을 본뜬 글자.

또 다른 뜻 돌, 옮길, 회전할, 돌릴, 굴러넘어질, 변할, 빠질.

轉倒(전도) 거꾸로 됨. 또는 거꾸로 함.
轉落(전락) 나쁜 상태로 빠짐.
移轉(이전) 장소나 주소 등을 옮김.
回轉(회전) 어떤 축을 중심으로 빙빙 돎.

0 - 7 - 상형자

辛
매 울 신

죄인의 이마(立)에 동서남북(十)에서 보이게 매웁고 고통스런 문신을 새겼다는 뜻의 글자.

또 다른 뜻 괴로울, 고생할, 여덟째 매운맛, 살상할, 새것.

辛苦(신고) 수고롭게 애씀. 또 그 고생.
辛味(신미) 매운맛.
辛辣(신랄) 수단이나 말이 몹시 가혹함.
香辛(향신) 음식물의 맛을 더하는 조미료. 향신료.

9 - 16 - 형성자

辨
분별할 변

둘이 신랄하게 다투는(辛) 사이, 시시비비를 칼(刂)로 자르듯 분별해주는 형상을 본뜬 글자.

또 다른 뜻 가릴, 분별, 판단, 나눌, 쪼갤, 따로할, 구별할, 폄할(폄).

辨明(변명) 잘못이 아님을 사리로 따짐.
辨駁(변박) 시비를 가려서 논박하는 것.
辨償(변상) 빚을 갚음. 손실을 물어줌.
辨濟(변제) 빚을 갚음. 변상.

9 - 16 - 형성자

辦
힘 쓸 판

신랄(辛)히 문제가 재기되어 무거웠던 장애물을 치우듯 힘쓰는(力) 형상을 본뜬 글자.

또 다른 뜻 갖출, 힘써일할, 준비할, 주관할, 판별할, 종사할.

辦公(판공) 공무를 처리함.
辦務(판무) 맡은 사무 따위를 처리함.
辦備(판비) 갖추어 준비함.
買辦(매판) 외국 자본에 붙어 사리를 챙기고 자국의 이익에 반함.

辛

MILLENNIUM

한자방정식

曲	+	辰	⇨	農
밭에 나아가		새벽별을 보며		농삿일을 함.

12 - 19 - 회의자

辭
말 사

허물있는 사람을 다스릴(亂) 때 말로써 콧잔등이 맵고(辛) 찡하게 하는 형상을 본뜬 글자.

또다른뜻 사양할, 글, 말씀, 사죄할, 논술, 하소연할, 알릴.

辭讓(사양) 겸사하고 아니받음.
辭任(사임) 맡은 직책에서 그만 물러남.
辭絶(사절) 사양하여 받아들이지 아니함.
辭職(사직) 직무를 내어 놓고 물러남.

14 - 21 - 회의자

辯
말잘할 변

서로 다투는(辛) 사이에 말잘하는 사람이 시시비비를 판별하여(言) 주는 형상을 본뜬 글자.

또다른뜻 판별할, 따질, 논란할, 다스릴, 밝힐, 편녕할(편).

辯論(변론) 옳고 그름을 따져 말함.
辯士(변사) 입담이 좋고 말 잘하는 이.
辯護(변호) 남의 이익을 변명하여 비호함.
熱辯(열변) 열열한 변설.

辰

0 - 7 - 상형자

辰
별 진

지붕(厂) 위(二=上)에 숟가락(匕)처럼 굽은(乙) 아지랭이가 피는 봄, 별자리로 전갈자리.

또다른뜻 다섯째 지지, 별이름, 방성, 때(시), 별(신), 날(신).

丙辰(병진) 60갑자의 쉰셋째.
壬辰(임진) 60갑자의 스물아홉째.
生辰(생신) 생일의 높임말.
星辰(성신) 별. 뭇별.

3 - 10 - 회의자

辱
욕 욕

전갈자리의 별(辰)이 나타나면 농사철인데 이때 노는 사람은 욕먹는 법(寸)이라는 뜻의 글자.

또다른뜻 욕될, 욕보일, 수치, 거스를, 거역할, 더럽힐.

辱說(욕설) 남을 욕하는 말.
凌辱(능욕) 남을 업신여겨 욕보임.
侮辱(모욕) 깔보아 욕되게 하거나 받음.
恥辱(치욕) 수치와 모욕. 부끄러움과 욕됨.

6 - 13 - 회의자

農
농사 농

농부가 아직 새벽별(辰)이 떠있는데 밭(曲=田의 변형)에 나가 농사에 힘쓴다는 뜻의 글자.

또다른뜻 농사지을, 농부, 농업, 농삿일, 경작, 전답, 농지.

農家(농가) 농업으로 생계를 꾸려 가는 가정.
農耕(농경) 논밭을 갈아 농사를 지음.
農業(농업) 농사를 짓는 직업.
農場(농장) 농업을 경영하는 농지와 부대 시설.

酉

0 - 7 - 상형자

酉
닭 유

酉는 술병을 본뜬 글자로 닭이 둥지에 들 무렵 하오 5시부터 7시 사이를 의미함.

또다른뜻 술, 술그릇, 술두루미, 열째 지지, 가을, 서쪽, 물댈.

酉方(유방) 24방위의 하나. 서쪽의 방위.
丙酉(병유) 60갑자의 셋째.
辛酉(신유) 60갑자의 쉰여덟째.
丁酉(정유) 60갑자의 서른넷째.

MILLENNIUM

한 자 방 정 식

酉	+	己	⇨	配
유시에		몸을 굽혀		짝과 합환주를 마심.

---

3 - 10 - 형성자

酌

잔질할 작

일과를 마친 유시(酉)에 술을 잔질하며(勺) 하루의 휴식을 갖는 형상을 본뜬 글자.

또 다른 뜻 술따르를, 술, 짐작할, 술잔, 취택할, 가려 쓸, 토할.

- 酌婦(작부) 술집에서 손님을 접대하는 여자.
- 酌定(작정) 일의 사정을 헤아려 결정함.
- 酬酌(수작) 말을 서로 주고 받음.
- 參酌(참작) 참고하여 알맞게 헤아림.

---

3 - 10 - 형성자

配

짝 배

유시(酉)에 몸(己)을 굽히면 술잔을 나누거나 혼례시 짝과의 합환주라는 의미의 글자.

또 다른 뜻 짝지을, 나눌, 귀양보낼, 상대, 아내, 분배할.

- 配達(배달) 주문된 물건을 가져다 줌.
- 配慮(배려) 이리저리 마음을 씀.
- 配偶(배우) 배필(配匹). 부부의 짝.
- 分配(분배) 몫을 나누거나 나누어 줌.

---

3 - 10 - 회의 · 형성자

酒

술 주

술독에 있는 걸죽한 물(氵)이 술인데 술은 대개 유시(酉)에 먹는다는 의미의 글자.

또 다른 뜻 술자리, 물, 주연, 주연을, 술마실, 음주, 술좋아할.

- 酒量(주량) 마실 수 있는 술의양.
- 酒類(주류) 술의 온갖 종류.
- 酒色(주색) 술과 계집.
- 酒宴(주연) 술잔치.
- 飯酒(반주) 끼니 때 곁들여 마시는 술.
- 飮酒(음주) 술을 마심.

---

6 - 13 - 형성자

酬

잔돌릴 수

일과가 끝난 유시(酉)가 되면 고을(州) 사람들이 주막에 모여 잔돌리는 형상을 본뜬 글자.

또 다른 뜻 갚을, 보답할, 술권할, 응대할, 품삯, 보답할(주).

- 酬酌(주작) ①술잔을 주고 받음. ②서로 말을 주고받거나 얕잡아 말함.
- 報酬(보수) 노력의 댓가로 사례하여 주는 금품.
- 應酬(응수) 상대의 언행에 대하여 맞받음.

---

7 - 14 - 형성자

酸

실 산

술(酉)이 상하면 본래의 맛이 가고(逡의 생략형) 코가 매울만큼 시어진다는 의미의 글자.

또 다른 뜻 신맛, 괴로울, 초, 식초, 산소, 원소이름, 비통할.

- 酸類(산류) 산성이 있는 화합물의 총칭.
- 酸味(산미) 신맛.
- 酸性(산성) 신맛이 있는 물질의 성질.
- 酸化(산화) 물질이 산소와 화합하는 현상.

---

7 - 14 - 형성자

酵

술괼 효

부모님께 드릴 술(酉)을 주조하기 위해 효자(孝)가 술을 괴고 있는 형상을 본뜬 글자.

또 다른 뜻 뜸팡이, 곰팡이, 술밑, 술지게미, 효모, 발효시킬.

- 酵母(효모) 당분을 알코올로 변화시키는 균.
- 酵素(효소) 술 등의 제조에 쓰이는 고분자 화합물.
- 醱酵(발효) 세균 · 효모 등의 작용으로 화학적 분해가 일어나는 현상.

MILLENNIUM

한 자 방 정 식

酉	+	卒	⇨	醉
유시가 되면		일과를 마치고		술취함.

---

7 - 14 - 형성자

酷

혹 독 할 혹

일과 후 술(酉) 한 잔을 마시고 고변(告)하면 오히려 혹독하게 당할 수 있다는 뜻의 글자.

또 다른 뜻 모질, 술이 독할, 짙을, 학대할, 준엄할, 애처러울.

酷毒(혹독) ① 성질 따위가 모질고 독함. ② 정도가 몹시 심함.
酷使(혹사) 혹독하게 부림.
酷評(혹평) 가혹한 비평.
苛酷(가혹) 몹시 혹독함. 무자비함.

---

8 - 15 - 회의 · 형성자

醉

술 취 할 취

술먹기 좋은 유시(酉), 일과를 마치고(卒) 고된 하루를 술 취해 푸는 형상을 본뜬 글자.

또 다른 뜻 잠길, 정신빼앗길, 마음쏠릴, 취기, 술담글, 지칠.

醉氣(취기) 술에 취한 얼큰한 기운.
醉中(취중) 술에 취해 있는 동안.
陶醉(도취) 어떤 것에 마음이 끌려 취함.
心醉(심취) 깊이 빠져 마음이 도취함.

---

9 - 16 - 형성자

醒

술 깰 성

어제 일과 후 유시(酉)에 마신 술은 새벽별(星)이 뜰 때 즈음 술이 깨다는 의미의 글자.

또 다른 뜻 잠깰, 깨달을, 깰, 벗어날, 밝을, 성실할, 별이름(정).

醒悟(성오) 깨달음.
醒酒(성주) 술에서 깸.
覺醒(각성) ① 깨어나서 정신을 차림. ② 정신적 방황에서 자기의 갈 바를 깨달음. ③ 잘못을 깨달아 정신 차림.

---

10 - 17 - 형성자

醜

더 러 울 추

술(酉)을 과하게 마셔 찌들 정도면 사람이 귀신(鬼)처럼 추하고 더럽게 된다는 의미의 글자.

또 다른 뜻 추할, 흉할, 부끄러울, 미워할, 싫어할, 괴이할.

醜女(추녀) 얼굴이 못생긴 여자. 추한 여자.
醜聞(추문) 좋지 못한 소문. 스캔들.
醜惡(추악) 더럽고 좋지 아니함.
醜態(추태) 추잡스럽고 보기에 창피한 짓.

---

11 - 18 - 회의자

醫

의 원 의

화살촉(矢)이 박혀(匚) 상한 부위나 창(殳)에 다친 몸을 의원은 술(酉)로 소독한다는 뜻의 글자.

또 다른 뜻 의사, 병고칠, 구할, 무당, 단술, 다스릴, 매실초.

醫科(의과) 의학을 연구하는 학과.
醫療(의료) 의술로 병을 치료하는 일.
醫藥(의약) 의료에 쓰이는 약.
名醫(명의) 유명한 의사.

---

0 - 7 - 회의자

邑

고 을 읍

전답들로 둘러싸인(口) 경계(巴) 안의 고을의 형상을 본뜬 글자로 조금 큰 마을을 뜻함.

또 다른 뜻 서울, 도읍, 근심할, 흐느낄(압), 알랑거릴(압).

邑面(읍면) 지방 행정 단위의 읍과 면.
邑民(읍민) 읍에 사는 사람.
邑長(읍장) 읍사무소의 장(長).
都邑(도읍) 옛날 왕조 때 서울을 이르는 말.

MILLENNIUM

한 자 방 정 식

里 ✚ 予 ⇨ 野

마을 주변에 내 눈에 보이는 들녘.

采

1 - 8 - 회의자

采

캘 채

손톱(爪)으로 잡초나 불필요한 나무(木)를 캐는 것을 본뜬 글자로 채색한다는 뜻도 있음.

또 다른 뜻 빛깔, 채색, 용모, 풍체, 뽑을, 채취할, 무늬, 문채.

采色(채색) 오색 찬란한 빛깔.
喝采(갈채) 크게 소리치며 칭찬함.
異采(이채) ① 색다른 빛깔. ② 남다름. 뛰어남.
風采(풍채) 드러나 보이는 사람의 겉모양.

13 - 20 - 형성자

釋

풀 석

앞으로 일들을 분별(釆)하기 위해 풀어서 엿보아(睪) 해석하는 형상을 본뜬 글자.

또 다른 뜻 설명할, 놓아줄, 용서할, 해석할, 중, 다스릴, 따를.

釋放(석방) 구속이 풀리고 자유롭게 됨.
註釋(주석) 문장 등의 뜻을 쉽게 풀이함.
解釋(해석) 뜻을 풀어 설명함.
稀釋(희석) 용액에 용매를 가해 묽게 함.

里

0 - 7 - 회의자

里

마 을 리

마을 주변에 논밭(田)이 펼쳐져 있고 그 땅(土)을 경계로 다른 마을이 있다는 뜻의 글자.

또 다른 뜻 이수, 리, 촌락, 거리, 주거, 점포, 이웃, 속, 안, 묻을.

里長(이장) 이(里)의 사무를 맡아보는 사람.
理程(이정) 각 곳 사이의 길의 이수(理數).
洞里(동리) ① 마을. ② 동(洞)과 리(里).
鄕里(향리) 태어난 고향의 마을.

2 - 9 - 형성자

重

무 거 울 중

시골 마을(里)의 농부가 지게에 큰(壬) 짐을 얹으니 무거워 힘들어 하는 형상을 본뜬 글자.

또 다른 뜻 두터울, 중히여길, 무게 거듭할, 소중할, 아이(동).

重大(중대) 대단히 중요함.
重病(중병) 상태가 아주 중하고 심한 병.
重傷(중상) 몹시다침. 또는 그 심한 부상.
重要(중요) 소중하고 요긴함.
重點(중점) 중시해야 할 점.

4 - 11 - 형성자

野

들 야

시골 마을(里) 주변은 눈에 보여주는(予) 것은 오직 푸른 들녘같다라는 의미의 글자.

또 다른 뜻 질박할, 촌스러울, 민간, 구역, 범위, 장소, 변두리(여).

野望(야망) 분에 넘치는 큰 포부나 욕망.
野性(야성) 자연 또는 본능 그대로의 성질.
野營(야영) 야외에서 천막 등을 치고 잠.
野遊(야유) 들놀이. 야유회.

5 - 12 - 회의자

量

헤 아 릴 량

되나 저울로 물건의 부피(日)나 무게(一+里=重의 변형)를 헤아리는 형상을 본뜬 글자.

또 다른 뜻 용량, 도량, 되, 양, 분량, 나눌, 어림잡을, 추측할.

減量(감량) 분량이나 무게 등을 줄임.
計量(계량) 분량이나 무게를 잼.
分量(분량) 수량·부피 등의 양의 정도.
裁量(재량) 스스로 헤아려 처리함.

金

MILLENNIUM

한 자 방 정 식

金	+	十	⇨	針
쇠구멍에		실이 꿰여 있는		바늘.

0-8-상형·형성자

金

쇠 금

쇠같은 귀한 금은 이제(今) 방금 땅(土) 속에서 캐어서 반짝(八)이고 있다는 의미의 글자.

(또 다른 뜻) 귀할, 금, 돈, 화폐, 철, 황금, 단단할, 입다물, 성(김).

- 金庫(금고) 돈·서류 등을 넣어 두는 궤.
- 金利(금리) 빌린 원금에 대한 이자.
- 金屬(금속) 쇠붙이·쇳덩이의 총칭.
- 金額(금액) 돈의 액수.

2-10-형성자

針

바늘 침

쇠(金)로 만든 가늘고 조그마한 바늘에 실이 꿰여져(十) 있는 형상을 본뜬 글자.

(또 다른 뜻) 침, 바느질할, 재봉할, 침놓을, 침엽, 정한 방법.

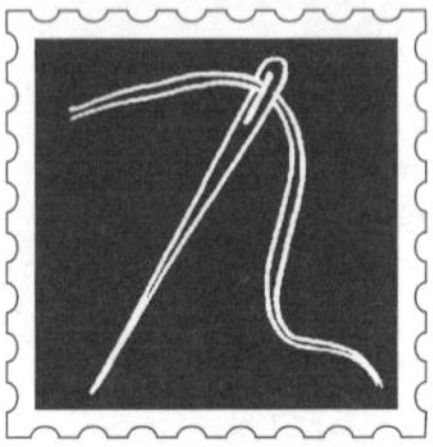

- 針母(침모) 남의 집 바느질을 하는 여자.
- 針葉(침엽) 바늘처럼 뾰족하고 긴 잎.
- 方針(방침) 일을 처리해 나아갈 방향.
- 指針(지침) 방향·방법의 길잡이.

2-10-형성자

釜

가마 부

양쪽에서 받들어(八) 잡을 수 있게 쇠(金)로 만든 발없는 큰 가마의 형상을 본뜬 글자.

(또 다른 뜻) 솥, 용량의 단위, 6말4되, 발없는 큰 솥, 부산.

- 釜庾(부유) 얼마 되지 않은 양으로 釜는 6말4되, 庾는 16말을 뜻함.
- 釜山(부산) 우리 나라의 동남쪽 끝단에 있는 항구도시로 서울 다음가는 산업도시이기도 함.

3-11-형성자

釣

낚시 조

쇠(金)로 가느다란 철사를 만들어 구기(勺)나 국자처럼 구부린 낚시의 형상을 본뜬 글자.

(또 다른 뜻) 낚시질할, 고기낚을, 꾈, 유혹할, 미혹할, 탐낼.

- 釣竿(조간) 낚싯대. 대로 만든 낚싯대.
- 釣師(조사) 어부의 이칭으로, 고기잡이하는 사람.
- 釣魚(조어) ① 물고기를 낚음. ② 낚시질.
- 釣況(조황) 낚시의 성과나 상황.

4-12-형성자

鈍

둔할 둔

비록 쇠붙이(金)로 만든 칼이라도 여러 날이 모인(屯)만큼 오래되어 둔해진다는 뜻의 글자.

(또 다른 뜻) 느릴, 어리석을, 우둔할, 완고할, 행동이 굼뜰.

- 鈍感(둔감) 감각이나 생각 따위가 둔함.
- 鈍刀(둔도) 날이 무딘 칼.
- 鈍才(둔재) 둔한 재주. 또 그런 사람.
- 鈍筆(둔필) 재치없는 글씨. 자기의 글에 대한 겸칭.

5-13-형성자

鉛

납 연

금속(金) 중 깊은 산 속의 늪(㕣)처럼 푸르스름한 빛을 띤 것이 납이라는 의미의 글자.

(또 다른 뜻) 분, 백분, 연화, 화장품, 따를, 따라 내려갈, 연필.

- 鉛分(연분) 여자얼굴에 바르는 흰분.
- 鉛版(연판) 납 등의 합금으로 만든 복제판.
- 鉛華(연화) 화장품으로의 백분.
- 亞鉛(아연) 청색을 띤 은백색의 금속 원소.

MILLENNIUM

한 자 방 정 식

金	+	同	⇨	銅
쇠붙이 중		황금빛깔 같은		구리.

6 - 14 - 형성자

銀

은 은

은은 흰 빛의 쇠붙이(金) 일종으로 그 양이 한정되어(艮) 있어 보물로 인정받는다는 뜻의 글자.

또 다른 뜻 돈, 화폐, 도장, 은인, 지경, 경계, 날카로울, 은행.

- 銀鑛(은광) 은덩이를 캐어 내는 광산.
- 銀盤(은반) 은으로 만든 쟁반.
- 銀賞(은상) 금상 다음가는 두 번째의 상.
- 銀行(은행) 고객의 예금 따위를 맡는 금융기관.

6 - 14 - 형성자

銅

구 리 동

쇠붙이(金)로써 부드럽고 붉은 윤이나 황금같이(同) 보이는 구리의 형상을 본뜬 글자.

또 다른 뜻 도장, 동인, 동상, 동화, 동전, 구리그릇, 청동, 산골.

- 銅器(동기) 구리로 만든 그릇.
- 銅綠(동록) 구리 면에 피는 푸른 물질.
- 銅盤(동반) 구리로 만든 쟁반.
- 銅絲(동사) 구리 철사.
- 銅像(동상) 구리로 만든 사람의 형상.

6 - 14 - 형성자

銘

새 길 명

석판이나 쇠(金)로 만든 철판 등에 이름(名)을 새겨 어떤 이를 기리는 형상을 본뜬 글자.

또 다른 뜻 명문, 기록할, 명심할, 문체이름, 경계의 글, 좌우명.

- 銘心(명심) 마음 속에 새기어 둠.
- 銘佩(명패) 고마움을 마음 깊이 새겨 둠.
- 碑銘(비명) 묘비에 새긴 글.
- 座右銘(좌우명) 늘 가까이에 두고 자기 의지를 키우는 격언.

6 - 14 - 회의자

銜

직 함 함

쇠붙이(金) 따위에 직함을 새겨 여러 장 찍어 다닐(行) 때 사람들에게 준다는 의미의 글자.

또 다른 뜻 재갈, 머금을, 명함, 느낄, 품을, 원망할, 이어질.

- 銜勒(함륵) 말의 입에 물리는 쇠재갈.
- 銜字(함자) 상대의 이름을 높이는 말.
- 名銜(명함) 직함·이름 따위를 박은 종이패.
- 職銜(직함) 벼슬이나 직위의 이름.

6 - 14 - 형성자

銃

총 총

불의를 막거나(充) 호신용으로 가지고 다니는 쇠붙이(金)로 만든 총의 형상을 본뜬 글자.

또 다른 뜻 총포, 작은 총포의 총칭, 도끼 구멍, 권총, 소총.

- 銃擊(총격) 총으로 사격함.
- 銃口(총구) 총알이 나가는 총신의 앞 끝.
- 銃器(총기) 소총·권총 따위의 무기류.
- 銃聲(총성) 총소리. 총을 사격하는 소리.

6 - 14 - 형성자

銓

전형할 전

사람을 뽑기 위해 쇠(金)처럼 냉정하게 그의 재능 모든(全) 면을 전형한다는 뜻의 글자.

또 다른 뜻 가릴, 저울, 저울질할, 무게달, 대패, 차례세울.

- 銓考(전고) 됨됨이나 재능 등을 살피고 헤아림.
- 銓衡(전형) ① 저울. ② 단체 등에서 사람을 뽑을 때 서류면접 따위로 사람됨됨이나 재능을 헤아리는 것.

MILLENNIUM

한 자 방 정 식

金	+	兌	⇨	銳
쇠붙이를		뾰쪽하게 깍아		날카로움.

7 - 15 - 형성자

銳

날카로울 예

쇠붙이(金)를 뾰족하고 날카롭게 깍아(兌) 예리한 칼 따위를 만드는 형상을 본뜬 글자.

또 다른 뜻 예리할, 용맹할, 뾰족할, 똑똑할, 예민할, 창(태).

- 銳敏(예민) 감각 등이 예리하고 민감함.
- 新銳(신예) 새롭고 기세・힘이 빼어남.
- 精銳(정예) 썩 날래고 용맹스러움.
- 尖銳(첨예) 뾰쪽하고 날카로움.

7 - 15 - 형성자

鋒

칼 날 봉

무딘 쇠붙이(金) 갈고갈아 양면이 만난(夆) 것처럼 예리한 칼날의 형상을 본뜬 글자.

또 다른 뜻 앞장, 선봉, 끝, 칼끝, 뾰족할, 군대의 앞장, 병장기.

- 鋒刃(봉인) 창・칼 따위의 날.
- 先鋒(선봉) 군대 따위에서 맨 앞에 서는 군사.
- 銳鋒(예봉) 창・칼 따위의 날카로운 끝.
- 筆鋒(필봉) ① 붓끝. ② 붓이나 문장의 위세.

7 - 15 - 형성자

鋪

펼 포

빛나는 금(金)마냥 큰(甫) 덕을 펼치는 것처럼 가게의 물건들을 펼치는 형상을 본뜬 글자.

또 다른 뜻 깔, 가게, 늘어놓을, 베풀, 설비할, 배목, 두루미칠.

- 鋪道(포도) 포장한 길.
- 鋪石(포석) 길바닥에 깐 돌조각.
- 鋪裝(포장) 길에 돌・시멘트・아스팔트 등을 깔아 굳게 다져 꾸밈.
- 店鋪(점포) 물건・식품 따위를 파는 가게. 상점.

8 - 16 - 형성자

錯

섞 일 착

쇠와 금이(金) 서로 뒤섞여 있어 밤(昔)에 고르면 자칫 그르칠 경우가 많다는 의미의 글자.

또 다른 뜻 섞을, 어긋날, 그르칠, 어지럽힐, 잘못할, 둘(조).

- 錯覺(착각) 잘못 깨달은 생각.
- 錯亂(착란) 정신이 어지럽고 혼란함.
- 錯誤(착오) 착각으로 인하여 잘못함.
- 錯雜(착잡) 정신이 뒤섞여 어수선함.

8 - 16 - 형성자

錦

비 단 금

금빛(金)나는 비단(帛)으로 옷을 만들어 입으니 그 옷이 너무 아름다운 형상을 본뜬 글자.

또 다른 뜻 아름다울, 무늬비단, 비단빛깔, 좋을, 비단수놓을.

- 錦鱗(금린) 아름다운 물고기.
- 錦營(금영) 충청 감사의 관아.
- 錦衣(금의) 비단옷. 비단으로 만든 옷.
- 錦地(금지) 상대의 거주지에 대한 존칭.

8 - 16 - 형성자

鋼

굳 셀 강

쇠(金)는 광물 중 가장 굳세고(岡) 단단하여 강철로도 쓰임새가 많다는 의미의 글자.

또 다른 뜻 강철, 강할, 단단할, 강철판, 강도를 높인 쇠.

- 鋼管(강관) 강철로 만든 속이 빈 관.
- 鋼線(강선) 강철로 만든 선.
- 鋼鐵(강철) 기계・기구로 쓰이는 철강.
- 鋼板(강판) ① 강철판. 넓적한 강철판. ② 줄판.

MILLENNIUM

한 자 방 정 식

金	+	度	⇨	鍍
금붙이에		색이 베이도록		도금함.

8-16-형성 · 회의자

錢

돈 전

쇠붙이(金)를 절삭공구로 납작 둥글게 깎아(戔) 동전인 돈을 만드는 형상을 본뜬 글자.

(또 다른 뜻) 전, 냥, 가래(농기구), 잔, 술잔, 무게의 단위, 세금.

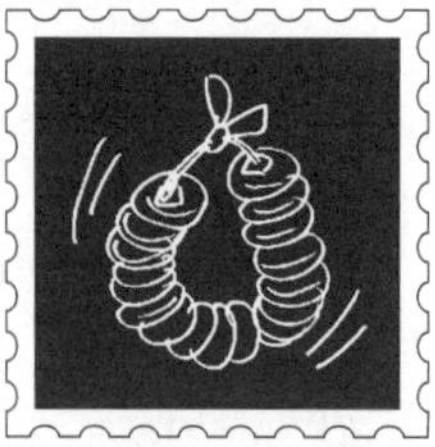

- 錢百(전백) 돈백.
- 口錢(구전) 홍정을 붙여 주고 받는 보수.
- 金錢(금전) 돈. 화폐.
- 本錢(본전) 밑천으로 들인 순수한 돈.

8-16-형성자

錄

기록할 록

옛날에는 금붙이(金)나 칼 따위로 나무판(彔) 등에 글을 새겨 기록하였다는 의미의 글자.

(또 다른 뜻) 베낄, 문서, 적을, 동사할, 다스릴, 살필, 단속할.

- 錄音(녹음) 소리 등을 기계적으로 기록함.
- 記錄(기록) 적음. 어떤 내용을 적은 서류.
- 登錄(등록) 문서에 올림.
- 目錄(목록) 책머리 등의 내용의 차례.

8-16-형성자

錫

주석 석

은백색 광택의 금속(金)인데 금붙이끼리 합금해 변하게(易) 하는 주석의 형상을 본뜬 글자.

(또 다른 뜻) 원소, 지팡이, 땜납, 가는 베, 줄(사), 다리(체).

- 錫杖(석장) 중이나 도사 등이 짚고 다니던 지팡이.
- 朱錫(주석) 합금의 재료로 쓰이는 은백색 광택이 나는 금속.

9-17-형성자

鍊

단련할 련

쇠(金)를 불려 단단한 강철로 단련하는 것처럼 수련도 그렇게 가려(柬)진다는 뜻의 글자.

(또 다른 뜻) 다듬을, 익힐, 수련할, 연습할, 쇠사슬, 휘갑쇠(간).

- 鍊磨(연마) 돌 · 쇠붙이 등을 갈고 닦음.
- 鍊武(연무) 무예를 단련함.
- 鍛鍊(단련) 쇠붙이 등을 달구어 두드림.
- 修鍊(수련) 학문 · 기술 따위를 닦아서 단련함.

9-17-형성자

鍍

도금할 도

금붙이(金)에 금이나 은, 또는 가른 색깔이 베이도록(度) 도금하는 형상을 본뜬 글자.

(또 다른 뜻) 도급, 색입힐, 얇은 막입힐, 도금한 표면.

- 鍍金(도금) 은 · 금 · 니켈 · 크롬 따위로 얇게 다른 금속 표면에 입히는 것.
- 金鍍(금도) 금을 다른 금속에 엷게 입힘.
- 銀鍍(은도) 은을 다른 금속에 엷게 입힘.

9-17-형성자

鍼

침 침

둥근 쇠붙이(金)를 다(咸) 없어질만큼 연마해 침이나 여러 도구를 만드는 형상을 본뜬 글자.

(또 다른 뜻) 바늘, 침놓을, 재봉바늘, 찌를, 잠게, 침술, 침봉.

- 鍼針(침침) 현재에 있어 두 글자는 동자이지만 鍼은 병을 치료하는 한방의 침을 의미하며 針은 바늘질하는 침이나 방침 따위에 쓰이임.

MILLENNIUM

한 자 방 정 식

金 + 童 ⇨ 鐘

녹인 쇠를 부어 표면을 반질하게 한 쇠북(종).

---

9 - 17 - 형성자

鍵

자 물 쇠 건

쇠붙이(金) 따위를 사용하여 굳센(建) 비녀장이나 자물쇠 등을 만드는 형상을 본뜬 글자.

또 다른 뜻 비녀장, 건반, 열쇠, 부러질, 절단될, 바닥, 막대.

鍵盤(건반) 피아노·오르간 등의 앞부분에 있는 흑백의 작은 판.
鍵閉(건폐) 열쇠와 자물쇠.
關鍵(관건) ① 빗장과 자물쇠. ② 문제 해결에 꼭 있어야 하는 긴요한 것.

---

10 - 18 - 형성자

鎖

쇠 사 슬 쇄

쇠붙이(金)를 작게(小) 절삭하여 둥근 패물(貝)처럼 고리를 만든 쇠사슬의 형상을 본뜬 글자.

또 다른 뜻 자물쇠, 닫아걸, 부들어맬, 찡그릴, 찌푸릴, 수갑.

鎖國(쇄국) 다른 나라와의 통교를 금지함.
連鎖(연쇄) 양편을 사슬로 잇음.
足鎖(족쇄) 죄인의 발에 채우는 쇠사슬.
閉鎖(폐쇄) 문을 닫고 자물쇠를 채움.

---

10 - 18 - 형성자

鎭

진 압 할 진

소요를 진정시키고 진압할 때, 어떤 때는 쇠(金)처럼 무겁고 참(眞)으로 어렵다는 뜻의 글자.

또 다른 뜻 누를, 진영, 무거울, 위로할, 진정할, 메울(전).

鎭壓(진압) 강압적인 힘으로 억누름.
鎭靜(진정) 요란한 일이 가라앉아 조용함.
鎭痛(진통) 아픔을 진정시킴.
鎭火(진화) 불길을 진정 시켜서 불을 끔.

---

10 - 18 - 형성자

鎔

녹 일 용

쇠붙이(金)를 용광로에 녹여서 틀에 부어 어떤 모양(容)을 만드는 형상을 본뜬 글자.

또 다른 뜻 쇠녹일, 거푸집, 주물모형, 주조할, 양날칼, 용광로.

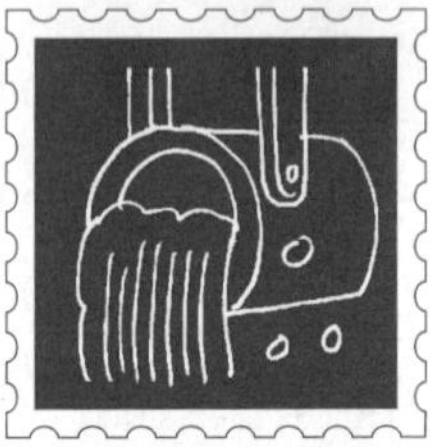

鎔鑛(용광) 쇠붙이나 광석 따위를 녹임.
鎔範(용범) 쇠붙이를 녹여 거푸집에 넣음.
鎔巖(용암) 화산에서 분출한 마그마, 또는 그것이 굳어서 된 암석.

---

11 - 19 - 형성자

鏡

거 울 경

옛날에는 쇠(金)의 거친면이 다하도록(竟) 반질하게 하여 거울을 만들었다는 뜻의 글자.

또 다른 뜻 본받을, 거울삼을, 본보기, 비출, 밝힐, 수면, 명월.

鏡臺(경대) 거울을 달아서 세운 화장대.
鏡玉(경옥) 안경 등의 렌즈.
面鏡(면경) 얼굴을 비춰보는 작은 거울.
眼鏡(안경) 눈을 보호하기 위하여 쓰는 것.

---

12 - 20 - 형성자

鐘

쇠 북 종

쇠(金)를 녹이고 부어서 겉의 표면을 대머리(童)처럼 반질하게 만든 쇠북의 형상을 본뜬 글자.

또 다른 뜻 종, 시계, 종을 달, 쇠북악기, 종고, 종을 칠.

鐘閣(종각) 큰 종을 달아두는 누각.
鐘樓(종루) 종을 달아 맨 탑.
鐘塔(종탑) 종을 달아 맨 탑.
警鐘(경종) ① 경계하기 위해 치는 종. ② 경계시키기 위한 경고.

MILLENNIUM

한 자 방 정 식

金	+	廣	⇨	鑛
쇠는		넓은 땅속에		쇳돌로 묻혀 있음.

13 - 21 - 형성자

鐵

쇠 철

병장기나 칼 따위는 굳세기가 왕(王)같은 쇠붙이(金)로부터 비롯되는(戠) 형상을 본뜬 글자.

(또 다른 뜻) 단단할, 굳셀, 무기, 금속, 견고할, 곧을, 갑옷, 병기.

鐵橋(철교) 철을 재료로 하여 놓은 다리.
鐵道(철도) 열차 등이 달리는 철재 궤도.
鐵分(철분) 물질 속에 들어 있는 철성분.
鐵塔(철탑) 철근으로 세운 탑.

14 - 22 - 형성 · 회의자

鑑

살필 감

쇠붙이(金)의 면을 갈고 닦아서 거울을 보듯(監) 자신을 살펴보는 형상을 본뜬 글자.

(또 다른 뜻) 경계, 거울, 모범, 본보기, 교훈, 비춰볼, 견식, 비출.

鑑別(감별) 보고 식별함.
鑑査(감사) 살펴서 적부 · 우열을 분별함.
鑑賞(감상) 예술 작품을 이해하고 즐김.
鑑定(감정) 사물의 진부 등을 판정함.

14 - 22 - 형성자

鑄

부어만들 주

녹인 쇠(金)를 어떤 틀에 부어서 만든 것이 생명(壽)있는 듯한 필수품이라는 의미의 글자.

(또 다른 뜻) 주조할, 나라이름, 도야할, 양성할, 산화철, 쇠부을.

鑄物(주물) 쇠를 녹여 일정한 틀에 부어 만든 물건.
鑄字(주자) 활자를 주자함.
鑄造(주조) 쇠를 녹여 부어서 물건을 만듦.
鑄貨(주화) 쇠붙이를 녹여 만든 돈. 동전.

15 - 23 - 형성자

鑛

쇳돌 광

쇠(金) 따위의 광물이 지하자원으로써 이곳저곳 쇳돌로 넓게(廣) 묻혀 있다는 뜻의 글자.

(또 다른 뜻) 광물, 광산, 광석, 조광, 광맥, 쇠붙이돌, 광산업.

鑛區(광구) 광물의 채굴을 허가한 구역.
鑛夫(광부) 광산에서 광물을 캐는 일꾼.
鑛山(광산) 광물을 캐는 산.
鑛石(광석) 광물이 섞여 있는 돌.
炭鑛(탄광) 석탄 캐는 광산.

0 - 8 - 상형자

長

길 장

백발을 휘날리며 구부정한 노인이 길다란 지팡이를 집고 서있는 형상을 본뜬 글자.

(또 다른 뜻) 멀, 오랠, 어른, 클, 길이, 말, 우두머리, 나을.

長期(장기) 오랜 기간.
長短(장단) ①길고 짧음. ②장점과 단점.
長成(장성) 자라서 어른이 됨.
長點(장점) 긍정적이고 좋은 점.
長程(장정) 매우 먼 길.
身長(신장) 사람의 키.

0 - 8 - 상형자

門

문 문

집안으로 통하는 문으로 양쪽 벽에 두 개의 문짝으로 된 대문의 형상을 본뜬 글자.

(또 다른 뜻) 집안, 지체, 배움터, 동문, 구별, 분야, 출입문, 친척.

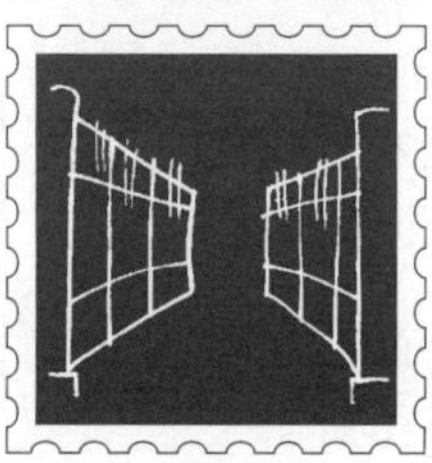

門閥(문벌) 대대로 내려오는 가문의 지체.
門前(문전) 문의 앞.
門牌(문패) 주소 · 성명을 문에 다는 패.
門外漢(문외한) 어떤일에 전문가가 아님.

長

門

MILLENNIUM

한 자 방 정 식

門	+	才	⇨	閉
대문에		빗장을 걸어		닫음.

3 - 11 - 회의자

閉

닫을 폐

집안의 대문(門)에 나무로 만든 빗장(才)으로 닫아서 걸어 잠근 형상을 본뜬 글자.

(또 다른 뜻) 막을, 막힐, 마칠, 문잠글, 단절할, 덮을, 자물쇠.

- 閉幕(폐막) 연극 따위를 마치고 막을 내림.
- 閉鎖(폐쇄) 문을 닫고 자물쇠를 채움.
- 閉會(폐회) 집회 · 회의를 마침.
- 密閉(밀폐) 빈틈없이 꼭 맞음. 사방이 막힘.

4 - 12 - 회의자

間

사이 간

문틈(門) 사이로 떠오르는 해의 빛이 새어 들어와 하루가(日) 시작되는 형상을 본뜬 글자.

(또 다른 뜻) 틈, 때, 동안, 칸, 이간할, 엿볼, 섞일, 중간, 간격.

- 間隔(간격) 물건 사이의 거리. 뜬 사이.
- 間選(간선) 간접 선거.
- 間食(간식) 군음식을 먹음. 또는 그 음식.
- 間印(간인) 철한 서류의 사이마다 걸쳐 찍는 도장.

4 - 12 - 회의자

閑

한가할 한

오가는 사람없어 대문(門)의 나무(木)로 만든 빗장을 거니 더없이 한가롭다는 뜻의 글자.

(또 다른 뜻) 막을, 등한할, 고요할, 문지방, 익숙할, 마굿간.

- 閑暇(한가) 겨를이 생기어 여유가 있음.
- 閑散(한산) 한적하고 일이 없어 쓸쓸함.
- 閑寂(한적) 한가하고 고요함 .
- 等閑(등한) 마음에 두지 않고 예사로 여김.

4 - 12 - 회의자

開

열 개

대문(門)의 빗장을 올려(廾의 변형) 빼고 양손으로 활짝 여는 형상을 본뜬 글자.

(또 다른 뜻) 펼, 깨우칠, 개간할, 시작할, 열릴, 틀, 통할, 비롯할.

- 開墾(개간) 땅을 개척하여 논밭을 만듦.
- 開講(개강) 강좌 · 강습회 등을 시작함.
- 開發(개발) 새로운 것을 개척하여 발전시킴.
- 開業(개업) 영업을 처음 시작함.

4 - 12 - 회의자

閏

윤달 윤

옛날 윤달이 들면 대궐의 문(門)을 걸어잠그고 왕(王)도 출타를 삼가했다는 의미의 글자.

(또 다른 뜻) 윤년, 여분의 월일, 정통이 아닌 왕위, 삼가할.

- 閏年(윤년) 윤달이나 윤일이 드는 해.
- 閏月(윤월) 윤달.
- 閏位(윤위) 정통이 아닌 임금의 용상.
- 閏日(윤일) 윤년에 드는 날. 2월 29일.

6 - 14 - 형성자

閣

누각 각

많은 문(門)이 있는 것보다 누각처럼 문이 없어 각자(各) 드나들기 편하다는 의미의 글자.

(또 다른 뜻) 잔도, 내각, 시렁, 선반, 문설주, 세울, 관청, 문갑.

- 閣僚(각료) 내각을 구성하고 있는 각 장관.
- 閣下(각하) 고급 관료의 높임말.
- 內閣(내각) 국가의 행정권을 담당하는 기관.
- 樓閣(누각) 사면의 벽을 터서 높이 지은 집.

MILLENNIUM

한자방정식

門 + 欮 → 闕

큰 대문 안에 임금이 거처하는 대궐.

---

6 - 14 - 형성자

閨

안 방 규

대문(門) 안으로 서옥(圭)이나 규수가 기거하는 안방의 형상을 본뜬 글자.

또 다른 뜻 도장방, 색시, 작은 문, 마을길목, 이문, 소녀, 부인.

閨房(규방) 부녀자들이 거처하는 방.
閨秀(규수) 처녀. 학예에 뛰어난 여자.
閨愛(규애) 따님. 영애(令愛).
閨中(규중) 부녀자들이 거처하는 안방.

---

6 - 14 - 형성자

閥

문 벌 벌

가문(門)의 문벌에는 자랑(伐)할 만한 인물이 많이 배출된 한 가문의 형상을 본뜬 글자.

또 다른 뜻 지체, 공훈, 공적, 공을, 공적의 내력, 집안의 지체.

門閥(문벌) 대대로 이어 내려온 그 집안.
財閥(재벌) 큰 세력을 가진 기업가의 무리.
派閥(파벌) 뜻이 달라 갈라진 집단들.
學閥(학벌) 출신 학교의 지체.

---

7 - 15 - 형성자

閱

살펴볼 열

서옥(門=閨의 생략형)의 이곳저곳을 바꿔가며(兌) 자세히 살펴보는 형상을 본뜬 글자.

또 다른 뜻 검렬할, 조사할, 확인할, 뽑을, 돌볼, 점검, 갖출.

閱覽(열람) 책 · 신문 따위를 살펴봄.
閱兵(열병) 정열된 군대를 사열함.
檢閱(검열) 검사하며 살펴봄.
査閱(사열) 실지로 하나하나 자세히 살펴봄.

---

9 - 17 - 형성자

闊

넓을 활

문(門)밖에 나가면 매우 활동(活)적이고 교제가 넓어서 활달한 사람의 형상을 본뜬 글자.

또 다른 뜻 도량넓을, 멀, 트일, 통할, 느슨할, 손쉬울, 드물.

闊達(활달) 작은 일에 개의치 않고 활발함.
闊步(활보) 큰 걸음으로 힘있게 걸음.
廣闊(광활) 트이어 아주 넓음.
快闊(쾌활) 마음 따위가 시원하게 탁 트임.

---

10 - 18 - 형성자

闕

대 궐 궐

그 큰 대문(門) 안은 나라의(欮) 임금이 거처하고 정사를 펼치는 대궐이라는 뜻의 글자.

또 다른 뜻 궁궐, 궁궐문, 빠질, 모자랄, 제외할, 깍을, 허물.

闕內(궐내) 대궐의 안.
大闕(대궐) 왕이 처거하며 정사를 보던 궁궐.
補闕(보궐) ① 빈자리를 채움. ② 결점을 보완하거나 보충함.
入闕(입궐) 대궐로 들어감.

---

11 - 19 - 형성자

關

빗 장 관

대문(門)에 잇닿아(聯의 생략형) 있는 빗장으로 문을 닫고 잠근다는 의미의 글자.

또 다른 뜻 관문, 관, 관계할, 잠글, 기관, 장치, 검문소, 역참.

關鍵(관건) 어떤 사물의 가장 중요한 부분.
關係(관계) 둘 이상의 사물이 관련이 있음.
關聯(관련) 서로 걸리어 얽힘.
關稅(관세) 수출입 물품에 부과하는 세금.

隶

隹

MILLENNIUM

한 자 방 정 식

隹	+	木	⇨	集
새들이		무성한 나무에		모여 앉음.

---

8 - 16 - 형성자

隷

종 례

사대부집의 선비(士)가 지시하면(示) 종이 그 명령에 근본적(隶)으로 따른다는 뜻의 글자.

또 다른 뜻 붙을, 좇을, 서체이름, 천한 벼슬, 부하, 조사할.

- 隷書(예서) 한자 서체의 하나로 전서의 획을 간략하게 줄인 서체.
- 隷屬(예속) 남의 지배 아래 매임.
- 隷人(예인) ① 종. 하인. ② 죄인.
- 奴隷(노예) 종. 종의 총칭.

---

4 - 12 - 형성자

雇

품 살 고

부유한 집(戶)에 새(隹)들이 모이를 먹는 것처럼 부지런히 품을 사는 형상을 본뜬 글자.

또 다른 뜻 고용할, 품을 살, 값을 치를, 뻐꾸기(호), 새이름(호).

- 雇用(고용) 품삯을 주고 부림.
- 雇傭(고용) 품삯을 받고 남의 일을 함.
- 日雇(일고) 날품팔이. 일용(日傭) 근로자.
- 解雇(해고) 고용자가 피고용자를 내보냄.

---

4 - 12 - 형성자

雅

아담할 아

어금니(牙)가 하얀 것처럼 맑고 아담한 갈까마귀(隹)의 울음 소리를 의미한 글자.

또 다른 뜻 맑을, 바를, 우아할, 좋을, 아름다울, 요염한, 본디.

- 雅淡(아담) 고아하고 담박함.
- 雅量(아량) 깊고 너그러운 도량(度量).
- 雅號(아호) 문인·화가 등의 본명 외의 이름.
- 優雅(우아) 품위있고 고상하고 아름다움.

---

4 - 12 - 회의자

集

모을 집

새(隹)들이 무성한 나무(木)에 모여 있어 더욱 좋은 경관을 이루는 형상을 본뜬 글자.

또 다른 뜻 이룰, 떼지어 모일, 만날, 회동할, 즐길, 회합.

- 集計(집계) 여러 계산들을 모아서 계산함.
- 集團(집단) 한데 모여 조직 관계를 이룸.
- 集會(집회) 공동의 목적으로 모임. 회합.
- 雲集(운집) 구름같이 모임.

---

4 - 12 - 형성자

雄

수컷 웅

팔꿉치(肱의 생략형)가 곧 발인 새(隹)의 발톱이 억세고 강한 것이 숫컷이라는 뜻의 글자.

또 다른 뜻 웅장할, 씩씩할, 뛰어날, 이길, 우수할, 우두머리.

- 雄大(웅대) 웅장하고 큼.
- 雄辯(웅변) 조리 있고 유창하게 말을 잘함.
- 雄飛(웅비) 기운차고 크게 활동함.
- 雄壯(웅장) 우람하고 커서 으리으리함.

---

4 - 12 - 형성자

雁

기러기 안

언덕 기슭(厂)에 사는 사람(人)은 새(隹)와 친하며 기러기는 人자 대형으로 날은다는 뜻의 글자.

또 다른 뜻 유랑하는 사람, 나그네, 불당, 편지, 안서, 안신.

- 雁書(안서) 먼 곳에 소식을 전하는 편지.
- 雁信(안신) 먼 곳에 소식을 전하는 안서.
- 雁足(안족) 기러기 발.
- 雁陣(안진) 줄지어 날아가는 기러기의 행렬.

MILLENNIUM

한 자 방 정 식

此 + 隹 ⇨ 雌

이처럼 연약한 새는 암컷이다.

5 - 13 - 형성자

雌

암 컷 자

이(此) 새(隹)는 숫컷에 비해 약하고 연약하여 싸우면 지고 마는 암컷의 형상을 본뜬 글자.

또 다른 뜻 약할, 질, 암닭, 암무지게, 암나무, 여성, 쇠약해질.

雌犬(자견) 암캐.
雌伏(자복) 남에게 알아서 굴복함.
雌雄(자웅) ① 암컷과 숫컷. ② 우열이나 승패 따위로 비유한 말.
雌花(자화) 암꽃.

9 - 17 - 형성자

雖

비 록 수

비록 벌레(虫)나 새(隹)일지라도 입(口)벌려 외마디로 의사소통을 하는 형상을 본뜬 글자.

또 다른 뜻 ...이기는 하나, ...라도, 만일, 만약, 하물며, 추천할.

雖(수)~ '비록~이더라도' 의 뜻으로 쓰임.
雖乞食(수걸식) 비록 밥을 빌어 먹을지언정.
雖然(수연) 비록 그러하나.
雖怨(수원) 비록 망하더라도.

10 - 18 - 회의자

雙

쌍 쌍

암수 한 쌍의 새(隹)가 다정히 사람의 오른손(又) 등에 앉아있는 형상을 본뜬 글자.

또 다른 뜻 짝수, 둘, 양쪽, 한쌍, 짝, 우수, 갈, 밭의 넓이.

雙童(쌍동) 쌍동이.
雙務(쌍무) 당사자 쌍방이 의무를 짐.
雙方(쌍방) 당사자 양방(兩方).
雙手(쌍수) 두 손. 양손.
無雙(무쌍) 서로 견줄 만한 짝이 없음.

10 - 18 - 형성자

雜

섞 일 잡

어떤 옷(亠+人+人)은 여러 색깔의 천을 모아(集의 변형) 섞여 있어 어수선하다는 뜻의 글자.

또 다른 뜻 섞을, 번거러울, 어수선할, 뒤섞일, 흩어질, 모을.

雜多(잡다) 여러 가지가 뒤섞여서 많음.
混雜(혼잡) 뒤섞여 몹시 떠들썩한 상태.
雜種(잡종) 품종이 다른 암수의 교배에 의해 생긴 생물체.

11 - 19 - 형성자

難

어 려 울 난

진흙(堇의 변형)인 황토색의 새(隹)는 희귀하여 좀처럼 보기 어렵다는 의미의 글자.

또 다른 뜻 난리, 나무랄, 재앙, 곤란할, 고생할, 피할, 근심.

難關(난관) 지나가기가 어려운 관문.
難局(난국) 상황이 어려운 판국.
難產(난산) 순조롭지 못한 고통스런 해산.
難易(난이) 어려움과 쉬움.
非難(비난) 결점을 나무람.

11 - 19 - 회의 · 형성자

離

떠 날 리

가을이 되면 정든 둥지와 헤어져(离) 멀리 강남으로 떠나는 새(隹)들의 형상을 본뜬 글자.

또 다른 뜻 떨어질, 끊을, 당할, 밝을, 괘이름, 나눌, 헤어질.

離陸(이륙) 비행기 등이 땅에서 떠오름.
離別(이별) 서로 갈려 떨어짐. 헤어짐.
離脫(이탈) 떨어져 나감. 관계를 끊음.
分離(분리) 서로 나뉘어 떨어짐.

雨

MILLENNIUM

한 자 방 정 식

雨 + 分 → 雰

내리는 비가 / 잘게 부수어져 / 안개가 됨.

---

0 - 8 - 상형자

雨

비 우

하늘에 검은 먹구름이 가려 비가 오는 형상을 본뜬 글자로 비에 적시다의 뜻도 있음.

(또 다른 뜻) 비올, 흩어질, 두루미칠, 벗, 온화할, 적실, 떨어질.

雨期(우기) 일년에 비가 많이 오는 시기.
雨備(우비) 비를 가리는 물건. 우산.
雨傘(우산) 머리 위에 펴서 비를 가림.
雨中(우중) 비가 오는 그 가운데.

---

3 - 11 - 형성자

雪

눈 설

하늘에서 빗방울(雨)이 얼어 내리는 눈을 비로 쓸어내는(ㅋ) 사람의 형상을 본뜬 글자.

(또 다른 뜻) 씻을, 눈올, 닦을, 누명벗을, 흴, 깨끗할, 고결할.

雪景(설경) 눈이 내리거나 눈이 쌓인 경치.
雪白(설백) 눈처럼 흼. 흰 눈이 덮힘.
雪峰(설봉) 눈으로 덮인 산봉우리.
雪糖(설탕) 사탕. 사탕가루.

---

4 - 12 - 회의 · 형성자

雲

구 름 운

지상에서 하늘에 이르러 구름이 되어 비를(雨) 내리기에 이르른다(云)는 의미의 글자.

(또 다른 뜻) 습기, 축축할, 높을, 많을, 구름같을, 훌륭한, 멀리.

雲霧(운무) 구름과 안개.
雲雨(운우) 구름과 비. 남녀간의 육적관계.
雲集(운집) 사람 등이 구름처럼 많이 모임.
雲海(운해) 구름에 덮힌듯 아득히 먼 바다.

---

4 - 12 - 형성자

雰

안 개 분

구름 사이로 뿌려지는 비(雨)가 부숴져(分) 땅에 닿을 즈음 안개가 된다는 뜻의 글자.

(또 다른 뜻) 서리내릴, 비내릴, 눈내릴, 먼지, 기운, 분위기.

雰圍氣(분위기) 지구나 천체를 싸고 있는 대기. 그자리, 또는 모임의 기분. 개인 주변의 상황.
濃雰(농분) 짙은 안개.

---

5 - 13 - 회의 · 형성자

雷

우 뢰 뢰

적당한 비(雨)는 논밭(田)에 이롭지만 우뢰치며 많이 오는 비는 해롭다는 의미의 글자.

(또 다른 뜻) 천둥, 덩달을, 큰소리, 사나울, 위엄있을, 돌굴릴.

雷同(뇌동) 주견 없이 남의 의견을 좇음.
雷鳴(뇌명) 천둥 소리가 남. 또는 뇌성.
雷聲(뇌성) 천둥 치는 소리. 천둥 같은 포성.
雷雨(뇌우) 천둥 치며 내리는 비.

---

5 - 13 - 회의자

電

번 개 전

구름을 뚫은 듯한 많은 비(雨)는 대개 우뢰와 번개를 몰고 온다는(申) 의미의 글자.

(또 다른 뜻) 전기, 빠를, 경의를 표할, 번쩍일, 전할, 보낼, 전력.

電氣(전기) 전자의 이동으로 생기는 전류.
電力(전력) 전류의 단위 시간의 에너지.
電報(전보) 전신으로 글을 보내는 통보.
電波(전파) 전기의 파동.

MILLENNIUM

한 자 방 정 식

雨	+	令	⇨	零
빗방울이		소리를 내며		떨어짐.

5 - 13 - 형성자

零
떨 어 질 령

비(雨)가 지붕에 떨어지는 소리(令)가 나는데 비가 적으면 시들해진다는 뜻의 글자.

또 다른 뜻 시들, 작을, 영하, 비올, 이슬맺을, 풀마를, 종족(련).

零度(영도) 도수 계산의 기점이 된 자리.
零時(영시) 12시, 또는 24시.
零點(영점) ① 득점이 없음. ② 섭씨의 빙점.
零下(영하) 날씨의 온도가 영도 이하로 내려감.

6 - 14 - 회의자

需
구 할 수

비오듯(雨) 많은 필수품을 구하는 것처럼 수염(而) 사이로 말을 잇는 형상을 본뜬 글자.

또 다른 뜻 바랄, 쓸, 요구, 주저할, 기다릴, 기를, 부드러울(유).

需給(수급) 수요와 공급.
需要(수요) ① 필요하여 얻고자 함. ② 상품을 사들이려는 욕구.
軍需(군수) 군사상의 수요.
內需(내수) 국내에서의 수요.
必需(필수) 반드시 필요함.

9 - 17 - 형성자

霜
서 리 상

비(雨)가 잘게 나누어져 이슬되고 서로(相) 얼어붙어 서리가 된다는 뜻의 글자.

또 다른 뜻 세월, 해, 년, 날카로울, 차가울, 절개, 깨끗할, 가루.

霜菊(상국) 서리가 내릴 때 피는 국화.
霜雪(상설) 서리와 눈. 설상.
霜野(상야) 서리가 내린 들판.
霜葉(상엽) 서리를 맞아 단풍이 든 잎.

11 - 19 - 형성자

霧
안 개 무

수증기가 찬 기운을 만나 물방울(雨)이 되고 애써(務)날리는 안개도 된다는 뜻의 글자.

또 다른 뜻 어두울, 검은 빛, 가벼울, 모일, 흩어질, 젖을.

霧散(무산) 안개가 걷히듯 흩어짐.
霧雨(무우) 안개처럼 가늘게 내리는 비.
霧中(무중) 안개가 낀 속.
濃霧(농무) 짙은 안개.

12 - 20 - 형성자

露
이 슬 로

공기 중의 수증기가 엉켜 비(雨)가 되고 이슬처럼 길(路)의 풀에 맺히는 형상을 본뜬 글자.

또 다른 뜻 드러날, 드러낼, 나타날, 적실, 젖을, 고달프게 할.

露宿(노숙) 한뎃잠. 한데서 자는 잠.
露店(노점) 길가에 펼친 가게.
露天(노천) 한데. 가리개가 없는 땅 위.
露出(노출) 밖으로 드러나거나 드러냄.

16 - 24 - 형성자

靈
신 령 령

가뭄에 비(雨)가 오도록 무당(巫)이 주문을(口) 외어 신령에게 기원하는 형상을 본뜬 글자.

또 다른 뜻 영묘할, 영혼, 신령스러울, 신령할, 신묘할, 무당.

靈物(영물) 신령한 물건이나 짐승.
靈藥(영약) 불가사의한 효험이 있는 약.
靈前(영전) 죽은 이의 영혼을 모신 앞.
魂靈(혼령) 죽은 사람의 넋.

MILLENNIUM

한 자 방 정 식

靑	+	爭	⇨	靜
푸른 잎들이		다투듯하는 단청이		고요하다.

0-8-회의자

靑 (푸를 청)

씨앗으로부터 불그스럼하게(丹) 싹이 나(主=生의 변형) 푸르게 변하는 형상을 본뜬 글자.

(또 다른 뜻) 젊을, 푸른 빛, 청색, 녹청, 푸른 녹, 물총새, 무성할.

- 靑年(청년) 청춘기에 있는 젊은 사람.
- 靑色(청색) 푸른 빛깔. 푸른 색.
- 靑雲(청운) ① 푸른 구름. ② 명예나 벼슬, 또는 입신 출세를 이름.
- 靑春(청춘) 한창 젊은 나이.

8-16-형성자

靜 (고요할 정)

푸른고(靑) 무성한 잎들이 서로 다투듯(爭) 하지만 되려 고요하듯 하는 형상을 본뜬 글자.

(또 다른 뜻) 맑을, 조용할, 편안할, 침착할, 차분할, 온화할.

- 靜物(정물) 정지해 움직이지 아니한 물체.
- 靜肅(정숙) 고요하고 엄숙함.
- 靜寂(정적) 고요하고 괴괴함.
- 動靜(동정) ① 움직임과 고요함. ② 사물의 변화나 상황.

0-8-지사 · 상형자

非 (아닐 비)

두 날개를 펴고 비상하려는 새의 날개는 한 쪽에만 있지 아니한 형상을 본뜬 글자.

(또 다른 뜻) 그를, 어긋날, 나무랄, 꾸짖을, 비방할, 허물, 없을.

- 非理(비리) 도리나 법에 어긋나는 일.
- 非命(비명) 제 목숨대로 다 살지 못함.
- 非番(비번) 당번이 아님.
- 非情(비정) 희로애락의 감정이 아님.

0-9-상형자

面 (낯 면)

사람(一)의 얼굴(口)인 낯에는 눈 · 코 · 입이 자연스럽게(自) 배열되어 있는 형상을 본뜬 글자.

(또 다른 뜻) 얼굴, 탈, 대할, 만날, 뵐, 겉, 표면, 쪽, 면(행정구역).

- 面談(면담) 서로 면대하여 이야기 함.
- 面貌(면모) ① 얼굴의 모양. ② 모습. 상태.
- 面接(면접) 서로 대면하여 만나 봄.
- 內面(내면) 사물의 안쪽. 속마음.

0-9-회의자

革 (가죽 혁)

짐승의 털을 뽑고 나니 가죽이 엿보이고 그 가죽으로 물건들을 만든다는 의미의 글자.

(또 다른 뜻) 고칠, 바뀔, 무두질, 피부, 경계할, 날개, 엄할(극).

- 革新(혁신) 구습을 새롭게 고침.
- 改革(개혁) 제도 등을 새롭게 뜯어 고침.
- 沿革(연혁) 사물이 변천하여 내려온 내력.
- 皮革(피혁) 날가죽 · 무두질한 가죽의 총칭.

4-13-형성자

靴 (신 화)

가죽(革)을 다져서 부드럽게 변화(化)시켜 고운 신을 만드는 형상을 본뜬 글자.

(또 다른 뜻) 가죽신, 구두, 서양구두, 양화, 단화, 장화.

- 軍靴(군화) 군인이 신는 군인용 구두.
- 短靴(단화) 목이 없거나 목이 짧은 구두.
- 洋靴(양화) 서양식 구두.
- 長靴(장화) 목이 길거나 목이 무릎까지 닿는 신.

MILLENNIUM

한 자 방 정 식

音 ✚ 員 ⇨ 韻

부드러운 소리가 모나지 않게 운률을 탄다.

---

6 - 15 - 형성자

鞏

굳을 공

장인(工)이 가죽(革)을 범상(凡)하게 다뤄 튼튼하고 굳은 물건을 만드는 형상을 본뜬 글자.

(또 다른 뜻) 단단할, 묶을, 굳셀, 볶을, 두려워할, 나라 이름.

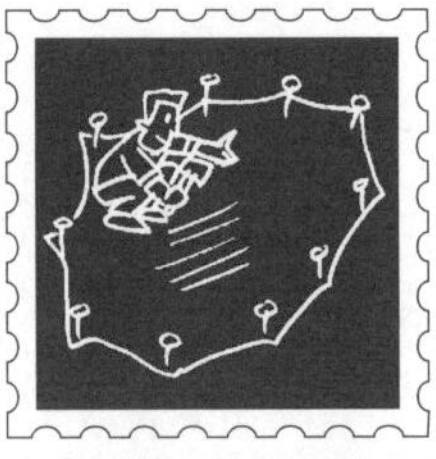

- 鞏固(공고) ① 단단하고 튼튼함. ② 확고하여 움직이지 않음.
- 鞏膜(공막) 눈알의 바깥 벽을 둘러싸고 있는 흰 섬유막으로 눈의 흰자위를 이르는 말.

---

9 - 18 - 형성자

鞭

채찍 편

가죽(革) 채찍으로 아랫 사람이 이롭도록(便) 경계시키며 때리는 형상을 본뜬 글자.

(또 다른 뜻) 회초리, 매질할, 말채찍, 대의 뿌리, 매질하는 형벌.

- 鞭撻(편달) 채찍으로 때려서 일깨워주고 격려하여 바른 길로 이끎.
- 鞭尸(편시) 시체를 매질해 못다한 원한을 푸는 일.
- 先鞭(선편) 바른 길로 선도하는 채찍.

---

8 - 17 - 형성자

韓

나라 한

동쪽(十)에서 해돋는(日) 동쪽(十) 나라의 성곽 둘레(韋)에 군사들이 지키는 형상을 본뜬 글자.

(또 다른 뜻) 나라이름, 성(姓), 우물담, 한국, 대한 민국.

- 韓國(한국) '대한민국'의 약칭.
- 韓美(한미) 한국과 미국.
- 韓服(한복) 우리 나라의 고유한 의상.
- 韓食(한식) 한국식의 음식. 또는 그 요리.
- 韓中(한중) 한국과 중국.

---

0 - 9 - 지시자

音

소리 음

音은 言에다 一을 합성한 글자의 변형으로 높고 낮은 소리가 이어지는 형상을 본뜬 글자.

(또 다른 뜻) 음악, 가락, 소식, 음조, 말, 글, 음신, 그늘, 노래.

- 音階(음계) 음정을 차례로 늘어놓는 것.
- 音聲(음성) 목소리.
- 音樂(음악) 목소리·악기로 나타내는 예술.
- 音程(음정) 높이가 다른 두 음의 간격.

---

10 - 19 - 형성자

韻

운률 운

부드러운 소리(音)가 운률을 타고 둥글고(員) 아름다운 운치로 화하는 형상을 본뜬 글자.

(또 다른 뜻) 운치, 운, 울릴, 음운, 소리, 시부, 풍도, 취향, 기호.

- 韻律(운율) 시문의 음성적·음률적인 형식.
- 韻致(운치) 우아한 풍치.
- 韻響(운향) 시의 신비스런 운치와 음조.
- 音韻(음운) 언어의 외형을 구성하는 소리.

---

13 - 22 - 형성자

響

울릴 향

적막하고 고요한 시골(鄕) 산골에서 소리(音)치면 아주 멀리 울려퍼지는 형상을 본뜬 글자.

(또 다른 뜻) 울림, 소리울릴, 명성, 응답, 소식, 전갈, 가락.

- 響應(향응) 어떤 소리에 마주쳐 울림
- 反響(반향) 어떤 일의 반응으로 나타내는 현상.
- 影響(영향) 다른 사물에 미치는 작용.
- 音響(음향) 소리의 울림.

韋

音

頁

MILLENNIUM

한자방정식

川 + 頁 ⇨ 順

흐르는 냇물처럼 얼굴빛이 유순하다.

---

2 - 11 - 회의자

頃

잠 깐 경

구부러지게 생긴 비수(匕)처럼 몸을 구부려 머리(頁)를 잠깐 돌리는 사이라는 의미의 글자.

(또 다른 뜻) 잠시, 요즈음, 근래, 백이랑, 뒤흔들, 밭넓이, 망칠.

頃刻(경각) 아주 짧은 시간. 삽시간.
頃年(경년) 요 몇 해 사이.
萬頃(만경) 지연이나 수면이 아주 넓음.
少頃(소경) 잠깐 동안. 잠깐 사이.

---

2 - 11 - 형성자

頂

정 수 리 정

사람의 머리(頁) 꼭대기에는 인간이면 누구나 있는 정수리(丁)의 형상을 본뜬 글자.

(또 다른 뜻) 머리, 정상, 머리에 일, 받들, 공격할, 칠, 바꿀.

頂上(정상) 그 위로 더 없는 것.
頂點(정점) 사물의 맨 꼭대기. 절정(絶頂).
頂祝(정축) 이마를 땅에 대고 조아려 빎.
絶頂(절정) 최고에 이른 상태나 단계.

---

3 - 12 - 회의자

須

모름지기 수

머리(頁)에 나는 털(彡)처럼 턱이나 겨드랑에 나는 것도 모름지기 필요하다는 의미의 글자.

(또 다른 뜻) 필요할, 잠깐, 수염, 마땅히, 기다릴, 느슨할.

須要(수요) 꼭 요구되는 바가 있음.
須知(수지) 마땅히 알아야 함.
必須(필수) 꼭 있어야 함. 반드시 쓰임.

---

3 - 12 - 회의자

順

순 할 순

매사 만족할 줄 아는 사람은 흐르는 물(川)처럼 유순하고 얼굴빛(頁)이 온화하다는 뜻의 글자.

(또 다른 뜻) 온순할, 따를, 차례, 복종할, 들을, 본받을, 만족할.

順理(순리) 이치나 도리에 순종함.
順産(순산) 탈없이 순하게 아이를 낳음.
順序(순서) 정하여진 차례.
順位(순위) 차례를 나타내는 자리.

---

3 - 12 - 형성자

項

목 항

목 위에 얹혀진(工) 머리(頁)에는 눈·코·입 등이 있는 것처럼 여러 항을 의미한 글자.

(또 다른 뜻) 목덜미, 클, 조목, 항, 종목, 관의 뒤쪽, 수학용어.

項目(항목) 낱낱이 들어 벌인 일의 가닥.
每項(매항) 낱낱의 항. 항마다.
問項(문항) 문제의 항.
條項(조항) 낱낱이 들어 벌인 일의 가닥.

---

4 - 13 - 형성자

頌

칭 송 할 송

옛날에 귀인(公)의 머리(頁) 치장을 보고 생전의 공덕을 칭송하고 기렸다는 의미의 글자.

(또 다른 뜻) 기릴, 얼굴(용), 용서할(용), 관용할(용), 공변될(용).

頌歌(송가) 어떤 이의 공덕을 기리는 노래.
頌德(송덕) 공덕을 칭송함.
頌辭(송사) 어떤 이의 공덕을 칭송하는 말.
頌祝(송축) 경사를 기리고 축하함.

MILLENNIUM

한자방정식

予 + 頁 → 預

나는 머릿속에 미리 알고 있음.

---

4 - 13 - 형성자

頓

조아릴 돈

털이 한군데로 모인(屯) 듯 한 머리(頁)의 정수리가 보일만큼 조아리는 형상을 본뜬 글자.

또 다른 뜻 갑자기, 가지런할, 사돈, 꺾일, 좌절할, 패할, 버릴.

頓首(돈수) 머리가 땅에 닿도록 몸을 굽혀 절을 함.
頓悟(돈오) 갑자기 깨달음.
査頓(사돈) 혼인으로 맺어진 인척 관계.
整頓(정돈) 가지런히 바로 잡음.

---

4 - 13 - 형성자

預

미리 예

나(予)의 머리(頁) 속에 어떤 일 따위를 사전에 미리 알고 참여하는 형상을 본뜬 글자.

또 다른 뜻 참여할, 맡길, 미리할, 준비할, 관계할, 즐길.

預金(예금) 금융 기관에 돈을 맡김. 또는 그 돈을 이르는 말.
預置(예치) 맡겨 둠.
預託(예탁) 부탁하여 맡겨 둠.
參預(참예) 참가하여 관계함.

---

4 - 13 - 형성자

頑

완고할 완

인체 중 으뜸(元)인 머리(頁)로부터 그 사람의 완고한 표정이 나타나는 형상을 본뜬 글자.

또 다른 뜻 고집 셀, 무딜, 재주없을, 탐할, 욕심많을, 굳셀.

頑强(완강) 성질·태도 등이 완고하고 드셈.
頑固(완고) 사리에 어둡고 융통성이 없이 고집만 내세움.
頑悖(완패) 성질 모질고 도리에 어긋나게 행동을 함.

---

5 - 14 - 형성자

頗

자못 파

머리(頁) 아래 피부(皮)가 한쪽으로 자못 치우치게 되면 얼굴이 일그러진다는 의미의 글자.

또 다른 뜻 꽤, 치우칠, 조금, 매우, 심히, 바르지못할, 기울.

頗多(파다) 아주 많음. 매우 많음.
頗僻(파벽) 어떤 일에 있어 공평하지 못하고 한쪽으로 치우침.
偏頗(편파) 한쪽으로 치우쳐 공평하지 못함.

---

5 - 14 - 형성자

領

거느릴 령

명령(令)을 내릴 수 있는 사람이 많은 머리(頁)의 사람을 거느리는 형상을 본뜬 글자.

또 다른 뜻 다스릴, 깨달을, 옷깃, 목, 요소, 받을, 벌, 우두머리.

領空(영공) 영토와 영해(領海) 위의 하늘.
領事(영사) 외국에 있으면서 자국의 통상 촉진과 재류민을 보호하는 관직.
領收(영수) 돈이나 물품을 받아들임.

---

7 - 16 - 회의자

頻

자주 빈

물을 건널(步) 때 물에 빠진 파문처럼 자주 얼굴(頁)을 찌푸리는 형상을 본뜬 글자.

또 다른 뜻 빈번할, 찡그릴, 여러 번, 잇달아, 급할, 급박할.

頻度(빈도) 반복되는 도수. 잦은 도수.
頻發(빈발) 일이 자주 생김.
頻煩(빈번) 도수가 잦아 복잡함. 여러번 되풀이 하여 번거러움.
頻數(빈수) 매우 잦음.

MILLENNIUM

한 자 방 정 식

原 + 頁 ⇨ 願

간절한 생각의 근원은 머릿속에서 원함.

---

7 - 16 - 형성자

頭

머 리 두

사람의 등 뒤에 콩(豆)처럼 볼록볼록한 척추가 머리(頁)로 이어져 있는 형상을 본뜬 글자.

(또 다른 뜻) 꼭대기, 우두머리, 변두리, (몇)마리, 처음, 맨앞.

頭角(두각) ① 머리 끝. ② 뛰어난 재능.
頭腦(두뇌) ① 뇌. ② 슬기롭게 판단하는 힘.
頭尾(두미) ① 머리와 꼬리. ② 처음과 끝.
頭髮(두발) 머리털. 머리.

---

7 - 16 - 형성자

頹

무 너 질 퇴

수분이 모자란(禿) 벼의 머리(頁)가 무너지듯 성숙하기 전에 떨어지는 형상을 본뜬 글자.

(또 다른 뜻) 떨어질, 센바람, 기울어질, 쓸어질, 해이할, 쇠할.

頹落(퇴락) 무너져 떨어짐.
頹廢(퇴폐) ① 쇠퇴하여 무너짐. ② 도의 · 건전함 따위의 기풍이 문란해짐.
頹風(퇴풍) 거센 바람.
衰頹(쇠퇴) 쇠하여 무너짐.

---

9 - 18 - 형성자

顔

얼 굴 안

덕있는 선비(彦)의 머리(頁)와 얼굴이 남달리 총명한 빛이 감도는 형상을 본뜬 글자.

(또 다른 뜻) 낯, 빛, 색채, 앞머리, 안색, 체면, 이마, 드러날.

顔面(안면) 얼굴. 서로 얼굴을 아는 정도.
顔色(안색) 얼굴의 기색. 얼굴빛.
無顔(무안) 볼 낯이 없음.
紅顔(홍안) 젊어서 혈색이 좋은 얼굴.

---

9 - 18 - 형성자

額

이 마 액

손님(客) 중 머리(頁) 이마의 혈색을 보고 그 사람의 빈부를 알 수 있다는 뜻의 글자.

(또 다른 뜻) 액수, 현판, 수량, 머릿수, 액자, 일정한 양, 정액.

額面(액면) 표면에 내세운 사물의 가치.
額數(액수) 돈의 머릿수. 돈의 수량.
金額(금액) 돈의 액수. 현금의 액수.
總額(총액) 전체로 합한 액수.

---

9 - 18 - 형성자

題

제 목 제

노예를 식별하기 위해 이(是) 노예의 이마(頁)에 책의 제목처럼 표시했다는 뜻의 글자.

(또 다른 뜻) 이마, 표제, 표지, 물음, 맨 앞머리, 물음, 문제, 볼.

題名(제명) 표제나 제목 이름.
題目(제목) 작품 · 저작물 등의 표제 이름.
題號(제호) 책 따위의 제목.
問題(문제) 해답 · 해명을 요구하는 질문.

---

10 - 19 - 형성자

願

원 할 원

생각의 근원(原)은 머리(頁)로부터 원하여 비롯된다는 의미의 글자로 바라다의 뜻도 있음.

(또 다른 뜻) 바랄, 소원, 빌, 청할, 부탁할, 선망할, 부러워할.

願書(원서) 청원하는 내용을 기록한 서류.
祈願(기원) 바라는 일이 이루어지기를 빎.
所願(소원) 원하는 바.
念願(염원) 늘 염려하고 간절히 바람.

MILLENNIUM

한자방정식

番 + 飛 → 飜

새가 차례로 / 날듯 / 책장을 뒤척임.

---

10 - 19 - 형성자

類

무 리 류

개(犬)의 무리는 쌀(米)처럼 같은 종류끼리는 그 머리(頁)가 더욱 비슷하다는 뜻의 글자.

(또 다른 뜻) 종류, 비슷할, 동아리, 떼, 패, 동종, 품별, 착할.

- 類似(유사) 서로 비슷함.
- 類型(유형) 닮은 것들로 공통된 형.
- 同類(동류) 같은 종류.
- 分類(분류) 종류별로 분리함.
- 種類(종류) 사물의 부문을 나누는 갈래.

---

10 - 19 - 형성자

顚

정 수 리 전

정신(眞)이 깃든 머리(頁)에 못된 생각이들면 정수리가 보일 만큼 뒤틀린다는 의미의 글자.

(또 다른 뜻) 꼭대기, 근본, 넘어질, 뒤집힐, 머리, 이마, 떨어질.

- 顚倒(전도) ① 넘어지고 엎어짐. ② 거꾸로 뒤바뀜.
- 顚末(전말) 일 따위의 처음부터 끝까지 진행되어 온 경위.
- 顚覆(전복) 뒤집혀서 엎어짐.
- 七顚(칠전) 일곱 번 넘어짐.

---

12 - 21 - 형성자

顧

돌 아 볼 고

품파는(雇) 이가 주인의 부름에 머리(頁)를 그곳으로 향해 돌아보는 형상을 본뜬 글자.

(또 다른 뜻) 생각할, 보살필, 응시할, 관찰할, 돌아올, 도리어.

- 顧客(고객) 단골 손님.
- 顧慮(고려) 다시 돌이켜 생각하여 봄.
- 顧問(고문) 물음에 의견을 제공하는 직책.
- 回顧(회고) 지나간 일들을 다시 돌아봄.

---

14 - 23 - 형성자

顯

나 타 날 현

빛(日)이 나도록 명주로 만든 장신구가 머리(頁)에 나타나는 형상을 본뜬 글자.

(또 다른 뜻) 나타낼, 높일, 밝을, 귀할, 분명할, 명백할, 표면.

- 顯考(현고) 아버지의 사후, 신주의 첫 글자.
- 顯達(현달) 명성 등이 세상에 드러남.
- 顯著(현저) 뚜렷이 드러남.
- 顯正(현정) 바른 도리 따위를 들어냄.

---

0 - 9 - 상형자

飛

날 비

날개를 활짝 펴고 하늘 높이 날아가는 새의 형상을 본뜬 글자로 비상하는 모습을 나타냄.

(또 다른 뜻) 빠를, 높을, 떠돌, 떨어질, 떠오를, 날릴, 비방할.

- 飛馬(비마) 나는 듯 빨리 달리는 말.
- 飛散(비산) 날아서 흩어짐.
- 飛翔(비상) 공중을 날아다님.
- 飛躍(비약) 단계를 밟지 아니하고 나아감.
- 飛行(비행) 공중으로 날아감.

---

12 - 21 - 형성자

飜

뒤 칠 번

새가 차례(番)로 날(飛)듯 많은 쪽수의 책을 뒤척이며 다른 말로 번역하는 형상을 본뜬 글자.

(또 다른 뜻) 번역할, 펄럭일, 뒤집을, 엎어질, 날, 거슬러, 흐를.

- 飜覆(번복) 이리저리 뒤쳐서 고쳐 말함.
- 飜案(번안) 본래의 안건을 뒤집음.
- 飜譯(번역) 한 나라의 말로 표현된 문장을 다른 나라의 말로 옮겨 해석함.

MILLENNIUM

한 자 방 정 식

食 + 包 → 飽

음식을 한껏 꾸려 넣은 것같은 배부름.

食

0 - 9 - 회의자

食
밥 식

두둑이 담아(合의 생략형)놓은 그릇의 고소한 하얀(白) 밥에 수저(匕)를 꽂은 형상을 본뜬 글자.

또 다른 뜻 음식, 먹을, 녹, 녹봉, 양식, 먹일, 씹을, 삼킬, 마실.

- 食單(식단) 음식의 종목과 시사의 계획표.
- 食糧(식량) 양식. 식용인 곡식.
- 食卓(식탁) 식사용 탁자.
- 食品(식품) 식료품. 음식의 재료의 물품.

2 - 11 - 형성자

飢
주릴 기

흉년이 들어 밥(食) 한 그릇을 상(几)에 올릴 수 없을 만큼 주린 배의 형상을 본뜬 글자.

또 다른 뜻 굶주릴, 흉년들, 기아, 흉년, 기근, 모자랄, 배고플.

- 飢渴(기갈) 배가 고프고 목이 마름.
- 飢饉(기근) 흉년으로 땅이 매마르고 식량이 없어 굶주림.
- 飢餓(기아) 굶주림.
- 虛飢(허기) 배가 몹시 고픔.

4 - 13 - 회의자

飮
마실 음

병에 담긴 음료(食)를 마실 때 하품(欠)하듯 젖히고 입으로 가져가는 형상을 본뜬 글자.

또 다른 뜻 마시게 할, 먹일, 물먹일, 음료, 술마실, 머금을.

- 飮料(음료) 차 따위의 마시는 액체.
- 飮食(음식) 먹고 마시는 것. 음식물.
- 飮酒(음주) 술을 마심. 또는 그 술.
- 過飮(과음) 술을 과하게 마심.

4 - 13 - 형성자

飯
밥 반

밥을 먹을 때 숟가락이 그릇의 밥(食)을 떠서 입으로 되돌아(反)오는 형상을 본뜬 글자.

또 다른 뜻 먹을, 기름, 밥먹을, 먹일, 기를, 낮잠, 밥상, 쌀을.

- 飯床(반상) '반상기'의 준말.
- 飯店(반점) '식당'의 중국식 일컬음.
- 飯酒(반주) 식사할 때 곁들이어 마시는 술.
- 飯饌(반찬) 밥에 곁들이어 먹는 음식.

5 - 14 - 형성자

飽
배부를 포

음식(食)을 물리도록 먹어서 배에 무엇을 꾸려넣은(包) 것처럼 배부른 형상을 본뜬 글자.

또 다른 뜻 가득할, 포식할, 음식많을, 만족할, 물리게 할.

- 飽暖(포난) 배불리 먹고 따뜻이 입음.
- 飽食(포식) 배부르게 먹음.
- 飽和(포화) 무엇에 의해 가득차 있는 상태.
- 飢飽(기포) 배고픔과 배부름.

5 - 14 - 형성자

飾
꾸밀 식

음식(食)을 먹는 식탁에 문양이 있는 베(布의 변형)로 꾸미는 형상을 본뜬 글자.

또 다른 뜻 치장할, 문채날, 청소할, 차려 입을, 덮을, 속일.

- 假飾(가식) 언행을 거짓으로 꾸밈.
- 修飾(수식) 겉모양을 꾸밈.
- 裝飾(장식) 지장하여 꾸밈. 또, 그 꾸밈새.
- 虛飾(허식) 실속없이 외관만 치레함.

MILLENNIUM

한 자 방 정 식

食	+	余	⇨	餘
여분의 음식을		이웃에 베풀고도		남아있음.

5 - 14 - 형성자

飼

먹일 사

가축을 맡아서(司) 기를 때 밥(食)을 잘 먹여서 길러야 농가에 보탬이 된다는 의미의 글자.

또 다른 뜻 기를, 사료, 먹여 기를, 먹이, 기름, 가축먹이.

- 飼料(사료) 가축 따위의 먹이.
- 飼育(사육) 가축 따위를 먹여서 기름.
- 飼畜(사축) 가축 따위를 기름. 사육.
- 放飼(방사) 가축 따위를 놓아 기름.

6 - 15 - 형성자

養

기를 양

집에서 기르는 양(羊) 한 마리가 밥통의 먹이(食)를 먹고 있는 형상을 본뜬 글자.

또 다른 뜻 다스릴, 봉양할, 사육할, 기르칠, 치료할, 양육.

- 養豚(양돈) 돼지를 먹여 기름.
- 養分(양분) 영양이 되는 성분. 자양분.
- 養成(양성) 인재나 재능인을 길러 냄.
- 養育(양육) 자식 등을 부양하여 기름.

7 - 16 - 형성자

餘

남을 여

여분의 음식(食)을 이웃에게 베풀어 줄(余)만큼 여유가 남아도는 풍족한 형상을 본뜬 글자.

또 다른 뜻 나머지, 다른, 넉넉할, 여분, 잉여, 여가, 남길.

- 餘暇(여가) 겨를. 한가한 틈.
- 餘談(여담) 용건 밖의 이야기. 한가한 시간의 농담.
- 餘生(여생) 앞으로 남은 생(生).
- 餘裕(여유) 넉넉하고 남음이 있음.

7 - 16 - 형성자

餓

주릴 아

밥지어 먹을(食) 곡식이 떨어져 자신(我) 역시 배를 주리며 굶는 형상을 본뜬 글자.

또 다른 뜻 굶주릴, 굶길, 굶주림, 양식모자랄, 주려 고생할.

- 餓鬼(아귀) 악업으로 아귀도에 빠진 귀신.
- 餓死(아사) 굶어 죽임.
- 餓殺(아살) 굶기어 죽임.
- 飢餓(기아) 굶주림.

8 - 17 - 형성자

館

집 관

먼 곳으로 파견되어 객사에서 먹고(食) 자던 관리(官)들이 머물던 집의 형상을 본뜬 글자.

또 다른 뜻 묵을, 객사, 묵게 할, 큰 건물, 관공서, 객사에 묵을.

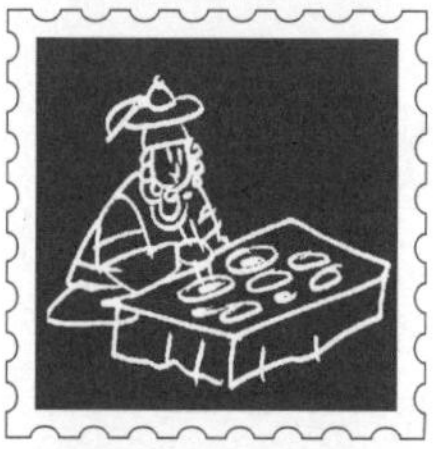

- 館長(관장) 도서관 · 학관 등의 장.
- 公館(공관) 대사관 · 공사관 등의 총칭.
- 別館(별관) 본관 밖에 따로 설치한 관.

12 - 21 - 형성자

饌

반찬 찬

밥을 먹을(食) 때 반찬을 이것저것 가려서(巽) 먹는 형상을 본뜬 글자.

또 다른 뜻 음식, 찬, 찬거리, 차릴, 음식차릴, 먹거리, 찬 만들.

- 饌盒(찬합) 반찬안주 따위를 담는 그릇.
- 飯饌(반찬) 밥에 곁들어 먹는 여러 음식.
- 盛饌(성찬) 잘 차린 풍족한 음식.
- 素饌(소찬) 고기나 생선이 없이 나물로만 된 음식.

MILLENNIUM

한 자 방 정 식

鄉 + 食 ⇨ 饗

시골 마을에서 / 음식을 차리고 / 잔치함.

---

13 - 22 - 형성자

饗

잔 치 할 향

마을(鄉)에서 진수성찬의 음식(食)을 차려 놓고 어른들을 모셔 잔치하는 형상을 본뜬 글자.

(또다른뜻) 대접할, 흠향할, 제사, 마실, 누릴, 향유할, 올릴.

饗宴(향연) 술과 음식을 베풀어 잔치를 함.
饗應(향응) 특별히 융숭하게 대접함.
饗奠(향전) 제수를 차려 놓고 제사를 지냄.

---

0 - 9 - 상형자

首

머 리 수

사람의 가름마 타진(八) 앞머리의 형상을 본뜬 글자로 一+自는 頁의 생략형으로 봄이 정설.

(또다른뜻) 우두머리, 첫째, 처음, 자백할, 먼저, 선두, 주장.

首腦(수뇌) 단체 · 기관 등의 중요한 인물.
首都(수도) 한 나라의 중앙 정부가 있는 곳.
首班(수반) 행정부의 우두머리.
首席(수석) 맨 윗자리. 맨 위의 등급.

---

0 - 9 - 회의자

香

향 기 향

쌀(禾)로 달콤한(甘의 변형) 술과 떡을 만들어 제를 올렸는데 그 향기가 그윽했다는 뜻의 글자.

(또다른뜻) 향기로울, 약이름, 향, 향기날, 아름다움, 좋을, 냄새.

香氣(향기) 향내음. 향냄새.
香料(향료) 향내를 내는 원료.
香水(향수) 향내를 내는 화장품의 하나.
香臭(향취) 향기가 나는 냄새.
芳香(방향) 좋은 향기.

---

0 - 9 - 형성자

風

바 람 풍

범선이 바람을 타고 멀리 갈수록 무릇(凡) 벌레(虫)처럼 작게 보여지는 형상을 본뜬 글자.

(또다른뜻) 풍속, 경치, 모습, 풍악, 병이름, 교화, 바람불, 빠를.

風景(풍경) 산이나 물 등의 자연의 모습.
風俗(풍속) 옛부터 전해 내려온 생활 습관.
風雲(풍운) ①바람과 구름. ②영웅이 큰 뜻을 펼 수 있는 좋은 기운.

---

0 - 10 - 상형자

馬

말 마

말의 머리와 목덜미의 갈기, 네 다리와 꼬리의 형상을 본뜬 글자로 야생마의 뜻도 있음.

(또다른뜻) 들말, 야생마, 승용마, 산가지, 클, 나쁠, 추녀목.

馬脚(마각) 숨기고 있던 일이나 정체.
馬車(마차) 말이 끄는 수레.
競馬(경마) 말로 빠르기를 겨루는 경기.
騎馬(기마) 말을 탐. 타는 말.
乘馬(승마) 말을 탐.

---

4 - 14 - 회의자

駁

얼 룩 말 박

보통 말(馬)과는 달리 점이 엇갈려(爻) 얼룩무늬가 있는 얼룩말의 형상을 본뜬 글자.

(또다른뜻) 뒤섞일, 논박할, 어긋날, 그릇될, 치우칠, 못미칠.

駁馬(박마) 얼룩무늬의 말.
論駁(논박) 상대 의견이나 주장 따위의 잘못을 논리적으로 비평하며 공격함.
面駁(면박) 면전에서 꾸짖거나 논박함.

首 香 風 馬

MILLENNIUM

한자방정식

加 + 馬 → 駕

가마에 바퀴를 더해 말로 끌게 하는 수레.

---

5 - 15 - 형성자

駕

수레 가

가마에 바퀴를 더해(加) 달고 말(馬)의 힘을 빌려 수레를 끌게 하는 형상을 본뜬 글자.

또 다른 뜻 부릴, 탈것, 천자의 수레, 탈, 오를, 말부릴, 다스릴.

- 凌駕(능가) ① 수레를 넘음. ② 다른 것을 앞지름을 비유한 말.
- 大駕(대가) 임금이나 천자가 타는 수레.
- 聖駕(성가) 임금이 타는 수레의 높임말.

---

5 - 15 - 형성자

駐

머무를 주

군사가 머물고 있는 군영에는 말(馬)을 주관(主)하는 곳이 따로 있었다는 의미의 글자.

또 다른 뜻 머물러 설, 머무르게 할, 머무름, 주둔할, 주둔군.

- 駐屯(주둔) 군대가 일정한 곳에 머무름.
- 駐在(주재) ①외국 등 일정 지역에 머물러 있음. ②파견되어 그곳에 머무름.
- 駐車(주차) 자동차 따위를 세워 둠.

---

8 - 18 - 형성자

騎

말탈 기

말탈(馬) 때는 혼자(奇) 타는 것이 민첩하고 기병의 행동반경이 크다는 의미의 글자.

또 다른 뜻 기병, 말탄 군사, 기마, 걸터앉을, 기마병, 기사.

- 騎馬(기마) 말을 탐. 또는 그 말. 승마.
- 騎兵(기병) 말을 타고 전투하는 군사.
- 騎士(기사) 말을 탄 기수.
- 騎手(기수) 말을 타는 사람이나 승마 선수.

---

10 - 20 - 형성자

騷

시끄러울 소

마굿간의 말(馬)이 벼룩(蚤)에 물려 시끄럽게 날뛰음을 보고 근심하는 형상을 본뜬 글자.

또 다른 뜻 떠들, 시가, 풍류, 떠들썩할, 움직일, 긁을, 근심할.

- 騷動(소동) 매우 소란스럽게 떠들어 댐.
- 騷亂(소란) 주변이 어수선하고 시끄러움.
- 騷擾(소요) 여럿이 떠들썩하게 일어남.
- 騷音(소음) 시끄러운 소리.

---

10 - 20 - 형성자

騰

오를 등

나(朕) 스스로 말(馬)의 등에 오를 수 있는 기술을 터득해야 달릴 수 있다는 의미의 글자.

또 다른 뜻 뛰어오를, 올릴, 탈, 도약할, 앙등할, 지나갈, 이길.

- 騰貴(등귀) 물품이 모자라 값이 뛰어오름.
- 騰落(등락) 물가 따위가 오르고 내림.
- 暴騰(폭등) 물건 값이 갑자기 큰 폭으로 뛰어오름.

---

11 - 21 - 형성자

驅

몰 구

군사가 말(馬)을 일정한 구역(區)으로 몰아서 도망가는 죄인을 잡는 형상을 본뜬 글자.

또 다른 뜻 달릴, 몰아낼, 내쫓을, 대지를, 핍박할, 군대의 배차.

- 驅迫(구박) 못 견디어 굶.
- 驅步(구보) 달음질. 뛰어 감.
- 驅使(구사) 자유 자재로 다루어 씀.
- 驅逐(구축) 몰아서 쫓아냄.
- 驅蟲(구충) 해충을 없애 버림. 제충(除蟲).

MILLENNIUM

한자방정식

敬 + 馬 ⇨ 驚

조심성이 많은 말이 잘 놀람.

---

13 - 23 - 형성자

驚

놀랄 경

조심성(敬)이 많은 말(馬)이 잘 놀라는데 놀랄 때 앞발을 쳐들어 올린 형상을 본뜬 글자.

또 다른 뜻 경기(경끼), 두려워 할, 두근거릴, 움직일, 놀랠.

驚動(경동) 놀라서 움직임.
驚愕(경악) 경끼를 부리며 깜짝 놀람. 몹시 놀람.
驚異(경이) 기이하고 놀라서 이상히 여김.
驚歎(경탄) ① 매우 감탄함. ② 놀라서 탄식함.

---

13 - 23 - 형성자

驗

시험할 험

어떤 말(馬)이 좋은지 시험하는데 모두 다(僉) 증험하여 좋다고 하는 의미의 글자.

또 다른 뜻 시험, 증험할, 증거, 보람, 살필, 표징, 효능, 조짐.

經驗(경험) 몸소 겪고 치러 봄.
靈驗(영험) 기원에 대한 신의 영묘한 감응.
試驗(시험) 재능 · 실력 · 기능 등을 알아봄.
效驗(효험) 일이나 작용의 좋은 보람.

---

13 - 23 - 형성자

驛

역말 역

말(馬)로 다음 역말에게 인수인계를 거듭하여 사방(四)에 다행(幸)히 전달한다는 뜻의 글자.

또 다른 뜻 역마, 역참, 정거장, 역, 인도할, 이어질, 왕래할.

驛名(역명) 역의 이름.
驛長(역장) 철도역의 책임자.
驛前(역전) 정거장이나 역의 앞 광장.
驛站(역참) 지난날, 역마를 바꿔 타던 곳.

骨

0 - 10 - 회의자

骨

뼈 골

살(月)을 발라낸 뒤에 남는 것은 뼈인데 뼈는 몸을 지탱하는 것이라는 의미의 글자.

또 다른 뜻 뼈대, 지탱할, 골수, 심(중심), 해골, 품격, 강직할.

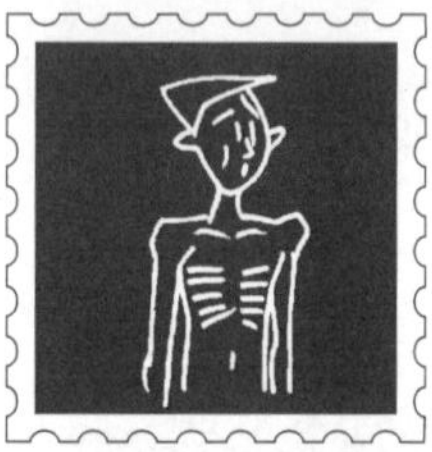

骨格(골격) ① 뼈대. ② 핵심이 되는 부분.
骨盤(골반) 허리부분의 넓직한 뼈.
骨肉(골육) 뼈와 살.
遺骨(유골) 죽은 사람의 뼈.

---

6 - 16 - 형성자

骸

뼈 해

오후 9시에서 밤 11시에 우는 돼지(亥)는 병든 까닭으로 뼈만 앙상하다는 뜻의 글자.

또 다른 뜻 해골, 시신, 경골, 정강이뼈, 몸, 신체, 백골, 앙상할.

骸骨(해골) ① 몸을 이루고 있는 뼈. ② 살이 썩고 남은 뼈.
遺骸(유해) 죽은 이의 몸이나 뼈.
殘骸(잔해) 부서져 못쓰게 되어 버린 부스러기 물체.

---

13 - 23 - 형성자

體

몸 체

건강의 몸은 고루(豊) 영양을 섭취하여 뼈(骨)에 잘 공급되게 하여야 한다는 뜻의 글자.

또 다른 뜻 몸소, 형상, 모양, 근본, 격식, 신체, 본체, 친할.

體系(체계) 일정한 계통으로 통일한 조직.
體制(체제) 생기거나 이루어진 형식.
體驗(체험) 스스로가 실지로 경험함.
形體(형체) 사물의 모양.

MILLENNIUM

한자방정식

云 + 鬼 ⇨ 魂

마음 속에 이르른 / 귀신은 / 죽은 이의 넋임.

---

0 - 10 - 상형자

高

높을 고

높은 언덕에 세워진 누각이나 망루의 형상을 본뜬 글자로 비싸다는 뜻도 있음.

(또 다른 뜻) 높이, 비쌀, 뛰어날, 존귀할, 고상할, 클, 뽐낼, 경의.

- 高級(고급) 높은 계급이나 등급.
- 高等(고등) 등급 · 정도 · 품위 등이 높음.
- 高速(고속) 매우 빠른 속도.
- 高額(고액) 많은 액수.
- 高調(고조) ① 높은 가락. ② 분위기 · 감정등이 높아짐.

---

5 - 15 - 형성자

髮

터럭 발

머리카락(彡)이 길게(長) 나고 수염의 터럭이 바람에 휘날리는 노인의 형상을 본뜬 글자.

(또 다른 뜻) 머리털, 머리카락, 길이의 단위(1치의 100분의 1).

- 怒髮(노발) 몹시 성을 낸 모양을 말함.
- 散髮(산발) 머리를 풀어 헤침.
- 銀髮(은발) 서양인의 은색 머리. 백발.
- 理髮(이발) 머리털을 깎고 빗고 다듬음.

---

10 - 20 - 형성자

鬪

싸움 투

서로 다투는 (鬥) 것이 마치 두부(豆)를 손마디(寸)로 뭉기듯 싸움을 하는 형상을 본뜬 글자.

(또 다른 뜻) 디툴, 싸우게 할, 전쟁, 만날, 모일, 겨룰, 상극할.

- 鬪爭(투쟁) 이기거나 극복하기 위한 싸움.
- 鬪志(투지) 싸우고자 하는 굳센 마음.
- 決鬪(결투) 서로 목숨을 내걸고 하는 싸움.
- 戰鬪(전투) 적과 맞서서 싸움.

---

0 - 10 - 상형자

鬼

귀신 귀

영혼이 귀신이 되어 머리를 풀고 (丿+田) 주위(儿)를 돌아다니는(厶) 형상을 본뜬 글자.

(또 다른 뜻) 도깨비, 넋, 망령, 요귀, 교활할, 지혜로울, 별이름.

- 鬼哭(귀곡) 귀신의 음산한 울음소리.
- 鬼神(귀신) 죽은 사람의 넋이나 망령.
- 鬼材(귀재) 세상에 드문 재기(才氣).
- 惡鬼(악귀) 악하고 몹쓸 귀신.

---

4 - 14 - 형성자

魂

넋 혼

죽은 사람의 넋이 우리 마음속에 이르러(云) 귀신(鬼)이 되어 두렵게한다는 뜻의 글자.

(또 다른 뜻) 혼, 혼령, 마음, 정신, 혼백, 생각, 많은 모양, 영혼.

- 魂靈(혼령) 죽은 사람의 넋이나 영혼.
- 魂魄(혼백) 넋.
- 靈魂(영혼) 육체와 달리한 정신적인 혼백.
- 鎭魂(진혼) 죽은 이의 넋을 위로하여 진정시킴.

---

4 - 14 - 형성자

魁

우두머리 괴

우두머리는 부하들에게 귀신(鬼)처럼 호령하기도 하고 북두칠성(斗)처럼 이끈다는 의미의 글자.

(또 다른 뜻) 으뜸, 클, 뛰어날, 수석, 빼어날, 안도할, 자랑할.

- 魁首(괴수) 악당의 우두머리.
- 魁岸(괴안) ① 슬기와 용맹이 매우 뛰어남. ② 몸집이 우람하고 매우 장하고 키가 헌칠함.
- 賊魁(적괴) 도둑의 우두머리.

MILLENNIUM

한 자 방 정 식

口	+	鳥	⇨	鳴
부리를 벌리고		새가		운다.

---

5 - 15 - 형성자

魅

호 릴 매

귀신(鬼)같은 재능으로 요염하게 아직(未) 철이 덜 든 사람을 호리는 형상을 본뜬 글자.

(또다른뜻) 도깨비, 홀릴, 끌릴, 끌려 갈, 현홀될, 매료될.

- 魅力(매력) 남의 마음을 호리는 이상한 힘.
- 魅了(매료) 남의 마음을 호리어 사로잡음.
- 魅虛(매허) 도깨비.
- 魅惑(매혹) 특히 미인이 호리어 현혹되게 함.

---

11 - 21 - 형성자

魔

마 귀 마

헐은 삼베(麻) 옷을 입은 귀신(鬼)같은 마귀가 온갖 악행을 일삼는 형상을 본뜬 글자.

(또다른뜻) 마술, 요술, 악귀, 사악할, 본성을 잃을, 방해할.

- 魔鬼(마귀) 요사스러운 귀신.
- 魔力(마력) ① 마귀의 힘. ② 초자연적인 괴력.
- 魔術(마술) 사람의 눈을 속여 보여주는 이상한 재주.
- 惡魔(악마) 재앙이나 나쁜 길로 이끄는 마물.

魚

0 - 11 - 상형자

魚

물고기 어

물고기 또는 잡은 물고기의 어탁에 나타난 머리 · 몸 · 꼬리의 형상을 본뜬 글자.

(또다른뜻) 어류의 총칭, 고기, 고기잡이할, 패류, 어패류, 나.

- 魚類(어류) 물고기의 무리. 물고기의 종류.
- 魚物(어물) 가공 식품으로써의 해산물.
- 魚族(어족) 물고기의 종족.
- 養魚(양어) 물고기를 길러 번식시킴.

---

6 - 17 - 형성자

鮮

고 울 선

양고기(羊)처럼 부드러운 고기는 물고기(魚)인데 빛깔이 고울수록 맛이 좋다는 뜻의 글자.

(또다른뜻) 생선, 싱싱할, 깨끗할, 적을, 선명할, 새로울, 적을.

- 鮮明(선명) 다른 것과 달리 또렷함.
- 鮮血(선혈) 신선한 피. 선지피.
- 生鮮(생선) 말리거나 절이지 아니한 물고기.
- 新鮮(신선) 새롭고 산뜻함. 싱싱함.

鳥

0 - 11 - 상형자

鳥

새 조

왼쪽으로 비상하려는 새의 형상을 본뜬 글자로 隹는 꼬리가 짧은 새, 鳥는 새의 총칭.

(또다른뜻) 날짐승, 별이름, 높이 오를, 땅이름(작), 섬(도).

- 鳥瞰圖(조감도) 높은 곳에서 내려다본 상태의 그림이나 지도. 부감도(俯瞰圖).
- 鳥道(조도) 새도 넘기 어려고 험한 산길.
- 吉鳥(길조) 좋은 조짐의 새.

---

3 - 14 - 회의자

鳴

울 명

부리(口)를 벌려 울고 있는 새(鳥)의 형상을 본뜬 글자로 악기나 짐승의 울림도 포함함.

(또다른뜻) 새울, 울릴, 짐승의 울음, 소리낼, 드날릴, 부를.

- 鳴動(명동) 큰 소리를 내면서 흔들림.
- 鳴鍾(명종) 종을 쳐서 울림.
- 鷄鳴(계명) 새벽닭의 홰치는 소리.
- 雷鳴(뇌명) 번개가 일고 나는 천둥소리.

MILLENNIUM

한자방정식

奚	+	鳥	→	鷄
배가 크게 부른		새같은 모양의		닭.

3 - 14 - 형성자

鳳

봉 황 봉

많은 새(鳥)들 중 무릇(凡) 으뜸인 새는 **봉황이라는** 의미의 글자로 상서로운 새라는 뜻.

(또 다른 뜻) 봉새, 봉황의 숫컷, 암컷은 황(凰), 임금, 뛰어날.

- 鳳鳥(봉조) 봉황. 상상의 상서로운 새.
- 鳳枕(봉침) 봉황의 형상을 수 놓은 베개.
- 鳳凰(봉황) 상상속의 상서로운 새.
- 龍鳳(용봉) 용과 봉황.

6 - 17 - 형성자

鴻

큰기러기 홍

강물(江) 위에 앉아 흐르듯 떠다니기를 좋아하는 새(鳥)가 **큰 기러기라는** 의미의 글자.

(또 다른 뜻) 클, 기러기, 큰 물새, 훌륭할, 뛰어날, 굳셀, 번성할.

- 鴻圖(홍도) 넓고 큰 계획. 임금의 계획.
- 鴻毛(홍모) 매우 가벼운 사물을 일컬음.
- 鴻雁(홍안) 큰 기러기와 작은 기러기.
- 鴻恩(홍은) 넓고 큰 은혜.

10 - 21 - 형성자

鷄

닭 계

유달리 크게 부른 배(奚)의 모양과 꼬리의 깃이 긴 새같은(鳥) **닭의** 형상을 본뜬 글자.

(또 다른 뜻) 닭털, 맨드리미, 작은 우두머리, 닭울음, 아침.

- 鷄冠(계관) ① 닭의 볏. ② 맨드라미.
- 鷄卵(계란) 달걀. 닭의 알.
- 鷄鳴(계명) ① 닭의 울음. ② 계명축시의 준말.
- 養鷄(양계) 닭을 기름.

10 - 21 - 형성자

鶴

두 루 미 학

마치 하늘을 덮을(冖)듯 높이 날아가는 꼬리가 짧은(隹) 새(鳥)가 **두루미라는** 의미의 글자.

(또 다른 뜻) 학, 흰색, 호미머리, 태자, 말처절할, 목을 길게 뺄.

- 鶴望(학망) 간절히 바람.
- 鶴壽(학수) 남의 장수를 축하하여 이른 말.
- 鶴首(학수) 두루미의 긴목.
- 白鶴(백학) 두루미. 흰 깃의 두루미.
- 仙鶴(선학) 두루미의 미칭.

11 - 22 - 형성자

鷗

갈 매 기 구

일정한 구역(區)에 터를 잡고 해변에서만 서식하는 새(鳥)가 곧, **갈매기라는** 의미의 글자.

(또 다른 뜻) 속세떠날, 은거할, 풍류로 소일할.

- 鷗鷺(구로) 갈매기와 해오라기, 다시말하여 갈매기와 백로를 일컬음.
- 鷗鶴(구학) 갈매기와 두루미.
- 白鷗(백구) 갈매기.
- 海鷗(해구) 바다의 갈매기.

13 - 24 - 형성자

鹽

소 금 염

바닷물을 가두고 살펴(監)서 짠 땅(鹵)인 염전에서 **소금이** 생산되는 형상을 본뜬 글자.

(또 다른 뜻) 절일, 소금에 담글, 짠, 짠맛, 신맛, 소금기, 염전.

- 鹽酸(염산) 염화수소의 수용액.
- 鹽素(염소) 녹황색의 독성이 있는 기체 원소.
- 鹽田(염전) 바닷물로 소금을 만드는 밭.
- 食鹽(식염) 식용으로 쓰이는 소금.

MILLENNIUM

한 자 방 정 식

麻 + 毛 → 麾

지휘봉을 들고 많은 부하를 거느린 대장기 옆 장군.

鹿

0 - 11 - 상형자

鹿

사 슴 록

사슴의 뿔과 머리, 몸통과 네 다리(比)의 형상을 본뜬 글자로 녹용의 뜻도 있음.

(또 다른 뜻) 권좌, 네모난 창고, 산기슭, 숫사슴, 녹각, 녹용.

- 鹿角(녹각) 사슴의 뿔.
- 鹿苑(녹원) 사슴을 기르는 뜰.
- 鹿茸(녹용) 사슴의 새로 돋은 연한 뿔.
- 鹿皮(녹피) 사슴의 가죽. 녹비.
- 鹿血(녹혈) 사슴의 피.

---

8 - 19 - 형성자

麗

고 울 려

사슴(鹿)들이 무리져 먼 길을 가는 모습이 자연 속에서 더욱 곱다는 의미의 글자.

(또 다른 뜻) 아름다울, 빛날, 맑을, 고려, 꾀꼬리, 사팔뜨기.

- 麗容(여용) 어여쁜 얼굴. 아름다운 용모.
- 高麗(고려) 한국 고대 왕조의 하나.
- 秀麗(수려) 빼어나게 아름다움. 그러한 강산・풍경.
- 華麗(화려) 번화하고 고움.

麥

0 - 11 - 상형・회의자

麥

보 리 맥

보리의 이삭(來)과 뿌리(夂)의 형상을 본뜬 글자로 여기서는 까끄라기가 있는 보리를 뜻함.

(또 다른 뜻) 맥류의 총칭, 묻을, 매장할, 작을, 밀, 엿, 망국.

- 麥農(맥농) 보리농사.
- 麥類(맥류) 귀리・밀 따위. 보리의 총칭.
- 麥飯(맥반) 보리밥.
- 麥粉(맥분) ① 밀가루. ② 보릿가루.

麻

0 - 11 - 회의자

麻

삼 마

돌집(广) 언저리에서 껍질을 갈라서(林) 물에 불려 실을 만드는 삼의 형상을 본뜬 글자.

(또 다른 뜻) 마비될, 삼베, 삼베옷, 참깨, 조칙, 마비될, 악기.

- 麻袋(마대) 거친 삼실로 짠 큰 자루.
- 麻葉(마엽) 삼의 입.
- 麻雀(마작) 중국의 실내 오락의 하나.
- 麻布(마포) 삼베. 삼으로 짠 베.

---

4 - 15 - 형성자

麾

대 장 기 휘

삼(麻) 줄기의 지휘봉으로 많은 털(毛)같은 부하를 거느리는 장수의 대장기 형상을 본뜬 글자.

(또 다른 뜻) 지휘할, 손짓할, 쾌할, 통솔할, 무관, 대장기 아래.

- 麾軍(휘군) 군대를 지휘함.
- 麾動(휘동) 거느려 움직임.
- 麾下(휘하) ① 대장기 아래. ② 장군의 지휘 아래 딸린 병사들. ③ 주장이나 지도자 아래 딸린 아랫 사람.

黃

0 - 12 - 회의자

黃

누 를 황

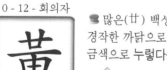

많은(廿) 백성들이 농사를 잘 경작한 까닭으로(由) 온통(八) 황금색으로 누렇다는 의미의 글자.

(또 다른 뜻) 새끼, 종앙, 여름, 누렇게 될, 황금, 어린아이.

- 黃金(황금) ① 금. ② 금전. 돈.
- 黃絲(황사) 누런 모래.
- 黃熟(황숙) 곡식이나 과일이 누렇게 익음.
- 黃土(황토) 누렇고 찰진 흙.
- 黃昏(황혼) 해가 지고 어둑어둑한 때.

MILLENNIUM

한 자 방 정 식

黑	+	占	⇨	點
먹물 묻힌 붓으로		점획을 긋다 튀긴		점들.

黑

0 - 12 - 회의자

黑

검 을 흑

아궁이로부터 창(田=窓의 변형) 밖의 연통을 통해 검은 연기(灬)가 나간다는 의미의 글자.

(또 다른 뜻) 어두울, 어리석을, 검은 빛, 저물, 돼지, 기장, 흑자.

黑幕(흑막) 드러나지 아니한 음흉한 내막.
黑心(흑심) 음흉하고 욕심이 많은 마음.
黑字(흑자) 수입이 지출보다 많은 상태.

4 - 16 - 형성자

默

말 없 을 묵

어두운(黑) 밤, 사람들의 말소리도 없고 개소리(犬)조차없어 적막하다는 의미의 글자.

(또 다른 뜻) 없을, 조용할, 잠잠할, 침묵할, 어두울, 희미할.

默過(묵과) 못 본 체 넘어감.
默想(묵상) 묵묵히 마음속으로 생각함.
默認(묵인) 모른 체하고 슬며시 승인함.
沈默(침묵) 아무 말없이 잠잠히 있음.

5 - 17 - 형성자

點

점 점

검은(黑) 먹물을 묻혀 점획(占)을 쓰다 먹물이 튕겨 불가까이 보니 번져 있었다는 뜻의 글자.

(또 다른 뜻) 불켤, 검사할, 점검할, 점수, 흔적, 표시점, 그릴.

點檢(점검) 낱낱이 상태 따위를 조사함.
點火(점화) 불을 붙이는 일.
缺點(결점) 단점. 부족하거나 흠이 있음.
評點(평점) 학력 등을 조사해 매긴 점수.

8 - 20 - 형성자

黨

무 리 당

높은(尙) 이상을 가슴에 품고 어두운(黑) 세상을 밝게 하려는 무리들의 형상을 본뜬 글자.

(또 다른 뜻) 동아리, 마을, 일가, 친척, 고향, 측근, 많을, 사귈.

黨權(당권) 당의 주도권.
黨舍(당사) 정당의 사무소로 쓰는 건물.
黨首(당수) 한 당의 우두머리.
黨派(당파) ① 어떤 목적으로 뭉친 무리. ② 붕당·정당의 분파

鼓

0 - 13 - 회의자

鼓

북 고

나무 가지에 큰 콩같이 달린 북채를 손에 쥐고(支) 두드리는 북의 형상을 본뜬 글자.

(또 다른 뜻) 두드릴, 칠, 북을 칠, 맥박, 악기를 탈, 부추길.

鼓舞(고무) 격려하여 사기를 북돋음.
鼓手(고수) 북을 치는 사람.
鼓吹(고취) 용기나 기운을 북돋워 일으킴.
鼓喊(고함) 북을 치며 일제히 소리 지름.

鼻

0 - 14 - 회의·형성자

鼻

코 비

코로(自) 공기를 마셔 넓은(田) 몸에 거듭하여(廾) 숨을 쉬게 하는 코의 형상을 본뜬 글자.

(또 다른 뜻) 처음, 시초, 손잡이, 종, 노비, 코뚜레꿸, 콧구멍.

鼻腔(비강) 콧속. 콧구멍.
鼻骨(비골) 코의 뼈. 콧뼈.
鼻炎(비염) 코의 점막에 생기는 염증.
鼻音(비음) 콧소리. 코로 내는 소리.

MILLENNIUM

한 자 방 정 식

齒 + 令 ⇨ 齡

치아의 상태로 / 하여금 / 나이를 짐작함.

齊

0 - 14 - 상형자

齊

가지런할 제

벼나 보리의 이삭의 끝들이 가지런한 것처럼 몸과 마음을 다스린다는 의미의 글자.

(또 다른 뜻) 모두, 조화할, 다스릴, 제나라, 갖출, 재계할(재).

齊家(제가) 집안을 바르게 다스림.
齊唱(제창) 여러 사람이 다같이 노래함.
一齊(일제) 한결같음. 같은 때.
整齊(정제) 정돈하여 가지런히 함.

3 - 17 - 형성자

齋

재계할 재

심신을 가지런히(齊의 생략형) 하고 신에게 정성을 보여(示) 재계하는 형상을 본뜬 글자.

(또 다른 뜻) 방, 상복, 공경할, 엄숙할, 깨끗할, 삼가할, 법회음식.

齋潔(재결) 심신을 정결하게 함.
齋戒(재계) 부정을 멀리하고 심신을 깨끗이 하는 일.
書齋(서재) ① 책을 쌓아 두고 공부하는 방. ② 사사로이 학문 따위를 위해 마련된 방.

齒

0 - 15 - 형성 · 상형자

齒

이 치

벌린 입술 사이로 옥수수같은 정갈한 이(치아)들이 엿보이는 형상을 본뜬 글자.

(또 다른 뜻) 나이, 늘어설, 어금니, 상아, 주사위, 나란히 설.

齒腔(치강) 이 속의 빈 곳.
齒科(치과) 이에 대한 의학의 한 분과.
齒牙(치아) 이를 달리 부르는 말.
齒音(치음) 잇소리. 이에서 나는 소리.

5 - 20 - 형성자

齡

나이 령

사람이나 동물의 치아(齒) 상태로 하여금(令) 나이를 알 수 있게 한다는 의미의 글자.

(또 다른 뜻) 연령, 수명, 나이 헤아릴, 나이 짐작할.

高齡(고령) 나이가 많음.
老齡(노령) 늙은 나이.
妙齡(묘령) ① 젊은 여자의 꽃다운 나이. ② 스물 안팎의 젊은 나이.
年齡(연령) 나이.

龍

0 - 16 - 상형자

龍

용 룡

뿔이(立)있고 뼈가 없는(月) 듯, 점(卜)칠 때 동전처럼 온몸(己)에 층층(三)인 용을 본뜬 글자.

(또 다른 뜻) 임금, 뛰어난 인물, 주산의 맥, 언덕(롱), 은총(총).

龍鳳(용봉) 용과 봉황.
龍虎(용호) ① 용과 범. ② 막상막하인 두 영웅.
恐龍(공룡) 중생대 쥐라기 · 백악기에 살았던 파충류.
靑龍(청룡) 주산에서 갈려진 왼쪽 산맥. 좌청룡.

龜

0 - 16 - 상형자

龜

거북이 귀

가뭄에 논밭이 갈라진 것처럼 등짝이 갈라진 거북이의 등무늬 형상을 본뜬 글자.

(또 다른 뜻) 거북점, 거북등껍데기, 등뼈, 땅이름(구), 터질(균).

龜鑑(귀감) 사물의 거울.
龜甲(귀갑) 거북이의 등 껍데기.
龜頭(귀두) 자지의 대가리.
龜裂(균열) 사물이 갈라져 분열함. 깨어지기 시작한 벌어지는 금.

音別索引

(級數別)

音別索引 (級數表記)

◉ 여기에서의 훈음은 한자능력 검정시험을 기초로 표기 하였음.
(2급 이상은 본문에 나타난 표제자에 한해서 급수 표기를 하였음)

◉ 훈음은 가나다순

급 수	표제자	훈 음		page
Ⅱ3	佳	아름다울	가	71
Ⅱ4	假	거짓	가	77
5급	價	값	가	81
5급	加	더할	가	96
5급	可	옳을	가	107
7급	家	집	가	144
4급	暇	겨를	가	246
3급	架	시렁	가	255
7급	歌	노래	가	264
Ⅱ4	街	거리	가	364
1급	嘉	아름다울	가	118
1급	嫁	시집갈	가	139
1급	苛	가혹할	가	285
1급	稼	심을	가	324
1급	駕	탈것/멍에	가	425
4급	刻	새길	각	93
3급	却	물리칠	각	103
6급	各	각각	각	109
6급	角	뿔	각	369
4급	覺	깨달을	각	369
Ⅱ3	脚	다리	각	354
Ⅱ3	閣	집	각	410
Ⅱ3	刊	새길	간	91
4급	干	방패	간	160
Ⅱ3	幹	줄기	간	161
3급	姦	간음할	간	137
1급	奸	범할	간	135
1급	揀	가릴	간	189
Ⅱ3	懇	간절할	간	230
4급	看	볼	간	311
4급	簡	대쪽	간	333
3급	肝	간	간	351
1급	艱	어려울	간	360
1급	諫	간할	간	379
7급	間	사이	간	410
Ⅱ3	渴	목마를	갈	206
1급	喝	꾸짖을	갈	116
1급	勘	살필	감	98
1급	堪	견딜	감	125
2급	憾	섭섭할	감	179
Ⅱ4	減	덜	감	205
6급	感	느낄	감	227
4급	敢	구태여/감히	감	237
4급	甘	달	감	302
Ⅱ4	監	볼	감	310
3급	鑑	거울	감	409
4급	甲	갑옷/첫째천간	갑	303
3급	剛	굳셀	강	94
Ⅱ4	康	편안	강	164
6급	强	강할	강	168

3급	徑	길/지름길	경	171
Ⅱ3	庚	별	경	162
Ⅱ4	慶	경사	경	229
5급	敬	공경	경	237
5급	景	볕	경	245
4급	更	고칠 다시	경 갱	248
3급	竟	마침내	경	327
3급	硬	굳을	경	315
5급	競	다툴/겨룰	경	327
Ⅱ4	經	글/지날	경	339
Ⅱ3	耕	밭갈	경	349
Ⅱ4	警	경계할	경	382
5급	輕	가벼울	경	397
4급	鏡	거울	경	408
Ⅱ3	頃	잠깐	경	418
4급	驚	놀랄	경	426
Ⅱ4	係	맬	계	72
3급	啓	열	계	115
Ⅱ3	契	맺을	계	132
4급	季	계절	계	141
특급	屆	이를	계	152
Ⅱ3	溪	시내	계	207
4급	階	섬돌	계	218
4급	戒	경계할	계	231
3급	桂	계수나무	계	256
Ⅱ3	械	기계	계	258
6급	界	지경	계	304
4급	癸	열째 천간	계	308
특급	稽	생각할	계	324

4급	系	이어맬	계	334
4급	繼	이을	계	344
2급	繫	맬	계	344
6급	計	셀	계	370
특급	誡	경계할	계	376
4급	鷄	닭	계	429
6급	古	예	고	108
5급	告	고할	고	111
5급	固	굳을	고	120
Ⅱ3	姑	시어미	고	136
4급	孤	외로울	고	141
4급	庫	곳집	고	163
1급	拷	칠	고	185
Ⅱ4	故	연고	고	235
3급	枯	마를	고	255
5급	考	생각할	고	280
6급	苦	쓸/괴로울	고	284
2급	雇	품팔	고	412
3급	顧	돌아볼	고	421
3급	稿	원고	고	424
6급	高	높을	고	427
Ⅱ3	鼓	북	고	431
3급	哭	울	곡	114
5급	曲	굽을	곡	248
4급	穀	곡식	곡	323
Ⅱ3	谷	골	곡	384
4급	困	곤할	곤	120
Ⅱ3	坤	땅	곤	122
4급	骨	뼈	골	426
Ⅱ3	供	이바지할	공	71

6급	公	공평할	공	85
6급	共	한가지	공	86
6급	功	공	공	96
4급	孔	구멍	공	140
7급	工	장인	공	156
3급	恭	공손할	공	224
Ⅱ3	恐	두려울	공	224
4급	攻	칠	공	235
7급	空	빌	공	325
3급	貢	바칠	공	386
1급	鞏	굳을/묶을	공	417
3급	寡	적을	과	146
3급	戈	창	과	231
6급	果	실과	과	253
2급	菓	과자	과	287
5급	過	지날	과	296
3급	瓜	오이/외	과	301
6급	科	과목	과	321
3급	誇	자랑할	과	373
5급	課	과할	과	377
1급	廓	외성 **곽**, 넓을 **확**		164
3급	郭	둘레	곽	221
Ⅱ3	冠	갓	관	87
Ⅱ4	官	벼슬	관	143
3급	寬	너그러울	관	147
Ⅱ3	慣	익숙할	관	177
1급	灌	물댈	관	213
2급	款	항목	관	264
4급	管	대롱/주관할	관	332
5급	觀	볼	관	369
Ⅱ3	貫	꿸	관	386
5급	關	관계할	관	411
Ⅱ3	館	집	관	423
1급	括	묶을	괄	185
6급	光	빛	광	83
5급	廣	넓을	광	165
2급	狂	미칠	광	213
1급	曠	빌/밝을	광	248
4급	鑛	쇳돌	광	409
1급	卦	점괘	괘	103
3급	掛	걸	괘	186
1급	乖	어그러질	괴	59
3급	塊	흙덩이	괴	125
3급	壞	무너질	괴	128
Ⅱ3	怪	괴이할	괴	174
3급	愧	부끄러울	괴	177
1급	魁	우두머리	괴	427
6급	交	사귈	교	63
2급	僑	더부살이	교	81
Ⅱ3	巧	공교할	교	156
1급	攪	어지러울	교	194
3급	郊	들	교	220
8급	教	가르칠	교	236
8급	校	학교	교	257
5급	橋	다리	교	262
3급	矯	바로잡을	교	314
Ⅱ3	較	견줄	교	397
3급	丘	언덕	구	57
Ⅱ3	久	오랠	구	59
8급	九	아홉	구	60

1급	仇	짝/원수	구	66	2급	窟	굴	굴	326
3급	俱	함께	구	74	Ⅱ4	宮	집	궁	144
5급	具	갖출	구	86	Ⅱ3	弓	활	궁	166
6급	區	구분할	구	100	4급	窮	다할	궁	326
7급	口	입	구	107	1급	倦	게으를	권	76
Ⅱ4	句	글귀	구	108	4급	券	문서	권	91
3급	懼	두려워할	구	179	4급	勸	권할	권	99
Ⅱ3	拘	잡을	구	182	4급	卷	책	권	104
3급	狗	개	구	213	2급	圈	우리	권	120
5급	救	구원할	구	236	3급	拳	주먹	권	234
Ⅱ4	求	구할	구	270	Ⅱ4	權	권세	권	263
2급	歐	토할	구	264	3급	厥	그	궐	105
4급	構	얽을	구	260	1급	蹶	넘어질	궐	395
6급	球	공	구	281	2급	闕	대궐	궐	411
3급	苟	구차할	구	284	4급	歸	돌아갈	귀	266
Ⅱ4	究	연구할	구	325	5급	貴	귀할	귀	388
5급	舊	예/옛	구	358	3급	鬼	귀신	귀	427
2급	購	살	구	391	3급	龜	거북	귀	432
1급	軀	몸	구	396	3급	叫	부르짖을	규	108
3급	驅	몰	구	425	2급	糾	얽힐	규	334
3급	鷗	갈매기	구	429	5급	規	법	규	368
8급	國	나라	국	120	3급	閨	안방	규	411
5급	局	판	국	151	4급	均	고를	균	122
Ⅱ3	菊	국화	국	286	Ⅱ3	菌	버섯	균	286
4급	君	임금	군	110	3급	克	이길	극	84
6급	郡	고을	군	220	4급	劇	심할	극	96
4급	群	무리	군	347	Ⅱ4	極	극진할/다할	극	260
8급	軍	군사	군	396	3급	僅	겨우	근	79
4급	屈	굽힐	굴	151	4급	勤	부지런할	근	99
2급	掘	팔	굴	188	Ⅱ3	斤	근/도끼	근	239

6급	根	뿌리	근	257
6급	近	가까울	근	292
4급	筋	힘줄	근	332
Ⅱ3	謹	삼갈	근	381
6급	今	이제	금	64
3급	琴	거문고	금	282
Ⅱ4	禁	금할	금	319
3급	禽	새	금	320
Ⅱ3	錦	비단	금	406
8급	金	쇠 성	금 김	404
Ⅱ3	及	미칠	급	106
1급	扱	취급할	급	181
6급	急	급할	급	224
6급	級	등급	급	335
5급	給	줄	급	338
1급	矜	자랑	긍	313
3급	肯	즐길	긍	351
Ⅱ3	企	꾀할	기	65
Ⅱ3	其	그	기	86
2급	冀	바랄	기	87
1급	嗜	즐길	기	117
Ⅱ4	器	그릇	기	118
5급	基	터	기	124
4급	奇	기이할	기	132
4급	寄	부칠	기	145
2급	岐	갈림길	기	154
5급	己	몸	기	157
Ⅱ3	幾	몇	기	162
5급	技	재주	기	180
5급	汽	물끓는 김	기	196
3급	忌	꺼릴	기	222
7급	旗	기	기	241
Ⅱ3	旣	이미	기	248
5급	期	기약할	기	250
3급	棄	버릴	기	259
4급	機	틀	기	262
3급	欺	속일	기	264
7급	氣	기운	기	270
Ⅱ3	畿	경기	기	305
3급	祈	빌	기	318
4급	紀	벼리	기	334
7급	記	기록할	기	370
3급	豈	어찌	기	384
Ⅱ4	起	일어날	기	393
3급	飢	주릴	기	402
3급	騎	말탈	기	425
Ⅱ3	緊	긴할	긴	339
5급	吉	길할	길	109
3급	奈	어찌 어찌	나 내	132
3급	那	어찌	나	220
Ⅱ3	諾	허락할	낙	378
Ⅱ4	暖	따뜻할	난	246
Ⅱ4	難	어려울	난	413
1급	捺	누를	날	188
8급	南	남녘	남	102
7급	男	사내	남	303
4급	納	들일	납	335
3급	郎	계집	낭	138

Ⅱ3	貸	빌릴/뀔	대	387
5급	德	큰	덕	173
3급	倒	넘어질	도	74
Ⅱ3	刀	칼	도	90
5급	到	이를	도	92
6급	圖	그림	도	121
2급	塗	칠할	도	126
Ⅱ4	導	인도할	도	150
5급	島	섬	도	154
6급	度	법 헤아릴	도 탁	163
4급	徒	무리	도	171
2급	悼	슬퍼할	도	176
Ⅱ3	挑	돋을	도	185
3급	陶	질그릇	도	217
3급	渡	건널	도	205
5급	都	도읍	도	221
3급	桃	복숭아	도	257
4급	逃	도망할	도	293
Ⅱ3	途	길	도	294
7급	道	길	도	296
4급	盜	도둑	도	309
1급	禱	빌	도	320
Ⅱ3	稻	벼	도	323
3급	跳	뛸	도	394
1급	鍍	도금할/입힐	도	407
5급	獨	홀로	독	215
Ⅱ4	毒	독	독	269
Ⅱ4	督	감독할	독	313
3급	篤	도타울	독	333

6급	讀	읽을	독	383
3급	敦	도타울	돈	237
3급	豚	돼지	돈	385
2급	頓	조아릴	돈	419
Ⅱ3	突	갑자기	돌	325
7급	冬	겨울	동	88
3급	凍	얼	동	88
7급	動	움직일	동	97
7급	同	한가지	동	109
7급	洞	골 밝을	동 통	199
8급	東	동녘	동	253
3급	桐	오동	동	257
6급	童	아이	동	327
Ⅱ4	銅	구리	동	405
Ⅱ4	斗	말	두	238
2급	杜	막을	두	253
Ⅱ4	豆	콩	두	384
6급	頭	머리	두	420
2급	屯	진칠	둔	153
1급	遁	달아날	둔	297
3급	鈍	둔할	둔	404
Ⅱ4	得	얻을	득	171
Ⅱ4	燈	등/등잔	등	273
7급	登	오를	등	308
6급	等	무리	등	331
2급	謄	베낄	등	381
2급	騰	오를	등	425
1급	懶	게으를	라	179
2급	裸	벗을	라	328

Ⅱ4	羅	벌릴	라	346
3급	洛	물이름	락	200
6급	樂	즐길 노래	락 악	262
5급	落	떨어질	락	287
Ⅱ3	絡	얽힐	락	338
4급	亂	어지러울	란	61
4급	卵	알	란	104
Ⅱ3	欄	난간	란	263
3급	爛	빛날	란	274
Ⅱ3	蘭	난초	란	291
3급	濫	넘칠	람	212
3급	藍	쪽	람	290
4급	覽	볼	람	369
2급	拉	끌	람	184
3급	廊	사랑채/행랑	랑	164
Ⅱ3	浪	물결	랑	201
1급	狼	이리	랑	214
Ⅱ3	郎	사내	랑	221
5급	朗	밝을	랑	250
7급	來	올	래	65
5급	冷	찰	랭	88
3급	掠	노략질할	략	186
4급	略	간략할	략	304
2급	亮	밝을	량	63
Ⅱ4	兩	두	량	85
Ⅱ3	涼	서늘할	량	89
3급	梁	들보	량	258
4급	糧	양식	량	330
5급	良	어질	량	360
3급	諒	살펴알	량	377
2급	輛	수레	량	398
5급	量	헤아릴	량	403
1급	侶	짝	려	74
Ⅱ3	勵	힘쓸	려	99
4급	慮	생각할	려	229
5급	旅	나그네	려	240
Ⅱ4	麗	고울	려	430
7급	力	힘	력	96
Ⅱ3	曆	책력	력	247
5급	歷	지날	력	266
3급	憐	불쌍히여길	련	178
Ⅱ3	戀	그리워할	련	230
2급	煉	달굴	련	273
3급	蓮	연꽃	련	289
Ⅱ4	連	이을	련	294
5급	練	익힐	련	341
Ⅱ3	聯	연이을	련	350
3급	鍊	쇠불릴/단련할	련	407
Ⅱ4	列	벌릴	렬	92
3급	劣	못할	렬	96
4급	烈	매울	렬	274
Ⅱ3	裂	찢어질	렬	366
3급	廉	청렴할	렴	164
2급	獵	사냥	렵	215
5급	令	하여금	령	64
3급	嶺	고개	령	155
3급	零	떨어질	령	415
Ⅱ3	靈	신령	령	415
5급	領	거느릴	령	419

1급	齡	나이	령	432	3급	累	여러/자주	루	337
6급	例	법식	례	71	5급	流	흐를	류	200
6급	禮	예도	례	320	4급	柳	버들	류	255
1급	隸	종/글씨	례	412	Ⅱ4	留	머무를	류	304
6급	勞	힘쓸	로	98	2급	謬	그릇칠	류	381
Ⅱ3	爐	화로	로	274	5급	類	무리	류	421
7급	老	늙을	로	280	8급	六	여섯	륙	85
6급	路	길	로	394	5급	陸	뭍	륙	217
Ⅱ3	露	이슬	로	415	Ⅱ3	倫	인륜	륜	75
1급	撈	잡을	로	192	1급	淪	잔물결	륜	205
3급	祿	녹	록	319	4급	輪	바퀴	륜	398
6급	綠	푸를	록	340	Ⅱ4	律	법칙	률	170
Ⅱ4	錄	기록할	록	407	Ⅱ3	栗	밤	률	257
3급	鹿	사슴	록	430	Ⅱ3	率	비율 거느릴	률 솔	301
Ⅱ4	論	논할	론	377					
3급	弄	희롱할	롱	166	Ⅱ3	隆	높을	륭	218
2급	籠	대바구니	롱	334	1급	凌	건널	릉	89
1급	賂	줄	뢰	389	3급	陵	언덕/무덤	릉	217
Ⅱ3	賴	의뢰할	뢰	391	6급	利	이로울	리	92
3급	雷	우레	뢰	414	Ⅱ3	吏	관리/벼슬아치	리	109
3급	了	마칠	료	61	Ⅱ3	履	밟을	리	153
2급	僚	동료	료	81	6급	李	오얏	리	252
5급	料	헤아릴	료	238	Ⅱ3	梨	배나무	리	259
2급	療	병고칠	료	307	6급	理	다스릴	리	282
4급	龍	용	룡	432	1급	罹	근심할	리	346
3급	屢	자주	루	153	Ⅱ3	裏	속	리	366
3급	淚	눈물	루	203	7급	里	마을	리	403
3급	漏	샐	루	208	4급	離	떠날	리	413
1급	陋	좁을	루	216	Ⅱ3	隣	이웃	린	219
3급	樓	다락	루	261	7급	林	수풀	림	253

Ⅱ3	臨	임할	림	357
7급	立	설	립	326
1급	粒	쌀알	립	329
2급	摩	문지를	마	234
2급	痲	저릴	마	307
3급	磨	갈	마	317
5급	馬	말	마	424
2급	魔	마귀	마	428
3급	麻	삼	마	430
Ⅱ3	幕	장막	막	160
Ⅱ3	漠	넓을/사막	막	208
Ⅱ3	莫	없을	막	285
3급	慢	거만할	만	177
3급	漫	흩어질	만	209
Ⅱ4	滿	찰	만	209
2급	灣	물굽이	만	213
Ⅱ3	晩	늦을	만	245
8급	萬	일만	만	287
3급	蠻	오랑캐	만	363
1급	抹	바를	말	184
5급	末	끝	말	251
5급	亡	망할	망	62
3급	妄	망녕될	망	134
Ⅱ3	忙	바쁠	망	173
Ⅱ3	忘	잊을	망	222
5급	望	바랄	망	250
3급	茫	아득할	망	285
2급	網	그물	망	340
3급	罔	없을	망	345
3급	埋	묻을	매	123
4급	妹	누이	매	136
3급	媒	중매	매	139
1급	昧	어두울	매	244
2급	枚	낱	매	254
Ⅱ3	梅	매화	매	259
7급	每	매양	매	269
1급	煤	그을음	매	272
1급	邁	갈/지날	매	301
5급	買	살	매	388
5급	賣	팔	매	390
2급	魅	매혹할	매	428
Ⅱ4	脈	줄기	맥	354
Ⅱ3	麥	보리	맥	430
3급	孟	맏	맹	141
Ⅱ3	猛	사나울	맹	214
Ⅱ3	盟	맹세	맹	310
Ⅱ3	盲	소경/눈멀	맹	311
Ⅱ3	免	면할	면	84
4급	勉	힘쓸	면	97
Ⅱ3	眠	잘	면	312
Ⅱ3	綿	솜	면	340
7급	面	낯	면	416
Ⅱ3	滅	멸할/꺼질	멸	207
2급	蔑	업신여길	멸	289
3급	冥	어두울	명	88
7급	名	이름	명	110
7급	命	목숨	명	112
6급	明	밝을	명	242
3급	銘	새길	명	405
4급	鳴	울	명	428

2급	侮	업신여길	모	74
1급	冒	무릅쓸	모	87
3급	募	모을/뽑을	모	98
3급	慕	그릴/사모할	모	228
Ⅱ3	暮	저물	모	247
Ⅱ3	某	아무	모	255
4급	模	본뜰	모	261
8급	母	어미	모	268
Ⅱ4	毛	터럭	모	269
3급	矛	창	모	313
1급	耗	덜	모	349
Ⅱ3	謀	꾀	모	378
3급	貌	모양	모	385
3급	沐	머리감을	목	196
8급	木	나무	목	251
Ⅱ4	牧	칠	목	278
6급	目	눈	목	310
Ⅱ3	睦	화목할	목	313
Ⅱ3	沒	빠질	몰	196
3급	夢	꿈	몽	130
Ⅱ3	蒙	어두울	몽	288
Ⅱ3	卯	토끼	묘	103
4급	墓	무덤	묘	126
4급	妙	묘할	묘	135
3급	廟	사당	묘	165
1급	描	그릴	묘	189
Ⅱ3	苗	모	묘	283
Ⅱ4	務	힘쓸	무	98
1급	巫	무당	무	157
1급	撫	어루만질	무	192
Ⅱ3	戊	천간	무	231
Ⅱ4	武	호반	무	265
5급	無	없을	무	275
3급	茂	무성할	무	284
4급	舞	춤출	무	359
1급	誣	꾸밀	무	376
Ⅱ3	貿	무역할	무	387
3급	霧	안개	무	415
Ⅱ3	墨	먹	묵	127
Ⅱ3	默	잠잠할	묵	431
7급	問	물을	문	115
7급	文	글월	문	238
1급	紋	무늬	문	336
6급	聞	들을	문	350
8급	門	문	문	409
Ⅱ3	勿	말	물	99
7급	物	물건	물	278
Ⅱ4	味	맛	미	112
Ⅱ3	尾	꼬리	미	151
Ⅱ3	微	작을	미	172
Ⅱ4	未	아닐	미	251
3급	迷	미혹할	미	293
3급	眉	눈썹	미	311
6급	米	쌀	미	328
6급	美	아름다울	미	347
3급	憫	민망할	민	178
1급	悶	번민할	민	226
3급	敏	민첩할	민	236
8급	民	백성	민	270
Ⅱ4	密	빽빽할	밀	145

3급	蜜	꿀	밀	362
1급	剝	벗길	박	94
Ⅱ4	博	넓을	박	102
4급	拍	칠	박	183
3급	泊	머무를/배댈	박	197
6급	朴	성/순박할	박	252
3급	薄	엷을	박	290
Ⅱ3	迫	핍박할	박	292
1급	縛	묶을	박	342
2급	舶	배	박	360
1급	駁	칠/얼룩말	박	424
2급	伴	짝	반	70
6급	半	반	반	101
6급	反	돌아올/돌이킬	반	106
Ⅱ3	叛	배반할	반	107
2급	搬	운반할	반	191
6급	班	나눌	반	281
Ⅱ3	返	돌이킬	반	292
3급	盤	소반	반	310
Ⅱ3	般	가지/일반	반	359
Ⅱ3	飯	밥	반	422
3급	拔	뽑을	발	182
1급	潑	뿌릴	발	211
6급	發	필	발	308
4급	髮	터럭	발	427
3급	倣	본뜰	방	75
3급	傍	곁	방	78
4급	妨	방해할	방	135
1급	彷	배회할	방	169
Ⅱ4	防	막을	방	215
Ⅱ3	邦	나라	방	220
Ⅱ4	房	방	방	233
6급	放	놓을	방	235
7급	方	모	방	240
3급	芳	꽃다울	방	283
2급	紡	길쌈	방	336
Ⅱ4	訪	찾을	방	371
1급	謗	헐뜯을	방	381
5급	倍	곱	배	75
2급	俳	배우	배	76
Ⅱ3	培	북돋을	배	124
Ⅱ3	排	밀칠	배	186
Ⅱ4	拜	절	배	233
Ⅱ3	杯	잔	배	254
Ⅱ4	背	등	배	352
2급	賠	물어줄	배	391
Ⅱ4	配	나눌/짝	배	401
Ⅱ3	輩	무리	배	398
Ⅱ3	伯	맏	백	69
3급	柏	측백	백	256
8급	白	흰	백	308
7급	百	일백	백	308
3급	煩	번거로울	번	272
6급	番	차례	번	305
Ⅱ3	繁	번성할	번	343
3급	飜	번역할	번	421
Ⅱ4	伐	칠	벌	67
Ⅱ4	罰	벌할	벌	346
2급	閥	문벌	벌	411
Ⅱ3	凡	무릇	범	89

1급	氾	넘칠	범	194
3급	汎	넓을	범	195
4급	犯	범할	범	213
4급	範	법	범	332
5급	法	법	법	197
Ⅱ4	壁	벽	벽	128
1급	璧	옥	벽	283
3급	碧	푸를	벽	316
Ⅱ4	邊	가	변	301
5급	變	변할	변	383
3급	辨	분별할	변	399
4급	辯	말씀	변	400
6급	別	다를/나눌	별	92
2급	倂	아우를	병	72
Ⅱ3	丙	남녘	병	57
5급	兵	병사	병	86
3급	屛	병풍	병	152
6급	病	병	병	306
3급	竝	아우를	병	326
Ⅱ4	保	지킬	보	72
Ⅱ4	報	갚을/알릴	보	125
Ⅱ4	寶	보배	보	148
4급	普	넓을	보	245
Ⅱ4	步	걸음	보	265
Ⅱ3	補	기울	보	328
3급	譜	족보	보	382
2급	輔	도울	보	397
4급	伏	엎드릴	복	68
1급	僕	종	복	81
3급	卜	점	복	102
Ⅱ4	復	회복할 다시	복 부	172
6급	服	옷	복	250
5급	福	복	복	320
4급	複	겹칠	복	328
3급	腹	배	복	355
2급	覆	덮을	복	368
6급	本	근본	본	251
2급	俸	녹	봉	76
5급	奉	받들	봉	132
Ⅱ3	封	봉할	봉	148
Ⅱ3	峯	봉우리	봉	154
Ⅱ3	逢	만날	봉	294
2급	縫	꿰맬	봉	344
3급	蜂	벌	봉	362
1급	鋒	칼날	봉	406
3급	鳳	새	봉	429
Ⅱ3	付	부칠	부	66
1급	剖	가를	부	94
Ⅱ4	副	버금	부	94
4급	否	아닐	부	111
7급	夫	지아비	부	131
Ⅱ4	婦	며느리	부	139
Ⅱ4	富	부자	부	146
Ⅱ4	府	마을/관청	부	162
3급	扶	도울	부	180
Ⅱ3	浮	뜰	부	202
Ⅱ3	附	붙을	부	215
6급	部	떼	부	221
2급	敷	펼	부	238

8급	父	아비	부	277
3급	符	부호	부	331
Ⅱ3	簿	문서	부	333
Ⅱ3	腐	썩을	부	355
3급	膚	살갗	부	356
1급	訃	부고	부	370
4급	負	질	부	386
3급	賦	부세	부	390
1급	賻	부의	부	391
3급	赴	갈	부	393
2급	釜	가마	부	404
8급	北	북녘 달아날	북 배	100
6급	分	나눌	분	91
1급	噴	꾸짖을	분	118
3급	奔	달릴	분	132
Ⅱ3	奮	떨칠	분	134
3급	墳	무덤	분	127
4급	憤	분할	분	178
1급	扮	섞을	분	182
1급	忿	성낼	분	223
1급	焚	탈	분	272
4급	粉	가루	분	328
Ⅱ3	紛	어지러울	분	335
1급	雰	안개	분	414
7급	不	아닐 아닐	불 부	57
Ⅱ4	佛	부처	불	69
Ⅱ3	弗	아닐/말	불	167
Ⅱ3	拂	떨칠	불	182

3급	崩	무너질	붕	155
Ⅱ3	朋	벗	붕	250
Ⅱ4	備	갖출	비	79
Ⅱ3	卑	낮을	비	101
3급	妃	왕비	비	134
3급	婢	계집종	비	139
4급	批	비평할	비	180
1급	鄙	더러울	비	222
Ⅱ4	悲	슬플	비	226
5급	比	견줄	비	269
4급	碑	비석	비	316
4급	秘	숨길	비	318
Ⅱ3	肥	살찔	비	352
1급	譬	비유할	비	382
5급	費	비용/쓸	비	388
Ⅱ4	非	아닐	비	416
Ⅱ4	飛	날	비	421
5급	鼻	코	비	431
1급	殯	초빈할	빈	268
Ⅱ4	貧	가난할	빈	387
3급	賓	손/손님	빈	390
3급	頻	자주	빈	419
1급	憑	기댈	빙	230
5급	氷	얼음	빙	270
3급	聘	부를	빙	349
7급	事	일	사	61
5급	仕	섬길	사	66
6급	使	하여금/부릴	사	71
2급	唆	부추길	사	114
8급	四	넉	사	119

Ⅱ3	似	닮을	사	69
5급	史	사기	사	108
Ⅱ3	司	맡을	사	108
5급	士	선비	사	128
5급	寫	베낄	사	147
Ⅱ4	寺	절	사	148
4급	射	쏠	사	148
Ⅱ3	巳	뱀	사	157
Ⅱ4	師	스승	사	159
3급	捨	버릴	사	186
Ⅱ3	沙	모래	사	196
3급	邪	간사할	사	220
5급	思	생각	사	224
3급	斜	비낄	사	238
3급	斯	이	사	239
5급	査	조사할	사	255
6급	死	죽을	사	266
6급	社	모일	사	317
3급	祀	제사	사	317
4급	絲	실	사	339
4급	私	사사	사	321
Ⅱ4	舍	집	사	359
3급	蛇	긴뱀	사	362
3급	詐	속일	사	372
3급	詞	말/글	사	373
Ⅱ4	謝	사례할	사	380
3급	賜	줄	사	390
2급	赦	용서할	사	392
4급	辭	말씀	사	400
1급	奢	사치할	사	133

1급	徙	옮길	사	172
1급	祠	사당	사	318
2급	飼	기를	사	423
3급	削	깎을	삭	93
3급	朔	초하루	삭	250
3급	索	새끼줄 찾을	삭 색	336
2급	傘	우산	산	65
8급	山	메	산	153
4급	散	흩을	산	237
5급	産	낳을	산	302
7급	算	셈	산	332
Ⅱ3	酸	실	산	401
1급	撒	놓을/뿌릴	살	192
Ⅱ4	殺	죽일 감할	살 쇄	268
8급	三	석	삼	57
Ⅱ3	森	수풀	삼	259
2급	蔘	삼	삼	289
2급	插	꽂을	삽	190
7급	上	윗	상	56
4급	傷	다칠	상	79
Ⅱ3	像	모양	상	80
Ⅱ3	償	갚을	상	82
5급	商	장사	상	115
Ⅱ3	喪	잃을	상	116
3급	嘗	맛볼	상	118
Ⅱ3	尙	오히려	상	150
Ⅱ4	常	떳떳/항상	상	160
Ⅱ4	床	상/평상	상	162

Ⅱ4	想	생각	상	227
3급	桑	뽕나무	상	256
Ⅱ4	狀	형상 문서	상 장	279
5급	相	서로	상	311
3급	祥	상서	상	319
2급	箱	상자	상	333
3급	裳	치마	상	367
3급	詳	자세할	상	374
4급	象	코끼리	상	385
5급	賞	상줄	상	391
Ⅱ3	霜	서리	상	415
Ⅱ3	雙	두/쌍	쌍	413
3급	塞	변방 막힐	새 색	125
7급	色	빛	색	361
1급	牲	희생	생	278
8급	生	날	생	302
3급	敍	펼	서	107
1급	嶼	섬	서	155
5급	序	차례	서	162
3급	庶	여러	서	164
Ⅱ3	徐	천천할	서	171
Ⅱ3	暑	더울	서	246
3급	恕	용서할	서	225
6급	書	글	서	248
1급	棲	깃들	서	260
2급	瑞	상서	서	282
1급	逝	갈	서	295
3급	緖	실마리	서	341
Ⅱ3	署	마을/관청	서	346
8급	西	서녘	서	367
2급	誓	맹세할	서	376
7급	夕	저녁	석	129
6급	席	자리	석	159
Ⅱ3	惜	아낄	석	176
Ⅱ3	昔	옛	석	242
3급	析	쪼갤	석	254
6급	石	돌	석	315
2급	碩	클	석	316
Ⅱ3	釋	풀	석	403
2급	錫	주석	석	407
5급	仙	신선	선	66
8급	先	먼저	선	83
5급	善	착할	선	116
4급	宣	베풀	선	144
Ⅱ3	旋	돌	선	240
1급	扇	부채	선	233
1급	煽	불부칠	선	273
5급	選	가릴	선	300
3급	禪	선	선	320
6급	線	줄	선	341
2급	繕	기울	선	344
1급	羨	부러워할	선	347
1급	膳	찬/먹을	선	356
5급	船	배	선	360
5급	鮮	고울	선	428
1급	泄	샐/넘칠	설	199
4급	舌	혀	설	359
특급	褻	더러울	설	367

3급	誦	욀	송	376	Ⅱ3	誰	누구	수	377
4급	頌	칭송할	송	418	1급	讐	원수	수	383
Ⅱ3	刷	인쇄할	쇄	93	Ⅱ3	輸	보낼	수	398
1급	碎	부술	쇄	316	1급	酬	갚을/보낼	수	401
3급	鎖	쇠사슬	쇄	408	Ⅱ3	雖	비록	수	413
Ⅱ3	衰	쇠할	쇠	366	Ⅱ3	需	구할	수	415
Ⅱ4	修	닦을	수	75	Ⅱ3	須	모름지기	수	418
Ⅱ4	受	받을	수	106	5급	首	머리	수	424
3급	囚	가둘/죄수	수	119	4급	叔	아재비	숙	106
2급	垂	드리울	수	122	1급	夙	일찍	숙	130
Ⅱ3	壽	목숨	수	129	3급	孰	누구	숙	142
Ⅱ4	守	지킬	수	142	5급	宿	잘 별자리	숙 수	145
Ⅱ3	帥	장수	수	159					
Ⅱ4	授	줄	수	187	Ⅱ3	淑	맑을	숙	204
2급	搜	찾을	수	191	Ⅱ3	熟	익을	숙	276
Ⅱ3	隨	따를	수	219	4급	肅	엄숙할	숙	351
Ⅱ3	愁	근심	수	227	3급	循	돌	순	172
7급	手	손	수	233	Ⅱ3	巡	돌/순행할	순	156
Ⅱ4	收	거둘	수	235	2급	淳	순박할	순	205
7급	數	셈	수	237	Ⅱ3	旬	열흘	순	241
6급	樹	나무	수	262	3급	殉	따라죽을	순	267
Ⅱ3	殊	다를	수	267	3급	盾	방패	순	312
8급	水	물	수	270	Ⅱ3	瞬	눈깜짝일	순	313
3급	獸	짐승	수	280	Ⅱ4	純	순수할	순	336
1급	蒐	모을	수	288	3급	脣	입술	순	354
Ⅱ3	遂	드디어	수	297	5급	順	순할	순	418
3급	睡	졸음	수	313	Ⅱ3	戌	개	술	231
4급	秀	빼어날	수	321	Ⅱ3	述	펼	술	292
1급	粹	순수할	수	330	6급	術	재주	술	364
1급	羞	부끄러울	수	347	4급	崇	높을	숭	155

Ⅱ3	拾	주울 열	습 십	185
Ⅱ3	濕	젖을	습	212
6급	習	익힐	습	348
3급	襲	엄습할	습	367
Ⅱ3	乘	탈	승	59
3급	僧	중	승	80
6급	勝	이길	승	98
3급	升	되	승	101
Ⅱ4	承	이을	승	233
3급	昇	오를	승	242
3급	侍	모실	시	71
6급	始	비로소	시	136
1급	媤	시집	시	139
2급	屍	주검	시	152
7급	市	저자	시	158
Ⅱ4	施	베풀	시	240
Ⅱ4	是	이	시	243
7급	時	때	시	244
3급	矢	화살	시	314
5급	示	보일	시	317
Ⅱ4	視	볼	시	368
Ⅱ4	詩	시	시	374
Ⅱ4	試	시험	시	374
4급	氏	각시/성	씨	269
6급	式	법	식	166
Ⅱ4	息	쉴	식	225
7급	植	심을	식	259
2급	殖	불릴	식	267
1급	蝕	먹을	식	363
5급	識	알/기록할	식	381
7급	食	밥	식	422
3급	飾	꾸밀	식	422
3급	伸	펼	신	69
6급	信	믿을	신	73
Ⅱ3	愼	삼갈	신	177
6급	新	새	신	239
3급	晨	새벽	신	245
1급	迅	빠를	신	291
Ⅱ4	申	납	신	303
6급	神	귀신	신	318
2급	紳	띠/신사	신	337
5급	臣	신하	신	357
1급	訊	물을	신	371
6급	身	몸	신	396
Ⅱ3	辛	매울	신	399
6급	失	잃을	실	131
8급	室	집	실	144
5급	實	열매	실	146
Ⅱ3	審	살필	심	147
3급	尋	찾을	심	149
Ⅱ4	深	깊을	심	203
7급	心	마음	심	222
Ⅱ3	甚	심할	심	302
8급	十	열	십	101
Ⅱ3	亞	버금	아	62
5급	兒	아이	아	84
3급	阿	언덕	아	215
Ⅱ3	我	나	아	231
3급	牙	어금니	아	278

3급	芽	싹	아	283
1급	啞	벙어리	아	115
1급	衙	마을/대궐	아	365
Ⅱ3	雅	맑을	아	412
3급	餓	주릴	아	423
3급	岳	큰산	악	154
2급	握	쥘	악	190
5급	惡	악할 미워할	악 오	226
7급	安	편안	안	142
Ⅱ3	岸	언덕	안	154
1급	按	누를	안	185
5급	案	책상	안	258
Ⅱ4	眼	눈	안	312
3급	雁	기러기	안	412
Ⅱ3	顔	낯	안	420
1급	斡	맴돌/주관	알	239
3급	謁	뵐	알	378
Ⅱ3	巖	바위	암	155
Ⅱ4	暗	어두울	암	246
2급	癌	암	암	307
Ⅱ4	壓	누를/억누를	압	128
2급	押	누를	압	184
Ⅱ3	仰	우러를	앙	68
Ⅱ3	央	가운데	앙	131
1급	怏	원망할	앙	174
1급	昻	오를/밝을	앙	243
3급	殃	재앙	앙	267
Ⅱ3	哀	슬플	애	113
3급	涯	물가	애	203
1급	隘	좁을	애	218
6급	愛	사랑	애	227
3급	厄	액	액	104
4급	液	진	액	205
4급	額	이마	액	420
Ⅱ3	也	이끼	야	60
1급	冶	대장간/불릴	야	88
6급	夜	밤	야	130
3급	耶	어조사	야	349
6급	野	들	야	403
6급	弱	약할	약	168
Ⅱ3	若	같을 반야	약 야	284
6급	藥	약	약	291
5급	約	맺을	약	334
2급	躍	뛸	약	396
2급	孃	아가씨	양	140
Ⅱ3	壤	흙덩이	양	128
Ⅱ3	揚	날릴	양	188
6급	洋	큰바다	양	200
6급	陽	볕	양	218
3급	楊	버들	양	260
4급	樣	모양	양	261
Ⅱ4	羊	양	양	346
Ⅱ3	讓	사양할	양	383
5급	養	기를	양	423
3급	御	거느릴	어	172
5급	漁	고기잡을	어	209
Ⅱ3	於	어조사 탄식할	어 오	240

3급	詠	읊을	영	373	Ⅱ3	臥	누울	와	357
특급	叡	밝을	예	107	1급	訛	잘못될	와	372
Ⅱ4	藝	재주	예	291	5급	完	완전할	완	143
Ⅱ3	譽	기릴/명예	예	383	1급	玩	놀	완	281
4급	豫	미리	예	385	3급	緩	느릴	완	342
3급	銳	날카로울	예	406	1급	腕	팔목	완	355
2급	預	맡길	예	419	1급	頑	완고할	완	419
8급	五	다섯	오	62	Ⅱ3	曰	가로	왈	248
3급	傲	거만할	오	79	Ⅱ4	往	갈	왕	170
7급	午	낮	오	101	2급	旺	왕성할	왕	243
Ⅱ3	吾	나	오	111	8급	王	임금	왕	280
3급	嗚	슬플	오	117	2급	倭	왜나라	왜	76
1급	俉	대오	오	68	2급	歪	기울	왜	266
1급	奧	그윽할	오	133	1급	矮	작을	왜	314
3급	娛	즐길	오	138	8급	外	바깥	외	130
Ⅱ3	悟	깨달을	오	175	1급	猥	뒤섞일	외	214
3급	汚	더러울	오	195	3급	畏	두려워할	외	304
특급	敖	거만할	오	236	2급	妖	요사할	요	136
3급	梧	오동	오	259	3급	搖	흔들	요	190
Ⅱ3	烏	까마귀	오	275	5급	曜	빛날	요	247
Ⅱ4	誤	그르칠	오	375	3급	腰	허리	요	355
5급	屋	집	옥	152	3급	遙	멀	요	298
2급	沃	기름질	옥	197	5급	要	요긴할	요	368
Ⅱ3	獄	옥/감옥	옥	279	Ⅱ4	謠	노래	요	380
Ⅱ4	玉	구슬	옥	281	5급	浴	목욕할	욕	202
6급	溫	따뜻할	온	207	Ⅱ3	慾	욕심	욕	228
2급	穩	편안할	온	324	Ⅱ3	欲	하고자할	욕	264
2급	擁	낄	옹	193	3급	辱	욕될	욕	400
3급	翁	늙은이	옹	348	2급	傭	품팔	용	80
Ⅱ3	瓦	기와	와	302	6급	勇	날랠	용	97

Ⅱ4	容	얼굴	용	145	5급	原	언덕	원	105
3급	庸	떳떳할	용	164	Ⅱ4	員	인원	원	114
2급	溶	녹일	용	208	6급	園	동산	원	121
6급	用	쓸	용	303	Ⅱ4	圓	둥글	원	121
2급	鎔	쇠녹일	용	408	4급	援	도울	원	189
Ⅱ3	于	어조사	우	61	4급	源	근원	원	207
Ⅱ3	偶	짝	우	77	5급	院	집	원	216
4급	優	넉넉할	우	82	4급	怨	원망할	원	224
Ⅱ3	又	또	우	105	2급	苑	나라동산	원	284
5급	友	벗	우	106	6급	遠	멀	원	298
7급	右	오른쪽	우	109	5급	願	원할	원	420
Ⅱ3	宇	집	우	142	8급	月	달	월	249
Ⅱ3	尤	더욱	우	150	Ⅱ3	越	넘을	월	393
4급	郵	우편	우	221	5급	位	자리	위	69
3급	愚	어리석을	우	228	5급	偉	클	위	77
Ⅱ3	憂	근심	우	229	Ⅱ3	僞	거짓	위	80
5급	牛	소	우	278	4급	危	위태할	위	103
1급	迂	굽을/멀	우	291	4급	圍	에워쌀	위	121
4급	遇	만날	우	297	4급	委	맡길	위	136
3급	羽	깃	우	347	4급	威	위엄	위	137
5급	雨	비	우	414	2급	尉	벼슬	위	149
Ⅱ3	云	이를	운	62	4급	慰	위로할	위	228
1급	殞	죽을	운	267	Ⅱ4	爲	하(할)	위	277
6급	運	옮길	운	297	Ⅱ3	違	어긋날	위	296
5급	雲	구름	운	414	3급	緯	씨	위	341
3급	韻	운	운	417	Ⅱ3	胃	밥통	위	352
2급	熊	곰	웅	276	Ⅱ4	衛	지킬	위	365
5급	雄	수컷	웅	412	Ⅱ3	謂	이를	위	378
5급	元	으뜸	원	82	4급	乳	젖	유	60
1급	冤	원통할	원	88	4급	儒	선비	유	82

Ⅱ3	唯	오직	유	115	3급	淫	음란할	음	204
1급	喩	깨우칠	유	117	Ⅱ4	陰	그늘	음	217
Ⅱ3	幼	어릴	유	161	1급	蔭	가릴	음	289
3급	幽	그윽할	유	162	6급	音	소리	음	417
3급	惟	생각할	유	176	6급	飮	마실	음	422
6급	油	기름	유	198	Ⅱ3	泣	울	읍	198
Ⅱ3	猶	오히려	유	214	7급	邑	고을	읍	402
3급	悠	멀	유	225	2급	凝	엉길	응	89
3급	愈	나을	유	228	Ⅱ4	應	응할	응	230
7급	有	있을	유	249	4급	依	의지할	의	71
Ⅱ3	柔	부드러울	유	255	4급	儀	거동	의	81
4급	遊	놀	유	297	3급	宜	마땅	의	143
4급	遺	남길	유	300	1급	擬	비길/흉내낼	의	193
6급	由	말미암을	유	303	6급	意	뜻	의	227
Ⅱ3	裕	넉넉할	유	328	4급	疑	의심할	의	306
3급	維	벼리	유	339	Ⅱ3	矣	어조사	의	314
3급	誘	꾈	유	375	Ⅱ4	義	옳을	의	347
1급	諭	깨우칠	유	380	1급	誼	옳을/바를	의	378
Ⅱ3	酉	닭	유	400	Ⅱ4	議	의논할	의	382
Ⅱ4	肉	고기	육	351	6급	衣	옷	의	365
7급	育	기를	육	352	6급	醫	의원	의	402
1급	允	맏	윤	83	8급	二	두	이	61
3급	潤	불을	윤	211	Ⅱ3	以	써	이	65
3급	閏	윤달	윤	410	3급	夷	오랑캐	이	131
2급	融	녹을	융	363	1급	姨	이모	이	138
4급	隱	숨을	은	219	Ⅱ3	已	이미	이	158
Ⅱ4	恩	은혜	은	225	1급	弛	게으를	이	167
6급	銀	은	은	405	4급	異	다를	이	305
Ⅱ3	乙	새	을	60	Ⅱ4	移	옮길	이	322
Ⅱ3	吟	읊을	음	111	Ⅱ3	而	말이을	이	348

5급	耳	귀	이	349
Ⅱ3	貳	두/갖은두	이	388
Ⅱ4	益	더할	익	309
1급	翌	이튿날/다음날	익	348
Ⅱ3	翼	날개	익	348
8급	人	사람	인	64
4급	仁	어질	인	66
3급	刃	칼날	인	91
Ⅱ4	印	도장	인	103
1급	咽	목구멍 목멜	인 열	113
5급	因	인할	인	120
Ⅱ3	姻	혼인	인	137
Ⅱ3	寅	범/동방	인	146
4급	引	끌	인	167
1급	湮	빠질	인	206
Ⅱ3	忍	참을	인	223
Ⅱ4	認	알	인	375
8급	一	한	일	56
Ⅱ3	壹	한/갖은한	일	129
8급	日	날	일	241
Ⅱ3	逸	편안할	일	296
5급	任	맡길	임	68
Ⅱ3	壬	북방	임	129
2급	妊	아이밸	임	135
2급	賃	품삯	임	389
7급	入	들	입	84
1급	剩	남을	잉	95
1급	仔	자세할	자	67
4급	姉	손위누이	자	137
Ⅱ3	刺	찌를 찌를	자 척	93
4급	姿	모양	자	138
7급	子	아들	자	140
7급	字	글자	자	140
4급	資	재물	자	389
3급	恣	방자할	자	225
Ⅱ3	慈	사랑	자	227
6급	者	놈	자	280
1급	藉	빌릴/깔개	자	290
3급	玆	이	자	301
1급	瓷	오지그릇	자	302
2급	磁	자석	자	316
3급	紫	자주빛	자	337
7급	自	스스로	자	357
2급	諮	물을	자	379
3급	雌	암컷	자	413
6급	作	지을	작	70
6급	昨	어제	작	243
3급	爵	벼슬	작	277
3급	酌	잔질할	작	401
4급	殘	남을	잔	267
3급	潛	잠길	잠	211
Ⅱ3	暫	잠깐	잠	247
Ⅱ3	蠶	누에	잠	363
4급	雜	섞일	잡	413
3급	丈	어른	장	56
1급	仗	병장기	장	67
1급	匠	장인	장	100
7급	場	마당	장	125

3급	墻	담	장	128
4급	壯	장할	장	129
4급	奬	장려할	장	133
Ⅱ4	將	장수	장	149
4급	帳	장막	장	160
4급	張	베풀	장	168
Ⅱ4	障	막을	장	219
3급	掌	손바닥	장	234
3급	莊	씩씩할	장	286
3급	葬	장사지낼	장	287
Ⅱ3	藏	감출	장	290
6급	章	글	장	326
3급	粧	단장할	장	329
4급	腸	창자	장	355
Ⅱ3	臟	오장	장	357
4급	裝	꾸밀	장	366
8급	長	긴	장	409
5급	再	두	재	87
Ⅱ3	哉	어조사	재	113
6급	在	있을	재	122
6급	才	재주	재	179
5급	材	재목	재	253
Ⅱ3	栽	심을	재	258
5급	災	재앙	재	271
Ⅱ3	裁	옷마를	재	366
5급	財	재물	재	386
3급	載	실을	재	397
1급	齋	재계	재	432
5급	爭	다툴	쟁	276
Ⅱ4	低	낮을	저	70
4급	底	밑	저	163
Ⅱ3	抵	대항할	저	183
1급	邸	큰집	저	220
Ⅱ3	著	나타낼	저	287
5급	貯	쌓을	저	388
1급	嫡	아내/정실	적	140
3급	寂	고요할	적	146
Ⅱ3	摘	딸	적	191
3급	滴	물방울	적	209
Ⅱ4	敵	대적할	적	237
4급	適	맞을	적	299
5급	的	과녁	적	309
4급	積	쌓을	적	324
3급	笛	피리	적	331
4급	籍	문서	적	334
4급	績	길쌈	적	343
4급	賊	도둑	적	389
5급	赤	붉을	적	392
3급	跡	발자취	적	394
Ⅱ3	蹟	자취	적	395
7급	全	온전	전	85
5급	傳	전할	전	80
5급	典	법	전	86
7급	前	앞	전	94
4급	專	오로지	전	149
5급	展	펼	전	152
6급	戰	싸움	전	232
2급	殿	전각	전	268
Ⅱ4	田	밭	전	303
4급	轉	구를	전	399

4급	錢	돈	전	407
7급	電	번개	전	414
1급	銓	저울	전	405
1급	顚	이마/머리	전	421
5급	切	끊을 절, 온통	체	91
4급	折	꺾을	절	181
2급	竊	훔칠	절	326
5급	節	마디	절	332
Ⅱ4	絶	끊을	절	338
4급	占	점령한/점칠	점	103
5급	店	가게	점	163
3급	漸	점점	점	209
1급	粘	끈끈할	점	329
4급	點	점	점	431
Ⅱ4	接	이을	접	187
3급	蝶	나비	접	362
4급	丁	장정/고무레	정	56
Ⅱ3	井	우물	정	62
3급	亭	정자	정	64
5급	停	머무를	정	77
2급	偵	염탐할	정	78
2급	呈	드릴	정	112
6급	定	정할	정	143
6급	庭	뜰	정	163
Ⅱ3	廷	조정	정	165
Ⅱ3	征	칠	정	170
5급	情	뜻	정	175
Ⅱ3	淨	깨끗할	정	203
Ⅱ4	政	정사	정	235
4급	整	가지런할	정	238
2급	晶	맑을	정	246
7급	正	바를	정	265
1급	碇	닻	정	316
Ⅱ4	程	길	정	322
Ⅱ4	精	깨끗할	정	329
2급	艇	큰배	정	360
Ⅱ3	訂	바로잡을	정	370
Ⅱ3	貞	곧을	정	386
4급	靜	고요할	정	416
Ⅱ3	頂	정수리	정	418
Ⅱ4	制	절제할	제	93
2급	劑	약제	제	96
4급	帝	임금	제	159
8급	弟	아우	제	167
Ⅱ3	堤	둑	제	125
Ⅱ4	提	끌	제	189
Ⅱ4	濟	건널	제	212
Ⅱ4	除	덜	제	216
Ⅱ4	際	즈음/가/끝	제	219
Ⅱ4	祭	제사	제	319
6급	第	차례	제	330
Ⅱ4	製	지을	제	367
Ⅱ3	諸	모두	제	379
6급	題	제목	제	420
Ⅱ3	齊	가지런할	제	432
Ⅱ3	兆	억조	조	83
Ⅱ4	助	도울	조	97
1급	嘲	비웃을	조	118
3급	弔	조상할	조	167
2급	彫	새길	조	169

2급	措	둘	조	188	1급	腫	부스럼	종	356
5급	操	잡을	조	193	특급	蹤	자취	종	395
4급	潮	조수	조	211	4급	鐘	쇠북	종	408
6급	朝	아침	조	251	3급	佐	도울	좌	70
4급	條	가지	조	258	Ⅱ3	坐	앉을	좌	122
Ⅱ4	早	이를	조	241	7급	左	왼	좌	157
3급	燥	마를	조	273	4급	座	자리	좌	163
Ⅱ3	照	비칠	조	276	5급	罪	허물	죄	345
Ⅱ4	造	지을	조	294	7급	主	임금/주인	주	58
1급	遭	만날	조	299	7급	住	살	주	70
7급	祖	할아비	조	318	4급	周	두루	주	112
3급	租	조세	조	322	2급	奏	아뢸	주	132
1급	粗	거칠	조	329	Ⅱ3	宙	집	주	143
4급	組	짤	조	336	5급	州	고을	주	156
5급	調	고를	조	378	6급	注	부을	주	198
1급	躁	성급할	조	395	Ⅱ3	洲	물가	주	201
2급	釣	낚을/낚시	조	404	6급	晝	낮	주	244
Ⅱ4	鳥	새	조	428	4급	朱	붉을	주	252
6급	族	겨레	족	240	Ⅱ3	柱	기둥	주	256
7급	足	발	족	393	Ⅱ3	株	그루	주	258
4급	存	있을	존	141	3급	舟	배	주	359
Ⅱ4	尊	높을	존	149	2급	珠	구슬	주	281
5급	卒	마칠	졸	102	5급	週	주일	주	296
3급	拙	졸할	졸	182	1급	註	주낼	주	373
Ⅱ4	宗	마루	종	144	Ⅱ4	走	달릴	주	392
4급	從	좇을	종	171	4급	酒	술	주	401
5급	終	마칠	종	337	2급	鑄	쇠불릴	주	409
5급	種	씨	종	323	2급	駐	머무를	주	425
2급	綜	모을	종	340	Ⅱ4	竹	대	죽	330
Ⅱ3	縱	세로	종	343	3급	俊	준걸	준	73

2급	准	비준	준	89
2급	峻	높을	준	155
Ⅱ4	準	준할	준	208
3급	遵	좇을	준	300
특급	竣	마칠	준	327
8급	中	가운데	중	58
3급	仲	버금	중	68
Ⅱ4	衆	무리	중	364
7급	重	무거울	중	403
Ⅱ3	卽	곧	즉	104
1급	汁	즙	즙	194
Ⅱ4	增	더할	증	127
3급	憎	미울	증	178
Ⅱ3	曾	일찌기	증	249
Ⅱ3	蒸	찔	증	288
Ⅱ3	症	증세	증	306
4급	證	증거	증	382
3급	贈	줄	증	392
Ⅱ3	只	다만	지	109
7급	地	따/땅	지	122
Ⅱ3	之	갈	지	59
Ⅱ4	指	가리킬	지	184
4급	持	가질	지	184
Ⅱ3	池	못	지	195
Ⅱ4	支	지탱할	지	234
Ⅱ4	志	뜻	지	222
2급	旨	뜻	지	241
4급	智	지혜/슬기	지	245
Ⅱ3	枝	가지	지	254
5급	止	그칠	지	265

Ⅱ3	遲	더딜/늦을	지	299
5급	知	알	지	314
1급	祉	복	지	318
2급	脂	기름	지	354
7급	紙	종이	지	335
Ⅱ4	至	이를	지	358
4급	誌	기록할	지	375
6급	直	곧을	직	311
4급	織	짤	직	344
Ⅱ4	職	직분	직	350
2급	塵	티끌	진	126
Ⅱ3	振	떨칠	진	186
2급	津	나루	진	201
4급	陣	진칠	진	216
Ⅱ3	陳	베풀/묵을	진	217
4급	珍	보배	진	281
Ⅱ4	進	나아갈	진	295
4급	盡	다할	진	310
Ⅱ4	眞	참	진	312
2급	診	진찰할	진	373
Ⅱ3	辰	별 때/날	진 신	400
Ⅱ3	鎭	진압할	진	408
3급	姪	조카	질	138
1급	迭	갈마들	질	292
Ⅱ3	疾	병	질	306
3급	秩	차례	질	322
2급	窒	막힐	질	325
5급	質	바탕	질	390
1급	跌	넘어질	질	394

3급	薦	천거할	천	290
3급	遷	옮길	천	300
Ⅱ3	賤	천할	천	390
3급	踐	밟을	천	395
Ⅱ3	哲	밝을	철	114
Ⅱ3	徹	통할	철	173
2급	撤	거둘	철	192
1급	綴	이을	철	340
5급	鐵	쇠	철	409
3급	尖	뾰족할	첨	150
Ⅱ3	添	더할	첨	204
3급	妾	첩	첩	137
1급	帖	문서	첩	159
1급	捷	이길/빠를	첩	188
1급	牒	서찰/장부	첩	278
2급	諜	염탐할	첩	380
4급	廳	관청	청	165
6급	清	맑을	청	204
Ⅱ3	晴	갤	청	245
4급	聽	들을	청	351
Ⅱ4	請	청할	청	377
8급	青	푸를	청	416
2급	滯	막힐	체	210
3급	替	바꿀	체	249
2급	遞	갈릴	체	299
2급	締	맺을	체	342
1급	諦	살필	체	380
6급	體	몸	체	426
5급	初	처음	초	91
2급	哨	망볼	초	114
3급	抄	뽑을	초	181
4급	招	부를	초	183
2급	焦	불탈	초	275
7급	草	풀	초	285
Ⅱ3	礎	주춧돌	초	317
2급	秒	분초/초침	초	321
3급	肖	닮은/같을	초	351
3급	超	뛰어넘을	초	393
Ⅱ3	促	재촉할	촉	73
1급	囑	청촉할	촉	119
3급	燭	촛불	촉	274
3급	觸	닿을	촉	370
8급	寸	마디	촌	148
7급	村	마을	촌	252
1급	叢	모일	총	107
1급	塚	무덤	총	126
1급	寵	괼/사랑할	총	148
Ⅱ4	總	다	총	343
3급	聰	귀밝을	총	350
Ⅱ4	銃	총	총	405
1급	撮	찍을	촬	192
Ⅱ3	催	재촉할	최	79
5급	最	가장	최	249
3급	抽	뽑을	추	183
4급	推	밀	추	187
Ⅱ3	追	쫓을/따를	추	293
7급	秋	가을	추	321
1급	墜	떨어질	추	127
1급	樞	지도리	추	262
3급	醜	추할	추	402

Ⅱ3	丑	소	축	56
3급	逐	쫓을	축	294
Ⅱ3	畜	짐승	축	304
5급	祝	빌	축	319
Ⅱ4	築	쌓을	축	333
4급	縮	줄일	축	343
2급	蹴	찰	축	395
2급	軸	굴대	축	397
Ⅱ4	蓄	모을	축	288
7급	春	봄	춘	244
7급	出	날	출	90
5급	充	채울	충	83
2급	沖	화할	충	197
Ⅱ4	忠	충성	충	223
Ⅱ4	蟲	벌레	충	363
Ⅱ3	衝	찌를	충	365
2급	衷	속마음	충	366
Ⅱ4	取	가질	취	106
Ⅱ3	吹	불	취	111
4급	就	나아갈	취	151
2급	炊	불땔	취	272
1급	脆	무를/연할	취	354
3급	臭	냄새	취	357
4급	趣	뜻	취	393
3급	醉	취할	취	402
Ⅱ3	側	곁	측	78
Ⅱ4	測	헤아릴	측	206
4급	層	층	층	153
1급	侈	사치할	치	72
Ⅱ3	値	값	치	75
Ⅱ4	治	다스릴	치	199
3급	恥	부끄러울	치	225
특급	癡	어리석을	치	308
3급	稚	어릴	치	323
1급	緻	찬찬할	치	343
Ⅱ4	置	둘	치	345
5급	致	이를	치	358
Ⅱ4	齒	이	치	432
5급	則	법칙 곧	칙 즉	94
6급	親	친할	친	369
8급	七	일곱	칠	56
3급	漆	옻	칠	210
Ⅱ4	侵	침노할	침	73
4급	寢	잘	침	147
Ⅱ3	沈	잠길 성씨	침 심	196
Ⅱ3	浸	잠길	침	202
3급	枕	베개	침	254
4급	針	바늘	침	404
1급	鍼	바늘/침	침	407
4급	稱	일컬을	칭	323
Ⅱ4	快	쾌할	쾌	173
5급	他	다를	타	67
3급	墮	떨어질	타	127
3급	妥	온당할	타	135
5급	打	칠	타	180
5급	卓	높을	탁	102
3급	托	맡길	탁	180
3급	濁	흐릴	탁	212

3급	濯	씻을	탁	212
3급	琢	다듬을	탁	282
2급	託	부탁할	탁	371
특급	嘆	탄식할	탄	118
4급	彈	탄알	탄	168
4급	歎	탄식할	탄	264
5급	炭	숯	탄	272
1급	綻	옷터질	탄	341
2급	誕	날/태어날	탄	376
4급	脱	벗을	탈	354
Ⅱ3	奪	빼앗을	탈	133
4급	探	찾을	탐	187
2급	耽	즐길	탐	349
3급	貪	탐낼	탐	387
3급	塔	탑	탑	126
특급	搭	탈	탑	191
3급	湯	끓을	탕	207
1급	蕩	방자할/쓸	탕	289
6급	太	클	태	131
1급	汰	씻을	태	197
3급	怠	게으를	태	224
Ⅱ4	態	모습	태	228
3급	殆	거의	태	266
Ⅱ3	泰	클	태	271
2급	胎	아이밸	태	353
5급	宅	집 집	택 댁	142
4급	擇	가릴	택	193
3급	澤	못	택	212
3급	兎	토끼	토	84

3급	吐	토할	토	110
8급	土	흙	토	121
4급	討	칠	토	371
6급	通	통할	통	295
4급	痛	아플	통	307
Ⅱ4	統	거느릴	통	338
1급	堆	쌓을	퇴	124
Ⅱ4	退	물러날	퇴	293
1급	頹	무너질	퇴	420
1급	套	덮개/투식	투	133
4급	投	던질	투	181
3급	透	통할/트일	투	295
4급	鬪	싸움	투	427
6급	特	특별할	특	279
2급	把	잡을	파	181
3급	播	뿌릴	파	191
Ⅱ4	波	물결	파	198
4급	派	갈래	파	200
Ⅱ4	破	깨뜨릴	파	315
3급	罷	마칠/파할	파	346
3급	頗	자못	파	419
4급	判	판단할	판	92
5급	板	널	판	254
Ⅱ3	版	판목	판	277
Ⅱ3	販	팔	판	387
1급	辦	힘쓸	판	399
8급	八	여덟	팔	85
1급	佩	노리개	패	72
5급	敗	패할	패	236
1급	牌	패	패	277

2급	覇	으뜸	패	368
Ⅱ3	貝	조개	패	385
1급	膨	배부를	팽	356
7급	便	편할 똥오줌	편 변	73
2급	偏	치우칠	편	78
2급	扁	작을	편	233
Ⅱ3	片	조각	편	277
3급	遍	두루	편	297
4급	篇	책	편	333
Ⅱ3	編	엮을	편	342
1급	鞭	채찍	편	417
2급	坪	땅평평할	평	123
7급	平	평평할	평	161
4급	評	평할	평	373
3급	幣	화폐	폐	160
Ⅱ3	廢	폐할/버릴	폐	165
Ⅱ3	弊	폐단/해칠	폐	166
3급	蔽	덮을	폐	290
Ⅱ3	肺	허파	폐	352
4급	閉	닫을	폐	410
Ⅱ4	包	쌀	포	99
Ⅱ4	布	베 보시	포 보	158
2급	怖	두려워할	포	174
Ⅱ3	抱	안을	포	183
2급	抛	던질	포	184
Ⅱ3	捕	잡을	포	186
1급	泡	거품	포	199
3급	浦	갯가/개	포	202

1급	逋	달아날	포	295
Ⅱ4	砲	대포	포	315
4급	胞	세포	포	353
1급	褒	기릴	포	367
2급	鋪	펼/가게	포	406
3급	飽	배부를	포	422
Ⅱ3	幅	폭	폭	160
1급	瀑	폭포	폭	213
Ⅱ4	暴	사나울 모질	폭 포	247
4급	爆	불터질	폭	274
1급	剽	표독할	표	95
3급	漂	떠다닐	표	210
4급	標	표할	표	262
Ⅱ4	票	표	표	319
6급	表	겉	표	365
5급	品	물건	품	113
1급	稟	받을	품	323
Ⅱ3	楓	단풍	풍	260
1급	諷	욀	풍	379
4	豊	풍년	풍	384
6급	風	바람	풍	424
Ⅱ3	彼	저	피	170
4급	避	피할	피	300
4급	疲	피곤할	피	307
Ⅱ3	皮	가죽	피	309
Ⅱ3	被	입을	피	327
Ⅱ3	匹	짝	필	100
5급	必	반드시	필	222
Ⅱ3	畢	마칠	필	305

5급	筆	붓	필	331
1급	乏	모자랄	핍	59
1급	逼	닥칠	핍	298
7급	下	아래	하	56
Ⅱ3	何	어찌	하	70
7급	夏	여름	하	129
5급	河	물	하	199
1급	瑕	티	하	282
Ⅱ3	荷	멜/짐질	하	286
Ⅱ3	賀	하례할	하	388
8급	學	배울	학	142
2급	虐	모질	학	361
1급	謔	농락할	학	379
Ⅱ3	鶴	학	학	429
5급	寒	찰	한	146
4급	恨	한	한	174
3급	汗	땀	한	195
7급	漢	한수	한	210
Ⅱ4	限	한할	한	216
3급	旱	가물	한	242
4급	閑	한가할	한	410
8급	韓	한국/나라	한	417
Ⅱ3	割	벨	할	95
1급	轄	다스릴	할	399
1급	函	넣을	함	90
Ⅱ3	含	머금을	함	111
3급	咸	다	함	113
1급	喊	소리칠	함	117
1급	涵	담글	함	205
3급	陷	빠질	함	217
1급	緘	봉할	함	342
2급	艦	큰배	함	360
1급	銜	재갈/직함	함	405
6급	合	합할	합	110
3급	巷	거리	항	158
Ⅱ3	恒	항상	항	174
4급	抗	겨룰	항	181
Ⅱ4	港	항구	항	206
Ⅱ4	航	배	항	359
Ⅱ3	項	항목	항	418
Ⅱ3	亥	돼지	해	63
1급	偕	함께	해	78
3급	奚	어찌	해	133
5급	害	해할	해	145
7급	海	바다	해	202
Ⅱ4	解	풀	해	369
3급	該	그	해	374
1급	諧	화할	해	379
1급	骸	뼈	해	426
4급	核	씨	핵	257
특급	倖	요행	행	77
6급	幸	다행	행	161
6급	行	다닐 항렬	행 항	364
3급	享	누릴	향	63
6급	向	향할	향	110
Ⅱ4	鄕	시골	향	221
Ⅱ3	響	울릴	향	417
Ⅱ4	香	향기	향	424
1급	饗	잔치할	향	424

Ⅱ4	虛	빌	허	361	3급	螢	반딧불	형	363
5급	許	허락	허	372	2급	衡	저울대	형	365
4급	憲	법	헌	229	3급	兮	어조사	혜	86
3급	獻	드릴	헌	280	Ⅱ4	惠	은혜	혜	226
3급	軒	집	헌	396	3급	慧	슬기로울	혜	229
4급	險	험할	험	219	Ⅱ3	乎	어조사	호	59
Ⅱ4	驗	시험할	험	426	3급	互	서로	호	62
4급	革	가죽	혁	416	Ⅱ4	呼	부를	호	113
3급	弦	활시위/악기줄	현	168	4급	好	좋을	호	135
Ⅱ3	懸	달/매달	현	230	5급	湖	호수	호	206
6급	現	나타날	현	282	3급	浩	넓을	호	203
3급	玄	검을	현	301	Ⅱ4	戶	집/지게	호	232
1급	眩	아찔할	현	312	3급	毫	터럭	호	269
3급	絃	줄	현	337	3급	胡	오랑캐	호	353
3급	縣	고을	현	342	Ⅱ3	虎	범	호	361
Ⅱ4	賢	어질	현	391	6급	號	이름	호	362
4급	顯	나타날	현	421	Ⅱ4	護	도울	호	383
3급	穴	굴	혈	325	Ⅱ3	豪	호걸	호	385
Ⅱ4	血	피	혈	364	3급	惑	미혹할	혹	226
2급	嫌	싫어할	혐	140	4급	或	혹	혹	232
1급	俠	호협할	협	74	2급	酷	심할	혹	402
Ⅱ4	協	화합할	협	102	4급	婚	혼인할	혼	139
2급	峽	골짜기	협	154	4급	混	섞을	혼	204
1급	狹	좁을	협	214	3급	昏	어두울	혼	242
3급	脅	위협할	협	353	Ⅱ3	魂	넋	혼	427
3급	亨	형통할	형	63	1급	惚	황홀할	홀	176
8급	兄	형/맏	형	83	3급	忽	갑자기	홀	223
4급	刑	형벌	형	92	3급	弘	클	홍	167
2급	型	모형	형	123	3급	洪	넓을	홍	201
6급	形	모양	형	168	4급	紅	붉을	홍	335

3급	鴻	기러기	홍	429
5급	化	될/화할	화	100
6급	和	화할/화목할	화	112
8급	火	불	화	271
7급	花	꽃	화	283
4급	華	빛날	화	286
6급	畵	그림 그을	화 획	305
Ⅱ3	禍	재앙	화	320
3급	禾	벼	화	321
7급	話	말씀	화	374
Ⅱ4	貨	재물	화	387
2급	靴	신	화	416
Ⅱ3	擴	넓힐	확	194
Ⅱ4	確	굳을	확	317
3급	穫	거둘	확	324
3급	丸	둥글	환	58
1급	喚	부를	환	117
2급	幻	헛보일	환	161
Ⅱ3	換	바꿀	환	189
5급	患	근심	환	226
4급	歡	기쁠	환	265
4급	環	고리	환	283
Ⅱ3	還	돌아올	환	300
7급	活	살	활	200
2급	滑	미끄러울	활	208
1급	猾	교활할	활	214
특급	豁	소통할	활	384
1급	闊	넓을	활	411
1급	凰	봉새	황	90
1급	徨	배회할	황	172
1급	恍	황홀할	황	174
1급	慌	다급할	황	177
4급	況	상황	황	199
3급	荒	거칠	황	285
1급	遑	급할	황	298
Ⅱ3	皇	임금	황	309
6급	黃	누를	황	430
Ⅱ4	回	돌아올	회	120
2급	廻	돌	회	166
1급	徊	노닐	회	171
3급	悔	뉘우칠	회	175
3급	懷	품을	회	179
6급	會	모일	회	249
4급	灰	재	회	271
1급	繪	그림	회	344
1급	賄	뇌물	회	389
3급	劃	그을	획	95
Ⅱ3	獲	얻을	획	215
Ⅱ3	橫	가로	횡	263
1급	嚆	외칠	효	119
7급	孝	효도	효	141
5급	效	본받을	효	236
3급	曉	새벽	효	247
1급	酵	술밑	효	401
3급	侯	제후	후	73
4급	候	기후	후	76
4급	厚	두터울	후	104
2급	后	왕후/뒤	후	110
3급	喉	목구멍	후	116

1급	嗅	맡을	후	117
7급	後	뒤	후	170
1급	朽	썩을	후	252
2급	勳	공	훈	99
6급	訓	가르칠	훈	371
3급	毁	헐	훼	268
4급	揮	휘두를	휘	189
3급	輝	빛날	휘	398
1급	麾	대장기	휘	430
7급	休	쉴	휴	68
3급	携	이끌	휴	190
5급	凶	흉할	흉	90
1급	兇	흉악할	흉	84
Ⅱ3	胸	가슴	흉	353
5급	黑	검을	흑	431
1급	痕	흉터/상처	흔	307
Ⅱ4	吸	마실	흡	112
1급	恰	마치/같을	흡	175
1급	洽	미칠/화할	흡	201
Ⅱ4	興	일어날	흥	358
4급	喜	기쁠	희	116
3급	噫	한숨쉴/탄식할	희	119
2급	姬	계집	희	138
Ⅱ4	希	바랄	희	158
3급	戲	희롱할	희	232
3급	熙	밝을	희	275
1급	犧	희생할	희	279
3급	稀	드물	희	322
1급	詰	꾸짖을	힐	374

Millennium's
漢字